Mike Dash

X-Phänomene. Spurensuche im Reich des Übersinnlichen

Aus dem Englischen von
Will de Blôme

bettendorf

Die Deutsche Bibliothek – CIP Einheitsaufnahme
Dash, Mike:
X-Phänomene. Spurensuche im Reich des Übersinnlichen / Mike Dash. –
Aus dem Englischen von Will de Blôme.
München; Essen; Ebene Reichenau: Bettendorf, 1997
ISBN 3-88498-110-2

Die englische Originalausgabe erschien unter dem Titel
BORDERLANDS
bei Heinemann, Random House, London

ISBN 3-88498-110-2

Gesetzt aus der Stempel Garamond
Satz: Graphische Werkstätten Lehne GmbH, Grevenbroich
Druck und Bindung: Ebner, Ulm
Printed in Germany 1997

Inhalt

Vorwort

Sie sind dabei, das Reich des Übersinnlichen zu betreten – jene rätselhaften Welten, in denen beinahe alles möglich erscheint, die sogenannten *Grenzwelten.*

Bitte seien Sie sich darüber im klaren, daß sehr wenig von dem, was in diesem Buch beschrieben wird, als überprüfte »Tatsache« gelten kann. Es besteht kein Zweifel daran, daß einige Beispiele von »falschen« Zeugen erfunden wurden, bei anderen handelt es sich einfach um Mißverständnisse. Man könnte darüber hinaus argumentieren – wie mehrfach geschehen –, daß die meisten anderen Fälle keine Grundlage in der physischen Realität haben und Produkte von Halluzinationen oder anderen veränderten Bewußtseinszuständen sind. Umgekehrt stützen sich auch die skeptischen Argumente, die vorgebracht wurden, um relativ fundierte Berichte zu widerlegen, nur auf die Unsicherheit der Zeugenaussagen oder unzureichend begründete Annahmen. Möglicherweise stimmen sie nicht mehr als die wildesten Vermutungen der »Gläubigen«.

Aus diesem Grund hätte jeder in diesem Buch zitierte Fall mit Einschränkungen wie »angeblich«, »wird behauptet«, »vermeintlich«, »angenommen«, »anscheinend« und »vermutlich« versehen werden können, und vielleicht hätte das auch geschehen sollen. Aber weil Schilderungen, in der sich derartige Ausdrücke häufen, ermüden, wurden sie oft ausgelassen. Vorsichtige Leser mögen sie in Gedanken einfügen, wo sie es für angebracht halten.

Dies ist ein langes Buch, aber es hätte noch viel länger

werden können. Die vielleicht schwierigste Aufgabe bestand darin, ganze Bibliotheken von Theorien und Informationen in einzelnen Kapiteln zusammenzufassen und nur eine Handvoll repräsentativer Fälle aus Tausenden von faszinierenden Berichten auszuwählen.

Ich habe mich dazu entschlossen, das Werk nicht mit einem allzu wissenschaftlichen Apparat zu belasten. Das hat dazu geführt, daß der Text von numerierten Fußnoten weitgehend freigeblieben ist. Dafür wird jeder Leser, der einzelnen Fällen nachgehen möchte oder eine meiner Behauptungen anzweifelt, am Ende des Buches einen Abschnitt mit Anmerkungen finden. Bei den meisten handelt es sich um reine Quellenangaben, aber gelegentlich wird man auf eine Erwähnung aus dem Haupttext stoßen, die sich auf ein spezielles Thema bezieht. Dort, wo es möglich war, habe ich versucht, solche Themen in den Anmerkungen ein wenig zu vertiefen.

Eine andere Praxis, die Wissenschaftler irritieren mag, betrifft die nicht vollständige Markierung von ausgeklammerten Textpassagen in Zitaten durch [...]. In Zitaten, in denen Klammern vorkommen, sollte der Leser davon ausgehen, daß weitere kurze Passagen ausgeschnitten sein können.

Wie jeder Autor bin ich zahlreichen Personen zu Dank verpflichtet. Viele Freunde und Kollegen haben direkt oder indirekt dazu beigetragen, daß dieses Buch geschrieben werden konnte. Unter denen, die besondere Mühen in Kauf nahmen, waren Brian Chapman, Hilary Evans, Luigi Garlaschelli, Ted Harrison, Patrick Huyghe, Alice Keens-Soper, Karen Krizanovich, Kevin McClure, Joe McNally, Steve Moore, Bob Rickard, Paul Sieveking und Dennis Stacy. Widmen aber möchte ich das Buch John Brown und meiner Frau Penny, die es mir ermöglicht haben, es in ihrer Mitte zu schreiben; und Ffion, der es hoffentlich eines Tages lesen wird.

Mike Dash *London, im Februar 1997*

Einleitung: An einem Grenzübergang

Wir alle haben schon einmal etwas gesehen oder erfahren, das wir uns nicht erklären konnten – nehmen Sie einen merkwürdigen Zufall oder den erstarrten Moment eines Déjà-vu, oder etwas weniger Gewöhnliches wie ein kurioses Licht am Himmel oder eine Milch trinkende Statue.

Diese einfache Beobachtung ist der Schlüssel zum Verständnis unseres großen Interesses am Unbekannten. Was immer uns Obrigkeit, Wissenschaft, skeptische Freunde oder unser gesunder Menschenverstand berichten – wir wissen, daß merkwürdige Dinge geschehen, weil wir sie selbst erlebt haben. Jeder betritt die Grenzwelten mindestens einmal in seinem Leben.

Eines Morgens verließ Tom D'Ercole sein Haus und blickte zufällig zum Himmel auf. Dort, nicht weit über dem Dach des Hauses, sah er eine kleine runde Wolke von der Größe eines Basketballs, die sich deutlich von den vereinzelten Kumulocirrus-Fetzen weit darüber abhob. Während er sie betrachtete, begann die Wolke, allmählich größer und dunkler werdend, über seinem Haus hin- und herzuschweben, bis sie sich zu seinem Erstaunen rasch zusammenzog, die »Lippen« spitzte und einen kräftigen Strahl Flüssigkeit auf ihn und sein Auto spritzte.

Im nächsten Moment endete der ungewöhnliche Schauer, und die merkwürdige Wolke löste sich unvermittelt auf.

D'Ercole überprüfte seine triefende Kleidung, dann fuhr er zu der Schule in Garden City, New York, an der er als Lehrer für Naturwissenschaften arbeitete. Dort unterzog er die Flüssigkeit, die ihn durchnäßt hatte, einem pH-Test. Es war Wasser.

In den Grenzwelten sind solche Vorkommnisse nicht ungewöhnlich. Das Bekannte verschmilzt mit dem Unbekannten (wobei das Erlebte sowohl furchterregend als auch vergnüglich sein kann), und Dichtung geht allmählich in Wahrheit über. Sie sind Grauzonen, obwohl die Geschehnisse, die sich dort abspielen, häufig sehr farbenfroh sind. Wir haben immer gewußt, daß sie existieren. Seit Jahrhunderten untersuchen wir sie, unbeeindruckt von der Tatsache, daß sie weitgehend unbetretenes Gebiet bleiben. Bestehende Reiseführer genügen für dieses Gebiet nicht, führen manchmal sogar gefährlich in die Irre. Trotzdem können wir die Grenzwelten nicht ignorieren. Sie umgeben uns, und die Erweiterung unseres Wissens auf beinahe allen Gebieten ermöglicht es uns, sie genauer zu untersuchen und besser zu verstehen.

Die vor uns liegende *terra incognita* ist von immenser Weite. Sie dehnt sich, trotz des beachtlichen Vorrats an Daten und Beweisen, der bereits gesammelt wurde, rasch aus, weil die meisten Antworten zunächst einmal Fragen voraussetzen und weil jede Wissenschaft ihre Anomalien, jede Geschichte ihre Revisionisten und jede Religion ihre Schismatiker und Ketzer hat. Das Betreten dieser Regionen kann sehr leicht sein. Denn trotz des ganzen Hokuspokus, den Okkultisten veranstalten, ist die Mehrheit der Grenzübergänge nicht durch massive Tore gesichert, die sich nur mit einem Paßwort oder besonderem Ritual öffnen ließen, sondern durch gewöhnliche Türen begehbar, die ständig halb offenstehen. An solchen Grenzübergängen befinden sich Realität und Unwirkliches so dicht beieinander, daß wir es nicht immer bemerken, wenn wir uns von einer Welt in die andere begeben.

Niemand hätte mehr in der Realität verwurzelt sein können als Tony Clark, ein Bauingenieur, der mit der Errichtung einer Zementfabrik im Iran beauftragt war. Er hatte keine Ahnung, daß er in eine Grenzwelt übergetreten war, als er die Stadt Manjil, nahe dem Kaspischen Meer gelegen, verließ, um in das 230 Kilometer entfernte Teheran zurückzufahren. Zu jener Zeit – Mitte der 50er Jahre – war Manjil ein abgelegener Ort, und Clark und sein iranischer Begleiter hatten lediglich etwas ungesäuertes Brot und *dugh*, eine Art flüssigen Joghurt, zu sich genommen, bevor sie losgefahren waren. Sie hatten Hunger, aber während ihr Wagen etwa 80 Kilometer vor der nächstgelegenen Stadt langsam ein Hochplateau erklomm, mußten sich die Männer damit abfinden, daß ihre Aussichten, auf eine reichhaltige Mahlzeit zu stoßen, sehr gering waren. Im günstigsten Fall würden sie auf ein *tchae khana* stoßen – eine Bar am Straßenrand, in der die Hauptspeise schlimmstenfalls aus einem Glas dünnen Tees bestand, der durch ein Stück Zucker gefiltert wurde, das man sich zwischen die Zähne klemmte. In diesem Moment passierten sie eine auffällige Landmarkierung – auf einem Berggipfel balancierte ein großer, querliegender Felsen. Darunter befand sich ein Dorf, das über ein *tchae khana* verfügte. Die Gaststätte war in einem langen, kühlen Gebäude untergebracht und voller iranischer Lastwagenfahrer, die an blubbernden Wasserpfeifen zogen. Geleitet wurde sie von einem Armenier, der sofort auf die neuen Gäste zueilte, ihnen eine Mahlzeit anbot und sich in einwandfreiem Englisch als Mr. Hovanessian vorstellte.

Froh über die Gelegenheit, ihre leeren Mägen füllen zu können, nahmen Clark und sein Begleiter die Einladung an, und binnen kurzer Zeit servierte ihnen Mr. Hovanessian persönlich zwei Schalen einer köstlichen, eisgekühlten

Suppe, die auf Gurken, Rosinen und Joghurt basierte. Anschließend folgten eine Portion delikat gewürzter, gefüllter Weinblätter und ein gleichfalls phantastisches *chelo kebab*, das iranische Nationalgericht. Die Männer beendeten ihre Mahlzeit mit türkischem Kaffee, den sie voller Zufriedenheit schlürften. Clark beschrieb die Atmosphäre knapp 40 Jahre später als nebelhaft und beinahe unwirklich. Dann war die Zeit zum Aufbruch gekommen. Die Rechnung für das wahrscheinlich beste Essen, das die Ingenieure je gegessen hatten, fiel lächerlich gering aus. Mr. Hovanessian forderte die beiden Gäste auf wiederzukommen, so daß sie sich, als sie das Dorf verließen, die Anzahl der von Manjil aus zurückgelegten Kilometer notierten.

Natürlich erzählte Clark vielen seiner Freunde von dieser außergewöhnlichen Entdeckung; die meisten äußerten sich skeptisch – es sei kaum möglich, in einer derart unwirtlichen Gegend auf ein Restaurant dieser Kategorie zu treffen. Also war er hocherfreut, als er drei Monate später zusammen mit einem der größten Zweifler an seiner Geschichte – ebenfalls ein Engländer – die gleiche Reise erneut unternehmen konnte. Die Umstände waren beinahe identisch. Wieder waren die Männer im Auto hungrig und müde, während sie das Plateau hinauffuhren. Clark überprüfte den Kilometerstand und kündigte an, daß sie sich nur noch acht Kilometer von dem Dorf entfernt befänden, und tatsächlich tauchte wenig später die kleine Ortschaft im Blickfeld auf, wie beim ersten Mal durch die auffällige Gesteinsformation markiert. Aber das fabelhafte *tchae khana* von Mr. Hovanessian war verschwunden, und es gab keinen Hinweis darauf, daß es jemals existiert hatte. Eine Befragung der Dorfbewohner erwies sich als fruchtlos. »Ein *thae khana*?« fragte einer Clark. »Seit ich hier lebe – also seit 40 Jahren –, hat es hier nie eines gegeben.«

Tony Clark konnte sich nicht erklären, was aus seinem

Phantom-Restaurant geworden war oder wie er zu der beeindruckenden Mahlzeit in dem Wirtshaus, das er »das beste Restaurant der Welt« genannt hatte, gekommen war. Er entwickelte keine Theorie über eine geisterhafte Begegnung, eine Halluzination oder einen Tagtraum, und 40 Jahre später wäre es schwierig, wenn nicht unmöglich, seine Erfahrung auf befriedigende Weise nachzuprüfen. Sie wird uns für immer so unwirklich erscheinen, wie sie ihm real vorkam.

Dennoch sollte niemand daran zweifeln, daß Erlebnisse in Grenzwelten auch reale Auswirkungen haben. Die Konsequenzen können sehr persönlicher Art sein, wie im Fall einer schwedischen Frau, die eine Spirale zur Verhütung benutzte. Kurz nachdem sie im Fernsehen Uri Geller bei einer seiner außergewöhnlichen Darbietungen gesehen hatte, entdeckte sie, daß sie schwanger war. Eine eingehende Untersuchung enthüllte, daß sich ihr Intrauterinpessar auf unerklärliche Weise gestreckt hatte. Sie bezichtigte den mentalen Verformer, für ihre mißliche Lage verantwortlich zu sein ...

Manchmal sind solche Auswirkungen auch äußerst tragisch: Auf der anderen Seite des Erdballs verlor der Straßenarbeiter Edward Baldock sein Leben, weil eine Frau aus Brisbane namens Tracey Wigginton drei Freundinnen davon überzeugt hatte, daß sie ein Vampir sei, der Gedanken lesen und Menschen bis auf ihre Augen verschwinden lassen könne. In dem eifrigen Bemühen, sie zu unterstützen, halfen die Freundinnen ihr dabei, den betrunkenen Baldock in eine Falle zu locken und umzubringen. Anschließend sahen sie zu, wie Tracey in Ekstase Blut aus dessen Hals sog.

Manchmal verändern merkwürdige Ereignisse den Lauf der Geschichte. Die göttlichen Eingebungen der heiligen Johanna, der Jungfrau von Orléans, zum Beispiel inspirierten die Franzosen zu einem Gegenangriff, der die Engländer endgültig aus Frankreich vertrieb. Als eine junge Frau namens Nonquawuse vom Stamm der Xhosa eines Tages im Jahre 1856 auf einem Feld ihrer Familie stand, bemerkte sie zwei Gestalten, die sich im Gebüsch am Rande ihres Gartens aufzuhalten schienen. Diese »Geister« riefen Nonquawuse zu sich und beauftragten sie, ihrem Volk folgende beunruhigende Nachricht zu übermitteln: Es habe gesündigt, und als Folge dessen würden all sein Vieh und die ganze Ernte vernichtet werden. Die einzige Lösung für ihr Volk bestehe darin, wurde dem Mädchen gesagt, die Tiere zu schlachten und die Ernte zu vernichten. Falls dies geschehe, würden die Toten aus ihren Gräbern auferstehen, die Kranken und Verkrüppelten geheilt, und gesundes Vieh, kräftige Pferde und legefreudiges Geflügel würden sich von der Erde erheben, so daß die gesamte Xhosa-Nation reich und zufrieden die Früchte ihres Glaubens ernten könne.

Im Lauf der Zeit scharte die Prophetin Nonquawuse viele Bekehrte um sich. Mehrere Häuptlinge traten an ihre Seite, dann konvertierte auch Sarhili, der König der Xhosa. Mit Hilfe seines Einflusses gelang es der jungen Frau, beinahe das ganze Volk dazu zu überreden, die Anweisungen der Geister auszuführen. Ungefähr 400 000 Stück Vieh wurden geschlachtet, die Ernte vollständig verbrannt – aber die Prophezeiungen Nonquawuses erfüllten sich nicht. In der Folge verhungerten schätzungsweise 40 000 der 105 000 Xhosa langsam und qualvoll, und viele waren gezwungen, ihr Land zu verlassen, um zu überleben, so daß die gesamte Region schließlich in der britischen Kolonie Südafrika aufging. Die Vision der jungen Frau auf dem Feld war unmittelbar für eine der verheerendsten Katastrophen in der afrikanischen Geschichte verantwortlich.

Was sollen wir also erwarten, wenn wir an einem dieser unbewachten Grenzübergänge stehen? Innerhalb der

Grenzwelten erblicken wir möglicherweise silbrig glänzende Scheiben, die über den Himmel gleiten, oder Statuen, die weinen und sich bewegen, trinken und menstruieren. Dort leben Großkatzen, die so real sind wie die im Dschungel und sich ihr Territorium mit geisterhaften pechschwarzen Hunden mit tellergroßen Augen teilen. Vom Himmel regnet es Fische, Frösche und Heu. Die Flammen eines verbrennenden Mannes schießen ohne Vorwarnung aus seinem Bauch, Lebende erhalten Telefonanrufe von Toten, und über die Meere gleiten Phantomschiffe mit Masten und Spieren, die in phosphoreszierendem Licht leuchten.

Einiges von dem, was wir sehen oder hören werden, ist real. Als Beispiel für diese Kategorie von Phänomenen läßt sich das kleine Mysterium von Haustieren anführen, die ihrem Zuhause über riesige Entfernungen zustreben. Derart entschlossene Tiere haben Reisen von Hunderten, manchmal Tausenden von Kilometern unternommen, um ihren menschlichen Besitzern wieder nahe zu sein. Manche sind nicht einfach nur in ihre »Heimat« zurückgekehrt, was durch einen außergewöhnlichen Erinnerungs- und Orientierungssinn erklärt werden könnte. Sie folgten ihren Besitzern, die die Tiere zurückgelassen hatten, nachdem sie in eine andere Gegend oder ein anderes Land gezogen waren. Der bekannteste und verwirrendste Fall ist der des Hundes Prince, einer Mischung aus Collie und Irish Terrier, der 1914 bei James Brown und dessen Frau im irischen Buttevant lebte. Als der Krieg ausbrach, ging Brown als Soldat nach Frankreich, während seine Frau nach London umzog und Prince mitnahm. Einige Zeit danach verschwand der Hund. Zwei Wochen später tauchte er in Browns Quartier in Armentières nahe der Front in Frankreich auf, wo er, was kaum überrascht, als Glücksbringer empfangen wurde. Bobbie, ein anderer Collie, wurde im August 1923 von seinem Besitzer auf eine 5 000 Kilometer lange Reise von Silverton in Oregon nach Wolcott in Indiana mitgenommen. Dort vertrieb ihn ein Rudel einheimischer Tiere, und der Besitzer konnte ihn nicht mehr finden, als er die Heimreise antreten wollte. Sechs Monate später kehrte Bobbie nach Silverton zurück, nachdem er drei große Flüsse, die Rocky Mountains und die Great Plains überquert hatte. Schlafend wurde er auf dem Grab eines Foxterriers gefunden, der als kleiner Hund sein Begleiter gewesen war, und an einer Narbe und einer alten Hüftverletzung erkannt. Als Belohnung erhielt Bobbie ein goldenes Halsband, mehrere Orden und eine neue Hundehütte in Bungalowform. Die Rückkehr des Tieres stieß auf ein so großes öffentliches Interesse, daß sich Zeugen meldeten, die ihm unterwegs begegnet waren. Aus ihren Erzählungen ging hervor, daß der Hund zunächst in einem Bogen von 1 500 Kilometern herumgeirrt sein und oft die falsche Richtung eingeschlagen haben mußte, bevor es ihm irgendwie gelungen war, den richtigen Weg nach Hause zu finden.

Am anderen Ende des Extrems stoßen wir auf Phänomene, die durch Wunschdenken, fehlerhafte Nachforschungen und Mißdeutungen entstehen, wie zum Beispiel das sagenumwobene Bermuda-Dreieck. Anfang der 70er Jahre erlangte dieser vermeintliche Friedhof von Schiffen und Flugzeugen Popularität durch Journalisten, die innerhalb der formlosen Grenzen des Dreiecks eine besondere Häufigkeit von Unglücksfällen entdeckt haben wollten und ohne besondere Rücksicht auf Richtigkeit voneinander abschrieben. Schließlich nahm es Lawrence Kusche, ein Bibliothekar der Universität von Arizona, auf sich, jeden Bericht mit den Originalquellen zu vergleichen. Er fand heraus, daß viele der bekanntesten Fälle rationale Erklärungen hatten – ein verschollenes Schiff hatte im Hafen gelegen, als es von einem Hurrikan überrascht und von seinem Liegeplatz losgerissen worden war, viele der anderen Schiffe, die spurlos verschwunden waren, hatten nachweislich technische Mängel aufgewiesen. Schlimmer noch: Mehrere der angeblichen Opfer aus dem Bermuda-Dreieck waren tatsächlich an Orten verschwunden, die einige tausend Kilometer davon entfernt lagen, beispielsweise an der Pazifikküste Mexikos oder vor der brasilianischen Küste. Das Dreieck wurde als reiner Mythos entlarvt – was nicht bedeutet, daß auf See nichts auf unerklärliche Weise verschwindet, nur weil es an Beweisen für eine größere Häufigkeit an bestimmten Orten mangelt.

Im großen und ganzen sind die Grenzwelt-Geschehnisse, die als wahr berichtet werden, zwar faszinierend, aber im wissenschaftlichen Sinne des Wortes keine Beweise. Berichte von seltsamen und ungewöhnlichen Ereignissen tendieren dazu, subjektiv und nicht objektiv zu sein. Allerdings ist eben die spezielle Subjektivität mancher Phänomene auch der Schlüssel zum Verständnis.

Ein gutes Beispiel für ein subjektives Phänomen: der »Schlafzimmergeist«, der für die Menschen, die ihm begegnen, äußerst real und furchterregend ist. Dabei handelt es sich um ein Gespenst, das sich innerhalb eines Hauses materialisiert, ohne Fenster oder Türen zu öffnen, und zwar häufig dann, wenn die Zeugen dösen oder schlafen. Diese Eindringlinge sind in der Mehrzahl weiblich. Viele werden als abscheulich häßliche alte Weiber beschrieben, die sich auf die Brust ihres Opfers hocken und es beinahe ersticken. Manchmal werden noch bizarrere Kreaturen gesehen, wenn die Zeugen hellwach sind. Ein solcher Fall trat ein, als der 13jährige Randy P., der mit seiner Familie in einem Wohnmobil in Simi Valley, Kalifornien, lebte, aus der Schule kam und eine Gestalt vorfand, die in einem der Wohnzimmersessel saß. »Da war ein kleines, spitzbäuchiges Wesen mit einem großen Kopf, höchstens 60 Zentimeter groß«, erinnerte er sich. »Es war pechschwarz, hatte rotglühende Augen und zwei kleine weiße Fangzähne, die aus dem breiten Mund herausragten, und die Ohren waren nach oben zugespitzt.« Merkwürdigerweise fürchtete Randy sich nicht und hielt das Wesen nicht für bösartig. Als er darauf zuging, bemerkte er, daß es seinen Kopf drehte, um ihn anzusehen. Als er sich ihm bis auf eineinhalb Meter genähert hatte, verschwand das Wesen. Ein paar Monate später tauchte es wieder auf, wieder am Tag. Diesmal saß es mit übereinandergeschlagenen Beinen in einem Regal im Schlafzimmer des Jungen. Es grinste ihn breit an, bevor es erneut plötzlich verschwand. Das war vorerst das Ende der Geschichte des kleinen, spitzbäuchigen Dämons. Einige Jahre später kehrte Randy dann eines Abends gegen 22 Uhr in seinen Schlafsaal im College zurück. Ohne einschlafen zu können, lag er auf seinem Bett, denn der Lärm einer draußen stattfindenden Party hielt ihn wach. Gegen Mitternacht löste sich die Feier auf, aber Randy konnte noch immer nicht schlafen. Bei eingeschalteter Deckenbeleuchtung saß er auf seinem Bett und las, als er gegen ein Uhr morgens fühlte, wie etwas über seinem Kopf durch die Wand in den Raum eindrang. Es war unsichtbar, aber Randy hörte oder fühlte das markante Klatschen und Flattern von ledrigen, fledermausartigen Flügeln, während sein Besucher durch den Raum flog und diesen auf der anderen Seite durch die Wand wieder verließ. Diese »Invasion«, die ihn sehr erschreckte, dauerte nicht länger als drei oder vier Sekunden.

Solche Berichte belegen, daß nicht alle bizarren Erfahrungen stattfinden, wenn der Zeuge schläft. Manche ereignen sich am hellichten Tag und in sehr vertrauter Umgebung. Beispielsweise enthielt der *Guardian* vom 30. November 1976 den folgenden bemerkenswerten Brief, unterschrieben mit »ein Lehrer aus Wiltshire«:

»Vor einigen Jahren – ich lehrte an einer kleinen Dorfschule in Ostengland – erklärte der Ehemann der Hausmeisterin, daß er gegen 22.30 Uhr, als er mit dem Hund spazierengegangen sei, im Schulhof merkwürdige orangefarbene Lichter gesehen habe. Zyniker behaupteten, daß dies vor allem an seinem Bierkonsum gelegen haben könnte. Ich dachte nicht weiter darüber nach.

Am nächsten Tag brachte mir ein kleiner Junge eine Spielzeugpistole aus Plastik, die er in der Nähe der Schule gefunden hatte. Ich legte sie in meine Schreibtischschublade und wollte warten, bis jemand danach fragen würde.

Kurz vor dem Ende eines hektischen vorweihnachtlichen Nachmittages war ich nicht mehr dazu in der Lage, das ständige, störende Geschnatter einer gewissen Sandra zu tolerieren. Daher richtete ich, einem Impuls folgend, die Pistole auf sie und sagte im Geiste zu ihr: »Hab' ich dich erwischt!«

Zu meiner Verblüffung verschwand sie auf der Stelle. Die anderen Kinder, die ihren andauernden Banalitäten sowieso keine Beachtung mehr geschenkt hatten, bemerkten es nicht einmal.

Am Ende der Unterrichtsstunde entließ ich die Schulklasse und setzte mich in dem schlecht beleuchteten Raum an mein Pult, um über diese noch nie erlebte Situation nachzusinnen. Plötzlich wurde ich mir der Anwesenheit eines Mannes bewußt, der in meiner Nähe stand und eine Art Overall trug. Ich nahm an, daß er der Vater eines Schulkindes war und sich auf dem Nachhauseweg von der Arbeit befand. Er streckte seine Hand aus, und in der Handfläche lag eine weitere Spielzeugpistole. Wortlos reichte ich ihm die meinige. Er untersuchte sie kurz, legte einen kleinen Hebel an der Seite um, richtete sie in eine Ecke des Zimmers und zog den Abzug durch.

Zu meiner völligen Konsternierung erschien Sandra wieder, mitten im Redeschwall begriffen. Sie hielt nur lang genug inne, um zu bemerken, daß es an der Zeit war heimzugehen. Während ich wie angenagelt sitzenblieb, verschwanden Sandra und der Fremde getrennt in der Abenddämmerung.«

Keine Erfahrung könnte es einem Skeptiker schwieriger machen zuzugestehen, daß sie womöglich auf irgendeine Weise in der Realität verwurzelt war. Es erscheint absolut unfaßbar, daß die anderen Kinder das Verschwinden ihrer Klassenkameradin nicht bemerkt haben und der Lehrer bis zum Ende der Unterrichtsstunde damit gewartet hat, eine Suche in Betracht zu ziehen. Dennoch wirkte das Erlebnis auf den Lehrer zum damaligen Zeitpunkt äußerst real. Auch gut bezeugte Phänomene können also unbegreiflich und schwer zu deuten sein.

Letzteres war mit Sicherheit am 30. Oktober 1917 der Fall, als sich etwa 70 000 Menschen in einer 500 Meter breiten Landsenke im portugiesischen Cova da Iria nahe Fátima in der Hoffnung zusammendrängten, einem Ereignis beizuwohnen, das die sechste und letzte Erscheinung der Jungfrau Maria vor einem Trio von Bauernkindern werden sollte. Gegen Mittag erblickten die Kinder wie auf Stichwort einen Lichtblitz, und Maria erschien und unterhielt sich mit ihnen. Niemand in der Menge sah oder hörte etwas von der Kontaktaufnahme. Aber nach der kurzen Unterhaltung sah die zehnjährige Lucia Santos (vielleicht ging es den beiden anderen Kindern genauso) Christus und andere Heilige, die zusammen mit der Jungfrau am Himmel erschienen. Auf einen Hinweis des Mädchens blickte die Menge nach oben zur Sonne, und in diesem Moment geschah jenes Wunder, das ihnen angekündigt worden war: Ein Teil der Menschenmenge – wenn auch weniger als die Hälfte, wie die Berichte vermerken – sah die Sonne rotieren und tanzen, während sich die Farbe des Himmels von Grau in lebhaftes Blau verwandelte. Dies mag eine Einbildung gewesen sein, die durch die Erwartungshaltung ausgelöst wurde, oder eine kollektive Halluzination. Niemand hat bislang einen Mechanismus beschrieben, der eine solche, von 30 000 Menschen geteilte Erfahrung erklären könnte. Darüber hinaus wurde der »Tanz der Sonne« von verschiedenen unabhängigen Zeugen in bis zu drei Kilometern Entfernung beobachtet. Dennoch ist unbestritten, daß die Sonne ihren Platz am Himmel an diesem Tag nicht verlassen hat. Wenige der damals Anwesenden scheinen in ihren Beobachtungen übereinzustimmen. So sahen einige die Sonne wie ein fallendes Blatt von einer Seite zur anderen schwingen, andere behaupten, sie habe sich in wilden Kreisen wie ein Feuerrad gedreht. Und obwohl es Bilder gibt, die Mitglieder der Menge während der Beobachtung des Wunders zeigen, hat offenbar niemand den Tanz der Sonne selbst fotografiert. Der einzige Schnappschuß, von dem manchmal behauptet wird, er zeige das Phänomen, wurde als Foto einer Sonnenfinsternis aus der Zeit vor 1917 identifiziert. Man sollte meinen, daß nichts weniger subjektiv ist als eine Vision, die von Zehntausenden unter Anwesenheit von Wissenschaftlern und Journalisten geteilt wird. Doch genausogut hätte das Sonnenwunder von Fátima, das – abgesehen von seiner religiösen Bedeutung – als das am besten bezeugte Phänomen dieses und wahrscheinlich auch jedes anderen Jahrhunderts gilt, Randy P. in seinem Wohnwagen widerfahren können. Auch dann wären wir heute nämlich nicht schlauer.

Die Unterschiede in Bewertung und Interpretation, die die Menge bei Fátima spalteten, sind mit Sicherheit nicht auf jene Menschen beschränkt, die persönlich Zeuge außergewöhnlicher Ereignisse geworden sind. Eine Überprüfung historischer Quellen erweist sich oft als gleichermaßen problematisch. Iman Wilkens zum Beispiel, eine niederländische Gelehrte, gelangte nach mehreren Jahrzehnten intensiver Studien zu der Überzeugung, daß die Ereignisse, von denen Homer in *Ilias* und *Odyssee* berichtete, nicht in Kleinasien stattgefunden hätten, sondern in den Moorgebieten Ostenglands. Troja ist für Wilkens nicht die staubige archäologische Ausgrabungsstätte, die von Heinrich Schliemann in der Türkei entdeckt und freigelegt wurde, sondern Wandlebury Ring in den Gog-Magog-Bergen in der Nähe eines Fastfood-Restaurants an der Kreuzung der A 11 und der A 604 – eine Enthüllung, die eine Zeitung zu der Überschrift »Troja neben einem Schnellimbiß an der A 11 entdeckt« verleitete. Auf ähnliche Weise »löste« Kamal Salibi, ein libanesischer Christ und Wissenschaftler, einige Ungereimtheiten der Bibel, indem er die historischen Ereignisse in die südlichen Hedschas in Saudi-Arabien verlegte. Comyns Beaumont, ein prominenter Journalist der *Daily Mail*, hätte diesen Vorschlag höchstwahrscheinlich in Frage gestellt. Denn Beaumont schrieb ein ganzes Buch, um zu beweisen, daß Galiläa in Wahrheit in Somerset lag und Edinburgh einst den Namen »Jerusalem« trug.

Die Problematik solcher Theorien – Salibi und Beaumont können nicht beide recht haben – ist zu beachten, wenn wir versuchen, die Grenzwelten über frühzeitliche Chroniken und Erzählungen zu erschließen. Selbstverständlich können solche Quellen reich an anregenden Parallelen zu den Fallstudien und Überlegungen heutiger Forscher sein, aber sie führen eben womöglich in die Irre, wenn sie aus dem Zusammenhang gerissen werden. Letzteres erfährt eine deutliche Bestätigung durch die kürzliche Neubewertung einer der außergewöhnlichsten Überlieferungen, die in zwei Chroniken aus dem frühen 13. Jahrhundert auftaucht: die

Geschichte der »grünen Kinder«. Diese Kinder, ein Junge und ein Mädchen, wurden irgendwann während der Herrschaft von König Stephen (1135–1154) in Wolfsfallen aufgefunden, die um das Dorf Woolpit in Suffolk herum gegraben worden waren. Nicht nur ihre Kleidung, sondern auch ihre Haut war von grünlicher Färbung, und zunächst nahmen sie nichts anderes als grüne Bohnen zu sich. Die Kommunikation erwies sich als schwierig, weil die Kinder lediglich eine unverständliche Sprache beherrschten. Bevor man viel über sie in Erfahrung bringen konnte, starb der Junge.

Aber das Mädchen wuchs heran, gewöhnte sich an ausgewogene Nahrung (wodurch ihre Haut eine normale Farbe annahm), lernte Englisch und heiratete schließlich einen Mann aus King's Lynn. Von der Heranwachsenden erfuhr man durch Befragungen nach und nach, daß die Kinder aus einem christlichen Land gekommen seien, das sie »St. Martins« nannte und das in immerwährendem Zwielicht liege. Von dort aus seien sie, dem Klang von Kirchenglocken folgend, auf einem unterirdischen Weg zu dem Ort gegangen, an dem man sie gefunden habe. Nun könnte diese Geschichte ein symbolisches Märchen sein oder nahelegen, daß die Kinder aus einem unterirdischen Königreich oder einem Paralleluniversum stammen. Doch sie wurde auf eine viel weltlichere Weise ausgelegt, und zwar als die Geschichte zweier verwahrloster, unterernährter Kinder aus dem Dorf Fornham St. Martins in Suffolk, die sich im Bürgerkrieg, der zu Stephens Zeit herrschte, verirrt hatten und nach einem längeren Fußmarsch durch die Stollen der neolithischen Feuersteinminen im Thetford Forest in die Nähe von Woolpit gelangt waren. Nach dieser Erklärung entstand die Hautfärbung, die die Berichtschreiber so alarmiert hatte, durch eine Form von Anämie (»grüne Chlorose«), die dafür bekannt ist, daß sie eine grünliche Hauttönung hervorruft.

Die unverständliche Sprache war nichts weiter als ein breiter regionaler Dialekt.

In einem ähnlich liegenden Fall haben Zoologen auf ihrer Suche nach der »Großen Seeschlange« die Entdeckung von frühen Augenzeugenberichten, die in den Gerichtsprotokollen Norwegens auftauchen und vor der Justiz beschworen worden waren, zunächst enthusiastisch aufgenommen. Wer würde schon vor Gericht einen Meineid leisten, nur um eine solche Erfahrung publik zu machen? Aber dieselben Aufzeichnungen enthalten auch beeidigte Zeugenaussagen über heutzutage weitaus weniger glaubhafte Begegnungen mit Trollen: Ein gewisser Peter Rahm gab 1671 in Jamtland die notariell beglaubigte Anzeige auf, daß seine Frau von solchen Wesen entführt worden sei, um für sie als Hebamme zu fungieren. Es erscheint willkürlich, den einen Bericht als Beweis zu akzeptieren und den anderen zurückzuweisen, nur weil ersterer besser in unsere Auffassung von Realität paßt.

Die Untersuchung seltsamer Phänomene muß also mit einer genauen Überprüfung der Zeugen und einem tieferen Verständnis von deren Ansichten einhergehen. Beispielsweise gibt es Unterschiede darin, wie UFOs in den Vereinigten Staaten, in Europa und in einigen afrikanischen Gesellschaften wahrgenommen werden. Unabhängig davon, ob es sich tatsächlich um außerirdische Raumschiffe handelt oder nicht, legen die Details, die registriert und berichtet werden, nahe, daß sie mit den jeweiligen kulturellen Umständen zusammenhängen. Die Häufigkeit der Berichte weist Parallelen zum Grad des westlichen Einflusses in den entsprechenden Kulturen auf. Ebenso gibt es Wahrnehmende, die in der Lage sind, das Weltliche auf spektakuläre Weise als unerklärlich darzustellen: In einem extremen Fall betrachtete jemand den Mond und sah eine fliegende Untertasse.

Zum Teil entsteht das Problem durch die Erwartungshaltung. Dort, wo schon einmal von einem Phantom berichtet wurde, mögen auch andere lauern. Menschen neigen dazu, sofort das Schlimmste anzunehmen, wenn zum Beispiel das Leben eines Kindes in Gefahr ist. Das gleiche Prinzip läßt sich möglicherweise auf UFO-Entführungen anwenden. In einem kürzlich aus Schottland berichteten Fall beschrieben die beiden Hauptzeugen, wie sie nachts allein durch das Moor fuhren und ein seltsames Licht am Himmel beobachteten, das sich ihnen näherte. In ihrer Erinnerung an die folgenden Momente fehlte ein Stück – sie setzte erst erheblich später und ein Stück die Straße hinunter wieder ein. Dies ist eine typische Erfahrung »fehlender Zeit«, die sich unter Hypnose häufig zu einer richtiggehenden Entführung auswächst. So auch in diesem Fall. Doch hier könnte der Schlüssel in einem kleinen, nebensächlichen Detail liegen, das einer der Zeugen dem Mann gegenüber, der ihre Erfahrung untersuchte, erwähnte: Sobald sie das merkwürdige Licht wahrgenommen hatten, verriegelten sein Begleiter und er die Autotüren – ein eindeutiger Hinweis darauf, daß merkwürdige Lichter oft mit UFOs und UFOs mit der gewaltsamen Entführung von Opfern aus ihren Fahrzeugen gleichgesetzt werden. Bei solch hohen Erwartungen überrascht es nicht allzusehr, daß die Männer tatsächlich berichteten, an Bord eines außerirdischen Raumschiffes gebracht worden zu sein.

Es gibt viele offensichtlich glaubwürdige Zeugen des Unerklärlichen. Am 11. Juli 1881 befanden sich der zukünftige König George V. und sein Bruder Edward, der Herzog von Clarence, an Bord der *HMS Inconstant*, die durch die Bass-Straße von Melbourne nach Sydney fuhr. »Gegen vier Uhr morgens«, wurde im Logbuch des Prinzenschiffs notiert, »kreuzte der *Fliegende Holländer* unsere Route. Das Geisterschiff war in rotglühendes Licht getaucht, in dessen

Mitte sich die Masten, Spieren und Segel einer Brigg abzeichneten, als es in 200 Meter Entfernung Backbord voraus auftauchte.« Ein anderer König, seine Hoheit Jigme Dorgi Wangchuk, der König von Bhutan, berichtete, daß er den »rasch schwimmenden großen weißen Umriß« eines Ungeheuers in einem der Seen im Norden seines Landes gesehen habe. Außerdem gibt es noch andere ehrwürdige Zeugen: Präsidenten, Priester und Polizisten zum Beispiel. Jimmy Carter selbst berichtete einige Jahre vor seiner Wahl eine UFO-Sichtung, und ein anglikanischer Priester, Pater William Gill, war Hauptzeuge einer der bis heute verblüffendsten UFO-Begegnungen. Dabei sah eine große Anzahl von Zeugen ein Flugobjekt, das an zwei aufeinanderfolgenden Abenden über einer Mission in Papua-Neuguinea schwebte. Ein paar Jahre später entdeckte und fotografierte Jeff Greenhaw, der Polizeichef von Falkville in Alabama, einen Roboter in silberner Montur, der ihn allerdings abhängte, während der Sheriff ihn im Wagen eine unbefestigte Straße entlangjagte.

Alle diese Männer könnte man für zuverlässige Zeugen halten – sie sind zu nüchtern, um sich leicht verwirren zu lassen, zu verantwortungsbewußt, um wilde Spekulationen anzustellen, und haben zu viel zu verlieren, um zu lügen. Trotzdem kann jeder dieser Berichte angezweifelt oder einer ernsthaften Kritik unterzogen werden. Es gibt keinen eindeutigen Beweis dafür, daß sich einer der beiden Prinzen auf der *Inconstant* unter den 14 Seeleuten befand, die das Geisterschiff tatsächlich sahen. Dafür legen einige Hinweise nahe, daß der Bericht ausgeschmückt wurde und die Identifizierung des Phantoms als der *Fliegende Holländer* aus einer wenig glaubwürdigen Quelle stammt. Der König von Bhutan mag sehr wohl den weißen Umriß gesehen haben, den er beschrieb, aber sein Bericht ist von geringem Nutzen. Er kann die Existenz jener Art von Ungeheuern nicht belegen, die sich angeblich in Loch Ness aufhalten, denn die werden immer als schwarz, braun oder grau beschrieben. Jimmy Carters UFO wurde entweder als Fehldeutung des Planeten Venus oder als Luftspiegelung des Sterns Altair erklärt. Pater Gill könnte ebenfalls eine Luftspiegelung beobachtet haben, auch wenn das in seinem Fall weniger wahrscheinlich ist. Und was Jeff Greenhaw betrifft, so ließ eine Untersuchung darauf schließen, daß es sich bei seinem Bericht um eine Fälschung handelte, bei der eine Person in einem silberfarbenen Feuerwehr-Overall eine Rolle spielte.

Zusammenfassend betrachtet muß man folgern, daß es keine unanfechtbaren Beweise für das Unerklärliche gibt und wenig, was nicht auch scheinbar ehrbare Personen für Publicity, aus Spaß oder Geltungsbedürfnis tun würden. Noch bemerkenswerter ist die Tatsache, daß einige der Menschen, die andere willkürlich in die Irre führen, von den Konsequenzen ihrer Handlungen unbeeindruckt zu sein scheinen. Man kann sich über die Motive von Paul Ingram, dem Polizeichef von Washington State, nur wundern, denn er gab freiwillig zu, seine eigenen Töchter vergewaltigt, mißbraucht und als Teil eines Satanskultes, den er angeblich mit seiner Frau und anderen Polizisten praktizierte, zu einer inzestuösen Beziehung mit ihrem Bruder gezwungen zu haben. Sein ausführliches Geständnis brachte den Richter dazu, ihn zu 20 Jahren Gefängnis zu verurteilen, auch wenn er anschließend seine Aussage widerrief und viele seiner befremdlichen Beschreibungen nachweislich erfunden waren.

Derartige Handlungen sind nicht auf die USA beschränkt. In der Kleinstadt Halifax in Yorkshire berichtet 1938 ein Dutzend Frauen und Männer, daß sie von einem mysteriösen, rasiermesserschwingenden Angreifer attackiert und verletzt worden seien. Eine Untersuchung durch zwei von Scotland Yard abgestellte Beamte ergab, daß die Wunden zwar erschreckend echt waren, der wahnsinnige Attentäter aber nicht existierte. Seine vermeintlichen Opfer hatten sich die Arme und Gesichter selbst aufgeschlitzt, ohne dafür allerdings adäquate Begründungen liefern zu können. Wenn sogar scheinbar vernünftige und normale Menschen sich zu solch extremen Taten hinreißen lassen, muß man daraus schließen, daß Fälschungen sehr wahrscheinlich und wesentlich häufiger sind, als manche Forscher zugeben wollen.

Wenn weder das Erinnerungsvermögen noch der gute Ruf eine geeignete Sicherheit bieten, welche Gewißheit gibt es dann, daß irgend etwas, was in den Grenzwelten geschieht, real ist? Gelegentlich wurden physische Beweisstücke sichergestellt, und manchmal sind die Beweise sogar spektakulär. In Uniontown in Alabama fielen im Frühjahr 1956 Hunderte lebende Fische auf ein Stück Weideland von ungefähr 70 Quadratmetern Größe. Sie stammten aus einer kleinen, dunklen Wolke, die sich an einem ansonsten klaren Tag am Himmel gebildet hatte, und ihr Niedergang wurde von Mrs. Para Lee Phillips und deren Mann bezeugt. Als der außergewöhnliche Regen ungefähr 15 Minuten, nachdem er eingesetzt hatte, wieder aufhörte, konnte das Paar genügend Fische – Welse, Barsche und Brassen – einsammeln, um einen Wäschekorb von einem knappen Meter Durchmesser ungefähr 30 Zentimeter hoch zu füllen.

In den seltenen Fällen, in denen ein Phänomen über Wochen, Monate oder Jahre anhält, läßt sich mehr erkennen: In Hessdalen (Norwegen) und Gulf Breeze (Florida) hat das wiederholte Auftreten seltsamer Lichter am Himmel das Interesse der Forscher geweckt und zum Entstehen eines erheblichen Archivs mit Filmmaterial und Augenzeugenberichten geführt. Ganz selten ist es möglich vorherzusagen, wann etwas Merkwürdiges geschehen wird: Stigmatisierte – Menschen, die die Wunden aufweisen, welche Christus am Kreuz zugefügt wurden – neigen dazu, an Fest- und Feiertagen schlimmer als sonst zu bluten, besonders am Karfreitag. Außerdem begegnen einem Fälle, in denen die Beweise für Wunderliches erstaunlich zahlreich sind: Zum Beispiel gab es angeblich drei miteinander rivalisierende »Veronikas«, jene Stofftücher, in die sich angeblich auf wundersame Weise das Antlitz Jesu geprägt hatte, als er auf dem Weg nach Golgatha sein Gesicht damit trocknete. Zwei sind heute noch erhalten, eines befindet sich im Arbeitszimmer des Papstes in Rom. In verschiedenen Kirchen werden drei vermeintliche Köpfe von Johannes dem Täufer aufbewahrt, sowie mehrere vertrocknete Hautreste – sie sollen die Heilige Vorhaut Jesu darstellen, die ihm im Tempel abgetrennt wurde. (Ein solcher Hautrest, der in der Pfarrkirche von Calcata, nördlich von Rom, aufbewahrt worden war, wurde 1983 aus dem Kleiderschrank von Don Dario Magnoni, dem Geistlichen der Pfarrei, gestohlen und lenkte unwillkommene Aufmerksamkeit auf eine Kategorie von Reliquien, über die die Kirche ungern spricht.)

Allerdings sind die Beweise in der Regel weniger physisch und erheblich mehrdeutiger als in diesen Fällen. So existieren eine Vielzahl von Fotografien und Filmen seltsamer Phänomene und eine Handvoll Tonbandaufzeichnungen, Radarmessungen, Gipsabdrücke von Fußspuren und unter Hypnose abgegebene Aussagen, die sämtlich angezweifelt werden. Von den unzähligen UFO-Fotografien sind die meisten plumpe Fälschungen – auf Fensterscheiben geklebte Papierattrappen oder in die Luft geworfene Radkappen. Man nimmt an, daß die berühmteste dieser Aufnahmen, eine angeblich von einem Amateurastronomen und Hot-dog-Verkäufer namens George Adamski von unten aufgenommene fliegende Untertasse mit Bullaugen und drei kugelförmigen »Landekufen«, in Wahrheit entweder einen zerschnittenen Tropenhelm oder einen Hühnerbrutkasten zeigt.

Es hatte kein Foto von einem lebenden Seeungeheuer

gegeben – nicht eine einzige Veröffentlichung -, bis ein Exzentriker namens Doc Shiels in den späten 70er und frühen 80er Jahren mit mehreren Exemplaren an die Öffentlichkeit trat. Die meisten davon waren angeblich während einer Reihe von Sichtungen des örtlichen »Seeriesen« Morgawr in der Falmouth Bay aufgenommen worden. Eine genauere Untersuchung erbrachte, daß Shiels' langhalsiges, zweihöckriges Monster aus Knetmasse geformt und auf einer Glasplatte zwischen die Kamera und den Horizont gehalten worden war. Während der Blütezeit der Fotografie, Mitte des 19. Jahrhunderts, spezialisierten sich Dutzende von Fotografen auf die Produktion sogenannter »Geisterfotos«, die ein Modell porträtierten, das von den Geistern seiner verstorbenen Lieben umgeben war. Um den entsprechenden Effekt zu erzielen, verwendeten sie ausnahmslos Doppelbelichtungen und ungeschickt gearbeitete Kulissen aus Pappmaché. Heutzutage würde sich sogar ein überaus gutgläubiger Mensch schwertun zu glauben, daß diese Fotos tatsächlich zeigen, was sie zu zeigen vorgeben, aber zur damaligen Zeit wurden die Behauptungen oft für bare Münze genommen.

In einer Welt, in der die *Flat Earth Society* (Gesellschaft scheibenförmige Erde) und andere, weniger voreingenommene Vertreter felsenfest behaupten, daß Amerikas Mondlandungen in einem Filmstudio gefälscht worden seien, bleiben nicht einmal die vermeintlich schlüssigsten Beweise unangezweifelt. 1988 erklärte sich der Vatikan damit einverstanden, das berühmte Leichentuch von Turin – das mutmaßliche Bestattungstuch Christi – einer wissenschaftlichen Untersuchung unterziehen zu lassen. Es wurde eine Testreihe zur Altersbestimmung mittels der Radiokarbonmethode geplant, mit deren Hilfe man festzustellen hoffte, ob das Tuch tatsächlich aus dem ersten Jahrhundert stammte oder aus dem Mittelalter, dem Zeitpunkt der ersten historischen Berichte über seine Existenz. Skeptiker hatten argumentiert, das Bild eines gekreuzigten Mannes sei erst zu jener viel späteren Zeit von einem geschickten Fälscher auf das Tuch gezeichnet worden. Zur Durchführung der Untersuchungen wurden kleine Stücke des Stoffes abgeschnitten und, um sowohl Fairneß als auch Genauigkeit zu gewährleisten, an drei verschiedene, sorgfältig ausgewählte Labors in den Vereinigten Staaten und Europa verschickt. Die aus den Experimenten resultierenden Daten wurden anschließend zusammengeführt und ausgewertet und ermöglichten es den Forschern, »mit einer Wahrscheinlichkeit von 95 Prozent« zu verkünden, daß das Leichentuch zwischen 1260 und 1390 gewoben worden sei und daher eine Fälschung sein müsse.

Fast augenblicklich wurden die Untersuchungsergebnisse in Frage gestellt. Man führte an, daß die Radiokarbonmethode zur Altersbestimmung abweichende Ergebnisse erbringen könne, wenn die Proben kontaminiert worden seien (eines der für die Experimente ausgewählten Labors hatte einmal das Horn einer Kuh aus der Wikingerzeit auf das Jahr 2006 v. Chr. datiert). Das könnte geschehen sein, als das Leichentuch während eines Feuers in der Kathedrale von Turin im Jahr 1532 in Mitleidenschaft gezogen worden war. Ferner könne ein Energiestoß, der mit der Auferstehung einhergegangen sei, die chemische Zusammensetzung des Tuchs beeinflußt haben. Wenn die Ergebnisse nahegelegt hätten – möchte man hinzufügen –, daß das Leichentuch tatsächlich aus dem 1. Jahrhundert stammt, hätten sich andere Skeptiker zu Wort gemeldet und behauptet, es handle sich bei dem Leichentuch um das eines anderen Gekreuzigten oder um ein uraltes Stück Stoff, das eben in die Hände eines mittelalterlichen Fälschers gelangt sei.

Vielleicht sind sowohl der Mangel an Übereinstimmungen als auch die Meinungsverschiedenheiten bezüglich einer objektiven Realitätsauffassung ein Schlüssel zum Verständnis der Vorgänge innerhalb der Grenzwelten. In unserer verdrehten Zeit können Präzision und Klarheit verdächtig erscheinen: Beispielsweise sind die deutlichsten UFO-Fotografien im allgemeinen die am wenigsten überzeugenden. Darüber hinaus besteht sowohl für Gläubige als auch für Skeptiker eine ständige Versuchung, ihre Beispiele dadurch zu untermauern, daß Vermutungen als Fakten ausgegeben und definitive Zahlen aus Schätzungen abgeleitet werden. Wenn uns Okkultisten erzählen, daß zusammen mit Luzifer 133 306 688 Dämonen fielen, von denen im Jahre 1583 in Wien nicht weniger als 12 652 aus einem einzigen besessenen Mädchen ausgetrieben worden seien, dann dürfen wir berechtigterweise fragen: Wer zählte, und wie genau war die Zählung?

Auf unserem Untersuchungsfeld scheinen Realität und Irreales so eng miteinander verknüpft zu sein, daß sie manchmal ineinander übergehen. Folkloristen, die städtische Legenden untersuchen, haben den Begriff Ostension geprägt, um eine Erfindung zu beschreiben, die zur Realität wird. Tatsächlich sind mittlerweile Fälle belegt, in denen Pudel explodierten, während sie in Mikrowellenherden getrocknet wurden – eine Geschichte, die über lange Jahre als Hirngespinst die Runde machte. Ähnliches galt für Erzählungen über Alligatoren, die angeblich in den Abwasserkanälen von New York lebten, sich von Abfällen und Ungeziefer ernährten und dabei allmählich zu halbblinden Albinos mutierten. Dies sei nichts weiter als eine Legende, hieß es, bis ein Forscher namens Loren Coleman in der *New York Times* vom 10. Februar 1935 einen Bericht fand, in dem bestätigt wurde, daß eine Gruppe Jugendlicher bei der Untersuchung von seltsamen Geräuschen aus einem Kanal unter der East 123. Straße einen jungen Alligator fand, der sich kraftlos in den schlammigen Gewässern unter dem Gullideckel wand. Das außergewöhnliche, lebende Beweisstück wurde aus der Kanalisation gezerrt und mit Knüppeln totgeschlagen.

Damit sind wir bereits weit durch unberührte Regionen gereist, haben uns aber vielleicht nur im Kreis bewegt. Am Ende stehen wir wieder an unserem Grenzübergang und sind vor allem zu einer Überzeugung gelangt: Es handelt sich bei diesem Gebiet um eine äußerst dehnbare Sphäre. Obwohl Hunderte oder Millionen von Menschen möglicherweise ständig die Grenzwelten betreten, finden die meisten Erlebnisse darin privat statt und dringen lediglich aufgrund der unzuverlässigen Berichte vereinzelter Zeugen an die Öffentlichkeit. Fast alle Beweise bleiben in den Augen der Nichtbetroffenen strittig, und auf jeden Experten, der ihre Echtheit bestätigt, kommt einer, der das Gegenteil nachweist. In einer solchen Situation bleibt es jedem selbst überlassen, sich ein Urteil über Beweiskraft und Zeugenaussagen zu bilden. Hilfreich kann dabei sein, sich vor Augen zu führen, daß niemals zwei Personen aus derselben Fallstudie exakt dieselben Schlüsse ziehen werden.

Warum sehen wir dann einen Sinn darin, etwas derart Beliebiges zu untersuchen? Die Antwort: Wenn nur ein halbes Prozent dessen, was angeblich in den Grenzwelten stattfindet, tatsächlich vorfällt, besteht eine sehr große Wahrscheinlichkeit, daß einige Wissenschaften revolutioniert und so manche Geschichtsbücher neu geschrieben werden. Auch wenn die restlichen 99,5 Prozent nicht wahr sein mögen, halten die Zeugen ihre Erfahrungen dennoch für real. Nicht alle diese Menschen sind Dummköpfe oder Lügner, und dadurch erlangen ihre Fälle einen eigenen Untersuchungswert, denn sie können uns Aufschlüsse über Wahrnehmung, Erinnerungsvermögen und Ansichten liefern. Und selbstverständlich sind wir alle neugierig. Denn jeder betritt die Grenzwelten mindestens einmal in seinem Leben.

1. Seltsamer Planet

Roter Schnee befleckte die jungfräuliche Reinheit der sterilen Antarktis: ein eigentümlicher Nadelstich in der windumtosten Einöde. Rote Tupfer wie Blut, das vom glatten Gesicht einer Madonnenstatue tröpfelte und ein frisch gewaschenes und gestärktes Altartuch sprenkelte. Eine fremde Röte in der weißesten aller Welten – etwas, das dort nicht hingehörte.

Als die ersten Forscher die Ausläufer der südlichen Polarregion erreichten, gaben ihnen die roten Flecken, die sie im Schnee entlang der Ränder des Kontinents fanden, eine Zeitlang Rätsel auf. Dann wurde das Rätsel gelöst. Das antarktische Weiß war von Pinguinkot durchsetzt – die rote Farbe des Kots stammte von Schalentieren, die die Vögel gefressen hatten. Damit blieb an diesen roten Flecken nichts Mysteriöses zurück.

Aber die Farbe Rot schien immer wieder auf. Beispielsweise gegen Ende des vergangenen Jahrhunderts in der Provinz Macerata in Italien, als dort kleine, blutfarbene Wolken am Himmel entlangzogen. Ein Sturm brach los, und die Wolken luden Hundertausende von Samen über der Erde ab – Samen von einem Baum, der nur in Zentralafrika und in der Karibik vorkommt. Ein anderes Mal trat die Farbe Rot in der Nacht zum 20. Mai 1857 im staubigen Bagdad auf. Über die Stadt brach eine tiefe Dunkelheit herein, die nach Mitternacht von einem gespenstischen roten Leuchten erhellt wurde. Anschließend ging über die von Panik ergriffenen Bewohner ein dichter Sandregen nieder. Wieder ein anderes Rot legte sich am 24. Oktober 1987 auf die kleine Stadt Stroud in Gloucestershire – in Form von Hunderten daumennagelgroßer, rosafarbener Frösche, die vom Himmel fielen. Sie prallten von Regenschirmen ab und kullerten auf Bürgersteige, mitten unter die Bewohner, die ihren Alltagsgeschäften nachgingen.

Dreimal vom Himmel fallendes Rot. Wir finden derartige Vorkommnisse überall dort, wo unerklärliche Phänomene am Werk sind. Stück für Stück lassen sie sich zum fragmentarischen Bild einer sehr farbenfrohen Welt zusammensetzen. Von Alaska bis Argentinien, von Großbritannien bis Japan wird unser seltsamer Planet von Außerirdischen und Fabelwesen, von Wundern und Wunderlichem, von Ungeheuern und Geistern heimgesucht.

Wir können die Untersuchung der Erde in zahlreiche Kategorien unterteilen. Zum Beispiel lassen sich die Absonderlichkeiten eines jeden Kontinents Land für Land auflisten. Dann können sie zeitlich und regional eingeordnet und die Informationen in einen Computer eingeben werden, der möglicherweise errechnet, daß Geister gehäuft in der Nähe fließender Gewässer vorkommen und Unerklärliches meistens am Mittwoch geschieht. Oder wir konzentrieren uns zuerst auf Ungeheuer, danach auf Außerirdische und schließlich auf mögliche Verbindungen zwischen beiden. Wir könnten auch nach Farben ordnen, in der Hoffnung, daß diese etwas ungewöhnliche Methode zu unerwarteten Einblicken führt.

Nehmen wir eine andere Farbe – Gelb. Während der sowjetischen Besetzung Afghanistans in den 80er Jahren fiel gelber Regen auf das Land. Manche Beobachter befürchteten, daß es sich um eine chemische Waffe der Russen handelte, aber später wurde der Niederschlag eindeutig als

Sturm aus dem Kot von Millionen Bienen identifiziert. Grün. Ein scheibenförmiges UFO schimmerte grünlich, als es am 28. Juli 1989 über einem Waffendepot in der Nähe der russischen Stadt Astrachan schwebte und von Mechanikern zweier in der Nähe stationierter Armeeinheiten beobachtet wurde. Blau. Dem 13jährigen Jean Bernard erschien am 19. Juli 1888 in dem französischen Dorf Vallensanges in der Nähe von St. Etienne die heilige Jungfrau Maria. Sie trug ein weißes Kleid und einen blauen, mit Sternen besetzten Umhang und stiftete ihn dazu an, eine Eidechse zu töten. Silber. Silbern war das »Große Schlamm-Monster«, eine zweieinhalb Meter große, affenartige Kreatur, die zwischen 1972 und 1988 Murphysboro in Illinois unsicher machte. Zwei Männer sahen das Monster eines Nachts gegen 1.30 Uhr, als es durch das raschelnde Gebüsch am Rande eines Schrottplatzes voller kaputter Autos und eckiger Schatten schlich. Es hatte rotglühende Augen, gelbe Zähne und stank bestialisch nach Abwässern.

Untersuchen wir andere Kontinente, dann stoßen wir überall auf ähnliche Phänomene. Von einer Erscheinung der heiligen Jungfrau in einem Schlafzimmer in Patagonien bis zu einer Begegnung mit dem Teufel in einem irischen Pub; von der Großen Seeschlange des Nordatlantik bis zu den riesigen, phosphoreszierenden Lichträdern, die sich langsam unter der ruhigen Wasseroberfläche des Persischen Golfs drehen; von den Geisterreitern der mesopotamischen Wüste bis zum Grab Jesu – in Japan; von dem planetarischen Strichcode, der sich über Hunderte von Kilometern durch die australische Wildnis zieht, bis in die von einem Poltergeist heimgesuchte Toilette des deutschen Zahnarztes Dr. Bachseitz – unsere ganze Erde steckt voller Wunder.

Tief im ewigen Eis des Nordens erscheint über dem Muir-Gletscher in Alaska eine Phantomsiedlung am Himmel. Es ist die bezaubernde »stille Stadt«, einer der merkwürdigsten und faszinierendsten Anblicke unserer Erde, zu bewundern in ihrem äußersten Norden. Dabei handelt es sich um ein Chaos aus bizarren architektonischen Formen, um Ansammlungen glitzernder Kirchtürme und Giebel, Obelisken, Monolithen und Schlösser, die über dem kristallklaren Wasser der 200 Meter tiefen Glacier Bay schimmern; alle von unbeschreiblicher Schönheit. Manche behaupten, es sei die Vision einer realen, urzeitlichen Stadt, die mittlerweile von den eisigen Gewässern des Meeresarmes bedeckt werde. Andere sehen eine Luftspiegelung von Bristol darin oder möglicherweise von der Hauptstadt einer bislang unentdeckten Zivilisation in der Nähe des Nordpols. Sicher ist nur, daß sie nicht die einzige Geisterstadt hoch im Norden ist. Während des Kalten Krieges, als die Amerikaner Stationen in Grönland errichteten, um Kampfmethoden unter arktischen Bedingungen zu erproben, sahen Soldaten aus den heißen Great Plains manchmal »Städte des Mittleren Westens« in derart ausgeprägten Details am weißen Horizont, daß sie einzelne Gebäude und Kirchen zu erkennen glaubten.

Am 17. November 1986 hatte eine Frachtmaschine der Japanese Airlines, eine Boeing 747, auf dem Flug von Paris nach Tokio im Luftraum über Alaska eine aufregende Begegnung mit einem gigantischen UFO. Es war dunkel. Während der erfahrene Pilot der Maschine, Captain Kenju Terauchi, in etwa 10 000 Meter Höhe über den nordöstlichen Teil des Staates flog, bemerkte er zunächst einige ungewöhnliche Lichter. Sie befanden sich zu seiner Linken, ungefähr 800 Meter unter ihm. Er nahm an, daß es sich um ein Militärflugzeug handelte. Allerdings schien die andere Maschine mit der Geschwindigkeit seiner 747 mitzuhalten, und als er einen Bogen nach links flog, tauchten die Lichter direkt vor ihm auf. Sie schienen jetzt näher zu sein, und Terauchi und seine Crew konnten erkennen, daß sie zwei

Paare bildeten, die jeweils aus ungefähr 120 rechteckigen, in Reihen angeordneten Lichtern bestanden. Die leuchtenden Umrisse schienen inzwischen weniger als 400 Meter von der Boeing entfernt zu sein. Jedes der Paare war kleiner als das Flugzeug. Beunruhigt rief die japanische Flugzeugbesatzung die Luftverkehrsüberwachung in Anchorage an und fragte nach, ob die Objekte auf deren Radar zu sehen seien. Das war nicht der Fall, aber offenbar beeinträchtigten sie die Funkübertragung zwischen dem Flugzeug und der Bodenstation, denn die Verbindung wurde zunehmend schlechter. Kurz darauf bewegten sich die Lichterreihen nach links, und Terauchi konnte in zehn bis zwölf Kilometern Entfernung etwas ausmachen, das wie ein drittes UFO aussah. Dieses Objekt erschien auf den Instrumenten der 747 und wurde auch auf zwei Radarschirmen am Boden entdeckt. Es fiel langsam hinter das Flugzeug zurück, und als sich die japanische Crew umdrehte, um zu sehen, ob es noch immer hinter ihnen war, erkannte sie mit Schrecken, daß sich das UFO direkt hinter die 747 geheftet hatte. Es wurde nur schwach durch Lichtspiegelungen vom Boden beleuchtet und kam Terauchi riesig vor, etwa von der Größe zweier Flugzeugträger, wie er es formulierte. Die Form des UFOs erinnerte an die des Planeten Saturn. Verängstigt baten die Piloten bei der Bodenkontrolle um die Erlaubnis, Ausweichmanöver unternehmen zu dürfen. Die Genehmigung wurde erteilt, aber das riesige Objekt behielt seine Position hinter dem Flugzeug bei und ließ sich nicht abschütteln. Erst als die Luftverkehrsüberwachung eine andere Maschine in die Region entsandte, um nachzuprüfen, ob sie die Sichtung bestätigen konnte, verschwand das Monster-UFO und hinterließ, in Terauchis Worten, »nichts weiter als das Mondlicht«.

Begeben wir uns weiter nach Süden, nach Kanada. Dort ängstigten sich Mitte der 70er Jahre die Einwohner von

Burlington, Ontario, wegen seltsamer Detonationen in der Luft – sogenannter »Himmelsbeben« -, obwohl nachweislich weder Überschallflugzeuge in der Gegend waren noch am Boden Sprengungen vorgenommen wurden. Ein Seeungeheuer mit dem Spitznamen »Caddy« machte die Gewässer um Victoria in British Columbia unsicher. Auf der anderen Seite des Landes durchrasten wiederholt drei brennende Geisterschiffe mit so unglaublicher Geschwindigkeit die Northumberland-Straße zwischen den Prinz-Edward-Inseln und Neuschottland, daß gelegentlich große Menschenmengen angezogen wurden, die ihr Zerschellen an den Klippen beobachten wollten. In der Stadt Gravelbourg in der Provinz Saskatchewan fanden sich 1910 menschliche Fußspuren in Granit, der Millionen Jahre vor den Menschen entstanden war. In Clarendon (Quebec) führte im Dezember 1889 ein Forscher namens Percy Woodcock eine Unterhaltung mit einem unsichtbaren Wesen, das die Tochter der Familie Dagg in deren Holzschuppen entdeckt hatte. Die barsche Stimme schien von einem Fleck in der Mitte des leeren Fußbodens auszugehen und behauptete zunächst, der Teufel zu sein. Sie bezichtigte sich, mehrere mysteriöse Feuer, deren Opfer die Familie geworden war, gelegt zu haben. Nach einer Weile änderte sich der Tonfall der Stimme, und in der zweiten Woche wurde die Erscheinung allmählich freundlicher. Trotzdem schien sie noch immer geneigt, ihre Befrager dadurch in Verlegenheit zu bringen, daß sie Einzelheiten aus deren Privatleben preisgab oder Salven blasphemischer Äußerungen abschoß. Schließlich behauptete das Phänomen an dem Tag, an dem es versprochen hatte, das Haus zu verlassen, ein Engel zu sein, und sang Hymnen in einer so »wunderschönen, flötengleichen Stimme«, daß es gebeten wurde zu bleiben – was es jedoch nicht tat.

Weiter nach Süden und zurück in die Vereinigten Staaten,

wo affenartige Monster herumstreiften und 1947 das moderne Zeitalter der fliegenden Untertassen begann. Während des Zweiten Weltkriegs wurde die kleine Stadt Mattoon in Illinois Opfer des »wahnsinnigen Gasmannes«, eines unheimlichen Attentäters, der bei Nacht ein rätselhaftes, paralysierendes Gas in die Wohnungen seiner Opfer sprühte und sie mit Übelkeit und einer bis zu 40 Minuten anhaltenden Bewegungsunfähigkeit zurückließ. Der Gassprüher wurde von einem Zeugen als »männlich, groß, schwarz gekleidet und mit einer engen Kappe auf dem Kopf« beschrieben, während andere eine »Frau in Männerkleidung« gesehen haben wollten. Einmal hinterließ er die Abdrücke von hochhackigen Schuhen im Boden vor einem Schlafzimmerfenster, wurde aber auch jetzt nicht gefaßt. Er bestahl keine Personen, belästigte niemanden sexuell. Das von den Zeugen beschriebene lähmende Gas duftete nach Blumen.

Nach Houston, Texas, wo 1983 eine merkwürdige Hysterie unter Kindern ausbrach. Sie behaupteten, eine bösartige Bande von »Schlümpfen« marodiere durch die Schulen der Stadt und massakriere dabei Schüler und Direktoren. Die mörderischen, mit Messern und Maschinenpistolen bewaffneten Comic-Figuren töteten nach dem Dafürhalten einiger Beobachter jeden, der Himmelblau trug. Andere erklärten dagegen, daß gerade Blaugekleidete sicher seien. Im Schulbezirk Aldine wurde der psychische Wahn von akuten physischen Beschwerden begleitet, als das Gerücht die Runde machte, daß die Schlümpfe in den Toiletten der Schule auf der Lauer lägen. Eine Untersuchung legte den Schluß nahe, daß die Hysterie nach einem Fernsehbericht über die Verhaftung mehrerer Jugendlicher, die einer Straßenbande namens »Die Schlümpfe« angehörten, ausgebrochen war, weil die Kinder die Nachricht in ihrer Phantasie ausgeschmückt hatten. Die Polizei bestand darauf, daß ihr keine Meldungen über Massaker in Schulen vorlägen, obwohl fast 50 Personen »im Zusammenhang mit den Vorgängen um die Schlümpfe« verhaftet worden waren. Hauptsächlich hatte es sich bei deren Vergehen um kleinere Diebstähle und Einbrüche gehandelt.

Gehen wir weiter nach Süden, nach Mittelamerika. Hier hält sich eine Überlieferung über eine Rasse von spitzfersigen Zwergen, genannt *Dwendis* (eine Abwandlung des spanischen *duende* oder »Kobold«), die im Regenwald leben sollen. Die Gnome erreichen eine Größe von bis zu einem Meter vierzig, haben gelbe, platte Gesichter und halten sich in der Nähe menschlicher Siedlungen auf, aus denen sie mit Vorliebe Kinder entführen. In Mexiko materialisierte sich im Jahre 1593 ein Soldat, der wenige Augenblicke zuvor Wache auf der Plaza Mayor in Manila gestanden hatte. Dabei war er angeblich teleportiert (oder, wie einige seiner Zeitgenossen zu glauben bevorzugten, vom Teufel getragen) worden, um den Pazifischen Ozean zu überwinden. Selbstverständlich wurde er ins Gefängnis geworfen und als möglicher Satansanbeter verhört. Auf der karibischen Insel Puerto Rico stieg an Halloween 1995 in der Stadt Caguas eine teuflische Kreuzung aus Mensch und Bestie namens *Chupacabras*, der »Ziegenaussauger«, der fünf Ziegen und 20 Hühnern das Blut ausgesaugt hatte, in eine Wohnung ein, zerstörte dort einen Stoffteddybären und hinterließ eine Schleimpfütze auf der Fensterbank. Kunstvolle Abbildungen zeigen die Kreatur als Zweifüßler mit roten Augen, Klauen und einer Reihe von Stacheln entlang der Wirbelsäule. Einige Augenzeugen behaupteten, daß der Ziegenaussauger einen gegabelten Schwanz und gespaltene Hufe hätte. Innerhalb weniger Monate wurden Angriffe des Chupacabras entlang der Küsten der Karibik und des Golfs von Mexiko gemeldet, von Venezuela im Süden über Vera Cruz in Mexiko bis zum nördlichen Florida.

Die großen Urwälder Südamerikas bewohnen nach allgemeinem Dafürhalten Riesenschlangen. Im April 1949 wurde ein offensichtlich totes Exemplar von geschätzten 50 Metern Länge fotografiert, als es den Abuna-Fluß hinuntertrieb. Dieses Tier ist als *sucuriju gigante* oder »Riesenboa« bekannt. Es gibt Berichte über ein 33 Meter langes Exemplar, das um 1933 herum am Rio Negro getötet wurde, und eines von 38 Metern Länge, das man in den Ruinen des Forts Tabatinga am Oiapoc-Fluß erlegte. In beiden Fällen kamen Maschinenpistolen zum Einsatz. Ebenfalls in Brasilien beobachtete kurz nach Mitternacht am 16. Oktober 1957 ein 23jähriger Bauernsohn namens Antonio Vilas Boas einen roten »Stern«, der vom Himmel auf das Feld fiel, das er im Schein einer Lampe pflügte. Ein eiförmiges Objekt landete weniger als 15 Meter von ihm entfernt, und der Motor seines Traktors erstarb. Vilas Boas wurde von drei kleinen Wesen ergriffen und an Bord ihres Raumschiffes gebracht. Nach einer Art medizinischer Untersuchung und einem fehlgeschlagenen Versuch, sich mit ihm über bellende und kläffende Laute zu verständigen, ließen ihn seine Entführer in einem Raum mit einer Couch zurück. Kurz darauf wurde die Tür geöffnet, und ein nacktes weibliches Wesen von ungefähr einem Meter dreißig Größe trat ein. Sie wirkte menschlich und war von außergewöhnlicher Schönheit, obwohl ihr Kopfhaar beinahe weiß und ihr Schamhaar von blutroter Farbe waren. Sie küßte Antonio nicht, knabberte aber an seinem Kinn. Sie liebten sich zweimal, dann tätschelte die Frau ihren Bauch und wies gen Himmel, als wollte sie andeuten, daß ihr Kind auf einem anderen Planeten geboren werden würde. Vilas Boas wurde zu seinem Feld zurückgebracht, und das UFO hob ab. Während es davonflog, neigte es sich leicht zur Seite. Es war kurz vor Sonnenaufgang.

Und noch einmal weiter nach Süden, nach Patagonien, an

den entlegensten Winkel der Erde. Hier erzählte 1897 ein chilenischer Bauer, der am Ufer des Weißen Sees lebte, Dr. Clementi Onelli vom Zoo in Buenos Aires, daß nachts sonderbare Geräusche zu hören seien – Geräusche, als würde ein schwerer Karren über den Kiesstrand gezogen. Bei Vollmond, so fügte der Bauer hinzu, sei im Halblicht ein großes, langhalsiges Untier zu erkennen, das durch das ruhige tintenschwarze Wasser schwimme. Dies war nicht der einzige Bericht, den Onelli von Sichtungen des sogenannten »patagonischen Plesiosaurus« verzeichnete. 1922 stieß ein amerikanischer Goldschürfer namens Martin Sheffield bei seiner Arbeit im Chubut-Gebiet auf einen See, der so abgelegen war, daß er keinen Namen trug. Er fand dort seltsame Spuren im Gebüsch entlang des Ufers und tiefe Abdrücke, die, wie er dachte, von einem schweren Tier stammten und zum Wasser hinunterführten. Dann, so berichtete Sheffield, »sah ich mitten im See ein Tier mit einem langen Hals wie ein Schwan und Bewegungen, die mich annehmen ließen, daß das Biest den Körper eines Krokodils hatte.« Onelli, der in der Zwischenzeit Direktor seines Zoos geworden war, unternahm eine Expedition an den See. Seine Forscher beobachteten ihn wochenlang vom Ufer aus bis zum Einbruch des südlichen Winters. Dann brachten sie elf Dynamitladungen in der Tiefe zur Explosion, weil sie hofften, das Monster dadurch an die Oberfläche zu zwingen. Das Gewässer kochte, aber kein prähistorisches Monster tauchte auf. Die Forscher kehrten mit leeren Händen nach Buenos Aires zurück.

Weiter nach Süden können wir uns kaum begeben. Südlich von Patagonien gibt es nur noch Tierra del Fuego, das eisbedeckte Feuerland, und danach die eisigen Gewässer des südlichen Polarmeeres. Dort findet sich kaum mehr als ein Dutzend »zweifelhafter Inseln« – von Wind und Meer umtoste Felsen in der betäubenden Weite der See, die so manches Mal von kompetenten Seeleuten gesichtet und inspiziert, später aber nicht wiedergefunden worden waren. Zweifellos existierten viele dieser Inseln nie, sondern waren das Ergebnis falscher Sichtungen und schlechter Navigation, aber manche mögen noch heute ihrer Wiederentdeckung harren und möglicherweise ihre eigenen seltsamen und unbekannten Lebensformen beherbergen. (Auf den Kerguelen, einer zweifelsfrei existierenden Inselgruppe unmittelbar nördlich des südlichen Polarkreises, wurden im Mai 1840 von einem nautischen Forscherteam die Hufabdrücke eines großen, nicht zu identifizierenden Tieres gefunden, das anscheinend aus dem Meer gekommen war.)

Ein anderer Kontinent? Afrika. Zur Zeit von Idi Amin war Uganda die Heimat einer sprechenden Schildkröte, die durch das Land zog und Ärger für den Diktator prophezeite. Bei einer Gelegenheit, so wurde berichtet, betrat sie eine örtliche Polizeistation und verlangte, in die Stadt Jinja in der Nähe von Kampala gebracht zu werden, wo sie ein Treffen mit dem Governeur der Provinz und deren Polizeichef abhielt. Die dementierten später eilig, daß eine Begegnung dieser Art stattgefunden habe. Idi Amin veröffentlichte eine Stellungnahme, in der seine Bürger wegen »Trunkenheit durch Gerüchte« gerügt wurden, und drohte, jeden vor ein Erschießungskommando zu stellen, der weiterhin Ammenmärchen über Schildkröten verbreite. (14 Jahre später, als sich das Land in den Klauen einer AIDS-Epidemie befand, tauchte in dem Dorf Kyabagala eine sprechende Ziege auf und vermeldete »mit lauter, furchterregender Stimme«, daß die Krankheit eine göttliche Strafe für die Nichtbefolgung der Zehn Gebote sei.) In Burundi glauben die Menschen, daß der See Tanganyika und der Fluß Lukuga mit vampirischen Wassernixen, bekannt als *Mambu mutu*, verseucht seien. Die Seejungfern töten angeblich Menschen, um ihre Gehirne zu verspeisen und ihnen das Blut auszusaugen.

Ferner gibt es Erzählungen über einige weniger tödliche Binnenseewesen aus Nigeria und Sambia. Auf Sansibar lebt die Bevölkerung in gelegentlicher Angst vor den Angriffen eines mit Fledermausflügeln ausgestatteten Zwerges von der Art des Schlafzimmergeistes, der 1972 und 1995 bei Nacht in Häusern gesehen wurde. *Popobawa*, dessen Name aus den Suaheli-Begriffen für »Fledermaus« und »Flügel« abgeleitet ist, wirft seine Opfer zu Boden, vergeht sich an ihnen und droht, später zurückzukehren, falls sie ihren Bekannten nicht von den Geschehnissen erzählten. Diese Taktik führte zu bizarren Szenen auf den Straßen der Insel, als vergewaltigte Männer Wildfremde ansprachen, um ihnen zu berichten, daß sie von dem Fledermauswesen mißbraucht worden seien. Die Angst beeinflußte sogar die örtlichen Wahlen. Sansibars Premierminister beschuldigte die Opposition, für die Überfälle des Popobawa verantwortlich zu sein, woraufhin ihm seine Gegner unterstellten, er selbst sei in Wahrheit der zwergenhafte Sittenstrolch.

In Ostafrika, in Kenia, wurde am 23. Dezember 1982 in der Stadt Machakos das Haus von Peter Kavoi und dessen Familie von einem Steinhagel getroffen, der sich in der Luft zu materialisieren schien. Das Bombardement hielt trotz der ununterbrochenen Anwesenheit von Untersuchungsbeamten in seinem Haus über mehrere Wochen hinweg an. »Mein Leben ist zu einem unvorstellbaren Alptraum geworden«, sagte Kavoi zur Begrüßung zu einem der Kriminologen, die zu seinem Schutz abgestellt worden waren. »Ich wurde getroffen, mein Gesicht zerschnitten. Mein Sohn und meine Kinder hatten solche Angst, daß sie flohen, und unsere Nachbarn behaupten, wir wären verhext. Wir werden von diesen Ereignissen in den Wahnsinn getrieben.« Eine merkwürdige Begleiterscheinung in diesem Fall war die Tatsache, daß die Steine aus vielen unterschiedlichen Richtungen kamen – manche schossen horizontal heran, andere fielen senkrecht herab. Einige landeten sanft, andere mit solcher Wucht, daß sie zersprangen. Es wurden mehrere Proben eingesammelt, aber sie unterschieden sich nicht von den anderen Steinen und Felsbrocken, die in der Gegend herumlagen.

Damit sind wir wieder bei herabfallenden Gegenständen angelangt. Andere Länder? Indonesien. Auf der molukkischen Insel Seram stoßen *Orang bati* oder »fliegende Männer« – teuflische Kreaturen in menschenähnlicher Gestalt mit roter Haut, schwarzen Flügeln und langen dünnen Schwänzen – aus ihren Schlupfwinkeln in den Bergen auf die Ortschaften herunter, um unvorsichtige Kinder zu verschleppen. Rußland. 1987 brach eine Expedition in die entferntesten Regionen Sibiriens zu der Halbinsel Kamtschatka auf, um nach dem monströsen *Irkuiem* zu suchen, einem nicht identifizierten Säugetier, das Berichten zufolge wie ein Eisbär aussieht, sich aber wie eine Raupe bewegt. Spanien. Dort schrieben zwei Jahre zuvor die Bauern, die das Land um Pulpi an der Südostküste bearbeiteten, eine ausgedehnte Dürre den Aktivitäten von mysteriösen Leichtflugzeugen zu. Jedesmal wenn schwarze Gewitterwolken am Horizont auftauchten und eine Unterbrechung der Trockenheit versprachen, hoben die geisterhaften Flugzeuge von ihren geheimen Startbahnen ab, erschienen in der Luft und versprühten Chemikalien, durch die sich die Regenwolken wieder auflösten. Gerüchten zufolge waren ihre Auftraggeber örtliche Tomatenbarone oder möglicherweise fanatische Astronomen, die die Atmosphäre geklärt sehen wollten, um optimale Bedingungen für ihre Beobachtungen zu schaffen.

Auf Island ist der Glaube an Naturgeister so stark, daß die nationale Straßenbaubehörde durch eine Reihe von Unfällen mit Planierraupen dazu gebracht wurde, mit den bösartigen Kobolden zu verhandeln, die für die Sabotage verantwortlich gemacht wurden. Das Problem wurde schließlich mit Hilfe von psychologischen Vermittlern gelöst. Auf Mauritius kündigte um 1770 ein mit Zauberkräften ausgestatteter Leuchtturmwärter namens Bottineau treffsicher die Ankunft von Segelschiffen tagelang im voraus an. Er gab seine Vorhersagen bis zu vier Tage, bevor die Schiffe in das Blickfeld von Beobachtern am Ufer gerieten, ab. Seine Entdeckung, die Nauskopie – die Kunst der Wahrnehmung von Schiffsbewegungen anhand der Interpretation von Veränderungen in Wolkenformationen und anderer subtiler atmosphärischer Auswirkungen -, wurde über Jahre hinweg demonstriert, ging aber kurz nach seinem Tode verloren und wurde niemals wiederbelebt. In Deutschland baute einst ein Mann namens Orffyreus eine Maschine, die viele gelehrte Beobachter zu der Überzeugung gelangen ließ, er habe das Geheimnis des Perpetuum mobile entdeckt. Und der bereits erwähnte unglückliche Zahnarzt Dr. Karl Bachseitz hatte eine Erfahrung mit einer sprechenden Toilette ...

Halten wir an dieser Stelle für einen Moment inne, um diesen Fall genauer unter die Lupe zu nehmen. Die Geschichte ist erheblich komplexer, als es auf den ersten Blick erscheinen mag, und widersetzt sich in typischer Weise einfachen Lösungsansätzen. Dr. Bachseitz, ein allseits respektierter 60jähriger Arzt, führte zusammen mit seiner 17jährigen Sprechstundenhilfe Claudia Judenmann eine Zahnarztpraxis in Neutraubling. Eines Tages im Frühjahr 1982 beugte sich eine seiner Patientinnen über das Spuckbecken und schrak zurück, als dieses sie aufforderte: »Mach's Maul zu.« Ein paar Tage später hörte ein Patient, während er im Stuhl des Zahnarztes ausgestreckt lag, wie das Becken ihm befahl: »Mach die Klappe weiter auf, Schwachkopf!« Das nächste Opfer war eine Frau, die die Toilette der Praxis benutzte. Kaum hatte sie sich hingesetzt, als von unten eine Stimme ertönte und ihr befahl: »Beweg deinen Hintern, ich kann nichts sehen.«

Für die nächsten elf Monate war Dr. Bachseitz ein geschlagener Mann. Die Stimme unterbrach seine Arbeit bis zu 90mal am Tag, schaltete sich in Telefongespräche ein, beschimpfte seine Patienten und ihn in breitem Bayrisch und drohte mit schrecklichen Schicksalsschlägen gegen seine Frau. Die Stimme gab sich selbst den Namen *Chopper* und schleuderte grobe Obszönitäten durch die Praxis. Claudia gegenüber verhielt sie sich dagegen freundlich und erkundigte sich beispielsweise danach, ob sie ihr Wochenende genossen habe, als wüßte sie, wie die junge Frau ihre freien Tage verbracht hatte.

Im Februar 1982 reichte es dem verzweifelten Dr. Bachseitz. Er erstattete Anzeige gegen Unbekannt wegen Beleidigung und Rufschädigung und schaltete den bekannten deutschen Poltergeistjäger Hans Bender, die Polizei, die Post und ein Fernsehteam ein. Bender unterhielt sich mit der Stimme, die ihn bat: »Hilf mir, befreie mich.« Die Techniker der Post schalteten das Telefon ab, doch das gespenstische Klingeln hörte nicht auf, und das Fernsehteam nahm die Stimme auf, während sie aus einer Steckdose und über das Telefon zu Claudia sprach. Den größten Fortschritt erzielte allerdings die Polizei. Anfang März gab der Staatsanwalt des nahegelegenen Regensburg, Elmar Fischer, bekannt, daß seine Dienststelle den Fall gelöst habe: Es habe sich um eine Fälschung gehandelt, die von Dr. Bachseitz und Claudia selbst mittels »Stimmenprojektion« inszeniert worden sei.

Schließlich gab Claudia in einer Fernsehsendung zu, daß es tatsächlich größtenteils so gewesen sei. Dr. Bachseitz und sie hatten sich einen Unbekannten zunutze gemacht, der mehrmals täglich in der Praxis angerufen hatte. Natürlich gaben sich die meisten Zuschauer mit dieser Erklärung zufrieden, und auch die Anzeige gegen den Zahnarzt und seine Helferin wurde fallengelassen, obwohl beide zunächst wegen »Vortäuschung einer Straftat« mit bis zu drei Jahren Gefängnis hatten rechnen müssen. Tatsächlich ist es möglich, daß die ganze Episode ein ausgeklügelter Scherz war. Aber trotzdem blieben nach der offiziellen Erklärung viele Fragen unbeantwortet. Beispielsweise wurde nicht erläutert, warum der angesehene Dr. Bachseitz über ein Jahr lang obszöne Telefonanrufe hätte tolerieren und auf so seltsame Weise Aufmerksamkeit auf sich lenken sollen, nur damit ein exzentrischer Unbekannter seinen Spaß hatte. Außerdem fand sich weder eine Erklärung dafür, wie die merkwürdige Stimme aus Steckdosen, Toiletten, Lampenfassungen und Spuckbecken dringen konnte, noch dafür, woher sie so viele Einzelheiten aus Claudias Wochenendleben wußte. Für den Zahnarzt bestand außerdem keine vernünftige Veranlassung, eine Blamage oder Strafverfolgung dadurch zu riskieren, daß er die Polizei einschaltete. Es sei denn, er wäre so eitel gewesen, daß er seine Cleverneß mit der der Obrigkeit hatte messen wollen. Möglicherweise steckt also mehr hinter dem Fall Dr. Bachseitz, als dem deutschen Fernsehpublikum mitgeteilt wurde.

Zumindest bietet die Geschichte des Zahnarztes einen interessanten Kontrast zwischen einer sehr irdischen Umgebung einerseits und unerklärlichen Vorgängen andererseits: Hier das vertraute medizinische Ambiente der Praxis, dort die fremdartige Realität der darin stattfindenden Ereignisse. Außerdem erinnert uns der Bericht daran, daß es keinen weltlichen Ort gibt, an dem es nicht auch unheimlich zugehen kann, und daß nichts vollständig genug erforscht ist, um nicht trotzdem das Unerwartete produzieren zu können. Noch wichtiger ist die Feststellung, daß der Fall Bachseitz ein Dutzend ähnlicher Begebenheiten in Erinnerung ruft – beispielsweise das erwähnte eigenartige Phänomen im Holzschuppen der Familie Dagg in Clarendon,

Quebec. Je tiefer wir im Unbekannten herumstochern, desto mehr Verbindungen und Muster beginnen sich herauszukristallisieren.

Nehmen wir das Beispiel fliegender Schweine. Dabei handelt es sich mit Sicherheit um das lächerlichste und unwahrscheinlichste aller sonderbaren Phänomene. Ein solches Schwein wurde in einer Nacht während des großen religiösen Erweckungsfestes von 1904 bis 1905 in Wales über Llangollen gesichtet. Das Schwein hatte kurze Flügel, vier Beine und schien mit einer Geschwindigkeit von etwa 30 Stundenkilometern zu fliegen. Vielleicht handelte es sich um eine Fehldeutung, obwohl die Beobachter »starke Feldstecher« heranzogen, weil sich das Objekt in geschätzten drei Kilometern Höhe befand. Sollte es keine fliegenden Schinkenlieferanten geben – woher kamen dann die riesigen Haufen Schweinemist, die bei drei Gelegenheiten im Januar und Februar 1982 auf dem Balkon im ersten Stock des Hauses Nr. 325b Sparkler Drive, Huntingdon Beach, Kalifornien, gefunden wurden? Und falls es keine überlebensgroßen Riesenhaustiere gibt, wer oder was hinterließ dann den zwei Meter fünfzig langen Abdruck (Durchmesser fünf Meter!) eines Hühnerfußes im Maisfeld des Gianpiero Baizi am Stadtrand von Mailand im Sommer 1985?

Solche bizarren Geschichten dehnen die Grenzen der Glaubwürdigkeit, sogar nach den Maßstäben der paranormalen Welten. Trotzdem können wir sie nicht einfach verlachen oder ignorieren, denn es gibt auch Berichte über Phänomene, die besser belegt sind, aber fast genauso utopisch anmuten. Ein Monster aus Maryland, der »Ziegenmann«, der angeblich seit 1957 die dunklen Seitenstraßen des Bezirkes Prince George unsicher machte, schien zunächst nur der lokalen Phantasie zu entstammen. Die Bewohner konnten sich nicht darauf einigen, ob es sich bei der Kreatur, deren oberstes Ziel das Erschrecken von

Liebespaaren aus dem Prince George's Community College beim nächtlichen Stelldichein zu sein schien, um einen alten Einsiedler mit einem langen weißen Bart, einen verrückten Wissenschaftler von der Beltsville Agricultural Farm oder irgendein Werwesen handelte. Eine genauere Untersuchung des Ursprungs der Geschichte ergab, daß sie ihren Anfang im August 1957 genommen hatte, als Mr. und Mrs. Reverty Garner aus der Brown Station Road im Bezirk Upper Marlboro ein haariges, affenähnliches Wesen sichteten. Im Herbst 1976 und erneut im März 1977 wurde eine ähnliche Mensch-Bestie von drei voneinander unabhängigen Zeugen gesehen. Das Geschöpf wurde als gorillaähnlich, einen Meter achtzig groß, mit runden Schultern und am ganzen Körper von graubraunen Haaren bedeckt beschrieben. Somit mag die Legende des Ziegenmannes also auf tatsächlichen Sichtungen einer affenartigen Kreatur beruhen: Bigfoot in Maryland.

Durch wiederholtes Auftreten gewinnt ein Phänomen an Interessantheit. Im Sommer 1970 erschien am Himmel über dem Heim von Mr. und Mrs. A.P. Smith in der Forest Avenue 85 in Caldwell, New Jersey, ein silberfarbener Faden oder Draht. Zum Erstaunen der Smiths, ihrer Nachbarn und der örtlichen Polizei hing er dort während des gesamten Monats August, als würde er von zwei unsichtbaren Stützen getragen. Ein paar Tage, nachdem der Draht zum ersten Mal entdeckt worden war, berichtete die Lokalzeitung:

> »Es sieht starr aus, als wäre es ein Draht und keine Schnur. Wenn das Sonnenlicht darauffällt, glänzt es silbrig. Am Montag hing es ungefähr 50 Meter über den Häusern der Forest Avenue und der Hillside Avenue. Am Dienstag erweckte es bei Mrs. Smith und anderen Beobachtern den Eindruck, als wäre es schlaffer gewor-

den und als hätte sich eines der Enden – wo immer es sich befinden mag – gelockert. Es schien außerdem tiefer zu hängen.

Die Polizei von Caldwell ging der Angelegenheit am Montag nach und fand Spuren, die nach Hillside und nach West Caldwell führten, sich aber in den Wolken verloren, bevor der Ursprung entdeckt werden konnte. Am Dienstag sahen sie erneut nach und kamen zu denselben nebulösen Ergebnissen.«

Die Herkunft des silbernen Drahtes blieb ungeklärt. Die einleuchtendste Erklärung, die die Bewohnern geben konnten, war, daß es sich um einen Draht handle, der von einem Goodyear-Zeppelin gefallen sei, der kurz zuvor über die Stadt geflogen war. Der Draht blieb tagelang in der Luft hängen, so daß der Untersuchungsbeamte Berthold Schwarz Gelegenheit hatte, die Smiths aufzusuchen und seine Existenz zu bestätigen. Am Nachmittag des 31. August hörte die Familie eine laute Explosion oder den Knall eines Schallmauerdurchbruchs, und kurz darauf bemerkte sie, daß der Draht auf die Erde gefallen war und jetzt auf dem Grundstück vor ihrem Haus lag. Mrs. Smith rief die Polizei an, die kam und den Draht mitnahm. Es stellte sich heraus, daß es sich um eine durchsichtige Angelschnur aus Nylon handelte.

Welche Bedeutung diese wunderliche Geschichte auch haben mag, sie ist jedenfalls nicht einzigartig. Im September 1978 sah Automechaniker John Wright etwas, das sich in einem Gebüsch hinter seinem Haus in Greensburg (Ohio), verheddert hatte. Es war eine Angelschnur, die in den Himmel führte. Er holte ein Stück davon mit einer Länge von über 350 Metern ein und füllte acht Spulen, bevor die Schnur riß und das andere Ende himmelwärts außer Sicht flog.

Parallelen und Ähnlichkeiten zu vielen anderen Fällen können in den Annalen des Unerklärlichen gefunden werden. Einige stammen aus Ländern und Völkern, die eine gemeinsame Kultur oder Geschichte teilen. Zum Beispiel wird hauptsächlich aus dem Norden, Osten und Westen Englands von einem »schwarzen Hund« berichtet, einem riesigen, zottigen und gespenstischen Tier mit leuchtenden roten Augen. Aber solche Wesen finden sich angeblich auch in Nordeuropa, Neuschottland und Teilen der Vereinigten Staaten. Die Beschreibungen der Tiere ähneln sich in bemerkenswerter Weise, wo und wann immer sie angetroffen werden, doch es gab Diskussionen darüber, ob sie sich gegenüber dem Menschen gutmütig, neutral oder sogar feindlich verhielten. Im Bezirk Londonderry saß 1928 ein Student vom Dubliner Trinity College, der noch nie zuvor von dem schwarzen Hund (oder *Pooka*, wie er in Irland genannt wird) gehört hatte, an einem Flußufer und angelte, als ein großer Hund im flachen Wasser herangepaddelt kam. Weil er sofort eine starke Bedrohung empfand, ließ der Student seine Angelrute fallen und erklomm eilig den nächstgelegenen Baum, von wo aus er das vorbeischwimmende Tier beobachtete. Es blickte zu ihm auf, so notierte ein Freund später, »mit Augen wie glühende Kohlen und einer beinahe menschlich anmutenden Intelligenz. Dabei bleckte es die Zähne in einer Mischung aus Knurren und höhnischem Grinsen.« Ähnliches berichteten die Menschen des ländlichen Mississippi in den 30er Jahren dieses Jahrhunderts von Begegnungen mit riesigen schwarzen Hunden »mit großen roten Augen, die wie Flammen loderten.« In Frankreich versuchte der Autor Pierre van Paassen seine scharfen Hunde auf ein großes schwarzes Exemplar zu hetzen, das auf seinem Grundstück auftauchte, und schrieb anschließend:

> »Es kam zu einer schrecklichen Szene [...] Sie zogen sich knurrend und zähnefletschend in mein Wohnzimmer zurück. Bald darauf begannen sie zu heulen, als litten sie qualvolle Schmerzen. Dann schnappten und bissen sie in alle Richtungen, als müßten sie sich gegen einen furchtbaren Angreifer verteidigen. Nie zuvor hatte ich sie in solcher Todesangst erlebt. Ich konnte ihnen nicht helfen, weil ich nichts sah, wonach ich hätte schlagen können [...] Der Kampf mit dem unsichtbaren Gegner dauerte weniger als zwei Minuten. Dann jaulte einer meiner Hunde auf, als befände er sich im Todeskampf, fiel zu Boden und starb.«

Solche Erzählungen weisen einerseits starke Ähnlichkeiten untereinander auf und zeigen andererseits Parallelen zu den schwarzen Hunden (von denen sie auch beeinflußt sein mögen), die in Volkssagen und der Literatur auftauchen. Erinnert sei dabei an die Erzählungen des Hans Christian Andersen und an die Abenteuer von Sherlock Holmes. Selbstverständlich könnten die legendären »schwarzen Hunde« auch auf Berichte über wahre Begegnungen mit Geisterhunden zurückgehen.

Fälle, die anscheinend in Beziehung zueinander stehen, werden interessanter, wenn die Berichte aus verschiedenen Ländern und unterschiedlichen Zeiten stammen. Erzählungen über riesige Affenkreaturen etwa sind aus so unterschiedlichen Kulturen wie der Aborigines-Tradition in Australien und dem Kalifornien des 20. Jahrhunderts überliefert worden. Die meisten Seeungeheuer ähneln dem Monster von Loch Ness. Aber es gibt auch viele Beispiele für verblüffende Ähnlichkeiten, die weit weniger bekannt sind. In den Schweizer, bayerischen und österreichischen Alpen stoßen Bergbewohner und Reisende hin und wieder auf eine aggressive Eidechsenart, die Löcher bewohnt und

»Tatzelwurm« genannt wird. In manchen Regionen ist dieses Tier aufgrund seiner beeindruckenden Sprungkraft auch als »Springwurm« bekannt. Er kann, wie Zeugen behaupten, bis zu drei Meter hoch springen und greift sogar Vieh an. Die Beschreibungen dieses Miniaturmonsters variieren, aber die Zeugen stimmen im allgemeinen darin überein, daß es zwischen einem halben und einem Meter lang und von zylindrischer Form ist, mit zwei oder vier kurzen Stummelbeinen und einem derben, schweren Kopf. Obwohl er in seiner Heimat relativ bekannt ist, haben nur wenige Fremde vom Tatzelwurm gehört, trotz einer erheblichen Anzahl von Sichtungsberichten und einer Diskussion über die Beweise für seine Existenz in der Bibel der Kryptozoologen, Bernhard Heuvelmans *On the Track of Unknown Animals*. Darüber hinaus ähneln die Beschreibungen des Tatzelwurms denen einer gleichermaßen mysteriösen japanischen Schlange, der *Tzuchinoko*, über die seit dem 13. Jahrhundert aus den Bergregionen der größeren japanischen Inseln und auch aus Korea berichtet wird. Wie der Tatzelwurm soll die Tzuchinoko über große Augen, breite Schuppen und eine erstaunliche Sprungkraft verfügen. Es gibt auch auffällige Unterschiede in der Beschreibung; insbesondere fehlen dem japanischen Untier die Beine. Diese einander gleichenden Überlieferungen könnten auf die Existenz einer unbekannten Tierart auf gegenüberliegenden Seiten des Globus hinweisen. Möglicherweise hat die Evolution auch zwei ähnliche Geschöpfe hervorgebracht, von denen eines eine Art Blindschleiche und das andere eine Schlange ist, oder es ist zu einer erstaunlichen, unabhängigen Entwicklung von fast identischen Überlieferungen unter zwei verschiedenen Völkern gekommen.

Die Kryptozoologie ist nicht die einzige Grenzweltdisziplin, in der solche zum Nachdenken anregenden Parallelen entdeckt werden. Historiker, die sich mit der walisischen

Tudor-Periode beschäftigt haben, verzeichnen eine merkwürdige Erzählung über die *Cochion* oder »die Roten«, ein Volk, das in dem großen dunklen Wald *Coed y Dugoed Mawr* lebte. Sie bauten keine Häuser, setzten aber ihre bemerkenswerten Fähigkeiten mit Pfeil und Bogen ein, um die örtliche Bevölkerung zu terrorisieren. Einige Bewohner bauten daraufhin Sensen in das Mauerwerk ihrer Schornsteine ein, um die Cochion daran zu hindern, in ihre Häuser zu klettern und sie in ihren Betten zu ermorden. In einigen walisischen Erzählungen haben die Cochion die Eigenschaften von Elfen, in anderen sind sie dagegen sehr real. Unter anderem werden sie verdächtigt, um 1530 den örtlichen Landbesitzer Baron Owen in eine Falle gelockt und getötet zu haben. Erst kürzlich wurde die Theorie aufgestellt, daß es sich bei ihnen um einen Indianerstamm gehandelt haben könnte, der irgendwie Mittel und Wege fand, den Atlantischen Ozean zu überqueren. Deshalb erscheint es nicht weiter verwunderlich, daß die Piute-Indianer aus Nevada eine ähnliche Überlieferung kennen, die einen Stamm rothaariger Kannibalen, die Siwash, betrifft. Diese Eingeborenen hatten hellere Haut als alle anderen Völker und machten Jagd auf die Piute, bis sie in einem dreijährigen Krieg endgültig besiegt wurden. Die wenigen überlebenden Kannibalen versteckten sich in einer Höhle. Nachdem die Piute sie gefunden hatten, häuften sie vor dem Eingang Holz auf und verbrannten oder erstickten die letzten ihrer Feinde. Es sind wenige oder keine Beweise für die Existenz der Siwash übriggeblieben. Einige der heute lebenden Piute nehmen an, daß es sich um eine Bande ausgestoßener Europäer oder Ägypter handelte.

Ein anderer Stamm amerikanischer Ureinwohner, die Navajo, glaubt traditionell an eine Klasse von bösartigen Wesen namens »Fellwandler«. Derartige Kreaturen weisen Ähnlichkeiten zu den europäischen Werwölfen auf. Es sind

Menschen mit der Fähigkeit, sich in Tiere zu verwandeln, die darüber hinaus über weitere besondere Kräfte verfügen wie etwa die, sich schneller als Autos fortzubewegen. Allerdings ist der Glaube, daß sie sich in Gruppen zusammenrotten und Tierfelle tragen, ein Überbleibsel der europäischen Überlieferungen von Hexensabbaten und Erzählungen über die furchtbarste aller geheimen Gesellschaften, die *Brujeria*.

Dabei handelte es sich um eine vermeintliche Bruderschaft von Zauberern, die ein Höhlenlabyrinth unterhalb des undurchdringlichen Dschungels auf Chiloe, einer großen Insel vor der Küste Chiles, bewohnten. Mitglieder der Brujeria trugen Westen aus menschlicher Haut, die den Leichen von Christen abgezogen worden waren und ein leicht phosphoreszierendes Licht abgab, das die Zauberer bei Nacht über geheime Pfade durch die Wälder leitete. Die Bruderschaft besaß ein Schiff, die *Caleuche*, dessen Offiziere Hexenmeister waren und dessen Mannschaft sich aus schiffbrüchigen Seeleuten zusammensetzte. Diese Fregatte, die oft als brennendes Geisterschiff von der Art derer, die die Northumberland-Straße durchzogen, beschrieben wurde, konnte gegen den Wind segeln und sogar untertauchen – nützliche Eigenschaften für ein Schiff, das hauptsächlich eingesetzt wurde, um Ladungen zu den Handelspartnern der Brujeria flußaufwärts zu schmuggeln. Wenn das Geisterschiff Probleme hatte, fuhr es zur Reparatur in eine Höhle. Wurde die Mannschaft bei der Arbeit gestört, verwandelte sich das Schiff sofort in einen riesigen Holzblock.

In der Hauptsache beschäftigten sich die Brujeria jedoch mit ihrem Plan zum Sturz der Menschheit. Während ihrer Beratungen wurde die Bruderschaft von zwei Ungeheuern bewacht, dem *Chivato* und dem *Invunche*, die beide in einem allmählichen Prozeß aus menschlichen Kindern abgewandelt wurden. Der Chivato war halb Ziege, halb

Mensch; der Invunche galt als noch unheimlichere Kreatur: Über viele Monate hinweg wurde der Kopf eines kleinen Jungen mit einem Tourniquet allmählich um 180 Grad gedreht, bis er geradeaus nach hinten schaute. Dann wurde der rechte Arm des Jungen in einen Ausschnitt unter das Schulterblatt genäht. Dem neuen Invunche wuchsen Borsten, und er wurde mit Menschenfleisch gefüttert. Nackt hielt man ihn in der Haupthöhle der Brujeria, wo er sowohl als Wachposten als auch als Glücksbringer bei bestimmten Ritualen der Gesellschaft fungierte.

Die Brujeria existieren nicht nur in der Überlieferung aus dem einstmals spanischen Chile, denn zumindest bei zwei Gelegenheiten – 1743 und 1880 – wurden mutmaßliche Mitglieder der Bruderschaft gefangengenommen und als Zauberer vor Gericht gestellt. In dem großen Prozeß von 1880 war einer der Hauptzeugen ein alter Mann namens Mateo Conuecar. Er bezeichnete einen gewissen José Merriman als König der Zauberer und erklärte, daß er die geheimen Höhlen der Brujeria durch einen Gang betreten habe, der von einer getarnten Tür in Merrimans Keller ausgegangen sei. Es bestehen interessante Ähnlichkeiten zwischen den Praktiken zur Herstellung von Monstern bei den Brujeria und den *Dacianos*, einer besonderen Kaste europäischer Zigeuner, die sich auf die Züchtung von Krüppeln spezialisiert hatte. Das Hauptquartier der Dacianos lag in der Gorge de Pancorbo in der Nähe von Vitoria in Spanien, obwohl man sie auch bei Diekirsch in Deutschland, bei Bourbonne-les-Bains in Frankreich und in einem alten quadratischen Turm in der Nähe von Cleveland in Yorkshire antreffen konnte. Sie trugen den Spitznamen »Kinderkäufer«, aber in Wahrheit spezialisierten sie sich darauf, Kinder im Alter von drei oder vier Jahren zu entführen, sie zu lähmen, zu entstellen und anschließend an Vagabunden und Blinde zu verkaufen, für die sie betteln mußten. Chile war bekanntlich koloniales Besitztum der spanischen Krone. Vielleicht emigrierten einige Dacianos von ihrer Bastion in der Nähe Vitorias nach Chile und gründeten die Gesellschaft. Eventuell gelangten auch nur überlieferte Geschichten der Zigeunermethoden nach Südamerika und wurden dort durch die Phantasie der Chilenen ausgeschmückt.

Selbstverständlich gibt es zu den Phänomenen, die aus fremden Ländern berichtet werden, sowohl erhebliche Gegensätze als auch denkwürdige Parallelen. Beispielsweise unterscheidet sich der Vampir auf den Philippinen deutlich von dem Blutsauger aus Westeuropa. Der philippinische *Manananggal* ist eine Frau, die ihren Körper in zwei Hälften teilen kann und deren obere Hälfte dann auf der Jagd nach kindlichen Opfern durch die Nacht fliegt. Ein Manananggal zeigt sich von Knoblauch unbeeindruckt, kann aber durch die Berührung mit dem Schwanz eines getrockneten Stachelrochens abgewehrt werden und ist wie ein westlicher Vampir vom Tageslicht verwundbar. Die beiden Hälften des Manananggal müssen sich vor Tagesanbruch wieder vereinigen, wenn der Vampir überleben will. Während der Wahlkampagne vom Mai 1992 in Manila kam es zu einer Manananggal-Panik. Eine Frau namens Tina Santa Rosa behauptete, daß sie von einer solchen Kreatur angefallen worden sei. »Sie griff mich an, und ich hatte Glück, daß ich entkam«, sagte Santa Rosa. »Ich sah die Hälfte ihres nackten Körpers. Sie hatte langes, strähniges Haar, lange Arme, spitze Fingernägel und scharfe Fangzähne.« Santa Rosas Nachbar, Alfonso Bernardo, bestätigte den Bericht und erklärte, daß er die obere Hälfte des Manananggal von Santa Rosas Haus davonfliegen gesehen habe. In ähnlicher Weise unterscheidet sich die weibliche Meerjungfrau der schottischen Überlieferung mit ihrem wirren Haar, ihrem Kamm und Spiegel sehr deutlich von dem vampirischen *Mambu mutu* aus Burundi. Ferner weichen Berichte über »Zwerge«, die es überall auf der Welt gibt, von Land zu Land voneinander ab. Der westliche Kobold ist zwar mit fernöstlichen Äquivalenten wie dem javanischen *Tuyul* verwandt, unterscheidet sich aber von dessen Äußerem, das an ein kahlköpfiges Kind mit großen Augen und roter Haut erinnert. Wie die meisten orientalischen Geister bewegt sich der Tuyul, ohne den Boden zu berühren, aber er gleicht seinen europäischen Gegenstücken darin, daß er allen Versuchen trotzt, sich in die Sphären der Folklore verbannen zu lassen. Wie zur Bestätigung erscheint er gelegentlich in der modernen Welt. 1985 besuchte eine japanische Jagdexpedition auf der Suche nach dem Tuyul Indonesien und befragte einen Modedesigner in Jogjakarta. »Vor drei Jahren sah ich einen Tuyul«, erzählte der Mann seinem Interviewer. »Er war echt. Er sah aus wie ein kleiner nackter Junge und versuchte, mein Geld zu stehlen.«

Schließlich gibt es noch Phänomene, die nur bei bestimmten Volksgruppen auftreten, auch wenn diese über die ganze Welt verstreut sind. Ein gutes Beispiel dafür ist das plötzliche, unerklärliche nächtliche Todessyndrom SUNDS (*Sudden Unexplained Nocturnal Death Syndrome*), eine mysteriöse, aber reale und überaus tödliche Krankheit. Bislang scheiterten alle Versuche, ihre Ursachen zu identifizieren und zu verstehen. Die Krankheit, sofern es eine solche ist, befällt fast ausschließlich Männer aus Südostasien – Thailand, Kambodscha, Vietnam und Laos -, aber sie tritt sowohl in heimischen als auch in emigrierten Gemeinden auf, beispielsweise im Mittleren Osten. Die Symptome der Krankheit sind sonderbar: Die im allgemeinen jungen und vermeintlich gesunden Opfer sterben plötzlich und auf unerklärliche Weise im Schlaf. Dabei bildet sich manchmal Schaum vor ihrem Mund, als kämen sie in blankem Entsetzen zu Tode. Obwohl SUNDS bereits Hunderte von Opfern gefordert hat, verstehen Ärzte das Syndrom nicht und können auch nicht erklären, warum es ausgerechnet diese spezielle Bevölkerungsgruppe trifft. Schon der Name der Krankheit legt ein deutliches Zeugnis vom Unverständnis seitens der medizinischen Gemeinschaft ab. In Thailand entstanden einige phantasiereiche Erklärungen für diese merkwürdige Krankheit. Dort werden die Todesfälle manchmal als das Werk böser weiblicher Geister beschrieben, die auf der Jagd nach passenden Ehemännern sein sollen. Nach ihrem Tod werden die Opfer in der Geisterwelt gewaltsam mit ihren Mörderinnen verheiratet. Um diesem unangenehmen Schicksal zu entgehen, sind manche Thai-Männer dazu übergegangen, im Bett Frauenkleider und Make-up anzulegen, weil sie hoffen, herumstreichende weibliche Geister dadurch zu täuschen. Ein anderes Beispiel eines erstaunlich spezifischen Phänomens ist die Hysterie, die im Jahre 1934 um das amerikanische Killerkänguruh ausbrach. Der Panik ging das Auftreten eines Wesens in Form eines riesigen Känguruhs in der ländlichen Gemeinde South Pittsburgh (Tennessee) voraus. Das Monster tötete mehrere Polizeihunde, ein paar Gänse und zahlreiche Enten und verschlang jeweils Teile seiner Beute. Die Spur des Känguruhs wurde einen Berg hinauf bis zu einer großen Höhle verfolgt, in der es verschwunden war. Es wurde nie mehr gesehen. Als es schließlich in Vergessenheit geriet, ließ es diesen seltsamen Planeten noch ein wenig seltsamer zurück.

2. Land der Götter und Engel

Dies ist ein Buch über seltsame Phänomene. Es handelt von Beweisen und von Ansichten. Und es ist ein Buch der Erklärungen.

Aber es geht nicht darum, was wahr und was falsch ist. Diese Begriffe – so wichtig sie für andere Disziplinen auch sein mögen – erweisen sich als plumpe Waffen, wenn sie innerhalb der Grenzwelten zum Einsatz gebracht werden. Sie können einen Zeugen verletzen, obwohl dessen Aussage vielleicht wichtige Einsichten gebracht hätte, oder ein Beweisstück vernichten, das zu einer Erklärung geführt haben könnte, wenn man gefühlvoller vorgegangen wäre.

Lassen Sie es mich deutlich sagen: Ich schlage nicht vor, jede Geschichte, die uns erzählt wird, unkritisch zu akzeptieren, Theorien zu übernehmen, die durch keinerlei wissenschaftliche Beweise gestützt werden, oder Einwände von Skeptikern sämtlich von der Hand zu weisen. Ich hatte auch weder die Zeit noch den Wunsch, eine eingehende Studie über Okkultismus oder Mystizismus zu erstellen, und möchte hier keine Themen aufgreifen, die einzig und allein Glaubensfragen sind.

Statt dessen will ich zeigen, daß die Kategorien »Fakten« und »Erfindungen« nicht adäquat sind, wenn es um die Untersuchung außergewöhnlicher Phänomene geht. Ich leugne weder, daß Tausende von Fälschungen existieren, noch daß einige ungewöhnliche Ereignisse physisch real und tatsächlich so sonderbar sind, wie sie auf den ersten Blick erscheinen. Meine These zielt vielmehr in die Richtung, daß viele merkwürdige Geschehnisse in einem Kontinuum stattfinden, das zwischen »wirklich« und »unwirklich« liegt. Ferner behaupte ich, daß sie für einen Betroffenen real sein können, ohne notwendigerweise physikalisch erfaßbar zu sein. Ich möchte zeigen, daß jede Wahrheit nach so vielen Fragen verlangt, wie sie beantworten kann. Und selbst eine Fälschung erzählt uns etwas – über die Psychologie eines Zeugen, die Problematik der Wahrnehmung, die allgemeine Neigung zu Phantasie und Selbsttäuschung sowie den immerwährenden Einfluß der sozialen und kulturellen Hintergründe.

Erfahrungen mit seltsamen Phänomenen

Auf den folgenden Seiten werden wir uns nicht nur fragen, was wir glauben und wem wir vertrauen sollen, sondern auch, ob wir es mit physisch realen Geschehnissen oder mit dem Produkt der Einbildungskraft eines Zeugen zu tun haben. Es ist wichtig zu erkennen, daß dieses Problem nicht nur dann auftritt, wenn offensichtlich Raum für die menschliche Phantasie besteht wie etwa bei der Sichtung von Geistern und Fabelwesen, sondern auch in Fällen, in denen allgemein angenommen wird, daß sie physische Phänomene beinhalten. Wenn Ihnen zum Beispiel die Frage gestellt wird: »Glauben Sie an UFOs?«, so ist aller Wahrscheinlichkeit nach gemeint: »Glauben Sie daran, daß UFOs außerirdische Raumfahrzeuge sind?«

Die Unterscheidung in der Fragestellung ist zulässig, denn tatsächlich sind viele hervorragende Forscher davon überzeugt, daß alle Berichte über fliegende Untertassen im Kern auf echte außerirdische Besucher zurückgehen. Aber es gibt auch zahlreiche andere Erklärungen für UFO-Sichtungen. Bei einigen unbekannten Flugobjekten könnte es sich auch um geheime Waffen handeln, die von der eigenen oder einer anderen Regierung »im Verborgenen« getestet werden. Andere sind sicherlich das Produkt schlichter Fehldeutungen, und wieder andere entstehen durch komplexe Phänomene wie zum Beispiel Luftspiegelungen. Zusätzlich scheint eine nicht unbedeutende Anzahl von Berichten auf wenig bekannte oder kaum verstandene natürliche Ereignisse zurückzuführen zu sein. Viele UFOs werden von Zeugen beobachtet, die sich in irgendeiner Form in einem veränderten Bewußtseinszustand befinden. Dabei kann es sich sowohl um einen Traum als auch um eine hypnotische Trance handeln.

Trotzdem sind nicht alle diese Erklärungen schlüssig. Nehmen wir beispielsweise an, ein seriöser und intelligenter Zeuge sieht den Planeten Venus – ein helles, aber unbewegliches Licht dicht über dem Horizont. Aber er berichtet, daß er ein hell erleuchtetes UFO gesehen habe, das den nächtlichen Himmel entlanggeflogen und schließlich mit hoher Geschwindigkeit davongeschossen sei. Eine solche Erfahrung tritt erstaunlich häufig auf. Nachdem wir den Fehler erkannt haben, könnten wir die Akte schließen und den Fall vergessen. Aber wir könnten auch einen erhöhten Nutzen aus dieser Erfahrung ziehen, indem wir uns vor Augen hielten, daß viele Zeugen dazu neigen, in weltlichen Erscheinungen etwas Merkwürdiges zu erkennen.

Beispielsweise erinnerte sich eine Zeugin unter Hypnose daran, daß sie mitten in der Nacht von einer unsichtbaren Kraft aus dem Bett ihrer Wohnung mitten in der Stadt gehoben und durch das geschlossene Fenster hindurch in ein wartendes UFO teleportiert wurde. Dort habe man sie einer medizinischen Untersuchung unterzogen und anschließend in ihr Schlafzimmer zurückgebracht. Ihr Ehemann, der im Bett neben ihr schlief, habe von alldem nichts bemerkt. In diesem Fall sollten wir zunächst fragen, ob die Behauptungen durch irgendwelche physischen Beweise gestützt werden, etwa durch Spuren der medizinischen Untersuchung oder durch Zeugen, die sich außerhalb der Wohnung befanden und die Entführung beobachteten. Danach wäre zu erforschen, ob andere Anhaltspunkte dafür vorliegen, daß die Erfahrung nicht nur ein Traum oder eine »falsche« Erinnerung unter Hypnose war.

Außerdem genügt es in derart komplexen Fällen nicht, die offensichtlichen Fragen zu stellen wie: Was sah die Zeugin? Oder: War die Erfahrung real? Wir müßten vielmehr – wenn wir davon ausgehen, daß die Entführung tatsächlich stattfand – fragen: Warum bemerkte der Ehemann nichts davon? Und wie war es möglich, daß der Körper der Entführten ein festes Objekt, nämlich die Fensterscheibe, problemlos passierte? Wenn wir aber der Ansicht sind, daß die Erfahrung eingebildet war, müßten wir ausführlich hinterfragen, wie die Zeugin eine so ausgefeilte Geschichte erfinden und offensichtlich selbst glauben konnte. Befand sie sich in einem veränderten Bewußtseinszustand? Falls ja, um welchen Zustand handelte es sich, warum erlebte sie ihn zu diesem speziellen Zeitpunkt, und wie beeinflußte er ihre Wahrnehmung? Warum sahen die Außerirdischen, die unsere Zeugin untersuchten, so aus wie die, denen Dutzende andere Menschen begegnet sind, die sich ebenfalls daran erinnerten, entführt worden zu sein? Wußte die Zeugin genug über Entführungen durch Außerirdische, um ihre Geschichte bewußt oder unbewußt zu erfinden? Wurde ihr Bericht von dem Wunsch beeinflußt, den mit dem Fall befaßten UFO-Forscher zufriedenzustellen, oder stellte der Therapeut während ihrer Regression entsprechende Suggestivfragen? Und schließlich: Stimmten ihre bewußten Erinnerungen in irgendeiner Form mit denen unter Hypnose überein?

Lassen Sie mich erneut hervorheben, daß einige Mysterien, denen wir begegnen werden, durchaus physische Erklärungen aufweisen. Zum Beispiel kann eine große Zahl von Berichten über vom Himmel fallende Frösche, Fische und andere ungewöhnliche Objekte dem Wirken von Wirbelstürmen und Wasserhosen zugeschrieben werden. Diese saugen den Inhalt eines Flusses oder Teiches an einem Ort auf und laden ihn an einem anderen wieder ab. Doch UFO-Forscher verweisen auf eine Handvoll bedeutsamer Fälle, in denen vermeintliche physische Spuren zurückblieben. Die Beweise reichen von »Landemarken« bis hin zu Verbrennungen auf den Gesichtern und Körpern von Zeugen, die einem unbekannten Flugobjekt zu nahe kamen. In ähnlicher Weise hat die Entdeckung von mehreren neuen und ungewöhnlichen Hirscharten in den Wäldern von Vietnam zu der Vermutung geführt, daß zumindest einige der etwa 350 unbekannten Tierarten, die zur Zeit rund um den Globus gesucht werden, tatsächlich existieren. Die Palette reicht dabei von Bigfoot bis zu einigen nicht näher bezeichneten Arten von Seeungeheuern.

Es könnte in der Tat einfacher und auch realistischer sein zu akzeptieren, daß die meisten seltsamen Phänomene real sind. Schließlich gehen die meisten Zeugen, auf deren Erinnerungen wir uns verlassen, von dieser Annahme aus. Das Monster von Loch Ness sieht nicht nur aus wie ein echtes Tier, es verhält sich auch so. Außerirdische Entführer mögen zwar fremdartig wirken, aber sie verhalten sich wie Wesen aus Fleisch und Blut. Sie fliegen metallene Raumschiffe und beschäftigen sich mit physischen Verfahren wie medizinischen Untersuchungen. Und die ungewöhnlichsten und unwahrscheinlichsten Aspekte solcher Begegnungen lassen sich stets dadurch erklären, daß wir eben nicht in der Lage sind, eine außerirdische Technologie, die unserer eigenen überlegen ist, zu verstehen.

Dennoch beweisen die Tatsachen, daß mehrere hundert Zeugen glauben, in Loch Ness ein großes schwimmendes Objekt gesehen zu haben, und daß der See genügend Fische enthält, um eine kleine Population von Seeungeheuern zu ernähren, die Existenz solcher Monster noch nicht. Möglicherweise gibt es sie. Aber wie erklärt es sich, daß angeblich in anderen schottischen und irischen Seen sehr ähnliche oder gar identische Biester gesichtet wurden, obwohl diese Gewässer viel zu klein sind, um auch nur ein einziges großes Tier, geschweige denn eine ganze Herde mit Nahrung zu versorgen? Sind diese »Ungeheuer« in irgendeiner Form Geister, oder mißdeuten die Zeugen seltsame Wellenformationen oder tauchende Vögel als Monster? Falls letzteres zutrifft: Ist es dann nicht ebensogut möglich, daß auch die Berichte von Loch Ness nur ungewöhnliche Wellen oder jagende Vögel beschreiben? Und wenn Unwirkliches tatsächlich so real erscheint, wie können wir dann sicher sein, daß es überhaupt so etwas wie »Wirklichkeit« gibt?

Kurz: Inwieweit sind *wir selbst* das Phänomen?

Wunderliche Ereignisse

Ein Forscher, der uns bemerkenswerte Einsichten in die Realität seltsamer Phänomene verschafft hat, ist David Hufford. Seine Untersuchungen in Neufundland und an anderen Orten haben ihn ein interessantes Modell zur Bewertung von offenbar übernatürlichen Ereignissen enwickeln lassen.

Huffords Spezialität, die er in seinem Buch *The Terror That Comes in the Night* ausführlich erörtert, ist der »Schlafzimmergeist«. Dabei handelt es sich um ein Wesen, das im allgemeinen nachts in ein Zimmer eindringt und den Bewohner zu Tode erschreckt. Wir haben weiter oben bereits einen Schlafzimmergeist erwähnt: jene unsichtbare Kreatur mit Fledermausflügeln, die Randy P. sah. Aber das Wesen, das Randy wahrnahm, war für seine Art nicht sehr repräsentativ. Die meisten Schlafzimmergeister sind weitaus furchterregender.

Im Verlauf seiner Studien fand Hufford heraus, daß Berichte über Schlafzimmergeister in vielen verschiedenen Kulturen von Japan bis Amerika auftauchen. Typischerweise erwacht das Opfer aus dem Schlaf und nimmt wahr, daß sich etwas seinem Zimmer nähert. Manchmal hört es Fußstapfen, die sich auf die Tür zubewegen, oder es sieht ein seltsames Wesen, das sich dem Raum aus großer Entfernung nähert. Dabei kann weit über die physischen Begrenzungen des Zimmers hinausgesehen werden. Das Wesen kommt immer näher, beugt sich über das Bett seines Opfers und hockt sich schließlich auf dessen Brust. Durch das Gewicht des Geistes wird der Angegriffene in die Matratze gepreßt und paralysiert. Er sieht sich außerstande, etwas zu seiner Verteidigung zu unternehmen. Manchmal spricht der Angreifer sogar, und häufig verspottet er sein Opfer mit den Worten: »Du wußtest doch, daß ich kommen würde, oder?«

Die meisten Schlafzimmergeister sind sichtbar und nehmen eine menschliche Form an, aber viele Zeugen empfinden etwas stark Animalisches oder Fremdartiges an ihnen. Selten sind sie deutlich zu erkennen. Manche erzeugen nicht mehr als einen vagen, verschwommenen Eindruck, andere nehmen zwar deutliche Umrisse an, weisen aber an der Stelle ihres Gesichtes nur Leere auf. Fast alle erscheinen bedrohlich, böse und mächtig, obwohl sie bisher nie jemandem tatsächliches Leid zugefügt haben. Häufig gehört die Erfahrung, dem Willen eines starken, bösartigen und offensichtlich übernatürlichen Wesens bewegungsunfähig und absolut hilflos ausgeliefert zu sein, zu den schrecklichsten Ereignissen im Leben der Opfer.

Hufford entdeckte viele Varianten unter den Erfahrungen mit Schlafzimmergeistern. In Neufundland wird das Wesen im allgemeinen als »alte Hexe« bezeichnet. Dort geht man davon aus, daß es sich um eine böse Frau aus uralter Zeit handelt. In Japan ähnelt der Schlafzimmergeist oft Dämonen der örtlichen Mythologie. Einige Zeugen haben auch von kleinen, fremdartigen Wesen in ihren Zimmern berichtet, ähnlich den »Grauen«, von denen manche UFO-Forscher vermuten, daß sie Menschen entführen, um medizinische Experimente vorzunehmen. Wieder andere Zeugen erleben eine weniger deutliche Erfahrung, die aber kaum weniger beunruhigend ist. Im Verlauf einer nicht lange zurückliegenden Korrespondenz zu diesem Thema erinnerte sich Paul Vincent, ein Computer-Analytiker der Universität von Mittelengland, an folgende Begebenheit:

> »Als ich Anfang 20 war, wachte ich während eines Zeitraumes von ungefähr einem Jahr mehrmals wöchentlich auf und spürte, wie mein Bettzeug selbständig von mir abhob. Es wurde nicht zurückgerollt oder an einer Ecke hochgehoben, sondern bewegte sich im Ganzen um ein paar Zentimeter nach oben [...] Danach hörte ich immer ein tiefes, schweres Atmen in der Nähe meines Bettes, und ich fürchtete mich. Eine eiskalte Hand griff mir an die Hoden und drückte zu. Das tat zwar nicht weh, aber er war ziemlich unangenehm.
>
> Ich versuchte mich zu bewegen und stellte fest, daß ich am ganzen Körper wie gelähmt war. Zwar fühlte ich meine Fingerspitzen, aber ich konnte sie nicht bewegen. Dann hörte der Druck plötzlich auf, und ich spürte, wie die Bettdecke auf mich zurückfiel. Ich nahm sogar den Zug der warmen Luft wahr, die dabei über mein Gesicht strich. Anschließend drückte etwas

> mit großem Gewicht von oben auf mich nieder [...] Zu diesem Zeitpunkt konnte ich für gewöhnlich einen Finger wieder bewegen, und wenn das möglich war, hatte ich auch meinen ganzen Körper wieder unter Kontrolle. Am Ende wachte ich ›richtig‹ auf und rang meistens heftig nach Luft.«

Manchmal gibt es Hinweise, die eine Erklärung für diese Form des Phänomens zu liefern scheinen. Steve Howells aus Südwales entsann sich, daß er aus der Sammlung seines Onkels mit Vorliebe die Bücher von Dennis Wheatley las, eines Erzählers, der sich auf die Themen Zauberei und Dämonologie spezialisiert hatte. Er berichtete von einem an die Lektüre anschließenden Erlebnis:

> »Ich wachte nachts auf, und mein Kopf lag seitlich auf dem Kissen. Mit einem Auge konnte ich im Raum herumsehen, das andere war bedeckt. Während ich mit dem freien Auge im Zimmer umherblickte, sah ich mit dem zugedeckten Auge in eine Grube, auf deren Boden eine große rote, gehörnte Gestalt hockte, die zu mir hinauflangte.«

Bill Jacobs von der Universität von San Diego erinnerte sich daran, einen Film über Frankenstein gesehen zu haben und später aus dem Schlaf geschreckt zu sein. »Dabei fand ich ein Frankenstein-Monster in meinem Bett stehend vor«, berichtete er. »Ich sage ›in meinem Bett‹, weil es auf dem Boden stand und seine Beine durch mein Bett hindurchgingen.«

Hufford stieß während seiner Forschungen auf viele ähnliche Fälle. (In Neufundland fand er heraus, daß nahezu ein Viertel der Bevölkerung schon einmal Besuch von der »alten Hexe« erhalten hatte.) Trotzdem glaubte er nicht, daß der Schlafzimmergeist ein rein kulturelles Phänomen war, weil nur wenige seiner Informanten ihre Erfahrung jemandem mitgeteilt hatten und einem Drittel die Geschichten gänzlich unbekannt waren. Viele Opfer des Schlafzimmergeistes zeigten sich erstaunt darüber, daß andere Menschen ähnliche Erfahrungen gemacht hatten und die Begegnungen einem erkennbaren Muster zu folgen schienen. Also forschte Hufford tiefer. Er ging davon aus, daß seine Zeugen etwas erlebt hatten, was in allen Gesellschaften der Welt vorkommt. Das Phänomen, so nahm er an, war von ihnen lediglich in einer Weise gedeutet worden, die ihrer Kultur, ihren religiösen Überzeugungen und ihren Erinnerungen entsprach. Mit anderen Worten: Er betrachtete die Erfahrungen mit der »alten Hexe« eher als Quelle, denn als Produkt des Glaubens.

Wir werden uns der »alten Hexe« in einem späteren Kapitel eingehender widmen. Für den Augenblick soll der Hinweis genügen, daß spätere Forscher auf Huffords Spuren andere Phänomene enthüllten, die vielen Kulturen gemeinsam und in mancher Hinsicht ebenso »real« sind. Sie lassen sich über denselben, auf die Erfahrung konzentrierten Ansatz analysieren.

Als wichtigstes dieser Phänomene könnte sich jenes erweisen, das der Autor James McClenon »wunderliche Ereignisse« nennt. McClenon ist Wissenschaftler an der medizinischen Fakultät der Universität von Pennsylvania und hat mehr als 1000 Berichte über außersinnliche Wahrnehmungen, Erscheinungen, außerkörperliche Erfahrungen (AKE), psychische Chirurgie und Geistheilungen gesammelt. Unter anderem hat er nachgewiesen, daß derartige Phänomene in Kulturen von Europa bis Japan und von Afrika bis China auftreten und dabei stets ähnliche Charakteristika aufweisen. (Beispielsweise zeigte eine 1978 veröffentlichte Untersuchung, daß in 19 von 20 Gesellschaften AKEs berichtet wurden.) Außerdem sind solche anomalen

Erfahrungen im gesamten Verlauf der Geschichte verzeichnet und haben eine wichtige Rolle bei der Entwicklung von Begriffen wie Leben nach dem Tod, übernatürliche Kräfte, Geister und menschliche Seele gespielt. In seinem Buch *Wondrous Events: Foundations of Religious Belief* stellte McClenon die These auf, daß Ähnlichkeiten in der Vorstellung von einem Leben nach dem Tod im Buddhismus und im Christentum zumindest teilweise auf eine gemeinsame Erfahrung mit solchen Phänomenen zurückgehen.

Zweifellos wurden seltsame Phänomene schon immer mit religiösen Riten in Zusammenhang gebracht, und das geschieht auch heute noch. Unerklärliche Ereignisse bilden sogar die Grundlage zahlreicher Religionen. Die zentralen Figuren der Hauptreligionen – wie Moses, Jesus und Mohammed – haben alle »wunderliche Ereignisse« erfahren. Man kann also argumentieren, daß seltsame Phänomene nicht das Produkt von Glauben und Religion sind, sondern daß statt dessen Religion und Glauben ihre Wurzeln in seltsamen Phänomenen haben, die allem Anschein nach real waren.

Begegnungen mit dem Göttlichen

Von allen religiösen Phänomenen sind die wichtigsten – und, was sicherlich bedeutsam ist, die häufigsten – die Sichtungen von Göttern, Engeln, Teufeln und Heiligen. Im Verlauf der Geschichte haben sich die Gottheiten beinahe jeder Religion auf Erden gezeigt, um ihren auserwählten Instrumenten ihre Gunst zu gewähren, ihren Völkern Anweisungen zu erteilen und (wohl in den meisten Fällen) vor den Konsequenzen der Nichtbefolgung ihrer Gebote zu warnen. Die »Erscheinungen« können dabei die Form von Stimmen annehmen, die von nirgendwoher zu kommen scheinen, oder sie treten in

Träumen oder Visionen auf. Möglicherweise tarnen sie sich auch als Menschen und offenbaren ihre Göttlichkeit nur durch die Art ihres plötzlichen Verschwindens oder durch die Wunder, die sie wirken.

Solche Berichte haben eine lange Tradition. Die Griechen und Römer der Antike waren davon überzeugt, daß sich die Bewohner des Hades und des Olymp frei über die Erde bewegten und dabei die Gestalt von Tieren und Menschen annahmen. Dieser Glaube trug zur Entstehung ihrer reichhaltigen Mythologien bei, fand jedoch auch seinen Weg in einige nüchterne Zeitzeugenberichte aus jenen Epochen. So ist mindestens ein Dutzend Aufzeichnungen von Ereignissen erhalten, die ein Autor »klassische Begegnungen der dritten Art« nannte. Darin geht es um Zusammentreffen mit den Zwillingen Castor und Pollux, den Schutzgottheiten Spartas, die auch für Reisen, Gastfreundschaft und Kriegsführung zuständig waren. Die beiden tauchten offenbar häufig auf, um freundliche Gastgeber zu belohnen, in Schlachten einzugreifen oder das Ergebnis eines Feldzuges vorherzusagen. Laut Cicero reiste ein gewisser P. Vatienus 167 v. Chr., als die Römer gegen Perseus von Mazedonien kämpften, bei Nacht über die Kaufmannsstraße und stieß dabei auf zwei junge Männer auf weißen Pferden, von denen man später annahm, daß es die Zwillinge waren. Sie vertrauten ihm an, daß Perseus an diesem Tag gefangengenommen worden sei. Vatienus, der die Neuigkeit eiligst dem römischen Senat überbrachte, wurde »wegen unangemessener Äußerungen zu Staatsangelegenheiten« ins Gefängnis geworfen. Man ließ ihn erst wieder frei, als die Nachricht vom Sieg Rom einige Zeit später auf herkömmlichem Wege erreichte. Der Visionär wurde nicht nur befreit, sondern erhielt vom Senat als Anerkennung außerdem Land und Steuerfreiheit, ein Erlaß, der 100 Jahre später, zur Zeit Ciceros, immer noch Bestand hatte.

Objektiv betrachtet, scheint zwischen der seltsamen Begegnung des Vatienus und den Erfahrungen hochgestellter religiöser Persönlichkeiten, die in Form von Erscheinungen Besuch von ihren Gottheiten erhalten, kein großer Unterschied zu bestehen. Immerhin hat der Römer sein Erlebnis als ausreichend glaubwürdig empfunden, um sich damit an den Senat zu wenden und sich dem Risiko auszusetzen, sich lächerlich zu machen. Der einzige echte Unterschied besteht darin, daß Vatienus offenbar nicht den Anspruch erhob, von seinen Göttern begünstigt worden zu sein, wogegen die Gründer und Propheten monotheistischer Religionen in dem Ruf stehen, ganz besondere Menschen gewesen zu sein. Ihre Erfahrungen ermöglichten ihnen häufig privilegierte Einsichten in den Willen Gottes und verliehen ihnen eine nicht zu unterschätzende Macht über ihre Glaubensgemeinde.

Weil ihnen diese Macht meistens freiwillig überlassen wurde (auch wenn der Prophet möglicherweise auf anfänglichen Widerstand stieß), haben die religiösen Visionen einer Handvoll von Menschen den Lauf der Geschichte erheblich beeinflußt. Um 1250 v. Chr. hütete der Prophet Moses Schafe in Midian, als ihm die Stimme Gottes aus einem brennenden Dornbusch befahl, er solle die Israeliten aus Ägypten führen und den Juden das Gelobte Land zeigen. Er gehorchte, und die Folgen sind bekannt. Mohammed erhielt seinen Ruf um das Jahr 610 herum, während er auf dem Berg Hira über der Ebene von Mekka meditierte. (Auch hier handelte es sich um eine Stimme, die aus dem Nichts sprach, und nicht um eine visuelle Erscheinung.) Weitere Offenbarungen in ähnlicher Form begleiteten den Propheten Mohammed für den Rest seines Lebens. Zunächst wurden sie ihm in Form vieler unterschiedlicher Stimmen zuteil, dann nahmen sie gelegentlich »den Klang von Glocken« an. Die Gesamtheit dieser Offenbarungen ergab den Text des Korans. Den Worten des Propheten und dem Buch folgend, brachen die Mohammedaner anno 633 aus der Wüste auf, um innerhalb weniger Jahrzehnte nicht nur das ehemalige Perserreich zu zerschlagen und das Byzantinische Reich nahezu zu zerstören, sondern auch, um ihre neue Religion über halb Asien und Afrika zu verbreiten.

Heutzutage weisen liberale religiöse Oberhäupter häufig darauf hin, daß die alten, denkwürdigen Überlieferungen solcher Begegnungen mit den Göttern symbolisch zu verstehen seien und nicht zu wörtlich genommen werden sollten. Aber es darf mit Recht angenommen werden, daß jene Erfahrungen für die Betroffenen sowohl die wichtigsten Ereignisse in ihrem Leben als auch sehr real waren.

Wir wissen das, weil während der vergangenen 200 Jahre zwei moderne Propheten von vergleichbaren Visionen berichteten und zeitgenössische Zeugnisse hinterlassen haben, die von Historikern heute noch untersucht werden können. Dagegen liegen aus den frühen Tagen des Judaismus, des Christentums und des Islam keine solchen schriftlichen Dokumente mehr vor. Der erste dieser beiden Besuche soll 1819 stattgefunden haben, als Gott und Christus gemeinsam einem Bauernsohn aus Palmyra, New York, erschienen und ihn davor warnten, einer der bestehenden Kirchen beizutreten. Vier Jahre später führte eine zweite Vision, bei der ein Engel namens Moroni erschien, den jungen Joseph Smith zu dem geheimen Versteck einiger Goldplatten, die im Hügel über seiner Holzhütte vergraben waren. Laut Smith befand sich auf den Platten eine mysteriöse und nicht zu entziffernde Inschrift. Doch im September 1827 erschien Moroni erneut und gab ihm zwei magische Steine, mit deren Hilfe es ihm gelang, die uralte Sprache auf den Platten zu übersetzen. Indem er die beiden Steine in seinen Hut legte, sein Gesicht im Hutkranz verbarg und eine Decke über seinen Kopf zog, konnte Smith die goldenen Hieroglyphen entziffern und jene Worte diktieren, die zur Grundlage einer neuen Religion wurden. Die Mormonenkirche war entstanden.

Smiths Behauptung, er sei von Gott auserwählt worden, wurde von vielen seiner Zeitgenossen mit Hohn quittiert, aber seine Anhänger glaubten ihm bedingungslos. Die Gegner der neuen Religion griffen ihn aufs Schärfste an und bezeichneten ihn als Scharlatan. Sie warfen ihm vor, daß seine Entdeckung der seltsamen Goldplatten ausgerechnet auf dem Höhepunkt einer neuen Welle von Schatzsuchen stattgefunden habe, und glaubten belegen zu können, daß er nur einer von vielen sei, die sich zu jener Zeit darum bemühten, neue Religionen zu gründen. Außerdem verspotteten sie seine Behauptung, er könne die mysteriösen Goldplatten nicht als Beweisstücke vorlegen, weil Moroni sie ihm wieder abgenommen habe, nachdem die Übersetzung vollständig gewesen sei. Es wurden sogar Aussagen von Nachbarn gesammelt, denen Smith angeblich erzählt hatte, daß das Buch Mormon eigentlich als Roman gedacht und er überrascht gewesen sei, wie viele Menschen es ernst nahmen. Das Buch erzählt im wesentlichen die Geschichte Amerikas vom Jahre 500 v. Chr. bis 400 n. Chr. Unter anderem wird darin ausgeführt, wie Christus nach seiner Kreuzigung vom Himmel herabstieg, um den Amerikanern zu predigen. Obwohl andere Aufzeichnungen und archäologische Beweise den historischen Angaben widersprechen, wird das Werk von den Mormonen akzeptiert wie die Bibel von anderen Christen. Neue Mitglieder der rasch wachsenden Glaubensgemeinschaft sprechen sowohl von der inspirierenden Kraft des Buches als auch von der Tatsache, daß die darin enthaltenen Geschichten von Verrat, Visionen und vielen blutigen Schlachten eine unterhaltsame Lektüre seien.

Noch bemerkenswerter ist die Geschichte von Hong Xiuquan, einem gescheiterten Staatsbeamten aus der Provinz Guangdong in China, dem im Jahre 1836 während eines

Besuchs in Kanton die Übersetzung einiger Passagen aus der christlichen Bibel überreicht wurde. Die Verse aus dem Neuen Testament halfen Hong dabei, einen merkwürdigen Traum zu deuten, in dem er zusammen mit einem älteren Bruder für einen Mann mit einem goldenen Bart gegen böse Dämonen gekämpft hatte. Er begriff nun, daß sein »Traum« in Wahrheit eine Vision von Gott und Christus gewesen war und daß er selbst der jüngere Bruder von Jesus und somit Gottes chinesischer Sohn sein mußte. Hong predigte diese fremdartige Doktrin in den Bergen nördlich von Kanton und scharte allmählich Anhänger um sich, bis sich seine Bewegung nach und nach zu einer Rebellion der südlichen Provinzen gegen die Herrschaft der Mandschu-Kaiser im Norden auswuchs. Es kostete die chinesische Regierung 15 Jahre, um den Aufstand niederzuschlagen, der ironischerweise nach einem von Hongs Schlagworten *Taiping* oder »himmlischer Friede« genannt wurde. Während dieser Jahre hatte Hong ständig Visionen, in denen sein Vater und sein älterer Bruder zu ihm sprachen. Obwohl für einen Mann in seiner Position ungewöhnlich, akzeptierte er die Behauptungen einiger Anhänger, daß sie ebenfalls Botschafter himmlischer Edikte seien, eine Zeitlang. Ein Köhler namens Yang Xiuquing verfiel in einen tranceähnlichen Zustand und ermöglichte Gott, durch ihn zu sprechen. Dem Bauern Xiao Chaogui erschien Jesus und sang Lieder, die im Himmel eigens für die Taiping-Versammlung komponiert worden waren. Von derartigen Visionen angespornt, entwickelte sich die Rebellion zur größten in der langen Geschichte Chinas und führte zum Tod von schätzungsweise 60 Millionen Menschen, die bei Kämpfen oder durch Hunger und Krankheit umkamen.

Im Westen hatten Visionen wie die von Hong glücklicherweise weniger ernste Konsequenzen, obwohl sie auch hier Einfluß ausübten. Zwar half Johanna von Orléans, von den Stimmen der heiligen Katharina und des Erzengels Michael geleitet, den Franzosen während des Hundertjährigen Krieges, die englische Herrschaft abzuwerfen, aber sie war (auch) in dieser Hinsicht einzigartig. Nicht zuletzt deshalb, weil nur wenige andere christliche Visionäre behauptet haben, Christus selbst oder einen der Heiligen gesehen zu haben – eine Tatsache, die überraschen mag. Statt dessen wird die große Mehrheit von der Jungfrau Maria besucht, die als Vermittlerin zwischen Himmel und Erde auftritt. Sie überbringt Botschaften und legt bei ihrem Sohn Fürsprache für die Menschen ein. Das mag daran liegen, daß die meisten Personen aus dieser Mehrheit römisch-katholischen Glaubens sind und ihnen die Wahl der Maria als Botschafterin nur logisch erscheint. Schließlich wird ihr als einziger Himmelsbewohnerin neben Christus ein physischer Körper zugeschrieben, in dem sie auf Erden erscheinen kann. Allerdings halten Nichtkatholiken die Art und Weise, in der die Jungfrau auf Erden agiert, für äußerst fragwürdig.

Zunächst einmal scheint Maria die ersten 1800 Jahre nach ihrem Tod fast ausschließlich im Himmel verbracht zu haben. Erst seit 1830 unternimmt sie mit zunehmender Häufigkeit die Reise zur Erde zurück. Wenn wir die in der Offenbarung erwähnte, »in die Sonne gekleidete« Gestalt beiseite lassen, so datiert die erste verzeichnete Rückkehr auf das Jahr 432. Die erste Erscheinung, zu der nähere Einzelheiten erhalten sind, stammt von 1061. In jenem Jahr wurde der Schloßherrin von Walsingham in Norfolk eine Vision zuteil, in der sie das Haus des Jesus von Nazareth sah und aufgefordert wurde, eine exakte Kopie davon nachzubauen. (Kurioserweise wurde diese »Nachbildung« im sächsischen Architekturstil des 11. Jahrhunderts erstellt, statt in der Art des 1. palästinischen Jahrhunderts.) Danach vergingen weitere fünf Jahrhunderte bis zur nächsten bedeutsamen

Erscheinung, die 1531 nicht aus Europa, sondern aus dem nur teilweise christianisierten Mexiko berichtet wurde. Dort lauerte einem älteren indianischen Bekehrten namens Juan Diego auf dem Weg zur Kirche die Vision eines schönen jungen Mädchens auf, um ihm zu befehlen, er solle an der Stelle ihres Erscheinens eine Kapelle errichten. Um den örtlichen Bischhof von Diegos Glaubwürdigkeit zu überzeugen, sah sich die Vision genötigt, ein Wunder zu wirken. Sie tat es, indem sie ihr Abbild auf dem Umhang aus Kakteenfasern des Eingeborenen erscheinen ließ. Noch heute hängt das Kleidungsstück über dem Altar einer prächtigen neuen Basilika in der nahegelegenen Stadt Guadeloupe. Hauptsächlich aufgrund dieses Wunders wurde die Erscheinung von der Kirche als echt anerkannt. Sie ist die erste von insgesamt nur zehn solcher Offenbarungen, denen offizielle Anerkennung zuteil wurde. Als einzige datiert sie vor 1830. Gleichwohl haben sogar einige zeitgenössische katholische Quellen behauptet, die lebensgroße Abbildung auf dem Umhang sei in Wahrheit eine Zeichnung. Skeptiker wiesen auch darauf hin, daß einerseits die Kirche das Wunder dazu benutzt habe, um während der folgenden sechs Jahre ungefähr acht Millionen Mexikaner zum Christentum zu bekehren, und andererseits das Bild wenig Ähnlichkeit mit Diegos Beschreibung seiner Vision aufweise. In der Tat war das Merkwürdigste an dem Ereignis die Beschreibung, die der Indianer von Maria abgab. »Sie sah aus«, sagte er, »wie ein junges mexikanisches Mädchen von ungefähr 14 Jahren.« Dieses Detail wurde auf verschiedene Arten ausgelegt. Gläubige behaupten, daß die Jungfrau dem Diego mit Absicht in einer Form erschienen sei, die ihn nicht habe ängstigen können, während Skeptiker argumentieren, Juan habe sich die Marienerscheinung nur eingebildet. Sie sei lediglich das Produkt einer bestimmten Zeit und eines bestimmten Ortes gewesen.

Erst Mitte des 19. Jahrhunderts nahmen die Erscheinungen der Jungfrau jene Form an, in der sie heute im allgemeinen noch anzutreffen sind. Davor waren die wenigen Visionäre, die es gab, in der Mehrzahl außergewöhnlich religiöse und relativ gebildete Erwachsene. Das erschien sowohl den Religiösen sinnvoll, weil sie annahmen, daß Marias Besuche eine gebührende Belohnung für Frömmigkeit seien, als auch den Nichtreligiösen, für die solche Visionen einzig auf eine überaktive Einbildungskraft hindeuteten. Aber in den 40er Jahren des 19. Jahrhunderts entstand ein neues Muster, da die Erscheinungen der Jungfrau verstärkt jungen, ungebildeten Bauernkindern zuteil wurden. Einige von diesen Kindern waren nicht einmal besonders religiös erzogen worden. Sowohl Gläubige als auch Skeptiker haben sich intensiv darum bemüht, diesen Umschwung zu erklären.

Die Vision, die alles änderte, ereignete sich am 19. September 1846 in den französischen Alpen in der Nähe von Grenoble. Die beiden Zeugen waren die 14jährige Melanie Mathieu und der elfjährige Maximin Giraud, zwei Bauernkinder, die in den Bergen über der Ortschaft La Salette Vieh hüteten. Sie waren eben aus einem Schläfchen erwacht, als Melanie gegen drei Uhr nachmittags in der Nähe einer Quelle ein Licht erblickte, das »viel heller als die Sonne« schien. Das Licht ging von einer Frau aus, die am Boden saß und den Kopf in ihren Händen barg. Sie weinte. Als sich die neugierigen Kinder näherten, erhob sich die Gestalt, befahl ihnen heranzukommen und warnte dann:

> »Wenn sich mein Volk nicht fügt, werde ich gezwungen sein, die Hand meines Sohnes loszulassen. Sie ist so stark, so schwer, daß ich sie nicht länger zurückhalten kann.

> Sechs Tage habe ich euch für die Arbeit gegeben, der siebente Tag soll mir vorbehalten sein. Aber sie geben ihn mir nicht. Darum wird die Hand meines Sohnes so schwer. Die Wagenfahrer fluchen im Namen meines Sohnes [...] Wenn die Ernte verdirbt, ist es eure eigene Schuld.«

Die Erscheinung fuhr eine Zeitlang im gleichen Ton fort, wobei sie sowohl Französisch als auch das lokale Idiom sprach, und warnte vor einer Krankheit, die die Kinder der Region befallen würde, sowie vor dem bevorstehenden Verderben der Trauben- und Nußernten. Sie schloß: »Nun, meine Kinder, werdet ihr dies den Menschen mitteilen.« Danach, so erinnerte sich Melanie, erhob sich die Gestalt, schwebte dicht über der Grasnarbe den Hügel hinauf und verschwand.

Schienen die Warnungen der Vision noch darauf abzuzielen, eine ums Überleben ringende Gemeinde zu erschrekken, so waren die Umstände, unter denen sie verschwand, doch recht außergewöhnlich. Fast wie die Katze von Cheshire in Lewis Carrolls Erzählung *Alice im Wunderland* löste sie sich stufenweise auf. In diesem Fall geschah das allerdings vom Kopf an abwärts, so daß nach einigen Sekunden nur noch die Füße sichtbar waren, die einen Augenblick später ebenfalls verschwanden. Zurück blieben lediglich die Spuren des hellen Lichtes, das die Gestalt umgeben hatte. (Die Bizarrheit dieser Erscheinung wird nur von einer späteren Vision erreicht, die sich während des Deutsch-Französischen Krieges von 1870/71 in der französischen Ortschaft Pontmain zutrug. Bei dieser Gelegenheit erschien die Jungfrau am Himmel, umgeben von einem ovalen Rahmen. Ihre Worte wurden nicht gesprochen, sondern schrieben sich auf einem vier Meter langen »Pergament« selbst, das sich unter ihren Füßen entrollte. Danach verschwand sie von den Füßen an aufwärts »in einer Art Tasche«.)

Vom heutigen Standpunkt aus betrachtet, erweist es sich als schwierig zu beurteilen, wie Melanie und Maximin über die Erscheinung, die sie bei La Salette sahen, dachten. Obwohl aus den Bemerkungen der Vision über die Kräfte ihres Sohnes hervorzugehen schien, daß sie die Jungfrau Maria war, bezeichneten die Kinder sie nur als »die Frau« und machten keine näheren Angaben zu ihrer Identität. Auch brachte ihnen das Ereignis in ihrem späteren Leben kein besonderes Glück. Melanie trat nacheinander einer Reihe von religiösen Orden bei, ohne sich in einem davon jemals heimisch zu fühlen, während sich Maximin von einer schlecht bezahlten Arbeit zur nächsten plagte. Auf der anderen Seite wurde behauptet, daß sich die Voraussagen der Erscheinung bezüglich Krankheit und Unbill bald erfüllten, wenn auch die früheste Quelle dieser unbefriedigenden Aussage aus dem Jahr 1854 datiert.

Nur ein paar Jahre später ereignete sich die vielleicht bedeutsamste aller Marienerscheinungen, von denen insgesamt Hunderte bekannt sind. Auch diese Vision zählt zu der Handvoll, die von der römisch-katholischen Kirche als echt anerkannt wurden. Sie ereignete sich in der damals rückständigen französischen Stadt Lourdes. Berichtet wurde sie von einem jungen, kränkelnden Mädchen namens Bernadette Soubirous, deren familiärer Hintergrund dem der Kinder aus La Salette ähnelte. Sie lebte in extremer Armut mit ihrem alkoholkranken Vater, einem ehemaligen Müller, der sich als Gelegenheitsarbeiter durchschlug, ihrer ebenfalls aus der Bahn geworfenen Mutter und drei Geschwistern. Zu der Zeit, als die Erscheinungen begannen – im Frühjahr 1858 –, besaß die Familie so wenig Geld, daß sie in einem mietfreien alten Zuchthaus wohnte, das sogar für die unglücklichen Opfer der französischen Justiz als unbewohnbar erklärt worden war. Sie hatte so wenig zu essen, daß Bernadettes jüngerer Bruder einmal dabei ertappt wurde, wie er Kerzenwachs vom Fußboden der örtlichen Kirche kratzte, um es zu essen.

Am Mittag des 11. Februar 1858 befand sich das 14jährige Mädchen auf der Suche nach Tierknochen entlang des Flußufers am Stadtrand. Ihre beiden jüngeren Begleiterinnen entschlossen sich, zum anderen Ufer hinüberzuwechseln, und Bernadette rastete vor einer kleinen Höhle in den steilen Klippen. Während sie ihre Schuhe und Strümpfe auszog, so erzählte sie einen oder zwei Tage später ihrem Beichtvater, habe sie eine weiße Gestalt in Form einer Frau oder eines Mädchens in der Höhle bemerkt. Die Erscheinung muß Bernadette in derartige Angst versetzt haben, daß sie den Fluß durchschwamm, ohne sich um die Temperatur des eisigen Wassers zu kümmern. Einzelheiten der Ereignisse an jenem Wintertag lassen sich nur noch anhand eines Berichtes rekonstruieren, den Bernadette mehr als drei Jahre später abgab:

> »Ich hörte ein Geräusch. Als ich mich der Wiese zuwandte, sah ich, daß sich die Bäume nicht bewegten. Ich fuhr fort, meine Schuhe und Strümpfe auszuziehen. Dann hörte ich das gleiche Geräusch wieder. Ich hob den Kopf und sah in die Grotte. Dort stand eine weißgekleidete Frau, die eine blaue Schärpe und eine gelbe Rose auf jedem Fuß trug. Die Blüten hatten dieselbe Farbe wie ihr Rosenkranz. Ich rieb mir die Augen, weil ich dachte, ich irre mich. Mit einer Hand fuhr ich in meine Tasche und griff nach meinem Rosenkranz. Mit der anderen wollte ich mich bekreuzigen, aber ich konnte meine Hand nicht an die Stirn heben. Sie fiel jedesmal schlaff zurück. Die Erscheinung machte das Kreuzzeichen, und meine Hand

zitterte. Ich versuchte es ihr gleichzutun, und da gelang es mir. Ich sagte meinen Rosenkranz auf. Die Erscheinung ließ die Perlen ihres Rosenkranzes durch ihre Finger gleiten, ohne ihre Lippen zu bewegen. Nachdem ich meinen Rosenkranz beendet hatte, verschwand die Erscheinung urplötzlich.«

Drei Tage später kehrte Bernadette zu der Grotte zurück, diesmal von ungefähr einem Dutzend Zeugen begleitet. Offenbar hatte sich das Mädchen Gedanken über die Vision gemacht, denn es kam mit einem Fläschchen Weihwasser, um den Geist damit besprengen zu können, falls er wieder auftauchte. Bernadette schien der Überzeugung zu sein, daß die Frau in Weiß ein Geschöpf des Teufels sei, der sie in Versuchung führen wolle. Andere vermuteten, daß es sich bei der Erscheinung um den Geist einer frommen katholischen Frau namens Elisa Latapie handle, die ein paar Monate zuvor verstorben war.

Bernadette hatte ihre Vision an diesem Tag erneut, wie auch bei weiteren 16 Gelegenheiten zwischen Februar und Juli. Aus der ständig wachsenden Menschenmenge dagegen, die ihr zu der Grotte folgte, sah niemand die Gestalt in Weiß. Man mußte sich auf Bernadettes Beschreibung verlassen. Bei ihrem zweiten Besuch sprach die Erscheinung zum ersten Mal, ohne jedoch ihren Namen zu nennen. Sie sagte zu dem Mädchen: »Ich verspreche dir nicht, dich in diesem Leben glücklich zu machen, aber im nächsten.« Damit stand für Bernadettes Begleiter fest, daß es sich bei der Frau in Weiß um die Jungfrau Maria handeln mußte. Allem Anschein nach wurde diese Einschätzung von Bernadette Soubirous und der Bevölkerung von Lourdes bereitwillig übernommen.

Sowohl die Polizei als auch der örtliche Pfarrer untersuchten die Ereignisse skeptisch und unterzogen Bernadette einer dreistündigen, strengen Befragung. Aber sie konnten ihre Überzeugung nicht erschüttern, daß die Erscheinung echt sei. Trotz des Verbotes ihrer Eltern besuchte das Mädchen die Grotte weiterhin, wie sie es der Jungfrau versprochen hatte, und am 25. Februar wurde sie bereits von knapp 300 Menschen begleitet. An diesem Tag beobachtete die Menge, wie Bernadette in ihrem Rosenkranzgebet innehielt und begann, mit den Händen Erde vom Boden der Höhle in den Mund zu stopfen. Wie sie später erklärte, habe die Erscheinung auf den Lehmboden gedeutet und ihr befohlen: »Trinke von dieser Quelle.« Zweifler, die das Mädchen verdächtigten, hysterisch oder eine Lügnerin zu sein, wurden widerlegt, als an dem Punkt, wo Bernadette den Boden aufgekratzt hatte, eine bis dahin unentdeckte Quelle aufbrach. Innerhalb kurzer Zeit sprudelten daraus mehr als 80 Liter Wasser täglich. Die Quelle fließt noch heute und ist mittlerweile das Zentrum des Hauptaltars von Lourdes. Ihrem Wasser wurden seitdem viele wunderbare Heilungen zugeschrieben.

Während die Prozessionen zu der Erscheinung andauerten, begann die Jungfrau, zahllose strenge Befehle zu erteilen. Anfang März besuchte das Mädchen den skeptischen Gemeindepfarrer Pater Peyramale, der sich standhaft weigerte, die Grotte zu besuchen, und informierte ihn, daß er an dem Ort eine Kapelle zu errichten habe. Er lehnte das Ansuchen ab und trug dem Mädchen auf, genauer herauszufinden, wer die mysteriöse Frau in Weiß tatsächlich sei.

Nach einer unerklärlichen Pause von drei Wochen, während der keine Visionen auftraten, kehrte Bernadette eines Tages zu der Grotte zurück und bat die Gestalt dreimal: »Madame, würden Sie mir bitte sagen, wer Sie sind?« Nach der dritten Bitte streckte die Gestalt in Weiß ihre Hände in Richtung Bernadette aus und antwortete: »Ich bin die unbefleckte Empfängnis.« Daraufhin verschwand sie.

Auch wenn diese fünf Worte das letzte bedeutende Vorkommnis in der Serie von Bernadettes Erscheinungen blieb, wurde die Hysterie in Lourdes dadurch auf einen neuen Höhepunkt getrieben. Erst vier Jahre zuvor war vom Papst die katholische Doktrin der unbefleckten Empfängnis erklärt worden. Ihr zufolge war Maria vom Moment ihrer Empfängnis an von der Erbsünde befreit. Mit ihrer kurzen Äußerung hatte die Frau in Weiß also nicht nur sich selbst als die Jungfrau zu erkennen gegeben, sondern auch einem im Jahre 1858 noch recht neuen Glaubenssatz den himmlischen Segen erteilt.

Jenen Gläubigen, die Roms Anspruch auf das Diktat der Glaubensgrundsätze bereits anerkannten, waren die Worte der Jungfrau eine Bestätigung dafür, daß die Erscheinung von Lourdes echt war – falls eine solche Bestätigung überhaupt noch notwendig war. Innerhalb weniger Wochen entstand rund um die Höhle ein Altar. Die ersten von vielen Wunderheilungen wurden den Kräften des daraus hervorquellenden Wassers zugeschrieben. Bernadette, die bis zum Beginn ihrer Visionen absolut unbekannt gewesen war, wurde zu einer Berühmtheit und einem Objekt der Verehrung. Bald darauf trat sie einem Orden bei und legte ihr Gelübde als Nonne ab. Nach ihrem Tod im Jahre 1879 wurde sie heiliggesprochen. Sie war eine von zwei unter den mehreren hundert Mariensichtigen der Kirchengeschichte, die in den Heiligenstand erhoben wurden.

Skeptiker deuteten dieselben Beweise, die die Gläubigen davon überzeugten, daß die Jungfrau tatsächlich bei Lourdes erschienen war, in der Weise, daß Bernadettes Visionen psychologischen Ursprungs gewesen seien. Auch wenn das Mädchen von der Echtheit der Erscheinung überzeugt gewesen sei, so habe die Gestalt in der Grotte doch nicht wie eine Frau aus dem Palästina des 1. Jahrhunderts vor Christus ausgesehen. Sie sei nicht einmal eine richtige Frau gewesen, denn die 14jährige Bernadette hatte sie als gleichaltriges Mädchen von annähernd gleicher Größe beschrieben. Die weiße Kleidung, die blaue Schärpe und die gelben Rosen auf den Füßen erinnerten an die Beschreibung, die Melanie und Maximin von der Frau in La Salette abgegeben hatten. Sie hatte ein wallendes weißes Gewand, einen weißen Umhang und weiße Schuhe mit leuchtend roten Rosen darauf getragen. Noch nachdenklicher stimmt uns heute die Tatsache, daß zeitgenössische Quellen behaupten, ein Priester habe, kurz bevor die Erscheinungen bei Lourdes begannen, zu Bernadettes Lehrer gesagt: »Wenn meine Vorstellung von den Kindern aus La Salette richtig ist, dann sieht ihnen diese kleine Schafhirtin ähnlich.« Sollte dieser Kommentar Bernadettes Ohren erreicht haben, so könnte er ihr sicherlich nahegelegt haben, daß sie ebenfalls der Aufmerksamkeit der Jungfrau Maria würdig sei.

Denkbar ist auch, daß die bemerkenswerte Bestätigung der neuen Doktrin von der unbefleckten Empfängnis durch die Jungfrau etwas mit der Tatsache zu tun hatte, daß Bernadette kurz vor ihrer ersten Vision zu einer anderen Familie geschickt worden war, die ihr Unterricht im Katechismus erteilen sollte. Die Vorbereitung auf ihre erste Kommunion könnten in dem jungen Mädchen sowohl religiöse Gefühle als auch Erwartungen geweckt haben, die zuvor nicht vorhanden gewesen waren. (Außerdem war die Aussage Marias grammatikalisch falsch, wie Peyramale bemerkte. Die richtige Form lautet: »Ich bin die Jungfrau der unbefleckten Empfängnis.«)

Darüber hinaus führen jene, die bezweifeln, daß religiöse Visionen tatsächlich göttlich inspiriert sind, eine Reihe weiterer, ernstzunehmender Argumente gegen ein Erscheinen der Jungfrau Maria auf Erden an. Beispielsweise belegen sie, daß sich das Muster derartiger Begegnungen generell änderte, nachdem Bernadette als erste eine ganze Reihe von

Visionen erfahren hatte. 1917 kam es bei Fátima zu sechs großen Erscheinungen. Lucia de Jesus dos Santos, die sie wahrgenommen hatte, behauptete später, in den Jahren 1915 und 1916 weitere sechs Visionen gehabt zu haben. Dabei sollen ihr auch ein Engel und eine »Statue aus Schnee« begegnet sein. 1932 waren bei Beauraing in Belgien fünf Kinder Zeugen einer Serie von mehr als zwei Dutzend Besuchen der Jungfrau. In der Folge soll Maria mit mehr oder weniger großer Regelmäßigkeit fünf Jahre lang (von 1961 bis 1965) in Garabandal (Spanien) und weit über ein Jahrzehnt lang beim kroatischen Medjugorje erschienen sein. Die Erscheinungen im ehemaligen Jugoslawien begannen im Juni 1981. Zur gleichen Zeit fanden an anderen Orten weniger bekannte Begegnungen statt. Im Jahre 1987 wurde sogar behauptet, daß Maria jeden Abend um 18.30 Uhr im Dorf El Repilade in Andalusien und um 18.40 Uhr in Medjugorje – mehr als 1500 Kilometer östlich – auftrete. Personen, die argumentiert hatten, die Jungfrau erscheine selten auf Erden und dann nur zu einem bestimmten Zweck, sind nicht mehr in der Lage, die Häufigkeit der Visionen in jüngster Vergangenheit zu erklären.

In der Tat werden Marias Gründe für ihr Erscheinen zu bestimmten Zeiten und vor den von ihr gewählten Zeugen nicht nur Agnostikern unerklärlich bleiben. Bei mehreren Gelegenheiten – insbesondere Fátima – hat die Jungfrau deutlich gemacht, daß sie Botschaften von großer Bedeutung für den örtlichen Bischof und vielleicht sogar den Papst mitzuteilen habe. Dennoch entschied sie sich bei dieser wie auch bei anderen Gelegenheiten dazu, ihre Anweisungen jungen Kindern mitzuteilen, die dann häufig auf große Schwierigkeiten stießen, andere davon zu überzeugen, die Botschaften auch ernst zu nehmen. (Die Aufgabe der Kinder wird häufig noch dadurch erschwert, daß die Jungfrau sehr genau auswählt, wem sie sich offenbart. Selbst wenn Erwachsene anwesend sind, kann Maria im allgemeinen nur von einer kleinen Gruppe auserwählter Kinder gesehen und gehört werden. Diese haben dann ihre Worte dem Rest der Anwesenden mitzuteilen.) Gläubige argumentieren oft, daß Marias Besuche dem Zweck dienten, Glauben und Erleichterung unter armen ländlichen Gemeinden zu verbreiten, weil sie dort am meisten benötigt würden. Nichtsdestotrotz gilt hier in entsprechender Variation das alte Raumschiffbeispiel, wonach Außerirdische ihre fliegenden Untertassen doch besser vor dem Weißen Haus landen sollten als an den abgelegenen Orten, wo sie häufig beobachtet werden. Marienerscheinungen würden zweifellos einen viel größeren Eindruck hinterlassen, wenn sich die Jungfrau dazu entschlösse, auf dem Petersplatz in Rom zu erscheinen.

Bei anderen Anlässen wirken die Forderungen Marias seltsam banal für eine derart mächtige Figur. Bei einer Gelegenheit soll an einem bestimmten Punkt eine Kapelle errichtet werden, ein anderes Mal sind an befohlener Statt Gebete zu verrichten. Manchmal nimmt es die Mutter Gottes sogar hin, daß ihr von Kindern Befehle erteilt werden. Der Zeuge Jean Bernard, den wir im vorigen Kapitel kennenlernten, bat nicht nur um private Vergünstigungen, die ihm seine Vision auch gewährte, sondern es gelang ihm sogar, deren Auftreten angenehmerweise von sieben Uhr früh auf elf Uhr vormittags zu verlegen. Dagegen zögerte die Erscheinung, ein Wunder zu wirken, obwohl Jean zahlreiche entsprechende Bitten an sie weiterleitete. Als die um ihn versammelten Menschenmengen immer größer wurden, stellte die Jungfrau sogar ihre gnädige Praxis ein, Rosenkränze aus der Menge individuell zu segnen. Ein Beobachter merkte dazu an: »Dürfen wir annehmen, daß *Jean* diese Praxis langweilig wurde?«

Erwägen wir derart plausible Vorschläge, so gelangen wir unausweichlich zu dem Schluß, daß es gleichermaßen wichtig ist, die Zeugen solcher bemerkenswerten Ereignisse zu überprüfen wie auch die angeblichen Vorgänge aufzuzeichnen. In der Tat handelt es sich hierbei um eine der wichtigsten Regeln bei der Erforschung seltsamer Phänomene. Sie zu beachten ist bei der Untersuchung von Entführungen durch UFOs oder Sichtungen von Seeungeheuern genauso wichtig wie bei der Analyse religiöser Erscheinungen. Wenn wir diesen Grundsatz einhalten, können wir einige wichtige Einsichten und Erklärungen gewinnen. Beispielsweise kann ein Ansatz, der sich auf die Zeugen konzentriert, besser erklären, warum die Jungfrau mit vergleichsweise großer Regelmäßigkeit in traditionell katholischen Ländern (meistens in Frankreich oder Italien) erscheint, aber selten in protestantischen oder orthodoxen Gebieten. So gut wie nie zeigt sie sich in den fremden Kulturen Chinas oder Indiens, obwohl man annehmen sollte, daß ein paar Erscheinungen dazu beitragen könnten, die örtliche Bevölkerung von ihrem Irrglauben zu bekehren. Unter diesem Aspekt erhellt auch die Tatsache, daß die einzige Serie von Marienerscheinungen, die die Kirche von England verzeichnet, in einer überaus dubiosen Einrichtung stattfand. Die walisische Llanthony Abbey wurde im Herbst 1880 von einem exzentrischen Aristokraten geleitet, dessen Hingabe an die Jungfrau sein einziger Lebensinhalt war.

Die vielleicht wichtigste Frage, die durch solche religiösen Erscheinungen aufgeworfen wird, ist die nach ihrer »Realität«. Offenbar können sie nicht vollkommen wirklich sein im Sinne einer physikalischen Manifestation der Jungfrau Maria in einem menschlichen Körper, denn das würde bedeuten, daß die »Erscheinung« für jeden sichtbar wäre. Statt dessen drehen sich die meisten Ereignisse nur um eine ausgewählte Gruppe von Zeugen. (Allerdings läßt sich argumentieren – auch wenn dies unnötig kompliziert klingt

–, daß Maria bei ihren Besuchen auf der Erde zunächst eine physische Gestalt annimmt, dann aber göttliche Kräfte einsetzt, um sich vor der Mehrheit ihrer Zuschauer zu verbergen.) Eine Position dazwischen, die von der katholischen Kirche höchstwahrscheinlich unterstützt würde, könnte davon ausgehen, daß eine kleine Anzahl der Erscheinungen göttlich inspiriert ist, während der Rest durch Selbsttäuschung oder durch das aktive Eingreifen böser Mächte entsteht. Diese Position dürfte nur schwer zu beweisen sein. Eingetretene Prophezeiungen der Jungfrau oder nachweisbare Wunderheilungen an einem Marienaltar wären dabei hilfreich. Schließlich besteht noch die Möglichkeit, daß derartige Visionen entweder auf die Erfahrung konzentrierte Ereignisse oder schlichtweg Phantasien der beteiligten Zeugen sind. Untersuchen wir zuerst die letztere Möglichkeit. Mit Sicherheit lassen sich viele der bemerkenswertesten Behauptungen, die durch die Vision oder in ihrem Namen geäußert werden, in Frage stellen, wenn man sich die Zeugen näher ansieht. Beispielsweise bestehen erhebliche Unterschiede zwischen den Berichten, die Lucia de Jesus dos Santos, die Visionärin von Fátima, kurz nach ihren Erfahrungen von 1917 abgab, und der Version der Ereignisse, die sie 1942 in ihren Memoiren niederschrieb. Dazwischen hatte sie zwei Jahrzehnte lang als Nonne gelebt. Nicht nur, daß sich die Gesamtzahl der von ihr behaupteten Erscheinungen verdoppelte. Lucia gab auch erstmals zwei der drei berühmten »Geheimnisse von Fátima« preis, die ihren beiden Begleiterinnen und ihr angeblich anvertraut worden waren. Die Enthüllungen beinhalteten eine entsetzliche Vision der Hölle und Prophezeiungen über die Zukunft Rußlands.

Dieses Material ist jedoch von äußerster Fragwürdigkeit. Der Autor Kevin McClure, einer der einfühlsamsten und sensibelsten Experten auf diesem Gebiet, schrieb dazu:

> »20 Jahre in der Stille und Abgeschiedenheit eines Klosters, abgeschnitten von einem normalen Tagesablauf, während immer wieder die Ereignisse des Jahres 1917 durchlebt werden, sind nicht die beste Voraussetzung, um sich präzise an Einzelheiten einer Begebenheit zu erinnern, die im Leben eines jungen und unschuldigen Kindes zutiefst traumatisch gewirkt haben muß. Es hätte einer außergewöhnlichen Objektivität bedurft, um diese Memoiren zu einer genauen Aufzeichnung der tatsächlichen Geschehnisse werden zu lassen.«

Der noch skeptischere Joe Nickell hegt weitergehende Zweifel an Lucias Zuverlässigkeit als Zeugin. Er bezeichnet sie als »verhätschelt« und »verwöhnt«, ausgestattet mit einer »reichen Erfindungsgabe«, und hebt hervor, daß ihre Mutter behauptet habe, sie habe die Behauptungen ihres Kindes als »bloße Fälschung, die die halbe Welt in die Irre führt«, bezeichnet.

Andererseits bereitet es Probleme anzunehmen, daß die Visionen von Göttern und Engeln ausschließlich psychologischen Ursprungs seien. Diese Hypothese greift zweifellos am besten in Fällen, die sich um einen einzelnen Zeugen drehen. Aber viele religiöse Erscheinungen ereigneten sich in Anwesenheit von zwei oder mehr Zeugen. Das könnte den Gedanken nahelegen, daß ein Zeuge dominiert und die anderen irgendwie dazu bringt, etwas zu erkennen, was sie nicht wirklich sehen. Psychologen kennen dieses Phänomen als *folie à deux*, eine Bezeichnung, die allerdings kaum erklärt, wie eine solche Führung angeboten oder akzeptiert wird. Trotzdem könnte die Theorie des *folie à deux* die frühen Erscheinungen bei Fátima erklären, denn es ist zumindest äußerst zweifelhaft, ob die beiden Nebenzeugen, Francisco Marto (im Jahre

1917 zehn Jahre alt) und seine Schwester Jacinta (sechs), tatsächlich alles sahen und hörten, was die ältere Lucia beschrieb. Doch solche Visionen könnten auch als Beweise für die auf die Erfahrungen konzentrierte Hypothese gelten, nach der die Zeugen in einer Weise auf ein im günstigsten Fall nebulös verstandenes Phänomen reagieren, die ihnen ihre Religion und Kultur vorgibt. Allerdings bedürfte es, um diese These zu »beweisen, einer ausgedehnten Vergleichsstudie von religiösen Erscheinungen in mehreren unterschiedlichen Kulturen.

Der auf die Sichtung konzentrierte Ansatz würde mit Sicherheit nicht nur die sehr ähnlichen Beschreibungen erklären, die die Zeugen von Maria lieferten, sondern auch, warum im wesentlichen gleiche Ereignisse in unterschiedlichen Umgebungen vorkommen. (Fairerweise muß hinzugefügt werden, daß die ähnlichen Beschreibungen auch das Ergebnis von Begegnungen mit religiösen Ikonen gewesen sein können.) Lassen Sie uns zum Beispiel einen Vergleich zwischen der Erscheinung, die der 14jährigen Bernadette Soubirous 1858 in Lourdes zuteil wurde, mit den »Geistern« anstellen, die zwei Jahre zuvor der 15jährigen Xhosa-Prophetin Nonquawuse begegneten. (Erinnern wir uns an die furchtbaren Viehschlachtungen.) Wie Bernadettes »Frau in Weiß« warnten Nonquawuses »Geister« vor den schrecklichen Konsequenzen, mit denen die Menschen zu rechnen hätten. Gleichzeitig erklärten sie, durch welche Glaubensbezeugungen ein derartiges Schicksal zu verhindern sei. Die Geister erschienen an aufeinanderfolgenden Tagen jeweils am gleichen Ort, doch als Nonquawuse einmal in Begleitung ihres Leibwächters dort ankam, waren sie nur für sie sichtbar. Der Freund des Mädchens, Nombanda, hinterließ einen Bericht über die Umstände, die diese Ereignisse umgaben, der genausogut eine Marienerscheinung hätte beschreiben können:

»Häufig begleitete ich Nonquawuse zu einem bestimmten Busch, wo sie mit jemandem sprach. Zwar informierte sie mich immer darüber, daß sie dort etwas sah und zu sich sprechen hörte, aber ich konnte auch nach mehrmaligen Besuchen weder etwas sehen noch hören.«

Es gibt noch einige andere seltsame Parallelen. Das christliche Europa kennt die Legende des Ewigen Juden, eines unglücklichen Mannes, der verflucht wurde, weil er Jesus auf dem Weg nach Golgatha verspottet hatte. Bis zum jüngsten Tage muß er seitdem über die Erde wandern und Zeugnis für Christus ablegen. In Anlehnung an diese Geschichte kennt die Mormonenkirche eine Überlieferung von drei Schülern aus dem Stamm der Nephiter, die dem Heiland folgten, als er nach seiner Auferstehung Amerika besuchte, und denen erlaubt wurde, auf der Erde zu verweilen, um das Evangelium zu verkünden. Während der vergangenen 200 Jahre hat eine Vielzahl von scheinbar ernsthaften Mormonen über Begegnungen mit bärtigen, weißgekleideten Männern berichtet, von denen sie annahmen, daß es sich um einen jener umherwandelnden Nephiter handelte.

Lehrreiche Vergleiche können auch zwischen religiösen Erfahrungen und anderen seltsamen Phänomenen gezogen werden. Beispielsweise gab es im Jahre 1947 mehr Erscheinungen der Jungfrau als gewöhnlich. Im gleichen Jahr wurden erstmals fliegende Untertassen über den USA gesichtet. Könnte das bedeuten, daß Katholiken auf eine eigene Weise auf einen externen Stimulus reagierten, den andere als mechanische UFOs wahrnahmen? Oder handelte es sich lediglich um Ängste, die den Ausbruch des Kalten Krieges begleiteten und sich in verschiedenen Kulturen auf unterschiedliche Art äußerten? Was soll man von der

Aussage der spanischen Mariensichterin Amparo Cuevas halten, die 1982 ihrem Beichtvater erzählte, daß sie vor »den himmlischen Schiffen, die schon bereitstehen, um die Auserwählten ins Gelobte Land zu führen«, gewarnt worden sei. »Sie werden kommen und von blauem Licht umgeben sein«, sagte sie. Diese Prophezeiung mag sich im christlichen Kontext merkwürdig ausnehmen, aber für jeden, der sich mit Berichten über die Begegnung mit fliegenden Untertassen auskennt, klingt sie durchaus bekannt.

Tatsache ist, daß viele Marienerfahrungen in irgendeiner Form psychologische Ursachen haben könnten. Beispielsweise sehen viele Menschen als Kinder Engel und haben im Erwachsenenalter erotische Halluzinationen. Daher sind nur wenige Fälle gänzlich gegen psychologische Interpretationen gefeit. Gibt es dann überhaupt irgendwelche Beweise dafür, daß es sich bei Visionen der Jungfrau um etwas anderes als die Phantasie der Zeugen handelt? Die Antwort auf diese Frage muß lauten: »Vielleicht.«

So ist zum Beispiel wahr, daß sich eine der Prophezeiungen, die die Jungfrau bei Fátima äußerte und die Lucia noch im Verlauf der Erscheinungsreihe enthüllte, als falsch erwies. Am 13. Oktober 1917 behauptete das Mädchen, daß Maria ihr gesagt habe, der Erste Weltkrieg sei vorbei. »Der Krieg endet noch heute, wartet hier auf die tapferen Soldaten«, sollen ihre Worte gewesen sein. (Tatsächlich dauerte der Krieg weitere 13 Monate.) Wir haben auch erwähnt, daß weniger als die Hälfte der an jenem Tag anwesenden 70 000 Menschen das »Sonnenwunder« miterlebte, das den anderen irgendwie entging. Andererseits sahen am 13. September des gleichen Jahres zwei der Geistlichen, die Zeugen der fünften Erscheinung von Fátima wurden, »klar und deutlich« einen hellen Lichtball, der sich von Osten nach Westen bewegte. Außerdem bemerkten sie, daß ein kleines Mädchen, »gekleidet wie Lucia und etwa im selben Alter«, nachdem sie selbst die Erscheinung nicht mehr sehen konnten, glücklich rief: »Ich sehe sie! Ich sehe sie! Jetzt kommt sie den Hügel herunter!« Es scheint auch möglich zu sein (obwohl die Beweise dafür recht widersprüchlich sind), daß einige Augenzeugen von Pontmain die Erscheinung unabhängig voneinander auf die gleiche Weise beschrieben. Insgesamt jedenfalls läßt sich die Behauptung, daß manche Jungfrauerscheinungen tatsächlich übernatürlichen Charakter gehabt hätten, nicht von der Hand weisen. Auch wenn die Beweise dafür letztlich auf wackligen Füßen stehen.

Fotografien der Götter

Eines der größten und unangenehmsten Probleme, die mit derartigen Erscheinungen verbunden sind, ist die enorme Schwierigkeit, tatsächlich Zeuge eines solchen Ereignisses zu werden. Es reicht selten aus, zur richtigen Zeit am richtigen Ort zu sein, und selbst die Anwesenheit der Mariensichtigen bietet keine Garantie. Aus diesem Grunde existieren nur sehr wenige fotografische Beweise, mit denen sich die Behauptung, daß solche Erfahrungen stattfinden, untermauern ließe.

Aber es gibt tatsächlich eine Handvoll Bilder, von denen behauptet wird, daß sie Götter zeigten. Das früheste scheint um das Jahr 1920 herum aufgenommen worden zu sein. Es zeigt eine bärtige, an Christus erinnernde Figur, die vor einer Art Hecke steht und die rechte Hand wie zum Segen erhoben hat. Sir Arthur Conan Doyle erhielt 1926 offenbar einen Abzug dieser Fotografie mit der Erklärung, daß sie von einer Hausfrau aus Seattle namens Mildred Swanson aufgenommen worden sei. Die Frau hatte vor einem Blumenbeet gestanden und die Kamera sinken lassen, als sich der Auslöser von selbst betätigte. Noch während sie die nächste Belichtungszeit einstellte, geschah das gleiche erneut. Erst nachdem der Film entwickelt worden war, entdeckte sie das merkwürdige Bild von Jesus auf den beiden Geisterfotos. Bei dieser Geschichte handelt es sich allerdings nur um *eine* Version zum Ursprung der Fotos. Im Verlauf der Jahre sind etliche weitere Erklärungen gedruckt worden, die sich alle gegenseitig ausschließen. Die Behauptungen reichen von der Aussage, das Bild sei 1917 während des Ersten Weltkriegs in einem Schützengraben aufgenommen worden, bis zu der Vermutung, ein Friseur aus Bristol habe es gemacht. Allmählich gingen durch die zahlreichen Nachdrucke auch Einzelheiten auf dem Foto verloren. Am Ende wurde es zu einem nichtssagenden Schwarzweißbild, so daß die Zeitung *Sunday People* behauptete, es sei »schlicht eine Schneeszene in den Alpen, die von einem Flugzeug aus aufgenommen wurde und das in den schmelzenden Schnee geätzte Gesicht Christi [zeigt].« Damit mögen diese speziellen Fotos von Jesus zum Beleg dafür herhalten, daß seltsame Phänomene erstaunliche Legenden erzeugen können. Ansonsten läßt sich wenig damit beweisen.

Einige andere vermeintliche Fotos von Jesus scheinen tatsächlich bemerkenswerte natürliche Formationen zu zeigen. Das bekannteste davon ist ein Schnappschuß von Wolken, die exakt an den Umriß eines bärtigen Christus', der soeben den Segen erteilt, erinnern. Die Aufnahme erschien erstmals in den 60er Jahren in einer Zeitung in Kentucky und soll von einem amerikanischen Bomberpiloten während des Koreakrieges aufgenommen worden sein. Mindestens zwei weitere Bilder von vermutlichen Wolkenformationen zirkulieren in Südostasien. Sie gelten als Abbilder der buddhistischen Gottheit Kwanyin. 1982 herrschte in Thailand große Aufregung, als ein angeblich echtes Foto auftauchte, das einen meditierenden Buddha zeigte. Eine

Untersuchung ergab, daß mindestens elf verschiedene Berichte über die Herkunft dieses Bildes existierten. Einige der Erklärungen enthielten das Detail, das Schwarzweißfoto sei auf unerklärliche Weise auf einem Farbfilm entstanden.

Keines dieser Fotos kann als Beweis gelten, weil weder etwas über die Menschen, die sie aufnahmen, noch über die Umstände, unter denen sie zustande kamen, bekannt ist. Zwei andere, außergewöhnliche Berichte über weitere Fotos von Christus, die erst in den letzten Jahren ans Licht gefördert wurden, scheinen auf den ersten Blick besser belegt zu sein. Eines wurde angeblich von einer 32jährigen afrikanischen Nonne, Schwester Anna Ali, im Vatikan (!) gemacht. Schwester Anna ist die Haushälterin des ehrwürdigen Erzbischofes von Sambia, Emanuel Milingo, der von mehreren anderen Bischöfen öffentlich der Zauberei geziehen wurde. Milingo stieß auf erheblichen Widerstand gegen seine Praxis, Teufelsaustreibungen vor versammelter Gemeinde durchzuführen. 1991 erzählte die Nonne, daß sie jeden Donnerstag in ihrer Klosterzelle von Jesus besucht werde und er ihr erlaubt habe, ihn zu fotografieren. Das Foto zeigt ein konventionelles Porträt eines jungen, bärtigen Jesus mit ansehnlichen, aber ausgesprochen europäischen Gesichtszügen.

Dagegen ist auf der zweiten modernen Aufnahme ein deutlich anderer Christus zu sehen. Hier handelt es sich offenbar um eine Gestalt semitischer Herkunft, die einen Turban trägt. Sie tauchte in Nairobi inmitten einer Menschenmenge auf, die zusammengekommen war, um der Wunderheilerin Mary Ataska beizuwohnen. Zeugen dieses denkwürdigen Ereignisses berichteten, daß Jesus die Zuschauer zunächst in Swahili gesegnet habe, bevor er einen hebräischen Fluch ausgestoßen habe und in einem Auto davongefahren sei, das von einem gewissen Gurnam Singh gesteuert worden sei. Bei einer späteren Befragung sagte

Singh, er habe seinen Passagier zu einer Haltestelle der Buslinie 56 gebracht. Der Sohn Gottes habe darum gebeten, dort abgesetzt zu werden, um weiter »in Richtung Himmel« fahren zu können.

An dieser Stelle müssen wir einräumen, daß alle vermeintlichen Fotos von Göttern zumindest zweifelhaft sind. Fast immer umgibt ein Mysterium ihre Herkunft, und die meisten Aufnahmen erscheinen so konventionell, daß man sich fragt, ob es sich dabei nicht um Fotos von bestehenden Porträts oder Ikonen handelt. Nach dem bisherigen Forschungsstand gelten sie mit Sicherheit nicht als Beweise für religiöse Phänomene.

Wundersame Reliquien

Bereits vor der Erfindung der Fotografie besaß eine große Anzahl von Kirchen einen eigenen physischen Beweis für die Allmacht Gottes in Form einer wunderwirkenden Reliquie von Christus oder eines der Heiligen. Diese Reliquien wurden für gewöhnlich zum Zentrum eigener Verehrungskulte, und häufig wurden ihnen Wunderheilungen zugeschrieben. In Krisenzeiten trug man sie oft aus den Kirchen heraus und stellte sie in prunkvollen Schreinen zur Schau, um die Menschen mit ihrer Hilfe zu inspirieren.

Noch heute werden Hunderte von religiösen Relikten in Tempeln und Kirchen rund um die Welt aufbewahrt. Die Palette reicht von Splittern des echten Kreuzes über Fragmente der Fingerknochen Buddhas bis zu der angeblich auf wundersame Weise nahtlos gefertigten Tunika, die Christus auf seinem Weg nach Golgatha trug. Das Kleidungsstück wird heute im Dom zu Trier aufbewahrt und ist mit einer dünnen Gummischicht überzogen. Deshalb läßt sich die Radiokarbonmethode zur Altersbestimmung unglücklicherweise nicht mehr anwenden. Ebenfalls populär sind die Gebeine von Heiligen. Der in der Kathedrale von Llandaff in Südwales aufbewahrte Kopf des heiligen Teilo ist nur einer von drei rivalisierenden Schädeln, die für ihre Heilkräfte bei Keuchhusten bekannt sind.

Leider sind auch religiöse Reliquien kaum handfeste Beweise. Obwohl um sie herum außergewöhnliche Geschichten von Wunderheilungen entstanden sind, können die vielbewunderten Artefakte nur selten zu ihren ursprünglichen Besitzern zurückverfolgt werden. Beispielsweise wird die heilige Tunika von Trier erst 1196 in einer Aufzeichnung erwähnt. Wo sie in den 1000 Jahren zuvor war, ist ungeklärt.

Eine spezielle Form von »Reliquien« scheint allerdings eine genauere Untersuchung wert zu sein. Die Körper einer erstaunlich hohen Anzahl besonders religiöser Menschen haben offenbar dem normalen Prozeß des Zerfalls und der Verwesung widerstanden und sind nach ihrem Tod teilweise mehrere hundert Jahre lang unversehrt geblieben. Manchmal werden diese Körper ausgestellt, nachdem man sie entdeckte, und das bedeutet, daß ihre Unversehrtheit eines der besser belegten Mysterien ist.

Häufig betrachtet man dieses Phänomen als rein christliches Mysterium. Der erste dokumentierte Fall betrifft den Leichnam der heiligen Cäcilie, die, wie behauptet wird, um das Jahr 177 herum den Märtyrertod gestorben sei. Die ungewöhnliche Hinrichtungsmethode bestand in einer teilweisen Enthauptung und dem anschließenden Einsperren in ein Dampfbad. Im Jahre 822 errichtete Papst Pascal I. eine Kathedrale zu ihrer Erinnerung und verlegte ihre Grabstätte. Dabei wurde er, wie gesagt wird, von der Erscheinung eines Heiligen geleitet. Der exhumierte Körper wurde unter dem Altar der neuen Kirche wieder begraben. Dort entdeckte man ihn während Restaurationsarbeiten im Jahre 1599. Als der Sarg geöffnet wurde, fand sich Cäcilias Leichnam unversehrt und von einem »mysteriösen Blumenduft« umgeben.

Unter Dutzenden ähnlicher Fälle verdient derjenige der Theresa vom Heiligen Herzen eine Erwähnung. Die italienische Nonne starb 1770 an einer gangränösen Infektion. Aufgrund ihrer Krankheit hätte man annehmen können, daß ihr Körper rasch hätte zerfallen müssen. Aber als sie 1783 und erneut 1805 exhumiert wurde, fand sich ihr Leichnam in gut erhaltenem Zustand. Die Ärzte, die die Exhumierung von 1805 vornahmen, berichteten:

> »Der Körper weist eine gesunde Fleischfarbe auf. Zwar ist er leicht ausgetrocknet, aber dennoch erstaunlich geschmeidig und nachgiebig – sogar in den weichen Teilen zwischen Brustkorb und Unterleib. Die Farbe des Kopfhaares ist weißgrau und frisch, die der Augenbrauen goldblond und von scheinbarem Leben. Die Wunde, die der Arzt verursachte, der sie zur Ader ließ, ist noch sichtbar. Aber sie ist verheilt und von guter Farbe.«

Der mittlerweile mumifizierte, aber immer noch erhaltene Körper wird in einer der Heiligen gewidmeten Kapelle in Florenz aufbewahrt.

Das Phänomen der Unversehrtheit ist eng mit dem Heiligenstand verbunden. Viele dokumentierte Fälle kamen erst bei der Exhumierung eines Leichnams während der Kanonisierung ans Licht. Dabei hatte man sogar häufig genau derartige Anzeichen von Heiligkeit erhofft. In einigen bemerkenswerten Fällen – etwa bei der heiligen Katharina von Genua – wurden unversehrte Körper in zerfallenen, modrigen Särgen gefunden. Der Umgebungszustand hätte den normalen Verwesungsprozeß eigentlich beschleunigen sollen. In anderen Fällen ist es zu einer nur teilweisen

Unversehrtheit gekommen. Als man beispielsweise den heiligen Anton von Padua ausgrub, war sein Körper zu Staub zerfallen, während seine Zunge unversehrt auf dem Boden des Sarges lag. Sie war »rot, weich und vollständig«, versicherten Augenzeugen. (Obwohl bis heute erhaltene Berichte über sein Leben keine Hinweise darauf geben, daß er ein besonders guter Prediger war, trat die Kongregation für die Disziplin der Sakramente und den Gottesdienst zusammen und beschloß, den Fall als »Wunder zweiter Klasse« anzuerkennen.) Es soll auch nicht unerwähnt bleiben, daß die Körper der beiden einzigen Mariensichtigen, die heiliggesprochen wurden, nämlich Catherine Laboures (der die Jungfrau 1830 in Paris erschien) und besagter Bernadette Soubirous', angeblich unversehrt sind.

Die prinzipielle Schwierigkeit, das Phänomen der Unversehrtheit uneingeschränkt anzuerkennen, besteht darin, daß generell die Belege für jene Fälle fehlen, in denen der vermeintlich heilige Leichnam auch nach seiner Entdekkung über viele Jahre hinweg unversehrt blieb. Wie der Skeptiker Joe Nickell hervorhebt, wird immer wieder beobachtet, daß Körper erst im Verlauf vieler Jahre zerfallen. Heilige, die bei einer Exhumierung unversehrt vorgefunden wurden, waren nur noch ein Häufchen Staub, als man sie ein paar Jahre später erneut ausgrub. Andere, die oberhalb der Erde aufbewahrt wurden, mumifizierten oder zerfielen allmählich. Die Geschichte der heiligen Bernadette ist ein gutes Beispiel für diese Art von Fällen. Bei ihrer ersten Exhumierung im Jahre 1909, 30 Jahre nach ihrem Tod, wurde ihr Körper in leicht feuchtem Zustand vorgefunden. Man wusch sie sorgfältig und legte ihr neue Kleider an, doch dadurch scheint der Zerfall erst herbeigeführt worden zu sein. Zehn Jahre später ergab eine zweite Untersuchung, daß das Gesicht der Heiligen farblos geworden war, und man mußte ein spezielles Verfahren einleiten, um es zu erhalten. Zwar wird der Leichnam in einem Glassarg in der französischen Stadt Névèrs ausgestellt, aber bei Bernadettes scheinbar makellosem Gesicht handelt es sich um eine Wachsmaske. Dagegen wurde der Körper der heiligen Catherine Laboure bei ihrer Exhumierung sorgfältiger behandelt. Man amputierte ihr die Hände, um sie in einem Reliquienschrein aufzubewahren, und ließ ihr Herz und ihre Kniescheiben durch Chirurgen entfernen, bevor der restliche Körper durch Injizieren einer balsamierenden Flüssigkeit konserviert und in einer gesonderten Kapelle ausgestellt wurde.

Solche Techniken warnen uns davor, die vielen Fotografien unversehrter Leichname vorbehaltlos anzuerkennen. Es ist auch nicht immer offensichtlich, warum die Körper einiger Heiliger vor dem Zerfall erhalten bleiben sollen, während andere von nicht weniger heiligen Toten verrotten wie die gewöhnlicher Sünder. Dieses Problem hat den Jesuitenpater und bekannten Autor über religiöse Phänomene Herbert Thurston sehr beschäftigt. Die Bedeutung der Unversehrtheit als Beweis der Heiligkeit wird außerdem dadurch in Frage gestellt, daß die Leichname zahlreicher Heiden und Sünder ebenfalls erhalten geblieben sind. 1485 wurde der Körper der Römerin Julia, Tochter des Claudius, exhumiert und in gut erhaltenem Zustand vorgefunden. Sie hatte »die Blüte der Jugend noch auf ihren Wangen«, wie Beobachter feststellten, und der Leichnam war wie der der heiligen Cäcilia von einem Wohlgeruch umgeben. Dieses Phänomen ist als »Duft der Heiligkeit« bekannt, obwohl es sich dabei genauso um den Duft antiker Einbalsamierungsöle handeln könnte. Die Entdeckung von Julias unversehrten sterblichen Überresten war eine derartige Sensation, daß Papst Innozenz VIII. befahl, den Leichnam bei Nacht heimlich wieder zu vergraben.

Ein ähnlicher Fall ereignete sich 1895 in Stade bei

Hannover, als einem Bericht zufolge der »perfekt erhaltene« Körper eines Kriegers aus dem 8. Jahrhundert gefunden wurde. Der berüchtigte Magier Aleister Crowley stolperte in Mexiko über den scheinbar unversehrten Leichnam eines Mannes, der ungefähr drei Wochen lang mumifiziert unter freiem Himmel gelegen hatte und von Geiern und Kojoten unangetastet geblieben war. Crowley schrieb den Zustand der Leiche dem Verzehr des Mannes von »Chilibohnen und anderen scharfen Gewürzen« zu.

Es ist offensichtlich also nicht möglich, seltsame Geschehnisse als zuverlässigen Hinweis auf Heiligkeit zu betrachten. Darin liegt das Hauptmysterium religiöser Phänomene. Möglicherweise ist dies ein schlagkräftiges Argument dafür, daß seltsame Ereignisse nicht nur als Munition für Gläubige zu betrachten sind, sondern an sich schon Untersuchungswert besitzen.

3. Welt der Geister

An einem Morgen Mitte des 19. Jahrhunderts traten vier Männer in den Hof eines Gefängnisses in Brüssel, wo eine Exekution stattfinden sollte. Sie versteckten sich unter der Guillotine, dicht neben dem Korb, in den der Kopf des Verurteilten rollen würde. Einer der Männer war Antoine Joseph Wiertz, ein bekannter belgischer Maler mit einer ausgeprägten Empfänglichkeit für Hypnose. Bei ihm waren ein Freund, der praktizierende Hypnosearzt Dr. D., und zwei Zeugen.

Die Gruppe verfolgte an diesem Tag das Ziel, ein einzigartiges und außergewöhnliches Experiment durchzuführen. Wiertz, der schon lange den Wunsch gehegt hatte zu erfahren, ob ein Kopf nach der Guillotinierung bei Bewußtsein bliebe, hatte sich damit einverstanden erklärt, sich hypnotisieren zu lassen und sich mit dem Mann zu identifizieren, der wegen Mordes hingerichtet werden sollte. In einem einschlägigen Werk heißt es dazu:

> »Er sollte den Gedanken und Gefühlen [des Mörders] folgen und sie laut äußern. Auch war ihm ›nahegelegt‹ worden, speziell auf den geistigen Zustand während der Enthauptung zu achten. Genau in dem Moment, in dem der Kopf in den Korb fallen würde, sollte er in das Gehirn des Delinquenten eindringen und einen Bericht von dessen letzten Gedanken abgeben.

Wiertz fiel beinahe augenblicklich in Trance und [...] zeigte extreme Unruhe. Als die Belastung schier unerträglich wurde, bat er darum, aufgeweckt zu werden. Aber es war zu spät – das Messer fiel.

›Was fühlen Sie? Was sehen Sie?‹ fragte der Arzt. Wiertz wand sich krampfhaft und antwortete: ›Blitze! Ein Donnerschlag fällt. Er denkt und sieht!‹ – ›Wer denkt und sieht?‹ – ›Der Kopf. Er leidet furchtbar. Er denkt und fühlt, versteht aber nicht, was geschehen ist.‹

Während Wiertz sprach, beobachteten die Zeugen den Kopf, der in den Korb gefallen war und sie auf furchtbare Weise anstarrte. Das Blut pulsierte aus den Arterien. Nach nur wenigen Momenten des Leidens wurde sich der guillotinierte Kopf ganz offensichtlich der Tatsache bewußt, daß er von seinem Körper getrennt worden war.

Wiertz wurde ruhiger und wirkte jetzt erschöpft. Der Arzt nahm seine Befragung wieder auf, und der Maler antwortete: ›Ich fliege durch den Raum wie ein Kreisel, der sich im Feuer dreht. Aber bin ich tot? Ist alles vorbei? Wenn sie doch nur zuließen, daß ich mich wieder mit meinem Körper vereinige! Ich erinnere mich an alles. Da sind die Richter in ihren roten Roben. Ich höre das Urteil. O meine arme Frau, meine armen Kinder. Gäbet ihr mir nur meinen Körper zurück, dann könnte ich wieder mit ihnen zusammensein! Ihr weigert euch? Egal, ich liebe euch, meine armen Kinder. Ich Elender habe euch mit Blut befleckt. Wann wird das enden? Oder ist ein Hingerichteter zu ewiger Strafe verurteilt?‹

Während Wiertz diese Worte sprach, hatten die Zeugen den Eindruck, daß sich die Augen in dem abgetrennten Kopf weit öffneten und unmißverständliches Leid zum Ausdruck brachten.

›Nein, solches Leid kann nicht ewig dauern‹, klagte der Maler weiter. ›Gott ist gnädig. Alles auf Erden ist vergänglich. In der Ferne sehe ich ein kleines Licht, das wie ein Diamant glitzert. Ich fühle eine Ruhe, die mich überkommt. Wie gut ich schlafen werde! Welche Freude!‹ Das waren die letzten Worte des Malers. Er befand sich noch in Trance, antwortete aber nicht mehr auf die Fragen des Arztes. Dann näherten sich die Zeugen dem Kopf, und Dr. D. berührte die Stirn, die Schläfen und die Zähne. Sie waren kalt. Der Kopf war tot.

In der Wiertzgallerie in Brüssel befinden sich drei Bilder eines guillotinierten Kopfes, vermutlich das Ergebnis dieses grausigen Experiments.«

Ob Antoine Wiertz tatsächlich in der Lage war, in die Gedanken eines Sterbenden einzudringen, sei dahingestellt. (Immerhin legt der ziemlich melodramatische Ton seiner Äußerungen nahe, daß bei dem Experiment auch eine lebhafte Phantasie eine Rolle spielte.) Aber die bizarre und möglicherweise gefährliche Erfahrung hatte zumindest eine symbolische Bedeutung. Unter der Guillotine war von einem Künstler und einem Wissenschaftler der Versuch unternommen worden, in die Welt der Geister einzudringen. Diese war über viele Jahrhunderte die Domäne von Schamanen und Zauberern gewesen. Darüber hinaus hatten sich die Belgier bei ihrem Versuch nicht auf Gebete oder eine künstlich herbeigeführte Ekstase verlassen, sondern Werkzeuge eingesetzt, die sie für wissenschaftlich und vernünftig hielten. Von da an standen die Grenzwelten nicht mehr nur einigen wenigen Erwählten offen, sondern jedem, der die Reise unternehmen wollte.

Die von Wiertz und Dr. D. praktizierte hypnotische Methode hatte ihre Wurzeln im 18. Jahrhundert und in der Arbeit von Franz Mesmer, einem Arzt, der an der schweizerisch-deutschen Grenze lebte. Mesmer war einer von mehreren Medizinern, die glaubten, daß durch Magnetismus alle möglichen Arten von Krankheit geheilt werden könnten. Aus diesem Grund entwickelte er eigens eine »magnetische Wanne«, die *Baquet*, die er mit magnetisierten Substanzen füllte. Patienten wurden Eisenstäbe angelegt, von denen man annahm, daß sie die heilende Energie übertrugen. Gleichzeitig gingen Mesmer und seine Assistenten im Zimmer herum und zeigten mit anderen Eisenstäben auf verschiedene Körperteile des Leidenden.

Die Ergebnisse waren bemerkenswert. Nicht nur, daß Mesmer von vielen Heilungen berichtete, häufig fielen seine Patienten auch in Ohnmacht, begannen unkontrolliert zu lachen oder zu weinen oder wurden von Krämpfen geschüttelt. In diesen »Übergangsstadien« entwickelten zahlreiche Personen eine Art hellseherischer Fähigkeit, die sie nicht nur in die Lage versetzte, ihre eigenen kranken Organe zu »sehen«, sondern auch die anderer Patienten. Dabei konnten sich die untersuchten Personen viele Kilometer entfernt befinden. Mesmer selbst hielt diese Symptome für gefährlich, aber bald darauf behandelte einer seiner Schüler, der Marquis de Puységur, einen Patienten, der unter dem Einfluß der »magnetischen Flüssigkeiten« einschlief und zu reden begann. Als er wieder aufwachte, erinnerte sich der Mann an nichts. Damit war das Phänomen des Somnambulismus oder Mesmerschen Schlafs entdeckt, das später unter dem allgemeinen Namen Hypnose bekannt wurde.

Obwohl der Wert oder auch nur die Existenz von Hypnose noch heute heftig diskutiert werden, war Puységurs Entdeckung von großer Bedeutung. Mit dem Somnambulismus hatte man den ersten veränderten Bewußtseinszustand – mit Ausnahme des Schlafs – entdeckt, der jedem normalen Menschen zugänglich war. Gleichzeitig handelte es sich dabei um den ersten, der eine echte Gelegenheit zum Experimentieren bot. Auch wenn sich die Empfänger religiöser Weihen von alters her in Trancezustände versetzt hatten, um auf diese Weise Offenbarungen zu haben, verbreitete sich der Begriff Trance erst in der ersten Hälfte des 19. Jahrhunderts. Es erscheint wahrscheinlich, daß der Spiritismus und die wissenschaftliche Untersuchung psychischer Phänomene ohne diese allmähliche Vorbereitung nicht die Blüte erlebt hätten, die ihnen im weiteren Verlauf jenes Jahrhunderts zuteil wurden.

Zunächst wurde am 31. März 1848 im Haus der Familie des John Fox in Hydesville im Bundesstaat New York die spiritistische Bewegung geboren. Das Haus hatte bereits einen denkwürdigen Ruf, denn im Schlafzimmer der zehnjährigen Maggie Fox und ihrer siebenjährigen Schwester Kate waren über mehrere Wochen hinweg unerklärliche Geräusche zu hören gewesen. Die Mädchen hatten behauptet, daß der Lärm – es klang, als würden Möbel über den Boden geschoben – vom Geist eines ermordeten Hausierers verursacht werde. An jenem Tag wurde die Familie von einem bis dahin nicht vernommenen ungestümen Klappern erschreckt. John Fox, der annahm, daß der Wind an den Fenstern rüttelte, überprüfte seine Schiebefenster, um zu sehen, ob sie lose waren. Daraufhin erklangen die klappernden Geräusche erneut, und Kate bemerkte, daß sie dem Rütteln ihres Vaters zu antworten schienen. »Mr. Splitfoot, machen Sie mir das nach«, rief sie und klatschte mehrmals in die Hände. Unmittelbar darauf kam eine gleiche Anzahl von Klopfzeichen zurück. Es dauerte nicht lange, bis die Familie über einen einfachen Ja- und Nein-Code aus Klopfzeichen Kontakt mit der Erscheinung aufgenommen hatte. Wie Kate und Maggie vorausgesagt hatten, behauptete das Wesen, der Geist des 31jährigen Hausierers Charles Rosma zu sein, dem fünf Jahre zuvor in einem der Schlafzimmer die Kehle durchgeschnitten und der im Keller begraben worden sei.

Innerhalb kürzester Zeit hatte die halbe Nachbarschaft das Spukhaus besichtigt und die geisterhaften Klopfzeichen gehört. Die Geschwister Fox waren auf dem Weg zu lokaler Berühmtheit. Andere Geräusche und Klopfzeichen, die von anderen Geistern zu stammen schienen, begleiteten die Familie, während sie von einem Haus zum nächsten umzog. Mit der Einführung eines alphabetischen Codes wurde es möglich, komplexere Botschaften von der anderen Seite zu erhalten. Die erste war 1849 folgende: »Liebe Freunde, ihr müßt der Welt die Wahrheit berichten. Das ist der Anfang eines neuen Zeitalters. Verheimlicht es nicht länger. Wenn ihr eure Pflicht tut, wird Gott euch beschützen, und die Geister werden über euch wachen.«

Allmählich nahm das Phänomen geordnetere Züge an. Andere »Medien« zwischen dieser und der jenseitigen Welt traten auf, und jedes von ihnen war offensichtlich dazu in der Lage, seine eigenen Geister herbeizuzitieren. Bald wurden regelmäßige Séancen abgehalten. Dabei wackelten Tische, bewegten sich Objekte unmotiviert, wurden Musikinstrumente wie von Geisterhand gespielt. Während die Fox-Schwestern keiner speziellen Vorbereitung bedurft hatten, um mit ihren Geistern kommunizieren zu können, erklärten viele ihrer Nachfolger, daß sie sich in einen Trancezustand versetzt hätten, um zu einem Medium zu werden, durch das die Toten sprechen könnten.

Der Spiritismus, wie man die neue Bewegung nannte, verbreitete sich rasch über die Vereinigten Staaten und anschließend über Europa. 1851 gab es allein in New York 100 selbsternannte Medien. Um die Jahrhundertwende zählte die Bewegung bereits Zehntausende von Mitgliedern. Der Reiz war der gleiche, der für eine frühere Generation im Mesmerismus bestanden hatte. Es bot sich die Möglichkeit eines regelmäßigen Kontaktes mit anderen Sphären, eine Gelegenheit, die bis dahin nur wenigen Auserwählten vorbehalten gewesen war. Ein Kritiker der Bewegung, John Mulholland, beobachtete:

> »Damit wurde der nächste große Schritt im Spiritismus vollzogen. Die Geister aus der anderen Welt mußten sich nicht unglücklich fühlen, um zur Erde zurückzukehren. Sie mußten nicht ermordet worden sein oder unbereinigte Irrtümer zurückgelassen haben [...] Es war genauso leicht, Großmutter oder Tante Hattie zurückzurufen. Dadurch wurde der Spiritismus natürlich für jeden interessant. Die eigenen verstorbenen Verwandten konnten zurückgebracht werden.«

Während und nach dem Ersten Weltkrieg erreichte die Bewegung ihren Höhepunkt. Viele von hunderttausenden Menschen, die in den Kämpfen ein Familienmitglied verloren hatten, suchten Trost darin, Kontakt zu den Gefallenen aufzunehmen. Zahlreiche hilfreiche Medien sorgten dafür, daß diese Versuche erfolgreich verliefen. Der wahrscheinlich bekannteste Séance-Teilnehmer war Sir Oliver Lodge, ein anerkannter Arzt und früherer Vorsitzender der britischen Ärztekammer, dessen Sohn Raymond 1915 verstorben war. Ein führendes Medium brachte so viele private Informationen zutage, daß Lodge davon überzeugt war, sein Sohn habe den Tod tatsächlich überlebt.

Die Idee, Kontakt mit den Toten aufzunehmen, war auch zu Zeiten der Geschwister Fox seit langem bekannt. Schon die alten Griechen hatten eine Form der Magie praktiziert, die sie Theurgie nannten. Sie ermöglichte es einem Medium in Trance – nahmen sie an –, eine Verbindung zu Toten herzustellen. Die Sitzungen der Theurgisten wiesen viele Phänomene auf, die auch den Spiritisten vertraut wurden. Während ihrer Séancen kam es vereinzelt zur Produktion einer Substanz, die dem späteren Ektoplasma ähnelte, sowie zum gelegentlichen Schweben des Mediums.

Außerdem waren die Spiritisten nicht die einzigen, die im späten 19. Jahrhundert übernatürliche und mystische Doktrinen propagierten. In Frankreich fügte ein Mann namens Allan Kardec dem Credo der Spiritisten den Glauben an die Wiedergeburt hinzu. Dadurch entstand eine Bewegung (der Okkultismus), die noch heute zu den größten Religionen Brasiliens zählt. Etwa zur gleichen Zeit brachte die Russin Helena Petrowna Blavatsky ihre eigene Form des östlichen Mystizismus, die Theosophie, nach Europa und in die Vereinigten Staaten. Diese Miniaturreligion bildete eine Vorlage für viele kultische Orden des 20. Jahrhunderts. Angeblich gründete sie auf einem esoterischen Buddhismus und wurde durch telepathische Botschaften einer Gruppe von »versteckten Meistern« in Tibet inspiriert. Sowohl Kardec, der selbst ein Medium war, als auch Blavatsky, die Tauben hypnotisierte und angeblich psychokinetische Fähigkeiten entwickelte, übernahmen viele spiritistische Ideen.

Der Historiker James Webb, der eine ausführliche Untersuchung über dieses seltsame Zwischenspiel in der religiösen und intellektuellen Geschichte schrieb, bezeichnete die Jahre von 1820 bis 1910 als »das Zeitalter des Irrationalen«. Er behauptete, daß zu dieser Zeit die Vernunft auf der Strecke geblieben und die rationalen Ideale des 18. Jahrhunderts über Bord geworfen worden seien. In dieser Auslegung lag eine Menge Wahrheit, aber nicht alle Behauptungen der Spiritisten entbehrten jeglicher Grundlage. Und nicht jeder vernunftbegabte Mensch wies die Beweise für seltsame neue Kräfte entweder kategorisch von der Hand oder fand sich zwangsläufig in den Fängen der neuen Religionen wieder. 1882 gründete eine Gruppe von Gelehrten eine Organisation, die sich der Untersuchung seltsamer Ereignisse widmete: die *Society for Psychical Research* (Gesellschaft für Psychologische Forschung), kurz SPR. Diese Forschungseinrichtung widmet sich seit nunmehr über einem Jahrhundert der Untersuchung psychischer Phänomene. Die vielfältige Palette der dokumentierten Fälle reicht von Geistererscheinungen bis zu Prophezeiungen, von Halluzinationen bis zu Hypnose. Größtenteils dank der SPR und ähnlicher Organisationen verfügen wir über jene Anhaltspunkte, die zu den Ursachen und Effekten derartiger Rätsel vorliegen.

Das Medium und die Botschaft

Ein großer Teil der frühen Arbeit der SPR war der genauen Erforschung medialer Eigenschaften gewidmet. Bis zu den 80er Jahren des 18. Jahrhunderts hatten sich zwei verschiedene Séance-Phänomene entwickelt, ein physisches und ein mentales, obwohl zu dieser Zeit die meisten Medien beide Arten von Effekt produzierten. Die Leistungen physischer Medien beinhalteten, daß sie die anwesenden Geister dazu veranlaßten, Musikinstrumente aufzuheben und zu spielen, Objekte materialisierten (»Apporte«), Tische und Stühle schweben ließen, sowie durch geistige Kraft Gegenstände im

Séance-Raum bewegten. Vielleicht am erstaunlichsten war eine seltsame Substanz, Ektoplasma genannt, die aus den Körperöffnungen verschiedener Medien floß. In manchen Fällen wurde sogar berichtet, daß das Ektoplasma die Form des Gesichtes oder des ganzen Körpers des herbeigerufenen Verstorbenen angenommen habe. Bei anderen Anlässen beschränkte sich die Substanz lobenswert ökonomisch darauf, den menschlichen Stimmapparat nachzubilden. Dann schwebten körperlose Sprachboxen durch den Séance-Raum – eine Technik, die unter dem Namen »direkte Stimme« bekannt wurde. Auch wurde behauptet, Ektoplasma habe sich in Stäbe verformt, die auf dem Séancetisch verstreute Objekte bewegt hätten.

Dagegen erhielten mentale Medien lediglich Botschaften aus dem Jenseits. Eine solche Person wurde beispielsweise vom Geist eines Toten besessen, der den physischen Körper dazu benutzte, Botschaften zu artikulieren oder aufzuschreiben. Das Medium konnte Visionen haben und Mitteilungen weiterleiten oder auch gar nichts sehen, sondern nur geisterhafte Stimmen hören.

In dieser frühen Phase bestand ein großer Teil der Arbeit der Forscher darin zu bestimmen, ob die Effekte, die ein Medium produzierte, auf Täuschung oder Fälschung beruhten. Räume wurden nach Komplizen und geheimen Verstecken durchsucht, einige Medien mit Händen und Füßen an ihre Stühle gefesselt. So sollten sie davon abgehalten werden, eventuell verborgene Apparate zu bedienen. Viele, wenn nicht sogar die meisten Medien, die derart getestet wurden, gestanden mindestens einmal im Verlauf ihrer Karrieren Manipulationen ein. Harry Bastien, ein sehr bekanntes amerikanisches Medium, wurde bei nicht weniger als drei Gelegenheiten erwischt. Während einer Séance in Wien vor dem Erzbischof Johann von Österreich-Ungarn stellte sich ein »Geist«, der den Raum betreten hatte, als das Medium selbst heraus. Ein anderes Mal entdeckte eine weibliche Teilnehmerin die Hand des Mediums da, wo eine »Geisterhand« gewesen war. Und bei einem Experiment mit einer direkten Stimme konnte Harry zwar noch erfolgreich Geisterbotschaften mitteilen, während sein Mund mit Wasser gefüllt war, aber die Stimmen verstummten sofort, als man ihm Korken in die Nasenlöcher rammte. Es besteht kein Zweifel daran, daß viele Phänomene, die von physischen Medien produziert wurden, nichts weiter als simple Zaubertricks waren. Besonders bei Klopfzeichen und beim Bewegen von Objekten im Séance-Raum wurden die Teilnehmer häufig getäuscht – nicht zuletzt deshalb, weil sie unbedingt daran glauben wollten, daß sie mit den Geistern ihrer Lieben in Verbindung standen.

Eine besonders dramatische Enthüllung eines solchen Betruges ereignete sich 1888. In diesem Jahr gestanden Kate und Maggie Fox nach vier Jahrzehnten professioneller Medientätikeit einvernehmlich, daß sie die Klopfzeichen von Hydesville, den Grundstein des Spiritismus, selbst produziert hatten – sie hatten mit den Gelenken ihrer Zehen geknackt. Während sie diese Fähigkeit anschließend vor großen Zuhörerschaften auf Bühnen demonstrierten, gaben sie auch zu, daß sie einfache Gegenstände im Haus umhergeschoben hatten, um andere Geräusche und Klopfzeichen zu erzeugen. Sie hatten damit zunächst lediglich ihre Mutter erschrecken wollen. »Spiritismus«, sagte Kate Fox, »ist von Anfang bis Ende Humbug.«

Angesichts einer derart verheerenden Enthüllung hätte man davon ausgehen können, daß sich die neue Religion schnell wieder auflösen würde. Doch sie war schon viel zu tief verwurzelt, um noch ernsthaft in Gefahr zu geraten. Nicht nur, daß viele tausend Séance-Teilnehmer felsenfest davon überzeugt waren, mit den Toten in Kontakt gebracht worden zu sein. Auch einige sehr prominente Forscher vertraten die Meinung, daß manche Phänomene, die von sogenannten Medien produziert würden, nicht auf Manipulationen zurückgeführt werden könnten.

Vor allem die Behauptung mehrerer führender Medien, sie seien in der Lage, Ektoplasma zu produzieren, erwies sich als überaus kontrovers. Professor Charles Richet und Baron Schrenck-Notzing, zwei Wissenschaftler, die an mehreren tausend Séancen teilgenommen hatten, verteidigten ihre Überzeugung vehement, daß es sich dabei um eine echte Substanz handle, wenn auch um eine sehr sonderbare. Manchmal war sie schwarz, dann wieder grau oder weiß. Manchmal fühlte sie sich feucht und klebrig an, ein anderes Mal hart und trocken. Oft bewegte sie sich nur langsam von der Stelle, gelegentlich schnell wie der Blitz. Tatsächlich erwiesen sich ein paar physische Medien als fähig, die Masse auf halbwegs glaubwürdige Weise zu produzieren. Im Falle des deutschen Mediums Maria Vollhardt stellte sich heraus, daß das Ektoplasma die Spuren ihrer Zähne aufwies. Es lag nahe, daß es sich um eine Art Knetmasse handelte. Ein anderer Forscher, W.J. Crawford, im Hauptberuf Ingenieur, erzielte einige bemerkenswerte Resultate dadurch, daß er seine Medien vor und nach einer Materialisierung wog. Er berichtete von einer Kathleen Goligher, die während einer Séance nahezu ihr halbes Körpergewicht (etwa 25 Kilogramm) verloren habe, und ließ sich durch nichts davon überzeugen, daß das Phänomen eine Fälschung gewesen sein könnte. Unterdessen gelang es dem entschlossenen Schrenck-Notzing, eine Materialisierung durch das polnische Medium Stanislawa P. zu filmen. 1916 fing er schließlich ein Fragment des Ektoplasma in einem Teströhrchen ein. Eine chemische Analyse ergab, daß es sich bei der Substanz um eine widerwärtige Mischung aus menschlichem Fettgewebe, Leukozyten (weißen Blutkörperchen) und Schleimhautzellen handelte.

Seltsamerweise sind solche Materialisierungen heute unbekannt. Im Rückblick erscheint das Ektoplasma wie eines jener seltsamen Rätsel, die im Verlauf der kurzen Geschichte der Erforschung übernatürlicher Phänomene immer wieder aufgetaucht sind: Ein Phänomen erblüht für eine Weile, um danach praktisch wieder in der Versenkung zu verschwinden. Es läßt sich kaum leugnen, daß die meisten Fotos von Materialisierungen heutzutage wenig überzeugend erscheinen. In der Mehrzahl der Fälle ähnelt das sogenannte Ektoplasma einem Stück Stoff, Pappkarton oder ausgeschnittenem Papier. Daher sind die stärksten Argumente für die Echtheit der Substanz die Augenzeugenberichte von Forschern, die sie untersucht haben. Ihre Arbeit wurde häufig durch die Schwierigkeit behindert, in solchen Fällen einen Betrug nachzuweisen. Eine Reihe von physischen Medien produzierte den Ektoplasma-Effekt mit Hilfe von Buttercreme oder Ähnlichem, das in einer Körperöffnung versteckt wurde. Manchmal diente der Mund als Versteck, bei einigen weiblichen Medien auch die Vagina.

Auf ein ähnliches Problem der Bewertung stieß man bei Medien, die sich auf Materialisierungen von vollständigen Figuren spezialisiert hatten. Der vielleicht bemerkenswerteste Fall war der eines Polen namens Franek Kluski, den man als tüchtiges mentales Medium kannte. Kluski wurde einmal dabei fotografiert, wie er eine vogelartige Kreatur, die einem Petrodaktylus ähnelte, materialisierte. Ein anderes Mal produzierte er ein haariges, affenartiges Wesen, das stark nach »nassem Hund« roch und durch den Séance-Raum lief, um die Gesichter der Teilnehmer abzulecken. Traurigerweise ähnelt dieses Geschöpf auf Fotos, die erhalten geblieben sind, eher Jutesäcken als einem Affen.

So spektakulär die Effekte auch waren – wenn es um echte Anhaltspunkte für ein Leben nach dem Tod ging, erwiesen sich die physischen Medien ihren mentalen Kollegen immer wieder als unterlegen. Als Kanäle, die den Toten erlaubten, durch sie zu sprechen, brachten mentale Medien nicht nur den Hinterbliebenen Erleichterung. Oftmals untermauerten sie ihre Behauptungen auch, indem sie Informationen weitergaben, die nur dem Teilnehmer und dem Geist bekannt sein konnten. Damit, so wurde allgemein angenommen, war der beste Beweis für ein Überleben des körperlichen Todes erbracht.

Das Problem derartiger Kommunikationen liegt, wie die Forscher des Übernatürlichen bald erkannten, in der Schwierigkeit auszuschließen, daß die Informationen durch eine Art außersinnliche Wahrnehmung über eine lebende Quelle zu dem Medium gelangen. Auch wenn direkter Betrug ausgeschlossen werden kann, so sind die in solchen Botschaften enthaltenen Informationen im allgemeinen den Séance-Teilnehmern und häufig auch deren Angehörigen und Freunden bekannt. Somit kann argumentiert werden, das Medium erhalte seine Informationen nicht aus der Geisterwelt, sondern auf telepathischem Wege, indem es die Gedanken der Teilnehmer liest. Diese Theorie ist als Superaußersinnliche Wahrnehmung bekannt und stellt die größte Hürde auf dem Weg zur Anerkennung von Séance-Erfahrungen als Beweis für das geistige Überleben nach dem Tode dar.

Es ist so gut wie unmöglich, ein Experiment zu ersinnen, das Super-ASW generell ausschließt. Trotzdem wurde wiederholt versucht zu zeigen, wie extrem diese Theorie gedehnt werden müßte, bis sie griffe. Im Ergebnis erscheint es als einfachere Lösung, von einem Überleben nach dem Tode auszugehen. Unter den überzeugendsten Experimenten dieser Art befanden sich die Kreuz-Korrespondenzen, eine lange Folge von in Trance erstellten gegenseitigen Schreiben durch Medien, die einander größtenteils unbekannt waren. In manchen Fällen lebten sie sogar auf verschiedenen Kontinenten. Diese Briefe enthielten Fragmente von Botschaften, die nur dann einen Sinn ergaben, wenn sie von der SPR zusammengesetzt wurden. Außerdem wurde in den frühen Jahren des 20. Jahrhunderts eine große Anzahl sogenannter »Buchtests« durchgeführt.

Im Unterschied zu den Kreuz-Korrespondenzen, die generell sowohl vage als auch kryptisch und damit offen für vielschichtige Interpretationen waren, bestanden die Buchtests aus einer Geisterbotschaft, die das Medium nur unter Hinweis auf ein spezielles Buch, das einem der Teilnehmer gehörte, weitergab. Eine Kommunikation konnte beispielsweise aus folgenden Anweisungen bestehen: »Nimm das neunte Buch auf dem dritten Brett. Zähle von links nach rechts im Bücherregal rechts neben der Tür der Bibliothek, gleich nachdem du hereinkommst. Lies den Titel, und sieh auf Seite 37 nach.« Im günstigsten Fall hatte der Teilnehmer das Buch nicht einmal gelesen, fand aber, wenn er nachsah, einen Abschnitt von offensichtlicher Bedeutung. Dabei handelte es sich zum Beispiel um eine Anspielung auf einen alten Familienwitz oder ein intimes persönliches Detail, das dem Medium nicht bekannt sein konnte. (Die oben genannte Anweisung stammte angeblich von einem Sohn, der im Ersten Weltkrieg gefallen war. Sie führte den Vater des Mannes zu einem Buch mit dem Titel *Bäume* und einem Abschnitt über den Borkenkäfer. Des Vaters »Käferbesessenheit« war ein altbekannter Familienwitz.)

Aber selbst in solchen Fällen eröffnet sich wohl die Möglichkeit, die Einbildungskraft ins Spiel zu bringen. (Im oben genannten Beispiel wählte der Vater offenbar einen einzelnen Satz aus einer ganzen Seite aus und maß ihm besondere Bedeutung bei, obwohl er keine präzise Anweisung erhalten hatte, wo auf der genannten Seite er nachsehen sollte.) Dennoch kam eines der führenden Mitglieder der SPR, die unvergleichliche Eleanor Sidgwick, 1921, als sie eine Reihe von 532 Buchtests veröffentlichte, zu dem Ergebnis, daß mindestens 17 Prozent als erfolgreich einzustufen seien. Nachdem 1800 »Kontroll«-Buchtests einer ähnlichen Untersuchung unterzogen worden waren, fiel die Anzahl der »Treffer« jedoch auf unter zwei Prozent.

Trotz mancher beeindruckender Ergebnisse bleibt es schwierig, die Eigenschaften mentaler Medien als real zu akzeptieren. Ein Problem liegt darin, daß Para-Forscher immer zwei Frauen nennen, wenn sie gebeten werden, die wichtigsten Medien aufzuzählen. Erstens: Mrs. Leonard, die bekannt geworden war, nachdem sie während der Raymond-Sitzungen als Medium für Sir Oliver Lodge fungiert hatte, und die später einige bemerkenswert erfolgreiche Buchtests durchführte. Und zweitens: ihre amerikanische Kollegin Mrs. Piper. Beide Damen nahmen an den Kreuz-Korrespondenzen teil, beide wurden im Verlauf zahlreicher überwachter Sitzungen intensiv geprüft. Die gemeinsamen Untersuchungen durch die SPR und ihre amerikanische Schwesterorganisation, in denen sogar Privatdetektive zum Einsatz kamen, sollten ans Licht bringen, ob die Medien irgendwelche Versuche unternähmen, um vor den Sitzungen an Informationen über Séance-Teilnehmer zu gelangen. (Sie taten es nicht.) Aber diese großen Medien waren schon 1882 beziehungsweise 1859 geboren worden. Ihre besten Arbeiten lagen Ende der 20er Jahre des 20. Jahrhunderts bereits hinter ihnen. Der Fairneß halber muß erwähnt werden, daß keiner ihrer zahlreichen Nachfolger auch nur annähernd so viele bekannte Forscher über einen so langen Zeitraum überzeugen konnte. Niemals erweckten sie auch nur den Anschein des Betrugs oder der Manipulation. Falls mediale Eigenschaften tatsächlich echt und ein so allgemein zugängliches Phänomen sein sollten, wie von Spiritisten und, zu einem geringeren Ausmaß, auch von Para-Forschern behauptet, dann bestünde für eine solche Bevorzugung kein Grund.

Ein weiteres Problem bei dem Versuch, mediale Eigenschaften zu bewerten, liegt darin, eine Grenze zwischen zwei bestimmten Arten von Fällen zu ziehen. Dies sind einerseits Situationen, in denen es tatsächlich zum Kontakt mit einer externen Intelligenz gekommen sein könnte, und andererseits solche, in denen dieser vermeintliche Kontakt das Produkt der Phantasie des Mediums ist. Es bestehen offensichtliche Parallelen zwischen Medien, die behaupten, den Kontakt zu Toten durch vermittelnde »Geisterführer« (die verdächtig häufig weise alte Indianer sind) herzustellen, und Instanzen des New Age, die körperlosen Geistern beispielsweise von urzeitlichen Atlantisbewohnern Ausdruck verleihen. (In einem extremen Fall vermittelte ein solcher »Sender« sogar die erste bekannt gewordene Botschaft einer Barbie-Puppe. Sie lautete: »Ich brauche Respekt.«) Nur wenige Forscher bringen den Sendern den gleichen Respekt entgegen wie den Medien. Darüber hinaus hat sich längst nicht jede Mitteilung, die mentale Medien erhielten, als richtig erwiesen. Manchmal wurde auch gar nicht behauptet, daß ein Kontakt zum Jenseits stattgefunden habe. Während der 90er Jahre des letzten Jahrhunderts behaupteten vier Frauen unabhängig voneinander, medialen Kontakt mit den Bewohnern des Planeten Mars gehabt zu haben. Einige standen in Verbindung mit »aktuellen« Marsbewohnern, andere berichteten, daß der Planet lediglich die Heimat einiger ehemals erdgebundener Geister sei. Jede der Frauen konnte eine mehr oder weniger ausgefeilte Vision vom Leben auf dem fremden Planeten entwickeln, obwohl wir heute annehmen, daß der Mars öde und ohne jedes offensichtliche Zeichen von Leben ist. Zwei der Medien, die

Schweizerin Catherine Muller und die Amerikanerin Willis Cleveland, sprachen und schrieben sogar eine »Marssprache« (wenn auch nicht dieselbe), die sich bei näherer Untersuchung als Produkt ihres Unterbewußtseins herausstellte.

Selbstverständlich ist es höchst unwahrscheinlich, daß vermeintliche Kontakte zu Marsbewohnern in irgendeiner Form »echt« waren, aber nichtsdestotrotz zeigten sie eine erstaunliche innere Kohäsion und Komplexität. Diese Beobachtung legt nahe, daß das Gehirn absolut dazu in der Lage ist, viele der Phänomene zu produzieren, die den Medien zugeschrieben werden. Besonders Catherine Muller entwikkelte eine ganze Reihe von spiritistischen Kräften, einschließlich Klopfzeichen, Apporten und Psychokinese. Sie malte »inspirierte« Kunstwerke und arbeitete in enger Verbindung mit einem Geisterführer namens Leopold zusammen. Dieser nachweislich falsche Leopold behauptete, der berüchtigte Cagliostro aus dem 18. Jahrhundert zu sein.

Die mit der Untersuchung von drei Marsmedien befaßten Psychologen Carl Jung und Theodor Flournoy, sowie der Para-Forscher James Hyslop kamen zu dem Ergebnis, daß die Phänomene das Produkt sekundärer Persönlichkeiten waren. In einem Fall handelte es sich dabei um eine heranwachsende Person an der Schwelle zum Erwachsenwerden. Andererseits gaben die Wissenschaftler zu, daß mediale Eigenschaften weder pathologisch begründet noch lediglich eine Form von Hysterie seien. In der Tat seien sie nur möglich, weil sich die Frauen bei guter Gesundheit befänden und normale und ausgeglichene Persönlichkeiten besäßen.

Wodurch unterscheiden sich Medien sonst noch von anderen Menschen? Para-Forscher räumen ein, daß es wenige Anhaltspunkte für die Vererblichkeit von medialen

Eigenschaften gibt und daß Medien keine physischen Besonderheiten aufweisen. Skeptiker argumentieren nicht ohne Berechtigung aggressiver: Zwei Eigenschaften, die häufig bei Medien anzutreffen sind, seien nichts weiter als Entschuldigungen für deren Manipulationen und Täuschungen. Sie meinen einerseits die Vorstellung jener Personen, sie seien in irgendeiner Weise »besonders«, andererseits deren Unfähigkeit, die Phänomene dauerhaft und unter Überwachung zu reproduzieren. Weil ihre Kräfte unvorhergesehen auftreten und auf gleichsam unerklärliche Weise wieder verschwinden, vollbringen Medien bei manchen Gelegenheiten erstaunliche Leistungen und sind bei anderen dazu gezwungen zu tricksen, um die Sitzungsteilnehmer nicht zu enttäuschen. Von Bedeutung könnte allerdings sein, daß es nicht mehr weibliche als männliche Medien gibt. Außerdem werden wir in einem späteren Kapitel einige interessante Anhaltspunkte dafür kennelernen, daß ernstzunehmende Medien (im Gegensatz zu offenkundigen Betrügern) sehr wohl bestimmte Persönlichkeitszüge teilen. Möglicherweise können diese Erkenntnisse dazu beitragen zu erklären, warum solche Menschen ungewöhnliche Phänomene erfahren.

Außersinnliche Wahrnehmung

Die zweite große Gruppe von Phänomenen, die von den Forschern des Unerklärlichen untersucht wurde, hat die Sammelbezeichnung Psi erhalten. Psi beinhaltet unter anderem die Phänomene Telepathie (»Gedankenlesen«), Hellsehen (Visionen von Objekten und Ereignissen, die in einiger Entfernung vom Hellseher stattfinden), Vorhersehen (Wissen um die Zukunft, auch Präkognition) und Psychokinese (Bewegen von Objekten durch geistige Kraft).

Es existieren viele tausend Anekdoten über derartige Phänomene. Sie lassen sich in vier große Kategorien unterteilen: erschreckende, intuitive Eindrücke ohne Bilder (in anderen Worten »Vorahnungen«, oder das Gefühl, daß »etwas nicht stimmt«); Halluzinationen (aufrüttelnde Erfahrungen, begleitet von visuellen Eindrücken von Objekten, die nicht physisch existieren); sowie realistische und unrealistische Träume. In der großen Mehrheit der Berichte geht es um Fälle von Telepathie und Hellsehen. Ein einfaches, aber recht typisches Beispiel wurde von der Forscherin Rosalind Heywood aufgezeichnet, die sich eines Tages unvorhergesehen an einer Stelle wiederfand, die viele Kilometer von dem Ort entfernt lag, an dem sie sich eigentlich mit ihrem Mann hatte treffen wollen. Während sie erschöpft eine Straße entlangging, kam er in seinem Wagen angefahren und erklärte, er habe »plötzlich das Gefühl gehabt, daß du mich hier sofort brauchst.« Viele verblüffende Vorfälle von Telepathie scheinen durch ähnliche oder größere Sorgen ausgelöst zu werden; denken wir nur an die Mutter, die plötzlich »weiß«, daß ihr Kind verletzt wurde. Eine andere, sehr häufig anzutreffende Kategorie betrifft telepathische oder hellseherische Träume. F. W. H. Myers, einer der Gründer der SPR, erzählte das Beispiel von einem Bekannten, der einen Freund besuchte und dabei eine wertvolle Uhr verlor, während er auf einer Weide arbeitete. Der Freund, der sich nie besonders intensiv mit dem Thema beschäftigt hatte,

> »konnte nicht aufhören, an die Uhr zu denken, und nach zwei oder drei Tagen ging er eines Abends zu Bett und dachte immer noch daran. Während der Nacht hatte er einen Traum [...] Er sah die Uhr auf dem Boden. Die Kette lag in einer seltsam gewundenen Position. Steine, Bäume und die gesamte Umgebung erschienen ihm überaus deutlich. Als er die Geschichte

am Frühstückstisch erzählte, wurde er selbstverständlich ausgelacht. Aber er war so überzeugt davon, daß er die Uhr sofort finden würde, daß er ein Pferd sattelte und sie tatsächlich genau so fand, wie er es erwartet hatte.«

Dieses Beispiel des Hellsehens ist besonders interessant, weil es die Möglichkeit der Telepathie auszuschließen scheint. Es ist unwahrscheinlich, daß der Eigentümer der Uhr oder sonst irgend jemand sie in der Position liegen sah, in der sie gefunden wurde. Aber das Thema ist außerordentlich vielschichtig und komplex. Die Para-Forscher haben nachgewiesen, daß Menschen aller sozialen Schichten ein paar telepathische Vorfälle in ihrem Leben erfahren. Sie haben Vorfälle von Telepathie bei ungeborenen Kindern, bei Toten und unter engen Verwandten, insbesondere Zwillingen, festgestellt. (Letzteres Phänomen dürfte vielen Familien bekannt vorkommen und könnte verbreiteter sein, als allgemein angenommen wird. Der Psychologe Berthold Schwarz hatte es sich zur Gewohnheit gemacht, einen täglichen Bericht über scheinbare Vorfälle von Telepathie zwischen sich, seiner Frau und ihren beiden Kindern anzulegen. Er erklärte, daß er zu der Zeit, als seine Kinder das Alter von 14 und zwölf Jahren erreicht hatten, in seinem Notizbuch eine Liste mit insgesamt 1520 Vorfällen gehabt habe.) Es hat auch Vorfälle von telepathischer Heilung, von Telepathie unter Hypnose und von vorhersehender Telepathie gegeben. Offensichtlich treten solche spontanen Fälle unerwartet auf. Die Person, die sie erfährt, profitiert meistens nicht davon. Unser »sechster Sinn«, wenn er denn existiert, nützt uns eben weniger als die anderen fünf.

Dasselbe scheint für das Vorhersehen zuzutreffen, ein anderes, sehr verbreitetes Phänomen, das eigentlich von größtem Nutzen sein sollte. Auch hier besteht ein Hauptproblem darin, daß die meisten Menschen, die Momente erfahren, in denen sie in die Zukunft sehen, nicht darauf reagieren. Zum Pech für die Forscher zeichnet kaum jemand ein Ereignis auf, das vorhergesehen wird, bevor es tatsächlich eintrifft. Dies liegt mit Sicherheit in der Erfahrung begründet, daß die meisten Vorfälle, die vorhergesehen werden, nicht eintreffen oder so vage sind, daß kaum ein Nutzen daraus zu ziehen ist.

Dennoch haben in einer Handvoll spektakulärer Fälle Menschen davon profitiert, einen Blick in die Zukunft geworfen zu haben. Einer davon betrifft den britischen Pferderennsport-Enthusiasten Lord Kilbracken, der als Student kurz nach dem Zweiten Weltkrieg die Namen einer Reihe von Siegern »träumte«. Die Traumprognosen trafen nicht immer genau zu, enthielten aber genügend Informationen, um einige sehr vorteilhafte Wetten zu plazieren. Beispielsweise träumte er eines Nachts von einem siegenden Pferd namens Tubermore und bemerkte zwei Tage später, daß ein Tier namens Tuberose in Aintree laufen würde. Das Pferd war krasser Außenseiter und gewann bei Wetten von 100:6. Noch bemerkenswerter ist, daß Kilbracken schrieb: »Ich habe es seither nicht aus den Augen gelassen. Es hat nie wieder ein Rennen gewonnen.«

Dieser Fall gilt als besonders gutes Beispiel, weil der Träumer sein Wissen mit einer Gruppe von Freunden teilte, die alle finanziell davon profitierten. Aber Kilbracken träumte nicht regelmäßig von Siegern, auf die er hätte setzen können, und zwischen erfolgreichen »Treffern« vergingen viele Jahre, in denen nichts Ungewöhnliches passierte. Schließlich mißlang auch seine letzte Vorhersage, die bei der SPR aufgezeichnet wurde und lautete, daß das Grand National 1972 von einem Pferd namens Neat Turn gewonnen werde. Tatsächlich lief in dem Rennen gar kein Pferd dieses Namens.

Selbstverständlich war Kilbracken ein ausgesprochener Rennfanatiker, und es ist zumindest möglich, daß seine Kenntnisse ausreichten, um potentielle Gewinner auszumachen. Somit hätten ihm seine Träume die bereits getroffenen Auswahlen lediglich noch einmal vor Augen geführt. Aber bei einer anderen verbreiteten Art des Vorhersehens ist dieser Einwand schwieriger anzubringen – bei der Vorahnung von Unglücksfällen. Im Fall der besonders gut dokumentierten Katastrophe von Aberfan im Oktober 1966, bei der in Wales ein ganzer Kindergarten von einer zusammenbrechenden Kohlehalde verschüttet wurde und 128 Kinder und 16 Erwachsene zu Tode kamen, veröffentlichte der Parapsychologe J. C. Barker einen Zeitungsaufruf, in dem er darum bat, daß sich Menschen, die im Vorfeld des Unglücks eine Vorahnung gehabt hatten, melden sollten. Er erhielt beinahe 80 Antworten, von denen 35 »echtes« Vorhesehen waren, wie er anschließend behauptete.

Selten geschieht es, daß ein Flugzeug abstürzt oder ein Schiff sinkt, ohne daß zumindest ein verhinderter Passagier auftritt, der behauptet, durch einen Traum oder ein »Gefühl« irgendeiner Art davor gewarnt worden zu sein, an Bord zu gehen. In den frühen 60er Jahren dieses Jahrhunderts erstellte der amerikanische Parapsychologe William Cox eine detaillierte Statistik, in der er die Anzahl von Passagieren, die mit verunglückten Zügen gereist waren, mit der Anzahl von Personen verglich, die an den sieben vorhergehenden Tagen und an drei beispielhaft ausgewählten Tagen des Vormonats mit demselben Zug gefahren waren. Seine Ergebnisse zeigten, daß sich in jedem Fall weniger Passagiere in dem beschädigten oder entgleisten Zug befunden hatten als normalerweise damit fuhren. Nach der Analyse seiner Zahlen kam er zu dem Schluß, daß die Möglichkeiten einer Zufälligkeit dieses Effektes geringer als 100:1 stünden. Es liege der Schluß nahe, daß einige glückliche Passagiere Vorahnungen gehabt und sich dazu entschlossen hätten, an jenem verhängnisvollen Tag nicht mit diesem Zug zu fahren.

Trotz Cox' Statistiken (die durch andere Forscher nicht bestätigt wurden) liegt das große Problem von Vorahnungen in ihrer Unbestimmtheit. Gingen allen Unglücken Vorahnungen voraus, so wäre es wahrscheinlich möglich, einige davon rechtzeitig zu verhindern. Dies jedenfalls nahm Barker an, und deshalb richtete er im Anschluß an seine Studie von Aberfan Vorahnungsbüros in London und New York ein. Er hoffte, dadurch eine Art Frühwarnsystem durch Medien installieren zu können. Leider folgte die Mehrheit der eingehenden Vorhersagen keinem offensichtlichen Muster, und es wurde nie eine Flut von Vorahnungen registriert, bevor sich ein Unglück ereignete. Trotzdem schien eine Handvoll der 1200 Berichte, die zwischen 1967 und 1973 im Londoner Büro eingingen, tatsächlich nachfolgende Ereignisse vorwegzunehmen.

Insgesamt sind die Beweise für Vorahnungen von bevorstehenden Unglücken jedoch rar. Mit anderen Worten: Es gibt keine Ereignisse, von denen man behaupten könnte, genaue Vorhersagen hätten sie vorausgesehen. Von allen Katastrophen des 20. Jahrhunderts waren die beiden Weltkriege die größten. Dennoch scheint es keine exakten Vorhersagen zu diesen Katastrophen gegeben zu haben. Während der spannungsgeladenen Monate vor dem Ausbruch des Zweiten Weltkriegs, als sogar Laien immer klarer wurde, daß ein Konflikt unausweichlich war, bestand die von Medien zusammengetrommelte Elite der Geisterführer darauf, daß es keinen Krieg geben werde. Die gleiche Fehleinschätzung ereignete sich 1982, als Argentinien die Falklandinseln besetzte. Andererseits haben die Anführer einer Reihe von Kulten und religiösen Bewegungen mehrere Dutzend Daten für das Ende der Welt vorhergesagt. Sie reichten von 1843 bis 2012 und klangen glaubwürdig genug, um Tausende von Anhängern davon zu überzeugen, daß sie sich auf den Weltuntergang vorzubereiten hätten. Unnötig zu erwähnen, daß sich bis zum heutigen Tag keine dieser Vorhersagen bewahrheitet hat.

Die letzte große Kategorie von Psi ist die Psychokinese, die Herrschaft des Geistes über die Materie. Auch sie hat eine bemerkenswerte Geschichte. Seit Urzeiten ist sie mit poltergeistartigen Phänomenen in Verbindung gebracht worden. Die Eigenschaften physikalischer Medien sind eine Form der Psychokinese – beispielsweise die Fähigkeit, Löffel zu verbiegen. Eine Reihe von Medien behauptete, in der Lage zu sein, Objekte mehr oder weniger nach Belieben sich bewegen oder schweben lassen zu können. Eine Polin namens Stanislawa Tomczyk, die kurz vor dem Ersten Weltkrieg zu Popularität gelangte, schien Uhren anhalten, den Fall einer Roulettekugel beeinflussen und kleinere Gegenstände wie etwa eine Steichholzschachtel oder eine Schere unter Überwachung schweben lassen zu können. Sie schrieb diese Kraft festen, unsichtbaren »Strahlen« zu, die angeblich aus ihren Fingerspitzen schossen.

So bemerkenswert das Phänomen Psychokinese auch erscheinen mag – es muß dazu gesagt werden, daß die Ergebnisse kaum in Relation zu dem Aufwand stehen, der erforderlich ist, um sie zu erzielen. Es wäre doch viel leichter, die Streichholzschachtel oder Schere einfach aufzuheben. Medien, die den Versuch unternommen haben, Psychokinese in größerem Rahmen zu demonstrieren, sind manchmal zu Schaden gekommen. Im September 1989 nahm der Lokführer eines Güterzuges bei der Anfahrt auf Astrachan an der Mündung der Wolga einen Mann in einem weißen Hemd wahr, der neben den Schienen entlangging. Als sich der Zug näherte, blieb der Mann stehen, ließ seinen Aktenkoffer fallen und trat aufs Gleis. Er blieb mit erhobenen Armen, gesenktem Kopf und straffem Körper solange stehen, bis ihn die Lokomotive erfaßt und getötet hatte. Eine polizeiliche Untersuchung ergab, daß es sich um Alexej Frenkel gehandelt hatte, der in der Region als Wunderheiler bekannt gewesen war. Sein »Selbstmord« erklärte sich anhand einer Notiz, die man in seinem Aktenkoffer fand. »Zuerst stoppte ich ein Fahrrad, dann Autos und schließlich eine Straßenbahn«, hatte er geschrieben. »Jetzt werde ich einen Zug anhalten. Nur in der außergewöhnlichen Situation einer unmittelbaren Gefahr für meinen Organismus treten all meine Reserven in Aktion.«

An dieser Stelle soll hinzugefügt werden, daß die kleineren psychokinetischen Effekte den von Zauberern auf Bühnen produzierten so gleichen, daß es sich sehr wahrscheinlich um nichts weiter als einfache Tricks handelt. Das russische Medium Ninel Kulagina, die in den 60er Jahren ähnliche Ergebnisse wie Tomczyk produzierte – sie bewegte einen Salzstreuer und ließ einen Tischtennisball schweben -, wurde schließlich von sowjetischen Parapsychologen dabei ertappt, wie sie versteckte Magnete und unsichtbare Fäden für ihre Tricks benutzte. Skeptiker haben wiederholt beobachtet, daß Parapsychologen im allgemeinen schlecht ausgerüstet sind, um derartige Betrügereien aufzudecken. Dagegen haben Medien, die vor Zauberkünstlern agierten, meistens schlecht abgeschnitten. In einem peinlichen Fall konnten zwei amerikanische Magier, die behaupteten, psychokinetische Kräfte zu besitzen, Forscher des McDonnell Laboratory for Psychical Research (Laboratorium für die Erforschung unerklärlicher Phänomene) der Universität von Washington davon überzeugen, daß ihre »Kräfte« echt seien, obwohl sie wiederholt eindeutige Spuren ihrer Pfuscherei und Tricks hinterließen.

Schlußendlich haben Parapsychologen zugeben müssen,

daß es ungemein schwer ist, die Möglichkeiten der Fälschung, des Zufalls oder der ungenügenden Dokumentation im Zusammenhang mit ASW auszuschließen. Man sieht ein, daß anekdotenhafte Fälle und unüberwachte Experimente keine ausreichenden Beweise für Phänomene liefern, die naturwissenschaftliche Gesetze zu widerlegen scheinen. Die jüngere Geschichte der Psychoforschung ist aus diesen Gründen im wesentlichen die Geschichte langwieriger Versuche, wissenschaftlich akzeptable Beweise für die Existenz von Psi zu produzieren. Bereits vor langer Zeit wurde die Idee fallengelassen, daß es möglich sein könnte, eine Person zu finden, die spontan und unwiderlegbar Psi-Phänomene unter Laborbedingungen hervorbrinden könnte. Mittlerweile geht es bei derartigen Studien nur noch darum, daß die grundlegende wissenschaftliche Forderung erfüllt wird, ein wiederholbares Experiment durchzuführen und »statistisch verwertbare« Ergebnisse zu erhalten. (Mit anderen Worten: Es soll eine überwachte Studie mit einer Person durchgeführt werden, die zwar nicht zu dauerhaft vorhersagbaren Ergebnissen führt, aber zumindest eine bessere Anzahl von »Treffern« erzielt, als durch reinen Zufall erwartet werden könnte.)

Während der ersten etwa 100 Jahre ihrer Existenz ist es der Parapsychologie eindeutig nicht gelungen, diese relativ moderate Zielsetzung zu erfüllen. Dagegen hat sie es zweifellos geschaft, eine große Anzahl von Dokumenten zu erstellen, die jedem Leser, der nicht über ein tieferes Interesse an Statistik verfügt, ein langweiliges und mühsames Lesevergnügen bereiten.

Unzählige Experimente sollten die Phänomene Telepathie und Hellsehen unter Laborbedingungen nachweisen. Ein Pionier auf diesem Gebiet war der amerikanische Parapsychologe J.B. Rhine, der die sogenannten »Zenerkarten« entwickelte. Dabei handelt es sich um 25 Karten mit den fünf Symbolen Kreuz, Stern, Kreis, Quadrat und Wellen. In dem Versuch, statistisch akzeptable Beweise zu erhalten, bat er Personen in seinem Labor darum zu erraten, welche der fünf Karten ihm gerade ausgeteilt worden war. Das Zufallsergebnis, das von einer Person durch Raten erwartet werden konnte, lag bei einer richtigen Antwort unter fünf. Nach Tausenden von Experimenten glaubte Rhine, daß er eine Handvoll Testpersonen ermittelt hatte, deren Ergebnisse über der Zufallserwartung lagen. Weitere Experimente ließen vermuten, daß ähnliche Ergebnisse auch zu erzielen waren, wenn sich der Forscher und seine Testperson bis zu 150 Kilometer voneinander entfernt befanden, und daß die Testergebnisse durch Stimulanzien verbessert werden konnten.

So überzeugend Rhines Ergebnisse sein mochten – sie erwiesen sich als nicht wiederholbar. In einem interessanten Fall unterzog der britische Parapsychologe Samuel Soal, frustriert aufgrund seiner Unfähigkeit, Rhines Arbeit zu reproduzieren, die Ergebnisse von dessen Testpersonen einer Untersuchung auf mögliche andere Wechselbeziehungen. Er entdeckte, daß ein gewisser Basil Shakleton das Phänomen der Präkognition zu zeigen schien, indem er manchmal die Karte hinter der, die ihm gerade ausgeteilt worden war, erriet. Soals Forschung wurde drei Jahrzehnte lang als bester erhältlicher Beweis für Psi gelobt, bis eine sorgfältige Untersuchung seiner Ergebnisse durch ein SPR-Mitglied namens Betty Markwick schließlich zutage brachte, daß er einige seiner Ergebnisse gefälscht hatte. Er hatte den Tests falsche »Treffer« hinzugefügt. Wurden diese entfernt, fielen Shakletons Ergebnisse auf Zufallsebene herab.

Bis jetzt wurde von niemandem unterstellt, daß auch Rhine seine Ergebnisse gefälscht habe, aber er wandte ebenfalls Soals Technik an, bei negativen Tests Vorwärts-/

Rückwärtsverbindungen zu Psi zu suchen. Der Skeptiker Martin Gardner bemerkte dazu:

> »Eine derartige Verschiebung von ASW kann sich auch auf zwei oder drei Karten nach vorne oder nach hinten beziehen! Wenn [ein Parapsychologe] zwischen all diesen möglichen Verbindungen auswählen kann, so ergibt sich zwangsläufig eine hohe Wahrscheinlichkeit dafür, daß eine davon Ergebnisse über dem Durchschnitt erbringt. Falls keine Verschiebung gefunden wird, läßt sich das Ergebnis im Zufallsbereich auch durch eine Störung des geistigen Ausnahmezustandes der Testperson erklären [...] Sogar der Experimentleiter kann, wenn er sich in einem jener bedauernswerten Zustände befindet, die Testperson durch unbewußte Telepathie blockieren ...
>
> Selbstverständlich sucht niemand nach ›subtilen Einflüssen‹, wenn die Ergebnisse gut sind. Aber wenn sie abfallen, fängt die Suche an. Dann ist es natürlich nicht schwer, etwas zu finden. Für gewöhnlich werden die Tests abgebrochen, wenn sich die Ergebnisse partout nicht bessern wollen. Und wenn die Resultate extrem schlecht sind, werden sie als negative Form von ASW ausgelegt.«

Auf diese Weise ist es möglich, scheinbare »Fehlschläge« zu erklären und die Anzahl der »Treffer« zu erhöhen.

Ein anderes Experiment von Rhine galt als Test für Psychokinese. Er bat Probanden, den Fall von Würfeln zu beeinflussen, und erzielte erneut eine Reihe von positiven Ergebnissen. Die weitere Analyse ergab, daß sich im Verlauf eines Experiments ein merklicher Abfall der psychokinetischen Kräfte einstellte, was nahelegte, daß die Psi-Eigenschaften durch die Müdigkeit der Testperson beeinflußt wurden. Zwar erzielten einige andere Forscher ähnliche Ergebnisse wie Rhine, aber wiederum andere entdeckten nichts, was nicht durch Zufall hätte erklärt werden können. In jüngerer Vergangenheit sind Parapsychologen zu Versuchen übergegangen, in denen die Zahlen von Zufallsgeneratoren ermittelt werden, um auf diese Weise weniger anfechtbare Experimente zu erbringen.

Tatsächlich wurden viele verschiedene Techniken ausprobiert, um alle plausiblen Erklärungen für scheinbar paranormale Effekte zu eliminieren. Eine Zeitlang schien es so, als könnten die trügerischen, wiederholbaren Ergebnisse durch eine Suche nach Telepathie im Ganzfeld produziert werden. In diesem Zustand wird die Testperson einer sanften Einschränkung der Sinne unterworfen, indem man ihr halbe Tischtennisbälle über die Augen stülpt und Kopfhörer mit statischem Rauschen aufsetzt. Anschließend brach ein Streit darüber aus, ob die Ganzfeldforscher ihre Testpersonen nach dem erforderlichen Zufallsprinzip ausgewählt hätten. Die Frage nach der Durchführbarkeit dieses Ansatzes ist bis jetzt nicht geklärt.

Ein weiteres offensichtliches Problem ist die Möglichkeit der Beeinflussung von Ergebnissen durch Suggestion oder sogar durch ein unbewußtes Einvernehmen zwischen Experimentleiter und Testperson. Als Konsequenz daraus haben einige Parapsychologen mit Tieren experimentiert. In einem ziemlich grausamen Versuch steckte Robert Morris von der Psychical Research Foundation (Stiftung für die Erforschung unerklärlicher Phänomene) 19 numerierte Ratten in einen großen Käfig. Im voraus hatte er festgelegt, daß er innerhalb von zehn Minuten alle Ratten mit ungeraden Nummern töten würde. Nun untersuchte er die Bewegungen der 19 Ratten über einen Zeitraum von zwei Minuten. Er fand heraus, daß sich die zum Tode verurteilten Ratten scheinbar wie gelähmt verhielten und sehr viel weniger

Aktivität aufwiesen als ihre Artgenossen. Dies betrachtete er als Beweis für Präkognition bei Tieren. Aber als zwei andere Laboratorien das Experiment wiederholten, erzielte das eine nichts von Bedeutung (außer vielen toten Ratten), das andere produzierte Ergebnisse, die denen von Morris diametral entgegenliefen – die todgeweihten Nagetiere waren *stärker* aktiv als ihre glücklicheren Artgenossen.

Eine weitere Annahme geht davon aus, daß Psi eine verkümmerte menschliche Fähigkeit sein könnte, die Erwachsene zu unterdrücken lernen und die bei Kindern stärker ausgeprägt ist. In den 80er Jahren führte der italienische Forscher Ernesto Spinelli ungefähr 1200 Sitzungen nach Zener-Art mit Testpersonen im Alter von drei Jahren an aufwärts durch. Er kam zu dem Ergebnis, daß die Kinder nicht nur die Karten mit einer Rate vorhersagen konnten, die 27 Prozent über der Zufallsquote lag, sondern auch, daß diese Fähigkeit gestärkt wurde, wenn Gleichaltrige als Paar getestet wurden. Der Untersuchung zufolge ließ die Fähigkeit mit zunehmendem Alter nach und war, wenn die Kinder das Alter von acht Jahren erreicht hatten, vollständig verschwunden. Auch hier stellt sich die Frage, ob Spinellis Untersuchungen die Wahrscheinlichkeit in adäquater Weise berücksichtigten, daß Kinder einer ähnlichen Altersgruppe womöglich aufgrund von Parallelen in ihren Erfahrungen und Vorlieben gute Ergebnisse erzielen. 1993 testeten Susan Blackmore und Frances Chamberlein zwölf Zwillingspaare und zwölf normale Geschwisterpaare, um nachzuweisen, daß die Kinder Zahlen, Fotografien und Bilder durch Telepathie untereinander übertragen könnten. Die Forscherinnen fanden heraus, daß die Zwillinge weit über der Zufallsrate abschnitten – allerdings nur, wenn ihnen erlaubt wurde, die Zahlen, Bilder und Fotografien, die übertragen werden sollten, selbst auszuwählen. Wenn die Objekte mit Hilfe von Zufallsgeneratoren ausgewählt wurden, fielen die Ergebnisse auf Werte kaum über der Zufallsrate. Es liegt nahe, daß die Resultate eher durch »Gedankenübereinstimmung« als durch ASW erzielt wurden. Das heißt, es besteht die Wahrscheinlichkeit, daß Kinder, die in der gleichen Umgebung aufwachsen, ähnliche Vorlieben haben und in ähnlichen Bahnen denken.

Zusammenfassend läßt sich sagen, daß die Parapsychologie trotz vieler Jahre harter Arbeit und aufwendiger Forschungen weiterhin ein durchführbares und wiederholbares Experiment schuldig bleibt, das die Existenz irgendeiner Form von Psi demonstriert. »Die Nichtwiederholbarkeit von Psi ist das einzige wiederholbare Ergebnis der Parapsychologie«, wie Susan Blackmore, eine der besten modernen Erforscherinnen des Unerklärlichen, es formulierte.

Dieser Forschungsstand bereitet Skeptikern aus verständlichen Gründen deutlich mehr Genugtuung als Anhängern.

Im Astralkörper

Während der vergangenen Jahre haben sich sowohl Parapsychologen als auch Physiologen verstärkt mit der Untersuchung von zwei Phänomenen beschäftigt, die im Zusammenhang mit ASW zu stehen scheinen: der außerkörperlichen Erfahrung (AKE) und der Nahtod-Erfahrung (NTE). Beide scheinen eine Form der Projektion des Bewußtseins aus dem physischen Körper hinaus zu sein. Sie ermöglichen es der betroffenen Person, Ereignisse aus einiger Entfernung und aus einer andern Perspektive zu erleben. Untersuchungen haben gezeigt, daß zumindest die außerkörperliche Erfahrung ein relativ häufiges Erlebnis ist: Zwischen acht und 15 Prozent der Bevölkerung haben mindestens einmal eine AKE erlebt. Solche Ereignisse wurden aus fast allen Ländern der Erde und aus sämtlichen Epochen der Geschichte gemeldet. Unter anderem wurde vermutet, daß mittelalterliche Hexen – die sogar unter der Folter nicht von der Behauptung abwichen, ihren Körper verlassen und als Geister Reisen durch die Lüfte unternommen zu haben – außerkörperliche Erfahrungen gemacht hatten. Außerdem bestehen offensichtliche Parallelen zu einigen Leistungen von Medien, einschließlich der von Catherine Muller. Der *Astralkörper* ist zum zentralen Begriff vieler okkulter Bewegungen geworden, insbesondere der Theosophie. Kurz gesagt: Die außerkörperliche Erfahrung ist eines der am häufigsten berichteten seltsamen Phänomene. Anhänger wie Skeptiker stimmen darin überein, daß es sich dabei wahrscheinlich um eine »echte« Erfahrung handelt.

Aber welche Art von Erfahrung? AKEs scheinen sich in mehrere unterscheidbare Phasen aufzugliedern. Typischerweise findet sich die betroffene Person plötzlich und unerwartet »außerhalb« ihres physischen Körpers wieder und sieht möglicherweise von einem Aussichtspunkt in der Nähe der Decke auf ihn hinab. (Einige Menschen sind dazu in der Lage, AKEs willentlich herbeizuführen. Sie berichten häufig von ungewöhnlichen Empfindungen wie etwa einem Klikken oder Vibrationen am Anfang und am Ende ihrer »Reise«. Personen, die nur eine einzige AKE erleben, erzählen selten von derartigen Erfahrungen.) Zu diesem Zeitpunkt wird sich etwa die Hälfte der Zeugen der Empfindung bewußt, nun einen zweiten Körper zu bewohnen, der dem anderen gleicht. Die beiden Körper können durch eine unendlich elastische silberne Saite miteinander verbunden sein. Aber dies ist selten und wird hauptsächlich in Fällen berichtet, in denen die Zeugen die okkulte Überlieferung kannten, nach der der physische und der astrale Körper durch eine solche Saite miteinander verbunden sind.

Von da an, so erklären viele Zeugen, seien sie mit wenig Anstrengung dazu fähig, sich frei umherzubewegen. Im allgemeinen nehmen sie die Welt als fest und realistisch wahr, und wenn sich überhaupt eine Veränderung einstellt, dann die, daß die Umgebung klarer, heller und insgesamt belebter als sonst aussieht. Sie können nahezu innerhalb von Augenblicken entfernte Orte aufsuchen. Menschen, die sich währenddessen bei den Zeugen befinden, berichten, daß der physische Körper ruhig bleibt und sich in einer Art Trancezustand zu befinden scheint.

Susan Blackmores frühes Interesse an der Parapsychologie festigte sich aufgrund einer eigenen AKE, die sie erlebte, als sie noch studierte. Die Erfahrung begann eines späten Abends im Jahre 1970, als sie bereits sehr müde war. Sie hatte außerdem eine kleine Menge Haschisch geraucht.

> »Nachdem ich meinen eigenen Körper dort unten sah, begann ich mich durch das Zimmer zu bewegen. Es wirkte alles sehr real und natürlich. Ich sah meinen Körper auf dem Boden sitzen, und mein ›Ich‹ schien ein anderes Selbst an der Decke zu sein.
>
> ›Kannst du herumfliegen?‹ fragte Kevin mit sanfter Stimme von unten.
>
> ›Ja, ich kann hingehen, wohin ich will‹, antwortete eine zweite Stimme. Das Merkwürdige daran war, daß ich sah, wie sich mein Mund unten am Boden öffnete und schloß. Er schien sinnvolle Antworten zu geben, aber gleichzeitig nichts mit mir zu tun zu haben.
>
> ›Aber ich bin durch eine Saite mit meinem Körper verbunden‹, fügte ich hinzu. Es war eine wunderbar leuchtende weißgraue Saite, die von meinem Bauch ›hier oben‹ bis in den Kopf ›dort unten‹ führte ...
>
> In diesem Zustand war alles möglich, allein durch die Kraft der Gedanken. Ich streckte eine Hand aus und

> dann, zu meiner Freude, zwei Hände, drei, ein halbes Dutzend! Ich konnte 20 Hände haben. Ich konnte fliegen, schwebend die Form ändern und mich bewegen, wie es mir gefiel.«

Nach dieser Erkenntnis schickte sich Blackmore an, die Welt außerhalb des College-Zimmers zu erforschen. Sie flog über den Ärmelkanal nach Frankreich und weiter ans Mittelmeer, wo sie eine sternförmige Insel mit etwa 100 Bäumen darauf besuchte. Sie wußte, daß es in diesem Meer keine solche Insel gab. »Etwas in mir war der Meinung, daß es sich um die Vorstellung einer anderen Person von einer Insel handeln mußte«, erinnerte sie sich. Als sie schließlich etwa drei Stunden später zu ihrem Körper zurückkehrte, hatte sie Schwierigkeiten, wieder in ihn hineinzugelangen. Zunächst schien ihre neue Form für ihren physischen Körper zu klein, dann viel zu groß zu sein. Schließlich »kletterte« sie durch einen Spalt in ein paar Wolken und gelangte auf eine Ebene, die mit Tausenden von Menschen angefüllt war.

> »Damit war es offensichtlich Zeit für mich zurückzukommen. Aber ich hatte keine Ahnung, wie schwer es werden würde und wie lange es dauern sollte. Etwas später wiederholte ich immer noch für mich selbst: ›Ich muß hinter meine Augen gelangen und durch sie nach draußen sehen.‹ Es war nicht leicht.«

Es gibt mehrere mögliche Erklärungen für eine AKE. Eine lautet, daß die Erfahrung die Trennung der Seele vom Körper darstelle und objektiv real sei. Eine andere ist, daß die AKE eine Externalisierung einer Psi-Erfahrung sei – ein Konstrukt, daß vom Unterbewußtsein erstellt werde, um das Bewußtsein davon zu überzeugen, daß es die Fähigkeit habe, über Telepathie Informationen aus der Entfernung zu beziehen. Die dritte Erklärung besagt, daß die Erfahrung psychophysiologischer Natur sei; mit anderen Worten, sie sei ein Produkt der Funktionsweise des menschlichen Gehirns.

In jüngster Zeit hat sich die psychophysiologische Erklärung durchgesetzt und ist zur allgemein anerkannten Erklärung für AKEs geworden. In groben Zügen besagt diese Theorie, daß die außerkörperliche Erfahrung die Antwort des Gehirns auf eine Unterbrechung der normalen Sinneseindrücke sei, die das Bewußtsein im Körper verankerten. Dies kann in den frühen Phasen des Schlafs geschehen, im Zustand tiefer Entspannung oder bei extremer physischer Erregung. In diesem veränderten Bewußtseinszustand treten mental erstellte Bilder in den Vordergrund. Susan Blackmore geht davon aus, daß die deutliche Welt, durch die der Erfahrende reist, in Wahrheit die Landkarte des Gehirns ist, die es normalerweise zum Zweck der Orientierung verwendet. Dadurch läßt sich erklären, warum die Welt der außerkörperlichen Erfahrung der realen Welt so ähnelt und manchmal – speziell in weit entfernten, unbekannten Ländern – Elemente blanker Phantasie enthält. Weil der Geist es gewöhnt ist, Sinneseindrücke zu erhalten, die seine physische Position eindeutig definieren, genügt häufig der Schock, sich selbst an einer anderen Stelle wiederzufinden, um die Kontrolle über den abgebildeten Körper mit Hilfe normaler körperlicher Empfindungen zurückzuerlangen. Dadurch endet die AKE sehr schnell. Aber auch wenn die Erfahrung andauert, kann eine Veränderung der Bedingungen, die zum Eintritt in den veränderten Bewußtseinszustand geführt haben, genügen, um sie zu einem plötzlichen Ende zu bringen. Der »astrale« und der physische Körper vereinigen sich abrupt wieder miteinander.

Wenn die okkulte oder die parapsychologische Ansicht

über die außerkörperliche Erfahrung richtig ist, sollte es relativ leicht sein, die psychophysiologische Hypothese zu widerlegen. Ein Zeuge müßte dann lediglich von seinem physischen Körper aus an einen anderen Ort reisen und sich dort eine Information einprägen, die er sonst nicht gehabt haben könnte. Es könnte sich beispielsweise um eine Zahl handeln, die auf ein Stück Papier geschrieben im Haus einer anderen Person liegt, oder die detaillierte Beschreibung eines Ereignisses, das sich während der AKE in einer anderen Stadt ereignet hat. Para-Forscher haben tatsächlich versucht, derartige Experimente durchzuführen, aber sie konnten keine unwiderlegbaren Beweise erbringen.

Celia Green berichtete von einem Fall, in dem eine Briefpartnerin, die im Krankenhaus lag, schrieb, sie habe eine AKE gehabt, bei der sie eine »große Frau in ihrem Bett sitzen sah, den Kopf in Verbänden, und mit blauer Wolle ein Kleidungsstück strickend.« Diese »große Frau« existierte tatsächlich, doch es gab keinen Beweis dafür, daß die Zeugin sie vorher in der Station gesehen hatte. Charles Tart schilderte einen Fall, in dem es einer seiner Testpersonen anscheinend gelungen war, eine fünfstellige Zahl aufzuschreiben, die vor ihren Blicken verborgen gehalten worden war. Später mußte er jedoch zugeben, daß die Testperson die Zahl möglicherweise früher am Tag erspäht haben könnte. Andererseits erzählte Blackmore, daß der kanadische Architekt C. während einer AKE nicht nur über den Atlantik, sondern auch in der Zeit zurück bis in die Mitte der viktorianischen Epoche gereist sei. Er konnte eine genaue Beschreibung einer Straße im Bezirk Fulham von London abgeben, die er angeblich besucht hatte. Unglücklicherweise war Fulham zu jener historischen Zeit nicht Teil Londons, sondern eine ländliche Gegend gewesen, die aus grünen Feldern und nicht aus Straßen bestanden hatte. Die AKE des Architekten schien frei erfunden zu sein.

Trotz allem ist die potentielle Bedeutung von außerkörperlichen Erfahrungen aus offensichtlichen Gründen nicht zu unterschätzen. Sollte sich jemals herausstellen, daß AKEs in irgendeiner Weise »real« sind, so könnte es möglich sein, geeignete Personen auszubilden und deren »Fernwahrnehmung« bei Such- und Befreiungsoperationen einzusetzen. Es ließe sich sogar eine neue Rasse von nicht zu überführenden Superspionen züchten.

Diese Möglichkeit blieb auch der amerikanischen Regierung nicht verborgen. Bereits in den frühen 70er Jahren war man beunruhigt über Gerüchte, die Sowjetunion investiere Mittel in ein Programm zur Erforschung von verteidigungsrelevanten AKEs. Flugs förderten die Amerikaner zunächst zwei Wissenschaftler namens Harold Puthoff und Russel Targ am Stanford-Forschungsinstitut in Kalifornien. Später unterhielt man eine eigene Truppe aus Medien und Prüfern, die den Auftrag hatten, Fähigkeiten zur psychischen Kriegführung zu entwickeln.

In ihren Experimenten fütterten Putthoff und Targ eine Anzahl von Medien – deren prominentester Vertreter der New Yorker Künstler Ingo Swann war – mit Koordinaten von Landkarten und baten sie, ihre Eindrücke von den unbekannten Orten wiederzugeben. Anfänglich wurden einige interessante Ergebnisse erzielt. Bei einer Gelegenheit gab Putthoff Swann die Koordinaten des Mittelpunktes des Viktoria-Sees. Das Medium antwortete, es erhalte ein geistiges Bild von Land rechts neben einer großen Wasserfläche. Die Überprüfung anhand einer Karte mit viel größerem Maßstab bestätigte, daß sich an der fraglichen Stelle tatsächlich eine Insel im See befand – eine Tatsache, die Puthoff nicht bekannt gewesen war. Später wurde das Experiment dahingehend ausgeweitet, daß weder die Prüfer noch die Medien wußten, was sich an den ausgewählten Koordinaten befand. Wiederum schien Swann einige beeindruckende Antworten zu geben, von denen die interessanteste einen Ort an der Ostküste Amerikas beinhaltete. Nachdem man ihm die Koordinaten gegeben hatte, skizzierte er einen Plan, der mehrere Gebäude, einen Flaggenmast und einen Turm aufwies – Einzelheiten, die nicht einmal auf einer stark vergrößerten Karte der fraglichen Region zu finden waren. »Swanns Beschreibung war nicht nur in allen Einzelheiten korrekt, sondern es stimmten auch die relativen Entfernungen auf seiner Karte exakt mit dem Maßstab überein!« erklärten Puthoff und Targ.

Das Problem solcher Experimente besteht natürlich darin, daß sie nur subjektiv bewertet werden können. Es gibt keine Möglichkeit, empirisch zu bestimmen, ob die Ergebnisse Treffer oder Fehlschläge sind. Dennoch wurde das unter dem Namen *Operation Stargate* bekannte Programm von der amerikanischen *Defence Intelligence Agency* (DIA) und der *National Security Agency* (NSA) übernommen. Die Regierung fühlte sich durch die anfänglichen Untersuchungen derart ermutigt, daß sie die Forschungen weitere zwei Jahre lang im Hauptquartier der NSA in Fort Meade, Maryland, fortführen ließ. Während dieser Zeit befanden sich zwischen drei und sechs Medien auf ihrer Gehaltsliste. Insgesamt wurden knapp 20 Millionen Dollar für das Projekt ausgegeben. (Dabei handelt es sich um ein extrem moderates Budget für eine Operation des US-Millitärs!)

Eine Komponente des Programms war der systematische Versuch, glaubwürdige und wiederholbare Ergebnisse unter überwachten Bedingungen zu erzielen. Als 1995 endlich die Ergebnisse der Untersuchungsreihen zur Analyse durch Außenstehende veröffentlicht wurden, kam es zu einem Streit zwischen den beiden mit der Bewertung beauftragten Wissenschaftlern. Der eine war fest davon überzeugt, daß die Ergebnisse den Nutzen der Fernwahrnehmung bewiesen, der andere widersprach dem heftig. Die vielleicht bedeutendste Erkenntnis der Untersuchung lag in dem Eingeständnis, daß im Verlauf von 20 Jahren die Trefferquote bei wenig mehr als einem Drittel gelegen hatte. Auch wenn dies in der Theorie ausreichen würde, um die Existenz von Psi zu beweisen, weil die Rate über der Zufallserwartung liegt, so empfiehlt sich die Fernwahrnehmung damit nicht unbedingt als nützliche Technik.

Eine zweite Komponente des gleichen Programms war der Versuch, Psychospione auszubilden. *Stargate* hatte seine besten Jahre in den späten 70ern und den frühen 80ern, als das Personal sechs Fernsichtige umfaßte, die als »die Natürlichen« bekannt waren. Eine abwechslungsreiche Liste von Behauptungen für erfolgreiche Treffer der Mystiker von Ford Meade beinhaltete unter anderem: die Enttarnung eines großen sowjetischen U-Bootprojekts im Jahre 1979, die Lokalisierung von geheimen PLO-Trainingslagern sowie von russischen Radareinrichtungen und nuklearen Testgebieten, die Ermittlung der Aufenthaltsorte von Saddam Hussein während des Golfkrieges und von James Dozier, einem 1981 in Italien entführten amerikanischen General, sowie das Auffinden eines sowjetischen TU-95-Bombers, der in Afrika abgestürzt war. Mitte der 80er Jahr sprachen dieselben Quellen dann davon, daß das Projekt unter dem Einfluß von New-Age-Anhängern und »Spinnern« leide. Es gab Spekulationen darüber, daß neue Medien angeheuert worden seien, um nicht nur mit den Besatzungen von untergetauchten U-Booten und mit Astronauten im Weltraum zu kommunizieren, sondern auch mit Außerirdischen in UFOs. Ein Mitglied des Teams wurde in den Ruhestand versetzt, nachdem es zu der Überzeugung gelangt war, daß sich unter der Wüste von New Mexico eine Kolonie von Marsbewohnern befinde.

In der nachträglichen Betrachtung läßt sich sagen, daß *Operation Stargate* unter zwei unüberwindbaren Problemen litt. Weil es sich um eine Geheimdienstoperation und nicht um eine wissenschaftliche Studie handelte, hatte die DIA keine Bedenken, ihren Medien so viele Hintergrundinformationen wie möglich zugänglich zu machen. Anschließend wurden den bekannten Tatsachen die durch Fernwahrnehmung erlangten Daten hinzugefügt – eine Praxis, die es Außenstehenden unmöglich machte, den wahren Nutzen der AKEs zu bewerten. Darüber hinaus lag es in der Natur der Ziele, daß alle Erfolge, die von den »Natürlichen« und ihren Kollegen bejubelt wurden, nur dann Anerkennung fanden, wenn sich die Aussagen auch durch konventionelle Aufklärungsarbeit bestätigen ließen. Aufgrund dieses Problems erwies sich das gesamte Programm als im wesentlichen nutzlos. Als es 1995 schließlich eingestellt wurde, mußte man zugeben, daß Fernwahrnehmung niemals eine ausreichende Basis für »durchführbare« Geheimdienstoperationen gebildet hatte.

Während *Operation Stargate* noch lief, sorgte eine andere Variante von AKE, die Nahtod-Erfahrung, für eine noch größere Kontroverse. Wie die außerkörperliche Erfahrung ist die NTE im gesamten Verlauf der Geschichte und aus vielen verschiedenen Kulturen berichtet worden. Allerdings erlangte sie in den letzten Jahren zunehmend größere Verbreitung, möglicherweise dank der Erforschung immer ausgefeilterer Techniken zur Wiederbelebung. Es ist schwierig herauszufinden, wie viele von denen, die durch Krankheit oder Verletzung dem Tode nahekommen, eine derartige Erfahrung machen. Die Schätzungen schwanken zwischen sieben und 72 Prozent! Dagegen scheint klar zu sein, daß die NTE unabhängig von der Art des Ereignisses geschieht, das eine Person dem Tode nahebringt. Es mag sich um Krankheit, einen Unfall oder einen Selbstmordversuch handeln. In jedem Fall hat die Erfahrung so gut wie immer tiefe

Auswirkungen auf das weitere Leben der betroffenen Person.

Der Grund dafür ist einfach: Die Erfahrung des Todes scheint den Beweis dafür zu liefern, daß Menschen eine Seele haben, die den körperlichen Tod überlebt und in den Himmel aufsteigt. Wie die außerkörperliche Erfahrung hat die NTE identifizierbare Phasen, auch wenn nicht jeder Erfahrende alle durchläuft. Im allgemeinen beginnt eine NTE damit, daß sich die oder der Betroffene plötzlich der Tatsache bewußt wird, von oben auf seinen Körper herabzusehen. Dann folgt eine schnelle Reise durch einen langen, dunklen Tunnel, an dessen Ende ein helles Licht erscheint. (Diese Phase wird in der Praxis nur von ungefähr jeder vierten Personen mit einer NTE berichtet.) Etwa die Hälfte der Zeugen erzählt von der anschließenden Begegnung mit einer wohlwollenden »Erscheinung«, die die Form einer bekannten religiösen Figur – wie etwa Christus – annehmen kann oder sich einfach als körperloses Lichtwesen darstellt. Bei länger anhaltenden Erfahrungen betreten die Zeugen an diesem Punkt für gewöhnlich eine Art himmlische Sphäre, die eine beeindruckende Architektur und wunderschöne Gärten aufweist. Es ist nicht ungewöhnlich, daß verstorbene Verwandte dort angetroffen werden. Etwa eine von vier NTEs beinhaltet einen blitzschnellen »Lebensrückblick«, ähnlich der Vorstellung, daß vor den Augen eines Ertrinkenden dessen Leben noch einmal im Zeitraffer abläuft.

Auch für die NTEs gibt es widersprüchliche Erklärungen. Die meisten Menschen, die diese Erfahrung machen, sind davon überzeugt, daß sie unerschütterliche Beweise für deren Authentizität haben. Dagegen heben Physiologen hervor, daß sich die Mehrheit der dem Tode nahegewesenen, aber wiederbelebten Personen nicht an eine NTE erinnere. Nahtod-Erfahrungen sind möglicherweise besser als biologische Antwort auf die Annäherung an den Tod zu verstehen. Es wurde auch vermutet, daß einige Komponenten von NTE das Produkt von Sauerstoffmangel im Gehirn sind, wodurch Halluzinationen entstehen. Das Gefühl der Heiterkeit oder des Glücks, das von den meisten Zeugen berichtet wird, ließe sich auf ausgeschüttete Endorphine zurückführen. Diese natürlichen Schmerzmittel werden vom Körper bei Verletzungen oder in Streßsituationen freigesetzt. Der »Tunneleffekt« kann als ophtalmologisches Phänomen, auch als »Formkonstante« bekannt, erklärt werden. Dabei handelt es sich um Bilder, die vom visuellen Nervensystem als Antwort auf Angstzustände produziert werden, unabhängig von über die Netzhaut eingehenden Signalen. Eine der häufigsten Formkonstanten ist »ein helles, tunnelartiges Bild, das in der Mitte des Sehfeldes auftaucht.«

Einige scheinbar nebensächliche Untersuchungen stützen die physiologische These. Eine davon führte ein Bergsteiger namens Albert Heim bereits in den 80er Jahren des vergangenen Jahrhunderts durch. Heim war über 20 Meter tief von einer Bergwand gestürzt und hatte nur überlebt, weil er auf einem schneebedeckten Felsvorsprung gelandet war. Während des Sturzes hatte er das seltsame Gefühl einer Verlangsamung der Zeit erfahren, begleitet von einem Gefühl der inneren Zufriedenheit und Ruhe. Nachdem er 30 andere Kletterer befragt hatte, die Opfer ähnlicher Unfälle geworden waren, gelangte er zu dem Schluß, daß derartige Empfindungen relativ häufig waren, vielleicht weil die Abstürzenden durch Endorphine beruhigt wurden. Aber es fand sich – wie zu erwarten gewesen wäre, wenn die physiologische Theorie über NTE gestimmt hätte – keine Erwähnung von Phänomenen, die durch Sauerstoffmangel verursacht worden sein könnten wie das Lichtwesen. Andere Zeugen, die sich nicht in unmittelbarer Todesnähe befunden hatten, berichteten von Erfahrungen, die NTEs ähnelten. Dazu zählten Frauen während der Entbindung und Menschen, die unter Alpträumen litten. Robert Baker, ein Psychologe an der Universität von Kentucky, gelangte zu diesem Schluß:

> »Anscheinend reagiert das menschliche Gehirn immer dann, wenn es ungewöhlichen geistigen oder physischen Anspannungen und Schmerzen ausgesetzt ist, angemessen und typisch – das heißt, neurochemisch mit halluzinatorischen Abwehrreaktionen. Diese färben wir mit unseren religiösen Ansichten, Traditionen, Hoffnungen und Ängsten.«

Manche Para-Forscher kontern, daß die physiologische Hypothese nicht dazu in der Lage sei, einige der außergewöhnlicheren Aspekte der Nahtod-Erfahrungen zu erklären. Eine Reihe von NTEs sind bei Patienten aufgetreten, die keine Gehirnaktivität mehr zeigten. Dadurch sei bewiesen, wurde behauptet, daß der Astralkörper die Reise in die Nachwelt angetreten habe. Vor knapp einem Jahrhundert sammelte Sir William Barrett eine Anzahl von Fällen, in denen vermeintlich Sterbende im Himmel von Angehörigen begrüßt wurden, die sie für noch am Leben gehalten hatten. In Wirklichkeit waren die Betreffenden tot. Barrett war der Meinung, damit die Echtheit der Erfahrungen belegen zu können, obwohl das Phänomen auch durch ASW oder die beeinträchtigte Erinnerung der Zeugen erklärt werden könnte. Möglicherweise hatte ihnen vorher jemand vom Tod ihrer Verwandten erzählt.

Das vielleicht überzeugendste Argument für die physiologische Hypothese war jedoch folgende Entdeckung: Klassische Nahtod-Erfahrungen lassen sich durch die Verabreichung kleiner Dosen des Anästhetikums Ketamin auch unter kontrollierten Bedingungen hervorrufen. Der deutsche Physiologe Karl Jansen, der Experimente mit diesem

Medikament durchführte, gelangte zu dem Schluß, daß spezielle Bedingungen wie Sauerstoffmangel, niedriger Blutdruck und niedriger Blutzucker im Gehirn zur Ausschüttung einer Substanz mit der Bezeichnung Glutamat führen. Dort blockiert das Glutamat eine bestimmte Art von Verbindungsstellen an den Nervenenden, wodurch Zellen absterben und körpereigene Abwehrmechanismen ausgelöst werden. Die dabei freigesetzten natürlichen Chemikalien, dem Ketamin ähnlich, »beschützen« die gefährdeten Stellen, in dem sie sich daran anlagern. Der Prozeß hat den Nebeneffekt eines veränderten Bewußtseinszustandes, in dem eine NTE stattfindet. So kompliziert sich das Verfahren auch anhören mag, das Schlüsselergebnis von Jansens Forschung lautet, daß die Nahtod-Erfahrung bei einem gesunden Menschen willkürlich ausgelöst werden kann, indem man ihm zwischen 50 und 100 Milligramm des Anästhetikums intravenös verabreicht. Falls er recht hat, können NTEs nicht als Beweis für ein Leben nach dem Tod herhalten, und die Ketamintheorie muß auch als mögliche Erklärung für außerkörperliche Erfahrungen in Betracht gezogen werden.

Leben nach dem Leben

Nehmen wir für einen Moment an, daß irgendein Teil unserer Persönlichkeit den Tod tatsächlich überlebt. Was geschieht anschließend? Eine Möglichkeit ist, daß die Seele reinkarniert wird – entweder sofort oder nach einer gewissen Zeit – und dann in einem anderen Körper ein neues Leben beginnt. Dieser uralte Glaube – Kerngedanke der beiden Weltreligionen Hinduismus und Buddhismus – wurde von der frühen keltisch-christlichen Kirche übernommen. Er findet sich auch in vielen anderen Kulturen von den Aborigines bis zu den Zulus.

Auch im 20. Jahrhundert haben zahlreiche Menschen behauptet, sich an vergangene Leben zu erinnern. Kritiker monieren, daß viel zu viele behaupten, Inkarnationen bekannter historischer Zeitgenossen zu sein. Etwa 1930 erlangte eine Frau namens Joan Grant aus Großbritannien Popularität durch ihre Erzählungen von ihrem glamourösen Leben im alten Ägypten (ein beliebter Handlungsort für Geschichten aus vergangenen Leben). In weiteren bekannten Fällen erinnerte sich eine Frau daran, als James IV., König von Schottland, gelebt zu haben, während eine andere Nell Gwynn, die berühmte Geliebte von Charles II., gewesen sein will. Ungeachtet dessen ergab eine neuere Studie unter 1088 Amerikanern, daß sich die meisten von ihnen an vergangene Leben in bedauernswerter Unsicherheit und Verwahrlosung erinnerten. Das legt nahe, daß hinter dem Thema Wiedergeburt mehr als bloße Prahlerei steckt.

Obwohl die *bewußte* Erinnerung an vergangene Leben zur Gesamtzahl von Studienfällen beigetragen hat, beruht das neue westliche Interesse an der Reinkarnation auf einer Entdeckung aus den frühen 50er Jahren. Da nämlich stellte man fest, daß Personen unter Hypnose über den Zeitpunkt ihrer Geburt hinaus in frühere Leben zurückversetzt werden konnten und dann unvergleichliche Mengen an Informationen über das Alltagsleben früherer Zeiten lieferten. Der erste bedeutsame Fall einer Regression in ein früheres Leben ereignete sich 1952 in Colorado, als der Amateurhypnotiseur Morey Bernstein eine junge Frau namens Virginia Tighe in eine frühere Existenz zurückführte. Sie behauptete, eine gewisse Bridey Murphy aus der irischen Mittelschicht gewesen zu sein, die von 1798 bis 1864 gelebt habe. Zu Bernsteins Freude legte Tighe sofort ihren Akzent aus dem Mittleren Westen ab und berichtete in eindeutig irischem Tonfall über viele Einzelheiten aus dem Alltag im Cork und Belfast der ersten Hälfte des 19. Jahrhunderts.

Es erwies sich als schwierig, die Geschichte zu überprüfen, weil nur wenige irische Aufzeichnungen aus der fraglichen Zeit überlebt haben. Aber als Bernstein 1956 einen Bericht über den Fall veröffentlichte, löste er damit zunächst eine Sensation und dann einen Boom der hypnotischen Regression aus. Natürlich wurden auch andere Menschen von dem Drang erfaßt, Experimente mit der neuen Technik durchzuführen, darunter der walisische Hypnotherapeut Arnall Bloxham. Während der 60er und 70er Jahre zeichnete er die hypnotischen Regressionen von mehr als 400 Personen auf, die über ihre vergangenen Leben berichteten.

Unter Bloxhams beeindruckendsten Fällen befand sich der des Graham Huxtable, eines Schwimmlehrers aus Swansea, dessen Erinnerung an eine Seeschlacht im 18. Jahrhundert äußerst realistisch damit endete, daß er panisch schreiend nachempfand, wie ihm ein Bein durch einen Kanonenschuß abgerissen wurde. Ebenfalls sehr interessant waren die Erinnerungen einer Dame mit dem Pseudonym Jane Evans, die detailliert über ihre sieben vergangenen Leben berichtete. Zuerst war sie eine römisch-britische Frau aus dem 3. Jahrhundert gewesen, zuletzt eine amerikanische Nonne des 19. Jahrhunderts. Das dramatischste der früheren Leben der Jane Evans muß ihre Inkarnation als eine Jüdin namens Rebecca gewesen sein, die im York des 12. Jahrhunderts gelebt hatte. Dieses Leben fand im Jahre 1190 einen tragischen Abschluß, als sich in York der Pöbel erhob und die jüdische Gemeinde der Stadt massakrierte. Unter Bloxhams Anleitung durchlief Evans die letzten Momente von Rebeccas Leben, während denen sie und ihre Tochter Zuflucht in einer kleinen Kirche außerhalb der Stadtmauern gesucht hatten:

»... wir hören die Schreie, die Rufe und das Weinen. ›Verbrennt die Juden, verbrennt die Juden.‹ [...] O Gott, sie kommen. Sie ... sie kommen ... Rachel weint. Weine nicht ... Weine nicht ... *[Pause]* Jetzt sind sie in der Kirche ... Der Priester ist frei ... Der Priester hat sich befreit. Er hat ihnen gesagt, daß wir hier sind ... Sie kommen ... Sie kommen herunter. *[Pause; dann ist die Stimme vor Angst kaum verständlich.]* O nein ... nein, nein, nicht Rachel! Nein, nehmt sie nicht ... nicht ... hört auf ... Sie werden sie töten ... sie ... nicht ... nicht Rachel, nein, nein, nein, nein ... nicht Rachel – oh nein, nehmt nicht Rachel.«

Bloxham [*schockiert*]: »Sie nehmen sie doch nicht mit, oder?«

Rebecca [*mit trauriger Stimme*]: »Sie haben Rachel mitgenommen. Sie haben Rachel.«

Bloxham: »Sie werden Ihnen doch nichts tun, oder?«

[*Stille*]

Bloxham: »Sind Sie in Ordnung? Sie haben Sie allein gelassen, nicht wahr?«

Rebecca: »Dunkel ... dunkel ... «

Das Interessante an diesem Fall war für Bloxham die Tatsache, daß die Geschichte viele Einzelheiten enthielt, die von Historikern überprüft werden konnten. Zunächst einmal hatte tatsächlich ein Massaker an Juden stattgefunden, wie Rebecca es beschrieben hatte. (Die walisische Hausfrau Evans hatte das Fach Geschichte nur bis zur siebten Klasse gehabt und behauptete felsenfest, daß sie nie von diesem Massaker gehört habe.) Außerdem bestätigte ein Historiker, der dem Vorfall nachging, daß Evans' Erzählung im wesentlichen glaubwürdig sei, obwohl keine Aufzeichnungen über Rebecca erhalten geblieben waren. Ausgehend von den Beschreibungen, fand er sogar die Kirche St. Mary's

Castlegate, in der sich Rebecca und ihre Tochter versteckt haben mußten.

Es gab nur ein Problem. Evans hatte beschrieben, daß sie sich in einem unterirdischen Gewölbe versteckt hatten. Doch von keiner der mittelalterlichen Kirchen in York – einschließlich St. Mary's – war bekannt, daß sie eines besessen hatte. Dann, sechs Monate, nachdem der Historiker seine Meinung geäußert hatte, entdeckten Arbeiter bei einer Renovierung von St. Mary's unter dem Altar eine Gruft.

Das war genau die Art von Beweis, den Regressionsforscher zu finden gehofft hatten. Die unter Hypnose stehende Person hatte ein Detail genannt, daß offensichtlich genau in die Erinnerung an ein vergangenes Leben paßte, ihr aber nicht bekannt gewesen sein konnte. Noch heute, beinahe ein Vierteljahrhundert später, bleibt diese Begebenheit eines der stärksten Argumente für die Existenz von Reinkarnation. Trotzdem sind nicht alle Zweifel daran ausgeräumt, daß sich Evans tatsächlich an eine frühere Existenz erinnerte. Zunächst einmal wurde die Entdeckung der Gruft niemals bestätigt. Man verschüttete sie sogleich wieder, und nur ein einziger Arbeiter hatte sie mit eigenen Augen gesehen. Möglicherweise hatten die Arbeiter nichts anderes gefunden als die Überreste einer früheren Kirche am gleichen Ort. Außerdem trafen eine oder zwei Einzelheiten, die Evans über das York des 12. Jahrhunderts erzählt hatte, nicht zu. So hatte sie Coppergate zum Beispiel als Tor beschrieben, obwohl es 1190 eine Straße gewesen war.

Das wirkliche Problem bezüglich Regressionen in frühere Leben besteht darin auszuschließen, daß die im hochsensiblen Zustand der Hypnose berichtende Person Hinweise von ihrem Therapeuten erhält. Häufig werden bekannte Ereignisse schlichtweg durch die Phantasie ausgeschmückt. Das Massaker von 1190 ist nicht ganz das obskure Ereignis, als das es Anhänger der Reinkarnationstheorie hinstellen.

Zum Beispiel finden sich in dem entsprechenden Band der *Oxford History of England* – ein in vielen Schulen und örtlichen Bibliotheken erhältliches Standardwerk – innerhalb eines längeren Abschnitts über die Verfolgung der Juden durch König John zwei Absätze über das Ereignis. Auch wenn Evans die Beschreibung in diesem Buch oder in einem anderen niemals gelesen haben sollte, so ist es doch möglich, daß sich ein Buch- oder Bühnenautor des dramatischen Zwischenfalls bediente und Evans auf diese Weise Jahre vor ihrer Regression davon erfuhr. Möglicherweise lag der Hinweis auch so weit zurück, daß der bewußte Teil ihrer Erinnerung ihn vollständig verdrängt hatte.

Ein Lösungsansatz zu diesem Problem besteht in der Untersuchung von Berichten über Reinkarnation auf mögliche Anachronismen. Beispielsweise erinnerte sich ein gewisser Harry Hurst an ein Leben in der ägyptischen Stadt Theben während der Herrschaft von Ramses III. (zirka 1160 v. Chr.). Neben anderen Details sprach er davon, eine Sesterze – eine römische Münze – besessen zu haben. Als aber ein Ägyptologe gebeten wurde, die Einzelheiten der Erfahrung zu bestätigen, wies dieser darauf hin, daß der Name Theben der Stadt erst durch griechische Schreiber einer späteren Periode verliehen worden war. Ein Ägypter aus der Zeit Ramses hätte sie »On« genannt. Außerdem numerierten die Ägypter ihre Pharaonen nicht, sondern unterschieden die Herrscher gleichen Namens durch ein komplexes Schema aus Geburts-, Thronfolge- und Regierungszeitangaben. Und die erste Sesterze kam erst rund 1000 Jahre nach Ramses' Zeit in Umlauf …

Also mögen derartige Beweise zwar interessant sein, aber sie können nicht vollständig überzeugen. Falls es die Reinkarnation tatsächlich gibt, so wissen wir nicht, in welchem Grad die Erinnerung an frühere Leben durch moderne Erfahrungen gefiltert wird. Es ist zum Beispiel schwierig zu entscheiden, ob die Erlebnisse eines »Italieners« auf englisch wiedergegeben werden, damit sie der Therapeut versteht, oder weil die Person phantasiert und gar nicht Italienisch sprechen kann.

Ein sicherer Weg, die Echtheit einer Erinnerung an ein vergangenes Leben zu überprüfen, eröffnet sich nur in den wenigen Fällen, in denen eine Person tatsächlich in einer fremden Sprache spricht. Es hat Fälle von Artikulationsversuchen in schlechtem und grammatikalisch falschem frühzeitlichem Ägyptisch und modernem Deutsch gegeben. Andererseits stieß der Psychologe Ian Stevenson auf einen womöglich beweiskräftigen Fall, in dem die betreffende Person in fließendem antikem Schwedisch mit der korrekten Beigabe aus Norwegisch sprach.

Andere Forscher haben modrige alte Aufzeichnungen in der Hoffnung durchkämmt, unter Hypnose präzise erinnerte Details bestätigen oder widerlegen zu können. Der vielleicht faszinierendste Beweis dafür, daß Regressionen auf unterbewußten Phantasien beruhen, wurde von Ian Wilson entdeckt. Er untersuchte den Bericht einer jungen Frau aus Merseyside namens Jan, die sich an ihr dramatisches früheres Leben als Joan Waterhouse erinnerte. Jene junge Frau habe 1556 wegen Hexerei vor dem Schwurgericht in Chelmsford gestanden; dies sei der erste bedeutende Hexenprozeß in England gewesen. Nun konnte Wilson nachweisen, daß Joan Waterhouse tatsächlich als Hexe vor dem Gericht gestanden hatte. Allerdings beunruhigte ihn die Entdeckung einer bedeutenden Abweichung im Datum, das für den Prozeß genannt worden war. Zeitgenössische Quellen belegten unzweifelhaft, daß das Tribunal im Juli 1566 stattgefunden hatte, zehn Jahre nach dem Datum, das Jan angegeben hatte. Bald stieß Wilson auf die mögliche Ursache der Verwechslung: Im 19. Jahrhundert hatte man die handschriftlichen Aufzeichnungen aus dem 16. Jahrhundert nachgedruckt, und dabei war dem Setzer ein entscheidender Fehler unterlaufen. Beim Setzen der Titelseite hatte er versehentlich als Datum Juli 1556 angegeben – ein Fehler, der von späteren Autoren wiederholt wurde, weil sie den Nachdruck konsultierten, statt sich nach der einzigen erhaltenen Version des Originals zu richten. Wilson folgerte:

> »Möglicherweise können wir nicht exakt feststellen, aus welcher Quelle Jan ihre Erinnerungen an Joan Waterhouse bezog. Es mag ein vergleichsweise unbedeutendes Radiohörspiel oder eine Comicgeschichte aus dem Buch eines anderen Mädchens gewesen sein. Die Suche gliche der nach der Stecknadel im Heuhaufen. Weil die historischen Informationen über Joan in jeglicher anderen Hinsicht so genau zutreffen, dürfen wir nahezu sicher sein, daß ihr einziger Fehler dadurch zustande kam, daß sie sich auf eine Quelle berief, die *nach* dem Fehler des Setzers im 19. Jahrhundert entstand. Die Joan Waterhouse der Jan kann zuverlässig nichts Ungewöhnlicherem zugeschrieben werden als einer Geschichte, die sie gelesen oder gehört hat.«

In der Zusammenfassung seiner Ergebnisse vermutete Wilson, daß Erinnerungen an frühere Leben, die unter Hypnose zustande kämen, Beispiele für das psychologische Phänomen der Kryptomnesie seien. Dabei handelt es sich um »versteckte Erinnerungen«, die an die Oberfläche gelangen, wenn das Gehirn auf Materialien zugreift, die es nicht als Erinnerungen erkennt. Er folgerte weiter, daß die verschiedenen, unter Hypnose erinnerten Leben mit den multiplen Persönlichkeiten vergleichbar seien, die manche Geisteskranke als Resultat von Kindheitstraumata entwickelten. Die normalerweise als Multiple Persönlichkeitsstörung bekannte Krankheit kann sich in bis zu 40 verschiedenen

Persönlichkeiten äußern, die denselben Körper bewohnen. Normalerweise ist eine davon die wahre Persönlichkeit des Kranken, eine andere eine Art Kontrollinstanz, die als sein Bewußtsein verstanden werden kann. Wieder andere, möglicherweise weniger ausgeprägte, symbolisieren die Kindlichkeit, künstlerische Eigenschaften und so weiter. Bei einer Befragung wird jede Persönlichkeit darauf bestehen, eine unabhängige, voll bewußte Größe zu sein, obwohl sie sich zumindest einiger anderer Persönlichkeiten bewußt sein kann und sogar mit ihnen interagiert.

Wilsons Berufung auf die MPS als mögliche Erklärung für das Phänomen früherer Leben ist kontrovers. Bis jetzt wird die Multiple Persönlichkeitsstörung noch nicht richtig verstanden, und es existiert eine heftige Diskussion über ihre Ursachen und die zunehmende Neigung von Psychotherapeuten, sie zu diagnostizieren. (Wie die Regressionstherapie selbst ist auch die MPS ein modernes Phänomen. Bis 1950 gab es kaum Fälle, inzwischen sind Tausende verzeichnet.)

Nach wie vor sind die Beweise für frühere Leben, die durch Hypnose erzielt werden, zumindest nicht eindeutig. Es gibt genug Beispiele für die Kraft der menschlichen Seele, in den Tiefen des Unterbewußtseins beeindruckende Phantasien zu erstellen, und für Gefahren, die damit verbunden sein können, die Regressionstherapie zur Erforschung des Unbekannten einzusetzen. Andererseits deutet eine andere Kategorie von Fällen auf die Realität von Reinkarnation hin. Sie enthält Berichte, die größtenteils durch den Parapsychologen Ian Stevenson von der Universität von Virginia untersucht wurden. Es ist allgemein anerkannt, daß Stevensons Fallstudien, die Tausende von Berichten aus so unterschiedlichen Regionen wie Alaska, Indien, Burma und der Türkei enthalten, die besten verfügbaren Anhaltspunkte für das Phänomen früherer Leben bieten. Dies resultiert nicht nur aus der Tatsache, daß seine Studien die Fallstricke der

Hypnose vermeiden, sondern auch daraus, daß sie häufig durch glaubwürdige Zeugen untermauert werden.

Eine der Besonderheiten von Stevensons Untersuchungen liegt darin, daß seine Fälle auf den Aussagen von Kleinkindern beruhen. Immer wieder bemerkte er, daß Kinder bereits im Alter von zwei Jahren lebhafte Erinnerungen an frühere Leben hatten. Mit dem Älterwerden schwanden diese Erinnerungen, so daß die meisten Kinder ihr früheres Leben im Alter von acht oder neun Jahren fast vollständig vergessen hatten.

Einige der interessantesten Berichte stammen aus Sri Lanka, wo Reinkarnation natürlich in breiten Schichten der Bevölkerung akzeptiert wird. Ein Fall handelt von einem Jungen namens Sujith, der im August 1969 geboren wurde. Bevor er zwei Jahre alt war, informierte der Junge seine Mutter darüber, daß seine wahre Heimat nicht Mount Lavinia sei, wo sie lebten, sondern Gorakana zwölf Kilometer südlich. Er fügte hinzu, sein Name sei Sammy Fernando, und er habe bei der Eisenbahn gearbeitet. Dort sei er zum Alkoholiker geworden und durch einen Unfall mit einem Lastwagen ums Leben gekommen.

Stevensons Nachforschungen ergaben, daß Sammy tatsächlich gelebt hatte und auf die von Sujith beschriebene Weise umgekommen war. Insgesamt ergaben sich 59 Übereinstimmungen zwischen den Behauptungen des Kindes und den Aussagen von Zeugen aus Gorakana. Diese Art von Beweis, schloß Stevenson, sei zu detailliert, um lediglich das Produkt von Kryptomnesie zu sein:

> »Fälle, die der Kryptomnesie zugeschrieben oder tatsächlich auf sie zurückgeführt werden konnten, haben nicht das Verhalten der deutlicheren Fälle aufgewiesen. [In diesen] hielt das Kind eine Identifikation mit der früheren Persönlichkeit über einen durch-

schnittlichen Zeitraum von sieben Jahren aufrecht, ohne dabei andere offensichtliche Veränderungen des Bewußtseins oder der Persönlichkeit zu zeigen. Darüber hinaus kann in den eindeutigeren Fällen Kryptomnesie nicht als Erklärung für die Übertragung von sehr intimen Informationen über eine Familie an das Kind einer anderen Familie herhalten. Dazu hätte ein weitaus intensiverer Kontakt zwischen den Familien stattfinden müssen, als eine von beiden erinnert.«

Es überrascht nicht, daß Skeptiker Stevensons Arbeit angefochten haben. Wilson hat auf die Schwierigkeiten hingewiesen, exakte Informationen über Dolmetscher zu erhalten. (Stevensons spricht Französisch und Deutsch, aber keine asiatische Sprache.) Außerdem fand er es verdächtig, daß in zweien der drei Fälle aus Indien und Sri Lanka Kinder aus ärmeren Schichten involviert waren, die behaupteten, in früheren Leben Mitglieder einer höheren Kaste gewesen zu sein. Das deutet nicht nur auf ein Wunschdenken der Kinder hin, sondern beinhaltet die offensichtliche Möglichkeit für die reinkarnierte Persönlichkeit, etwas von dem Reichtum der früheren Familie einfordern zu können. In einem interessanten Fall verlangte ein Kind namens Veer Singh öffentlich ein Drittel Vermögens »seines Vaters in seinem früheren Leben«, Laxmi Chand. Als Chand unglücklicherweise in noch tiefere Armut verfiel als Singhs neuer Vater, verlor das Kind jegliches Interesse an seiner früheren Familie. Im Falle von Sujith ergab eine intensivere Nachforschung, daß das Kind seine Informationen eventuell von drei Verwandten Sammy Fernandos erhalten haben konnte. Sie lebten in Mount Lavinia, und einer von ihnen wohnte auf einem Grundstück, das an den Garten von Sujiths Wohnung grenzte.

Der in vielerlei Hinsicht beste Fall Stevensons ist der des Imad Elawar, eines jungen libanesischen Drusen, der im

Dezember 1958 geboren wurde. (Die Drusen waren ursprünglich eine ketzerische Moslemsekte und glauben an die Reinkarnation.) Ungewöhnlicherweise traten die Forscher hier auf den Plan, bevor der Junge Kontakt zu seiner vermeintlichen früheren Familie aufgenommen hatte. Dadurch wurde die Möglichkeit des stillschweigenden Einvernehmens weniger wahrscheinlich. Als die Begegnung stattfand, stieß Stevensons schließlich auf beeindruckende 57 Übereinstimmungen zwischen den Erinnerungen des Jungen und denen seiner früheren Familie.

Trotzdem fand der Skeptiker Leonard Angel eine auffällige Diskrepanz in diesem Fall:

> »Stevenson schildert die Erinnerungen des Jungen aus der Sicht von dessen Eltern wie folgt: ›Sie glaubten, daß er behauptete, ein gewisser Mahmoud Bouhamzy aus Khriby gewesen zu sein. Er habe eine Frau namens Jamilah gehabt und sei durch einen Lastwagen zu Tode gekommen, nachdem er einen Streit mit dem Fahrer gehabt habe.‹ [...] Seltsamerweise gelten die Erinnerungen des Jungen am Ende als ausreichender Beweis für eine Reinkarnation, obwohl der beste Kandidat, den Stevenson aus einem früheren Leben finden konnte, nicht Mahmoud Bouhamzy hieß, keine Frau namens Jamilah hatte und auch nicht an den Folgen eines Unfalls starb. Ganz zu schweigen davon, daß der vermeintliche Unfall nicht auf den Streit mit einem Lastwagenfahrer folgte.«

Angel fügte hinzu, der Parapsychologe habe suggestive Fragen gestellt und sein Hauptzeuge zumindest bei einer Gelegenheit eine irreführende Information gegeben.

Diese Art der Kritik offenbart ein allgemeines Problem bei der Bewertung von Augenzeugenberichten, speziell dann, wenn sie aus zweiter Hand stammen. Stevensons Erwiderung auf die erste Behauptung beruht auf einer subjektiven Interpretation der Zeugenaussage:

> »Es stellte sich heraus, daß Imad niemals tatsächlich behauptet hatte, ihm sei der tödliche Lastwagenunfall widerfahren. Er hatte ihn nur lebhaft beschrieben. Er hatte auch niemals ausdrücklich gesagt, daß Jamilah seine Frau gewesen sei, sondern sie lediglich oft erwähnt [...] Obwohl ich mir Mühe gab herauszufinden, was genau Imad selbst gesagt hatte, gaben seine Eltern zum Teil ihre eigenen Folgerungen aus Imads Worten wieder.«

Es ist unwahrscheinlich, daß wir dieses Problem jemals vollständig in den Griff bekommen werden. Daher trifft es sich gut, daß Stevenson einige sehr interessante physische Beweise für seine Behauptungen vorlegt. In einigen seiner Fälle begegnen Kinder, die auf ihren Körpern von Geburt an Narben von Verletzungen aufwiesen, welche ihnen in einem früheren Leben zugefügt worden waren. Einmal handelte es sich um einen indischen Jungen, Ravi Shankar, der behauptete, in einem früheren Leben ein Kind namens Ashok Kumar gewesen zu sein. Kumar war auf brutale Weise ermordet und geköpft worden. Stevenson fand heraus, daß Shankar eine lange, dünne Narbe unter seinem Kinn aufwies, die von einer Messerverletzung zu stammen schien.

Nicht alle dieser seltsamen Fälle sind derart beeindrukkend. Ein Indianer namens Derek Pitnov aus Alaska hatte von Geburt an eine hervorstehende, diamantförmige Narbe auf seinem Unterkörper. Er erzählte Stevenson, daß sie möglicherweise von einer tödlichen Speerwunde stamme, die einem Vorfahren namens Chah-nik-kooh zugefügt worden war. Allerdings erinnerte sich Pitnov nicht an ein derartiges früheres Leben, und es gab auch keinen Beweis dafür, daß Cha-nik-kooh an eben dieser Stelle von einem Speer getroffen worden war. Stevenson zählte diesen Fall zu seinen 20 überzeugendsten Beweisen – offenbar lediglich deshalb, weil Pitnov eine Aversion gegenüber Messern hatte.

Auch Geburtsnarben sind also keine schlüssigen Beweise für die Realität von Reinkarnation. Es ist sogar denkbar, daß manche Erinnerungen an frühere Leben erfunden werden, um solche Narben zu erklären. Zumindest erhalten wir damit einen weiteren Hinweis darauf, wie reich das Untersuchungsfeld Reinkarnation an Möglichkeiten ist.

Leben nach dem Tod?

Geister sind wohl die häufigsten seltsamen Phänomene. Jede Kultur hat ihre eigenen Gespenster, und Spukberichte sind während jeder Phase der Geschichte aufgezeichnet worden. Daher ist eine genaue und ausführliche Untersuchung der Rätsel anhand einer riesigen und vielseitigen Menge von Anhaltspunkten möglich. Eines der frühesten und ambitioniertesten Projekte der *Society for Psychical Research*, der 1894 veröffentlichte *Census of Hallucinations*, beinhaltete die Untersuchung von insgesamt 17 000 Fällen, die im weitesten Sinne als Geistererscheinungen klassifiziert wurden und als Reaktion auf öffentliche Aufrufe eingegangen waren. Im 20. Jahrhundert fügten weitere Zählungen einige tausend Berichte hinzu. Dabei wurden die vielen hundert nur anekdotenhaften Fälle, die jedes Jahr veröffentlicht werden, nicht berücksichtigt.

Eine genauere Untersuchung dieser riesigen Belegmenge erschüttert zumindest das weitverbreitete Vorurteil, daß Gespenster lediglich die Geister von Verstorbenen seien.

Tatsächlich scheint es viele verschiedene Arten von Geistern zu geben. Eine der interessantesten Kategorien, die von den Forschern identifiziert wurde, ist das Trugbild eines Lebenden, die Erscheinung einer Person, die noch lebt. Solche Geister treten häufig in »Krisensituationen« auf, in denen Zeugen den Geist eines Menschen treffen, der im Sterben liegt oder sich in großer Gefahr befindet. Berichte von im klassischen Sinne heimgesuchten Häusern sind dagegen relativ selten. Die meisten modernen Geister treten nicht als in Laken gehüllte Phantome auf, sondern als sehr real wirkende, alltäglich gekleidete Gestalten, die sich absolut normal verhalten.

Neale Mounsey, ehemals Aufseher im Gefängnis von Lancaster, einer alten Burg aus der Römerzeit, zeichnete kürzlich einige anekdotenhafte Geschichten auf. Sie belegen die große Vielfalt von Geisterphänomenen, die sich in dem Gefängnis ereigneten.

> »Während meiner vielen Jahre als Gefängniswärter ereigneten sich eine Anzahl unerklärlicher Phänomene. Eines Morgens sperrte ich eine Zelle auf, um es einem Gefangenen zu ermöglichen, sich auf seine Entlassung an diesem Tag vorzubereiten. Anstatt in das normale Freudengeschrei auszubrechen, bat mich der Mann leise hinein und erklärte, daß er in jener Nacht mehrmals aufgewacht sei und ein nebelhaftes Licht in der Nähe der Tür gesehen habe. Das Licht habe die Formen einer Frau und eines jungen Mädchens angenommen, die derbe, uralte Kleidung getragen hätten. Während sie sich auf ihn zubewegt hätten, seien die Gestalten undeutlicher geworden und in der Mitte der Zelle dann vollständig verschwunden. Dies habe sich mehrmals wiederholt. Er habe keine Angst empfunden, sondern sich mehr als Beobachter denn als Teilnehmer gefühlt.

Drei Jahre später tat ich in demselben Flügel Dienst. Als ich dieselbe Zelle wieder einmal aufsperrte, kam der gegenwärtige Insasse herausgestürzt und blieb aschfahl und zitternd erst am gegenüberliegenden Ende des Treppenabsatzes stehen. Nachdem ich ihn beruhigt hatte, erzählte er mir eine fast identische Geschichte. Der einzige Unterschied bestand darin, daß er eine alte Hexe mit Warzen und so weiter und ein schüchternes junges Mädchen beschrieb. Der erste Mann hatte die Gesichter kaum erkennen können.

Bei einer anderen Gelegenheit wurde die Zellenglocke stürmisch geläutet. Der Insasse war ein harter, ehemaliger SAS-Mann, daher öffnete ich die Tür vorsichtig. Der Mann schoß mit weit aufgerissenen Augen und grauem Gesicht an mir vorbei. Es kostete mich zehn Minuten und zwei große Tassen Tee, um etwas Verständliches aus ihm herauszubringen.

Er hatte lesend auf seinem Bett gelegen und sich eine Zigarette drehen wollen. Als er im Begriff gewesen war, etwas Tabak auf das Papier zu streuen, war das Blättchen zu Boden geglitten. Er hatte es erneut versucht – mit dem gleichen Ergebnis. Um den vermeintlichen Luftzug zu beheben, legte er seine Fußmatte vor den Türspalt und sein Handtuch auf die Fensterbank. Dann setzte er sich wieder hin und begann erneut, eine Zigarette zu rollen. Dabei bemerkte er, daß an der gegenüberliegenden Zellenwand seine Jacke und Hose, die auf einem Kleiderbügel aus Draht hingen, leicht hin- und herschwangen. Der Ausschlag wurde stärker und hörte plötzlich auf, als sich die Kleider in horizontaler Position befanden. Als wären sie steif gefroren, verharrten sie in einem Winkel von 90 Grad zum Boden. Das war der Zeitpunkt, an dem er aufgesprungen war und in Panik seine Glocke geläutet hatte.

Ein anderes Mal suchte ich als verantwortlicher Nachtoffizier den Kerker im ›Hexenturm‹ auf. Mittlerweile ist der Raum eine Werkstatt. Dort befinden sich einige Eisenringe in den Wänden, und ein sehr großer hing locker im Fußboden verankert. Ich erinnere mich, daß ich den Ring anhob und ihn dann in seine ursprüngliche Position in Richtung der Tür zurückfallen ließ. Er wog mindestens ein Kilo.

Ich ging zur Treppe zurück, und in dem Moment, als ich die Tür erreichte, hörte ich ein metallenes ›Klong‹ hinter mir. Im Schein meiner Taschenlampe sah ich, daß der Ring im Boden jetzt von der Tür weggedreht lag. Ich bemerkte auch einen üblen Gestank nach menschlicher Ausscheidung. Daraufhin untersuchte ich den Vorfall nicht weiter.

Eines Nachts wachte ich mit dem Gefühl auf, nicht allein zu sein. Ich sah überall nach, ging jedoch, nachdem ich nichts finden konnte, wieder zu Bett und lag eine Zeitlang wach. Plötzlich hörte ich dicht neben mir ein Gurgeln. Es klang wie das Schnarchen meines Vater, aber ich dachte, daß es wahrscheinlich die Rohre unter dem Fußboden waren.

Ich stand auf und versuchte die genaue Position des Geräuschs zu lokalisieren. Es kam von unten. Als ich mein linkes Ohr an den Fußboden legte, stellte ich erschreckt fest, daß sich das Geräusch jetzt einige Zentimeter über meinem rechten Ohr zu befinden schien, ungefähr in Höhe der Bettkante. Weil das Gurgeln immer leiser wurde, legte ich mich wieder hin und schlief schließlich ein. Am nächsten Morgen war das Geräusch verschwunden. Ich erwähnte den Vorfall gegenüber dem Leiter für Wartungsarbeiten, der seine

Pläne durchging und mir versicherte, daß unter dem Raum keine Rohre oder Kabel verliefen.«

Mounseys Erinnerungen beinhalten eine Vielfalt von typischen Spuks mit visuellen, hörbaren, riechbaren und physikalischen Effekten. Aber es gibt noch wesentlich exzentrischere Aufzeichnungen. Im Oktober 1817 sah ein anderer Aufseher, der Wächter der Kronjuwelen im Tower von London, Edmund Swifte, in seinem Wohnzimmer »ein zylindrisches Gebilde wie ein Glasrohr, etwa von der Dicke meines Armes, das frei zwischen Decke und Tisch schwebte. Es enthielt eine Art dichter, weißblauer Flüssigkeit.« Viele Zeugen berichteten auch von Tiererscheinungen. Wer glaubt, daß Gespenster die Geister von Toten sind und Tiere keine Seele besitzen, wird mit solchen Berichten Probleme haben. Einige Menschen behaupteten sogar, Sex mit Gespenstern gehabt zu haben. Und in Belmez, einem kleinen Dorf im Süden Spaniens, sind eine große Anzahl von Gesichtern auf dem Steinofen von Maria Gomez Pereira erschienen. Das erste trat im August 1971 auf, und weil Pereira es nicht abwaschen konnte, überzog sie den Herd mit einer zwei Zentimeter dicken Zementschicht. Auf dieser neuen Oberfläche erschienen weitere Gesichter. Das Haus war angeblich über einem alten Friedhof erbaut worden. Es wird behauptet, daß Tonbandmaschinen, die über Nacht in dem Raum laufengelassen wurden, geflüsterte Gesprächsfetzen geisterhafter Konversationen aufgefangen hätten. Auch wenn die Gesichter kaum lebensecht waren, so wirkten sie doch nicht gemalt oder gezeichnet. Skeptiker erklärten, daß sie mit Säure oder Silbernitrat eingeätzt worden seien, und vermuteten Gewinnsucht als Motiv. (Von den Besuchern des Hauses wird Eintritt verlangt.) Die Angelegenheit ist bisher ungeklärt.

Die Gesichter von Belmez sind insofern ungewöhnlich,

als es sich dabei um dauerhafte »Abbildungen« von Geistern handelt, die demnach wissenschaftlich untersucht werden können. Ansonsten gibt es sehr wenige physische Beweise für die Realität solcher Phänomene. Es existieren lediglich eine oder zwei Fotografien (die wir in einem späteren Kapitel untersuchen werden) und eine Reihe von im allgemeinen wenig erfolgreichen Versuchen, Temperaturänderungen, elektromagnetische Aktivität und ähnliches in einem Spukhaus zu messen. Außerdem steht meistens nur ein Zeuge zur Verfügung, und es findet keine Kommunikation zwischen dem Geist und dem Zeugen statt.

Die Begegnungen laufen generell nach einem »automatischen« Verhaltensmuster seitens des Geistes ab. Er zeigt nicht nur keinerlei Reaktion auf den Zeugen, sondern weist auch keine Anzeichen von Intelligenz auf. In der Regel erscheint er, bewegt sich eine kurze Strecke (dabei möglicherweise eine Wand überwindend) und verschwindet wieder – scheinbar ohne etwas zu bezwecken.

C. D. Broad, ein Philosoph und der ehemalige Vorsitzende der SPR, kommentierte solche Berichte wie folgt:

> »Wenn man die Einzelheiten der bekanntesten ›Spuks‹ untersucht, weisen die Phänomene insgesamt, wie ich glaube, keine erkennbare Absicht auf. Es scheint sich vielmehr um die ziellose, mechanische Wiederholung von Träumen oder Phantasien von Personen zu handeln, die über vergangenen Ereignissen und Szenen ihres bisherigen Lebens brüten.«

Es hat verschiedene Ansätze gegeben, derartige Fälle zu erklären. Möglicherweise könnten sie Beispiele von Halluzinationen oder »Gedankenformen« sein, die unbewußt über das Unterbewußtsein einer lebenden Person übertragen werden. Die gegenwärtig anerkannteste Version besagt, daß es sich bei dieser speziellen Form von Gespenstern weder um Geister noch um Visionen handle, sondern um die »Erinnerung« an jemanden, der den fraglichen Ort bewohnt oder häufig besucht habe. Sie sei irgendwie ähnlich einer Bandaufzeichnung in der Umgebung abgebildet worden. Weil sich solche Fälle meistens in Wohnungen ereignen, wurde diese These auch als Steinbandtheorie bezeichnet. Einige Psychoforscher haben sie dahingehend ausgeweitet, daß die Aufnahme nur telepathisch und von einer gefühlsmäßig dazu geeigneten Person erkannt werden kann. Dadurch ließe sich erklären, warum Gespenster, die in einem Raum mit mehreren Personen erscheinen, häufig nur für einen der Anwesenden sichtbar sind.

Es gibt sehr wenige Möglichkeiten, die Steinbandtheorie zu beweisen oder zu widerlegen. Obwohl man über die Identität des Geistes sehr wohl Vermutungen anstellen kann, werden derartige Erscheinungen selten positiv als eine spezielle Person identifiziert. Dadurch wird es auch schwierig, an die Hypothese des »früheren Bewohners« zu glauben. Es liegt nahe, Halluzinationen anzunehmen, vor allem in Fällen, in denen nur eine Person innerhalb einer Gruppe das Gespenst sehen kann. Andererseits gibt es Beispiele dafür, daß Zeugen unabhängig voneinander das gleiche Phantom gesehen haben. Dies darf nicht außer acht gelassen werden, wenn man von Halluzinationen ausgehen will. Häufig zieht man Suggestion als Erklärung heran, die durch das Wissen um den angeblichen Spuk in dem fraglichen Haus ausgelöst wird.

Es herrscht dagegen allgemeine Übereinstimmung, daß das beste Beispiel für ein »Spukhaus« das des Cheltenham-Spuks ist, der sich zwischen 1882 und 1889 ereignete. Dabei erschien wiederholt eine große, weinende »Frau in Schwarz«, die ein Taschentuch vor ihr Gesicht hielt. Das Gespenst tauchte im St.-Annes-Haus auf, einem modernen

Anwesen an der Kreuzung von All Saint und Pitville Circus. Es wurde von insgesamt 17 Personen gesehen und von weiteren etwa 20 gehört. Hauptzeugen waren die Bewohner Captain Despard, dessen Frau und ihre sechs Kinder. Bei einigen Gelegenheiten wurde der Geist von mehreren Zeugen bei Tageslicht in geringer Entfernung gesehen. (Einmal ging er sogar durch ausgestreckte Hände hindurch.) Dabei erweckte er stets den Eindruck, es handle sich um eine physisch reale Person. Anschließend wurden ausgeklügelte Versuche unternommen, um herauszufinden, ob man einer Fälschung aufgesessen war, aber zweimal hintereinander glitt der Geist durch einen Draht, der über die Treppenstufen gespannt worden war. Der größte Schwachpunkt bei diesem Fall liegt im Mangel an definitiver Bestätigung von außerhalb der Familie Despard und ihrer Angestellten. Der einzige weitere direkte Zeuge, von dem die SPR weiß, war ein früherer Bewohner des Hauses, der mehr als 50 Jahre später einen Bericht über seine Begegnung niederschrieb, als die Einzelheiten des Falles bereits veröffentlicht worden waren. Zum Zeitpunkt seines angeblichen Erlebnisses konnte er nicht älter als vier gewesen sein.

Noch interessanter sind die Berichte, in denen das Gespenst eindeutig erkannt wird und eine Art von intelligenter Kommunikation zwischen dem Zeugen und dem Geist stattfindet. Ein gutes Beispiel dafür ist der Fall des David McConnel, eines Piloten, der bei einem Absturz am 7. Dezember 1918 ums Leben kam. Durch die Wucht des Aufpralls blieb seine Armbanduhr um 15.25 Uhr stehen – ein wichtiges Detail, weil McConnels Zimmergenosse Lieutenant J. J. Larkin irgendwann zwischen 15.15 Uhr und 15.30 Uhr zirka 100 Kilometer von der Absturzstelle entfernt auf der Stube saß, als

»sich die Tür mit dem gewöhnlichen Lärm und Klappern, das McConnel immer veranstaltete, öffnete und Larkin einen Gruß hörte: ›Hallo, alter Junge!‹ Er drehte sich in seinem Stuhl um und sah McConnel, den Türknauf in der Hand, auf der Schwelle stehen. Er trug seine volle Fliegermontur und seine Navy-Kappe, ein für ihn eher ungewöhnliches Kleidungsstück. Die beiden jungen Männer tauschten ein paar Sätze aus, [und] McConnel verabschiedete sich mit den Worten: ›Also, bis dann.‹ Geräuschvoll schloß er die Tür und ging.«

Etwa eine halbe Stunde später rief ein anderer Offizier an, um nachzufragen, ob McConnel bereits zurückgekehrt sei. Darkin bejahte. Somit hatte der Lieutenant einen Beweis dafür, daß etwas Merkwürdiges vorgefallen war, als ihn später am Abend die Nachricht von McConnels tödlichem Absturz erreichte.

Worin liegt die Erklärung für diesen Zwischenfall? Fälschung und Verwechslung können wohl ausgeschlossen werden. Andererseits war die Begegnung so unverbindlich, daß es schwerfällt zu glauben, es habe sich um den Versuch eines toten oder sterbenden Mannes gehandelt, die Existenz eines Lebens nach dem Tod zu beweisen. Wenn McConnels Geist »also, bis dann« sagen konnte, warum teilte er dann keine interessantere Botschaft mit?

Die andere Möglichkeit ist, daß der Geist ein Konstrukt der Gedanken McConnels oder Larkins war. In letzterem Fall könnte man das Ereignis als interessante Halluzination ad acta legen, die möglicherweise durch Larkins Erwartung der Rückkehr seines Kollegen ausgelöst wurde. Sollte jedoch die erste Annahme zutreffen, so hätten wir einen Anhaltspunkt für die Realität von Krisenerscheinungen, die sich in diesem Fall entweder aus der Not des Sterbenden oder als Form des telepathischen Kontaktes zwischen zwei Freunden ergeben hätte. Der telepathische Kontakt wiederum könnte Larkin dazu veranlaßt haben, den Geist selbst zu kreieren. Vielleicht ließe sich das Problem auch lediglich durch ein genaueres Wissen um die Zeitpunkte von McConnels Tod und Larkins Vision lösen.

Bisher können alle Geister, die wir getroffen haben, als »westliche« Geister bezeichnet werden. Es sind traditionelle Gespenster der Art, die jeder Amerikaner oder Europäer kennt. Man darf jedoch nicht vergessen, daß Menschen aus anderen Kulturkreisen möglicherweise andere Arten von Gespenstern sehen. Beispielsweise berichten Indianer und Afrikaner häufig von Begegnungen mit Tiergeistern, wahrscheinlich weil sie glauben, daß die Geister von Toten in die Körper von Tieren übergehen. Alte Überlieferungen aus China beinhalten häufig Geister, die zu dem spezifischen Zweck erscheinen, bestehende Ungerechtigkeiten zu beheben. Sie kommunizieren auf eine intelligente Weise mit den Lebenden, die bei modernen westlichen Geistern nicht anzutreffen ist. Das japanische Wort für Geist ist *tama*, ein Begriff, der etwas Rundes, wie zum Beispiel eine Perle, bezeichnet. Das tama einer lebenden Person löst sich angeblich in Krisenzeiten vom Körper und bewegt sich unabhängig von ihm durch die Gegend. Nach dem Tod nimmt es die Form eines runden, schwebenden Lichtballes an, der durch physische Gaben der Angehörigen genährt werden muß. Daher beinhalten viele japanische Fälle Berichte von »Lichtgeistern«. Die Geister von Menschen, die durch Gewalt oder in Schande sterben, werden zu *onyro*. Das sind böse Geister mit speziellen Kräften. Sie besitzen die Fähigkeit, in die Körper von Lebenden einzudringen. Westlichen Geistern wird diese Macht selten zugeschrieben, weil das Besitzergreifen in der Regel den Dämonen vorbehalten bleibt. In der Karibik sind Geister als *duppies* bekannt und durchweg böse. Sie werden für viele der sich ereignenden Unfälle verantwortlich gemacht. Duppies leben in großen Kammern unter Baumwollsträuchern und sind oft zu hören, wenn sie sich in den Zweigen versammeln, um wilde Parties zu feiern. Bei längeren Reisen können sie sich in Tiere, insbesondere in Schlangen verwandeln.

Natürlich verhalten sich nicht alle Geister gleich. Andererseits sind nicht alle »Spuks« das Werk von Geistern. Eine besonders große Unterart von Spukfällen beinhaltet Klopfen, Klappern und das selbständige Bewegen von Objekten durch Räume, ähnlich den Phänomenen, die die Familie Fox 1848 in Hydesville schilderte. 1929 wurde die Familie Regulski aus Berlin-Charlottenburg Opfer eines ständigen, heftigen Klopfens, das Tag und Nacht anhielt. Außerdem wurden Objekte beobachtet, die sich selbständig in die Luft erhoben und durch Räume flogen – es tanzten im wahrsten Sinne des Wortes die Puppen. Bettlaken schwebten und nahmen die Form von Köpfen an, die sich jedesmal, wenn sie niedergedrückt wurden, wieder aufrichteten. Die Regulskis schrieben die Vorfälle Albert Regulskis kürzlich verstorbenem Bruder zu, was verständlich ist, denn die Tochter der Familie traf eines Tages ein leuchtendes Phantom im Badezimmer an, das eine Sense trug und dessen Kopf lediglich aus einem Paar glühender Augen bestand. (Aus irgendeinem Grund war sie sofort davon überzeugt, daß es sich um ihren Onkel handelte.) Ähnliche, wenn auch weniger spektakuläre Ereignisse, ereigneten sich im Haus des Toten selbst.

Solche Zwischenfälle werden im allgemeinen Poltergeistern zugeschrieben. Dieser Name ist deutschen Ursprungs. Für Menschen mit nur gelegentlichem Interesse am Unbekannten mögen »Geist« und »Poltergeist« zwei unterschiedliche Bezeichnungen für dasselbe Phänomen sein. Tatsächlich fällt die Unterscheidung manchmal schwer. Nur eine geringe Anzahl von Geistergeschichten beinhaltet allerdings die Art physischer Effekte, die vermutlich durch Poltergeister erzeugt werden. Dazu zählt beispielsweise die unerklärliche, selbständige Bewegung des eisernen Rings, die Neale Mounsey beschrieb. Aber es gibt generelle, deutliche und vorhersagbare Unterschiede zwischen den Spuks von Geistern und Poltergeistern. Der offensichtlichste besteht darin, daß Geister offenbar einen Ort heimsuchen, während es Poltergeister auf Menschen abgesehen haben. Verläßt eine Familie ein Spukhaus, geht man im allgemeinen davon aus, daß der Geist entweder verschwindet oder bleibt, um die nächsten Bewohner heimzusuchen. Bewegt sich dagegen das Epizentrum eines Poltergeistes, so kann das Phänomen ihm folgen, auch wenn es dabei häufig an Intensität verliert. Ein anderer Unterschied, auf den häufig hingewiesen wird, besteht darin, daß Geister länger spuken als Poltergeister. Letztere verschwinden meistens nach ein paar Tagen oder Wochen wieder. Hinzugefügt sei noch, daß sich Poltergeister meistens Kinder oder Heranwachsende als Opfer suchen und im allgemeinen eine größere Intelligenz an den Tag legen als Geister. Es gibt nur sehr wenige Fälle, in denen Geister einen tiefgründigeren Zweck als Poltergeister verfolgt zu haben scheinen.

Zwar weisen manche Erforscher des Unerklärlichen auf Aspekte bei Heimsuchungen durch Poltergeister hin, die nahelegen, es könnte sich tatsächlich um bösartige Geister handeln, aber die Mehrheit geht von der Theorie aus, daß diese Phänomene irgendwie von ihren Epizentren selbst hervorgerufen werden. Interessant ist auch, daß praktisch noch nie jemand von im Zusammenhang mit wildgewordenen Poltergeistern herumfliegenden Objekten, die nicht selten an Wänden zerschellen, verletzt wurde. Diese Tatsache stützt die Epizentrum-

Theorie. (Es gibt eine Unterkategorie, die man »Phantomangreifer« nennen könnte. Dabei werden die Opfer tatsächlich verletzt, aber die Wunden bestehen meist nur aus Kratzern, Bissen oder Quetschungen, die sie sich auch selbst beigebracht haben könnten. Vermutlich handelt es sich hierbei um vorsätzliche oder psychosomatische Reaktionen, entweder als Ergebnis von Masochismus oder aus Selbsthaß. Im bekanntesten dieser Fälle, der sich 1925/26 ereignete, wurden einem rumänischen Mädchen namens Eleonore Zugun die Kopfhaare ausgerissen, Gesicht, Hals, Arme und Brust zerkratzt und die Hände wie von Nadeln zerstochen. Die Wunden erinnerten an Stigmata.)

Ein Problem, vor dem Forscher bei der Untersuchung von Poltergeistern stehen, ist die Quelle der enormen Energie, die diese verbrauchen. Meistens wird die Erklärung bevorzugt, es handle sich um »wiederkehrende, spontane Psychokinese« (WSPK). Das gelte vor allem bei Kindern. Sie soll eine Form der Externalisierung von Pupertätsstreß sein. Diese Theorie erklärt einerseits das epizentrische Phänomen und andererseits die Tatsache, daß relativ häufig heranwachsende Mädchen die Opfer sind (bei Mädchen sind die durch die Geschlechtsreife hervorgerufenen Veränderungen am ausgeprägtesten). Aber bei etwa einem Fünftel der Fälle sind weder weibliche noch männliche Heranwachsende betroffen, und über zehn Prozent der Aktionen von vermeintlichen Poltergeistern konzentrieren sich auf Häuser, nicht auf Menschen. Selbstverständlich wurde auch noch kein wissenschaftlich akzeptabler Mechanismus entdeckt, der eine Manifestation von WSPK ermöglichen könnte.

Ob WSPK nun tatsächlich existiert oder nicht – jedenfalls sind Poltergeistphänomene besonderes interessant, weil sie physikalisch reale Ereignisse beinhalten. Bei vielen Gelegenheiten wurde Unerklärliches, wie das selbständige Bewegen von Objekten von großen Zeugengruppen, beobachtet und während des Ereignisses dokumentiert. Die einzige plausible alternative Erklärung für derartige Berichte wäre, daß es sich entweder um bizarre Irrtümer oder groß angelegte Fälschungen handelt.

Der Gedanke, daß sich Zeugen eines langjährigen Spuks schlichtweg irren, mag unwahrscheinlich klingen. Doch Susan Blackmore untersuchte einmal einen scheinbar hochinteressanten Poltergeistfall, der sich am Ende nur als Zusammentreffen ungewöhnlicher Umstände herausstellte. Eine Familie in Bristol hatte seltsame Geräusche gehört. Dann begann ihr Fernsehgerät selbständig die Programme zu wechseln, und schließlich sahen sie, wie ihre Uhr den Kaminsims entlanghüpfte. Am Ende stellte sich heraus, daß die Fernbedienung des Fernsehers auf das metallene Halsband des Hundes der Familie reagiert hatte. Die Bewegungen der Uhr waren durch eine defekte Hauptfeder ausgelöst worden und die seltsamen Geräusche ganz gewöhnliche Laute gewesen, die in jedem Haus zu hören sind. Doch in Verbindung mit dem »merkwürdigen« Verhalten von Fernseher und Uhr waren sie ebenfalls dem »Poltergeist« zugeschrieben worden.

Viele andere Fälle von Poltergeistern sind plumpe Fälschungen – oder es handelt sich um ein natürliches Phänomen, dem durch einen Zeugen »nachgeholfen« wird. Derartige Betrügereien lassen sich erstaunlich oft feststellen. Beispielsweise wurde Eleonore Zugun gelegentlich dabei überrascht, wie sie sich selbst verletzte. Trotzdem bestanden die mit der Untersuchung ihres Falles Befaßten darauf, daß einige der Verletzungen auf paranormale Weise zustande gekommen seien. Alan Gauld und A. D. Cornell, die Autoren der besten Arbeit über dieses Thema, schätzen, daß es sich bei acht Prozent ihrer Berichte um Fälschungen handelte. Die behaupteten Phänomene unterscheiden sich nicht von denen »echter« Fälle.

Sämtliche Berichte über Poltergeister kann man nicht ohne weiteres als Fälschungen abtun, denn eine Handvoll der beeindruckendsten Fälle wurden von intelligenten und fähigen Wissenschaftlern untersucht, *während* sie sich ereigneten. Dabei hinterließen die Forscher Aufzeichnungen von derartiger Präzision, unter anderem über Vorfälle, die physikalische Effekte beinhalteten, daß die Möglichkeiten der Halluzination oder Fälschung tatsächlich gering erscheinen. Manche werden sich dennoch vorzugsweise an solche Erklärungen halten, während andere Beweise für das Paranormale zu sehen vermeinen.

Dagegen lassen sich »echte« Geistersichtungen auf viele verschiedene Arten erklären. Joe Nickell, einer der Wissenschaftler, den das skeptische *Committee for Scientific Investigation of Claims of the Paranormal* (Komitee zur wissenschaftlichen Untersuchung von Behauptungen über paranormale Vorfälle) einsetzte, glaubte, daß es sich häufig um Produkte der menschlichen Einbildungskraft handle. Selbstverständlich hat er recht. (In einem späteren Kapitel werden wir genauer untersuchen, was der Begriff »menschliche Einbildungskraft« bedeutet.) Nickell bleibt auch Behauptungen gegenüber kritisch, die von mehreren Zeugen aufgestellt werden. Er hat eine Reihe von Fällen untersucht, in denen sich herausstellte, daß der zweite Zeuge (oft ein Verwandter oder Ehepartner) gar nichts gesehen oder gehört hatte. Statt dessen hatte er oder sie einfach bestätigt, daß es im gemeinsamen Heim spuke, um den häuslichen Frieden zu wahren. Auch eine erhöhte Erwartungshaltung kann eine Rolle spielen, insbesondere dann, wenn sich der Zeuge dessen bewußt ist, daß er sich in einem vermeintlichen Spukhaus aufhält. In einer solchen Situation ist es besonders leicht, Schatten als Geister und die normalen Geräusche eines schlafenden Hauses oder der örtlichen Fauna als Spukgeräusche zu deuten. Schließlich muß auch immer die Möglichkeit der Fälschung, der mutwilligen Behauptung oder der Übertreibung in Betracht gezogen werden. Das gilt für die Untersuchung von Spukfällen, aber vielleicht noch mehr, wenn wir uns mit einer anderen mysteriösen Kategorie beschäftigen: unbekannten Flugobjekten.

4. *Fremdes Universum*

Am 27. Oktober 1975 um drei Uhr morgens schien der Himmel über dem kleinen Ort Norway in Maine zu explodieren. Eine heftige Detonation übertönte die Musik, die aus einem Wohnmobil am Rande der Stadt dröhnte. Die beiden Männer, die sich dort aufgehalten hatten, stürzten aufgeschreckt in die kalte Nacht hinaus. Verstört sahen sie sich nach der Ursache der Explosion um.

So beginnt einer der merkwürdigsten aller UFO-Berichte. Die Geschichte klingt so abwegig, daß sie nur selten in den Myriaden von Büchern und Artikeln zitiert wird, die sich mit dem Geheimnis unbekannter Flugobjekte befassen. Das ist bedauerlich, denn die halbvergessene Begegnung von Maine ist einer der komplexesten und umfassendsten Fälle dieser Art. Einerseits ist das Ereignis einzigartig, andererseits bezeichnend für Tausende von Berichten aus den 50er Jahren, als die Öffentlichkeit begann, sich für fliegende Untertassen zu interessieren.

David Stephens, 21, und Glen Gray, 18, waren Schichtarbeiter. Daher war es nicht ungewöhnlich, daß sie um diese Uhrzeit nicht schliefen. Verunsichert, aber hellwach, standen sie vor ihrem Wohnmobil, ohne den Grund für die Explosion entdecken zu können. Sie waren zu aufgewühlt, um ins Bett zu gehen, und so schlug Stephens vor, eine Spritztour zu unternehmen. Ohne besonderen Grund wählten sie als Ziel den etwa zehn Kilometer entfernten

Thompson-See. Gray setzte sich ans Steuer und fuhr auf die Route 26. Beide Männer erinnerten sich später daran, daß das Auto nach einem guten Kilometer Fahrt »aus eigenem Antrieb« die Straße verließ und auf einen unbefestigten Weg abbog. Gray, der das Steuer fest umklammert hielt, war machtlos, während das Fahrzeug in dem immer holpriger werdenden Gelände beschleunigte.

Dann ereigneten sich verschiedene seltsame Geschehnisse gleichzeitig. Der Wagen war nicht nur außer Kontrolle geraten, sondern fuhr offenbar auch mit viel höherer Geschwindigkeit als die Männer empfanden. Für die acht Kilometer bis zur Stadt Oxford brauchten sie kaum mehr als zwei Minuten statt der üblichen zehn. Und trotz des halsbrecherischen Tempos kam es ihnen vor, als glitten sie auf dem unebenen Weg sanft dahin.

Der Wagen raste weiter, durch Oxford hindurch und auf den See zu. Sie passierten ein Feld, auf dem ein paar Kühe standen. Die einträchtig die Köpfe wiegenden Tiere waren die ersten Lebewesen, die Stephens und Gray zu Gesicht bekamen, seit sie die Route 26 verlassen hatten. Neben einem Maisfeld kam ihr Wagen zum Stillstand. Auf der anderen Seite der Straße, über einem Feld, strahlten zwei helle Lichter.

Zuerst glaubten sie, daß ein Lastwagen in dem Feld stünde, aber dann erhoben sich die Lichter in die Luft. In der Annahme, es handle sich um einen Hubschrauber, stellten sie den Motor ab und kurbelten die Fenster hinunter. Sie erwarteten, das Geräusch von durch die Luft schneidenden Rotorblättern zu hören, aber die Nacht war seltsam still. Als sich die Lichter auf die Straße zubewegten, bemerkten die jungen Männer, daß sich darunter ein länglicher Zylinder befand, der in sechs bis zehn Metern Entfernung vor ihnen in der Luft schwebte.

Offenbar kam Stephens und Gray erst jetzt der Gedanke,

daß es sich bei der Erscheinung um ein UFO handeln könnte. Sie dachten an Flucht, und Gray ließ den Motor an. Aus unerfindlichen Gründen schien er die Kontrolle über das Fahrzeug wiedererlangt zu haben. Im Davonrasen kurbelten sie die Fenster hoch und verriegelten die Türen. Gray kämpfte mit dem Lenkrad, während Stephens sich nach den Lichtern am Himmel umsah. Zu seinem Entsetzen wurden sie verfolgt. Die Flucht war aussichtslos. Die beiden Männer waren kaum einen Kilometer weit gekommen, als sie von den »hellsten Lichtern, die ich je gesehen habe« (Stephens) eingeholt wurden. Von gleißender Helligkeit umgeben, verloren beide das Bewußtsein.

Als die Freunde wieder zu sich kamen, befanden sie sich einen guten Kilometer weiter auf der Straße als zuvor. Die Fenster waren heruntergekurbelt, und die Türen, die sie verriegelt hatten, offen.

Von fliegenden Schiffen zu fliegenden Untertassen

Menschen haben schon immer seltsame Erscheinungen am Himmel gesehen. Bereits in den frühesten schriftlichen Überlieferungen tauchen Berichte über unbekannte Flugobjekte und andere Omen und Wunder auf. Meistens scheint es sich dabei um Kometen, Meteoriten, Kugelblitze oder um die Vision eines frühen Mystikers gehandelt zu haben. Aber eine Handvoll dieser Berichte dreht sich um ein ganz spezielles Phänomen: bemannte Schiffe am Himmel.

Beispielsweise wurden im Jahre 215 v. Chr. am Himmel über Rom Objekte gesehen, die aussahen »wie Schiffe«, so zumindest konstatierte eine römische Überlieferung aus späterer Zeit. Auch Chronisten der Frühgeschichte und des Mittelalters verwendeten den Vergleich mit Schiffen, um Lufterscheinungen ihrer Zeit zu beschreiben. Im 9. Jahrhundert n. Chr. gab sich die Kirche Frankreichs alle erdenkliche Mühe, um einige fest verwurzelte heidnische Vorstellungen zu diesem Thema auszulöschen. In seinem *Book Against False Opinions Concerning Thunder and Lightning* berichtete Agobard, Bischof von Lyon, daß viele seiner irdischen Schäflein in der Furcht vor einem Bündnis zwischen Wolkenmenschen und Zauberern lebten. Angeblich beschworen letztere Sturm und Hagel herauf, um die zerstörte Ernte anschließend an ihre Verbündeten zu verkaufen.

> »Wir haben viele Menschen gesehen, die so verrückt und verblendet sind, daß sie glauben, es gebe eine Gegend namens Magonia, von der aus Schiffe auf den Wolken hinaussegeln, um die durch Hagel und Sturm zerstörten Früchte der Erde zu holen [...] Wir mußten sogar erleben, wie mehrere dieser unverständigen Narren im Irrglauben an derart Absurdes vier Personen – drei Männer und eine Frau – in Ketten vor eine Versammlung schleppten. Sie behaupteten, die Unglücklichen seien von diesen Schiffen gefallen. Bevor sie zu mir gebracht wurden, hatte man die Opfer für einige Tage in Eisen gelegt, und ihnen folgte eine Menge, die sie zu Tode steinigen wollte.«

Noch weiter ins Detail geht ein anderer Bericht über Himmelsschiffe, der in verschiedenen Chroniken auftaucht und in dem unter anderem ein Besatzungsmitglied der seltsamen Vehikel genauer beschrieben wird. Einer Version zufolge ereignete sich der Vorfall in der irischen Kleinstadt Clonmacnois am Shannon südlich von Athlone. Aber er taucht auch in der Chronik des Gervasius von Tilbury auf, dem zufolge sich die Geschichte in Gravesend in Kent im Jahre 1211 zutrug. Gervasius berichtete ausführlich, wie eines Sonntags während der Messe die versammelten Gläubigen einen Anker vom Himmel fallen gesehen hatten, der sich an einem Grabstein verfing. Die Kirchgänger rannten hinaus und erblickten ein über ihnen schwebendes Schiff, dessen Besatzung aufgeregt an Deck herumlief. Plötzlich sprang ein Matrose über Bord und »schwamm« die Ankertrosse hinunter, offenbar um das Schiff freizumachen. Die Menschen ergriffen ihn und ließen ihn erst auf Veranlassung des Bischofs wieder frei. Daraufhin paddelte der Mann durch die Luft zu seinem Gefährt zurück, seine Kameraden kappten das Ankertau, und das Luftschiff flog davon.

Agobards Bericht über die Luftschiffe aus Magonia ist die vielleicht bekannteste frühe Erwähnung von UFOs. Er wird oft als Beweis dafür zitiert, daß Flugmaschinen den Himmel über dem mittelalterlichen Europa heimsuchten. Allerdings glaubte der Bischof selbst nicht an die von ihm aufgezeichnete Geschichte. Statt dessen tadelte er die Schäflein seiner Herde, die sie ernst nahmen, heftig. Die Luftschiffe scheinen auch nicht wie Flugmaschinen geklungen zu haben. Gervasius schildert sie in seiner sehr genauen Beschreibung als »echte Schiffe, die in der Luft so leicht schwimmen, als bewegten sie sich auf dem Wasser.« Die Behauptung mancher Ufologen, Gervasius habe damit die einzigen Begriffe verwendet, mit denen mittelalterlichen Menschen Raumschiffe verständlich zu machen gewesen seien, läßt sich nicht belegen. Und sollte der seltsame Matrose, der im irischen Clonmacnois (oder doch im mittelalterlichen Tilbury?) zur Erde schwamm, wirklich existiert haben, so hatte er mit den Besatzungsmitgliedern moderner UFOs nichts gemein. Einleuchtender erscheint die Annahme, daß Luftschiffe ebenso wie seltsame Wolkenformationen und Himmelswesen, von denen noch im 19. Jahrhundert berichtet wurde, traditionell zu der Überlieferung von Erscheinungen in der Luft zählten. Dadurch erscheinen uns Berichte über vermeintliche mechanische unbekannte Flugobjekte in einem anderen Licht. Außerdem wird deutlich, daß UFOs nicht die einzigen seltsamen Erscheinungen an unserem Himmel sind.

Manche Beobachtungen wirken nur ein wenig merkwürdig. Zum Beispiel wurden im September 1814 und im Oktober 1815 über Frankreich kleine runde Wolken gesichtet, die sich entgegen der vorherrschenden Windrichtung bewegten und aus denen Steinschauer niedergingen. Es gab jedoch auch wesentlich ungewöhnlichere Vorkommnisse. So befand sich 1872 das Schiff *Lady of the Lake* in der Nähe des Äquators mitten auf dem Atlantik, als von Süden eine »seltsam geformte« Wolke heraufzog. Die kreisrunde Erscheinung grenzte sich deutlich von ihrer Umgebung ab und war von hellgrauer Farbe. Der Kapitän des Schiffes, Frederick Banner, vermerkte in seinem Logbuch, daß der hintere Teil aus vier Segmenten bestanden und einen gekrümmten Schweif, »sehr ähnlich dem eines Kometen«, hinter sich hergezogen habe. Aber im Gegensatz zu einem Kometen trieb die seltsame Wolke sehr langsam über den Himmel und blieb über eine halbe Stunde lang sichtbar. Sie flog niedriger als die übrigen Wolken und außerdem gegen den Wind.

Schließlich gibt es Berichte über wirklich erstaunliche Erscheinungen am Himmel. Beispielsweise die rote »Luftschlange«, die 1978 über Oklahoma gesichtet wurde, oder das »quallenartige, weiße schwebende Objekt«, das am 4. Januar 1991 in einem japanischen Kuhstall auftauchte und dann davonsegelte. Zurück blieb eine Kuh mit einem zerschmetterten Hinterbein. Am besten dokumentiert dürfte ein Fall aus Crawfordsville (Indiana) sein, bei dem in den Nächten des 4. und 5. September 1891 eine leuchtende weiße »Luftschlange« von etwa sechs Metern Länge und drei

Metern Breite mit schlagenden Flossen über der Stadt auftauchte. Der Schriftsteller Vincent Gaddis befragte viele Jahre später die überlebenden Augenzeugen. »In allen Berichten wird das Objekt als ein Lebewesen beschrieben«, notierte er. »Manchmal wand es sich, ›als litte es starke Schmerzen‹, und einmal stieß es tief auf eine Gruppe von Zeugen herab, die erklärten, sie hätten seinen ›heißen Atem‹ gespürt.«

Aber nur wenige Jahre später, noch vor der Jahrhundertwende, verschwanden die fliegenden Schiffe und Himmelswesen, um unbekannten mechanischen Flugobjekten Platz zu machen. Dies geschah kaum zufällig zu einer Zeit, als der Mensch das Problem der Luftschifffahrt für sich selbst endlich gelöst hatte. Der Laune des Windes ausgelieferte Ballone wurden durch Luftschiffe mit eigenem Antrieb ersetzt, und seltsame Himmelserscheinungen nahmen nun Formen an, die den menschlichen Erfindungen ähnlicher sahen. Allerdings handelte es sich dabei um Beschreibungen von offenbar sehr viel weiter entwickelten Luftschiffen.

Am frühen Abend des 17. November 1896 glitt ein Licht, das einer »von einer geheimnisvollen Kraft angetriebenen elektrischen Bogenlampe« glich, über das kalifornische Sacramento. Die Zuschauer auf der Erde beobachteten, wie es um Gebäude herum manövrierte. Einige behaupteten, sie hätten hinter dem Licht einen großen dunklen Umriß ausgemacht, und manche wollten von oben Stimmen gehört haben, die beispielsweise befahlen: »Geh höher.« Einem Zeugen zufolge war »ein rasselndes Lied im Chor gesungen« worden, und ein anderer behauptete, es sei (auf englisch) gesagt worden: »Wir werden San Francisco morgen mittag erreichen.« Am nächsten Tag druckte die *Sacramento Evening Bee* die verschiedenen Aussagen ab, und die übrige kalifornische Presse stürzte sich wild spekulierend auf das Ereignis. Manche vermuteten, daß ein geheimnisvoller

Erfinder eine Art Luftschiff gebastelt habe, andere, daß die ganze Geschichte Schwindel sei.

Auf das Phänomen von Sacramento folgte in den Jahren 1896 und 1897 eine Welle von Berichten über Luftschiffe, die sich über sechs Monate hinzog. Mehrere hundert Zwischenfälle wurden aus den Bundesstaaten der Pazifikküste sowie des mittleren und südlichen Westens gemeldet. Die beschriebenen Luftschiffe waren beeindruckend. Nicht nur, daß sie größer, schneller und widerstandsfähiger waren als alles, was die damaligen Luftfahrtpioniere auf der Erde herstellen konnten, sondern sie legten offenbar auch unvorstellbare Entfernungen zurück und waren in manchen Fällen mit gigantischen Flügeln ausgestattet.

Trotz des Aufsehens, das diese Berichte erregten, nahm die Zahl der gemeldeten Vorfälle allmählich ab. Ende 1897 waren die Luftschiffe in den Vereinigten Staaten nahezu vergessen, sogar in den Städten, die direkt von den geheimnisvollen Vorfällen betroffen gewesen waren. Dennoch tauchten die seltsamen Erscheinungen während der folgenden 15 Jahre noch mehrmals auf. 1908 wurde eine Sichtung aus Dänemark gemeldet, 1909 und 1913 kamen Nachrichten aus Großbritannien, 1908 und 1909 aus Neuengland und 1913 aus Neuseeland. In Südafrika wurden 1914 mehrfach geheimnisvolle »Flugzeuge« beobachtet, obwohl es zu jener Zeit dort weder flugtaugliche Geräte noch Flugplätze gab. Auch nach dem Ersten Weltkrieg wurde periodisch von seltsamen Flugmaschinen berichtet. Ein Teil der Meldungen stammte aus Skandinavien, wo es zwischen 1933 und 1937 zu einer regelrechten Flut von »Geisterfliegern« über Norwegen kam.

Während des Zweiten Weltkriegs bemerkten Piloten beider Seiten immer wieder seltsame Lichter, die am Himmel erschienen und die Flugzeuge auf ihren Einsätzen begleiteten. Die Amerikaner nannten diese Lichter *foo fighters*

(»Irrkämpfer«). Beide Lager nahmen an, es handle sich dabei um geheime Waffen des Feindes. Aber weil es nie zu einem tatsächlichen Angriff durch eines der Lichter kam, vermutete man schließlich, daß man es mit Experimenten zur psychologischen Kriegsführung zu tun habe. Das Geheimnis wurde nie gelüftet. In den frühen Nachkriegsjahren wurden die Berichte über unbekannte Flugobjekte noch zahlreicher. Erneut wurden die Objekte häufig über Skandinavien gesichtet, wo man sie »Geisterraketen« nannte. Man glaubte, daß die Sowjetunion mit Hilfe gefangener deutscher Wissenschaftler Geheimwaffen entwickelt habe. Anders als die foo fighters hinterließen die Geisterraketen manchmal schmerzhaft deutliche Spuren. Am 10. Juli 1946 stürzte ein glühendes Objekt, das einen rauchenden Schweif hinter sich herzog, auf einen Strand bei Bjorkon in Schweden. Ein kleiner Krater, Metallreste und Schlackeklumpen zeugten von dem Einschlag. Das Material wurde von Militärangehörigen geborgen. Später hieß es, es habe sich um Schrott gehandelt, der schon länger an der Küste gelegen habe. Die Zeugen des Absturzes nahmen diese Erklärung mit ungläubigem Staunen auf. Der schwedische Geheimdienst untersuchte offiziell über 100 ähnliche Berichte und kam zu dem Schluß, daß 20 Prozent davon nicht zu klären seien. Vermutlich sei in diesen Fällen von geheimen Waffentests auszugehen. Der Verdacht fiel auf die Sowjetunion, weil zwei Drittel der Objekte von Osten in den schwedischen Luftraum eingedrungen waren. Aber für das übrige Drittel, das aus Süden und Westen gekommen war, schien es in jenen Tagen vor der Erfindung von leistungsfähigen Steuerungssystemen keine Erklärung zu geben.

Der 24. Juni 1947

Das Geheimnis der Geisterraketen wurde in den Vereinigten Staaten in den Medien diskutiert, weil man sich wegen der wachsenden militärischen Stärke der Sowjetunion sorgte. Für wesentlich mehr Furore sorgte jedoch ein Vorfall, der sich am 24. Juni 1947 über dem Bundesstaat Washington ereignete. Kenneth Arnold aus Idaho, der ein eigenes Feuerwehrunternehmen besaß, flog mit seinem Leichtflugzeug über den Mount Rainier, als ihm eine Serie von Blitzen am Himmel auffiel. Bei genauerem Hinsehen entdeckte er eine diagonale Formation aus neun hellerleuchteten Objekten, die mit unglaublicher Geschwindigkeit zwischen den Gipfeln vor ihm hin- und herschossen. Eines der Objekte war halbmondförmig. Die anderen acht beschrieb Arnold treffend als runde Scheiben, die sich bewegten »wie Untertassen, die über eine Wasseroberfläche geschleudert werden.«

Arnolds Erlebnis gilt im allgemeinen als erster »moderner« UFO-Bericht. Bemerkenswerterweise wurden in den nächsten Monaten Tausende ähnlicher Berichte verzeichnet. Die amerikanische und später auch die internationale Presse spekulierten ausgiebig über das Geheimnis der Untertassen. (Parallel dazu gab es eine Welle von Berichten über »grüne Feuerbälle« mit einer seltsam flachen Flugbahn aus dem Südwesten des Landes.) Manchmal handelte es sich nur um rätselhafte Lichter am Nachthimmel, aber meistens wurden »runde Scheiben bei Tageslicht« gesehen. Es entstand der Eindruck, daß es sich um Luftfahrzeuge handelte, auch wenn ihre Geschwindigkeit manchmal »unmöglich« war oder sie Manöver ausführten, zu denen kein menschlicher Pilot in der Lage gewesen wäre. Besonders beliebt war die blitzartige Richtungsänderung um 90 Grad mitten im Flug.

Welche Erklärung man auch zu Rate zog, allmählich

wurde klar, daß die unbekannten Flugobjekte diesmal nicht wieder verschwinden würden. Die »Hysterie« von 1947 würde nicht vergessen werden wie die geheimnisvollen Luftschiffe, die Geisterflieger und Geisterraketen. Zwar geschah nach 1947 jahrelang relativ wenig, so daß sich die Forscher über den abrupten Rückgang der Meldungen wunderten, aber die fliegenden Untertassen, von denen Arnold berichtet hatte, waren seit jenem Tag fest im Bewußtsein der Öffentlichkeit verankert.

Die Frage, warum die Begegnung vom Mount Rainier ein so großes Interesse weckte und das Phänomen der UFOs seitdem die Phantasie der Öffentlichkeit beschäftigt, während die Ereignisse von 1896, 1934 und 1946 keine dauerhafte Aufmerksamkeit fanden, könnte der Schlüssel zu dem Geheimnis sein. Zunächst einmal erfüllte Arnold alle Voraussetzungen eines zuverlässigen Zeugen. Er war ein angesehener Geschäftsmann und erfahrener Pilot. Darüber hinaus war er Pfadfinder gewesen und hatte sich als Turmspringer einst Hoffnungen auf die Olympiateilnahme gemacht, wie er bei der Meldung des Vorfalls an die US Air Force stolz anmerkte. Man hatte nicht den Eindruck, daß er übertrieb oder seinem Bericht sensationelle Details hinzufügte. Außerdem schien er ein guter Beobachter zu sein. Als die gleißenden Lichter an ihm vorübergeflogen waren, hatte er versucht, ihre Geschwindigkeit zu bestimmen, indem er die Zeit stoppte, die sie brauchten, um von einem Berggipfel zum nächsten zu gelangen. Nach diesen Berechnungen bewegten sie sich mit dem erstaunlichen Tempo von 2700 Kilometer pro Stunde. Dann schätzte er ihre Größe, indem er sie mit einer in der Ferne zu erkennenden DC4 verglich, und kam zu dem Schluß, daß sie eher kleiner als der Jet waren. Diese Details beeindruckten die Journalisten, die ihn interviewten, und verliehen seinem Bericht Glaubwürdigkeit.

Man kann Arnold nicht allein für die explosionsartige Zunahme der Meldungen verantwortlich machen. Auch die feste Verankerung des Phänomens im Bewußtsein der Öffentlichkeit innerhalb kürzester Zeit läßt sich mit seinem Bericht nicht erklären. Natürlich stellte der neue, bildliche Begriff »fliegende Untertasse« ein treffendes Etikett für das Phänomen dar. Natürlich erhielt die Phantasie der Öffentlichkeit dadurch einen Aufhänger. Aber auch das ist noch kein ausreichender Grund für die riesige Flut der nachfolgenden Meldungen. Das Jahr 1947 muß von besonderer Bedeutung gewesen sein. Mittels drei verschiedener Theorien wurde versucht, eine Erklärung zu finden.

Diejenigen, die an die physische Existenz der UFOs glaubten, meinten, daß der Abwurf der ersten Atombombe im Jahre 1945 und die fürchterliche Bedrohung durch einen alles vernichtenden Krieg eine außerirdische Zivilisation dazu veranlaßt habe, Raumschiffe zu schicken, um das Zerstörungspotential der Menschheit zu untersuchen. Möglicherweise sollten wir vor der drohenden Gefahr gewarnt werden. Tatsächlich behaupteten im Verlauf der nächsten Jahre viele sogenannte »Kontaktpersonen«, daß sie Wesen aus dem Weltraum getroffen und von diesen Botschaften an die Menschheit erhalten hätten. Unsere »Brüder aus dem All« seien über die Entwicklung auf der Erde beunruhigt. Andere Forscher, die sich auch um die Zukunft sorgten, aber nach einer naheliegenderen Erklärung suchten, äußerten die Vermutung, daß es sich bei den UFOs um sowjetische Superwaffen handeln könnte, die mit Hilfe gefangener Raketenwissenschaftler aus Hitlers geheimem Waffenprogramm entwickelt worden seien. Und schließlich gab es noch eine dritte Gruppe, die nicht an die physische Existenz von UFOs glaubte, aber die Tragweite beider Argumentationen anerkannte. Diese Forscher waren der Meinung, daß genau jene Ängste das besondere Interesse an den von

Arnold berichteten Objekten erklärten und andere ermutigten, mysteriöse Erscheinungen als Begegnungen mit fliegenden Untertassen zu deklarieren. Man war der Ansicht, daß die fliegenden Untertassen nicht aus dem All, sondern aus den populären Comic-Heften der 30er und 40er Jahre stammten, in denen ausführlich über Begegnungen mit Außerirdischen berichtet worden war. Außerdem wurden die Science-fiction-Filme der 40er und 50er Jahre, in denen Invasoren aus dem Weltraum als Metapher für die gleichermaßen fremden und bedrohlichen Sowjets eingesetzt wurden, verantwortlich gemacht. Dieser Theorie zufolge konnten die Luftschiffe von 1896 das Interesse der Öffentlichkeit deshalb nicht dauerhaft wecken, weil sie zu neuartig waren. Es war einfacher, sie für das Werk geheimnisvoller Erfinder oder schlichtweg für Schwindel zu halten.

Doch keine dieser Erklärungen ist in der Lage, uns so zu fesseln wie die Vorstellung von außerirdischen Raumschiffen.

Unbekannte Flugobjekte

Obwohl Kenneth Arnold, der damals als Reporter für ein Massenblatt arbeitete, und die US-Luftwaffe versuchten, einige der früheren Zwischenfälle zu klären, wurden erst nach 1947 eingehende Nachforschungen über UFO-Meldungen angestellt. Die US-Luftwaffe interessierte sich verständlicherweise für jedes Luftschiff, das eine Bedrohung für die nationale Sicherheit darstellen konnte. Man formierte daher ein Team, das sich unter dem Codenamen *Project Sign* mit dem Thema befassen sollte. Die Arbeit begann mit einer Überprüfung der 122 Berichte über fliegende Untertassen, die bei der Luftwaffe im Jahre 1947 eingegangen waren. 110 wurden als Flugzeuge, Sterne oder ähnliches identifiziert, die restlichen zwölf Vorfälle konnten nicht geklärt werden. Ein oder zwei Jahre später begannen sich die immer zahlreicher werdenden zivilen Fans in »Klubs für fliegende Untertassen« zusammenzuschließen. Sie führten ihre eigenen Untersuchungen durch. In den 50er und 60er Jahren gaben sich die Vereine ernsthaft klingende Namen, um den anfänglichen Nimbus der Naivität abzulegen. Zu den größten Verbänden wurden das *National Investigations Committee on Aerial Phenomena* (Nationales Untersuchungskomitee für Phänomene im Luftraum), kurz NICAP, das eine Untersuchung der geheimnisvollen Vorgänge durch den Kongreß forderte, und die *Aerial Phenomena Research Organisation* (Organisation für die Untersuchung von Phänomenen im Luftraum), APRO. Die Anhänger von fliegenden Untertassen benannten sich in »Ufologen« um. Aber die Studien blieben nach wie vor Amateuren überlassen, und die Untersuchungsqualität wurde teilweise durch extreme Leichtgläubigkeit beeinträchtigt. Viele UFO-Forscher waren nicht einmal in der Lage, Berichte über Lichter am Himmel, in denen Sternschnuppen oder der Planet Venus beschrieben wurden, richtig einzuordnen. Und das, obwohl Himmelskörper damals sehr häufig für Flugobjekte gehalten wurden.

Es überrascht folglich nicht, daß einige der bedeutendsten Fälle, die über längere Zeit das Interesse der Allgemeinheit weckten, von »geschulten Beobachtern« gemeldet wurden. Dies waren häufig Piloten, von denen man annehmen durfte, daß sie sowohl nüchtern als auch glaubwürdig waren. Schon im Januar 1948 hatte der Tod eines Kampfpiloten der Nationalgarde, Thomas Mantell, Aufsehen erregt, weil die Presse herausfand, daß er ums Leben gekommen war, während er »ein metallenes Objekt von ungeheurer Größe« über Kentucky verfolgt hatte. Die Behörden waren davon überzeugt, daß ein Fehlverhalten Mantells den Absturz verursacht hatte. Er hatte einen außer Kontrolle geratenen Wetterballon bis auf eine Höhe von 7600 Meter verfolgt und war dann in einen steilen Sturzflug übergegangen. Aber ein großer Teil der Zeitungen und der Öffentlichkeit konnte nicht glauben, daß der Pilot einen solchen Fehler begangen haben sollte. Rasch kamen Gerüchte auf, daß das Kampfflugzeug abgeschossen worden sei, weil es einer fliegenden Untertasse zu nahe gekommen war. Mantells Leiche sei entweder nicht gefunden oder von Kugeln durchsiebt, das Wrack des Flugzeugs radioaktiv verseucht worden.

Bis zum heutigen Tag haben Piloten immer wieder UFOs gesichtet. In einem der bekanntesten Fälle der 70er Jahre bemerkten die vier Besatzungsmitglieder eines Armeehubschraubers auf einem Flug über Mansfield in Ohio ein helles Licht, das sich mit hoher Geschwindigkeit in ihrer Nähe bewegte. Der Hubschrauberpilot Lawrence Coyne schätzte die Länge des auftauchenden Objekts auf knapp 20 Meter und merkte an, daß es aus Metall zu sein scheine und an beiden Enden rote Lichter aufweise. Es näherte sich ihm, und er war gezwungen, in einen Sturzflug zu gehen, um auszuweichen. Hastig reduzierte er die Flughöhe von 520 Meter auf etwa 200 Meter. Nach oben blickend, sah er zu seinem Entsetzen, daß das Objekt direkt über ihm schwebte und seinen Hubschrauber mit einem grünen Lichtstrahl abtastete. Eines von Coynes Besatzungsmitgliedern, Robert Yanacsek, erinnerte sich später:

> »Das Objekt schwebte vielleicht zehn bis zwölf Sekunden lang über uns. Die Zeit kam uns sehr lang vor, verdammt lang. Es stand für zehn bis zwölf Sekunden still. Ich meine es so, wie ich es sage. Es bewegte sich nicht, sondern stand absolut still. Es hatte nicht einfach gebremst, nein, es vibrierte nicht einmal oder drehte sich – es war wie in einem Zeichentrick-

film. Es kam auf uns zu, und im nächsten Bild war es da, einfach so.«

Plötzlich beschleunigte das Objekt wieder und flog davon. Der Hubschrauber blieb zurück. Als Coyne auf seine Instrumente sah, stellte er zu seiner Überraschung fest, daß sie sich jetzt auf über 1000 Meter Höhe befanden. Trotzdem zeigte sein Steuerknüppel immer noch nach vorne. Er konnte nur annehmen, daß ihn das seltsame Objekt irgendwie aus seiner Position nach oben gezogen hatte.

Ein ähnlicher Zwischenfall ereignete sich erst kürzlich, am 6. Januar 1995. Der Pilot eines Passagierflugzeugs, einer Boeing 737 der British Airways, berichtete, daß er beim Landeanflug auf den Flughafen von Manchester von einem keilförmigen Luftfahrzeug überholt worden sei. Das Objekt habe sich mit hoher Geschwindigkeit bewegt. Obwohl auf dem Radarschirm nichts, was diese Meldung bestätigt hätte, zu erkennen gewesen war, blieb der Pilot, Captain Roger Wills, dabei, daß das Objekt von kleinen weißen Lichtern bedeckt gewesen sei. Sein Erster Offizier wollte einen schwarzen Seitenstreifen bemerkt haben.

Beide Fälle sind sorgfältig untersucht worden. Zu Coynes Begegnung in der Luft existiert sogar ein ausführlicher Bericht von Jennie Zeidman vom *Center for UFO Studies* (Zentrum für UFO-Studien). Sie befragte nicht nur die Besatzung, sondern machte auch unabhängige (aber leider anonyme) Zeugen auf der Erde ausfindig, die behaupteten, sie hätten den Vorfall beobachtet. Die Forscherin kam zu dem Schluß, es habe sich tatsächlich um ein mysteriöses Ereignis gehandelt. Dagegen behauptete der UFO-Skeptiker Philip Klass, das UFO sei in Wirklichkeit ein Meteor gewesen. Coyne und Zeidman weisen diese Theorie strikt zurück. Der Bericht der Piloten der British Airways wurde unterdessen von der *Independent Joint Airmiss Working*

Group (Unabhängige Arbeitsgruppe zur Untersuchung von Beinahezusammenstößen) untersucht, aber auch sie konnte keine einleuchtende Erklärung finden.

Gegen Ende der 40er Jahre tauchten nach Ansicht der Ufologen unwiderlegbare Beweise für die Existenz fliegender Untertassen auf – Fotos, manchmal sogar Filme. Viele dieser Fotos waren wenig überzeugend, denn echt wirkende Bilder von UFOs lassen sich mit Hilfe so alltäglicher Gegenstände wie Radkappen und Pfannendeckeln erstaunlich leicht herstellen. Trotzdem verblüffen einige Aufnahmen auch heute noch. Zu den bekanntesten dürften die Schnappschüsse zählen, die am 11. Mai 1950 in McMinville, Oregon, entstanden. Damals nahm Paul Trent ein großes silbriges UFO mit einem kleinen Vorsprung am Dach auf, während es lautlos an seinem Farmhaus vorüberflog. Wie er später sagte, ähnelte es einem »großen Fallschirm ohne Gurte, hellsilbern mit einer Beimischung von Bronze.« Er nahm an, daß er eine Geheimwaffe des Militärs gesehen hatte. Skeptiker bezweifelten die Fotos von McMinville von Anfang an, weil das Objekt unter Telefondrähten schwebt, an denen die Trents ohne Schwierigkeiten ein Modell hätten befestigen können. Dagegen kam eine Vereinigung, die sich *Ground Saucer Watch* nennt und sich auf die Untersuchung von UFO-Sichtungen spezialisiert hat, zu dem Schluß, das Objekt habe einen Durchmesser von mindestens 20 Metern gehabt und sich in relativ großer Entfernung von der Kamera befunden.

Eine ähnlich berühmte Sequenz aus vier Bildern zeigt ein verschwommenes, scheibenförmiges UFO, das in der Mitte offenbar durch einen dicken Grat unterteilt wird. Die Bilder wurden im Januar 1958 von dem vor einer winzigen Felsnadel namens Trindade Island im Südatlantik liegenden brasilianischen Forschungsschiff *Almirante Saldanha* aus aufgenommen. Sie sind ebenfalls heftig umstritten. Dem

Fotografen Almira Barauna zufolge zeigen sie ein festes Objekt, das in parabelförmiger Bahn über die Insel flog und sich merkwürdigerweise »wie eine Fledermaus« bewegte. Mitglieder der Schiffsbesatzung, die sich zu dem betreffenden Zeitpunkt an Deck befanden, bestätigten, daß sie am Himmel ein helles Licht gesehen hätten. Ein Untersuchungsausschuß der brasilianischen Marine kam aufgrund dieser Zeugenaussagen zu dem Schluß, es sei unwahrscheinlich, daß es sich um einen Schwindel handle.

Als einzige einleuchtende natürliche Erklärung käme eine Luftspiegelung in Frage. Man hat vermutet, daß das Objekt auf den Fotos eine »zweifach überlagerte und vergrößerte Luftspiegelung« des Planeten Jupiter sein könnte. Kritiker dieser Annahme weisen aber darauf hin, daß die Fotos kurz nach Mittag aufgenommen wurden. Um diese Zeit ist Jupiter nicht hell genug, um mit bloßem Auge wahrgenommen zu werden.

Die Tatsache, daß nahezu alle interessanten UFO-Fotos seit Jahrzehnten umstritten sind, zeigt eigentlich nur, wie wenig diese Bilder beweisen. Fast immer läßt sich entweder eine natürliche Erklärung für die Fotos finden oder die Behauptung aufstellen, sie seien Fälschungen. Aus Gründen der Objektivität muß hinzugefügt werden, daß auch die veröffentlichten Berichte über das Zustandekommen der Fotos häufig sehr widersprüchlich sind. In dem Fall aus McMinville etwa behaupteten Trent und seine Frau, daß die Fotos gegen 19.45 Uhr aufgenommen worden seien. Dagegen kamen zwei unabhängige Analysen der Beleuchtung und der Schatten auf den Bildern zu dem Ergebnis, daß sie morgens entstanden sein mußten, und zwar im Abstand von bis zu einer Stunde. Das allein dürfte erhebliche Zweifel an den Bildern rechtfertigen. Allerdings wurde auch argumentiert, daß die Anomalien der Beleuchtung durch die Bewölkung verursacht worden sein könnten. Beim Ereignis von

Trindade Island konnte nie festgestellt werden, wie viele weitere Personen an Bord der *Almirante Saldanha* das UFO sahen. UFO-Gläubige behaupteten, es seien 48 gewesen, Skeptiker sprachen von zwei. Außerdem gibt es Diskrepanzen in den veröffentlichten Beschreibungen der Augenzeugen, die das »helle Licht am Himmel« gesehen haben wollen, und dem seltsamen Objekt auf Baraunas Fotos.

Bei den heutigen Möglichkeiten, Fotos im Computer zu retuschieren, tendiert der Beweiswert von UFO-Fotos gegen null. Es mag zwar schwieriger werden, Fälschungen zu entlarven, aber allein aufgrund der Existenz der neuen Technologie sind insbesondere Fotos nahezu bedeutungslos geworden. Skeptiker werden immer behaupten können, die Bilder seien gefälscht, wie ehrlich die Zeugen auch erscheinen mögen.

Deshalb ist der Beweis dafür, daß unbekannte Flugobjekte tatsächlich existieren, andernorts zu suchen. Ufologen haben verschiedene Kategorien von Fällen bestimmt, in denen scheinbar überzeugende Beweise vorliegen. Dazu zählen zum Beispiel eine Reihe von sogenannten Radar-/Sichtberichten, bei denen UFOs sowohl von Zeugen gesehen als auch vom Radar registriert und verfolgt wurden. Weitere Anhaltspunkte liefern Begegnungen der zweiten Art. Der Astronom und Ufologe J. Allen Hynek definiert sie als Ereignisse, bei denen ein UFO »einen meßbaren physischen Effekt auf belebte oder unbelebte Materie ausübt.« Beispielsweise können sich bei einer solchen Begegnung der zweiten Art am Boden Spuren einer Landung finden. Oder es treten elektromagnetische Effekte auf, die etwa den Ausfall eines Automotors verursachen. Auch Brandspuren in der Umgebung oder gar am Körper eines Zeugen gehören dazu.

Am bekanntesten dürften die Radar-/Sichtberichte vom August 1956 sein, als nicht weniger als sechs militärische

Radaranlagen auf den Luftwaffenstützpunkten von Lakenheath und Bentwaters in Suffolk verschiedene unbekannte Flugobjekte registrierten. Die UFOs schienen sich mit einer Geschwindigkeit von bis zu 6400 Kilometern pro Stunde zu bewegen. Insgesamt dauerte der Vorfall fast 90 Minuten. Der Sichtbericht stammte von dem Piloten eines amerikanischen Militärtransportflugzeuges, der beobachtete, wie ein verschwommenes Licht zuckend zu Boden glitt. Ein britisches Nachtkampfflugzeug, das zum Ort des Geschehens beordert worden war, sah sich in eine Art simulierten Luftkampf verwickelt. Das UFO schlug einen Haken und hängte sich an das Heck des Flugzeuges. Der Pilot benötigte mehr als fünf Minuten, um es abzuschütteln. Es wurde vermutet, daß es sich bei dem Vorfall von Lakenheath/Bentwaters um einen Meteor gehandelt habe, der zufällig gleichzeitig anomale Reflexionen auf den Radarschirmen verursachte. Trotzdem endet der berühmte Bericht der US-Luftwaffe mit der Feststellung, daß die wahrscheinlichste Erklärung »ein mechanisches Gerät unbekannten Ursprungs« sei. Das beste Argument gegen Radar-/Sichtberichte ergibt sich aus dem spektakulären Rückgang der gemeldeten Fälle während der letzten 25 Jahre. Dabei ist nicht ganz klar, ob dies an den immer genauer arbeitenden Radargeräte liegt, die mit geringerer Wahrscheinlichkeit falsche Ergebnisse produzieren, oder an der verstärkten Geheimhaltung auf seiten des Militärs, das die meisten dieser Geräte besitzt.

Dagegen mangelt es nicht an Berichten über plötzlich stehenbleibende Autos. Es scheint ausreichende Beweise dafür zu geben, daß UFOs Einfluß auf die elektrische Anlage von Kraftfahrzeugen nehmen, so daß Motoren und Autoradios ausfallen, um dann unvermittelt wieder anzuspringen. Laut einem 1981 zusammengestellten Katalog existieren insgesamt 440 solcher Berichte. Der erste stammt aus dem Jahr 1909, als der Scheinwerfer eines britischen Motorradfahrers erlosch, während ein handschuhförmiges Licht über ihn hinwegzog. Eine vergleichende Analyse der Daten zeigt, daß es in vielen Fällen zu einer Jagd zwischen dem Fahrzeug und dem UFO kam. Häufig erschien auch ein Lichtstrahl, durch den der Fahrer des Pkws oder Lkws die Kontrolle über sein Fahrzeug verlor. Die Untersuchung zeigt ebenfalls, daß die meisten dieser Fälle (wie die Begegnung von Maine) in verlassenen, ländlichen Gegenden in den frühen Morgenstunden stattgefunden haben. Möglicherweise ist das darauf zurückführen, daß diese Orte ideale Bedingungen für die heimlichen Aktivitäten echter Außerirdischer in realen Raumschiffen bieten, aber vielleicht liegt es auch daran, daß die Zeugen um diese Uhrzeit müde und daher leichter zu beeindrucken waren.

Der wahrscheinlich spektakulärste Bericht über die Manipulation eines Fahrzeuges ist der von zahlreichen Zeugen gemeldete Fall von Levelland (Texas) während der großen UFO-Welle von 1957. Am 2. November, kurz vor Mitternacht, fuhr der Landarbeiter Pedro Saucedo, der nebenbei auch als Friseur arbeitete, mit einem Freund die Route 116 entlang. Sie befanden sich etwa sechs Kilometer westlich der Stadt, als Saucedo in einem nahegelegenen Feld ein Licht aufblitzen sah. Die Erscheinung stieg in die Höhe und kam mit zunehmender Geschwindigkeit auf seinen Lastwagen zu. In diesem Moment fielen der Motor und die Scheinwerfer des Lkws aus. Saucedo stieg aus, um den Zwischenfall zu überprüfen, empfand jedoch, als das UFO über ihn hinwegflog, eine derart starke Hitzewelle, daß er sich zu Boden warf. Der Blick, den er dabei nach oben warf, zeigte ihm ein torpedoförmiges Objekt von etwa 60 Metern Länge und zwei Metern Breite, aus dessen Heck gelbe Flammen schlugen. Als der Flugkörper vorüber war, gelang es Saucedo ohne Probleme, seinen Motor erneut zu starten.

Wichtig ist der Fall aus Levelland vor allem deswegen,

weil Saucedo nicht der einzige war, der an jenem Abend Probleme mit seinem Fahrzeug hatte. Jim Wheeler befand sich in etwa 130 Kilometer Entfernung auf der gleichen Straße wie Saucedo und stieß auf dem Highway auf ein hell erleuchtetes, zirka 60 Meter langes, eiförmiges Objekt. Im Näherkommen erstarben der Motor und die Scheinwerfer seines Fahrzeugs, dann erhob sich das Objekt in die Luft. Nachdem die Lichter verschwunden waren, sprang Wheelers Motor sofort wieder an. Die örtliche Polizei erhielt ähnliche Bericht von José Alvarez, der sich 18 Kilometer nördlich der Stadt befand, von Newell Wright zehn Kilometer weiter östlich, von James Long aus dem Norden und von Ronald Martin, der auf der Route 116 fuhr. Ungefähr um die gleiche Zeit, die Saucedo für seine Begegnung angibt, sahen vier Erwachsene, während sie ein paar Kilometer entfernt einen Feldweg entlangfuhren, einen grellen Blitz am Himmel. Die Scheinwerfer ihres Wagens und das Radio gingen für ein bis drei Sekunden aus. 15 Minuten nach Mitternacht stieß ein Fahrer namens Frank Williams auf ein langsam blinkendes UFO, das nördlich von Levelland auf dem Boden stand. Jedesmal, wenn das Objekt aufleuchtete, erstarb der Motor von Williams' Auto. Und schließlich berichteten zwei Polizisten, die nach dem von Saucedo gemeldeten Objekt suchten, sie hätten zwischen 1.15 Uhr und 1.30 Uhr nachts seltsame Lichter am Himmel gesehen. Einer von ihnen hatte ebenfalls Probleme mit dem Motor seines Wagens.

Ausmaß und Ursache der Vorfälle von Levelland sind weiterhin umstritten. Die US-Luftwaffe erkärte nach einer Untersuchung des Falles, daß nur drei Zeugen, nämlich Saucedo, dessen Freund und Newell Wright, ein UFO gesehen haben könnten. Vermutlich habe es sich bei dem glühenden Objekt aber um einen Kugelblitz oder ein Elmsfeuer gehandelt. Die Probleme mit dem Motor seien zufällig und durch Kurzschlüsse aufgrund von Nässe verursacht worden. Dem halten Ufologen entgegen, daß im Bericht der US-Luftwaffe Ungenauigkeiten auftauchten und daß sich kein natürliches Phänomen so seltsam verhalte, wie es laut den Zeugenaussagen der Fall war.

An dieser Stelle dürfte deutlich geworden sein, daß auch die Beeinflussung von Fahrzeugen und das Erscheinen von UFOs auf Radarschirmen keine ausreichende Grundlage für eine eingehende Untersuchung des UFO-Phänomens bilden. Dagegen haben Fälle, in denen physische Spuren zurückbleiben, den enormen Vorteil, daß nach dem Ereignis Beweismaterial untersucht und oft sogar mitgenommen und im Labor analysiert werden kann.

Aber auch Laborergebnisse sind nicht unumstritten. Man denke nur an einen der eindrucksvollsten Fälle mit meßbaren Spuren: die Begegnung der zweiten Art von Delphos, Kansas, vom 2. November 1971. Der 16jährige Ronald Johnson hütete hinter dem Haus seiner Familie Schafe, als er ein Grollen vernahm und in einem nahegelegenen Waldstück blaue, rote und orangefarbene Lichter aufblitzen sah. In deren Mitte nahm der Junge ein pilzförmiges Objekt mit einem Durchmesser von etwa drei Metern wahr. Offenbar schwebte es einen halben Meter über dem Boden. Innerhalb kurzer Zeit wurde das Glühen so intensiv, daß Johnsons Augen schmerzten. Dann hob das UFO mit einem Heulen, ähnlich dem einer Düsenmaschine, ab. Als das Objekt über ihn hinwegflog, wurde er vorübergehend geblendet, aber als seine Eltern am Ort des Geschehens eintrafen, war nur noch ein kleines, schwächer werdendes blaues Licht am Horizont zu sehen. In dem Waldstück fand die Familie einen weißgrauen Kreis, der im Dunkeln leuchtete.

> »Mr. und Mrs. Johnson legten ihre Hände in das Innere des Kreises und stellten fest, daß der Boden nicht warm

> war, wie sie erwartet hatten. Noch seltsamer war, daß ihre Finger gefühllos wurden. Als Mrs. Johnson versuchte, die Erdreste von ihrem Bein abzustreifen, wurde der Teil ihres Beines, den sie berührt hatte, ebenfalls taub.«

Unglücklicherweise wandten sich die Eltern nicht an einen Arzt. Es gibt also keine zweite Meinung, durch die ihre Behauptungen bestätigt worden wären. Aber es gelangten Bodenproben aus dem glühenden Kreis in den Besitz eines Ufologen namens Ted Phillips, der sich auf Fälle, in denen faßbare Spuren zurückblieben, spezialisiert hatte. Er ließ sie von sieben unabhängigen Labors untersuchen und erhielt hochinteressante Ergebnisse. Der Boden aus dem glühenden Kreis nahm kein Wasser auf und enthielt mehr Säuren, mehr Kalzium und mehr lösliche Salze als üblich. Außerdem fanden sich Fasern eines weißen, organischen Materials. Bei dem Versuch, Pflanzen auszusäen, stellte sich heraus, daß der Boden das Pflanzenwachstum aktiv verlangsamte.

Zweifel am Delphos-Fall kamen erst auf, als der Schriftsteller Ronald Story darauf hinwies, daß die Bodenproben alle Anzeichen einer Verseuchung mit gewöhnlichen Hexenringpilzen aufwiesen. Das Myzel dieser Pilzart kann so dicht sein, daß der Boden kein Wasser mehr aufnimmt, wodurch das Wachstum von Gras beeinträchtigt wird. Diese These wird immer noch diskutiert. Unterdessen hatten sich andere Forscher eingehender mit dem Hauptzeugen Ronald Johnson beschäftigt. Es stellte sich heraus, daß der Junge behauptete, als Folge der Begegnung außergewöhnliche geistige Kräfte entwickelt zu haben. Kurz darauf erklärte er, auf ein »Wolfsmädchen« mit blondem Haar gestoßen zu sein, das einen zerrissenen Mantel getragen habe und auf allen vieren davongelaufen sei, als er sich ihm näherte. Johnson und seine Eltern berichteten später sogar, eine weitere Begegnung mit demselben UFO gehabt zu haben. Diesmal sei es über dem Wäldchen geschwebt, habe dann ihr Haus umkreist und sei schließlich davongeflogen. Der zweite Vorfall soll sich am hellichten Tage ereignet haben. Diese Entwicklung empfanden viele Ufologen als einigermaßen unangenehm, weil sie der Ansicht gewesen waren, durch den Delphos-Fall wirkliche Beweise für die Existenz von UFOs erhalten zu haben. Die Tatsache, daß die Johnsons einen Lügendetektortest ablehnten, zeugte auch nicht gerade von ihrer Glaubwürdigkeit.

Aber was ist von Begegnungen zu halten, bei denen Zeugen verletzt werden oder körperliche Spuren davontragen? Am 29. Dezember 1980 fuhren Vickie Landrum und ihr Enkel Colby zusammen mit einer Freundin namens Betty Cash durch einen Eichen- und Fichtenwald in der Nähe von Houston. Plötzlich entdeckten sie vor sich ein über den Bäumen schwebendes helles Licht. Die drei beobachteten, wie sich die Erscheinung allmählich in einen »Diamanten aus Feuer« verwandelte. Sie kamen zu dem Schluß, daß es sich um ein ungewöhnliches Luftfahrzeug handelte. Die Farbe glich der matten Aluminiums, und über die Unterseite des Rumpfes verlief eine Reihe aus blauen Lichtern. Das UFO schien sich in Schwierigkeiten zu befinden, denn es sank immer wieder auf die Höhe der Baumwipfel ab, wobei blaue Flammen aus der Unterseite schlugen. Dann stieg es für kurze Zeit wieder auf. Gelegentlich war ein Piepsen zu hören.

Betty Cash, die am Steuer saß, hatte angehalten, und alle drei Zeugen waren ausgestiegen, um sich das seltsame Geschehen näher anzusehen. Ihrer Schätzung nach waren sie nicht weiter als 40 Meter von dem Raumschiff, von dem eine enorme Hitze ausging, entfernt. Die Metallkarosserie ihres Wagens wurde so heiß, daß sie sie nicht mehr anfassen konnten. Vickie Landrum glaubte, die Rückkehr des Messias zu erleben, und beruhigte ihren Enkel: »Das ist Jesus. Er wird uns nichts tun.« Colby Landrum schien sich nicht ganz sicher zu sein, daß Vickie recht hatte, denn er bat die Erwachsenen darum, wieder ins Auto zu steigen. Als sie weiterfuhren, sahen Cash und Landrum eine Gruppe von insgesamt 23 Hubschraubern, die den fliegenden »Diamanten« begleiteten.

Binnen Stunden nach dieser Begegnung traten bei allen drei Zeugen schmerzhafte Symptome auf, die von der nahen Begegnung zeugten. Dazu zählten starke Kopfschmerzen, Schwellungen und Blasen auf der Haut sowie Durchfall. Colby Landrum bekam einen Ausschlag, der an Sonnenbrand erinnerte, und seiner Großmutter fielen die Haare aus. Eine Woche später konnte Betty Cash nicht mehr gehen. Ihre Augenlider waren so geschwollen, daß sie nichts mehr sah. Sie wurde ins Krankenhaus eingeliefert und dort 27 Tage lang wegen verschiedener Leiden behandelt, aber es trat keine Besserung ein. Im Verlauf der nächsten acht Jahre wurde sie noch 25mal wegen Problemen mit ihren Augen und wegen eines beunruhigenden Blutbildes stationär behandelt. Schließlich wurde Krebs diagnostiziert.

Der Cash-/Landrum-Fall ist für viele Ufologen einer der überzeugendsten Beweise. Ärzte, die die Zeugen untersuchten, bestätigten, daß alle starker elektromagnetischer Strahlung ausgesetzt waren. Die Forscher fanden auch physische Spuren am Wagen, darunter einen Fingerabdruck von Vickie Landrum im Kunststoff des durch die Hitze teilweise geschmolzenen Armaturenbretts. Man stieß sogar auf andere Zeugen, die sowohl das UFO als auch die begleitende Hubschrauberflotte gesehen haben wollten. Ein mit der Untersuchung beauftragter Angehöriger der Armee berichtete, diese Zeugen seien ebenso glaubwürdig und ehrlich wie Cash und Landrum.

Trotzdem bleibt der Fall frustrierend mysteriös. Sowohl

die US-Armee als auch die Marine stritten jede Beteiligung ab. Forscher der Ufologenvereinigungen *Mutual UFO Network* und *Fund for UFO Research* waren nicht in der Lage, einen militärischen oder zivilen Flughafen ausfindig zu machen, der an dem betreffenden Abend eine Helikopterflotte ausgesandt hatte. Als Cash und Landrum die amerikanische Regierung auf 20 Millionen Dollar Schadenersatz verklagten, wurde der Prozeß nicht zugelassen, weil von der US-Armee »kein solches Objekt besessen, betrieben oder in den Verzeichnissen geführt« werde.

Peter Brookesmith, ein skeptischer Ufologe, faßt die Cash-/Landrum-Begegnung der zweiten Art folgendermassen zusammen:

> »Für Ufologen ist dies einer der verwirrendsten und frustrierendsten Fälle der Moderne. Was zuerst nach solidem Beweismaterial für ein Phänomen aussah, das sonst nur schwer faßbar ist, verlor sich in einem Labyrinth von Sackgassen, Dementis und vielleicht sogar absichtlicher Irreführung durch offizielle Stellen.
>
> Skeptiker haben stets eine grundlegende Frage gestellt, die auf der Hand liegt: Wie war der Gesundheitszustand der drei vor der angeblichen Begegnung?«

Zu erwähnen bleibt noch eine besondere Kategorie der Fälle mit physischen Anhaltspunkten. Schon immer hat es Gerüchte gegeben, daß eine Handvoll der vielen tausend UFOs, die unseren Himmel bevölkern, zu Schaden gekommen und auf die Erde gestürzt sei. Die Piloten hätten dabei angeblich den Tod gefunden. Überraschte Regierungen und deren schlagkräftige Armeen hätten mit grimmiger Entschlossenheit die handfesten Beweise für die Existenz von Außerirdischen eingesammelt. Der früheste dieser Berichte stammt vom Juni 1884, als die Zeitung *Nebraska Nugget* einen

Artikel über einen seltsamen Vorfall im abgelegenen Ödland von Dundy County im Süden des Bundesstaates veröffentlichte. Demnach war eine Gruppe von Cowboys, die gerade Vieh zusammentrieb, plötzlich durch ein unheimliches, sirrendes Geräusch über sich erschreckt worden. Die Männer sahen auf und erblickten ein in Flammen stehendes Objekt, das in der Nähe abstürzte. Als die verstörten Zeugen die Absturzstelle erreichten, fanden sie »Fragmente von Zahnrädern und andere mechanische Teile auf dem Boden liegen ... Sie waren so heiß, daß das Gras in weitem Umkreis um jedes Bruchstück versengt war.« Der Zeitung zufolge ähnelte eines der größten Teile einem Messingpropeller von 32 Zentimetern Durchmesser und sechs Zentimetern Dicke. Als das schwelende Objekt endlich abkühlte, war zu erkennen, daß es sich um ein zylindrisches Luftschiff von über 16 Metern Länge aus erstaunlich leichtem und widerstandsfähigem Material handelte. Einer der Cowboys, Alf Williamson, war unterdessen, von der Hitze überwältigt, zusammengebrochen. Sein Gesicht war von Blasen übersät und sein Haar bis auf die Kopfhaut versengt. Ein oder zwei Tage später meldete eine andere Zeitung, daß er zwar dauerhaft erblindet sei, aber »sonst offenbar keinen Schaden erlitten« habe.

Leider stellte sich heraus, daß die fliegende Untertasse von Dundy County nicht nur der erste Bericht über einen Absturz, sondern auch einer der ersten UFO-Schwindel war. Spätere Berichte zogen die Geschichte ins Lächerliche und spotteten, daß das Objekt offenbar in einem Platzregen dahingeschmolzen sei, weil es keinerlei Spuren hinterlassen habe. In den 60er Jahren unseres Jahrhunderts forschten örtliche Historiker nach und konnten nicht einen Einwohner finden, der jemals von dieser Geschichte gehört hatte.

Nur selten waren im 20. Jahrhundert Geschichten über

das Auffinden von Absturzüberresten glaubwürdiger als der Schwindel aus dem 19. Jahrhundert. Der Bestseller *Behind the Flying Saucers* von Frank Scully basiert teilweise auf Berichten über den Absturz einer fliegenden Untertasse in New Mexico im Jahre 1948. Damals fand die amerikanische Luftwaffe angeblich ein Raumschiff, dessen Besatzung aus 32 Zentimeter großen, »schokoladefarbenen« Wesen bestanden habe. Unsinnigerweise waren die Männlein nach der Mode der 90er Jahre des letzten Jahrhunderts gekleidet. Später fand Scully heraus, daß er abgebrühten Schwindlern aufgesessen war, die ein System zur Entdeckung von Erdöl an den Mann hatten bringen wollen. Das unfehlbare System sollte auf außerirdischer Technologie basieren, die aus dem Absturz stamme. Der Forscher Leonard Stringfield, der Jahre mit der Untersuchung von Absturzmeldungen verbrachte und nicht weniger als sechs »Statusberichte« mit mehr als 50 individuellen Fallbeispielen verfaßte, stützte sich bei seiner Arbeit hauptsächlich auf Informationen aus zweiter und dritter Hand. Er entschied sich dafür, die Identität der wenigen vermeintlichen echten Zeugen der dramatischen Ereignisse nicht preiszugeben. Daher war es für andere Ufologen nicht unmöglich, seine Ergebnisse zu überprüfen.

Bei einem einzigen Absturz meldeten sich mehrere Zeugen, die bereit waren, ihre Geschichte verschiedenen Forschern zu erzählen. Die Rede ist von dem Zwischenfall in Roswell im Juli 1947. Nach vielen Jahren der Untersuchung ist man heute davon überzeugt, daß damals – nur wenige Tage, nachdem Kenneth Arnolds Erlebnis die Diskussion über fliegende Untertassen in Gang gebracht hatte – in der Wüste von New Mexico tatsächlich etwas auf die Erde stürzte. Die Frage ist dabei nur, was. Die US-Luftwaffe behauptete ursprünglich, es habe sich um einen abgetriebenen Wetterballon gehandelt. Manche Forscher glaubten an ein wesentlich geheimnisvolleres Objekt. Für sie handelte es sich um einen neuartigen Ballon, der für große Höhen geeignet und mit modernsten Instrumenten bestückt war, um nach Beweisen für Nuklearwaffentests der Sowjetunion zu suchen. Aber die meisten Arbeiten über den Vorfall gehen davon aus, daß bei Roswell tatsächlich ein UFO abstürzte. Demnach waren die verschiedenen Erklärungsversuche Teil eines gewaltigen Vertuschungsmanövers der Regierung.

Zu den wenigen unumstrittenen Tatsachen dieses Falles gehört, daß 120 Kilometer nördlich von Roswell etwas vom Himmel fiel und auf einer abgelegenen Ranch landete. Ursache eines möglichen Absturzes könnte ein Gewitter gewesen sein. Jedenfalls entstand auf dem Besitz eines gewissen Mac Brazel ein Trümmerfeld, das etwa einen halben Kilometer lang und zwischen 100 und 150 Metern breit war. Brazel stolperte, je nach Bericht, am 14. Juni oder am 3. Juli über das Wrack, aber die Trümmer erschienen ihm nicht besonders ungewöhnlich, so daß er am Anfang nicht neugierig genug wurde, um weitere Nachforschungen anzustellen. Später kehrte er zu dem Feld zurück, sammelte einige Bruchstücke ein und trug sie nach Hause. Es handelte sich dabei um Streben oder Träger, Draht, ein braunes, pergamentartiges Papier und eine leichte graue Metallfolie. Brazel hatte noch nie zuvor etwas Ähnliches gesehen. Als er am 4. Juli nach Corona, New Mexico, kam, hörte er von Berichten über fliegende Untertassen und begann sich zu fragen, ob sein Fund etwas mit den geheimnisvollen Raumschiffen zu tun haben könnte. Er informierte den örtlichen Sheriff, und bald darauf tauchte ein Team von Luftwaffenoffizieren auf seiner Ranch auf, um die Wrackteile zu bergen. Von Roswell aus wurden die Stücke zum örtlichen Luftwaffenhauptquartier ins texanische Fort Worth geflogen. Dort informierte man die Presse bezüglich eines Wetterballons, und damit geriet der Zwischenfall erst einmal in Vergessenheit.

Bis auf diese Einzelheiten ist so ziemlich alles an dem Vorfall von Roswell umstritten. Ufologen stießen bei ihren Nachforschungen auf Zeugenaussagen, die die Theorie vom UFO-Absturz stützten. Es gab sogar Hinweise darauf, daß Leichen Außerirdischer aus der Wüste geborgen worden seien. Beispielsweise behauptete der Bestattungsunternehmer Glenn Dennis aus Roswell, einen Anruf vom örtlichen Luftwaffenstützpunkt erhalten zu haben, in dem nach Särgen in Kindergröße gefragt worden sei. In der Hoffnung auf ein gutes Geschäft am Eingang zur Basis angekommen, verweigerte man ihm den Zutritt. Er behauptet, daß ihm eine dort beschäftigte Krankenschwester später erzählt habe, es seien drei kleine Leichen mit konkaven Augen und vierfingrigen Händen aus einer abgestürzten Scheibe geborgen worden. Weniger glaubwürdig klingt die Aussage eines Mannes namens Jim Ragsdale, der behauptete, er sei in der Nacht des Absturzes mit einem Mädchen namens Trudy Truelove (!) zu einem Schäferstündchen in die Wüste gefahren. Sie hätten in der Nähe des Highway 48 geparkt, als ein grelles Licht über ihnen aufgeflammt und in etwa eineinhalb Kilometer Entfernung zu Boden gestürzt sei. Am nächsten Morgen fuhr das Pärchen angeblich zu der Absturzstelle und fand ein seltsames Objekt, das sich halb in einen Bergrücken gebohrt hatte. Die Leichen der außerirdischen Besatzung wären verstreut gewesen, dazwischen hätten 15 Helme aus purem Gold gelegen. Ragsdale behauptete später, er habe einige dieser Helme aufgehoben und in der Nähe der Absturzstelle vergraben.

So unglaubwürdig Ragsdales Aussage auch klingen mag, sie lenkt die Aufmerksamkeit auf eines der Hauptprobleme der Roswell-Geschichte: die Frage, wo das UFO, das in der Nähe der Stadt abstürzte, ursprünglich hätte landen sollen.

Gegenwärtig existieren nicht weniger als sechs angebliche Absturzorte, einige davon in mehr als 150 Kilometer Entfernung von der Brazel-Ranch. Manche Ufologen vermuteten, daß die geheimnisvolle Untertasse über Brazels Ranch beschädigt war und Trümmer verlor, bevor sie an anderer Stelle niederging. Andere spekulierten, daß in jener Nacht in der Wüste von New Mexico nicht ein, sondern zwei UFOs vom Himmel gefallen seien. Die sieben Zeugen, die behaupten, Leichen von Außerirdischen gesehen zu haben, sind sich über die Zahl der geborgenen Körper uneinig. Von einem bis fünf Toten ist die Rede. Diese Widersprüchlichkeit der Aussagen, zusammen mit der kürzlich entdeckten Tatsache, daß alle Aufzeichnungen der örtlichen Luftwaffenbasis zerstört wurden, lassen es höchst unwahrscheinlich erscheinen, daß wir jemals die Wahrheit über den Zwischenfall von Roswell erfahren werden. Das beste zur Verfügung stehende Indiz könnte ein geheimer Bericht von Colonel Howard McCoy sein, der acht Monate später verfaßt wurde, und in dem der Vorfall von Roswell keine Erwähnung findet. McCoy, der als Leiter des Geheimdienstes der US-Luftwaffe über eine derart sensationelle Entdeckung als erster hätte informiert werden müssen, schreibt: »Ich kann gar nicht beschreiben, was wir dafür gäben, eines dieser [UFOs] in einem Gebiet abstürzen zu sehen, in dem wir es bergen könnten. Dann wüßten wir endlich, worum es sich dabei handelt.« Dieser Wunsch läßt sich nur schwer mit der Vorstellung vereinbaren, daß ein ebensolcher Zwischenfall nur wenige Wochen zuvor stattgefunden haben soll.

Die Entdeckung, daß alle Aufzeichnungen im Zusammenhang mit dem Zwischenfall vernichtet worden waren, war sowohl für die US-Luftwaffe als auch für die Regierung höchst peinlich, insbesondere, weil man ihnen bereits vorgeworfen hatte, mehr über das Geheimnis der UFOs zu wissen, als sie öffentlich zugaben. Es gibt Verdachtsmomente, die darauf hindeuten, daß dies tatsächlich der Fall war. Bei der ersten Einschätzung der Lage durch die Luftwaffe handelte es sich um einen geheimen Bericht, vorgelegt durch das *Project Sign* im August 1946. Darin wurden Zeugenaussagen der zuverlässigsten verfügbaren Quellen untersucht – unter anderem von Wissenschaftlern und Berufspiloten –, und man kam zu dem Schluß, daß fliegende Untertassen nicht nur existierten, sondern auch wahrscheinlich aus dem Weltall stammten. Wenige Jahre später beschloß die CIA, sich mit UFOs zu befassen. Man berief ein Gremium aus Wissenschaftlern, Luftwaffenoffizieren und Geheimdienstlern ein, die das Phänomen der fliegenden Untertassen untersuchen sollten. Obwohl sich die Arbeitsgruppe höchst skeptisch zu der Hypothese einer außerirdischen Herkunft äußerte, überzeugte ihre Ende der 50er Jahre bekannt gewordene Existenz viele Ufologen davon, daß ein groß angelegtes Täuschungsmanöver im Gange war. Man fühlte sich dadurch bestätigt, daß der Ausschuß der Luftwaffe empfahl, eine Kampagne ins Leben zu rufen, mit der die Öffentlichkeit davon überzeugt werden sollte, daß es keine UFOs gebe.

1955 begannen britische Ufologen einen ähnlichen Verdacht zu hegen, weil das Luftfahrtministerium zugab, daß die Royal Air Force zwar kurz zuvor eine fünfjährige Untersuchung des Mysteriums abgeschlossen, deren Ergebnisse der Öffentlichkeit aus Gründen der Sicherheit aber niemals mitgeteilt hatte. In der UdSSR wurde einem vom Kosmonautenkomitee unter Vorsitz des pensionierten Luftwaffengenerals Porfiri Stoljarow organisierten Ausschuß der Zutritt zu den UFO-Archiven der sowjetischen Regierung verweigert. Laut einem westlichen Bericht teilte man Stoljarow mit: »Diese Angelegenheit ist zu groß, und Sie sind zu klein.«

Warum haben sich Regierungen auf der ganzen Welt so für das Rätsel der fliegenden Untertassen interessiert? Die einfache Antwort lautet: Es blieb ihnen keine andere Wahl. Jedes Land ist daran interessiert, unbekannte Flugobjekte, die in seinen Luftraum eindringen, zu identifizieren. Nicht unbedingt, weil man davon ausgeht, daß sie aus dem Weltall kommen, sondern weil sie für feindliche Flugobjekte gehalten werden. Unter Ufologen ist diese Ansicht allerdings nicht sehr populär. Viele glauben lieber, daß unsere Regierungen wissen, daß es sich bei manchen UFOs um außerirdische Raumschiffe handelt, deren Besatzungen sehr wohl feindliche Absichten hegen könnten.

Begegnungen der dritten Art

UFO-Fälle, in denen Besatzungsmitglieder beschrieben werden, bezeichnet man als »Begegnungen der dritten Art«. Für viele Jahre waren solche Berichte selten, und wenn es sie gab, dann wurden sie selbst von Ufologen mit großer Skepsis behandelt. Man fürchtete, durch extravagante Behauptungen könnte der Versuch fehlschlagen, die Wissenschaft für das Phänomen zu interessieren. Aber sobald sich der Gedanke, daß fliegende Untertassen außerirdische Raumschiffe sein könnten, einmal verbreitet hatte, kam wie selbstverständlich die Frage auf, von welchen Wesen sie geflogen würden. Kaum gingen UFO-Forscher ihr nach, wurde klar, daß es bereits eine beträchtliche Anzahl von Berichten über Besatzungsmitglieder gab. Einer neueren Schätzung zufolge handelt es sich bei bis zu einem Drittel der UFO-Sichtungen um eine Begegnung der dritten Art.

Berichte über solche Fälle reichen bis in die Tage der mittelalterlichen Himmelsschiffe zurück, deren Besatzungen wie normale Menschen aussahen und handelten. Bis zum Ende des 19. Jahrhunderts änderte sich daran auch wenig. Wenn mysteriöse Luftschiffe und ihre Besatzungen gesichtet wurden, hatten diese ohne nennenswerte Ausnahme menschliche Züge. Manchmal verließen die Piloten sogar ihr Cockpit und behaupteten, ein nordamerikanischer Erfinder oder ein Patriot, der Havanna bombardieren wolle, zu sein. Anhand dieser Information identifizierten einige Zeitungen den Piloten anschließend zum Beispiel als einen gewissen Mr. Wilson aus New York, obwohl Recherchen in der Stadt keinen Hinweis auf die Existenz eines solchen Mannes zu Tage brachten. Aber schon in den 90er Jahren des letzten Jahrhunderts gab es Menschen, die daran zweifelten, daß die seltsamen Luftschiffe auf der Erde gebaut worden waren. Eine kleine Minderheit spekulierte, daß sie von einem anderen Ort im Sonnensystem stammten, und eine Handvoll von Vorfällen schien diese Theorie zu bestätigen. Nur waren die Piloten auch in diesen Fällen Menschen sehr ähnlich. Der Zeuge W. H. Hopkins aus Springfield, Missouri, erzählte den Zeitungen, daß er am 16. April 1897 in den Hügeln östlich der Stadt spazierengegangen und dabei auf ein Luftschiff gestoßen sei, das auf einer Lichtung gestanden habe. Auf dem Boden davor habe eine wunderschöne nackte Frau, deren Haar bis zur Taille reichte, gesessen, Blumen gepflückt und sich Kühlung zugefächelt, während ein nackter Mann mit dichtem Bart im Schatten des Raumschiffes gelegen habe. Beide hätten sich sehr beunruhigt gezeigt, als Hopkins nähergekommen sei. Nach wildem Gestikulieren und Äußerungen in einer unverständlichen Sprache hätten sie sich aber schließlich beruhigt und mit Hilfe von Zeichensprache Kontakt zu ihm aufgenommen. Als Hopkins gefragt habe, woher sie kämen, habe das Paar »nach oben gedeutet und dabei ein Wort ausgesprochen, das in [seiner] Vorstellung wie ›Mars‹ klang.«

Zu Beginn des 20. Jahrhunderts tauchten dann erstmals

fremdartige Wesen auf. Im Spätsommer 1938 stieß in den Wäldern von Thessaloniki ein Grieche aus dem Dorf Neu-Apollonia auf ein eiförmiges Objekt von etwa drei Metern Höhe, das auf einer Lichtung stand. Zwei Besatzungsmitglieder, beide menschenähnlich, aber größer als ein normaler Mensch, hielten sich davor auf. Sie hatten große Köpfe, rote Augen und sonnenverbrannte Haut. Ihre Kleidung erinnerte an englische Militäruniformen. Als die Fremden bemerkten, daß sie beobachtet wurden, sprangen sie wieder in das riesige Ei. Eine ballonähnliche Vorrichtung erschien oben an dem Raumschiff und füllte sich mit Luft oder Gas. Dann hob das Objekt senkrecht ab und verschwand.

Noch seltsamere Begegnungen sollten folgen. In dem kleinen Dorf Kelly in der Nähe von Hopkinsville in Kentucky wurde in einem abgelegenen Farmhaus eine neunköpfige Familie zusammen mit zwei Freunden von 90 Zentimeter bis einen Meter zwanzig großen »Kobolden« belagert. Die Geschöpfe hatten übergroße Köpfe, glühende gelbe Augen und riesige Ohren, und ihre Haut war von metallisch silbriger Farbe. Sie erschienen in der Nacht vom 21. auf den 22. August und versuchten zwischen 19.30 Uhr und 4.45 Uhr mehrfach, das Haus zu erreichen. Die verängstigten Bewohner bemühten sich verzweifelt, sie mit Schüssen zu vertreiben. Obwohl die Wesen mehrfach getroffen wurden und unter der Gewalt der Einschläge regelrechte Purzelbäume schlugen, stürzten sie sich kurz darauf wieder unversehrt in den Kampf. Im Mai 1969 berichtete der in der Nähe von Bebedouro, Brasilien, stationierte Militärpolizist José Antonio da Silva, daß er außerhalb seiner Dienstzeit von mehreren einen Meter zwanzig großen Wesen mit Helmen angegriffen worden sei. Sie hätten ihn an Bord eines Gefährts verschleppt, das zwei durch einen vertikalen Zylinder miteinander verbundenen Untertassen geglichen habe. Als sie ihre Helme abgenommen hätten, habe er festgestellt, daß sie untersetzt gewesen seien und lange Vollbärte getragen hätten. Sie seien Zwergen aus Märchen sehr ähnlich gewesen. Bei der angeblichen Landung des Raumschiffes verlor da Silva das Bewußtsein. Erst viereinhalb Tage später erwachte er wieder. Am 6. Dezember 1972 wurde in Genua der 26jährige Wachmann Fortunato Zanfretta von einem über drei Meter großen Wesen zu Boden gestoßen. Der Körper des Riesen bestand aus einer graugrünen Masse fleischiger Falten, und der seltsam geformte Kopf war von Stacheln eingerahmt und hatte jeweils zwei Hörner auf beiden Seiten der Stirn. Darunter leuchteten zwei dreieckige gelbe, nach oben gerichtete Augen. Zanfretta bemerkte glimmende Falten in der Mitte der Stirn, die möglicherweise ein drittes Auge umgaben. Das Wesen sei urplötzlich verschwunden, und hinter einem nahegelegenen Gebäude habe sich ein riesiges Raumschiff mit lautem Pfeifen in den Himmel erhoben.

Diese mehr oder weniger zufällig aus Tausenden von Fällen ausgewählten Beispiele verdeutlichen das zentrale Problem bei der Beschreibung von UFO-Besatzungen: Die Ufonauten sind einerseits zu menschlich, um wirklich außerirdisch zu sein – denn man findet selten Beschreibungen von Wesen, die nicht zumindest menschenähnlich aussehen, das heißt zwei Arme, zwei Beine und einen Kopf besitzen -, und andererseits zu unterschiedlich. Hätte jeder Zeuge die Wesen, denen er angeblich begegnet war, richtig beschrieben, dann würde die Erde von vielen hundert unterschiedlichen Rassen Außerirdischer heimgesucht. Dies scheint zumindest unwahrscheinlich (aber wer sind wir, daß wir außerirdische Logik in Frage stellen dürfen?). Hinzu kommt, daß die Beschreibungen von Begegnungen der dritten Art je nach Sichtungsort variieren. Patrick Huyghe, der Verfasser des Buches *A Field Guide to Extraterrestrials,* bemerkt dazu:

»Aus Südamerika stammen Berichte über kleine dunkelhäutige Zwerge, die sich relativ aggressiv verhalten, während in Europa, besonders in England, vielfach von großen, blonden blauäugigen Wesen mit wesentlich freundlicherem Verhalten die Rede ist [...] Diese offenkundigen geografischen Unterschiede stellen ein gewaltiges Hindernis dar, wenn man an die Existenz von außerirdischen UFO-Besatzungen glauben will. Das Phänomen scheint sich an die jeweilige Kultur und Zeit, in der es auftritt, anzupassen. Das deutet darauf hin, daß es sich bei den Begegnungen eher um Visionen als um echte Besuche handelt.«

Huyghes Meinung wird von zahlreichen europäischen Ufologen geteilt, aber die meisten amerikanischen UFO-Forscher lehnen sie ab. In den Vereinigten Staaten herrscht weiterhin die Ansicht vor, daß es sich bei den fliegenden Untertassen tatsächlich um außerirdische Raumschiffe handle. Diese Annahme wird als »extraterrestrische Hypothese« (ETH) bezeichnet.

Die ETH ist in verschiedener Hinsicht höchst problematisch. So müßten zum Beispiel fremde Zivilisationen Reisen von sehr langer Dauer unternehmen, um zur Erde zu gelangen, wenn man davon ausgeht, daß es (wie von Einstein postuliert) prinzipiell unmöglich ist, schneller als mit Lichtgeschwindigkeit zu reisen. Aber die meisten Gegenargumente werden dadurch entkräftet, daß wir unmöglich wissen können, über welche technologischen Möglichkeiten eine höher entwickelte Zivilisation verfügt. Und abgesehen von rein physikalischen Einwänden hat es tatsächlich den *Anschein*, als wären viele fliegende Untertassen echte außerirdische Raumschiffe. Somit hat die extraterrestrische Hypothese das Potential, eine einleuchtende Erklärung für das Phänomen der UFOs abzugeben.

Die Frage ist nur, ob die ETH durch das vielfach widersprüchliche Beweismaterial nicht ernsthaft diskreditiert wurde. Viele Ufologen können zum Beispiel nur schwer verstehen, warum so viele UFOs gesichtet wurden. Nach einer vorsichtigen Hochrechnung auf der Grundlage der verfügbaren Daten waren es mindestens 100 000! Dabei hätte doch schon eine Handvoll genügt, um die Erde zu beobachten und mit eventuell benötigten Proben zurückzukehren.

Auch die in vielen Berichten enthaltenen Details stellen ein Problem dar. Jedes Gefährt, das blitzschnelle Kehren um 90 Grad, wie sie UFOs häufig zugeschrieben werden, ausführt, würde so gewaltige Gravitationskräfte erzeugen, daß die Manöver nicht nur für menschliche Piloten, sondern auch für alle uns ähnlichen außerirdischen Lebensformen tödlich sein müßten. Dieses Argument läßt sich natürlich dadurch entkräften, daß wir keine Ahnung davon haben, wozu eine andere Intelligenz in der Lage ist. Manche Ufologen lösen das Problem dadurch, daß sie UFOs für ferngesteuert halten. Andere nehmen an, daß Außerirdische eben widerstandsfähiger als Erdlinge sind. Gerald Heard, der Autor eines der frühesten Werke über fliegende Untertassen, *Is Another World Watching?* aus dem Jahre 1951, vertrat die Meinung, fliegende Untertassen seien Raumschiffe vom Mars, die von hochentwickelten, vier Zentimeter langen Superbienen geflogen würden. Heard war der Ansicht, daß nur sehr kleine Insekten die Gravitationskräfte überstehen könnten, die in den außergewöhnlich manövrierfähigen Untertassen aufträten.

Ergiebiger scheinen Aussagen zu sein, die Außerirdische selbst gegenüber Zeugen machten. Sehr interessant ist auch, wie sich die Heimatplaneten der Besucher in dem Maße weiter von der Erde entfernen, wie unser Wissen über den Weltraum zunimmt. In den 50er Jahren behauptete eine ganze Reihe von »Kontaktpersonen«, daß sie nicht nur fliegende Untertassen gesehen, sondern auch Kontakt mit deren Besatzungen aufgenommen hätten. Ferner seien sie an Bord der Raumschiffe gewesen und hätten Reisen durch den Weltraum unternommen. Der wohl bei weitem bekannteste dieser Zeugen, George Adamski, war Amateurastronom sowie zeitweiliger Hotdog-Verkäufer. Er behauptete, daß die meisten Raumfahrer, denen er begegnet sei, von der Venus kämen. Sie hätten ihm versichert, daß alle Planeten bis auf einen in unserem Sonnensystem bewohnt seien. Die Außerirdischen seiner Beschreibungen sahen übrigens ziemlich menschlich aus. Adamski traf zuerst einen relativ schönen Mann, der etwa 1,85 Meter groß war und eine hohe Stirn, graugrüne Augen und wohlgeformte Wangenknochen besaß. Nachdem russische und amerikanische Sonden bewiesen hatten, daß die Venus eine unbewohnbare, von Gas umgebene Wüste und der Mars absolut karg und viel zu unfruchtbar für die Existenz von Leben ist, erklärten die Weltraumfahrer späterer Jahre, von weiter entfernten Orten zu kommen. Im Fall des Schweizers Billy Meier stammten sie von den Plejaden, anderen waren auf einem Planeten im System Zeta Reticuli heimisch – sofern man einer Sternenkarte an Bord eines UFOs glauben darf, an die sich ein Entführter erinnerte. Dies alles deutet darauf hin, daß die Zeugen selbst bewußt oder unbewußt nach einem plausiblen Heimatort für die Außerirdischen suchten.

Aber wenn UFOs keine außerirdischen Raumschiffe sind, was sind sie dann? Skeptiker meinen, daß es sich bei den gesammelten Fällen um eine Mischung aus Schwindel, Halluzinationen und Fehlinterpretationen handelt, und zweifellos ist der größte Teil der Berichte damit zu erklären. Selbst Ufologen gehen davon aus, daß bei genauerer Nachforschung aus 85 bis 95 Prozent aller UFOs *IFOs* (identifizierte Flugobjekte) werden.

Seit den 50er Jahren hat besonders ein Mann, Donald Menzel, der Direktor des Observatoriums am Harvard-College, immer wieder behauptet, daß viele »fliegende Untertassen« in Wahrheit astronomische Luftspiegelungen seien, bei denen bekannte Objekte wie etwa der Planet Venus durch außergewöhnliche atmosphärische Bedingungen verzerrt werden. Derartige Reflexionen könnten untertassenförmig wirken und scheinbar hin- und herschießen. Er selbst sah eine solche Spiegelung während seiner Beobachtung des nördlichen Polarlichtes in Alaska. Am 3. März 1955 flog er kurz vor der Morgendämmerung in einem alten Luftwaffenbomber auf Fairbanks zu, als plötzlich ein helles Licht vom Horizont aus auf ihn zuschoß. Ungefähr 100 Meter von ihm entfernt »kam es plötzlich schleudernd zum Halten.« Das Objekt glänzte silbermetallisch, hatte rote und grüne Blinklichter und verfügte über eine Art beleuchteten Propeller auf dem Dach. Menzel dachte spontan an einen Meteor, aber das seltsame Verhalten des Objekts ließ ihn diese These verwerfen. Er fragte sich, ob er unter Halluzinationen leide, und nahm seine Brille ab, um zu sehen, ob sie ihn vielleicht durch eine Spiegelung getäuscht hatte. Aber er mußte feststellen, daß sich das Objekt offenbar wirklich außen vor seinem Flugzeug befand. Nachdem es eine Zeitlang auf gleicher Höhe mit dem Bomber geblieben war, beschleunigte das Licht unvermittelt mit unglaublicher Geschwindigkeit und verschwand innerhalb von nur zwei Sekunden hinter dem Horizont. Erst als das Licht ein zweites Mal an gleicher Stelle, aber diesmal noch heller erschien, wurde Menzel klar, daß er einen Stern sah. Seiner Meinung nach handelte es sich dabei um Sirius, den Hundsstern, der direkt unterhalb des Horizonts stand und sich genauso verhielt, wie es viele Zeugen von UFOs berichtet hatten.

Zweifellos hatte Menzel eine der Hauptquellen für die

Sichtung von UFOs identifiziert. Trotzdem argumentierten Ufologen, daß solche Luftspiegelungen seltener als von Astronomen behauptet seien, und warfen speziell Menzel vor, daß er versuche, seine Theorie auf viele Fälle anzuwenden, die damit nicht zu erklären seien. Natürlich erscheinen manche Erklärungen durch Astronomen kaum glaubhaft, aber wenn man die Fälle überprüft, in denen ein »Licht am Himmel« gesehen wurde, dann stellt man fest, daß selbst geschulte Beobachter zu erstaunlichen Fehlinterpretationen kommen. Philip Klass, Menzels Nachfolger als wichtigster UFO-Skeptiker, zitierte einen Fall, in dem die Besatzung eines Transportflugzeuges der US-Marine berichtete, sie habe auf dem Weg von Island nach Neufundland ein »orangefarbenes Licht« gesehen, das sich mit großer Geschwindigkeit auf sie zubewegt habe. In Wirklichkeit sahen die Flieger den Mond, der durch eine dünne Schleierwolke schien.

Wenn also selbst erfahrene Piloten nicht vor solchen Irrtümern gefeit sind, scheint es nicht angeraten, sich auf die Aussagen gewöhnlicher Augenzeugen zu verlassen. Dagegen behauptet wiederum eine bestimmte Gruppe von Ufologen nicht nur, daß gerade diese Berichte den Schlüssel zum Geheimnis der UFOs bergen, sondern auch, daß sich die scheinbar lächerlichsten, bizarrsten und konfusesten darunter als die wertvollsten herausstellen könnten.

Äußerst merkwürdig

Als David Stephens und Glen Gray in jener Nacht im Oktober 1975 zu sich kamen, befanden sie sich gut einen Kilometer weiter als zuvor. Die Fenster ihres Wagens waren heruntergekurbelt, die Türen, die sie verriegelt hatten, wieder offen.

Bis hierhin glich ihr Erlebnis, so erschreckend und grotesk es auch sein mochte, anderen Begegnungen der dritten Art, von denen während der vorangegangen 15 Jahre berichtet worden war. Im wesentlichen unterschied sich dieser Fall lediglich durch die Tatsache, daß die Zeugen daran gewöhnt waren, in den frühen Morgenstunden wach zu sein. Im Gegensatz zu ihnen waren andere, die nächtliche Begegnungen gehabt hatten, müde oder verwirrt gewesen. Was nun angeblich folgte, ist in der Tat äußerst bemerkenswert.

Als die beiden Freunde zu sich kamen und sich im Halbdunkel ansahen, fiel ihnen als erstes auf, daß ihre Augen orangefarben zu leuchten schienen. Außerdem waren Grays Pupillen nicht mehr zu erkennen. Danach stellten sie fest, daß das UFO immer noch zu sehen war und östlich von ihnen am Himmel schwebte. Benommen fuhren sie weiter. Nachdem sie drei Kilometer zurückgelegt hatten, verschwand das Licht am Himmel, und Stephens schlug vor zu wenden. Sie kehrten um und fuhren den Weg zurück, den sie gekommen waren, bis Gray aus für ihn selbst unerfindlichen Gründen abbog und einen Schotterweg zum Tripp Pond am südlichen Ende des Thompson-Sees hinunterfuhr.

Kaum hatte er die Hauptstraße verlassen, da tauchte das zylinderförmige UFO erneut vor ihnen auf. Es glomm strahlend weiß und schwebte in etwa 150 Metern Entfernung vor ihrem Wagen. Der Motor und das Radio fielen aus und ließen sich nicht wieder in Gang bringen. Dann stieg das Objekt höher in die Luft auf und bezog etwa in einem halben Kilometer Höhe Position. Die Männer beobachteten das UFO ungefähr eine Dreiviertelstunde lang. Warum Stephens und Gray dort so lange saßen, ist eines der vielen Geheimnisse des Falles. Keiner von beiden konnte anschließend eine Erklärung dafür abgeben. Schließlich tauchten zwei weitere, diesmal scheibenförmige »Raumschiffe« mit blinkenden blauen, grünen und roten Lichtern am Himmel auf. Die neuen UFOs schossen umher und veranstalteten eine Art »Flugschau«, wie die beiden Männer es nannten. Sie setzten kurz auf der Seeoberfläche auf, vollführten rechtwinklige Kehren und wechselten abrupt die Richtungen.

Gegen Ende der Vorstellung bemerkten die beiden, daß sich ein dichter grauer Nebel über dem weiterhin bewegungslosen Wasser des Tripp Pond erhob. Ihr Wagen war mehr als 800 Meter vom See entfernt stehengeblieben, aber Stephens und Gray hatten plötzlich den Eindruck, als befänden sie sich nicht mehr als 20 Meter vom Ufer entfernt. Der See, in Wirklichkeit an dieser Stelle nur ein paar hundert Meter breit, schien die Größe eines Ozeans angenommen zu haben und reichte bis zum Horizont. Dann erhob sich inmitten dieses Meeres eine Insel (die der echte See nicht besitzt), und eine der fliegenden Untertassen ging tiefer, bis sie knapp über der Insel schwebte.

In diesem Moment erreichte der Nebel, der vom Wasser aufgestiegen war, das Auto und verschluckte es. Das Radio erwachte zu neuem Leben, und ein Sprecher verkündete, daß der kommende Tag sonnig und klar werden würde. Zwar war das zylinderförmige UFO über ihnen noch zu erkennen, aber der Motor des Wagens war wieder angesprungen, und die Männer konnten davonfahren. Es war 6.30 Uhr. Die Begegnung hatte sich über dreieinhalb Stunden hingezogen.

Stephens und Grays Bericht klassifiziert ihre Begegnung als einen »höchst merkwürdigen« Fall, der sich durch seinen grundsätzlichen Mangel an Logik, traumähnliche Bilder und die Unwahrscheinlichkeit auszeichnet, daß sich die Geschehnisse wirklich wie beschrieben ereignet haben. In solchen Berichten spielen oft psychologische Komponenten eine Rolle. Da die Komplexität der Ereignisse eine Bewertung schwierig macht und ihr Inhalt es mehr oder weniger ausschließt, daß man sie wörtlich nimmt, werden sie von den meisten Ufologen oft ignoriert.

Ein weiterer, äußerst seltsamer Fall trug sich am 15. September 1977 in Rio de Janeiro zu. Ein Busfahrer namens Antonio la Rubia, der um 2.20 Uhr morgens zu Fuß zur Arbeit ging, sah ein helles, hutförmiges Objekt über einem Fußballfeld schweben. In Panik versuchte er davonzulaufen, wurde jedoch durch einen blauen Lichtstrahl jäh gestoppt und gelähmt. Im gleichen Augenblick materialisierten sich in seiner unmittelbaren Nähe drei merkwürdige Gestalten.

> »Die Wesen waren etwa einen Meter zwanzig groß und hatten über 30 Zentimeter lange Antennen auf ihren Köpfen, die wie Rugby-Bälle aussahen. Die Spitzen der Antennen waren wie Teelöffel geformt und rotierten mit großer Geschwindigkeit. Mitten über den Kopf schien bei jedem der Wesen eine Reihe aus kleinen Spiegeln in zwei unterschiedlichen Blautönen zu verlaufen...
>
> Ihre untersetzten Körper waren von einer schuppenartigen Kleidung oder Haut bedeckt, die aus mattem Aluminium zu bestehen schien. Ihre Arme sahen aus wie Elefantenrüssel, die an den Spitzen so dünn wie Finger wurden. Um die ›Taillen‹ trugen sie Gürtel mit Haken, an denen spritzenähnliche Gegenstände hingen. Aus der Unterseite ihrer rundlichen Körper wuchs jeweils ein einzelnes Bein, das einem schlanken, in einer kleinen runden Plattform auslaufenden Ständer glich.
>
> Die drei identischen Wesen schwebten um la Rubia herum, und eines von ihnen deutete mit einer ›Spritze‹ auf ihn. Daraufhin fand er sich in einem Gang im Inneren des Raumschiffs wieder.
>
> In einer riesigen, bis auf ein klavierartiges Gerät leeren Halle hielten sich etwa zwei Dutzend der

Kreaturen auf. Dort wurde la Rubia einer Art Untersuchung unterzogen. Man zeigte ihm eine Reihe von ›Dias‹, die zum Teil ihn selbst – nackt und bekleidet – zeigten, außerdem ein Pferd, das auf einer unbefestigten Straße einen Karren zog, dann dichten Straßenverkehr und schließlich einen Hund, der versuchte, eines der Wesen anzugreifen. Zu la Rubias Entsetzen verfärbte sich der Hund blau und löste sich auf. Ein Dia hatte auch eine ›UFO-Fabrik‹ mit einer Unmenge von arbeitenden Robotern gezeigt. Während der Diavorführung entnahm eines der Wesen mit einer Spritze Blut aus la Rubias Finger.

Plötzlich hatte er das Gefühl, über Bord geworfen zu werden. Er fand sich auf der Straße gegenüber dem Busbahnhof wieder. Eines der Wesen stand neben ihm. Als la Rubia sich umdrehte, verschwand es.«

Ebenfalls bezeichnend für derart merkwürdige Fälle scheint zu sein, daß sie auf keine exotische Szenerie angewiesen sind. Eine der wohl seltsamsten Begegnungen ereignete sich im Januar 1979 in den britischen Midlands in der Stadt Rowley Regis westlich von Birmingham. Der Zwischenfall begann am frühen Morgen des 4. Januar, als Jean Hingley vor ihrem Haus am Bluestone Walk ihrem Ehemann, der zur Arbeit ging, hinterherwinkte. Sie wollte eben wieder hineingehen, als sie eine große orangefarbene Kugel über der Garage schweben sah und drei kleine Gestalten mit hohem Sirren an ihr vorbei ins Haus schossen. Sie waren ungefähr einen Meter groß und trugen silbrig glänzende, vorne geknöpfte Umhänge. Die Köpfe der Wesen waren von Helmen wie »Goldfischgläser« umgeben, und dahinter funkelten in breiten weißen Gesichtern Augen »wie schwarze Diamanten«. Noch bizarrer war, daß jede der Kreaturen über ein Paar großer, durchsichtiger, mit kleinen Punkten besetzter

Flügel verfügte. Die Gliedmaßen liefen an den Enden spitz zu, und während sie schwebten oder flogen, hielten die Wesen die Arme vor der Brust verschränkt und ließen die Beine schlaff nach unten hängen. Jede der Erscheinungen war von einer Aura aus Licht umgeben.

Die seltsamen Geschöpfe begaben sich sofort ins Wohnzimmer, wo zwei von ihnen begannen, den Weihnachtsbaum der Hingleys zu schütteln. Einmal flogen zwei zum Sofa und sprangen dort auf und ab wie Kinder. Als Jean sie bat aufzuhören, richteten sie einen Lichtstrahl auf ihre Stirn, der sie zu blenden und zu verbrennen schien. Allerdings nahmen sie das Gebäck gerne an, das Jean ihnen offerierte. Jedesmal, wenn sie sprach, drückten die Wesen auf die Knöpfe an ihren Umhängen und antworteten dann mit schroffen, männlichen Stimmen. Schließlich flogen sie zur Hintertür hinaus und kehrten zu ihrem »Raumschiff« zurück. Das kugelförmige Gebilde besaß an der Rückseite einen skorpionartigen Schwanz. Beim Abheben hinterließ es im Schnee ein Muster aus parallelen Linien im Abstand von zwei Zentimetern. Am merkwürdigsten an dieser Begegnung ist vielleicht, daß zwei Tage danach der Weihnachtsbaum der Hingleys spurlos aus deren Wohnzimmer verschwand. Erst am 8. Januar tauchte er im Garten hinter dem Haus zerstückelt wieder auf. Der Christbaumschmuck fehlte zunächst, fand sich jedoch während der nächsten Tage nach und nach außerhalb des Vorgartens.

Erlebnisse wie die von la Rubia und Hingley sind ziemlich einzigartig. In den Aufzeichnungen über UFOs trifft man auf nichts Vergleichbares. Aber einige der besonders merkwürdigen Fälle enthalten durchaus Motive, die von Zeit zu Zeit auch in anderen Berichten auftauchen. Vielleicht das beste Beispiel dafür sind die geheimnisvollen »Männer in Schwarz« – unheimliche, aber offenbar menschliche Agenten, die von Zeit zu Zeit in Erscheinung treten, um Zeugen zum Schweigen zu bringen und hieb- und stichfestes Beweismaterial über Begegnungen der dritten Art zu sichern.

Diese Männer in Schwarz reisen normalerweise zu zweit oder zu dritt, und oft heißt es, daß sie orientalisch wirkten. Normalerweise behaupten sie, Regierungsvertreter zu sein. Am seltsamsten an ihnen ist, daß sie ganz genau über UFO-Sichtungen Bescheid wissen. Häufig tauchen sie bei einem Zeugen auf, noch bevor dieser irgend jemandem von dem Vorfall erzählen kann. Und vielfach wissen sie viel mehr über ihn, als normalerweise möglich wäre.

Einer der ersten Berichte über die Männer in Schwarz stammt aus dem Jahre 1953, als Albert K. Bender, der Direktor des *International Flying Saucer Bureau* (Internationales Büro für fliegende Untertassen), von drei Männern in dunklen Anzügen aufgesucht wurde, die ihm angeblich zuerst die »Lösung« des UFO-Rätsels anvertrauten und ihn dann mit Gefängnis bedrohten, falls er das Geheimnis verraten sollte. Bender wurde durch den Besuch so eingeschüchtert, daß er sein Büro schloß und sich aus der UFO-Forschung zurückzog.

Während der nächsten Jahre tauchten ähnlich elegant gekleidete Gestalten wiederholt bei anderen UFO-Zeugen auf. Sie stießen erschreckende Drohungen aus, die aber offenbar nie ausgeführt wurden, und fuhren große schwarze Limousinen ohne Kennzeichen. Mit der Zeit wurden sie immer weniger menschlich. Im Mai 1967 besuchte ein Mann mit olivfarbenem Teint und spitzem Gesicht, der sich Major Richard French nannte, eine UFO-Zeugin in Minnesota. Als er über Hunger klagte, bot sie ihm eine Schale Götterspeise an, die er nahm und auszutrinken versuchte. Schließlich, so sagte die Frau, »mußte ich ihm zeigen, wie man mit einem Löffel ißt.«

Der wohl merkwürdigste und am ausführlichsten beschriebene Vorfall mit Männern in Schwarz folgte auf die Begegnung von Maine im Jahre 1975. Etwa sechs Monate nach dem Ereignis befand sich Herbert Hopkins, ein ortsansässiger Arzt, allein zu Hause, als er einen Anruf von einem Mann erhielt, der behauptete, Vizepräsident eines UFO-Verbandes zu sein. Der Anrufer wollte erfahren haben, daß Hopkins mit Stephens und Gray gesprochen hatte, und fragte, ob er vorbeikommen könne, um den Fall zu diskutieren. Hopkins erklärte sich einverstanden und binnen Sekunden – viel schneller als eigentlich möglich gewesen wäre – erschien ein Mann an seiner Hintertür. Hopkins ließ ihn herein, wobei er aus irgendeinem Grund nicht einmal nach dem Namen fragte.

Er fand, daß der Fremde »aussah wie ein Bestattungsunternehmer«. Der Mann in Schwarz trug einen frischgebügelten schwarzen Anzug, und als er seinen (schwarzen) Hut abnahm, sah Hopkins, daß er nicht nur kahlköpfig war, sondern auch weder Wimpern noch Augenbrauen besaß. Sein Gesicht war auffallend weiß und die Lippen leuchtend rot. Mit flacher, monotoner Stimme begann der Mann Fragen zu dem Vorfall zu stellen. Einmal wischte er sich, während Hopkins sprach, mit der behandschuhten Hand über das Gesicht. Überrascht bemerkte der Arzt einen roten Fleck auf dem Handschuhrücken. Sein Besucher trug Lippenstift.

Dann kamen die Drohungen. Zuerst führte Hopkins' Gast einen seltsamen »Zaubertrick« vor, bei dem er langsam eine Münze, die der Arzt in der Hand hielt, dematerialisierte. »Niemand an Bord dieses Flugzeuges wird diese Münze jemals wiedersehen«, sagte er dabei. Als nächstes wies er Hopkins an, alle Tonbandaufnahmen und Notizen zu vernichten, die er von seinen Treffen mit Stephens und Gray angefertigt hatte. Anderenfalls, so drohte er, würde sein Herz genauso verschwinden wie zuvor die Münze.

»Während er die letzten Worte sprach«, erinnerte sich Hopkins, »fiel mir auf, daß er immer langsamer redete. Leicht unsicher erhob er sich und brachte mühsam hervor: ›Meine Energie geht zu Ende. Muß jetzt gehen. Auf Wiedersehen.‹ Mit steifen Schritten verließ er das Haus und ging auf ein helles Licht in der Einfahrt zu.« Hopkins sah ihn nie wieder.

Was haben diese merkwürdigen Fälle gemeinsam? Zunächst einmal sind die Zeugen zum Zeitpunkt des Ereignisses meistens allein. Das könnte bedeuten, daß physisch reale Wesen den richtigen Augenblick für eine Begegnung abwarten, aber es könnte genauso dafür sprechen, daß es sich um ein Produkt der Phantasie des Zeugen handelt. Der britische Ufologe Nigel Watson, der sich auf besonders merkwürdige Fälle spezialisiert hat, ist davon überzeugt, die Zeugen solcher Ereignisse hätten vielfach in ihrer Jugend ein UFO gesehen oder ein vergleichbares Erlebnis gehabt. Aus diesem Grund bestehe bei ihnen im Erwachsenenalter eine höhere Wahrscheinlichkeit, weitere dramatische übernatürliche Erfahrungen zu machen. Selbstverständlich sind derartige Begegnungen stark subjektiv geprägt, und Watson fand heraus, daß die Zeugen zur Zeit ihrer Erlebnisse seelisch oft sehr aufgewühlt sind. Ob dies für la Rubia und Hingley zutrifft, läßt sich anhand des vorliegenden Materials nicht belegen. Aber sollte Watson recht haben, dann wären sowohl die persönliche Geschichte als auch die psychische Verfassung von UFO-Zeugen von ausschlaggebender Bedeutung bei dem Versuch, das Geheimnis zu verstehen. Dies gilt besonders für ein neuartiges Phänomen, das die gesamte UFO-Forschung beinahe auf den Kopf gestellt hätte: die Entführung durch Außerirdische.

Der seltsamste Aspekt des Vorfalls von Maine blieb die fehlende Zeit zwischen der ersten und der zweiten Phase der Begegnung. Was war mit Gray und Stephens geschehen, während sie bewußtlos waren? Warum kamen sie über einen Kilometer von dem Ort entfernt zu sich, an dem sie ohnmächtig geworden waren? Und wer oder was hatte die Fenster und Türen des Autos geöffnet?

Shirley Fickett gehörte zu jenen, die nach Norway in Maine reisten, um Gray und Stephens zu befragen. Sie war der Ansicht, daß das Geheimnis am besten mit Hilfe von Hypnose zu lösen sei. Diese Technik war bereits bei einer Reihe von früheren UFO-Fällen, die bis ins Jahr 1960 zurückgingen, zum Einsatz gekommen, und die Ergebnisse waren so sensationell gewesen, daß sie eine wahre Revolution ausgelöst hatten. In Trance versetzt, gelang es UFO-Zeugen nicht nur, ihre Erlebnisse wesentlich genauer wiederzugeben, sondern sie durchdrangen auch den frustrierenden Schleier von fehlender Zeit und erlangten ihre Erinnerung an die furchterregenden Begegnungen zurück. Sie entsannen sich, wie sie an Bord eines UFOs verschleppt worden waren, der Besatzung des Raumschiffes begegneten und später auf die Erde zurückgebracht wurden. Anschließend hatten die Außerirdischen, die für die Entführungen verantwortlich waren, ihre Erinnerungen an die Geschehnisse absichtlich ausgelöscht.

Möglicherweise erwartete Fickett eine solche Enthüllung, als sie einen Besuch der Zeugen von Maine bei Dr. Herbert Hopkins aus Old Orchard Beach organisierte. Jedenfalls führte der Therapeut und Hypnotiseur acht Sitzungen mit David Stephens durch, die die Struktur einer typischen Entführung bloßlegten. Hopkins hatte von Fickett genügend Informationen erhalten, um Einzelheiten aus dem Zeugen herauszulocken.

Unter Hypnose erinnerte sich Stephens an folgenden Ablauf: Er saß im Auto, als es von einem Lichtstrahl des UFOs getroffen wurde. Plötzlich fand er sich auf dem Fußboden des seltsamen Raumschiffes sitzend wieder. Er sah durch ein Fenster, wie sein Auto in dem Lichtstrahl seitlich davonrutschte. Glen Gray saß noch am Steuer. Dann konzentrierte Stephens seine Aufmerksamkeit auf die Umgebung und stellte fest, daß er sich in einem hohen Raum von etwa zehn Metern Durchmesser befand. Darin gab es keine Möbel und nur eine einzige Tür. Diese öffnete sich, und ein nichtmenschliches Wesen trat ein. Als Hopkins nach einer Beschreibung des Außerirdischen fragte, schien Stephens unter beträchtlichen Streß zu geraten. Er atmete schwer, und seine Stimme zitterte. Dann beschrieb er ein gut einen Meter 30 großes Wesen, das in eine Art schwarzes Laken gekleidet war. Es hatte zwei Arme und Beine, aber nur drei Finger. Diese waren dünn und durch Schwimmhäute miteinander verbunden. Die Haut der Kreatur war weiß, das Gesicht unbehaart. Der Kopf wirkte groß und pilzförmig, die schrägstehenden Augen blickten starr. Die Nase war klein und rund, ein Mund nicht zu erkennen.

Der Außerirdische kommunizierte auf telepathischem Weg mit Stephens. Er kannte dessen Namen und teilte ihm mit, daß man ihn seit längerer Zeit beobachtet und studiert habe. Ihm werde nichts geschehen. Dann wurde der Entführte in einen krankenhausartig ausgestatteten anderen Raum gebracht, in dem vier andere Wesen warteten. Eines nahm Stephens zwei Blutproben ab, indem es ihm eine Nadel in die rechte Armbeuge stach. Als man versuchte, ihn auf eine Art Operationstisch zu legen, wehrte er sich und schlug dabei eine der Kreaturen ins Gesicht. Das Wesen trat einen Schritt zurück, reagierte jedoch nicht weiter auf den Schlag. Schließlich gab Stephens nach und legte sich zur weiteren Untersuchung hin. Die Außerirdischen holten ein

Gerät hervor, das über seinen Körper glitt, ohne ihn zu berühren. Damit wurde er von Kopf bis Fuß eingehend untersucht. Kleine Proben von Haar und Fingernägeln wurden abgeschnitten, ein Knopf vom Ärmel seines Hemdes entfernt. Sämtliche Gegenstände und Proben wurden in leere Behälter gelegt oder gefüllt. Insgesamt dauerte die Untersuchung etwa 45 Minuten. Danach wurde Stephens in den ersten Raum zurückgebracht. Er erinnerte sich daran, eine Botschaft oder ein Versprechen erhalten zu haben, brachte aber trotz Trance den Inhalt nicht mehr genau zusammen. Außerdem gab man ihm zu verstehen, daß er die Außerirdischen wiedersehen würde. Schließlich erhielt er eine Injektion in die Nähe der rechten Schulter. Fast im selben Augenblick fand er sich im Auto sitzend neben seinem Freund Gray wieder.

Das von Stephens geschilderte Erlebnis war UFO-Forschern wie Fickett vertraut. Es existierten bereits mehrere Berichte über ähnliche Entführungen. Der früheste stammte von Antonio Villas Boas, einem brasilianischen Farmer, der 1957 von einer fliegenden Untertasse an Bord genommen und dort von einem schönen weiblichen Besatzungsmitglied verführt worden war. Anschließend war ein amerikanisches Ehepaar mittleren Alters, Betty und Barney Hill, auf ein leuchtendes UFO gestoßen, während es eines Nachts im September 1961 durch die White Mountains in New Hampshire gefahren war. Etwa zwei Wochen später begann Betty unter Alpträumen zu leiden, in denen sie sich von kleinen, grauen, menschenähnlichen Wesen umgeben sah, die militärisch aussehende Uniformen trugen. Sie und Barney wandten sich schließlich an den Hypnotherapeuten Dr. Benjamin Simon. In Trance erinnerten sie sich daran, von einem Dutzend Außerirdischer aus ihrem Wagen gezerrt worden zu sein. Die Fremden waren klein gewesen, hatten graue Haut, schwarze Haare, blaue Lippen und eine lange Nase »wie Jimmy Durante«. Die Eheleute wurden gewaltsam an Bord eines UFOs gebracht und dort ärztlich untersucht. Auf Barneys Leiste setzte man ein rundes Instrument auf, während bei Betty ein »Schwangerschaftstest« durchführt wurde (obwohl ihr die Gebärmutter entfernt worden war). Ihr wurde das Kleid ausgezogen, und man führte ihr durch den Nabel eine lange Nadel ein, was sehr schmerzhaft war. Danach wurden die Hills zu ihrem Fahrzeug zurückgebracht und konnten sich nicht mehr an ihr Erlebnis erinnern.

Zwar waren 1961 noch keine anderen derart detaillierten Berichte bekannt, aber es stellte sich bald heraus, daß der Fall von New Hampshire nur der erste in einer Reihe von sehr ähnlichen Vorkommnissen sein sollte. Nach weiteren Berichten von Entführungen im Verlauf der 60er Jahre nahm ihre Zahl in den 70ern schnell zu, und zu Beginn der 80er Jahre waren sie zum meistumstrittenen Thema unter Ufologen geworden. In allen Fällen berichteten die Entführten, daß sie an Bord von außerirdischen Raumschiffen gebracht worden seien, wo man sie ausgezogen und einer Art medizinischer Untersuchung unterzogen habe. Einige Opfer wurden von schwebenden Instrumenten, die über ihren Körper glitten, untersucht, anderen schmerzhafte Sonden eingeführt. Whitley Strieber, Autor von Schauerromanen und wahrscheinlich der prominenteste Entführte, erinnerte sich, daß ihm ein »riesiges, extrem häßliches« dreieckiges Objekt ins Rektum eingeführt worden sei.

Nach Abschluß der Untersuchungen wurde den meisten Entführten erlaubt, sich anzukleiden. Manchmal führte man sie anschließend im Raumschiff herum, das von allen als klinisch sauber beschrieben wurde. Es sei von hellem, aber diffusem Licht beleuchtet gewesen, das aus einer unsichtbaren Quelle zu stammen schien. Oft waren die Zeugen überrascht darüber, daß die Räume von innen größer wirkten als von außen, oder stellten erstaunt fest, daß keinerlei Fenster und Türen vorhanden waren.

Die Beschreibungen der außerirdischen Kidnapper waren nicht einheitlich. Manchmal handelte es sich um kleine, behaarte Wesen mit fledermausartigen Ohren, in anderen Fällen besaßen sie spitze Köpfe, und die unteren Hälften ihrer Gesichter erinnerten an Schildkröten. Nur allmählich begannen die Wesen in den Berichten immer mehr denen zu ähneln, die den Hills begegnet waren: menschenähnliche Geschöpfe mit haarlosen, unförmigen Köpfen, riesigen, übereinanderliegenden Augen, schmalen, spitzwinkligen Kiefern, dürren Körpern und dreifingrigen Händen. Manche waren etwa 90 Zentimeter groß, andere bis zu 30 Zentimeter größer. Weil alle weißgraue Haut aufwiesen, begannen die Ufologen sie als »die Grauen« zu bezeichnen.

Etwa ein Drittel der Entführten erinnerte sich auch bei Bewußtsein an das Erlebnis, aber in den meisten Fällen kehrte die Erinnerung an die Begegnung oder zumindest an den Teil mit der Entführung erst unter Hypnose zurück. Die Ufologen begriffen schnell, daß bestimmte Indikatoren auf das Vorhandensein solcher unterdrückter Erinnerungen hindeuteten. Der wichtigste bestand zumeist darin, daß ein Zeuge darüber klagte, ihm »fehle« eine gewisse Zeitspanne. Unter Hypnose stellte sich dann oft heraus, daß während exakt dieses Zeitraums die Entführung stattgefunden hatte.

In den späten 70er und den frühen 80er Jahren wurde immer deutlicher, daß sich die Erlebnisse grob in zwei Kategorien unterteilen ließen. Eine Gruppe, zu der Strieber gehörte und auf die sich Forscher wie John Mack und Leo Sprinkle konzentrierten, hatte im großen und ganzen positive Erfahrungen mit den Außerirdischen gemacht. Die Entführer hatten sich ihnen gegenüber um die Menschheit besorgt gezeigt. Die anderen, die hauptsächlich mit den Experten Budd Hopkins und David Jacobs zusammenarbeiteten, berichteten von zunehmend grotesken Begegnungen mit desinteressierten oder gar feindlichen Außerirdischen. Viele erinnerten sich an stark sexuell orientierte Aspekte der medizinischen Untersuchungen. Frauen waren Eier entnommen worden, und männlichen Entführten hatte man mittels Pumpen Sperma aus dem Körper gezogen.

Sowohl weibliche als auch männliche Entführte, die von Jacobs befragt wurden, erinnerten sich mit offensichtlichem Unbehagen an ihre Erlebnisse. Unter Hypnose beschrieb Will Parker seine Erfahrung als unangenehm klinisch:

> »Sie fahren mit einem kammähnlichen Gerät über meinen Unterleib. Ich verspüre ein summendes, vibrierendes Gefühl. Es ist alles sehr funktionell.«
>
> »Was, glauben Sie, geschieht mit Ihnen?« fragte Jacobs.
>
> »Sie nehmen offenbar eine Probe von meinem Sperma. Jedenfalls ist es kein Urin, den sie da rausholen.«
>
> »Fühlen Sie, wie etwas herausfließt?«
>
> »Ja. Ich habe eine Erektion, aber es kommt nicht zu einer Erleichterung oder einem orgasmusähnlichen Erlebnis, es wird buchstäblich abgesaugt.«
>
> »Haben Sie eine Vorstellung davon, wie der Apparat aussieht?«
>
> »Er scheint aus poliertem Edelstahl zu sein, vielleicht auch Aluminium oder Chrom oder so etwas, und er paßt auf den Penis. Der untere Teil ist rund, so daß er über die Hoden reicht. Man hat das Gefühl, in dieses Ding eingeklemmt zu sein. Es sieht aus, als gehörte es zur Grundausstattung jeder Domina, die etwas auf sich hält.«

Und die 20jährige Tracey Knapp erinnerte sich:

»Auf jeder Seite steht ein Mann. Und in der Mitte auch einer. Sie pressen. Meine Beine sind hochgelagert, und jemand schneidet mich – aber von innen. Irgend etwas schneidet [...] Etwas brennt, brennt. Eine Flüssigkeit verbrennt mich.«

»Benutzen sie Instrumente?«

»Ganz winzige, lange, klitzekleine Scherendinger. Aber ganz winzig. Es ist ein Gefühl, als ob ... als ob sie auf beiden Seiten schneiden. Ich fühle mich unwohl, ich mag es nicht. Sie holen die Eier nicht raus, sie lösen sie nur. Sie schneiden. Es ist, als ob Fäden durchschnitten würden.«

»Holen sie die Instrumente wieder heraus?«

»Ja, sie holen etwas aus mir heraus. Sie holen etwas wie ein kleines Baby oder so ähnlich aus mir heraus. Und sie haben den Beutel, oder was das ist, herausgeholt. Aber es ist winzig, wirklich winzig. Es ist kein Baby.«

»Meinen Sie einen Embryo?«

»Ja, es ist wie ... «

»Was tun sie, nachdem sie es herausgeholt haben?«

»Sie haben so eine Art Zylinder. Es sieht aus, als steckten sie es in einen silbernen Zylinder. Er hat einen Durchmesser von ungefähr acht Zentimetern.«

»Was machen sie mit dem Zylinder?«

»Also, wissen Sie, sie haben andere ... Mein Gott! Ich glaube, sie haben noch andere Babys. Sie sind in so was wie Schubladen an der Wand. Lauter kleine Schubladen, die man herausziehen kann. Und da sind die Babys wie kleine ... kleine, ich weiß nicht ... Alle in diesen Schubladen wie in einem Labor oder so.«

Nach einer genauen Analyse ihrer Zeugenaussagen kamen Jacobs und Hopkins zu dem Schluß, daß hinter den ober-

flächlich betrachtet sinnlosen Entführungen durch die Außerirdischen offenbar finstere Motive steckten. Sie fanden heraus, daß die Grauen die Erde schon seit vielen Jahren heimsuchten und sorgfältig ausgewählte Opfer wiederholt verschleppten. Manchmal lägen Entführungen »in der Familie«, und mehrere Generationen machten ähnliche Erfahrungen. Derartige Fälle begännen schon in der Kindheit, und manchmal wiesen die Opfer unerklärliche Narben auf, die von Implantaten in ihren Nasenhöhlen herrührten. (In einem oder zwei Fällen hat man diese Implantate tatsächlich auf Röntgenbildern nachgewiesen, obwohl die Außerirdischen in der Regel zurückkehren und die Spuren ihres Wirkens beseitigen, bevor jemand anderes sie in seinen Besitz bringen kann.)
Das große Ziel der Entführer scheint es nach dieser These zu sein, den Genbestand der menschlichen Rasse systematisch zu manipulieren, um Kreuzungen aus Außerirdischen und Menschen zu züchten. Eine Handvoll Entführter hat angedeutet, daß damit eine sterbende außerirdische Rasse wiederbelebt werden soll. Aber Jacobs kommt zu dem Schluß: »Es handelt sich nicht um ein Programm zur Reproduktion, sondern schlichtweg um *Produktion.* Sie wollen uns nicht helfen. Sie haben ihre eigenen Pläne, die wir nicht kennen dürfen.«

Das Hauptargument dafür, daß tatsächlich Entführungen stattgefunden haben, ist der hohe Grad an Kontinuität innerhalb der Berichte. Alle Entführten scheinen unabhängig von Geschlecht, Alter und Beruf ähnliche Erfahrungen gemacht zu haben. Hinzu kommt, daß zwar die meisten Berichte aus den Vereinigten Staaten stammen, aber auch bei denen aus anderen Ländern ein ähnliches Muster zu erkennen ist.

Die Skeptiker halten dagegen, daß es sich um ein soziologisches Phänomen handle, das ursprünglich durch

Science-fiction-Filme und Fernsehserien der späten 50er und frühen 60er Jahre ausgelöst wurde. Man verweist auf Serien wie z.B. *Twilight Zone, Outer Limits – Die unbekannte Dimension* oder sogar *Star Trek*. Dieser Theorie zufolge sind die immer häufiger werdenden Meldungen der späten 70er Jahre darauf zurückzuführen, daß sich die Medien eingehender mit der Thematik beschäftigt haben und sich die Öffentlichkeit des Phänomens deshalb stärker bewußt geworden sei. Die Skeptiker behaupten zwar nicht, daß alle Entführungsopfer Schwindler sind, aber sie vermuten, daß die Mehrheit von ihrer Phantasie getäuscht wird oder unter Halluzinationen leidet.

Eine Lösung des Problems in naher Zukunft ist nicht in Sicht. Entführungsforscher argumentieren, frühe Science-fiction-Werke enthielten praktisch keine konkreten Parallelen zu Entführungsfällen, aber Zweifler halten dem entgegen, daß jedes Element einer typischen Entführung in frühen Groschenheften oder in Nachkriegsfilmen über Invasionen durch Außerirdische zu finden sei. Auch betrachten Skeptiker die Hypnose keineswegs als unfehlbares Werkzeug zur Wahrheitsfindung, weil Zeugen leicht durch die Auswahl der Fragen beeinflußt werden könnten. Darauf antworten Ufologen mit Belegen dafür, daß Einzelheiten bewußt erinnerter Entführungen exakt mit Details aus unter Hypnose berichteten Fällen übereinstimmen. Die Wissenschaft schließlich ist der Ansicht, es sei biologisch unmöglich, Außerirdische mit Menschen zu kreuzen. Aber auch darauf haben Entführungsexperten eine Antwort parat: Wir könnten eben nicht mit Sicherheit wissen, wozu eine hochentwickelte Intelligenz in der Lage ist.

Vielleicht bringt es uns weiter, wenn wir die Aussagen von Entführten unter anderen Aspekten betrachten. Gibt es beispielsweise einen einleuchtenden Grund dafür, Hunderte oder gar Tausende von Personen zu entführen? Warum sollte jemand so viele männliche Menschen entführen, wenn es einfacher wäre, eine Spermienbank zu überfallen? Oder: Können die Außerirdischen ihre Opfer tatsächlich aus dem Bett holen, ohne deren schlafenden Partner zu wecken? Wie ist es möglich, sie durch Fenster und massive Wände an Bord eines Raumschiffs zu teleportieren, wie in zahlreichen Berichten behauptet?

Einige Entführungsberichte enthalten absurde Elemente, die es schwer machen, an deren physische Realität zu glauben. Ein Entführungsopfer, Leah Haley, etwa behauptete, das UFO, in dem man sie gefangengehalten habe, sei von der US-Luftwaffe abgeschossen worden. Es überrascht kaum, daß der Luftwaffe von diesem Vorfall nichts bekannt ist. In einem anderen Fall stieß ein Zeuge auf eine fliegende Untertasse, die auf einer Waldlichtung stand. Aus dem Inneren des Raumschiffes erscholl der Ruf: »Ich bin Jimmy Hoffa!«

Schließlich läßt auch das nahezu komische Scheitern mehrerer Versuche, eine Entführung auf Video aufzunehmen, Zweifel an der Realität des Phänomens zu. David Jacobs berichtet von einer Zeugin namens Melissa Bucknell, die

> »fast täglich eine Entführung erlebte. Wir entschlossen uns, eine Videokamera und einen Videorecorder auf eine Kommode zu stellen und auf ihr Bett zu richten. Melissa war in der Nacht, bevor wir unsere Geräte installierten, entführt worden. Aber nachdem wir alles aufgebaut hatten, geschah tagelang nichts [...] Dann berichtete sie eines Tages, sie habe das Gefühl, daß ›möglicherweise etwas geschehen‹ sei. Sie war sehr spät eingeschlafen und hatte bis zum nächsten Mittag geschlafen. Das Band war um sechs Uhr morgens zu Ende gewesen. Unsere Nachfragen ergaben, daß die

Entführung irgendwann zwischen sechs und zwölf Uhr stattgefunden hatte. Ein paar Wochen später erzählte sie von einer weiteren Entführung. Diesmal hatte sie auf der Wohnzimmercouch geschlafen, weil die Nachbarn so laut gewesen waren.«

Budd Hopkins erzählt eine ähnliche Geschichte:

»Als die junge Frau eine Videokamera aufstellte, geschah etwas sehr Interessantes. Sie wachte morgens auf und wußte, daß etwas geschehen war. Sie hatte, wenn ich mich recht erinnere, physische Spuren und so weiter. Aber als sie zur Kamera ging, bemerkte sie, daß kein Band eingelegt war.

Unter Hypnose stellte sich folgendes heraus: Sie war entführt und wieder in ihr Zimmer zurückgebracht worden. Dann ging sie schnurstracks auf die Videokamera zu, schaltete sie aus, nahm die Kassette heraus und ging damit in den Keller. Sie holte einen Hammer hervor und zerschlug das Band in 1000 Stücke. Dann warf sie es in den Müll.«

Falls die Grauen tatsächlich solche Macht über die Opfer ihrer Entführungen haben sollten, dann muß bezweifelt werden, daß wir jemals schlüssige Beweise für die physische Realität des Entführungsphänomens finden werden.

UFOs und andere Welten

Nehmen wir einmal an, es handelt sich bei den unbekannten Flugobjekten nicht um physisch existente Raumschiffe, die an einem systematischen Programm von Entführungen und medizinischen Experimenten beteiligt sind. Nehmen wir ferner an, die Zeugen selbst sind der Schlüssel zu dem Geheimnis, und das, was sie sehen, ist in Wahrheit das Produkt ihrer Phantasie.

Wie können wir diese Annahme überprüfen? Vielleicht, indem wir einen auf die Zeugen konzentrierten Ansatz wählen. Wenn UFOs wirklich außerirdische Raumschiffe sind, deren Besatzungen beispielsweise alle der gleichen Spezies angehören, so müßten sich die Berichte auf der ganzen Welt weitgehend ähneln. Die Raumschiffe sollten ähnlich beschrieben werden, und auch die Besatzungen würden nicht allzu unterschiedlich sein. Tatsächlich behaupten Vertreter der traditionellen Ufofologie, wie bereits erwähnt, daß dies bei Entführungsberichten der Fall sei. Geht man dagegen von einem auf die Zeugen konzentrierten Ansatz aus, so müßten Berichte aus Afrika oder Asien aufgrund ganz anderer Kulturen und Traditionen anders gefärbt sein als die aus westlichen Ländern.

Es gibt einige Anzeichen dafür, daß Inhalt und Quantität von UFO-Berichten durch lokale Kultur und Medien geprägt sind. Bei einer Begegnung der dritten Art im Jahre 1970 in Malaysia war die Besatzung nur knapp zehn Zentimeter groß und trug leuchtend bunte Overalls. Statt den Grauen, die sich gerade als vorherrschende außerirdische Rasse im Westen zu etablieren begannen, ähnelten sie vielmehr Gestalten aus einem beliebten lokalen Comicstrip. Untersuchungen des französischen Ufologen Thierry Pinvidic zu Beginn der 80er Jahre in Algerien ergaben, daß »westliche« UFOs trotz der engen Verbindungen des Landes zu Frankreich nahezu unbekannt waren. Zwar existierten Überlieferungen von seltsamen Erscheinungen am Himmel, aber sie wurden als religiöse Zeichen und Wunder interpretiert. Pinvidic suchte nach einer Erklärung für dieses Phänomen und kam zu folgendem Schluß:

»Ich stelle die Hypothese auf, daß sich die westliche Interpretation des UFO-Stereotyps dann nicht durchsetzen kann, wenn solche Erfahrungen entsprechend der Kultur eines Landes ausgelegt werden (z.B. in Algerien durch den Islam).

Diese Überlegung zwang mich zu genaueren Untersuchungen. Ich bemerkte, daß UFOs kaum von Menschen beobachtet worden sind, die nicht dem westlichen Kulturkreis angehören. Nach erneuter Durchsicht der größten Verzeichnisse von UFO-Zwischenfällen und von etwa 60 Büchern und Zeitschriften in Englisch und Französisch fand ich weltweit nicht mehr als 13 Berichte aus Kulturen, die man als ufologisch ›jungfräulich‹ bezeichnen könnte [...] [Dies legt den Schluß nahe,] daß den UFO-Zwischenfällen auf der ganzen Welt die Verbindung zwischen einer westlichen, ›technologischen‹ Gedankenwelt und lokaler Tradition zugrundeliegt. Der entscheidende Faktor ist die massive Sensibilisierung für das Motiv der UFOs.«

Betrachten wir einmal den Ausgang des Entführungsfalles von Maine unter dem auf die Zeugen konzentrierten Ansatz. Gibt es Anzeichen dafür, daß die Zeugen mit der Idee unbekannter Flugobjekte vertraut waren? Bestehen Gründe anzunehmen, daß sie phantasiert, schlecht beobachtet oder Teile des Erlebnisses übertrieben haben könnten? Existieren Hinweise darauf, daß ihre Erfahrung tiefere Wurzeln hatte als nur die Vorgänge der Nacht vom 27. Oktober? Die Antwort auf alle diese Fragen scheint »ja« zu lauten.

Wenige Tage nach der bizarren Begegnung der dritten Art, die David Stephens und Glen Gray erfuhren, hörten die beiden örtlichen Ufologen James Carey und Brent Raynes von dem Vorfall. Sie beschäftigten sich für einige Zeit mit den beiden Zeugen. Die jungen Männer erschienen Carey und Raynes verstört und erregt. Stephens erklärte sogar während des Gesprächs, daß drei weitere Raumschiffe über dem Haus schwebten. Er deutete auf drei helle Lichter am Himmel, die Carey jedoch ohne Schwierigkeiten als die Planeten Jupiter und Mars sowie den nicht weit davon entfernten Stern Betelgeuse identifizierte.

Dann berichteten Stephens und Gray über verschiedene merkwürdige Zwischenfälle, die sich seit ihrer Begegnung ereignet hätten. Jemand (oder etwas) sei über das Dach ihres Wohnmobils gelaufen; beide hätten unter plötzlichen Schwächeanfällen gelitten; beide hätten Schneeflocken und schwarze Würfel und Kugeln vom Himmel fallen und durch eine Wand fliegen sehen; über ihrem Fernsehapparat seien »goldene Kabel« aufgetaucht, und eine körperlose Stimme, die nur Gray hörte, habe laut die Buchstaben »U-F-O« gesprochen. Zwei Tage nach dem Zwischenfall sei Stephens an die Tür gegangen, um zu öffnen, und habe sich einem stämmigen Mann mit kurzgeschnittenem Haar und Sonnenbrille gegenübergesehen. Der Fremde habe gefragt, ob er die Person sei, die die »fliegende Untertasse« gesehen habe, und ihn dann gewarnt: »In Ihrem eigenen Interesse halten Sie besser den Mund.«

Auf den ersten Blick mag die UFO-Begegnung von Maine unheimlich und außergewöhnlich wirken, aber man kann sich nur schwer vorstellen, daß sie sich wirklich so abspielte, wie von den Zeugen berichtet. Sogar Stephens und Gray räumten ein, daß einige der Vorfälle in jener Nacht Halluzinationen gewesen sein könnten. Aber weil sie noch nie zuvor etwas Vergleichbares erfahren hatten, wußten sie nicht, warum derartige Visionen sie ausgerechnet jetzt heimsuchen sollten. Aufgrund der zahlreichen ungeklärten Fragen wird der Fall auch in UFO-Kreisen nicht allzu oft erwähnt. Mit Sicherheit ist er zu merkwürdig, um zu der

Handvoll »klassischer Fälle« zu zählen, die den meisten Forschern als Beweise für die Existenz von UFOs dienen. Trotzdem enthält er alle Elemente, die einen Klassiker von alltäglichen Berichten unterscheiden.

So ist der Fall von Maine gleichzeitig eine Begegnung der ersten, zweiten und dritten Art. Ein UFO wurde aus weniger als 150 Metern Entfernung beobachtet, es übte physischen Einfluß auf die Umgebung aus (indem es die Kontrolle über Grays Auto übernahm und später den Motor stoppte), und die Besatzung wurde von Zeugen gesehen. Ein führender Ufologe bemerkt dazu, daß der Vorfall »anderen Entführungsfällen eher ähnlich denn unähnlich« sei. Darüber hinaus folge er genau dem »Muster« einer typischen Entführung.

Sicherlich haben viele Details, an die sich die beiden Männer erinnerten, Parallelen in anderen Fällen. Wie bereits erörtert, sind Bewußtlosigkeit und »fehlende Zeit« so weit verbreitet, daß sie als charakteristisch für die meisten Begegnungen mit UFOs gelten können. Es ist auch nicht ungewöhnlich, daß Zeugen in eine »Zone seltsamer Erfahrungen« eintreten, wie es ein Forscher bezeichnete. Dabei erleben sie ein Gefühl der Unwirklichkeit, wie es bei Stephens und Gray der Fall war, als sie unerwartet sanft und mit unnatürlich hoher Geschwindigkeit über eine holprige Straße glitten oder beobachteten, wie sich ein kleiner See in einen Ozean verwandelte.

Somit mag die Begegnung von Maine im Jahre 1975 trotz all ihrer Merkwürdigkeit als repräsentativ für einen harten Kern sehr ausführlicher UFO-Berichte gelten. Bis jetzt hat offenbar niemand den Verdacht geäußert, daß es sich bei dem Vorfall um einen Schwindel handeln könnte. Wenn es einer gewesen wäre, dann hätten sich Stephens und Gray jedenfalls ziemlich detaillierte Kenntnisse über die wichtigsten Elemente einer UFO-Begegnung aneignen müssen. Die Begegnung von vornherein als Erfindung abzutun, würde bedeuten, alle Ähnlichkeiten zwischen diesem Bericht und dem reichhaltigen anderen Beweismaterial außer acht zu lassen. Die ungewöhnlichen Einzelheiten zu vernachlässigen wäre unvernünftig. Akzeptieren wir den Fall dagegen so, wie er sich uns darstellte, dann stehen wir vor dem Problem, ob wir glauben wollen, daß UFOs tatsächlich außerirdische Raumfahrzeuge sind oder ob es sich dabei im weitesten Sinne um Erfindungen der Einbildungskraft handelt.

Gibt es eine »Erklärung« für den Fall von Maine? Ein Schlüssel zur Antwort auf diese Frage könnte die groteske, traumhafte Komponente der Begegnung sein. Abgesehen von der Entführung selbst, an die sich die Opfer nur unter Hypnose erinnerten, scheinen die beiden Zeugen eine weitgehend übereinstimmende Vision erlebt zu haben. Ihr Bewußtsein blieb noch für geraume Zeit danach erweitert oder zumindest verändert. Bei der Untersuchung des Falles hat man sehr wohl die Möglichkeit in Betracht gezogen, daß das »Mutterschiff«, das während eines großen Teils der Begegnung am Himmel schwebte, der Mond gewesen sein könnte. Ende Oktober 1975 stand er fast voll und deutlich sichtbar am klaren Nachthimmel. Auch daß Stephens später drei gewöhnliche Himmelskörper für UFOs hielt, deutet darauf hin, daß einer der Männer während ihrer nächtlichen Fahrt angesichts eines Stern oder Planeten erschrak, weil er ihn für eine hell erleuchtete fliegende Untertasse hielt. Die Angst des einen könnte irgendwie eine gemeinsame Halluzination ausgelöst haben.

Sollte es tatsächlich einen »Anführer« bei dem Erlebnis gegeben haben, so liegt der Schluß nahe, daß es Gray war. Er hatte die Idee, zum Thompson-See zu fahren und später den Abstecher zum Tripp Pond zu unternehmen. Wir haben nur seine Aussage als Beleg dafür, daß der Wagen zu irgendeinem Zeitpunkt der Begegnung mit dem UFO außer Kontrolle geriet.

Das Nachspiel des seltsamen Ereignisses gestaltete sich für die beiden Zeugen unterschiedlich. Stephens, nicht Gray, wurde hypnotisiert und erlebte seine Entführung und die medizinische Untersuchung noch einmal nach. Gray, der jüngere der beiden, hatte als erster genug von dem Rummel, der um sie veranstaltet wurde. Nach Stephens' erster Sitzung mit Hopkins teilte er den Forschern mit, daß er nicht daran interessiert sei, hypnotisiert zu werden. Er zog sich allmählich immer weiter aus der Untersuchung des Falles zurück. Bald verließ er die Gegend von Norway. Stephens dagegen arbeitete begeistert mit Fickett und Hopkins zusammen. Falls Gray seinem Freund Ideen suggeriert hatte, dann glaubt Stephens heute fest daran. Nach seinen Aussagen unter Hypnose zu schließen, sind sie tief in seinem Unterbewußtsein verankert.

5. Im Reich seltsamer Kreaturen

Vom weiten Himmel über Amerika in die bedrückende Enge des amazonischen Urwaldes, aus dem Weltall in die Tiefen des Ozeans, von außerirdischen Raumschiffen zu irdischen Lebewesen ... Einen größeren Gegensatz als den zwischen Ufologie und Krypotzoologie, der Lehre von unbekannten Tieren, gibt es wohl kaum.

Während sich die Ufokunde mit absolut Phantastischem befaßt, ist die Kryptozoologie die Untersuchung des beinahe Akzeptierbaren, des fast Alltäglichen. Kein Biologe zweifelt daran, daß es noch heute Tausende von Tierarten gibt, die es zu identifizieren, zu klassifizieren und zu benennen gilt. Es bedarf nur eines physischen Nachweises, und der dürfte leichter zu führen sein, als die Trümmer abgestürzter Untertassen einzusammeln.

Im Sommer 1994 stolperte ein Schildkrötenjäger, der die Wasserscheide von Khe Tre durchstreifte, einem Waldgebiet im gebirgigen Grenzland zwischen Vietnam und Laos, über ein ihm unbekanntes Geschöpf. Er hetzte seine Hunde auf das kleine, ziegenähnliche Wesen und konnte es so einfangen. Es handelte sich um ein weibliches Tier mit einer Schulterhöhe von 60 Zentimetern, das höchstens fünf Monate alt sein konnte. Allerdings war es mit Sicherheit keine Ziege. Wie sich später herausstellte, hatte er ein Exemplar des *sao la* oder Vu-Quang-Ochsen vor sich. Diese Tierart war erst zwei Jahre zuvor anhand von Schädel- und

Hornfunden in einem nahegelegenen Naturpark identifiziert, aber noch nie in freier Wildbahn beobachtet worden (zumindest nicht von Zoologen).

Der Vu-Quang-Ochse zählt zu einer Handvoll großer Säugetiere, die erst in diesem Jahrhundert entdeckt und kategorisiert wurden. Nachdem die Zoologen erst einmal auf diese Gegend aufmerksam geworden waren, blieb seine Entdeckung nicht die einzige Überraschung, die das Khe-Tre-Gebiet aufzuweisen hatte. Außer dem Ochsen sind während der vergangenen vier Jahre in der kleinen, nahezu unberührten Urwaldregion eine neue Art des Muntjac-Hirsches (dieses Großwild ist dort so verbreitet, das es zu den Hauptnahrungsmitteln der lokalen Bevölkerung zählt), zwei neue Vogel- und eine unbekannte Fischart entdeckt worden. Am Ende fand sich auch eine weitere Schildkrötenart, was sicherlich nach dem Geschmack des Schildkrötenjägers war.

Obwohl Zoologen seit über 100 Jahren nicht mehr mit einer solchen Flut von Neuentdeckungen überschüttet worden sind, werden ständig neue Arten entdeckt, manchmal mehrere hundert pro Jahr. Allerdings handelt es sich dabei meistens um Insekten, seltener um Fische und in ganz raren Fällen um Reptilien, Amphibien oder Vögel. Unbekannte Säugetiere von der Größe des Vu-Quang-Ochsen sind echte Sensationen. In Wahrheit ist er übrigens gar kein Ochse, sondern ein Verwandter der Oryxantilope. Im übrigen erinnert uns jeder dieser Funde daran, daß unser Wissen über das Tierreich äußerst unvollständig ist. Sie stimmen die kleine Gruppe von Kryptozoologen optimistisch, in der Zukunft mit noch spektakuläreren Entdeckungen aufwarten zu können.

Die Schwierigkeit besteht für die meisten dieser Wissenschaftler darin, daß sie sich genauso wenig für die Details der Klassifizierung einer neuen Käferart interessieren wie für die Wiederentdeckung fossiler Fische. Sie suchen nach Großwild, nach Tieren, die teilweise schon seit Jahrhunderten gejagt werden, deren Ergreifung aber auch heute kaum nähergerückt zu sein scheint. Ihr unumstößlicher Glaube an die Existenz von Seeungeheuern, Affenmenschen, gigantischen Seeschlangen und Riesenvögeln unterschiedet sie von ihren orthodoxen Kollegen.

Die Kryptozoologie läßt sich in drei Studiengebiete unterteilen. Eines davon ist die Untersuchung bekannter Arten, die plötzlich in einem außergewöhnlichen Umfeld auftauchen. Man nennt sie »Tiere außerhalb ihres Lebensraumes«. Solche Fälle sind erstaunlich häufig. Am bekanntesten sind die von Großkatzen, die in den letzten Jahrzehnten in den Mooren Großbritanniens, in Deutschland, Frankreich, Australien und in den Vereinigten Staaten gesichtet worden sind. Aber daneben sind noch viel exotischere Tiere außerhalb ihrer normalen Umgebung unterwegs, wie zum Beispiel Stachelschweine in Devon, wilde Eber in der Umgebung von London und vielleicht sogar Vielfraße in Wales.

Das zweite Forschungsgebiet umfaßt offiziell ausgestorbene Tiere, von denen möglicherweise einige Exemplare in abgelegenen Teilen der Welt überlebt haben. Lange Zeit hat sich die Kryptozoologie an der Wiederentdeckung des Coelacanthus orientiert, nachdem dieser prähistorische Fisch 1938, 65 Millionen Jahre nach seinem angeblichen Aussterben, überraschend vor der südafrikanischen Küste gefangen wurde. In jüngster Zeit hat man sich im südamerikanischen Regenwald auf die Suche nach Riesenfaultieren begeben und versucht, überlebende Dinosaurier im Dschungel des Kongos aufzuspüren. Allerdings sind die Expeditionen bisher den unwiderlegbaren Beweis dafür schuldig geblieben, daß es diese Tiere tatsächlich (noch) gibt.

Schließlich befaßt sich der spektakulärste Teil der Kryptozoologie mit riesigen Wesen, deren Existenz bisher wissenschaftlich nicht anerkannt ist. Bernard Heuvelmans, ein belgischer Zoologe, der sich seit den 50er Jahren mit der Erforschung »verborgener Tiere« befaßt, hat einen Katalog mit über 300 Arten zusammengestellt, die angeblich auf ihre Entdeckung warten. Seine Liste reicht von unbekannten Tapiren bis zu extrem langhalsigen Seehunden. Einige dieser Geschöpfe mag es geben, andere dürften im Bereich der Fabel anzusiedeln sein, obwohl ihre Sichtung seit Jahren immer wieder berichtet wird und man eifrig nach ihnen sucht.

Eine seltsame Eigenart der Kryptozoologie besteht darin, daß extravagante Jagdobjekte – etwa Seeungeheuer und riesigen Affenmenschen – weitaus häufiger gemeldet werden als plausiblere Wesen der Menagerie. Warum dies so ist, könnte einer der Schlüssel zum Verständnis des ganzen Themas sein.

Wildkatzenangst und Bärenpanik

Ein vielfach dokumentiertes kryptozoologisches Rätsel sind die Großkatzen, die sich frei in Großbritannien herumtreiben sollen. In den 90er Jahren stieg die Zahl der gesichteten Tiere auf mehr als 300 pro Jahr. Typischerweise sieht jemand in mittlerer Entfernung eine große schwarze Katze, etwa von der Größe eines Labradors. Sobald das Tier bemerkt, daß es beobachtet wird, flieht es. Gelegentlich entdeckt man auch ein Schaf, das auf einer Weide gerissen wurde, oder jemand präsentiert ein unscharfes Foto oder ein kurzes Stück Videofilm.

Aber manchmal sind die Begegnungen wesentlich bedrohlicher. Am 26. Oktober 1993, kurz nach Mitternacht, griff eine Großkatze die 37jährige Jane Fuller an, die mit ihrem Hund spazierenging. Zwar war sie vorübergehend benommen, aber sie erholte sich schnell von ihrem Schrekken. Am nächsten Tag fand man in dem Feld, an dem sie vorbeigegangen war, die Überreste zweier Schafe. Einem davon waren die Eingeweide herausgerissen worden, dem anderen fehlte der Kopf. Zwei Monate später machte sich Sally Dyke, eine Dozentin der Tiermedizinischen Fakultät, zusammen mit ihrem Ehemann Nick auf den Weg in die walisischen Marschen, um nach der berüchtigten Bestie von Inkberrow zu suchen. Diese Großkatze war während der vorausgegangenen vier Jahre angeblich mehr als 30mal gesehen worden. Zwischen den Gräbern von St. Peter in Inkberrow legte das Paar Köder aus. Am nächsten Abend kehrten die Eheleute auf den Friedhof zurück. Als sie zu einem der Köder gehen wollten, trat der vorausgehende Nick Dyke auf eine große Katze. Das erschrockene Tier sprang auf und rannte den Pfad entlang. Sally, die ihm den Weg versperrte, wurde von zwei Prankenhieben zur Seite geschleudert. Einer der Schläge traf sie unterhalb der Rippen, zerriß ihre Öljacke und mehrere Schichten Kleidungsstücke darunter. Wegen ihres Schocks und der Dunkelheit war es den Dykes unmöglich, das angreifende Tier eindeutig zu identifizieren. Sie konnten nur sagen, daß es groß und schwarz gewesen war. Die Krallenspuren, die an Sallys Körper zurückblieben, belegten aber, daß es sich nicht um ein Hirngespinst gehandelt hatte. An ihrer rechten Seite hatte sie oberhalb der Rippen drei zwölf Zentimeter lange, stark blutende Wunden, die vier Monate lang sichtbar blieben.

Die Bestie von Inkberrow ist nur eine der zahlreichen geheimnisvollen Großkatzen, die die britischen Inseln gegenwärtig heimsuchen. Es wurden dort sogar ganze Katzenkolonien vermutet. Cambridgeshire kennt den Tiger von Fen, Cornwall die Bestien von Bodmin und Exmoor, County Durham hat einen Puma und Nottinghamshire den

Löwen von Nottingham. Einige dieser Tiere werden mehr oder weniger regelmäßig gesichtet. Andere, wie der Löwe von Nottingham, sind nur ein- oder zweimal oder ein paar Monate lang in Erscheinung getreten, bevor sie für immer im Dunkel verschwanden. Alles in allem existieren Berichte über Großkatzen aller Art, die in den jeweiligen Gegenden nicht heimisch sind, aus 30 Grafschaften in England, Schottland, Wales und Nordirland.

Am meisten verblüfft daran, daß es sich um ein relativ modernes Phänomen handelt – im Jahre 1962 erhob die erste dieser geheimnisvollen Großkatzen, der Puma von Surrey, sein Haupt.

Eigentlich dürften die Grenzgebiete von Surrey, Hampshire und Sussex Populationen von großen Wildkatzen wesentlich schlechtere Lebensbedingungen bieten als die relativ unberührten Moore von Bodmin, Durham und Exmoor. Sie gehören zum Einzugsgebiet von London und sind von der Hauptstadt aus leicht zu erreichen. Zwar gibt es in den relativ dicht besiedelten Regionen auch Felder und Wälder, aber dort halten sich meistens Bauern und Ausflügler auf. Trotzdem hat man auf diesen vielbegangenen Wegen hundertfach Großkatzen gesichtet. Die Beobachtungen sind durch Schnappschüsse, Exkremente, totes Vieh und Gipsabdrücke von Spuren der Tiere belegt worden. Einige Spuren wurden eindeutig als die eines Pumas identifiziert. Auf dem Höhepunkt der Panik begann die Polizei von Surrey, die Begegnungen in das Register der Polizeistation von Godalming einzutragen. Zwischen September 1962 und August 1964 wurden insgesamt 362 Sichtungen verzeichnet.

Aber wo war der Puma von Surrey vor dem Sommer 1962? Lebte er friedlich und unbemerkt in denselben Feldern und Wäldern, in denen man ihn während der nächsten zwei Jahre jagte? Hatte er sich aus seiner ursprünglichen Heimat in einem der wilderen Gebiete im Südwesten nach Norden aufgemacht? Oder verbrachte er seine Tage in einem Käfig in einem Hinterhof oder Privatzoo in der Nähe Londons? Wie immer die Antwort lauten mag, jedenfalls war der Puma von 1962 kein Einzelfall. In Australien existieren bereits seit 1880 ähnliche Berichte über Katzen, die sich außerhalb ihres Verbreitungsgebietes aufhalten. In den 30er Jahren unseres Jahrhunderts war von Tigern und Löwen die Rede, und 1956 meldeten Farmer aus Emmaville in New South Wales, daß mehr als 340 Schafe von einem »Panther« getötet worden seien. In den USA scheinen außer einheimischen Tieren wie Pumas auch Löwen und schwarze Panther gesichtet worden zu sein. Der erste Bericht über ortsfremde Großkatzen geht auf den Juli 1917 zurück. Damals behauptete ein Butler namens Thomas Gullet, auf dem Gut von Robert Allerton in Monticello in Illinois von einer »afrikanischen Löwin« angefallen worden zu sein. Später wurde in der Nähe ein männlicher Löwe gesichtet. In jüngerer Zeit sind auch in Deutschland Großkatzen aufgetaucht. 1988 wurde im Saarland von einem »jungen Puma« berichtet, ein Jahr später warnte die Darmstädter Polizei vor einer gefährlichen Wildkatze, die sich in einem nahegelegenen Waldstück aufhalte. Im Odenwald, an der Grenze zwischen Hessen und Bayern, behaupteten mehrere Bewohner der Dörfer Furth und Steinback, sie hätten einen schwarzen Panther gesehen. Zunächst nahm die Polizei diese Berichte ernst und erklärte, daß die befragten Zeugen nüchtern und glaubwürdig gewesen seien. Doch später häuften sich die Meldungen und wurden zunehmend widersprüchlicher. Ein Polizeisprecher erklärte schließlich, daß die Zeugen, die die »Bestie vom Odenwald« gesehen zu haben glaubten, entweder einem Schwindel aufgesessen seien oder sich schlicht getäuscht hätten.

Diesem Muster – erste Sichtung, zögernde Akzeptanz, ergebnislose Nachforschungen, zunehmend widersprüchli-

che Berichte, wachsende Skepsis und schließlich Einstellung der Untersuchungen – begegnen wir in den Grenzwelten häufig. Es ist tatsächlich schwer vorstellbar, daß in den Hekken und Wäldern Großbritanniens Kolonien von Großkatzen oder auch nur einzelne Tiere lauern sollen. Allzu oft überschätzen die Zeugen – vor allem wenn es sich dabei um Menschen aus Städten handelt – die Größe von Tieren, die sie gesehen haben.
Im Extremfall kann es dadurch sogar zu recht komischen Situationen kommen. Am 11. März 1994 riefen unabhängig voneinander acht Zeugen bei der Polizei von Winchmore Hill an, um zu melden, daß eine Löwin durch die Straßen der ruhigen Vorstadt Londons streife. Polizeibeamte mit Megaphonen riefen die Bevölkerung auf, in den Häusern zu bleiben, während ein Hubschrauber die Gegend aus der Luft absuchte. Scharfschützen des Londoner Zoos standen mit Betäubungsgewehren bereit. Schließlich wurde die »Löwin« fotografiert, wie sie sich auf dem Dach eines Schuppens in einem Garten sonnte. Sie konnte als »Bilbo« identifiziert werden, der Kater eines gewissen Carmel Jarvis. Der Besitzer versicherte, das große gelbe Tier sei »in keiner Weise gefährlich«.

Dennoch steht zweifellos fest, daß zumindest einige der geheimnisvollen Großkatzen Großbritanniens tatsächlich existieren. Innerhalb der vergangenen 15 Jahre wurden zwischen Cornwall und Inverness zwei Pumas, ein Paar Dschungelkatzen und fünf kleinere Leoparden überfahren, gefangen oder getötet. Darin sind die Fälle, in denen Tiere nachweislich aus Zoos, Tierschauen oder Privathaushalten ausbrachen, nicht enthalten. Die Frage lautet also nicht, ob in Großbritannien Großkatzen frei herumlaufen, sondern, woher sie kommen und wie viele es sind. In einigen Fällen sind Paare oder erwachsene Einzeltiere mit Jungen gesehen worden. Manchmal wurde auch eine tote Großkatze gefunden, ohne daß die Begegnungen mit solchen Tieren in der betreffenden Gegend damit ein Ende nahmen. Das deutet darauf hin, daß sich einige unerwartet gut an das örtliche Klima anpassen und in freier Wildbahn fortpflanzen. Manchmal finden solche Fälle aber auch eine ganz banale Lösung. Im Oktober 1980 fing ein schottischer Farmer namens Ted Noble einen ausgewachsenen Puma in einer Falle auf seinem Land bei Cannich in den Highlands. Die Raubkatze war seit fast einem Jahr immer wieder gesichtet worden. Mit dem Fang schien auch das Rätsel geklärt, warum des öfteren Schafe von seiner Farm verschwunden waren. Doch die fürchterliche Bestie erwies sich bei näherem Hinsehen als älteres, arthritisches Weibchen, das so zahm war, daß es sich hinter den Ohren kraulen ließ. Der Puma hatte offensichtlich Schwierigkeiten mit dem Leben in freier Wildbahn gehabt, seit sein Besitzer ihn freigelassen hatte, denn er war unterernährt.

Vor 1960 gab es kaum Berichte über freilebende Großkatzen. Seit 1980 hat die Anzahl der gesichteten Tiere wie auch die der aufgefundenen toten Exemplare beträchtlich zugenommen. Dies veranlaßte Beobachter zu dem Schluß, daß seit der Verabschiedung des Gesetzes über die Haltung gefährlicher Wildtiere im Jahre 1976 vermehrt in Gefangenschaft gehaltene Tiere freigelassen worden seien. Durch das Gesetz war es Liebhabern beträchtlich erschwert worden, exotische Großtiere zu halten, und vermutlich setzten viele die zum Problem gewordenen Katzen einfach aus. Für diese Hypothese spricht einiges. Denken Sie daran, wieviel Fleisch eine Großkatze zum Überleben braucht. Ein Tier von der Größe eines Pumas nimmt wöchentlich eine Menge zu sich, die fünf ausgewachsenen Hirschen entspricht. Zwar kann man sich manchmal des Eindrucks nicht erwehren, daß sich die geheimnisvollen Katzen jedes Jahr durch Tausende von Schafen fressen, aber auch damit würden nicht genügend

Beutetiere gerissen, um eine große, stabile Population versteckter Räuber am Leben zu erhalten. Ein Bericht der britischen Regierung zur Existenz von Raubkatzen im mittleren Cornwall – der Heimat der sagenhaften Bestie von Bodmin – schließt mit der Feststellung: »Es konnte kein Hinweis auf die Existenz einer ›Großkatze‹ gefunden werden. Innerhalb von fast sechs Monaten wurden nur vier Stück Vieh gerissen, und in keinem der Fälle gab es Anzeichen dafür, daß nicht Hunde oder einheimische Tiere dafür verantwortlich waren. Mit Sicherheit ist der Viehbestand nicht durch eine im Moor von Bodmin lebende ›Großkatze‹ bedroht.« Wovon die Bestie von Bodmin lebt, ist also nicht mit letzter Sicherheit zu klären.

Die Frage nach der Herkunft eines exotischen Tieres ist um so interessanter, je weniger es für ein Überleben in der neuen Heimat geeignet erscheint. Das unter diesem Gesichtspunkt seltsamste und am häufigsten berichtete exotische Tier ist das Krokodil. Es gibt zahlreiche, gut dokumentierte Berichte über solche Reptilien, die auf den Britischen Inseln in freier Wildbahn leben. Eines wurde schon 1836 in Chipping Norton (Oxfordshire) gesichtet. In jüngerer Zeit tauchten Krokodile in den Flüssen Ouse (1970) und Stour (1975) auf. Das Exemplar von Chipping Norton, ein sehr junges und nicht eben gefährliches Jungtier von 30 Zentimetern Länge, jagte eine Gruppe von Spaziergängern über eine Wiese, bis einer von ihnen, der mutiger als seine Begleiter war, sich umwandte und ihm mit einem Stein den Kopf zerschmetterte. Besonders interessant an diesem Fall ist die Tatsache, daß während der nächsten drei Jahrzehnte weitere Krokodile in der kleinen ländlichen Gemeinde auftauchten. Um 1856 wurde ein zweites Babykrokodil auf einem Bauernhof entdeckt und getötet, und kurz darauf, in den 60er Jahren, wurden unabhängig voneinander zwei Exemplare bei Over Norton gesichtet. Es erscheint möglich, wenn auch nicht sehr wahrscheinlich, daß ein Bauer seine Leidenschaft für die Zucht gefährlicher Reptilien entdeckt und dies in dem kleinen Ort jahrzehntelang geheimgehalten hatte. Die noch unwahrscheinlichere Alternative wäre, daß es einer kleinen Kolonie von Krokodilen irgendwie gelungen war, drei Jahrzehnte oder noch länger in dem rauhen Klima von Oxfordshire zu überleben, ohne daß es einem Fischer auffiel oder irgendwo Überreste von Beutetieren gefunden wurden. Wahrscheinlich werden wir die Wahrheit nie erfahren.

Aus welchen Gründen auch immer – Krokodile, Alligatoren und Kaimane tauchen an den unmöglichsten Orten auf. Am 2. Juli 1843 fiel in Charleston während eines Gewitters ein solches Reptil vom Himmel. Ein Exemplar turnte auf dem Gasballon eines fliegenden Zeppelins herum. Ein drittes wurde in der New Yorker U-Bahn an der Station Brooklyn Museum gefunden, ein viertes im Februar 1973 in der Toilette des Schnellzuges München – Köln. Im Mai 1980 erhielt die Polizei im englischen Preston drei Anrufe von Autofahrern, die ein zwei Meter langes Krokodil gesehen haben wollten, das bei Lightfoot Lane die M 55 überquert habe. Einer von ihnen behauptete, daß er dem Tier über den Schwanz gefahren sei. In zumindest einigen dieser Fälle handelte es sich wahrscheinlich um entlaufene Haustiere oder um Tiere, die von ihren Besitzern an einen anderen Ort geschmuggelt werden sollten. Aber weil die Berichte über exotische Reptilien ständig zunehmen (seit der Entdeckung des Krokodils von Chipping Norton sind weit über 100 Fälle gemeldet worden), ist dies womöglich nicht die einzige Erklärung.

Nicht zu Unrecht ist die Theorie vom »entlaufenen Haustier« eine beliebte Erklärung dafür, daß exotische Tiere außerhalb ihres Lebensraumes angetroffen werden. Aber man sollte nicht der Versuchung erliegen, sie für die einzige zu halten. Was ist beispielsweise von dem geradezu surrealistischen Fall des Bären von Hackney aus dem Jahre 1981 zu halten? Am Abend des 27. Dezember führten vier Jungen im Alter zwischen neun und 13 Jahren ihre Hunde in den Marschen von Hackney spazieren, als sie Abdrücke von Tatzen mit drei Klauen im Schnee entdeckten. Einer von ihnen identifizierte sie als die Spuren eines Bären. Kurz darauf begegneten die Jungen einem Paar mittleren Alters und fragten, ob sie wüßten, daß sich ein Bär in der Gegend aufhalte. »Sie antworteten: ›Ja, er ist da oben‹«, erzählte der 13jährige Tommy Murray später der Polizei. »Wir sollten nach Hause gehen, weil das Tier gefährlich sei. Sie warfen sogar mit Schnellbällen nach uns, um uns Angst einzujagen.« Selbstverständlich war damit die Neugierde der Jungen erst recht geweckt. Sie stapften weiter, bis sie auf »ein riesengroßes, knurrendes, behaartes Etwas« stießen, das sich auf die Hinterbeine erhob. Entsetzt ergriffen sie die Flucht.

Am nächsten Tag suchte die Polizei mit Hunden und Hubschraubern 20 Quadratkilometer des Ödlandes ab. Außer mehreren überzeugend wirkenden Spuren fand sie jedoch nichts. Seltsamerweise begannen und endeten die Abdrücke im Nichts. Rundherum war der Schnee unberührt. Die Polizei tippte auf einen Schwindel, und tatsächlich meldete sich bald ein Anrufer bei einer Lokalzeitung und behauptete, daß es sich um einen Scherz gehandelt und er sich bei einem Kostümverleih ein Bärenkostüm besorgt habe. Die Erklärung wirkte plausibel, aber es gelang der Polizei nicht, ein Geschäft zu finden, daß eine solche Verkleidung verliehen hatte. Einer der Verleiher wies darauf hin, daß Bärenkostüme über normale Schuhe paßten und mit Sicherheit keine Abdrücke mit drei Klauen hinterließen. Also, welche andere Erklärung könnte es geben? Zwar sind die Marschen Ödland, aber sie gehören zum Einzugsgebiet von London. Ringsherum liegen Industriegebiete und Siedlungen des sozialen Wohnungsbaus. Die Gegend könnte nicht einmal einem einzelnen Bären über längere Zeit Zuflucht gewähren. Und was soll man von dem erstaunlich gut informierten Paar mittleren Alters halten, das mit Schneebällen warf? Der Bär von Hackney ist ein anschauliches Beispiel dafür, daß auch in den Annalen der Kryptozoologie höchst merkwürdige Fälle verzeichnet sind.

Auge in Auge mit der Bestie

Die Fallsammlungen der Krytozoologie enthalten zahlreiche Berichte über mögliche überlebende Exemplare angeblich ausgestorbener Tierarten. Man hat in der Ferne Mammuts erspäht, während sie gemächlich durch die sibirische Taiga zogen, und in Neuseeland sollen Moas aus dem Busch hervorgelugt haben. Leider sind auch Vermutungen, daß der Dodo auf einer der schroffen, einsamen Inseln nördlich von Mauritius überlebt haben könnte, reine Spekulation.

Von allen angeblich ausgestorbenen Tieren ist die Wahrscheinlichkeit, daß der tasmanische Beutelwolf (*Thylacinus cynocephalus*) überlebt hat, am größten. Dieser angriffslustige Räuber wurde etwa zwei Meter lang, besaß ein großes Maul mit kräftigen Kiefern und trug eine Zeichnung aus schwarzen Querstreifen auf dem Rücken. Das auf dem australischen Kontinent einst weitverbreitete Tier wurde vermutlich um 1000 v. Chr. von eingeschleppten Dingos ausgerottet. Auf Tasmanien überlebte der Beutelwolf wesentlich länger, allerdings wurde er von den ersten britischen Siedlern, die um ihre Schafe fürchteten, so rücksichtslos gejagt, daß er auch dort um 1910 nur noch sehr selten in freier Wildbahn vorkam. Das letzte bekannte Exemplar wurde 1933 im Florentine Valley gefangen und starb drei

Jahre später im Zoo von Hobart. 1936 wurde die Tierart als »vermutlich ausgestorben« eingestuft. Trotzdem ist der Beutelwolf nie ganz aus dem Bewußtsein der Bevölkerung verschwunden. In den Jahren 1937/38 und 1945/46 finanzierte die australische Regierung Jagden, bei denen eindeutige Spuren gefunden wurden, und seit 1936 sind über 400 Meldungen von Augenzeugen eingegangen, die einen Beutelwolf gesehen haben wollen. Diese Zahl von Berichten liegt wesentlich über der von anderen geheimnisvollen Tieren. 1980 organisierte Steven Smith vom *National Parks and Wildlife Service* erneut eine Expedition, die nach Spuren des Raubbeutlers suchen sollte. Smith hält ein Drittel der verzeichneten Sichtungsberichte für von hoher Qualität, denn in vielen Fällen seien die Augenzeugen keine zehn Meter von dem beobachteten Tier entfernt gewesen.

Typisch ist ein Ereignis vom März 1982. Hans Naarding, ein alter Buschkenner, hatte sein Lager in der Nähe der Quelle des Salmon River im Nordwesten Tasmaniens aufgeschlagen. Gegen zwei Uhr morgens weckte ihn ein Geräusch. Er griff nach seiner Taschenlampe und entdeckte ein großes Tier, das sich etwa sechs bis sieben Meter von ihm entfernt befand. Es glich einem Beutelwolf. Naarding berichtete:

> »Er stand völlig bewegungslos, so daß ich den ganzen Körper sehen konnte. Es war ein ausgewachsener Rüde mit schönem, sandfarbenem Fell in hervorragendem Zustand. Ich zählte zwölf Streifen auf seinem Rücken. Der Kopf war eckig und sehr kräftig, die Ohren klein und rundlich. Der Schwanz war dünn und nur am Ansatz ungewöhnlich dick, ganz anders als bei Hunden.«

Als Naarding nach seinem Fotoapparat greifen wollte,

verschwand das Tier. Es hinterließ einen durchdringenden Moschusgeruch, der den Buschkenner an die charakteristische Ausdünstung von Hyänen erinnerte.

Die Vorstellung, daß eine kleine Population von Beutelwölfen die 60 Jahre seit ihrer angeblichen Ausrottung in Tasmanien überlebt haben könnte, erscheint nicht allzu abwegig. Dagegen finden viele Zoologen die zirka 500 Berichte über angebliche Sichtungen von Beutelwölfen auf dem australischen Festland eher beunruhigend. Dort gilt ihr Fortbestehen als überaus unwahrscheinlich. Dabei konzentrieren sich die Meldungen noch nicht einmal auf ein oder zwei unzugängliche Gebiete, sondern stammen aus der Gegend zwischen dem südlichen Queensland, der nördlichen Umgebung von Melbourne, wo während der vergangenen 40 Jahre ein als Wonthaggi-Monster bekanntes Tier mehr als 100mal gesichtet wurde, und von der Westküste bis 150 Kilometer südlich von Perth. Auch der Norden bildet keine Ausnahme. So wurde beispielsweise in den Kimberley-Bergen im Nordwesten Australiens ein kleines Stück von einem Beinknochen gefunden. Eine Radiokarbonanalyse der herumliegenden anderen Knochen ergab, daß sie etwa aus dem Jahre 1890 stammten. Das Knochenstück selbst konnte nicht auf diese Art untersucht werden, weil es sonst zerstört worden wäre.

Bis heute mangelt es an überzeugenden Beweisen, obwohl vor kurzem sechs Fotos, die ein professioneller Schweinejäger namens Kevin Cameron aufnahm, großes Aufsehen erregten. Angeblich zeigten sie den Schwanz und das Hinterteil eines durch den Busch in der Nähe von Yoongarillup streifenden Beutelwolfs. Es stellte sich allerdings bald heraus, daß die Aufnahmen aus so vielen verschiedenen Winkeln heraus fotografiert worden waren, daß sie unmöglich innerhalb von »20 oder 30 Sekunden«, wie Cameron behauptete, entstanden sein konnten. Die Glaubwürdigkeit des Schweinejägers litt erneut, als er verkündete, er habe, um jedes Geräusch zu vermeiden, seine Hose ausgezogen und sei in Unterwäsche auf die Jagd nach dem Beutelwolf gegangen. Solange wir kein besseres Beweismaterial besitzen, bleibt ein Überleben des Thylacinus cynocephalus zwar wahrscheinlich, aber unbelegt.

Die Suche nach Dinosauriern

Der Gedanke, daß der Thylacinus seine »Ausrottung« in Tasmanien um einige Jahrzehnte überlebte oder in unzugänglichen Gegenden des australischen Buschs sogar mehrere tausend Jahre lang gegen die Dingos bestand, erscheint geradezu plausibel gegenüber der Vorstellung, daß Populationen der vor vielen Millionen Jahren zu Ende gegangenen Dinosaurierära in den Tiefen der äquatorialen Regenwälder fortbestanden haben könnten. Dennoch existieren schon seit Beginn unseres Jahrhunderts Berichte über lebende Dinosaurier in Zentralafrika. Noch frühere Hinweise liefern die seltsamem Felszeichnungen von Eingeborenen, die vierbeinige Tiere mit langen Hälsen zeigen. Außerdem beschrieb 1776 der französische Abt Proyart Abdrücke von einen Meter breiten Klauenfüßen, die er im Abstand von gut zwei Metern auf dem Urwaldboden in Gabun, Kamerun und dem Kongo gefunden haben wollte.

Erste Hinweise auf die Lösung des Rätsels ergaben sich im Jahre 1913. Eine deutsche Expedition, die das zum Kongo gehörende Gebiet von Likouala bereiste, berichtete von einem im Wasser lebenden Ungeheuer, das in den großen Flüssen der Gegend heimisch sei. Die dort ansässigen Pygmäen berichteten, daß das Tier, das sie *mokele mbembe* nannten, »eine glatte, graubraune Haut« besitze und »etwas kleiner als ein Elefant, mindestens aber so groß wie ein

Flußpferd« sei. Angeblich verfügte es über einen langen, sehr beweglichen Hals und einen einzelnen, allerdings sehr langen Zahn. Andere behaupteten, daß es sich dabei um ein Horn handle. Manche erzählten auch von einem »langen muskulösen Schwanz, ähnlich dem eines Alligators«. Zwar traf die Beschreibung auf keinen bekannten Dinosaurier zu, aber die Expeditionsteilnehmer waren von dem Gedanken fasziniert, möglicherweise einem prähistorischen Ungeheuer auf der Spur zu sein.

Kurz nach dem Ersten Weltkrieg kamen mehrere Berichte dieser Art aus Belgisch-Kongo, die sich jedoch als Schwindel entpuppten. Zur selben Zeit fanden Geschichten aus der Gegend um den See Bangweulu im Norden Rhodesiens (heute Sambia) besonderes Interesse. Sie erzählten von einem amphibischen Ungeheuer, das angeblich ganze Flußpferde verschlang. Einen interessanten Beitrag zu den insgesamt mageren Beweisen lieferte der Forscher Leo von Boxberger. »Im ganzen südkamerunischen Teil des Kongobeckens glauben die Eingeborenen an ein riesiges Wassertier, das sie als Reptil mit langem Hals beschreiben und *mbokalemuembe* nennen«, schrieb von Boxberger.

Als sich die erste kryptozoologische Expedition 1979 auf den Weg machte, waren die Anzeichen für die Existenz eines Dinosauriers im Kongo folglich eher dürftig. Die Unternehmung stand unter der Leitung des texanischen Herpetologen James Powell, dem Erzählungen des Fang-Volkes aus Gabun zu Ohren gekommen waren, wonach in den Sümpfen des Landesinneren ein seltsames Tier namens *n'yamala* lebe. Aus den wenigen Anhaltspunkten, die Powell zur Verfügung standen, schloß er, daß es sich um ein Tier handelte, das dem riesigen, langhalsigen Sauropoden Diplodocus sehr ähnlich sein mußte. Angeblich lebte das Wesen in abgelegenen Seen und ernährte sich ausschließlich von einer einheimischen Gemüsesorte, die als »Dschungelschokolade«

bezeichnet wurde. Powells wichtigster Informant, ein eingeborener Medizinmann, behauptete, daß er das *n'yamala* 1946 aus dem N'Gounie-Fluß habe steigen sehen. Es sei über zehn Meter lang und bestehe hauptsächlich aus Hals und Schwanz. Sein Gewicht müsse mindestens dem eines Elefanten entsprechen, erklärte der Alte. Im Gegensatz zu dem mokele mbembe der Deutschen habe es kein Horn gehabt.

Von diesen Berichten fasziniert, hatten sich Powell und Roy Mackal, ein Biochemiker aus Chicago und Mitbegründer der Internationalen Gesellschaft für Kryptozoologie, dazu entschlossen, in den Kongo zu reisen. Dort wollten sie die einheimische Bevölkerung befragen, die Biologie der Sümpfe untersuchen und nach Möglichkeit das n'yamala oder mokele mbembe fotografieren (ihrer Meinung nach handelte es sich dabei um dasselbe Tier).

Das erste Problem bestand darin zu entscheiden, wo sie in dem riesigen Urwaldgebiet mit ihrer Suche beginnen sollten. Mackal und Powell gingen von den Hypothesen aus, daß das mokele mbembe entweder kurz vor der Ausrottung stand oder sich in immer unzugänglichere Gebiete zurückzog, um dem Zugriff des Menschen zu entgehen. Daher kamen sie zu dem Schluß, daß überlebende Dinosaurier am ehesten in dem von Pflanzen überwucherten Fluß Likouala-aux-Herbes und seiner Umgebung zu finden sein würden. Am vielversprechendsten erschien ihnen ein abgelegener See namens Tele, der fünf volle Tagesmärsche von der nächsten Siedlung entfernt lag. Über das Gebiet war so wenig bekannt, daß zwei Expeditionen den See verfehlten. Aber es gelang Mackal und seinen Kollegen, andere Orte im Urwald ausfindig zu machen, an denen sich das mokele mbembe angeblich aufhielt. Dazu zählten der Ubangi-Fluß, der Tebeki-See (ein kleineres Gewässer in der Nähe des Tele-Sees) und der nördliche Teil des Likouala-aux-Herbes.

Außerdem stießen sie auf weitere Augenzeugen, die ebenfalls Dinosaurier gesehen haben wollten.

Eine der dramatischsten Schilderungen stammte von einem kongolesischen Jäger namens Nicolas Mondongo, der angeblich im Alter von 17 Jahren am Ufer des Likouala-aux-Herbes eine solche Begegnung gehabt hatte. In den 60er Jahren sei er eines Morgens um sieben Uhr auf Affenjagd gewesen, als sich ein riesiges Tier in nur 13 Meter Entfernung unter Wasserkaskaden aus dem Fluß erhoben habe. Weil der Likouala-aux-Herbes an der Stelle nur knapp einen Meter tief war, habe er freie Sicht auf das Monster gehabt. Kopf und Hals hätten zusammen eine Länge von ungefähr zwei Metern aufgewiesen, etwa die Dicke eines Männeroberschenkels gehabt und seien von einer Art Hahnenkamm gekrönt gewesen. Der Schwanz habe die Länge des Halses noch übertroffen, und das Tier habe auf vier kräftigen Beinen gestanden. Nach Schätzung des Jägers war es insgesamt um die zehn Meter groß. Ungefähr drei Minuten lang habe er es beobachten können, bevor es wieder im Fluß verschwunden sei.

Mackal zeichnete auch eine zweite, noch aussagekräftigere Geschichte auf. Von Pascal Moteka, einem Eingeborenen aus einem der dem Tele-See am nächsten gelegenen Flußdörfer, erfuhr er, daß die Dorfgemeinschaft einmal versucht hatte, eine Gruppe von mokele mbembes vom See fernzuhalten. Um von den Untieren nicht beim Fischen gestört zu werden, hatten sie eine Barriere quer über einen der sieben Flüsse errichtet, die den Tele-See mit dem lokalen Flußsystem verbinden. Als eines der Tiere versucht habe, das Hindernis zu überwinden, sei es von den Pygmäen mit Speeren erlegt worden. Bedauerlich für die Kryptozoologie war nur, daß der gewaltige Kadaver anschließend zerlegt und vermutlich im Rahmen einer Siegesfeier verzehrt worden war. Überlebende Augenzeugen gab es leider auch nicht:

Alle, die von dem Fleisch des getöteten Ungeheuers gegessen hatten, seien kurz darauf gestorben.

Nach der Analyse seiner verschiedenen Quellen konstatierte Mackal, daß die ansässigen Kongolesen das mokele mbembe für ein reales, außergewöhnlich großes Tier hielten, das allerdings nur selten gesehen werde. Allgemein wurde das Wesen als von rotbrauner Farbe, mit langem Hals, einem kleinen, reptilienartigen Kopf, plumpem Körper und langem, peitschenartigem Schwanz beschrieben. Die Eingeborenen glaubten, daß es in tiefen Tümpeln in der Nähe des Flußufers lebe, aus denen es besonders in der Trockenzeit und vorwiegend am frühen Morgen und späten Nachmittag auftauche. Wenn es an Land gehe, was höchst selten vorkomme, hinterlasse es große Fußabdrücke mit drei Klauen. Die Zeugen erklärten, das Tier bewege sich völlig geräuschlos und sei äußerst gefährlich, wenn man es reize. Es töte seine Opfer meistens, indem es unter einem Kanu auftauche, die Insassen ins Wasser werfe und sie dann mit mächtigen Schwanzschlägen zerschmettere. Als Mackal und Powell einigen Eingeborenen Bildbände mit Abbildungen von Dinosauriern zeigten, identifizierten sie das mokele mbembe entweder als Sauropoden (ein dickbeiniger Pflanzenfresser wie der Brontosaurus) oder als langhalsigen, mit Flossen ausgestatteten Plesiosaurus.

Mackal und Powell waren nicht die einzigen, die zu jener Zeit in den Sümpfen von Likouala unterwegs waren. Ihr früherer Kollege Herman Regusters hatte nach der Abreise der Kryptozoologen eine eigene Expedition ausgerüstet. Als vermutlich ersten westlichen Menschen gelang es ihm und seiner Frau im Herbst 1981, den Tele-See zu erreichen. Die Regusters kehrten nicht nur mit Tonbandaufnahmen, Gipsabdrücken von Fußspuren und Proben möglicher Dinosaurierexkremente zurück, sondern behaupteten auch, das Tier am See mit eigenen Augen gesehen zu haben. Als nächstes brach eine kongolesische Expedition unter der Leitung von Marcellin Agnagna, einem Zoologen des Tierparks von Brazzaville, auf und erreichte den Tele-See im April 1983. Agnagna, der bei den meisten westlichen Dinosaurier-Expeditionen eine Rolle gespielt hatte, behauptete anschliessend, er habe eine spektakuläre Begegnung mit dem mokele mbembe gehabt. In etwa 300 Metern Entfernung vom Ufer habe das Tier seinen schmalen rötlichen Kopf mit den krokodilartigen, ovalen Augen und seinem zierlichen Maul ungefähr einen Meter weit aus dem Wasser gereckt und hin- und hergeschaut. Er, Agnagna, habe den Eindruck gehabt, als suche es nach ihm. Direkt hinter dem Hals sei ein langer schwarzer Buckel zu erkennen gewesen. Das Tier sei zweifellos ein Reptil. Es handle sich weder um ein Krokodil noch um einen Python oder eine Süßwasserschildkröte. Leider habe sein Team Probleme mit der Kamera gehabt, so daß es ihm nicht möglich gewesen sei, den Vorfall zu filmen.

Im Verlauf der nächsten zehn Jahre lockte der vermeintliche Dinosaurier sechs weitere Expeditionen durch die Sümpfe an den Tele-See. Enttäuschenderweise – vielleicht auch bezeichnenderweise – kam man zu wenigen neuen Erkenntnissen. Eine Gruppe bestätigte die Existenz von Schildkröten, Pythons und Krokodilen im Tele-See, eine andere kehrte mit der festen Überzeugung aus dem Kongo zurück, daß es sich bei den vermeintlichen Urzeitriesen um Waldelefanten handle, die ihre Rüssel in die Höhe hielten, wenn sie Seen und Flüsse durchquerten.

Die Elefanten-Hypothese ist nur eine von mehreren Theorien, mit denen versucht wird, die kongolesischen Berichte über das mokele mbembe zu erklären. Eine andere besagt, daß, falls es sich tatsächlich um überlebende Dinosaurier handeln sollte, das Klima in der Kongoregion seit Millionen von Jahren unverändert sein müßte. Die Tiere hätten nicht nur das große Sterben, das alle anderen

Dinosaurier dahinraffte, überleben, sondern auch von Raubtieren und nicht zuletzt dem Menschen unbemerkt bleiben müssen. Aber selbst damit wäre noch nicht geklärt, wie es ihnen gelungen sein könnte, über diesen langen Zeitraum hinweg Krankheiten und Inzucht zu überstehen. Außerdem können sich Skeptiker nicht vorstellen, warum das Tier nicht viel öfter gesehen wird. Sie glauben, daß einige Augenzeugen eine der großen, in dieser Gegend häufigen Süßwasserschildkröten für das mokele mbembe gehalten haben. Möglicherweise beschreiben die Eingeborenen auch keine Wesen aus Fleisch und Blut, sondern Dschungelgötter, die nicht realer sind als Erscheinungen der Jungfrau Maria.

Bemerkenswert ist der Respekt, den die Menschen in der Likouala-Region vor mokele mbembe haben. Als der Amerikaner Rory Nugent endlich etwas zu Gesicht bekam, das er für das geheimnisvolle Monster hielt, hinderten ihn seine Führer daran, näher heranzugehen, um eine Nahaufnahme zu machen. Unbewegt hielten sie ihm ein Gewehr an den Kopf. Die gesammelten Materialien deuten insgesamt darauf hin, daß der Aberglaube in dieser Gegend weitverbreitet ist. Dennoch stellt sich die Frage, wie »primitiv« die Bewohner des Landesinneren tatsächlich sind. Mit Dinosaurier-Bildbänden ausgerüstete Wissenschaftler, die sich auf Expeditionen begeben, gehen im allgemeinen davon aus, daß die Einheimischen nichts über derartige Tiere wissen. Diese Annahme kann gefährlich sein. Abgesehen von der Tatsache, daß der Kongo jahrzehntelang Kolonie westlicher Mächte war, sind noch heute Gruppen von Missionaren dort tätig, die sich unter anderem für eine bessere Schulbildung einsetzen. Durch den wachsenden Wohlstand des Landes ist es auch den Menschen aus dem Hinterland möglich geworden, die modernen Großstädte zu besuchen. Dort gibt es Fernsehen, Bibliotheken und Universitäten. Kurz gesagt, das Bild vom »unwissenden Wilden« entspricht immer weniger der Realität. Das gilt nicht nur für den Kongo, sondern auch für andere unterentwickelte Gegenden der Erde, und die Kryptozoologen täten gut daran, sich darüber klar zu werden, daß ihre Informanten durchaus nicht mehr vom Rest der Welt isoliert leben.

Außerdem scheinen einige Dinojäger in der Likouala-Region höchst fragwürdige Methoden angewendet zu haben. Als die ursprünglich sehr umgänglichen Einheimischen ihren Besuchern gegenüber immer mißtrauischer und verschlossener wurden und es daher schwieriger wurde, Informationen über die gesuchten Tiere zu erhalten, begannen einige der westlichen Forscher, hohe Geldbeträge zu verteilen. Skeptiker sind der Meinung, diese eigenartige Praxis habe dazu geführt, daß die Gastgeber den Fremden genau das erzählten, was diese ihrer Ansicht nach hören wollten. Somit wäre das einzige Beweismaterial für die Existenz des mokele mbembe weitgehend entkräftet. Darin liegt das Kernproblem: Die mündlichen Berichte über heute noch lebende Dinosaurier mögen faszinierend sein, aber konkrete Beweise gibt es nicht.

Schlangen in der grünen Hölle

Tausende Kilometer weiter westlich, in den undurchdringlichen Regenwäldern Südamerikas, sollen ebenso faszinierende unbekannte Riesentiere leben. Kryptozoologen haben vereinzelte Berichte über große, otterähnliche Kreaturen, vier Meter lange Gürteltiere und sogar unbekannte Menschenaffenarten gesammelt. Aber am vielversprechendsten erscheinen die Hinweise auf ein größeres und wahrscheinlich auch gefährlicheres Tier. Seit zwei Jahrzehnten ist Dr. David Oren vom Goeldi Natural History Museum in Belem auf der Jagd nach einem Monster, das den Waldbewohnern als *mapinguary* bekannt ist und angeblich im Mato Grosso haust. Frühere Kryptozoologen klassifizierten das Tier vorsichtig als Angehörigen einer unbekannten Menschenaffenart, aber Oren ist davon überzeugt, daß es sich um ein riesiges, am Boden lebendes Faultier handelt, das mit dem vermutlich um die Zeit Christi herum ausgestorbenen prähistorischen Mylodon eng verwandt ist. Faultiere gelten im allgemeinen als langsame, schutzlose Pflanzenfresser, aber den von Oren gesammelten Materialien zufolge besitzt das mapinguary eine ungewöhnliche Waffe von durchschlagender Wirkung: Über eine Drüse an seinem Bauch soll es einen derart üblen Gestank absondern können, daß es unter den Jägern des Regenwaldes als »Tier mit dem Atem der Hölle« bekannt ist. Dadurch ist das mapinguary offenbar so gut geschützt, daß es bis heute noch nicht eingefangen wurde. Immerhin besitzt Oren einige Fragmente, die seiner Meinung nach von Fell und Kot des Faultiers stammen. Möglicherweise liefern DNS-Tests des Fells genügend Anhaltspunkte, um das Tier zuordnen zu können.

Die bei weitem dramatischsten Berichte über in Südamerika heimische, geheimnisvolle Lebewesen sind die über Begegnungen mit Riesenschlangen. Das Amazonasgebiet beherbergt die größte bekannte Schlangenart der Welt: die Anakonda. Dieses halb im Wasser lebende Reptil jagt vor allem in den Flüssen der Regenwälder. Die Anakonda wird bis zu zehn Metern lang – doch angeblich ist das nur ein Bruchteil der Größe, die von anderen Riesenschlangen in unerforschten Gebieten Brasiliens und Venezuelas erreicht wird. Zugegebenermaßen ist es nicht einfach, die Größe wild lebender Tiere genau zu bestimmen, besonders wenn es sich um Schlangen handelt, die entweder zusammengerollt daliegen oder sich horizontal dahinschlängeln. Unter solchen Umständen kann der untrainierte Beobachter mit seiner Schätzung leicht um bis zu 100 Prozent danebenliegen. Aber auch wenn wir die Berichte über lebende Riesentiere ausklammern, bleiben immerhin Fälle übrig, in denen tote Exemplare gefunden wurden, die mehr oder weniger sorgfältigen Messungen zufolge außergewöhnliche Längen erreicht hatten.

Der gefeierte britische Forscher Percy Fawcett hatte 1907 während einer Expedition an die Grenzen des Mato Grosso angeblich eine Begegnung mit einem solch riesigen Tier. Sein Kanu trieb tief im amazonischen Urwald den Rio Abuna hinunter, als

> »fast unter unserem Bug ein dreieckiger Kopf und mehrere Meter eines sich windenden Körpers sichtbar wurden. Es war eine Riesenanakonda. Das Tier begann, sich die Uferböschung hinaufzuziehen, und ich griff nach meinem Gewehr. Ohne lange zu zielen, schoß ich ihr drei Meter unter dem widerlichen Kopf ein 44er Weichmantelgeschoß in die Wirbelsäule. Das Wasser schäumte auf, und mehrere harte Schläge trafen den Bootskiel. Es fühlte sich an, als wären wir auf einen Baumstumpf gelaufen.
>
> Ich hatte große Mühe, die indianische Besatzung zum Wenden zu überreden [...] Wir gingen an Land und näherten uns dem Reptil mit allergrößter Vorsicht. Es war kampfunfähig, aber über seinen Körper liefen Schauer, als fegten Windböen über einen Bergsee. So weit wir messen konnten, war der außerhalb des Wassers befindliche Teil 15 Meter, der Rest etwa sechs Meter lang. Das ergibt eine Gesamtlänge von 21 Metern. Für diese gewaltige Länge war der Körper relativ dünn – nicht dicker als 30 Zentimeter. Vermutlich hatte sie lange nicht gefressen. Ich versuchte, ein Stück aus der Haut herauszuschneiden, aber das Vieh war keineswegs tot. Sein plötzliches Aufbäumen jagte

uns gehörige Angst ein. Vermutlich durch ihren Atem verströmte die Schlange einen penetranten fauligen Gestank. Angeblich soll er betäubend wirken. Man sagt, daß die Beute dadurch zuerst angelockt und dann gelähmt wird. Alles an dieser Schlange war abstoßend.«

Fawcetts Bericht war so außergewöhnlich, daß der Forscher damals ins Kreuzfeuer der Kritik geriet. Weil er 1925 auf einer anderen Expedition im Amazonasgebiet auf geheimnisvolle Weise verschwand und nie wieder auftauchte, ist eine Überprüfung seiner Aussagen heute nicht mehr möglich. Immerhin fand sein Bericht 1947 eine gewisse Bestätigung durch den Franzosen Serge Bonacase, der zu einer Expedition gehörte, die den Mittellauf des Araguaya-Flußes erforschen und Kontakt zu den Chavantes-Indios aufnehmen sollte. Bei der Durchquerung eines Sumpfes zwischen zwei Zuflüssen, dem Rio Manso und dem Rio Cristalino, stieß Bonacases Gruppe auf eine im Gras schlafende Anakonda. Die Schlange starb im Kugelhagel. Man vermaß ihren Körper mit Hilfe einer Schnur und kam auf eine Länge von 24 bis 25 Metern. Leider war sich niemand in der Gruppe der Bedeutung des erlegten Tieres bewußt, so daß man nicht daran dachte, einen Knochen oder ein Stück Fleisch zu konservieren. Auch Fotos wurden nicht aufgenommen.

Vier Fotos, die in brasilianischen Provinzblättern abgedruckt wurden, zeigen angeblich riesige Exemplare der Boa Constrictor. Auf einem soll der Kopf eines über 40 Meter langen und fünf Tonnen schweren Tieres abgebildet sein, das in der Nähe von Manaus getötet wurde, auf einem anderen ein 30 Meter langer Kadaver, der im Mündungsgebiet des Amazonas flußabwärts trieb. Ein drittes Bild zeigt eine Riesenschlange, die knapp 33 Meter lang gewesen sein soll, und das letzte Bild ein 38 Meter langes Exemplar, das in einer verlassenen Festung von 500 Kugeln aus einem Maschinengewehr durchsiebt wurde. Allerdings sind die Aufnahmen von zweifelhaftem Wert, weil nirgends Anhaltspunkte zu erkennen sind, durch die sich die Größenverhältnisse bestimmen ließen.

Diese ausgewählten Fälle aus der Fieberhölle des Amazonas lehren uns vor allem eines: Nahezu jede unerforschte Wildnisregion der Erde kann einen ungeahnten Reichtum an zoologischen Schätzen beherbergen. Beispielsweise stammen aus dem australischen Outback nicht nur Berichte über Beutelwölfe, sondern auch über bislang unbekannte Beuteltigerkatzen, vier Meter große Riesenkänguruhs, prähistorische Wombats von Flußpferdgröße – sogar von bis zu zehn Meter langen Waranen ist die Rede. Es bestehen kaum Zweifel daran, daß die abgeschiedenen, weglosen Wälder und Ebenen diesen Tieren genügend Raum und Nahrung zum Überleben bieten würden. Außerdem sind häufig keine Raubtiere bekannt, die ihr Überleben bedrohen könnten.

Das wirkliche Problem besteht nicht darin nachzuweisen, daß die Existenz mysteriöser Tiere möglich ist. Kryptozoologen müssen sich vielmehr fragen lassen, warum es scheinbar so viele davon gibt, ob ihr Vorkommen ausreichend historisch dokumentiert ist und warum man sie immer wieder hört, sieht und fotografiert, ohne jemals einen unwiderlegbaren Beweis für ihre Existenz zu finden.

Affenmenschen unter uns

Von allen geheimnisvollen Tieren, nach denen Kryptozoologen suchen, geben vermeintliche riesige Affenmenschen die größten Rätsel auf. Zunächst einmal sind sie erstaunlich allgegenwärtig. Zwar hat fast jeder schon von dem schrecklichen Schneemenschen des Himalaya – dem Yeti – und dem nordamerikanischen Bigfoot gehört, aber kaum jemand weiß, daß es ähnliche Überlieferungen auch in Australien, wo diese Wesen *yowies* genannt werden, in der Provinz Hubei in Zentralchina und im Pamirgebirge an der russisch-chinesischen Grenze gibt. In Japan haust angeblich in der Gegend um den Berg Hiba herum das *Hiba-gon-Monster*, ein 1,50 Meter großes, menschenähnliches Wesen mit dreieckigem Gesicht. Die kleine Bahamas-Insel Andros beherbergt einen schrecklichen *yay-ho*, und im dichtbesiedelten und vollständig erschlossenen Europa wurden kürzlich Sichtungen aus den Pyrenäen gemeldet. Im Mai 1993 beispielsweise waren in den Bergen Aragoniens sechs Holzfäller bei der Arbeit, als ihnen ein seltsames, etwa 1,65 Meter großes Wesen begegnete. Der Arbeiter Manuel Cazcarra erinnerte sich:

> »Plötzlich hörten wir ein Kreischen, dann ein paar quiekende Laute [...] Ich sah nach, was geschehen war, und da saß er. Er war auf einen Holzstoß geklettert und hielt mit Armen und Beinen einen Stamm umklammert. Er schrie aus Leibeskräften. Die Entfernung zwischen uns betrug etwa 90 Meter.«

Später in derselben Woche brach jemand oder etwas Cazcarras Landrover auf. In der Nähe fand man unbekannte Fußspuren.

Die ersten Berichte von behaarten, menschenähnlichen Affenwesen stammen aus Europa. Die Fälle reichen bis ins Mittelalter zurück, in eine Zeit, zu der ein Großteil des Kontinents von Wald bedeckt und der Mensch noch Sklave der Natur und nicht ihr Meister war. *Wodewose,* »wilde Waldmenschen« oder »Herren der Wälder«, wurden die relativ häufig anzutreffenden, sagenhaften haarigen Riesen im mittelalterlichen Europa genannt. Sie scheuten die zivilisierte Welt, wurden von ihr gefürchtet und bevorzugten das Leben in den Wäldern. Einige waren mit Knüppeln bewaffnet, und viele schienen eine gewisse Macht über die Tiere des Waldes zu besitzen. Gegenüber Menschen, denen sie zufällig begegneten, verhielten sie sich oft feindselig.

Zweifellos repräsentierte der *wodewose* sowohl konkret als auch im übertragenen Sinne die Wildnis an sich. Die Anthropologin Myra Shackley schrieb über ihn:

> »Für den mittelalterlichen Bauern war der wilde Mann gleichzeitig eine allegorische Gestalt, ein Symbol der Verehrung, ein realer oder legendärer Bewohner der Wildnis und ein Teil der Überlieferung. Diese Begriffe sind nicht voneinander zu trennen [...] Unfähig, die Existenz Gottes zu erkennen – was für den mittelalterlichen Menschen die Katastrophe schlechthin bedeutete -, stand der wilde Mann sowohl physisch außerhalb der Gesellschaft, weil er nicht innerhalb ihrer Grenzen lebte, als auch sozial, weil er keine ihrer Konventionen beachtete.«

An dieser Stelle muß festgehalten werden, daß der *wodewose* keinesfalls ein primitiver Mensch oder überlebender Hominide war, auch wenn diese Erklärung heute sehr beliebt ist. Andererseits existierte der Herr der Wälder nicht nur in Legenden. Es gibt Gründe dafür anzunehmen, daß damals tatsächlich einige Menschen wild in den Wäldern lebten. Bei vielen handelte es sich um geistig verwirrte oder behinderte Personen, die schnell gewalttätig werden konnten, zumindest aber unberechenbar waren.

Interessant ist, daß die Überlieferung vom wilden Waldmenschen in Europa bis ins 16. Jahrhundert hinein existierte, so daß die Möglichkeit besteht, daß sie mit den ersten Einwanderern nach Amerika gelangte. Vermutlich setzte man sogar tatsächlich Geisteskranke und unerwünschte oder behinderte Kinder in den Wäldern der neuen Heimat aus. Dadurch ließen sich einige der frühesten Berichte von wilden Waldmenschen in Kanada und den Vereinigten Staaten erklären.

Bereits in den ersten Jahren des 19. Jahrhunderts wurden wilde Menschen in der amerikanischen Wildnis gesehen. Die modernen Berichte über Bigfoot begannen allerdings erst im Sommer 1958. Im August jenes Jahres behauptete ein Bulldozerfahrer namens Jerry Crew, der in der Nähe von Bluff Cree in Kalifornien mit dem Straßenbau beschäftigt war, daß er eine Reihe von riesigen Fußabdrücken gefunden habe. Die Spuren hätten zu seinem Fahrzeug, das er über Nacht stehengelassen hatte, geführt und es umkreist. Jeder Abdruck habe auf einen nackten Fuß von etwa 40 Zentimetern Länge hingedeutet, und die Schrittlänge habe zwischen 115 und 150 Zentimetern betragen. Das ist doppelt soviel wie bei einem durchschnittlichen Menschen.

Crews Bigfoot-Bericht war der erste, der ein nennenswertes Echo in der Presse fand. Es folgte eine ganze Flut weiterer Meldungen. Damals zeigten sich die Kryptozoologen zunächst sehr skeptisch, obwohl sich später herausstellte, daß es schon viel früher Sichtungen gegeben hatte. Der britische Naturforscher Ivan Sanderson, eine anerkannte Autorität auf dem Gebiet der Yeti-Forschung, Bigfoots berühmtem Vetter, mußte zugeben, daß er den Gedanken an riesige Affenmenschen, die frei in den Vereinigten Staaten herumliefen, für »ziemlich plemplem« hielt. Aber innerhalb der nächsten ein bis zwei Jahre nahm das Interesse an dem Thema so stark zu, daß die Existenz des Bigfoot nicht nur unter Kryptozoologen, sondern auch in der Öffentlichkeit als Tatsache akzeptiert wurde.

Ein Grund dafür ist, daß die Begegnungen mit behaarten Zweibeinern eine Unmittelbarkeit haben kann, die in der Kryptozoologie sonst ohne Beispiel ist. Zum Beispiel saßen im Oktober 1980 Charles Fulton und seine Familie in ihrem ländlichen Heim in Mason County, Kentucky, vor dem Fernseher, als jemand am Türknauf der Hintertür drehte. Fulton und seine Schwiegermutter Anna Mae Saunders erhoben sich, um nach der Ursache zu sehen. Sie öffneten die Tür und erblickten ein großes Tier, das auf der Veranda stand und einen Hahn in der Pranke hielt. Mrs. Saunders vergaß die bizarre Erscheinung nicht so schnell. »Es war ein großes, weißes, struppiges Etwas. Das Gesicht konnte ich nicht erkennen, weil es sich über der [zwei Meter zehn hohen] Tür befand.« Als die gigantische Kreatur zurücktrat, griff Fulton nach seiner Flinte und feuerte zwei kleinkalibrige Kugeln auf die Gestalt. Er war sicher, getroffen zu haben, aber das Tier zeigt keinerlei Regung und machte sich lautlos davon.

Kentucky ist übrigens nicht die klassische Heimat des Bigfoot. Die meisten Berichte stammen aus dem Süden Kanadas und dem Nordwesten der USA. Die abgelegenen Wälder östlich der Rocky Mountains eignen sich besonders gut für Begegnungen mit dem in Kanada auch *Sasquatch* genannten Wesen. Eines der interessantesten Erlebnisse hatte dort am Mica Mountain im Osten von British-Columbia William Roe aus Edmonton. In den 50er Jahren kletterte er eines Tages im Oktober durch die Wildnis zu einer verlassenen Mine empor, als er in etwa 75 Metern Entfernung einen – wie er zunächst glaubte – Grizzly sah. Er erinnerte sich:

> »Ich konnte nur einen Teil des Kopfes und den oberen Teil einer Schulter des Tieres sehen. Dann erhob es sich und trat ins offene Gelände hinaus. Nun wurde mir klar, daß es kein Bär war.
>
> Es kam über die Lichtung direkt auf mich zu. Es war ungefähr 1,80 Meter groß, zirka einen Meter breit und

wog bestimmt 135 Kilogramm. Sein Körper war von Kopf bis Fuß mit dunkelbraunem, an den Spitzen silbrigem Haar bedeckt. Als es näher kam, sah ich an den Brüsten, daß es sich um ein Weibchen handelte, ansonsten wies der Körper keine weiblichen Rundungen auf.

Es trat bis an den Rand des Gebüschs, in dem ich mich versteckt hatte, und ließ sich nur fünf Meter von mir entfernt auf dem Hinterteil nieder. Mit der Hand zog es ein paar Zweige der Büsche zu sich herunter und streifte dann mit den Zähnen die Blätter ab. Ich war nahe genug an ihm dran, um zu erkennen, daß die Zähne weiß und gleichmäßig waren. Der Kopf war hinten höher als vorne, die Nase breit und flach. Der Hals war dem eines Menschen völlig unähnlich, viel dicker und kürzer.

Schließlich muß das wilde Wesen meinen Geruch wahrgenommen haben, denn es sah mich durch eine Öffnung in den Zweigen direkt an. Ein Ausdruck des Erstaunens erschien auf seinem Gesicht. Immer noch gebückt, wich es drei, vier kurze Schritte zurück, dann richtete es sich auf und trottete den Weg zurück, den es gekommen war. Dabei warf es den Kopf zurück und gab ein seltsames Geräusch von sich, das halb nach Lachen, halb nach Sprechen klang.«

Nur wenige Menschen sind näher an den Bigfoot herangekommen. Einer von ihnen war Albert Ostman, ein kanadischer Goldsucher, der behauptete, 1924 von einem Sasquatch entführt worden zu sein. Ostman erzählte seine Geschichte erst 1957. Er berichtete, daß er in der Toba-Bucht gegenüber von Vancouver Island gelagert habe, als sein Schlafsack plötzlich mit ihm emporgehoben worden sei. Eine große, affenähnliche Kreatur habe ihn sich über die Schulter geworfen und sei mit ihm in den Wald gestapft. Schließlich, so Ostman weiter, sei er inmitten einer Sasquatch-Familie gelandet, die aus dem großen Männchen, das ihn entführt hatte, einem erwachsenen Weibchen und zwei Jungtieren bestand habe. Sie hätten ihn fast eine Woche lang gefangengehalten, bis es ihm gelungen sei, das Männchen mit Kautabak zu füttern. Die Kreatur sei dadurch abgelenkt worden, und er habe fliehen können.

So unglaublich sich Ostmans Bericht anhört – viele Kryptozoologen nehmen ihn ernst. Ein Grund dafür ist, daß seine Beschreibung von den Entführern genau dem entspricht, was man über Morphologie und Verhalten des Sasquatch weiß oder zu wissen glaubt. Zwar werden Bigfoots selbst viel selter gesehen als ihre riesigen Fußabdrücke im Waldboden, aber immerhin sind seit 1958 mehrere hundert Fälle verzeichnet worden. Normalerweise ist von einem zotteligen, zweibeinigen Monster die Rede, das etwa 2,30 Meter groß, von kräftiger Statur und von Natur aus einzelgängerisch veranlagt ist. Die meisten Bigfoots besitzen einen kurzen oder gar keinen Hals und eine flache Nase. Die niedrige Stirn geht in einen konischen Kopf über, und ihre gewaltigen Fußabdrücke im weichen Untergrund oder im Schnee sind in der Regel mindestens 30 bis 40 Zentimeter lang und etwa 20 Zentimeter breit.

Das Verhalten des Wesens läßt normalerweise darauf schließen, daß es von niederer Intelligenz ist. Meistens verwendet Bigfoot keine Werkzeuge und kann sich nur durch Knurren und Jaulen mitteilen. Trotzdem wurde er bei erstaunlich vielschichtigen Aktivitäten beobachtet. Janet und Colin Bord haben die ungewöhnlichsten Zitate aus der Fallsammlung zusammengefaßt:

> »Bigfoot wurde bei einer Reihe von wahrscheinlichen und unwahrscheinlichen Tätigkeiten beobachtet. Er riß

Beutel mit Salz auf, brach eine Pulverkiste auf, sprang auf ein Autodach, warf Schmutz durch ein Autofenster, schleuderte einen Autoreifen mit Felge durch die Luft, schlug eine sechs Meter lange Regenrinne an einem Baum in Stücke, warf mit einer Gans nach einer Frau, schleuderte Felsbrocken, spielte mit einem Lagerfeuer, zerstörte Campingausrüstungen, jagte Menschen, offenbar ohne sie fangen zu wollen, suchte an einem Strand nach Muscheln und spießte Fische auf Stöcke.«

Aufschlußreicher mögen die Diskrepanzen im vorhandenen physischen Beweismaterial sein, die Zweifel an der These aufkommen lassen, daß es sich bei Bigfoot um ein großes, affenartiges Tier handelt. Zum Beispiel weisen die Fußspuren nicht immer fünf Zehen auf. Abdrücke mit vier und sogar drei Zehen wurden gefunden und durch Gipsabdrücke belegt. Darüber hinaus hat der amerikanische Kryptozoologe Mark Hall ungewöhnliche Berichte über Geschöpfe zusammengetragen, die er »echte Riesen« nennt. Diese sollen bis zu 4,60 Meter groß werden, also doppelt so hoch wie ein »gewöhnlicher« Sasquatch. Hall ist der Meinung, daß es sich bei den echten Riesen um Überlebende der eigentlich als ausgestorbenen vermuteten Primatenart Gigantopithecus handelt. Die traditionelle Kryptozoologie nahm Halls Theorie eher kühl auf. Wenn schon kaum nachzuvollziehen ist, wie 2,30 Meter bis 2.60 Meter große, menschenähnliche Affen über lange Zeit unbemerkt geblieben sein sollen, so scheint Halls angeblicher »Superbigfoot« für die meisten Experten erst recht ins Reich der Fabel zu gehören. Allerdings sind Halls Augenzeugen nicht weniger glaubwürdig als diejenigen, die Bigfoot die akzeptable Größe von 2,30 Meter zuschreiben.

Tausende Kilometer entfernt, in den gewaltigen Bergen des Grenzlandes zwischen China, Indien und Nepal, ist der schreckliche Schneemensch beheimatet. Der Yeti, ein großer zottelhaariger Affenmensch, wird noch seltener gesichtet als sein amerikanisches Pendant. Wie der Bigfoot manifestiert auch der Yeti seine Anwesenheit hauptsächlich durch Fußspuren, die er im Schnee einsamer Bergpässe hinterläßt. Anders als die amerikanische Pazifikküste und die Pyrenäen, die auch in einsamen Gegenden durch Schienen- und Straßenverbindungen erschlossen und damit Ausflüglern zugänglich sind, ist die Heimat des Yeti wirklich von der Außenwelt abgeschnitten. Vielleicht erklärt das, warum er so selten von Fremden gesehen wird. Nach einer anderen Theorie sind diese Kreaturen gar keine Gebirgsbewohner, sondern leben in den undurchdringlichen, menschenleeren Wäldern der Vorgebirge des Himalaya.

Nur eine Handvoll westlicher Bergsteiger und Forscher hat jemals einen Yeti zu Gesicht bekommen. Dagegen ist der Glaube an die Existenz des Schneewesens unter Einheimischen weitverbreitet. Auf einem Vorsprung über dem Imja-Khola-Tal im Schatten des Mount Everest liegt unter Föhren und Birken das verwitterte Steinkloster von Thyangboche. Hier hörte Lord Hunt, dessen Expedition als erste die Besteigung des höchsten Berges der Welt gelang, von einem alten Abt eine Geschichte, die er wie folgt wiedergab:

> »Vor einigen Jahren sei ein Yeti aus dem Dickicht um das Kloster herum aufgetaucht. Die etwa 1,50 Meter große, mit grauem Haar bedeckte Gestalt sei manchmal auf den Hinterbeinen, dann wieder auf allen vieren durch den Schnee gestapft.
>
> Der Abt hatte seine Gäste vollkommen vergessen und erlebte, während er auf den Ort des Geschehens starrte, den Vorfall noch einmal. Er hatte sich unauslöschlich in sein Gedächtnis eingeprägt. Der Yeti sei stehengeblieben, um sich zu kratzen – hier gab der alte

> Mönch eine überzeugende Darstellung ab, die ausführlicher ausfiel als notwendig -, und habe dann Schnee aufgehoben und grunzend damit gespielt. Auch dies ahmte der Abt sehr anschaulich nach. Die Bewohner des Klosters seien in große Aufregung geraten und hätten sich darangemacht, den ungebetenen Gast zu verjagen. Der Yeti habe auf laute Klänge aus Trompetenschnecken und langen tibetischen Hörnern reagiert und sei in den Busch zurückgeschlendert.«

Zwar übertrifft der Ruhm des Yeti den anderer wilder Affenmenschen auf den zentralasiatischen Hochebenen, aber die interessantesten Berichte stammen nicht aus dem Himalaya, sondern aus dem weiter westlich gelegenen Pamirgebirge. 1934 zum Beispiel stolperte der russische Geologe B.M. Zdorick bei der Überquerung einer abgelegenen Ebene beinahe über eine schlafende Gestalt. Offenbar handelte es sich um einen »verwilderten Mann«, der mit dem Gesicht nach unten auf dem Boden lag. Zu sehen waren nur seine zotteligen, rotbraunen Beine und Füße, weil Kopf und Rumpf durch einen Busch verborgen blieben. Der Boden um den Schlafplatz herum war teilweise aufgewühlt, und überall lagen blutverschmierte Fellfetzen herum. Zdorick und sein Führer zogen sich lieber zurück, statt den Fall näher zu untersuchen.

1980, fast 50 Jahre später, erhaschte ein Teenager namens Nina Grinjowa einen besseren Blick auf den wilden Mann im Pamirgebirge. Nina ging an einem Flußufer spazieren, als sie plötzlich eine Gestalt sah.

> »Das Wesen war etwa 25 Meter von mir entfernt. Es sah mich an, und sein Blick drang bis ins Innerste meiner Seele. Die Augen wirkten durchdringend, aber nicht aggressiv, eher als sei die Absicht dahinter gut. Sie

> waren groß und glänzend [...] Der ganze Körper glänzte. Irgendwie war das Geschöpf dunkel und gleichzeitig silbrig schimmernd. Es war ganz mit Haaren bedeckt, aber nicht zottelig. Die Größe betrug ungefähr zwei Meter. Es war sehr kräftig und fast quadratisch von den Schultern bis zu den Hüften hinunter. Der Hals war kurz. Den Kopf hielt es nach vorne gereckt, die Arme hingen lose herab.
>
> Ich ging langsam auf das Wesen zu. Nach ungefähr fünf Schritten hielt ich ihm meine Gummiente hin und ließ sie zwei- oder dreimal quietschen, um [seine] Aufmerksamkeit zu erregen. Aber damit war unsere Begegnung beendet. [Es] wandte sich abrupt ab und ging eilig den Abhang zum Fluß hinunter. Seine Bewegungen waren weich und anmutig, obwohl es sehr schnell ging, ganz anders als die eines Menschen.«

Es gibt zahlreiche Erklärungsversuche für die Begegnungen mit Bigfoot, Yeti und ihren Verwandten. Oft wird behauptet, daß die Zeugen Bären gesehen hätten. Diese wirken tatsächlich sehr beeindruckend, wenn sie sich auf die Hinterbeine erheben. Zweifellos sind auf diese Art einige Vorfälle im Himalaya und im Nordwesten der Vereinigten Staaten zu erklären und vermutlich auch viele der merkwürdigen Spuren.

Nach einer anderen, ebenfalls plausiblen Theorie handelte es sich bei den wilden Männern der frühen Berichte tatsächlich vielfach um verwilderte Menschen. Es könnten Eremiten gewesen sein, die das rauhe Leben in den Wäldern gewählt hatten. Ihr verwahrlostes Haar und die zerrissene oder gänzlich fehlende Kleidung ließen sie fast wie übernatürliche Wesen erscheinen. Der Amerikaner Michael Shoemaker hat jeden verfügbaren »Bigfoot«-Fall aus der Zeit vor 1900 untersucht. Seiner Meinung nach bezogen sich von 63 Berichten 39 auf verwilderte Menschen, sieben auf Bären, und bei zwölf handelte es sich schlicht und einfach um einen Schwindel. Shoemaker kam zu folgendem Schluß:

> »Es gibt nicht von der Hand zu weisende Argumente gegen die Existenz des Bigfoot. Am auffälligsten ist, daß [...] die Beschreibungen in fast einem Drittel der Fälle nicht mit der allgemeinen Vorstellung vom Bigfoot übereinstimmen. Zumeist fehlen seine zwei wichtigsten Merkmale: die ungewöhnliche Größe und der schreckliche Gestank. Nur zwei Beschreibungen könnten einigermaßen auf einen Bigfoot zutreffen, aber auch hier ist die Schilderung ungewöhnlich. Die Suche nach dem historischen Bigfoot führt also zu dem eindeutigen Befund: Es wurde kein historischer Bigfoot gefunden, weil es ihn offenbar nicht gibt.«

Seiner geschichtlichen Vorgänger auf diese Art beraubt, wird es für Bigfoot sehr schwierig, uns von seiner Existenz zu überzeugen. Es erscheint äußerst unwahrscheinlich, daß es sich bei den wilden, menschenähnlichen Wesen, die von den Augenzeugen angeblich gesehen wurden, um entlaufene oder freigelassene Tiere handelte. Noch unwahrscheinlicher ist, daß ein Bigfoot im Nordwesten Amerikas mehr als ein Jahrhundert lang überlebt haben könnte, ohne daß Trapper, Jäger oder Wanderer auf ihn gestoßen wären.

Hinzu kommt, daß der erste moderne Bigfoot-Bericht – jener von Jerry Crew, der die seltsamen Fußabdrücke in der Umgebung seines Bulldozers fand – in den letzten zwei Jahren durch führende Forscher zunehmend kritischer betrachtet worden ist. Es scheint Gründe für die Vermutung zu geben, daß Crews Chef Ray Wallace die Spuren gelegt hat. Wallace selbst hat in den vergangenen 40 Jahren verdächtig viele Sichtungen gemeldet. Außerdem hat er zugegeben, bereits Fußspuren gefälscht zu haben, und sogar einige zweifelhafte Aufnahmen von einem weiblichen Bigfoot vorgelegt, die er angeblich von einem anonymen Fotografen erstanden hatte.

Mark Chorvinsky kommt nach der Untersuchung des Falles Crew und Wallace zu folgendem Schluß:

> »Wallaces Behauptungen sind so unglaubwürdig, daß ihn die Bigfoot-Gemeinde nicht als einen der ihren betrachtet. Trotzdem ist er durch seine Rolle bei der Entstehung der Bigfoot-Legende zu einer, wenn nicht sogar zu *der* Schlüsselfigur der Kulturgeschichte des Bigfoot geworden [...] Vor 1958 gab es in Kalifornien keinen Bigfoot. Der kulturell mit den Affen vom Mount St. Helen und dem schrecklichen Schneemenschen verwandte Bigfoot wurde erst von Ray Wallace nach Kalifornien gebracht.«

Andere Bigfoot-Jäger stellen Chovinskys Schlußfolgerungen in Frage. Sie weisen darauf hin, daß es nicht nur Hunderte ungeklärter Augenzeugenberichte gibt, sondern daß auch ab und zu vermeintliche Exkremente von Affenmenschen gefunden werden. Außerdem wurden zahlreiche Gipsabdrücke von riesigen Fußspuren gemacht.

Aber sollten wir tatsächlich jemals einen hieb- und stichfesten Beweis für die Existenz riesiger Affenwesen finden, wird er höchstwahrscheinlich aus China kommen. Dort wurden bei mehreren Expeditionen auf der Suche nach dem *yeren* in der Provinz Hubei nicht weniger als 8 000 Haarproben zusammengetragen, die angeblich von diesem Affenmenschen stammen. Eine Vorabanalyse ergab, daß das Haar vermutlich von einem hoch entwickelten, eng mit dem Homo sapiens verwandten Primaten stammt. Aber selbst wenn die Echtheit der Funde unbestritten wäre – was nicht der Fall ist -, so ließe sich daraus nicht mit letzter Sicherheit schließen, um welche Art von Wesen es sich bei dem yeren handelt. Noch weniger ließe sich durch sie die Existenz von Affenmenschen in anderen Teilen der Welt beweisen. Aber zumindest reichen sie aus, um die Krytozoologen wieder Hoffnung schöpfen zu lassen, daß es irgendwann gelingen wird, dieses zu den verwirrendsten Rätseln unseres Jahrhunderts zählende Mysterium zu lösen.

Wesen aus der Tiefe

Früh am Morgen des 1. Mai 1934 stand Kathleen MacDonald am Ufer des Loch Ness, als sie eine »bräunliche, schlammfarbene« Masse in etwa 40 Metern Entfernung aus dem Wasser auftauchen sah. Das Objekt veränderte allmählich seine Form, bis es aus einem großen Buckel in der Mitte und zwei kleineren, flacheren an beiden Enden bestand. Zu beiden Seiten des Wesens spritzte das Wasser auf, so daß MacDonald zu dem Schluß kam, dort müßten sich Flossen oder Beine befinden.

Kurz darauf tauchte vor den drei anderen ein vierter Hügel auf, und Augenblicke später erhob sich ein langer Hals mit einem kleinen Kopf über die Wasseroberfläche. Das Tier bewegte sich langsam voran und wirbelte dabei das Wasser hinter sich auf. MacDonald vermutete dort den Schwanz. Ungefähr zehn Minuten lang zog das Wesen seine Kreise über den See, dann ließ es sich plötzlich senkrecht nach unten sinken, ohne dabei die glatte Wasseroberfläche nennenswert zu kräuseln.

Kathleen MacDonald zweifelte inzwischen kaum noch daran, daß sie das Monster von Loch Ness beobachtet hatte. Das phantastische Geschöpf hatte ein Jahr zuvor schlagartig landesweit Berühmtheit erlangt, nachdem die Lokalzeitung

Inverness Courier über eine gewisse Mrs. MacKay berichtet hatte, die zwei blauschwarze, sich bewegende Erhebungen im Wasser gesehen haben wollte. Zufällig machte sie ihre Beobachtung an fast der gleichen Stelle, an der später Mrs. MacDonalds Ungeheuer auftauchte.

Durch häufige Presseberichte und die Tatsache, daß das Ungeheuer allein 1933 30mal entlang der neu angelegten Straße am Nordufer des Sees gesichtet wurde, erlangte »Nessie« innerhalb kürzester Zeit den Status einer nationalen Ikone. Anfänglich wurde das Thema meistens in Karikaturen behandelt, und man machte Scherze darüber, aber schließlich wurde das Ungeheuer von Loch Ness zu einem Symbol für die schottischen Highlands und zum Ziel des finanziell und zeitlich aufwendigsten Suchunternehmens in der Geschichte der Kryptozoologie. Kein örtlich derart beschränktes kryptozoologisches Phänomen hat jemals solche internationale Berühmtheit erlangt.

Die Popularität des Ungeheuers, von dem man wie von den meisten geheimnisvollen Tieren stets im Singular spricht, obwohl man längst davon ausgeht, daß sich im See eine ganze Population befindet, täuscht über die Tatsache hinweg, daß das Phänomen kein Einzellfall ist. Berichte wie die über Loch Ness sind von einem knappen Dutzend anderer Hochlandseen bekannt. Erst im September 1996 beobachteten Gäste des Corriegour-Lodge-Hotels, das am Ufer des Lochy-Sees südlich des Great Glen liegt, wie ein dreihöckriges Wesen in engen Kreisen an der Seeoberfläche herumschwamm. Schon 1929 und im Juli 1960 wurden von dort ähnliche Vorkommnisse vermeldet. Auf dem Canisp-See in Sutherland, weit oben im Norden, wurde Kenneth MacKenzie aus Steen von einem riesigen Tier, das einen Kopf wie eine Hirschkuh besaß, erschreckt, als er eines Abends in den 30er Jahren durch die Dämmerung ruderte. Vom Morar-See an der Westküste, dem tiefsten See Europas, hat es seit Ende des letzten Jahrhunderts fast 40 Berichte über Ungeheuer gegeben. Den dramatischsten übermittelten die beiden Lastwagenfahrer William Simpson und Duncan McDonnell. Angeblich kehrten die beiden Männer am 16. August 1969 in der Abenddämmerung vom Angeln zurück. McDonnell stand am Ruder, als er

> »ein Platschen oder einen Wirbel im Wasser hinter uns hörte. Ich sah mich um, und etwa 20 Meter hinter uns war dieses Monster. Es schwamm genau in unserem Kielwasser. In wenigen Sekunden hatte es uns erreicht und streifte seitlich am Boot vorbei.«

William Simpson sagte dazu:

> »Ich kam aus der Kajüte und sah, wie mein Freund versuchte, die Bestie mit einem Riemen abzuwehren. Meiner Meinung nach verschwendete er seine Zeit [...] Als das Paddel brach, griff ich rasch nach meinem Gewehr, lud es und schoß auf das Vieh. Es sank langsam vom Boot weg nach unten. Das war das letzte, was ich von ihm sah.«

Die Männer schätzten die Länge des Ungeheuers auf acht bis zehn Meter. Es hatte drei flache Buckel oder Windungen, einen schlangenartigen Kopf von etwa 30 Zentimetern Durchmesser und rauhe, schmutzigbraune Haut. McDonell vermutete anschließend, daß es sich um einen abnorm großen Aal gehandelt haben könnte.

McDonnell und Simpson sahen weder Blut, noch fanden sie sonstige Anzeichen dafür, daß die Kugel das Tier getroffen hatte. Aber die Ungeheuer in den schottischen Seen waren schon immer von einem übernatürlichen Flair umgeben. In lokalen Überlieferungen wird von den meisten

Seen berichtet, daß sie von sogenannten »Wasserpferden« (*each uisges*) heimgesucht würden. Der böse Geist kommt häufig in Gestalt eines schönen Vollblüters an Land und lockt nichtsahnende Passanten auf seinen Rücken. Wenn jemand so unvorsichtig ist, das Wasserpferd zu besteigen, dann galoppiert es mit ihm in den See zurück, um ihn zu ertränken. Von Loch Morar ist darüber hinaus eine besonders phantastische Legende bekannt. Der See soll von einer gespenstischen Wächterin, *a Mhorag*, bewohnt gewesen sein. Immer wenn dieses Wesen von der Art einer Meerjungfrau mit langem blonden Haar und schneeweißem Busen an der Oberfläche erschien, dann bedeutete das Unheil für die Gillies am Nordufer des Sees.

Aus einigen Überlieferungen geht hervor, daß das Wasserpferd manchmal durchaus Ähnlichkeit mit den Seeungeheuern unserer Zeit hatte. In den 50er Jahren des 19. Jahrhunderts hörte Lord Malmesbury von einem seiner Jäger, daß er vor kurzem eine Begegnung mit dem einheimischen Seegeist gehabt habe. Das Wesen besitze einen Pferdekopf und einen tief durchhängenden Rücken. Als Malmesbury daraufhin ankündigte, daß er bei seinem nächsten Gang an den See sein Gewehr mitnehmen werde, warnte der Jäger »sehr bedeutungsschwer: ›Vielleicht wird das Gewehr Eurer Lordschaft Ladehemmung haben.‹« Ungeklärt ist, ob das Wasserpferd ein Wesen aus Fleisch und Blut war, dem die abergläubischen Hochländer übernatürliche Kräfte zuschrieben, wie Kryptozoologen annehmen, oder ob die Begegnungen mit Ungeheuern neuerer Zeit lediglich aktualisierte Versionen der Legende vom Wasserpferd mit ähnlich geringem Realitätsanspruch sind, wie Volkskundler vermuten.

Beinahe sicher dürfte sein, daß die Berühmtheit des Ungeheuers von Loch Ness nicht ohne Einfluß auf die Beschreibung der Bewohner anderer Seen geblieben ist. Es gibt heute rund um den Globus mehrere hundert Seen, in denen Monster hausen sollen. Fast immer werden sie als langhalsig, mit kleinem Kopf und mehreren flachen Buckeln beschrieben. Dieses Stereotyp entspricht exakt jener Beschreibung von »Nessie«, die in den 30er Jahren weltweit für Aufsehen sorgte. Dennoch wäre es ein Fehlschluß zu vermuten, daß das Ungeheuer von Loch Ness ein Archetyp ist, auf dem alle anderen basieren. Überlieferungen zufolge, die weit älter als die Berichte aus dem neuzeitlichen Schottland sind, sollen zumindest zwei andere Seen ähnliche Tiere beheimaten.

Einer davon ist der Okanagan in British-Columbia. Sein Bewohner, der *Ogopogo*, taucht seit den 20er Jahren unseres Jahrhunderts immer wieder in Berichten der Lokalpresse auf und soll auch schon früher gesichtet worden sein. Der andere ist der Storsjon-See oder der Große See. Er liegt weit nördlich von Stockholm in den bergigen Wäldern Mittelschwedens. Der Storsjon ist größer und tiefer als Loch Ness und war vom Rest der Welt mehr oder weniger isoliert, bis Mitte des 19. Jahrhunderts der Eisenbahnbau und die neu entstehende Holzindustrie für eine Öffnung der Provinz Jamtland sorgten. Neue Siedler strömten ins Land und in ihrem Gefolge Journalisten und Zeitungen, die über sie schrieben. So berichtete die in der einzigen größeren Stadt am See erscheinende *Ostersund Post* 1893 über ein seltsames Erlebnis, das die beiden jungen Frauen Karin und Marta Olsson gehabt hatten. Sie waren dabei gewesen, am Seeufer bei As Wäsche zu waschen, als vom offenen See her etwas mit hoher Geschwindigkeit auf sie zugeschossen kam und nur wenige Meter von ihnen entfernt anhielt. Ihrer Meinung nach handelte es sich um den Kopf eines großen Tieres, der nur wenig aus dem Wasser ragte und rund wie der eines Hundes aussah. Er war grau mit großen schwarzen Punkten darauf und verfügte über untertassengroße Augen. Der

Mund stand offen, so daß sie das dunkelrote Innere erkennen konnten. Nachdem sich Karin von ihrem ersten Schrekken erholt hatte, sammelte sie in ihrem Kleid Steine und warf damit nach dem Tier. Daraufhin kam es noch näher ans Ufer heran. Entsetzt rannte die junge Frau die Böschung hinauf, während ihre Schwester einen in der Nähe stehenden Baum erkletterte. Von diesem Aussichtspunkt aus hatte Marta ausgiebig Gelegenheit, das im Wasser grollende Tier zu studieren. Sie schätzte, daß der Hals ungefähr 2,50 Meter und der Körper noch einmal 4,50 Meter lang waren. Außerdem glaubte sie, zwei Vorderpfoten oder Flossen erkannt zu haben. Schließlich habe sich das Seeungeheuer abgewandt und sei davongeschwommen, nicht ohne dabei gewaltige Wellen zu schlagen.

Auf das Erlebnis der Olssons folgten andere Berichte über ungewöhnliche Ereignisse am See. Schließlich gründete man eine Gesellschaft mit dem Ziel, das Ungeheuer zu fangen. Angeblich wurde ein norwegischer Walfänger angeheuert, der in einer kleinen Hütte auf einem eigens zu diesem Zweck erbauten Pier auf das Monster wartete. Leider blieb er erfolglos. Produktiver war die Arbeit des Naturforschers Peter Olsson, der Einheimische befragte und Zeitungsarchive durchforstete, bis er 22 Berichte über Ungeheuer im Storsjon zusammengetragen hatte. Aus den Materialien, die bis in die 20er Jahre des 19. Jahrhunderts zurückreichten, folgerte er, daß tatsächlich ein Ungeheuer in dem See existiere. Vermutlich handle es sich dabei um eine unbekannte Seehundart mit besonders langem Hals.

Olssons Arbeit veranschaulicht die Probleme, vor denen Kryptozoologen bei der Identifizierung von Wasserungeheuern stehen. Seine Theorie war gut mit dem hundeähnlichen Kopf und den großen Augen vereinbar und paßte auch zu einem merkwürdigen Detail, das mehreren anderen Zeugen aufgefallen war: Das Wesen hatte Ohren gehabt, was für Säugetiere typisch ist. Andererseits müssen Seehunde alle paar Minuten Luft holen. Folglich müßten seehundähnliche Monster viel öfter an der Oberfläche gesehen werden, als tatsächlich der Fall ist. Außerdem könnten sie unmöglich unbemerkt in einem See wie dem Storsjon überleben, weil das Gewässer im Winter zufriert.

Alle Theorien haben ihr Pro und Contra. Über ein Jahrhundert lang war die These sehr beliebt, daß Wasserungeheuer in Wahrheit Plesiosaurier seien – fischfressende Reptilien mit langen Hälsen, die zur Zeit der Dinosaurier lebten. Gefundene Fossilien zeigen, daß sie tatsächlich von allen Tieren, die je gelebt haben, am ehesten dem vermeintlichen Ungeheuer von Loch Ness und seinen Verwandten ähnelten. Aber Anhänger dieser These müssen davon überzeugt sein, daß die Plesiosaurier das Massensterben der Dinosaurier sowie die nächsten 70 Millionen Jahre unbeschadet überstanden und sich noch dazu als Reptilien in den eisigen nördlichen Gewässern, in denen sie gesehen werden, fortpflanzen können. Außerdem atmeten die Plesiosaurier Luft, womit wir wieder vor dem Problem stehen, das uns bereits von den langhalsigen Seehunden bekannt ist. Gleiches gilt für eine neuere Annahme, nach der es sich bei den gesichteten Tieren um eine prähistorische Walart namens Zeugoldon handeln soll.

Die einzigen einigermaßen einleuchtenden alternativen Theorien gehen davon aus, daß es sich bei einigen der Wasseruntiere um Fische handelt. Es gibt zwei plausible Kandidaten: eine unbekannte Art von Riesenaal und den Stör. Beide haben den Vorteil, daß damit geklärt wäre, warum die Seeungeheuer so selten an der Oberfläche gesehen werden. Falls es sich um Aale handelt, würde dies auch erklären, warum so oft von einem langen, sich über die Wasserfläche erhebenden Hals die Rede ist. Andererseits lebt das Tier normalerweise am Boden von Gewässern.

Außerdem werden in einer Vielzahl von Berichten Seeungeheuer erwähnt, deren Rücken wie ein umgekipptes Boot aussieht. Demnach müßte ein Superaal eine äußerst ungewöhnliche Verdickung in der Mitte des Körpers aufweisen. Dagegen haben die Vertreter der Stör-Theorie Probleme zu erklären, warum Augenzeugen von einem langen Hals sprechen. Dennoch hat diese These den großen Vorteil, daß riesige Exemplare von Stören bekannt sind, die durchaus als Monster mißdeutet werden könnten. Ein ausgewachsener Stör kann 100 Jahre alt und bis zu acht Meter lang werden. Mit Sicherheit sind Fische dieser Größe für einige Berichte über Seeungeheuer verantwortlich. Beispielsweise bestätigten sich Gerüchte, daß im Washington-See in der Nähe von Seattle ein riesiges Tier lebe, als 1987 ein drei Meter langer Stör tot aufgefunden wurde.

Es gibt also eine Reihe von Tieren, die als Seeungeheuer gelten könnten. Die Betrachtung wird komplizierter, wenn man das Problem von einer anderen Seite aus angeht. Stellen wir uns beispielsweise die Frage, wie die Tiere in die Seen, in denen sie entdeckt wurden, gelangt sind und wie sie dort überleben konnten. Loch Ness etwa soll ursprünglich ein Meeresarm gewesen sein, der vor 10 000 Jahren, gegen Ende der letzten Eiszeit, von der See abgeschnitten wurde. Seit damals ist der Fluß Ness die einzige Verbindung zum Meer. Er ist nicht nur auf weiten Strecken extrem flach, sondern fließt auch durch die große Stadt Inverness, die »Hauptstadt der Highlands«. Kryptozoologen neigen daher zu der Ansicht, daß die Tiere den See nicht verlassen und auch nicht von außen dort hineingelangt sein können. Statt dessen soll eine kleine Population der Ungeheuer seit dem Rückzug des Meeres vor 1 000 Jahren isoliert dort leben und sich durch Inzucht fortpflanzen. Ein Minimum von 16 bis 25 Exemplaren dürfte ihren Berechnungen zufolge für die Erhaltung der Art ausreichen.

Auch diese Theorie wirft gravierende Probleme auf, die erstaunlicherweise in den entsprechenden Standardwerken keine Erwähnung finden. Zunächst einmal stellt sich die Frage, ob der Fischbestand im Loch Ness für die Ernährung einer stabilen Population derart riesiger Tiere ausreicht. Darauf gibt es bis heute keine befriedigende Antwort. Schätzungen reichen von einer bis zu 26 Tonnen Fischbestand. Aber selbst über zwei Dutzend Tonnen wären gerade genug, um vereinzelte große Raubfische zu ernähren. Ferner ist nicht nachzuvollziehen, wie eine kleine Herde isoliert 10 000 Jahre lang überleben konnte, ohne Krankheiten zum Opfer zu fallen. Zoologen sind der Ansicht, daß die unvermeidliche Inzucht schon innerhalb von sieben Generationen zu fatalen genetischen Problemen geführt hätte.

Doch offenbar können auch die größten Widrigkeiten nicht verhindern, daß die Seeungeheuer wachsen und gedeihen. So wurde zum Beispiel 1994 und 1995 ein als *migo* bekanntes Wesen im Dakataua-See auf der Pazifikinsel New Britain von japanischen Dokumentarfilmern aufgenommen. Das Filmmaterial ist mehrere Minuten lang und somit die längste existierende Aufnahme von Seeungeheuern. Sie zeigt ein ungefähr sechs Meter langes Tier mit flacher Schnauze, gewölbtem Kopf und einem langen, stachelbewehrten Schwanz. Migo sieht aus wie ein Großtier, von dem man erwarten würde, daß es einen beträchtlichen Appetit entwickelt. Aber im Dakataua-See herrscht kein Leben – das Wasser ist so alkalisch, daß Fische nicht überleben können. Die einzige verfügbare Nahrungsquelle sind die Enten an der Oberfläche. Sollte deren Zahl jedoch tatsächlich durch ein gefräßiges Monster alarmierend dezimiert werden, könnten sie sich leicht nach einem sicheren Zufluchtsort an einem anderen See auf der Insel umsehen. Ähnliche Einwände gelten auch für das »Loch Ness Chinas«, den in der Nähe der nordkoreanischen Grenze gelegenen Tianchi-See.

Zwar wurde dort während des vergangenen Jahrzehnts gleich mehrfach eine drachenähnliche Kreatur gesichtet, aber diese Behauptungen sind nur schwer mit der Tatsache zu vereinbaren, daß der See den Krater eines schlafenden Vulkans füllt, der zum letzten Mal vor ungefähr 200 Jahren ausbrach.

Alles in allem erscheint es wesentlich wahrscheinlicher, daß eventuelle Wasserungeheuer in den Meeren und Ozeanen überlebten. Dort gibt es reichlich Nahrung, und die Chancen, fotografiert oder gefangen zu werden, sind gering. Tatsächlich existieren mehrere hundert Berichte über die sogenannte »Große Seeschlange«. Sie stammen aus allen Teilen der Welt und reichen über vier Jahrhunderte zurück. Einige wurden sehr überzeugend von erfahrenen Seeleuten vorgetragen. So beobachteten beispielsweise im Jahre 1848 vier Offiziere und drei Matrosen der Fregatte *HMS Daedalus* auf der Fahrt vom Kap der Guten Hoffnung nach Plymouth südlich von St. Helena ein riesiges Exemplar. Der Kapitän, Peter M'Quhae, berichtete:

> »Es stellte sich heraus, daß es sich um eine gewaltige Seeschlange handelte. Sie hielt Kopf und Schulter konstant etwa 1,30 Meter aus dem Wasser, und soweit eine Schätzung möglich ist [...] war der Teil, der sich insgesamt über der Wasseroberfläche befand, mindestens 20 Meter lang. Sie schwamm sehr schnell an uns vorbei, kam aber so dicht an unsere Leeseite heran, daß ich bei einem mir bekannten Menschen problemlos mit bloßem Auge die Gesichtszüge erkannt hätte.
>
> Der Körper des Ungeheuers hatte hinter dem eindeutig schlangenartigen Kopf einen Durchmesser von ungefähr 40 Zentimetern. Während der 20 Minuten, die es im Bereich unserer Ferngläser blieb, tauchte sein Kopf nicht einmal unter die Wasseroberfläche. Seine

> Farbe war dunkelbraun, um den Hals herum gelblichweiß. Es hatte keine Flossen, aber auf dem Rücken eine Art Pferdemähne. Möglicherweise war es auch Seetang.«

Zum Zeitpunkt ihres geringsten Abstandes kam die große Seeschlange bis auf 100 Meter an das Schiff heran.

Am 4. Dezember 1893 sah auch Kapitän R.J. Cringle von der *SS Umfuli* in etwa 400 Meter Entfernung eine große Seeschlange aus dem Meer auftauchen. Sie hatte drei miteinander verbundene Buckel, von denen der mittlere größer als die beiden anderen war (so wie Kathleen MacDonald das Monster von Loch Ness beschrieb). Der lange Hals des Tieres ragte volle fünf Meter über die Wasseroberfläche empor, und es bewegte sich sehr schnell, mit einer Geschwindigkeit von schätzungsweise 14 Knoten.

Gelegentlich hat es greifbare Anhaltspunkte dafür gegeben, daß große Seeschlangen echte Wesen aus Fleisch und Blut sind. Kurz nach dem Zweiten Weltkrieg stieß das Linienschiff *Santa Clara* auf dem Weg nach Süden vor der Küste von North Carolina auf ein großes Tier, das direkt vor seinem Bug auftauchte. Drei der Schiffsoffiziere sahen es.

> »Der Kopf der Kreatur schien ungefähr 75 Zentimeter breit, 60 Zentimeter dick und 1,50 Meter lang zu sein. Der Körper war zylinderförmig und etwa 90 Zentimeter dick, der Hals hatte einen Durchmesser von schätzungsweise 45 Zentimetern. Als sich das Ungeheuer quer zur Brücke befand, bemerkten die Beobachter, daß das Wasser im Umkreis von zehn bis zwölf Metern rot gefärbt war [...] Sie vermuteten, daß es sich um das Blut des Tieres handelte, weil es vom Vordersteven des Schiffes in zwei Teile geschnitten worden war.

Während der gesamten Zeit, in der das Tier sichtbar blieb, warf es sich wild herum, als litte es unerträgliche Qualen.«

Einige vermeintliche Seeschlangen sind auch an Land gespült worden. Der berühmteste dieser Fälle ereignete sich 1808, als ein langhalsiges, sechsbeiniges Seeungeheuer bei Stronsay auf den Orkney-Inseln strandete. Eine Zeitlang blieb rätselhaft, worum es sich dabei handelte, aber es wurden einige Stücke des Knorpelskeletts konserviert, anhand derer man den Kadaver später als die Überreste eines gewaltigen Riesenhais identifizieren konnte. Diese Haiart wird oft mit gestrandeten Seeschlangen verwechselt. Ein verwesender Riesenhai verliert innerhalb kurzer Zeit seinen Unterkiefer, die Rückenflosse und den oberen Schwanzlappen. Zurück bleibt ein Kadaver, der stark an einen Plesiosaurier erinnert. Die obere Hautschicht löst sich ebenfalls schnell auf, so daß harte, faserige weiße Borsten freigelegt werden. Augenzeugen haben daher oft vermutet, daß das tote »Monster« Federn besessen habe.

Auch tote Wale sind schon für Seeschlangen gehalten worden. Besonders spektakulär war ein Fall aus dem Jahr 1969, bei dem ein 24 Tonnen schwerer und 22 Meter langer Kadaver bei Tecolutla in Mexiko an Land gespült wurde. Offenbar waren allein Kopf und Hals des Untiers vier Meter hoch und mehr als zwei Meter breit. Schließlich identifizierte man die Überreste als die eines Finnwals.

Ironischerweise stammt einer der wenigen Kadaver, die bis heute rätselhaft geblieben sind, aus dem Magen eines Pottwals, der 1937 vor der Westküste Kanadas erlegt wurde. Es handelte sich um die Überreste eines vier Meter langen, schlangenähnlichen Tieres mit Flossen, gezacktem Schwanz und einem Kopf, der entfernt an den eines Kamels erinnerte. Drei Fotos des Fundes, die in der Walfangstation von Naden

Harbour aufgenommen wurden, sind erhalten geblieben. Darauf ist das tote Wesen zu sehen, über einen langen Tisch und zwei Verpackungskisten ausgebreitet. Zwei kanadische Wissenschaftler haben anhand der Aufnahmen die Hypothese aufgestellt, daß es sich um den Kadaver einer unbekannten Reptilienart handle. Aber unglücklicherweise wäre ein Tier der von ihnen beschriebenen Art ein höchstens mittelmäßiger Schwimmer, was kaum mit der hohen Geschwindigkeit zu vereinbaren ist, die Seeschlangen vielen Augenzeugen zufolge immer wieder an den Tag legen.

Die Einordnung von Seeschlangen ist generell eine strittige Angelegenheit. Nach einer Analyse von über 580 Berichten kam Bernard Heuvelmans, die führende Kapazität auf diesem Gebiet, zu dem Schluß, daß bis zu neun unbekannte Arten unterschieden werden können. Sie reichen von langhalsigen Seehunden und gigantischen Seekrokodilen über prähistorische Wale bis hin zu Riesenaalen. Doch eine Überprüfung der Ergebnisse durch den deutschen Kryptozoologen Ulrich Magin im Jahre 1996 ergab, daß Heuvelmans' Daten einerseits viele dürftige Berichte und offensichtliche Schwindel enthalten, während andererseits die detailliertesten Fälle wie etwa der, den die Offiziere der *HMS Daedalus* berichteten, nicht in sein Schema passen. Darüber hinaus, so argumentierte Magin weiter, seien allein die etwa 600 Berichte vom winzigen, abgelegen Loch Ness so unterschiedlich, daß man vermuten könnte, schon dort müßten die neun Arten von Seeschlangen vertreten sein. Kurz gesagt: Heuvelmans' Zuordnungssystematik weist gravierende Fehler auf.

Zwar erscheinen Magins überzeugend vorgebrachte Argumente auf den ersten Blick nur für Meereszoologen interessant, aber ihre wirkliche Bedeutung reicht weiter. Heuvelmans' Kategorisierung der Berichte über Seeschlangen war einer der Grundsteine, auf denen der Anspruch der

Kryptozoologie beruhte, als ernsthafte Wissenschaft anerkannt zu werden. Nachdem Magin die schwerwiegenden Mängel aufgezeigt hat, stellt sich die Frage, ob die Große Seeschlange – und damit auch die mit ihr verwandten Seeungeheuer – überhaupt real existierende Tiere sind.

»Ich glaube, daß ›wissenschaftliche‹ Kryptozoologie so etwas Ähnliches ist wie ›wissenschaftliche‹ Ufologie«, folgerte Magin, ohne ein abschließendes Urteil zu fällen. Und weiter:

> »In beiden Fällen werden Augenzeugenberichte ungeprüft für bare Münze genommen. In der Ufologie führt dies zu hochgradig komplexen, irrationalen und paranoiden Glaubenssystemen (beispielsweise Entführungen durch Außerirdische), in der Kryptozoologie werden Dutzende niemals gefangener Kreaturen ›entdeckt‹.«

Magin mag recht oder unrecht haben – jedenfalls hat er ein Problem aufgedeckt, mit dem jeder Besucher der Grenzwelten früher oder später konfrontiert wird: Sollen wir die Dinge, die wir darin sehen, »wörtlich« nehmen oder nicht? Mit dieser Frage werden wir uns ausführlich im zweiten Teil dieses Buches beschäftigen.

6. Mutter Erde

1985 kam es zu gewalttätigen Konfrontationen zwischen der Polizei und Gruppen von Pilgern, Touristen und Umweltschützern, die in Stonehenge die Sommersonnwende feiern wollten. Die britischen Behörden verkündeten, daß sie Wachen an anderen wichtigen »Knotenpunkten von Kraftlinien« postieren würden, um zu verhindern, daß dort ebenfalls alternative Festivals abgehalten wurden.

Die Vorstellung, daß die Polizei in ihren Akten nicht nur Massenmörder und Terroristen führt, sondern auch ein Verzeichnis über die wichtigsten Kraftlinien (Ley-Linien), mag zunächst lächerlich erscheinen. Aber die Begebenheit verdeutlicht, wie vertraut uns Kraftlinien bereits geworden sind. Vor gut 70 Jahren kam die Vermutung auf, daß seit alters her Geraden bestimmte Orte nicht nur in Großbritannien, sondern auch in anderen Ländern von Europa bis Südamerika miteinander verbinden. Enthusiasten versuchten, diese Linien auf Karten einzuzeichnen und – falls möglich – an ihnen entlangzuwandern. Andere, die nicht soweit gehen wollen, teilen immerhin die dahintersteckende Überzeugung. Durch die Kraftlinien der Erde soll eine geheimnisvolle Energie fließen, so wie Blut durch die Adern eines Lebewesens strömt. Wenn diese Energie blockiert oder unterbrochen wird, dann entsteht eine sogenannte »schwarze Kraft«, die bei Menschen, die in dem betroffenen Gebiet leben, zu allerlei psychischen Störungen führen kann und generell negative Auswirkungen auf sie hat.

Das ist die verbreitete Auffassung von der Wirkung der Kraftlinien. Viele kennen auch den darüber hinausgehenden Begriff Erdmysterien, die nicht nur den irdischen Energiefluß beinhalten, sondern zusätzlich die Geomantie (die Steuerung und Vervollkommnung der Wechselwirkungen zwischen Mensch und Landschaft), das Wünschelrutengehen und die mögliche Existenz vorzeitlicher Zivilisationen umfassen. Auch Überschneidungen mit den Disziplinen Völkerkunde und Archäologie sind möglich. Außer dem modernen Konzept der Kraftlinien ist wenig darüber bekannt, wie diese Systeme ursprünglich beschrieben wurden oder welche Richtung die Erforschung der Erdmysterien momentan nimmt.

Das Geheimnis der geraden Linien

Alfred Watkins, ein Geschäftsmann und Fotograf, der die Kraftlinien in den 20er Jahren dieses Jahrhunderts als erster beschrieb, hielt sie für Überreste prähistorischer Pfade. Bevor die Römer ihre Straßen bauten, reiste man über »den alten geraden Weg« von einem Teil des Landes in einen anderen und hatte darin einen Anhaltspunkt, um sicher von einer Markierung zur nächsten zu gelangen. Nach Watkins' These, die er durch gründliche Feldarbeit vor allem im heimatlichen Herefordshire belegte, verband der frühzeitliche Mensch auffällige natürliche Orte wie Erhebungen oder Einkerbungen in Bergrücken bewußt dadurch miteinander, daß er die sie verbindenden Pfade durch Menhire, Steinhaufen, Erdwälle oder Signalfeuer markierte. Diese Vorstellung, die uns heute recht plausibel erscheint, war zur damaligen Zeit radikal. Denn sie impliziert, daß die Urzeitmenschen keineswegs bemalte Primitive waren, die Monumente wie Stonehenge mit brachialer Gewalt, aber wenig Verstand errichteten, sondern fähige Mathematiker und ausgezeichnete Landvermesser. Vielen zeitgenössischen Archäologen erschien der Gedanke abwegig, daß eine prähistorische Zivilisation einen derart hohen Entwicklungsstand erreicht haben könnte.

Aber Watkins ging noch weiter. Er behauptete, daß die alten Pfade zwar irgendwann verfallen seien, ihre Pflege aber über lange Zeit zu den wichtigsten Aufgaben der örtlichen Gemeinden gehört habe. Beim Bau von befestigten Straßen, Burgen und Kirchen in späterer Zeit habe man sich das bereits vorhandene Netzwerk dann zunutze gemacht. Trotz massiver Zerstörung der Landschaft durch Städtewachstum, Straßenbau und intensive Landwirtschaft könne man heute noch viele Linien nachvollziehen.

In den 70 Jahren, die seit der Veröffentlichung von Watkins' Theorie vergangenen sind, wurden in England mehrere tausend Kraftlinien entdeckt. Oberflächlich betrachtet ist das eine beeindruckende Zahl, aber man muß sich darüber im klaren sein, daß es keine allgemein anerkannte Definition für Kraftlinien gibt. Manche von Hobbyforschern entdeckte Linien wurden nur anhand von drei oder vier Punkten bestimmt. Spezialisten stimmen darin überein, daß mindestens fünf Punkte für eine zweifelsfreie Identifikation erforderlich sind. Noch stärker weichen die Ansichten voneinander ab, wenn es um die Breite der Linien geht. Watkins meinte, daß sie nicht breiter als ein prähistorischer Pfad, also höchstens vier Meter, sein dürften. Moderne Kraftlinienjäger (engl. *ley hunters*) halten sich selten an diese Toleranzen; manche akzeptieren »Trassen« von bis zu 100 Metern Breite. Doch eine derartige Ungenauigkeit ist problematisch. Dem Statistiker und Kraftlinienkritiker Robert Forrest zufolge erhöht sich die Wahrscheinlichkeit, daß es sich bei den Kraftlinien um zufällige Anordnungen handelt, dramatisch, wenn bei nur einer einzigen Markierung eine Abweichung von mehr als 50 Metern akzeptiert wird. Auch die Länge der vermeintlichen Linien ist für ihre Authentizität von Bedeutung. Beträgt sie über 20 Kilometer, so nimmt die Wahrscheinlichkeit stark zu, daß es sich um ein Zufallsprodukt handelt. Natürlich hat das Konsequenzen für Watkins' Theorie von den ehemaligen Reiserouten, weil sie bei derart eingeschränkter Reichweite Wanderern kaum von Nutzen gewesen wären. Gegen Ende seines Lebens vermutete dann auch Watkins, daß seine Kraftlinien mehr als nur frühzeitliche Pfade sein könnten.

Jahrelange statistische Untersuchungen haben ergeben, daß es offenbar kaum mehr als eine Handvoll echter Kraftlinien gibt. Eine davon – die Forrest akzeptierte – ist eine 17 Kilometer lange Gerade in Yorkshire, in deren Zentrum eine berühmte Gruppe riesiger Monolithen, die Devil's Arrows (dt.: »Teufelspfeile«), steht. Die zirka sieben Meter hohen, im Abstand von bis zu 200 Meter errichteten Steine sind das zweitgrößte Monument dieser Art auf den britischen Inseln. Sie liegen auf einer geraden Linie mit Nunwick Henge und den drei Kreisen von Thornborough Henge. (Seltsamerweise steht der nördlichste der drei erhaltenen Teufelspfeile auffällig weit von den beiden anderen entfernt. Devereux und Thomson, die Verfasser von *The Ley Hunter's Companion,* bemerken dazu: »Zweifellos steckt eine Absicht dahinter [...] Wenn die Steine nicht in einer geraden Linie stehen, wurden sie bewußt so aufgestellt.«) Mehrere hundert Kilometer südlich verläuft eine gut erforschte, 30 Kilometer lange Linie von Frankenbury Camp bis zu einem Grabhügel nördlich von Stonehenge. Sie verbindet Stonehenge, Old Sarum, die Kathedrale von Salisbury und eine alte Anlage von Erdwällen namens Clearbury Ring miteinander. Auch hier haben jahrlange sorgfältige Recherchen gezeigt, daß es nicht um eine perfekte Gerade handelt. Die Linie verläuft ein wenig östlich des Turmes der Kathedrale, etwas abseits des inneren Kreises von Stonehenge und berührt nur die äußeren Ränder von Frankenbury Camp und Clearbury Ring. Skeptiker mögen auf der Relevanz dieser Entdeckung beharren, aber vielleicht bedeutet sie lediglich, daß unsere fernen Vorfahren auch nur Menschen waren, die eben nicht über die überlegene Technik von Außerirdischen oder anderen Superwesen verfügten, wie im Rahmen anderer populärer Theorien gerne behauptet wird.

Örtliche Kraftlinien wie die genannten bilden die Grundlage zur Erforschung der Erdmysterien. Dennoch wird von Zeit zu Zeit behauptet, daß es übergeordnete Linien (sogenannte primäre Kraftlinien) gebe, die sich über viel größere Entfernungen erstrecken. Beispielsweise hat das »große gleichschenklige Dreieck von England« seine Spitze im Steinkreis von Arbor Low in Derbyshire. Von diesem Ort gehen angeblich 150 Kraftlinien aus, und verschiedentlich hat man hier sogar das Zentrum des britischen Kraftliniennetzes ausgemacht. Die primären Kraftlinien sollen nach Südwesten zur 240 Kilometer entfernten St. Michael's Church in Orthery (Somerset) und nach Südosten zum annähernd gleich weit entfernten West Mersea in Essex verlaufen – das behauptet zumindest Philip Heselton, der sich der Erforschung der Erdmysterien verschrieben hat.

Im Laufe der Zeit wurden vor allem zwei Einwände gegen Watkins' Theorie geltend gemacht. Der erste und einleuchtendste stammt von O.G.S. Crawford, dem Herausgeber der Zeitung *Antiquity*, und zwar aus den 20er Jahren dieses Jahrhunderts. Er weigerte sich, eine Anzeige für Watkins' Buch abzudrucken, weil dessen Theorie nicht stimmen könne. Seiner Meinung nach wänden sich alle bekannten prähistorischen Pfade durch das Land wie die modernen Straßen. Eine direkte Gerade zwischen zwei Orten, die über und durch jedes dazwischenliegende Hindernis verlaufe, sei selten der einfachste Weg. Andere Zeitgenossen wiesen darauf hin, daß es in manchen Gebieten so viele angeblich bedeutsame Landmarken wie zum Beispiel Hügelgräber gebe, daß es lächerlich wäre anzunehmen, sie seien alle dazu bestimmt gewesen, Reisende auf ihrem Weg zu leiten. Der zweite und schlagkräftigere Einwand stammt von Statistikern wie Robert Forrest. Sie stellen die Existenz der angeblichen Linien überhaupt in Frage. In einem lange besiedelten und stark von Menschen geprägten Land wie England seien Monumente, Marksteine, Baumgruppen, Feuerstellen, Hügelgräber und Kirchen so zahlreich vorhanden, daß man nur ein Lineal auf eine Landkarte zu legen brauche, um früher oder später auf eine scheinbar bedeutungsschwangere Anordnung derartiger Stätten zu stoßen.

Dagegen sehen die Kraftlinienforscher ihre Hypothese dadurch bestätigt, daß es ihrer Ansicht nach auf der ganzen Welt ähnliche Linien gibt. Zwar ist die jüngere Erforschung der Erdmysterien eine vorwiegend britische Angelegenheit (abgesehen von einem kurzen Aufschwung während der Weimarer Republik und des Dritten Reiches in Deutschland), aber es sollen Übereinstimmungen zwischen alten Kulturen existieren. Möglicherweise waren deren weltweite Kontakte viel intensiver, als von der herkömmlichen Geschichtsschreibung und Archäologie vermutet. Watkins zitierte zeitgenössische Berichte, denen zufolge die Straßen im indischen Bezirk Chin ohne Rücksicht auf eventuelle Hindernisse stets der direkten Verbindung zwischen zwei Dörfern folgten. Auch die Wüstenbewohner Afrikas sollen die wenigen verfügbaren Landmarken wie Baumgruppen oder auffällige Hügel als Orientierungspunkte verwendet haben, was einleuchtend erscheint. Mehrere Stämme der amerikanischen Ureinwohner scheinen gerade Wege angelegt zu haben, und in Bolivien wurden durch Steinhaufen markierte Routen zwischen Stätten auf Berggipfeln gefunden.

Weil es an eingehenden Untersuchungen dazu mangelt, bleibt fraglich, ob diese genannten Strukturen tatsächlich existieren. Wenn es so wäre, bliebe noch zu klären, ob sie gerade genug sind, um als Kraftlinien gelten zu können. Skeptiker halten es auch für bedenklich, sogenannte »gemischte Landmarken« als Ausgangs- oder Durchgangspunkte für die Linien anzusehen. Bei diesen Kombinationen aus prähistorischen Steinen, landschaftlichen Merkmalen und neueren Bauwerken wie zum Beispiel Burgen ist nämlich vielfach ungeklärt, ob die neueren »Markierungen« tatsächlich, wie behauptet, über älteren errichtet wurden. Allzuoft wird einfach unbelegt davon ausgegangen, daß moderne Bauwerke, vor allem Kirchen, über alten heidnischen Heiligtümern errichtet wurden. Dadurch erhöht sich die Zahl der in Frage kommenden Orientierungspunkte beträchtlich.

Wenn damit die gesamte Theorie der Kraftlinien abgehandelt wäre, könnten wir getrost deren Gegner und Befürworter sich selbst und ihrem Streit um Existenz und Zweck der Linien überlassen. Doch seit Watkins' Tagen haben starke mystische, heidnische und New-Age-Strömungen die Erforschung der Erdmysterien begleitet. In seinen Veröffentlichungen und vor allem in dem 1925 erschienenen Buch *The Old Straight Track* beschränkt sich Watkins auf die nüchternen Fakten, die er durch eine Fülle von topografischen Erläuterungen und historischen Details ergänzt. Aber privat vertraute er seinen Anhängern an, daß ihm das gesamte Liniennetz in einem einzigen Augenblick am 30. Juni 1921 auf mystische Weise enthüllt worden sei. Sein Sohn Allen erinnerte sich:

»Bei einem zufälligen Besuch in Blackwardine sah er sich die Karte auf Sehenswürdigkeiten hin an. Er verfolgte dabei keine bestimmte Absicht, sondern warf einfach nur einen Blick darauf. Plötzlich fiel ihm eine gerade Linie auf, die über Hügel hinweg durch mehrere interessante Orte zu verlaufen schien. Bei all diesen Orten handelte es sich um Überreste aus prähistorischer Zeit. Mit einem Mal strömte eine Flut von Bildern und Gedanken auf ihn ein, die sich zu einem zusammenhängenden Plan formten. Schlagartig begriff er, daß in Urzeiten über viele Jahre hinweg alle Pfade in geraden Linien von einer Markierung zur nächsten verlaufen waren. Und die Markierungen waren von Experten gesetzt worden. Der ganze Plan des ›alten geraden Weges‹ hatte sich ihm offenbart.«

Watkins und seine späteren Anhänger schrieben die Vision dem 50 Jahre langen, täglichen Kontakt mit der Landschaft Herefordshire zu. (Immerhin war der Entdecker der Kraftlinien bereits 66 Jahre alt, als er seine beinahe religiöse Bekehrung erfuhr.) »Ich weiß jetzt«, schrieb er in *The Old Straight Track,* »daß während des halben Jahrhunderts, welches ich im engen Kontakt mit dieser Gegend verbracht habe, mein anderes Ich ohne mein Wissen auf ein Ziel hingearbeitet hat [...] Der ›Geist der britischen Landschaft‹ war stets in meiner Nähe.« Besonders in den 60er und 70er Jahren dieses Jahrhunderts, als die Kraftlinien in aller Munde waren, bestand die größte Anziehungskraft der Erdmysterienforschung in jener engen, spirituellen Verbindung mit einer unwandelbaren Landschaft. Man pries die Reinheit der Feldarbeit und beklagte die Verderbtheit, die den menschlichen Geist in den Städten ereile. Wie Watkins waren die Kraftlinienjäger von dem Gedanken fasziniert, den staubtrockenen Experten das Monopol auf Archäologie und

Frühgeschichtsforschung entreißen zu können. (Stets haben die Grenzwissenschaften – von Psychoforschung bis Kryptozoologie – eine große Anziehungskraft auf begeisterte Amateure ausgeübt. Hier finden intelligente Menschen, oft ohne akademische Bildung und mit wenig Respekt vor dem einschränkenden Spezialistentum der Profis, ihr Betätigungsfeld.) Um mit den Worten eines Sozialhistorikers zu sprechen: »Die Kraftlinientheorie hat das Land in einen Ort voller Geheimnisse verwandelt. Jede unauffällige Landmarkierung kann den Schlüssel zu einem großen, bis in die Frühgeschichte zurückreichenden Muster bergen.« Die mystische Aura, mit der jeder Versuch, verborgenes Wissen zu enthüllen, umgeben ist, verschafft der Erforschung der Erdmysterien einen Platz unter den Grenzwissenschaften.

Mutter mit hohlem Herzen

Die Verehrung, mit der Erforscher der Erdmysterien die Landschaft betrachten, ist keineswegs neu. Ein reicher Schatz von »Landschaftsüberlieferungen« zeigt, daß viele unserer Vorfahren die Erde als intelligentes, lebendiges Wesen ansahen, das man mit Respekt behandelte. Man ließ sie soweit wie möglich ungestört und erbat höchstens gelegentlich eine Gunst von ihr. Die Chinesen zum Beispiel praktizierten und praktizieren ein System, das *Feng-Shui* (dt.: »Wind-Wasser«) genannt wird. Es soll das natürliche Gleichgewicht zwischen negativer (*Yin*) und positiver Kraft *(Yang)* in der Landschaft erhalten. Die in der Natur vorhandene Energie (*Ch'i*) muß ungehindert fließen können. In dieser Kunst Bewanderte erklären den Ratsuchenden unter anderem, wo sich die jeweils günstigsten Plätze für Häuser, Gräber und andere künstliche Ergänzungen der Landschaft befinden. Manchmal werden auch Veränderungen der Landschaft empfohlen, beispielsweise einen Hügel abzutragen oder ein Wäldchen zu pflanzen. Auf diese Weise sollen negative Energien vermieden und das ersehnte Gleichgewicht der Erde so weit wie möglich erhalten bleiben. Zwar sind die Energielinien des Feng-Shui genauso unsichtbar wie die britischen Kraftlinien, aber dafür gekrümmt und nicht gerade.

Eine andere westliche Überlieferung betrifft Elfen, die angeblich darüber wachen, daß die Harmonie der Landschaft nicht beeinträchtigt wird. In Island, wo der Glaube an diese Naturgeister noch heute weitverbreitet ist, hat es in jüngerer Zeit Zwischenfälle gegeben, bei denen Straßen oder Tunnel nicht weitergebaut werden konnten, weil schwere Maschinen ausfielen. Eines dieser Ereignisse soll sich 1984 weit im Norden der Insel bei Akureyri zugetragen haben. Eine Überprüfung ergab, daß die Maschinen vollkommen in Ordnung waren. Als man ein örtliches Medium namens Olafur Baldursson zu Rate zog, stellte sich heraus, daß die Schwierigkeiten auf mangelnden Respekt vor der Landschaft zurückzuführen waren: Man hatte einen Tunnel durch einen von Elfen bewohnten Berg treiben wollen und versäumt, die örtlichen Naturgeister vorher genügend zu besänftigen. Als der Straßenverlauf neu geplant wurde, waren die Probleme gelöst. Auf den britischen Inseln wechseln Legenden zufolge Kirchen über Nacht den Standort, wenn ihre ursprüngliche Lage den Elfen nicht paßt oder die Geometrie der Landschaft beeinträchtigt ist. Möglicherweise sind diese Geschichten nicht wörtlich zu nehmen, denn eine neue Untersuchung des Zwischenfalls auf Island ergab, daß es sich wahrscheinlich nur um die moderne Aufbereitung einer alten Mär handelte. Trotzdem wird an dem Beispiel deutlich, daß alte Überlieferungen bis in die heutige Zeit lebendig bleiben können.

Einem modernen, wissenschaftlich denkenden Großstädter mag es schwerfallen zu glauben, daß derart unwahrscheinliche Geschichten irgendeine Bedeutung haben könnten. Aber man kann sie auch aus einem anderen Blickwinkel betrachten. Paul Devereux, ein einflußreicher Schriftsteller und 20 Jahre lang Herausgeber der wichtigsten Zeitschrift über Erdmysterien, *The Ley Hunter,* ist der Meinung, daß es für ein besseres menschliches Selbstverständnis unerläßlich ist, sich mit diesen Überlieferungen zu beschäftigen. Man müsse versuchen, sie zu begreifen. Er schrieb:

> »Auf der Suche nach den Erdmysterien wollen wir wiederfinden, was wir als Art vergessen haben – unsere Erinnerungen. Aber es geht auch darum, Verständnis für die Natur als Ganzes aufzubringen, das Leben auf der Erde besser zu verstehen und darüber zu unserer Ganzheit zurückzufinden.«

Devereux hat natürlich recht. Schon immer hat der Mensch gute Gründe gehabt, die Landschaft, in der er lebte, zu respektieren. Reiche Jagdbeute und eine gute Ernte waren lebenswichtig. Andererseits mag es genauso wichtig für den menschlichen Geist gewesen sein, daß er in der Natur immer wieder Muster, sogenannte »Simulakren«, entdeckte. Als sich der Mensch an die Erforschung des Planeten machte, stieß er auf Felsformationen, die menschlichen Köpfen ähnelten, auf Bäume, die in tierartige Formen hineingewachsen waren, und auf Wolkenformationen, in deren ständigem Wechsel Gesichter erkennbar zu sein schienen. Noch heute sind wir überall von Simulakren umgeben. Einige sind sehr klein, wie zum Beispiel der Schimmelfleck an einer Wand der Christ Church in Oxford, der 25 Jahre nach dem Tod des Geistlichen Dean Liddell im Jahre 1898 plötzlich auftauchte und mindestens drei Jahre lang »ein genaues und unverwechselbares Abbild« von dessen Profil zeigte. Andere sind erheblich größer, manchmal so groß, daß der prähistorische Mensch vermutlich nichts von ihrer Existenz ahnte. Bei der nicht lange zurückliegenden Kartografierung der Ungava Bay in Quebec wurde aus der Luft festgestellt, daß eine Halbinsel an der Südspitze der Radisson-Inseln eine starke Ähnlichkeit mit dem Profil des Dramatikers George Bernard Shaw aufwies. Das Vermessungsamt von Quebec gab ihr daraufhin den Namen »Pointe Bernard Shaw«.

Die weitreichendste Vorstellung könnte sein, daß unser Planet selbst ein fühlendes Lebewesen ist. Vor einigen Jahren wurde dieser Gedanke von dem renommierten unabhängigen Wissenschaftler Jim Lovelock wiederbelebt. Lovelock hatte keine Rücksicht auf irgendwelche akademischen Arbeitgeber zu nehmen, weil er seine Forschung durch eigene Erfindungen finanzierte. Er kam zu dem Schluß, daß die Fähigkeit unseres Planeten, über viele hundert Millionen Jahre die Temperatur und den Sauerstoff-/Kohlendioxidgehalt der Atmosphäre in den bekannten engen, lebensbegünstigenden Grenzen zu halten, nur dadurch zu erklären sei, daß der gesamte Globus Teil eines sich selbst regulierenden Organismus sein müsse. Diesen Organismus nannte er – nach der griechischen Erdgöttin – Gaia. Selbstverständlich ist eine solche Hypothese nur schwer zu beweisen. (Wie die Anhänger der Schöpfungsgeschichte in der Bibel konnte sich Lovelock einfach nicht vorstellen, daß die Vielfalt des Lebens auf der Erde das Ergebnis einer rein zufälligen Entwicklung sein soll.) Trotzdem hat sie ein weites Echo unter Anhängern esoterischer Bewegungen und Umweltschützern gefunden. Wie dem auch sei, auf keinen Fall sollte man vergessen, daß ähnliche Überlieferungen – auch die der Kraftlinien, wie Gelehrte der Erdmysterien behaupten – seit Urzeiten bis in die jüngste Vergangenheit erhalten geblieben sind.

Beispielsweise ist die Vorstellung weitverbreitet, daß sich

bestimmte Steine bewegen oder ihre Größe verändern können. Von den Rollright Stones, einer großen Gruppe von Monolithen in der Nähe von Long Compton in Oxfordshire, heißt es nicht nur, daß es sich bei ihnen um einen versteinerten König und sein Gefolge handle, sondern auch, daß sie sich einmal im Jahr aufmachten, um aus einem nahegelegenen Bach zu trinken. Ferner erzählt man sich in dieser Gegend, daß ein Gutsherr einst den Königsstein von seinem Platz entfernt habe, um damit eine Brücke zu bauen. Alle seine Pferde zusammen hätten Mühe gehabt, den Stein zum Fluß hinunterzuschleppen. In der Folge seien in Rollright so viele Zeichen und Wunder geschehen, daß man sich dazu entschlossen habe, den Stein an seinen ursprünglichen Standort zurückzubringen. Dies sei von einem einzigen Pferd ohne Schwierigkeiten bewerkstelligt worden. Und der Blaxhall Stone in Suffolk ist angeblich im Laufe eines Jahrhunderts von der Größe eines Brotlaibs zu einem fünf Tonnen schweren Felsbrocken angewachsen.

Eine andere, ebenso alte Vorstellung hat großen Einfluß auf die Ufologie und den Okkultismus gehabt. Ihr zufolge ist die Erde hohl oder zumindest von riesigen Höhlensystemen durchzogen. In den Hohlräumen sollen die Toten oder andere, möglicherweise nicht ganz menschliche Wesen hausen. Walter Kafton-Minkel, einer der wenigen zuverlässigen Chronisten dieser seltsamen Ansicht, bemerkte dazu:

> »Die Welt im Inneren der Welt ist eine der archaischsten Vorstellungen der Mythologie. Sie gehört zum archetypischen Bild von Gaia, der Mutter Erde. Unsere fernen Vorfahren hörten und erzählten vielfach, daß ihre eigenen Urahnen in den dunklen Höhlen im Bauch der Mutter Erde entstanden und dann in die helle, kalte Welt der Oberfläche hineingeboren worden seien. Sie wußten, daß sie selbst eines Tages nach dem Tod in die

Arme von Mutter Erde zurückkehren würden [und fürchteten], allzu früh in den dunklen Tiefen, in denen die Kreaturen der Finsternis hausten, zu versinken.«

Während der vergangenen zwei Jahrhunderte machte die traditionelle Vorstellung von der Unterwelt zeitweilig einem noch radikaleren Glauben Platz. Dieser beruhte hauptsächlich auf der Theorie der konzentrischen Sphären, die zu Beginn des 19. Jahrhunderts von einem amerikanischen Soldaten namens John Cleves Symmes entwickelt wurde. Symmes' zentrale These war, daß die Erde (wie auch jeder andere Planet im Universum) innen hohl sei. Seiner Meinung nach war die äußere Kruste höchstens 1500 Kilometer dick und der Zugang zum »bewohnbaren Inneren« über große Löcher an beiden Polen möglich. Innerhalb der Erde, so meinte er, würde man auf kleinere, ebenfalls hohle Kugeln treffen, die wie die große äußere rotierten. Symmes hatte die erklärte Absicht, seine Theorie durch eine Expedition zum Nordpol zu beweisen. Dabei wollte er das Erdinnere für die Vereinigten Staaten beanspruchen. (Man bedenke, daß erst ein Jahrhundert später Robert Peary angeblich den Pol erreichte!) Zu Symmes' Pech, aber vermutlich zum Glück für seine potentiellen Reisegefährten, gelang es ihm nie, die finanziellen Mittel aufzutreiben. Er starb 1829, erschöpft von unzähligen Vorträgen zur Untermauerung seiner Ideen.

Symmes' Hypothese warf enorme Probleme auf. Alles, was man über die Schwerkraft, die Entstehung der Planeten und die Geografie der Erde wußte, wurde auf den Kopf gestellt. (Beispielsweise bedeutete seine Behauptung, die Öffnung am Nordpol habe einen Durchmesser von 6400 Kilometern, daß ein Großteil von Kanada, Grönland und Sibirien darin hätte verschwinden müssen.) Trotzdem hielt sich die Vorstellung von einer hohlen Erde auch in den Jahren nach seinem Tod erstaunlich hartnäckig. Einige

Theoretiker weiteten sie sogar noch aus. (Ein gewisser Leonhard Euler hatte die nützliche Idee, daß eine kleine »Sonne« mit einem Durchmesser von ein paar hundert Kilometern im Erdinneren schwebe und die dort lebenden Bewohner mit Licht und Wärme versorge.) Aber erst gegen Ende des 19. Jahrhunderts gelangte man einen entscheidenden Schritt weiter. Die damals in Mode gekommenen okkulten Gesellschaften griffen den Gedanken von der hohlen Erde begeistert auf. Gruppierungen wie die Theosophen (unter Leitung der erstaunlichen Helena Petrowna Blavatsky, einer früheren Zirkusreiterin, die eine Reihe zentraler Glaubenssätze des modernen Okkultismus und der New-Age-Bewegung im Alleingang aufstellte) lehrten, daß das Erdinnere das Reich der »geheimen Meister« sei. Dabei handle es sich um wohlwollende Weise mit gewaltigen okkulten Kräften, die die Geschicke der Menschheit lenkten. Von da war es nur noch ein kleiner Schritt bis zur tibetischen Legende von der Unterweltstadt Shambhala, über die angeblich der König der Welt herrschte, während er von seinem Thron aus das Schicksal der Menschheit im Auge behielt.

Während des Zweiten Weltkriegs tauchte in dem populären amerikanischen Science-fiction-Magazin *Amazing Stories* eine alternative Theorie über die hohle Erde auf. Sie war das Werk eines Mannes namens Richard Shaver, der eine ganze Serie erstaunlicher Geschichten über seine Abenteuer in einem gewaltigen unterirdischen Höhlensystem veröffentlichte. Angeblich bestand dieses Labyrinth aus einem größeren Gebiet, als die gesamte Landmasse der Oberfläche mißt. Shaver erklärte, daß die geheimen Bewohner des Erdinneren mit ihm Kontakt aufgenommen hätten, während er als Schweißer am Fließband arbeitete. Merkwürdige Stimmen hätten plötzlich aus dem Nichts nach ihm gerufen, und später habe ihn ein schönes Mädchen aus der unterirdischen Welt zu einem der vielen Eingänge geführt. Zuvor habe sie ihn aus einem Krankenhaus befreit, in dem er entweder wegen einer Verletzung oder wegen eines Nervenzusammenbruchs lag. (Shaver selbst gab bei unterschiedlichen Gelegenheiten beide Versionen zum besten.) Mit Rükkendeckung des unternehmungslustigen Herausgebers von *Amazing Stories*, Ray Palmer, erklärte der frühere Schweisser, daß seine Geschichten aus dem Erdinneren nichts als die reine Wahrheit seien.

Dies ist nur schwer vorstellbar, denn Shavers Berichte gehörten zu den wildesten, die je erzählt wurden, sogar in den wenig seriösen Science-fiction-Magazinen jener Tage. Unter anderem behauptete er, daß das hohle Erdinnere von zwei Rassen bewohnt werde: den guten Teros und den bösen Deros. Unglücklicherweise seien die Bösen viel zahlreicher. Beide Völker stammten von einer atlantischen Superrasse ab, die vor Tausenden von Jahren die Oberfläche verlassen habe, weil sie aufgrund einer abrupten Zunahme der Sonnenaktivität unbewohnbar geworden sei. In den unterirdischen Höhlen, die man mit Hilfe von hochentwickelter atlantischer Technologie geschaffen habe, sei es den Teros gelungen, eine gewisse Disziplin aufrechtzuerhalten, während sich die Deros vollkommen dem Laster überließen. Einige frönten angeblich der Wollust, indem sie sich ununterbrochen in den »Sexstrahlen« aalten, die von sogenannten »Stimulationsmaschinen« ausgesandt würden. Andere vergnügten sich damit, Menschenfrauen der Oberfläche in ihre Gewalt zu bringen, die dann eingesperrt, vergewaltigt und schließlich gehäutet, geröstet und verspeist würden, wenn die Deros keine weitere Verwendung für sie hätten. (Sadomasochismus zählte zu den vorherrschenden Themen in Shavers Erzählungen.) Ein weiterer beliebter Zeitvertreib der bösen Unterweltbewohner bestehe darin, an der Oberfläche Unheil zu stiften. Mit Hilfe mysteriöser Waffen provozierten sie Flugzeugabstürze und andere Unfälle. Ihre phantastische Ausrüstung erlaube es den Deros sogar, die Gehirne ihrer unglückseligen Opfer – während diese noch lebten – in der eigenen Schädelflüssigkeit zu kochen. Kurz gesagt, Shaver machte die bösartigen Kerle für nahezu alle Übel verantwortlich, von denen die Menschheit heimgesucht werden konnte.

Es überrascht nicht weiter, daß seine Kritiker bald zu dem Schluß kamen, der Schriftsteller leide unter mehreren klassischen Symptomen paranoider Schizophrenie. Zudem verdächtigten sie die Verfasser der zahlreichen Leserbriefe an *Amazing Stories,* die Shavers Theorie durch Augenzeugenberichte untermauerten, zu den Menschen zu gehören, die mangels anderer Gelegenheiten auch behaupten würden, sie würden von unsichtbaren Stimmen oder den Hunden ihres Nachbarn gehetzt. So beschrieb eine Frau, was geschah, als sie im Keller eines Bürogebäudes in Paris versehentlich den Aufzugknopf »nach unten« drückte:

> »Plötzlich stürzte der Aufzug nach unten ins Leere, als ob das Kabel gerissen wäre. Nach einem schnellen Sturz von wahrscheinlich mehreren hundert Metern kam er unvermittelt mit einem Ruck zum Stehen [...] Zu meinem Entsetzen hörte ich auf der anderen Seite der Tür ein lautes, kehliges Geräusch. Dann wurde die Aufzugtür aufgerissen, und vor mir stand eine entsetzliche Bestie [...] Ihr Gesicht war bleich, von weißlicher Farbe. Der kurze, gekrümmte Körper war von dicken Borsten bedeckt. Die Augen? Schweinisch, gefühllos und voller Verderbtheit. Die Kreatur war fett und aufgeschwemmt. Schreckliche Narben verliefen über den ganzen halslosen Körper. Der Kopf saß direkt auf den muskulösen Schultern.«

Selbstverständlich handelte es sich bei dem Wesen um einen Dero. Einen Monat lang wurde die Entführte zusammen mit einer Gruppe anderer Frauen, die sich körperlich zumeist in einer schrecklichen Verfassung befanden, in einen Käfig gesperrt und regelmäßig von einem oder mehreren ihrer Kerkermeister vergewaltigt. Sie kam nur deshalb mit dem Leben davon, weil sie von einem Tero-Kommando befreit wurde, das ihre Wunden versorgte und sie an die Erdoberfläche zurückbrachte. Als sie Monate später vom lokalen Vorsitzenden der *Hollow Earth Society* (dt. etwa: Gesellschaft der hohlen Erde) befragt wurde, erklärte die Frau, daß sie vor kurzem aus einer psychiatrischen Klinik entlassen worden sei. Man habe sie dort festgehalten, weil die Ärzte ihre Geschichte für unglaubwürdig befunden hätten. Der Mann, selbst ein überzeugter Anhänger der Theorie von der hohlen Erde, entschloß sich, ihr zu glauben, nachdem er den Aufzugschacht untersucht hatte und zu dem Schluß gekommen war, daß dort vor kurzem Betonarbeiten durchgeführt worden seien.

Solche Fälle mögen ganz unterhaltsam sein, aber wahrscheinlich würde man sich an die Legende von der hohlen Erde nur als exzentrischen Mythos erinnern, wenn daraus nicht zwei wichtige Beiträge hervorgegangen wären, die in die Annalen des Unerklärlichen eingingen. Der erste betrifft die Behauptung, daß die wichtigsten Naziführer von der Theorie der hohlen Erde überzeugt gewesen seien. Hitler selbst habe auf der Suche nach einem Zugang zum Erdinneren mehrere Expeditionen nach Zentralasien ausgerüstet. 1945, heißt es, seien in den rauchenden Ruinen von Berlin die Leichen mehrerer tibetischer Meister aus dem Inneren der Erde gefunden worden. Manche Zeugen behaupteten, daß die Unterirdischen grüne Handschuhe getragen hätten. Das alles hört sich wenig glaubwürdig an. Kaum weniger gewagt ist die These, daß UFOs nicht aus dem Weltraum, sondern aus dem Erdinneren stammen und von einer dortigen, mit modernster Technologie ausgestatteten Basis aus durch die Polaröffnungen in unsere Atmosphäre hinausfliegen. Sogar einige der angeblich übernatürlichen Wesen wie Bigfoot sollen aus dem Inneren der Erde stammen. Ray Palmer vertrat die UFO-These eine Zeitlang vehement, obwohl zweifelhaft ist, daß er selbst daran glaubte. Für kurze Zeit war die Theorie bei einer Minderheit von amerikanischen Ufologen sehr beliebt, weil sie sich nicht vorstellen konnten, daß die Erde für Außerirdische attraktiv genug sein könnte, um lichtjahrelange Reisen wegen eines kurzen Besuchs zu rechtfertigen. Andererseits wollten die Ufologen nicht zugeben, daß die fliegenden Untertassen möglicherweise gar nicht existierten. Dadurch erhielten Symmes und Palmer (und noch exzentrischere Forscher wie etwa der Utopist Dr. Raymond Bernard) relativ viel Beachtung. Es spricht für die Faszination der These der hohlen Erde, daß sich trotz des Mangels an greifbaren Beweisen so viele Menschen damit beschäftigt haben.

Die Theorie von den Kraftlinien wird weiterentwickelt

Ein Teil der Anziehungskraft, die von der Vorstellung ausgeht, daß die Erde hohl ist, liegt in den mystischen Elementen dieser Hypothese begründet. Der Gedanke, daß mächtige kosmische Meister unter unseren Füßen leben und unser Schicksal beherrschen könnten, ist gleichermaßen faszinierend wie beunruhigend. Man darf davon ausgehen, daß die Popularität der Kraftliniensuche, die in den 70er Jahren ihren Höhepunkt erreichte, auf ein ähnliches Phänomen zurückgeht.

Alfred Watkins' Theorie vom Netz aus prähistorischen

Pfaden wich bald der Vorstellung, daß durch sie verborgene Energien von einem Punkt zum anderen flössen. Sollte es sich überhaupt um Wege gehandelt haben, so hieß es, dann weil eine hochentwickelte, mystisch orientierte, prähistorische Zivilisation sie zuvor als Kanäle des Energieflusses erkannt habe. Watkins selbst hatte dies vielleicht bereits in dem Augenblick vermutet, in dem ihm das Netzwerk enthüllt worden war, denn er beschrieb das Liniennetz seiner Vision als von einer Art Energie erleuchtet.

Die Vorstellung, daß Kraftlinien und Megalithen Leitungen und Knotenpunkte der Erdenergie sein könnten, stammt ursprünglich von Wünschelrutengängern. T.E. Lethbridge, ein professioneller Archäologe und Amateurrutengänger, stellte die gedankliche Verbindung als erster her. Seit den 50er Jahren, als das allgemeine Interesse an diesen Themen einen Tiefpunkt erreicht hatte, interessierte er sich für die Geheimnisse der Erde. Nach seiner Pensionierung im Jahre 1957 verbrachte er einen Großteil seiner Zeit damit, prähistorische Orte abzugehen. Lethbridges Technik war wesentlich ausgefeilter als die des herkömmlichen Rutengängers, der mit einem gegabelten Ast arbeitet. Er verwendete ein Pendel, mit dem man seiner Meinung nach alle Arten von vergrabenen oder verborgenen Objekten entdekken konnte. Je nach Länge der Schnur, an der das Gewicht befestigt war, sollte es beispielsweise auf unterirdische Bäche oder versteckte Metallgegenstände ansprechen. Seine hochkomplizierte Theorie, die allerdings jeder wissenschaftlichen Grundlage entbehrte, diente ihm als Basis bei der Untersuchung der Merry Maidens, einem aus 19 Steinen bestehenden Kreis in Cornwall. Er spürte eine elektrische Energie auf, die durch die Steine lief, und kam zu dem Schluß, daß es sich bei den Megalithen um Akkumulatoren handeln könnte. Gegen Ende der 60er Jahre war der Glaube weitverbreitet, daß die Kraftlinien und ihre Markierungen mit Energie geladen seien. Traditionelle Rutengänger führten dies auf unterirdische Wasserläufe zurück, während andere meinten, sie seien elektromagnetische Felder. Zu letzteren gehörten auch die vielen Forscher, die sich auf die Suche nach den Erdmysterien begeben hatten. Sie berichteten von verschiedenen unerklärlichen Erlebnissen an bestimmten Orten. Beispielsweise erzählte Paul Screeton, wie er einen Markierungsstein bei Hart, County Durham, berührte: »Ich spürte zusammen mit mehreren anderen ein kribbelndes Gefühl, dessen Intensität schwankte. Meine Frau erhielt einen unangenehmen Schlag, als sie den Stein eines Abends berührte.«

Die erste ernsthafte Untersuchung der Theorie über die Energie stammt aus der Mitte der 70er Jahre. Der Schriftsteller Francis Hitching ließ damals einen Rutengänger namens Bill Lewis einen Menhir bei Crickhowell in Wales untersuchen. Als Lewis berichtete, daß er eine Energie entdeckt habe, die spiralförmig den Stein emporlaufe, ließ Hitching dieses Ergebnis mit einem Gaußmeter, das Magnetfelder entdeckt, überprüfen. Eduardo Balanowski, der Physiker, der das Gerät bediente, fand tatsächlich um den Stein herum ein magnetisches Feld. Es hob sich deutlich von der Umgebung ab und schien spiralförmig um den Megalithen herum nach oben zu verlaufen, genau wie von Lewis beschrieben.

So begrenzt Hitchings Untersuchung auch war, sie inspirierte ein oder zwei Jahre später Paul Devereux vom *Ley Hunter* zu einer systematischen Erforschung der Energiefelder an prähistorischen Stätten. Im sogenannten *Drachenprojekt* wurden die britischen Megalithen fast zwei Jahrzehnte lang untersucht, beginnend mit den Rollright Stones. In den ersten zwölf Jahren konzentrierte man sich hauptsächlich auf physikalische Effekte, und es stellte sich heraus, daß einige Steine offenbar Ultraschallsignale aussandten, die nur für wenige Lebewesen, darunter Fledermäuse, hörbar sind. Man vermutet auch, das es sich bei dem von Hitchings entdeckten Magnetfeld um Mikrowellenenergie handeln könnte, die durch das Aufladen der Steine durch die Sonne entstehe. Aber das wichtigste Ergebnis der Untersuchung war die Feststellung, daß offenbar kein einheitliches Energiemuster existierte. Einige Stätten gaben stärkere natürliche Strahlung ab, andere schwächere als die Umgebung. Zudem veränderten sich die Energiefelder im Laufe der Zeit und sogar in Abhängigkeit von der Tageszeit.

Festhalten läßt sich, daß es keinen konstant meßbaren Energiefluß entlang der Kraftlinien oder um prähistorische Megalithen herum gibt. Die Untersuchungsergebnisse des *Drachenprojekts* - immerhin die Resultate langjähriger Feldarbeit – berechtigten höchstens zu dem Schluß, daß es noch weiterer eingehender Forschung bedarf, um herauszufinden, ob den Energiemustern, die an prähistorischen Stätten festzustellen sind, irgendeine Bedeutung zukommt. Während sich die Öffentlichkeit im Hinblick auf ihre Einstellung zu den Erdmysterien von der Arbeit der Projektgruppe unbeeindruckt zeigt, ist der harte Kern der Forscher, allen voran Devereux, inzwischen weitgehend von der Theorie abgerückt, daß entlang der Kraftlinien Energie fließe.

In der Tat haben Statistiker in den letzten Jahren vernichtende Argumente gegen die Annahme vorgebracht, daß es sich bei den Kraftlinien um mehr als zufällige Anordnungen handle. Devereux meinte dazu, daß jeder, der an der Erforschung der Erdmysterien interessiert sei, zugeben müsse, »daß der Zufall eine weit größere Rolle spielt, als sich die Kraftlinienjäger – Alfred Watkins nicht ausgeschlossen – jemals hätten träumen lassen. Vielleicht haben wir nicht immer mit der erforderlichen Sorgfalt gearbeitet.« Eine Erkenntnis, die außerhalb des Kreises der Experten allerdings nur selten eingestanden wird.

Während der letzten Jahre hat sich der harte Kern der Kraftlinienjäger auf die »Bewußtseinsforschung« konzentriert. Man geht davon aus, daß an den prähistorischen Stätten nicht nur religiöse Rituale abgehalten wurden, bei denen eine entweder auf natürliche Weise oder durch halluzinogene Drogen herbeigeführte Bewußtseinserweiterung eine wichtige Rolle spielte, sondern daß die Monumente von Menschen erbaut wurden, die eine gänzlich andere Wahrnehmung der Welt hatten als wir. Forscher wie Devereux betonen, das große Manko der modernen Archäologie liege darin, daß sie die prähistorische Welt mit den Augen der Moderne betrachte. Die Wissenschaftler seien von den technischen Problemen der Errichtung großer Steinkreise besessen, statt sich um ein Verständnis für die Denkweise der Menschen in der Jungsteinzeit und Bronzezeit und ihrer Interaktion mit der Umwelt zu bemühen.

Eine der Grundlagen der Bewußtseinsforschung und wahrscheinlich einer ihrer vielversprechendsten Ansätze ist die Untersuchung der Erfahrungswelt des Schamanentums. Diese magische Religion war unter den frühgeschichtlichen Völkern weitverbreitet und beruhte auf der Fähigkeit bestimmter Personen, ihr Bewußtsein zu erweitern und in diesem Zustand stellvertretend für ihr Volk mit den Göttern und anderen Naturkräften zu kommunizieren. Dabei kommt den Reisen, die viele Schamanen in Ekstase unternahmen, eine besondere Bedeutung zu. Zahlreichen Berichten zufolge haben sie viele Elemente mit außerkörperlichen Erfahrungen gemeinsam. Allerdings meinte Paul Devereux, daß auch das Reisen in geraden Linien eine wichtige Rolle spielte.

> »Ich denke, daß die uralte, heute im dunkel liegende Verbindung zwischen dem Geist und der Geradlinigkeit ›zeremonieller‹ Landschaften auf der Universalität

des zentralen Nervensystems des Menschen beruht. Meiner Überzeugung nach basiert das Konzept der geraden Landschaftslinien auf einem grundlegenden Element des schamanischen Erlebens, vielleicht *dem* zentralen Element des Schamanentums – dem magischen Flug.«

Auf der Suche nach Beweisen für diese These haben Devereux und seine Anhänger behauptet, daß eine solche Erfahrung, wenn sie in Ekstase regelmäßig erlebt wurde, die Menschen zu dem Schluß veranlaßt haben könnte, die Geister der Toten würden nach dem Verlassen des Körpers auf ähnlichen Wegen ins Jenseits reisen. Solche Überlieferungen gibt es tatsächlich in mehreren europäischen Ländern. Auf den britischen Inseln wurden die Särge manchmal auf sogenannten Leichenwegen zum Friedhof getragen; in Holland hat man nördlich von Hilversum schnurgerade Pfade gefunden, die »Totenstraßen« genannt wurden, und in Schweden wurden die Überreste der toten Wikingerfürsten entlang einer 500 Meter langen »Kultstraße«, die in gerader Linie exakt von Norden nach Süden verlief, zu Grabe getragen. Der Forscher Ulrich Magin glaubte, in Deutschland schnurgerade »Geisterpfade« entdeckt zu haben, die zu den Friedhöfen führten und an denen sich angeblich die Geister der Toten aufhielten.

Es ist noch viel Arbeit zu leisten, bevor sich sagen läßt, ob diese neue Theorie irgendwie mit der alten Vorstellung von den Kraftlinien in Zusammenhang steht. Aber schon jetzt ist klar, daß man sich vor Verallgemeinerungen hüten sollte. Wie Magin hervorhob, weisen fast alle Zugänge zu deutschen Friedhöfen Kurven auf – eine Tatsache, die möglicherweise auf den alten Glauben zurückgeführt werden kann, daß gerade Linien unnatürlich seien und daher Unheil brächten. Zweifellos sind für die New-Age-Gemeinde schamanische Ekstasen und Geisterpfade weitaus weniger attraktiv als energiegeladene Kraftlinien. Trotzdem wird sich die Erforschung der Erdmysterien in den kommenden Jahren auf dieses Gebiet konzentrieren.

Die Revolution der Erdlichter

Jetzt, da sich die Erforschung der Geheimnisse unserer Erde immer mehr auf das Gebiet der Psychologie verlagert, mag es seltsam erscheinen, daß die ersten Kraftlinienforscher Ufologen waren. Nach mehr als 30 Jahren ist die ursprüngliche Verbindung zwischen den beiden Gebieten nur noch ein halbvergessenes Relikt aus den naiven Anfängen der UFO-Forschung in den 50er Jahren. Aber damals hoffte man, endlich einen wissenschaftlich quantifizierbaren Weg zur Erforschung der fliegenden Untertassen gefunden zu haben.

Eine Verbindung zwischen den beiden scheinbar so unterschiedlichen Disziplinen stellte erstmals unabsichtlich der prominente französische Ufologe Aimé Michel her. Im Jahre 1954 begann er die Orte, an denen die damals täglich gesichteten fliegenden Untertassen aufgetaucht waren, auf einer Landkarte einzuzeichnen. Dabei stellte er fest, daß sie ein Netzwerk kreuz und quer über das ganze Land ergaben. Man könnte diese »orthotentischen Linien«, wie Michel sie nannte, als »himmlische Kraftlinien« bezeichnen, auch wenn der Franzose selbst diese Verbindung nicht erkannte. Im Gegenteil, Michel betonte, daß es sich bei den Linien offenbar nicht um Reisewege handle, weil die UFOs häufig im Laufe eines Tages wahllos irgendwo innerhalb des Netzes auftauchten. Dennoch war die Theorie von der Orthotentie Ende der 50er und Anfang der 60er Jahre unter Ufologen sehr beliebt. Andere Forscher in Spanien, Brasilien, Nordafrika und Kalifornien behaupteten, ähnliche Muster entdeckt zu haben, und man hoffte, endlich jene nachprüfbare Hypothese gefunden zu haben, nach der sich seriöse Ufologen schon so lange sehnten.

Zum Unglück für die Anhänger der Orthotentie wurde ihr eben diese Überprüfbarkeit zum Verhängnis. Die von Michel veröffentlichten Daten gerieten schnell ins Kreuzfeuer der Kritik. Weniger als ein Jahrzehnt nach ihrer Formulierung wurde die Theorie endgültig verworfen. Eine erneute Untersuchung der UFO-Welle von 1954 hatte ergeben, daß in Michels Materialien zahlreiche Fälle berücksichtigt worden waren, bei denen es sich um offensichtlichen Schwindel gehandelt hatte. Und sogar bei glaubwürdigen Berichten war der Ort der Sichtung oft nicht genau zu bestimmen gewesen, so daß es zu Abweichungen von bis zu einem Kilometer gekommen war.

Trotzdem interessierten sich zahlreiche Gelehrte der Erdmysterienforschung weiterhin für UFOs. Mitte der 70er Jahre entwickelte Paul Devereux, einer der kreativsten und beständigsten Publizisten auf diesem Gebiet, eine neue Theorie, mit der die halbwegs vergessene Verbindung zwischen den beiden Disziplinen wiederbelebt wurde. Seine »Hypothese von den Erdlichtern« hatte mit Michels orthotentischen Linien gemeinsam, daß der genauen geografischen Bestimmung von UFO-Sichtungen große Bedeutung zukam. Devereux ging allerdings viel weiter als der Franzose 20 Jahre zuvor. Seine These sollte gleich eine ganze Reihe von seltsamen Phänomenen weltweit erklären, unter anderem religiöse Visionen und Berichte über sogenannte »Geisterlichter«.

Die Erdlichter-Hypothese an sich ist relativ einfach. Devereux und seine Kollegen behaupten, daß seltsame »Lichter am Himmel« in Wirklichkeit mit elektrischer Energie aufgeladene Kugeln seien, die tief unter der Erdoberfläche entstünden. Sie seien das Ergebnis von »Spannungsfeldern«, die sich unter hohem Druck im Gestein der Erdkruste entlang von Verwerfungslinien aufbauten. Wenn die elektromagnetischen Kugeln, die bei ihrer Entladung ein intensives Licht erzeugten, durch Erdspalten in die Atmosphäre gelangten, erschienen sie dem Betrachter wie Flugobjekte.

Wie soll man sich eine solche Erscheinung vorstellen? In seiner ersten großen Zusammenfassung zur Erdlichter-Hypothese zitierte Devereux einen Fall aus den 60er Jahren, den er für eine »hervorragende Beschreibung der Entstehung eines UFOs unterirdischen Ursprungs« hielt. Ein Ehepaar aus dem walisischen Bridgend stand in seinem Garten, als es plötzlich ein Geräusch hörte, das wie ein weit entfernter Düsenjäger klang. Dann tauchte dicht über dem Horizont ein weißer, sprühnebelartiger Fleck auf.

> »Anschließend erschien seitlich davon ein rötliches Licht, das mit dem Fleck verschmolz und zu blinken begann. Der Nebel fing an zu glühen und zu pulsieren und teilte sich dann in zwei rotierende Hälften. Anschließend plazierte sich der kleinere untere Teil auf dem oberen, so daß ein hutförmiges Gebilde entstand. An der Unterseite erschienen farbige Lichter, die sich zu einer metallisch aussehenden, von einer Kuppel gekrönten Scheibe materialisierten. Darunter blieb das rötliche Glühen zu erkennen.
>
> Das Objekt drehte sich ein paar Minuten lang und ließ wieder das an ein Düsenflugzeug erinnernde Geräusch hören. Dann zerfloß es erneut in einen Nebel, und die blinkenden Lichter traten wieder auf. Plötzlich war alles verschwunden.«

In der Wissenschaft weiß man seit einigen Jahren, daß unter

bestimmten Bedingungen tatsächlich Lichtkugeln entstehen können. Zum Beispiel filmte 1981 Brian Brady von der amerikanischen Bergbaubehörde ein Experiment, bei dem er einen Granitkern unter Laborbedingungen einem Druck von 2 250 Kilogramm pro Quadratzentimeter aussetzte. Als das Gestein barst, sandte es kleine, durch den Raum schießende Lichtkugeln aus. Es gibt Hinweise darauf, daß das gleiche Phänomen auch in wesentlich größerem Maßstab auftritt. Während des gewaltigen Erdbebens von T'angshan im Jahre 1976 beobachtete ein britischer Diplomat, der sich in diesem Teil Chinas aufhielt, gleißende Lichter am Himmel. Dabei waren Donnerschläge, ein sogenanntes »Himmelsbeben«, zu hören. Ähnliche Ereignisse sind in diesem Jahrhundert mehrfach aus Japan berichtet worden. Während eines schweren Erdbebens im Jahre 1930 erschienen über der Halbinsel von Idu runde Lichtkugeln in gerader Linie, und am 31. März 1982 zeichneten hochsensible Instrumente eine halbe Stunde, bevor sich ein Erdbeben der Stärke sieben auf der Richterskala ereignete, ungewöhnliche elektromagnetische Emissionen auf.

Am bemerkenswertesten ist, daß es verschiedene Orte auf der Welt gibt, an denen diese Lichter relativ regelmäßig auftreten. Einer davon ist Marfa, eine Stadt im Südwesten von Texas. Meldungen von dort gehen bis auf das Jahr 1883 zurück. Auch aus Hessdalen, einem dünn besiedelten Tal in der Nähe der norwegischen Grenze in Schweden, kamen in den Jahren 1981 bis 1986 Berichte über schwebende weiße und gelbe Lichtkugeln. Manchmal zuckten sie sogar mit großer Geschwindigkeit über den Himmel, wobei ein unerklärliches Grollen und Knallen zu hören war. Wissenschaftlern und Ufologen, die sich dort versammelt hatten, um die Erscheinungen zu untersuchen, gelang es, mehrere der Lichter zu filmen. Drei davon wurden sogar vom Radar registriert, was darauf schließen läßt, daß es sich entweder um feste Objekte oder um stark ionisierte Gaskugeln handelte. Zudem verzeichneten die Radargeräte 30mal Objekte am Himmel, die von der Erde aus nicht sichtbar waren.

Inzwischen sind viele Geologen davon überzeugt, daß die Erdlichter wirklich existieren. Man glaubt, daß sie durch Spannungen in der Erdkruste entstehen und daher mit Erdbeben in Verbindung zu bringen sind. Trotzdem bleiben viele Fragen zu klären, bis sich eventuell bestimmen läßt, wann und warum die Lichter auftreten. Noch weniger ist darüber bekannt, ob sie für einige der seltsamen Phänomene verantwortlich sind, mit denen sich die Grenzwissenschaften beschäftigen. Dr. John Derr, Leiter des Instituts für globale seismologische Messungen, meinte dazu:

> »Wir wissen nur sehr wenig über diese Lichter. Wir wissen nicht genau, wie sie entstehen, wir wissen nicht genau, woher ihre elektrische Energie stammt und wie sie an die Erdoberfläche und schließlich in die Luft gelangt, und wir wissen nicht, warum einige von ihnen langlebiger sind als andere. Es bleibt also noch viel zu tun.«

Unterdessen wurden einige notwendige Forschungsarbeiten aufgenommen. Beispielsweise hat man argumentiert, daß Stein Elektrizität im allgemeinen gut leite und daher in der Erdkruste entstandene Lichtkugeln entladen werden müßten, bevor sie in die Atmosphäre gelangen. Aber Jim Byerlee, ein Geophysiker der amerikanischen Geologischen Behörde, ist der Ansicht, daß durch die Reibung, die für die Entstehung der Lichter verantwortlich sei, möglicherweise auch eine »Dampfscheide« erzeuge, die die Verwerfungslinie mit einem nichtleitenden Material, nämlich Wasser, auskleide. »Man hätte also während eines Erdbebens einen mit Dampf bedeckten Bereich, der isolierend wirkt, und einen leitenden Zentralbereich, in dem die Ladung entsteht«, erläuterte er. Da die leuchtenden Ladungen entlang der isolierten Erdspalte nicht geerdet werden, entweichen sie in die Atmosphäre.

Naturbedingt dürften solche Lichter nur kurzlebig sein, weil sie ihre Energie und Leuchtkraft relativ schnell an die Atmosphäre abgäben. (In der Tat stellt der Fakt, daß manche Lichter mehrere Minuten lang sichtbar waren, ein gravierendes Problem auf dem Weg zur Anerkennung der Theorie dar. Jim Byerlee erläutert: »Die Hauptschwierigkeit liegt darin, daß zuerst eine Ladung erzeugt werden muß, um die Entladung zu ermöglichen, bei der die Lichter entstehen. Diese Ladung müßte ebenso lange wie das Licht selbst dauern, und es ist nur schwer vorstellbar, daß so etwas über längere Zeiträume möglich ist.«) Der Logik zufolge sollten auf diese Weise entstehende Erdlichter also in unmittelbarer Nähe zu Verwerfungslinien auftreten.

Devereux selbst hat sich sehr bemüht, eine Verbindung zwischen Erdspalten und UFO-Sichtungen herzustellen. Seine erste Arbeit führte er in den 70er Jahren in seiner Heimat Leicestershire zusammen mit dem Geologen Andrew York durch. Die beiden Forscher analysierten UFO-Berichte, die seit 1953 in der örtlichen Zeitung erschienen waren, und kamen zu dem Schluß, daß die Sichtungen hauptsächlich entlang der Verwerfungslinien in der Region erfolgt waren. Dieses Muster werde zwar durch die Verteilung der Bevölkerung verzerrt, aber nicht zerstört. In Dyfed und Cumbria führte Devereux ähnliche Untersuchungen durch. Demnach handelte es sich auch bei den seltsamen Lichtern, die in den Jahren 1904 und 1905 während eines religiösen Wiedererwachens auf der walisischen Halbinsel Egryn am Himmel erschienen, um Erdlichter, die entlang der vom Norden der Halbinsel nach Harlech verlaufenden Mochras-Spalte entstanden.

Selbstverständlich sind derartige statistische Erhebungen unerläßlich, um die Erdlichterhypothese eventuell bestätigen zu können. Trotzdem ist Devereux' Arbeitsweise sehr umstritten. So stammten etwa die Berichte aus Dyfed hauptsächlich aus einer Welle von UFO-Meldungen gegen Ende der 70er Jahre. Eine spätere Untersuchung durch Hilary Evans ergab, daß es sich in den meisten Fällen um Schwindel oder schlicht um Fehlinterpretationen gehandelt hatte. Der Forscher Kevin McClure, der mehrere Jahre in Leicestershire lebte und sich eingehend mit dem religiösen Wiedererwachen in Wales beschäftigte, wies darauf hin, daß Devereux' Fälle aus Leicestershire hauptsächlich auf unkritisch übernommenen Berichten aus örtlichen Zeitungen basierten. 90 Prozent davon hätten nach allgemeiner Ansicht von Ufologen vermutlich andere, konventionelle Erklärungen. Damit blieben aus Devereux' und Yorks Datensammlung nur 13 Fälle übrig. Außerdem merkte McClure an, daß die seismische Aktivität in der Gegend von Egryn offenkundig ein Jahr vor Beginn des religiösen Wiedererwachens aufhörte. Seiner Ansicht nach waren die Berichte über die Lichter eher durch den religiösen Eifer zu erklären, der zu jener Zeit in Nordwales herrschte.

Der skeptische Ufologe Steuart Campbell, der ebenfalls der Erdlichterhypothese gegenüber kritisch eingestellt ist, hat eine weitere Problematik erkannt: Sogar in einem Land mit so geringer geologischer Aktivität wie Großbritannien existiert eine immense Anzahl von Verwerfungslinien. »Weil es in Großbritannien von geologischen Verwerfungslinien nur so wimmelt«, schrieb er, »überrascht es nicht weiter, daß viele UFO-Meldungen aus deren Nähe stammen.«

Diese Kritik deckt eine grundlegende Differenz zwischen Erdlichtforschern auf. Devereux und seine Kollegen sind der Ansicht, daß die Lichterscheinungen nicht weiter als etwa acht Kilometer von einer Verwerfungslinie entfernt auftreten sollten. Dagegen ist der kanadische Forscher Michael Persinger, Schöpfer eines ähnlichen Gedankengebäudes, der »tektonischen Spannungstheorie«, der Ansicht, daß sich Spannungsfelder innerhalb der Erdkruste über große Entfernungen hinweg ausbreiten, so daß Erdlichter mehr als 300 Kilometer von ihrem Ursprungsort entfernt auftreten können. Dadurch ließen sich auch Lichter in seismologisch inaktiven Gegenden wie dem amerikanischen Mittleren Westen erklären. Allerdings gibt es keinen schlüssigen Beweis dafür, daß Spannungsfelder derart weit übertragen werden können, und man hat Persinger wegen seiner wenig fundierten These heftig kritisiert.

Über die genannten hinaus gibt es noch andere Theorien, mit denen man versuchte, die Erdlichter zu erklären. Bei den Irrlichtern zum Beispiel, die Devereux' Erdlichtern sehr ähnlich sind, handelt es sich der Überlieferung nach um böse Geister. Es wurde aber auch behauptet, daß sie durch verbrennendes Sumpfgas entstünden. 1908 wurden überall in Ostengland rote, weiße und blaue Lichter in der Luft gesehen, die man als leuchtende Eulen identifizierte. Die Vögel hatten angeblich durch den Verzehr phosphoreszierender Pilze eigene Leuchtkraft erlangt. In den Jahren 1912 und 1921 kamen aus dem gleichen Gebiet nochmals ähnliche Berichte. Danach scheinen die unheimlichen Vögel, so es sie denn gegeben hat, vom Antlitz der Erde verschwunden zu sein.

Nehmen wir für einen Moment an, daß Devereux und Persinger richtig lägen. Damit böte die Hypothese der Erdlichter eine natürliche Erklärung für seltsame »Lichter am Himmel« (auch UFOs könnte man so beschreiben). Die beiden Forscher sind der Ansicht, daß derart stark aufgeladene Energiekugeln möglicherweise zu weitaus mehr in der Lage sind, als über den Himmel zu flitzen und die Beobachter zu verwirren. Persinger, der nicht nur Geophysiker, sondern auch Neurophysiologe ist, glaubt, daß die durch tektonische Spannungen hervorgerufenen, starken elektromagnetischen Felder direkt auf das Gehirn von Augenzeugen eingewirkt und dort vermeintlich realistische Halluzinationen ausgelöst haben könnten. Persinger stimulierte die Schläfenlappen von freiwilligen Versuchspersonen mit elektrischen und magnetischen Feldern. Manche der Betroffenen hatten daraufhin das Gefühl, in einen traumartigen Zustand zu fallen. Andere machten noch ungewöhnlichere Erfahrungen. Man vermutete, daß durch ein stärkeres elektromagnetisches Feld der Eindruck einer außerkörperlichen Erfahrung oder einer Entführung durch Außerirdische erzeugt werden könnte. Devereux hält es sogar für möglich, daß der menschliche Geist durch seine psychischen Fähigkeiten dazu in der Lage ist, mit den Erdlichtern zu interagieren. Das heißt, Menschen würden durch ein geophysikalisches Ereignis nicht nur beeinflußt, sondern könnten ihrerseits Einfluß auf das Geschehen nehmen. Damit wären nach seiner Ansicht nicht nur die zahlreichen Berichte erklärt, bei denen sich die Kugeln so verhalten, als würden sie durch ein intelligentes Wesen gesteuert. Auch Berichte von Gespenstern und Poltergeistern könnten endlich Aufklärung erfahren.

Es dürfte überflüssig sein zu erwähnen, daß diese Thesen bis jetzt unbewiesen sind. Statistische Untersuchungen könnten durchaus ergeben, daß es keinerlei Verbindung zwischen Erdlichtern und Verwerfungslinien gibt. Vielleicht existieren sie in der Form, wie Devereux und Persinger sie sich vorstellen, gar nicht. Und selbst wenn es sie geben sollte, heißt das noch lange nicht, daß sie etwas mit UFOs, Gespenstern, Poltergeistern und Psi zu tun haben. Dennoch klingt Devereux' Theorie von den Verwerfungslinien, an denen entlang tief in der Erde Energie fließt, um sich zeitweise an der Oberfläche zu manifestieren, seltsam vertraut. Man fühlt sich an die guten alten Zeiten der Kraftlinienjäger der 70er Jahre erinnert, als jeder Menhir ein Knotenpunkt in einem unsichtbaren Netz sein konnte, durch das die Erdenergie von einem Ort zum anderen floß. Auch Devereux selbst ist diese Ähnlichkeit aufgefallen. Bei einem Vergleich seines gewaltigen Verzeichnisses prähistorischer Stätten mit bekannten Verwerfungslinien fiel ihm auf, daß kein Steinkreis in England oder Wales weiter als eineinhalb Kilometer von einer bekannten Verwerfungslinie oder einem ungewöhnlichen Oberflächeneinbruch entfernt liegt. Vielleicht besaßen unsere Vorfahren tatsächlich ein geheimes Wissen, das uns heute verloren gegangen ist.

7. Die Welt der Frösche

»Wir werden eine Zivilisation an ihren Fröschen erkennen«, verkündete der amerikanische Autor Charles Fort Ende der 20er Jahre dieses Jahrhunderts. »Kluge Männer haben es mit anderen Methoden versucht. Man hat die Sterne, die schönen Künste und die Wirtschaft studiert, um das menschliche Wesen zu verstehen. Wenn es jedoch eine Einheit gibt, die allem zugrundeliegt, dann ist es egal, wo man anfängt. Ob bei den Sternen, dem Gesetz von Angebot und Nachfrage, bei Fröschen oder bei Napoleon Bonaparte – wenn man einen Kreis mißt, ist es gleichgültig, an welchem Punkt man beginnt.«

Fort interessierte sich vor allem für Themen, die von der Wissenschaft als irreal, unverständlich oder irrelevant verworfen worden waren. Daher setzte er nicht bei den Sternen oder dem Gesetz von Angebot und Nachfrage an, sondern bei Fröschen, genauer gesagt Fröschen, die vom Himmel gefallen waren. Zwischen 1916 und 1932 verbrachte er Jahre in den großen Bibliotheken von London und New York, wo er sich durch die wissenschaftliche Literatur zweier Kontinente hindurchlas und sich Notizen über Tausende von seltsamen Erscheinungen machte. Daraus stellte er vier Bücher über anscheinend unerklärliche Ereignisse zusammen, in denen er sich speziell mit möglichen Querverbindungen befaßte. Glücklicherweise entschädigen sein scharfer Verstand und sein Sinn für Humor für den schwierigen Stil, dessen er sich befleißigte.

In den meisten Kulturen gibt es Chronisten merkwürdiger Vorkommnisse. In der Vergangenheit standen sie manchmal im Dienst des Staates und waren hoch angesehen, doch heute arbeiten die meisten einsam und vergessen in staubigen Archiven. Im chinesischen Kaiserreich gab es einen Beamten mit dem imposanten Titel »Inspektor für eindringende Merkwürdigkeiten«. Dieser Astronom hatte die Aufgabe, Omen, Wunder und andere übernatürliche Ereignisse zu erfassen und zu katalogisieren. Es handelte sich um eine Schlüsselstellung, denn ungewöhnliche Vorkommnisse galten als ein wichtiger Indikator dafür, wie gut der Kaiser seine Aufgabe erledigte. Das Land eines erfolgreichen Herrschers befand sich in einem Zustand der Harmonie. Es deutete auf ein Versagen des Machthabers hin, wenn immer wieder ungewöhnliche Zwischenfälle die natürliche Ordnung störten. In den USA nahmen diese Aufgabe in den 20er Jahren unseres Jahrhunderts Fort und Robert Ripley wahr. Letzterer hatte die Presseagentur »Believe It Or Not« (wörtl. »Ob du's glaubst oder nicht«) ins Leben gerufen und reiste persönlich auf der ständigen Suche nach neuen Merkwürdigkeiten um die Welt. Unterdessen las sich zu Hause in New York sein Mitarbeiter Norbert Pearlroth – ein Mann, der 18 Sprachen beherrschte – durch einen Berg von Zeitungen und Illustrierten. Anders als Fort hatte sich Ripley auf menschliche Kuriositäten spezialisiert. Dazu zählten beispielsweise Weng, das »menschliche Einhorn« aus der Mandschurei, dem ein 30 Zentimeter langes Horn aus dem Hinterkopf wuchs, und ein Mann, der in einer Minute und 50 Sekunden ein Huhn schlachten, rupfen, zerlegen, kochen und essen konnte.

Dank seiner Nachrichtenagentur war Robert Ripley Millionen von Lesern ein Begriff, während sich Forts Leserschaft auf wenige hundert beschränkte. Allerdings waren einige dieser Leser so motiviert, daß sich ein Teil seiner Bewunderer zur *Fortean Society* zusammenschloß. Noch heute führen einige von Forts Jüngern dessen Lebenswerk weiter und sammeln sämtliche Materialien über seltsame Phänomene, deren sie habhaft werden können. Ob Parapsychologie, Ufologie, Kryptozoologie oder Erdmysterien – es gibt kein Gebiet, das sie nicht interessiert. Aber als wahre Nachfolger Forts liegen ihnen besonders jene Phänomene am Herzen, die von der breiten Masse der Forscher zumeist unbeachtet geblieben sind. Sie haben die Hoffnung nicht aufgegeben, bei der Analyse ihrer gesammelten Daten auf Verbindungen zu stoßen, die von Kryptozoologen, Parapsychologen und Ufologen übersehen wurden.

Der Himmel tut sich auf

Forts erstes Werk, *Das Buch der Verdammten*, beginnt mit einer Erörterung der seltsamen Dinge, die man vom Himmel fallen sah. Vermutlich handelte es sich dabei um sein Lieblingsphänomen – zumindest drängt sich dieser Schluß angesichts der beeindruckenden Vielfalt der von ihm zusammengetragenen einschlägigen Berichte auf. Von Alabaster bis hin zu Würmern ist schon so ziemlich alles vom Himmel gefallen, aber besonders häufig scheint es Frösche, Fische und Eis geregnet zu haben. Manchmal kam es während eines Sturms oder Schauers dazu, aber nicht immer. Natürlich ist ein solches Ereignis bei klarem Himmel besonders ungewöhnlich.

Viele Menschen erinnern sich vage an Berichte dieser Art, halten sie aber für Lügengeschichten. Wer sich näher mit dem Phänomen beschäftigt, wird schnell seine Ansicht ändern. Unbestritten fallen tatsächlich viele verschiedene Dinge vom Himmel, heute genauso wie zu Forts Zeiten. Die Frage ist also nicht ob, sondern warum und wie es so häufig dazu kommt, daß Objekte und Lebewesen auf die Erde regnen.

Vom Himmel fallende Fische und Frösche sind auch in unseren Tagen nichts Ungewöhnliches. Zum Beispiel wurden am 22. Februar 1994 Hunderte von gefleckten Flußbarschen auf dem Parkplatz des Dunmarra Wayside Inn gefunden. Die Tiere waren zwischen zwei und fünf Zentimetern lang und quicklebendig. Wie sie 600 Kilometer weit ins Outback des australischen Northern Territory gelangt waren, ist bis heute ein Rätsel. Eine Woche später fielen am gleichen Ort während eines heftigen Sturmes über Nacht fast 13 Zentimeter Niederschlag – und erneut regnete es Fische. Diesmal waren sie etwas größer. Aber wie in den 20er Jahren fallen immer noch auch ganz andere Objekte vom Himmel. So segelte im Februar 1981 in Barnes, einem Vorort von London, ein Stück gegrillten Heilbutts durch die Luft, bis es in einem Gartenzaun steckenblieb. Es war noch genießbar. Im Sommer 1971 ergossen sich neben einer Reihe von anderen Lebensmitteln Bohnen auf das brasilianische João Pessoa. Salvador Targino, über dessen Farm sie niedergingen, vermutete, daß sie vom Wind aus Westafrika über den Atlantik getragen worden waren. Leider ließ sich seine These nicht überprüfen, weil er das Beweismaterial gekocht und zum Abendessen verspeist hatte. Weniger appetitlich war der braune Schauer, der im August 1995 auf die Zuschauer im Tennisclub von Craiglockhart in der Nähe von Edinburgh niederging. Dem Gestank nach zu urteilen, handelte es sich eindeutig um menschliche Exkremente.

Weniger häufig fällt wirklich Außergewöhnliches vom Himmel. So soll im Sommer 1708 in der schwedischen Stadt Norrkoping ein seltsames Lebewesen – vermutlich ein Troll –gelandet sein. Aber es hat auch schon Würmer, Muscheln, Stroh, Nüsse und blutige Fleischfetzen geregnet. Besonders interessant war der Fall des silbernen Etuis, das im Dezember 1973 Lynn Connolly aus Hull am Kopf traf und dann in ihrem Garten landete. Das Objekt war 63 x 36,5 mm groß und enthielt einen halb aufgebrauchten Notizblock. Merkwürdigerweise waren die Initialen »T.B.« und das Wort »Klaipeda« eingraviert. Klaipeda, ein alter litauischer Seehafen, lag zu dieser Zeit hinter dem eisernen Vorhang, wodurch die Geschichte noch mysteriöser wirkte.

Seit langer Zeit existierten Schiffsverbindungen zwischen Hull und den baltischen Ostseehäfen. Daher lag der Gedanke nahe, daß das Etui auf diesem Weg nach England gelangt, dort verloren gegangen und von einem großen Vogel davongetragen worden war. Trotzdem verwehrte sich Mrs. Connolly energisch gegen diese Theorie. Die Tatsache, daß sie nur einen leichten Schlag von dem metallenen Gegenstand erhalten hatte, sprach zumindest dafür, daß er nicht aus großer Höhe gefallen war.

Dagegen stammen andere niedergehende Objekte häufig mit großer Wahrscheinlichkeit aus Flugzeugen. Vielleicht war der gegrillte Heilbutt, der in Barnes landete, bei einer während des Fluges servierten Mahlzeit übriggeblieben. Normalerweise beseitigen die Crews Speisereste allerdings nach der Landung, statt sie in der Luft über Bord zu werfen. Auch bei den Exkrementen, die sich über den Tennisclub von Craiglockhart ergossen hatten, tippte man zunächst auf eine defekte Flugzeugtoilette. Tatsächlich sind mehrere Fälle bekannt, in denen es »blaues Eis« hagelte, das aus einer Mischung aus Wasser, Desinfektionsmitteln und Urin bestand. Diese Erklärung erschien um so einleuchtender, als zu der betreffenden Zeit der Flug Edinburgh – Birmingham den Tennisplatz passierte. Aber eine Überprüfung der Maschine ergab, daß alle Toiletten voll funktionstüchtig waren.

Es ist generell schwierig, eine einleuchtende Erklärung für derart unerwarteten Segen von oben zu finden. Zwar bildet sich häufig Eis an Flugzeugen, die in großer Höhe fliegen, das dann auf die Erde fällt, aber Vorkommnisse dieser Art hat es auch schon vor den Zeiten der bemannten Luftfahrt gegeben. Charles Forts Lieblingsbeispiel beinhaltete einen riesigen Hagelbrocken, der um 1800 bei Seringapatam in Indien auf den Erdboden fiel. Berichten zufolge soll er die Größe eines Elefanten gehabt haben. Forts Quelle für diese unglaubwürdige Geschichte ist über alle Zweifel erhaben: Der Fall fand Aufnahme in den Jahresbericht der *British Association for the Advancement of Science* (Britische Gesellschaft zur Förderung der Wissenschaften.)

Fische und Frösche, die aus der Luft herabfallen, sollen angeblich von vorüberziehenden Windhosen aus Flüssen und Teichen emporgewirbelt und über große Entfernungen mitgerissen werden. Für diese Theorie spricht einiges, und es gibt Fälle, die sich erwiesenermaßen so zugetragen haben. Im November 1913 fielen bei Qurindi im australischen Bundesstaat New South Wales Fische aus einem Wirbelwind zur Erde, und im Juni 1921 ließ eine Wasserhose einen solchen Regen über Louisiana niedergehen. Aber die Hypothese hat auch ihre Schwächen. Zum Beispiel ist nicht bekannt, daß es einmal Kaulquappen, Schlamm, zerbrochene Flaschen, alte Fahrräder oder irgendeinen anderen Müll, der sich normalerweise in Teichen befindet, geregnet hätte. Außerdem sind die ungewöhnlichsten dieser Ereignisse so nicht zu erklären. Es gibt Fälle, in denen das betroffene Gebiet sehr begrenzt ist. Etwa im Februar 1859, als bei Mountain Ash in Südwales massenweise Elritzen und Stichlinge vom Himmel auf eine rechteckige Fläche von 80 mal zwölf Meter stürzten. (Ursprünglich nahm man an, daß kein Tier außerhalb dieses eng begrenzten Gebietes gelandet sei, aber neuere Untersuchungen haben ergeben, daß vereinzelte Exemplare in den umliegenden Hügeln gefunden wurden.) Noch ungewöhnlicher ist eine Geschichte aus dem

Frühjahr 1986, die sich auf der anderen Seite der Erde zutrug. Drei Fischer von der Kiribati-Inselkette, einige tausend Kilometer nordöstlich von Australien gelegen, trieben vier Monate lang in einem offenen Boot auf dem Pazifik, nachdem ihr Außenbordmotor ausgefallen war. Sie überlebten, indem sie Haie fingen. Doch irgendwann hatten sie die ewig gleiche Nahrung satt. Einer ihrer späteren Retter berichtete:

> »Eines Samstag nachts beteten sie darum, eine andere Sorte Fisch zu fangen, weil sie kein Haifischfleisch mehr essen wollten. Plötzlich fiel etwas in ihr Boot. Es war ein seltener, schwärzlicher Fisch, der niemals in Netzen gefangen wird, weil er nicht an die Oberfläche kommt und in einer Tiefe von etwa 200 Metern lebt.«

Abgesehen von dem glücklichen Zeitpunkt des Ereignisses ist der Kiribati-Fall auch deshalb ungewöhnlich, weil der Fisch wohl kaum von einer Wasserhose in die Höhe gerissen oder von einem Vogel fallen gelassen wurde.

Die mysteriöseste aller ungewöhnlichen Substanzen, die auf uns herabregneten, war über lange Zeit das sogenannte »Engelshaar«. Das sind dünne Streifen einer gelatineartigen Masse, die von oben herabschweben und sich normalerweise auflösen, sobald sie die Erde berühren. Man hat versucht, eine Verbindung zu UFOs herzustellen, und behauptet, daß es sich dabei um Abgase von fliegenden Untertassen handle, die in festen Zustand übergegangen seien. Beispielsweise wurde am 17. Oktober 1952 ein schmaler Zylinder, dem 30 kleinere Objekte folgten, hoch über dem französischen Oloron gesehen. Alle UFOs zogen Engelshaar hinter sich her, das in Massen zur Erde fiel und noch Stunden später in Klumpen an Büschen und Telefonleitungen klebte.

Seit den 50er Jahren haben die Berichte über Engelshaar

rapide abgekommen – vielleicht zum Teil deshalb, weil sich zwei ältere Proben, die in den 70er Jahren am *Center for UFO Studies* untersucht wurden, als ordinäre Spinnweben herausstellten. Aber sogar Spinnweben scheinen manchmal geheimnisvolle Eigenschaften zu besitzen. Gelegentlich treten sie in derartigen Mengen auf, daß man sich fragt, wie viele Spinnen an ihrer Herstellung beteiligt gewesen sein müssen. (In der Nacht des 28. Oktober 1988 sah eine Patrouille der Küstenwache im Ärmelkanal vor Dover eine etwa 50 Quadratkilometer große Wolke aus Spinnennetzen!) Bis auf die Schlachtfelder unserer Tage haben die unheimlichen Netze ihren Weg gefunden. So wurde während des Bosnienkonfliktes mehrfach berichtet, daß »eine geheimnisvolle, spinnennetzartige Substanz« über Kroatien abgeworfen worden und auf die örtliche Bevölkerung niedergefallen sei. Eine Analyse ergab, daß das Material vermutlich synthetisch hergestellt worden war. Welchen Zweck die Serben mit diesem offenbar harmlosen Stoff verfolgten, ist bis heute nicht geklärt.

Geräusche aus dem Nichts

An einigen Orten fällt nichts Ungewöhnliches vom Himmel, statt dessen treten immer wieder merkwürdige Geräusche auf. Typischerweise handelt es sich um ein ständiges, niederfrequentes Summen, das nur in einem begrenzten Gebiet zu hören ist und diejenigen, die es wahrnehmen, in den Wahnsinn treiben kann. Weil nicht jeder das Geräusch vernimmt, lautete die offizielle Erklärung jahrelang, daß die Betroffenen vermutlich unter einer Form von Tinnitus litten. Bei dieser Hörstörung haben Patienten das beständige Gefühl, daß es in ihrem Kopf summt oder klingelt. Erst 1992 gaben offizielle Stellen in Großbritannien zu, daß es tatsächlich Geräusche ohne erkennbare Quelle gebe. Zu dieser Zeit wurden im Vereinigten Königreich jährlich zirka 500 neue Fälle gemeldet.

Das merkwürdige Summen ist keineswegs ein ausschließlich britisches Phänomen. Hervorragend dokumentiert ist der Fall aus Hueytown, Alabama, einer Kleinstadt in der Nähe von Birmingham, die vom Kohlebergbau lebt. Seit Dezember 1991 beklagten sich die Einwohner über ein lautes Brummen, das an einen Zahnarztbohrer erinnere. Über ein Jahr lang trat das Geräusch in unregelmäßigen Abständen auf. Nachts, wenn es weniger Hintergrundgeräusche gab, schien es lauter zu werden, aber die größte Intensität erreichte es an bewölkten und regnerischen Tagen. Verschiedene mögliche Ursachen wurden ausgemacht, zum Beispiel durch Hochspannungsleitungen erzeugte elektromagnetische Felder, Mikrowellenstrahlung und die 35 Meter hohen Ventilatoren, mit denen die Minen von Hueytown belüftet werden. Ähnliche Geräusche sollen in Großbritannien durch Gasleitungen verursacht worden sein. In Taos in New Mexico werden abwechselnd geheime Versuche des Militärs mit Ultrakurzwellen, Funkbotschaften von UFOs und aneinanderreibende tektonische Platten im unter der Stadt verlaufenden Rio-Grande-Graben für ein besonders hartnäckiges Phänomen verantwortlich gemacht (damit wäre unter anderem eine Verbindung zu den Erdlichtern hergestellt).

Faszinierend erschien Fort auch das Rätsel von ungeklärten Detonationen in der Luft. Diese Donnerschläge hallen ohne erkennbare Ursache durch den Himmel. Heute wird häufig vermutet, daß die sogenannten »Himmelsbeben« durch Überschallflugzeuge ausgelöst werden. In den 70ern plagten mehrere Jahre lang Detonationen die Bewohner der Gegend um Bristol. Man nahm an, daß sie durch die Concorde beim Durchbrechen der Schallmauer auf ihrem

1. Ein Bild von Christus in Wolkenformationen über Korea, fotografiert aus einem amerikanischen Bomber während des Koreakrieges.

2. Vision der Jungfrau Maria im Januar 1871 am Himmel über dem französischen Dorf Pontmain. Man beachte die Rolle zu ihren Füßen, auf der die Worte ihrer Botschaft erschienen.

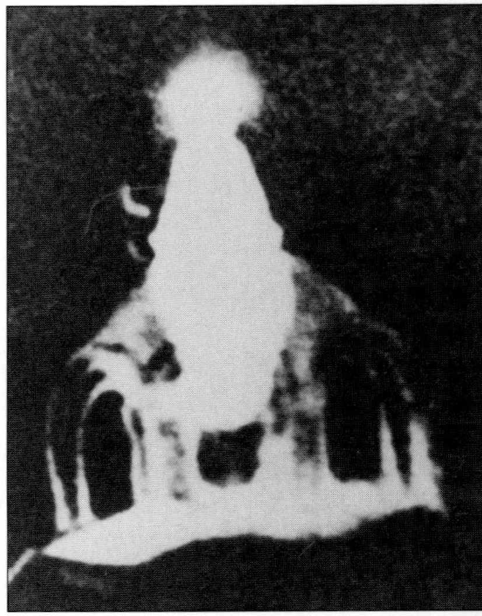

3. Vision der Jungfrau Maria 1968 über dem Dach einer koptischen Kirche in Zeitoun, Ägypten. Es war eine der seltenen Erscheinungen der Jungfrau in einem nichtkatholischen Land.

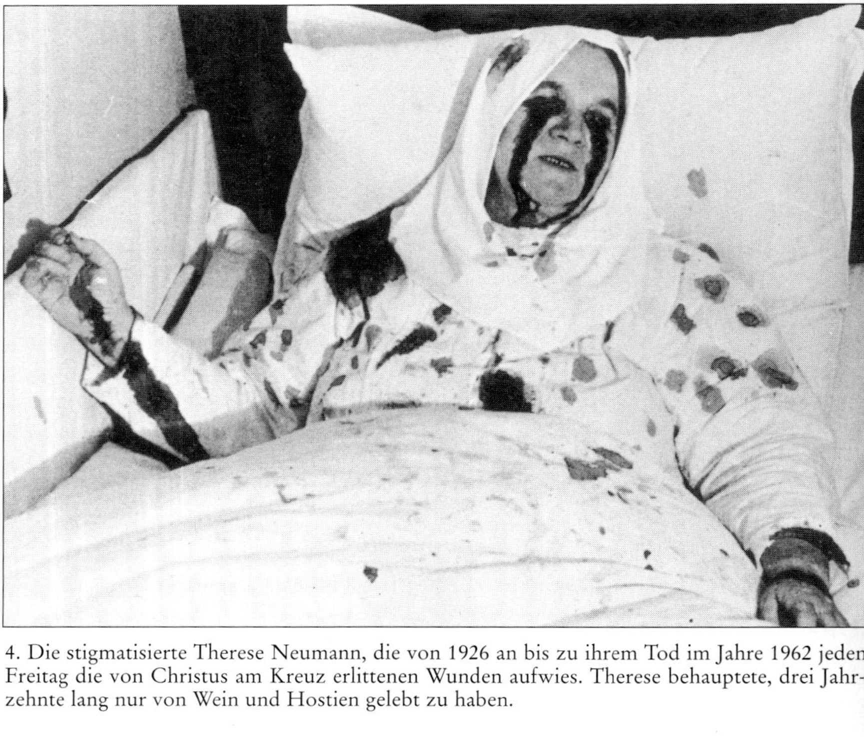

4. Die stigmatisierte Therese Neumann, die von 1926 an bis zu ihrem Tod im Jahre 1962 jeden Freitag die von Christus am Kreuz erlittenen Wunden aufwies. Therese behauptete, drei Jahrzehnte lang nur von Wein und Hostien gelebt zu haben.

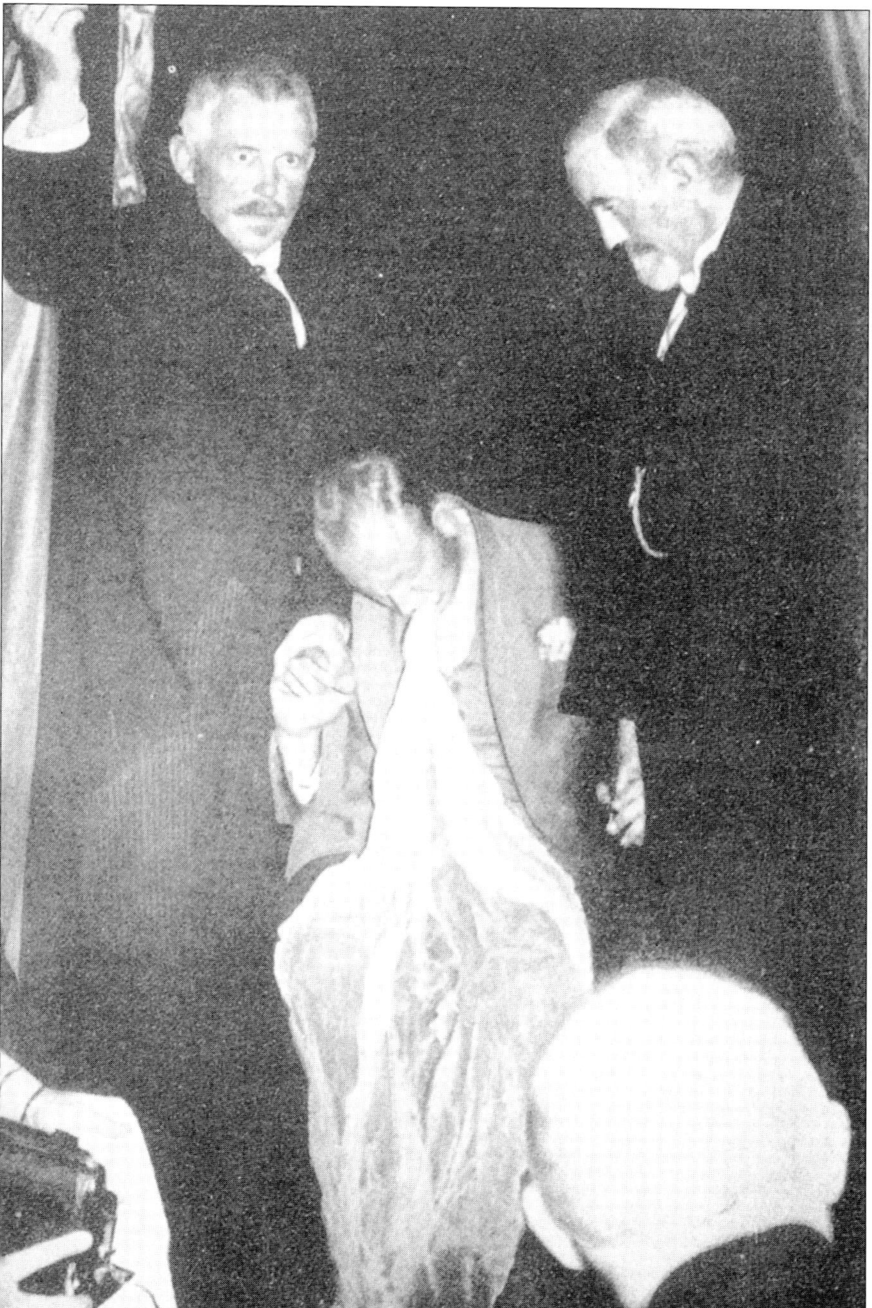

5. Das norwegische Medium Einar Neilson während einer Séance im September 1921. Er war eines der vielen Medien, die während der Blütezeit der physischen Medien Ektoplasma produzierten.

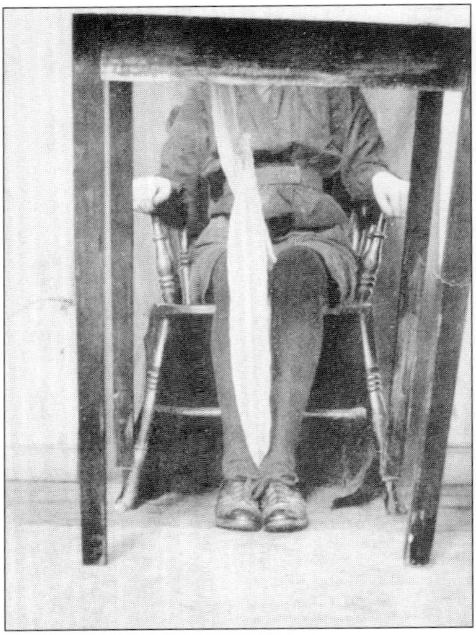

6. Das irische Medium Kathleen Goligher, die dabei fotografiert wurde, als sie einen »übersinnlichen Stab« aus ihrer Vagina herausproduzierte.

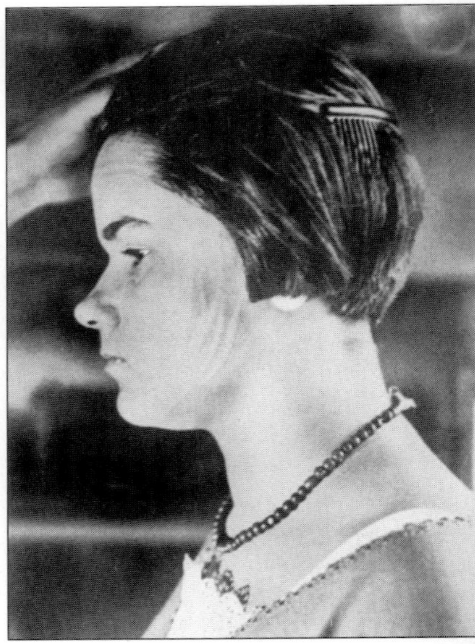

7. Eleonore Zugun zeigte Wunden, von denen ihre Untersucher annahmen, daß sie ihr durch unsichtbare Angreifer zugefügt worden waren.

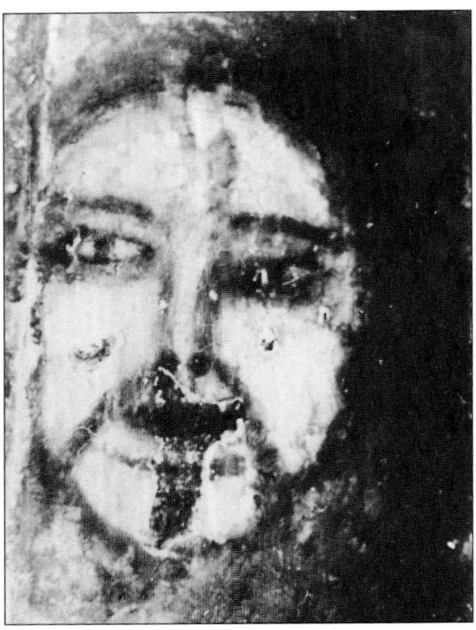

8. Eines der vielen Gesichter, die auf einem Betonfußboden in dem andalusischen Dorf Belmez erschienen. Der Ort war angeblich direkt über einem ehemaligen Friedhof angelegt worden.

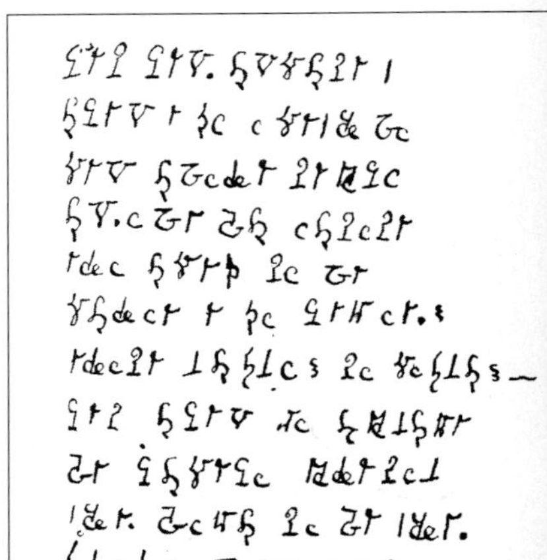

9. Beispiele der »Marsschrift«, produziert von Medien des späten 19. Jahrhunderts. Die Schreiber waren davon überzeugt, im Kontakt mit Bewohnern des Roten Planeten zu stehen.

10. Dieses Foto – aufgenommen in den 30er Jahren des 19. Jahrhunderts in Raynham Hall in Norfolk – zeigt angeblich die in dem Gebäude spukende »braune Frau«.

11. Impressionen eines Künstlers von einigen der vielen unterschiedlichen Rassen außerirdischer Wesen, denen UFO-Zeugen während der vergangenen 50 Jahre begegnet sein wollen.

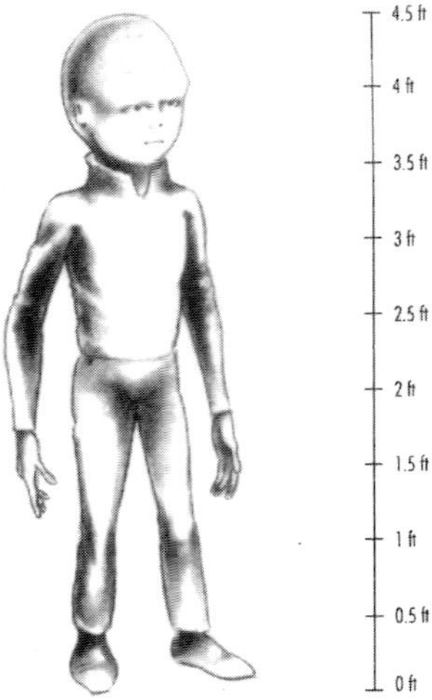

11a Ein Grauer – das während der vergangenen zwei Jahrzehnte mit Abstand am häufigsten berichtete außerirdische Wesen.

11b Einer der haarigen Gnome, denen José António de Silva im Mai 1969 in Bebedouro, Brasilien, begegnete.

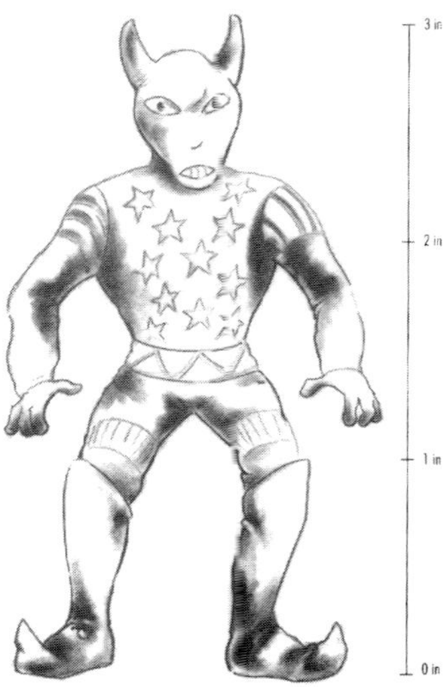

11c Eines der außerirdischen Miniaturwesen, von denen im August 1970 sechs malaysische Schuljungen berichteten. Das Wesen ähnelte stark einer Figur aus einem örtlichen Comic-Buch.

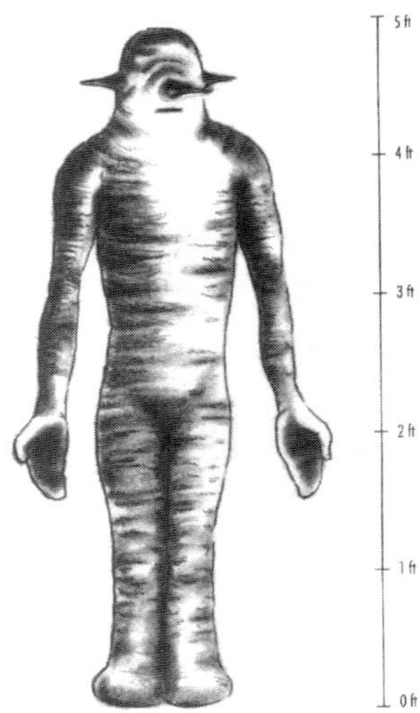

11d Eines der grauen, mumienhaften außerirdischen Wesen, die im Oktober 1973 in Pascagoula, Mississippi, zwei Fischer entführt haben sollen.

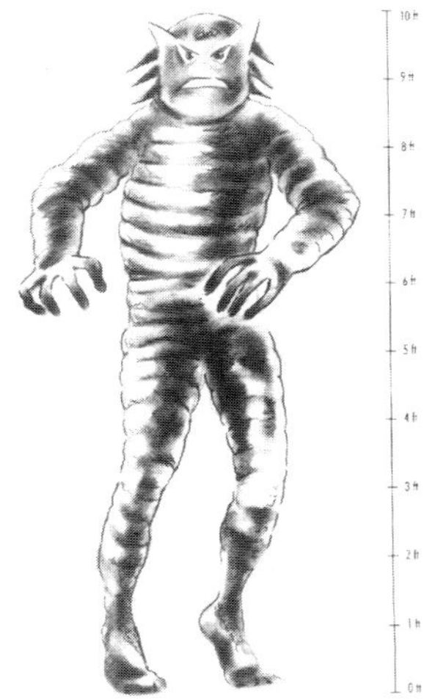

11e Der riesige, fleischige Außerirdische, der Fortunato Zanfretta im Dezember 1978 in einem Haus in der Nähe von Genua angriff.

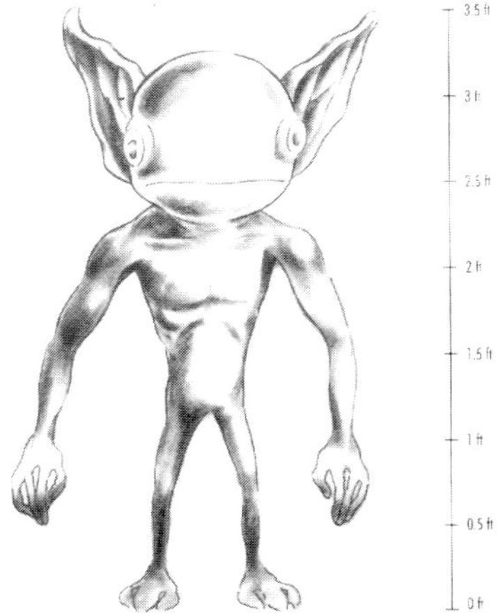

11f Einer der kleinen silberfarbenen »Kobolde«, die im August 1955 ein Farmhaus in Kelly nahe Hopkinsville (Kentucky) belagerten.

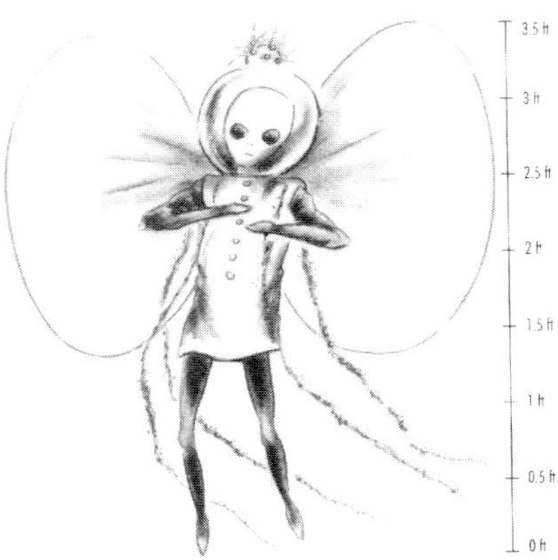

11g Ein »Hackfleischpasteten-Marsbewohner« – eines der drei winzigen Wesen, die im Januar 1979 Jean Hingley in ihrem Haus in Rowley Regis besuchten und ein Pastetengericht kosteten.

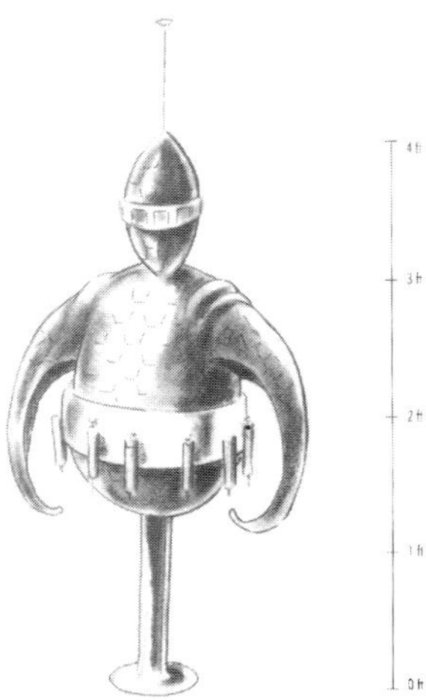

11h Eines der seltsamen vollschlanken außerirdischen Wesen mit aluminiumartiger Haut, die im September 1977 in Rio de Janeiro den Busfahrer António La Rubia entführten.

12. Eine Skizze von Captain James Hooton, die das Luftschiff zeigt, das er im April 1897 in Homan (Arkansas) sah. Es befand sich am Boden, und Hooton sprach mit der Besatzung, bevor sie davonflog.

13. Das McMinville-Foto, aufgenommen im Mai 1950 von Mr. und Mrs. Paul Trent in McMinville (Oregon), wird von Ufologen im allgemeinen als der überzeugenste Schnappschuß eines UFOs angesehen, den es gibt.

14. Der riesige Kopf, der Anfang 1969 in Tecolutla (Mexiko) angeschwemmt wurde. Er wog eine Tonne und wurde für den Körper einer Seeschlange gehalten.

15. Dieses Foto, das eine Wasserspur des Ungeheuers von Loch Ness zeigen soll, wurde im Sommer 1960 von R. H. Lowrie aufgenommen. Weil kürzlich zahlreiche besser bekannte Fotos des Monsters als Falsifikate enttarnt wurden, handelt es sich hierbei wahrscheinlich um die beste Aufnahme von dem vermeintlichen Monster, die nicht ernstlich als Fälschung in Frage gestellt wird.

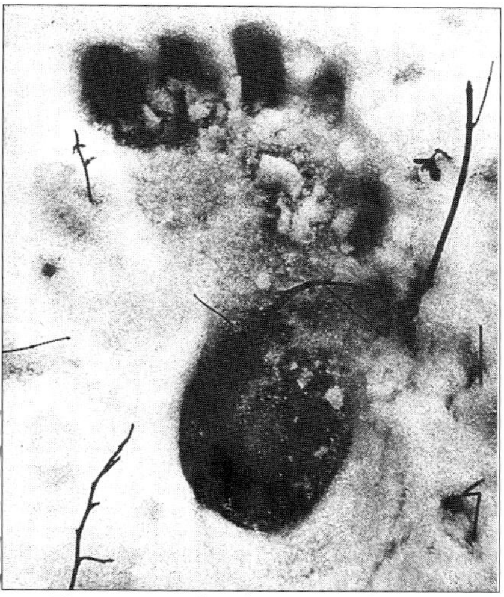

16. Einer von mehr als 1000 Fußabdrücken, die im Oktober 1969 in Washigton State von dem »Bossburg-Krüppel« hinterlassen wurden, einem Bigfoot, dessen rechter Fuß verkrüppelt gewesen sein soll. Bigfoot-Jäger sind der Meinung, daß kein Fälscher die Mühen auf sich genommen hätte, um einen derart aussichtslosen Schwindel zu produzieren.

17. Eine Riesenschlange, von der im August 1954 aus dem italienischen Siracusa berichtet wurde.

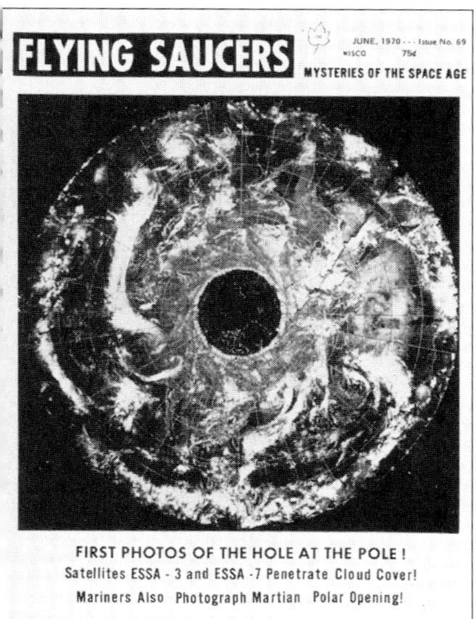

18. Dieses strittige Satellitenfoto, veröffentlicht von dem Herausgeber von Schundmagazinen Ray Palmer, zeigt angeblich eine riesige Öffnung am Nordpol, die in das Innere der hohlen Erde führt. Tatsächlich ist das »Loch« nur die Region der Arktis, die im Winter in ewiger Dunkelheit liegt.

19. Einer der Devil's Arrows, der zu einer Gruppe von Megalithen in Nordengland gehört, die Teil der längsten anerkannten Kraftlinie Großbritanniens bilden.

20. Ein feuchter Fleck in der Christ Church von Oxford, der eine erstaunliche Ähnlichkeit mit dem späten Dekan Liddell aufwies und ein Vierteljahrhundert nach dessen Tod im Jahre 1898 erschien.

21. Einige der Fische, die 1984 über East Ham vom Himmel fielen und von Bob Rickard, dem Herausgeber der Fortean Times, wiedergefunden wurden.

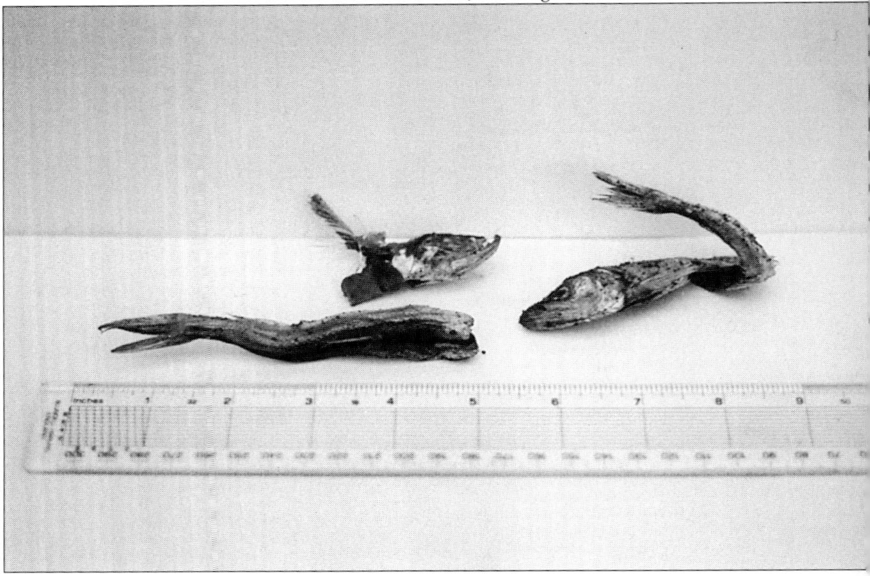

22. Eine der »heiligen Auberginen«, die 1990 in den Midlands auftauchten und in ihren Samenmustern Verse aus dem Koran aufwiesen.

23. Die verkohlten Überreste von Helen Conway, deren Körper in nur sechs Minuten fast vollständig verbrannte. Handelte es sich um eine plötzliche Selbstentzündung?

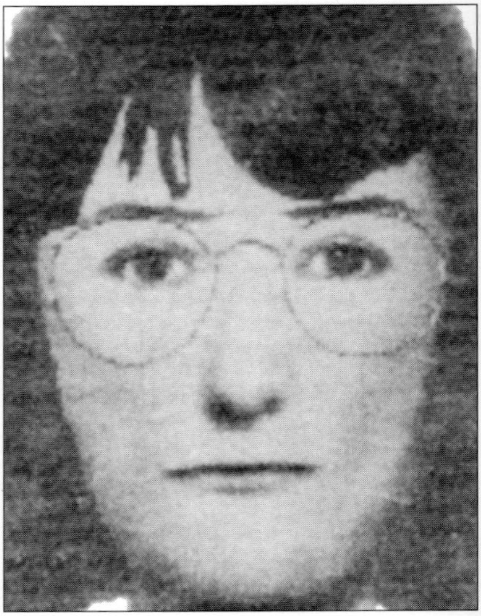

24. Offizielle Polizeizeichnungen von Phantomsozialarbeiterinnen, die Familien in (v.l.n.r., v.o.n.u.) Hampton, Bristol, Portishead und Leicester aufsuchten.

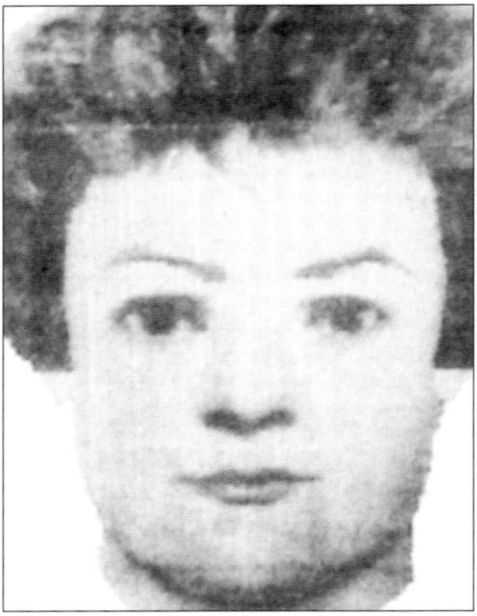

25. Eine angebliche Vorführung des berühmten Indischen Seiltricks im Jahre 1920.

26. Die Impression eines Künstlers von dem bizarren Ziegenaussauger, der 1995 und 1996 Puerto Rico plagte. Andere Zeugen beschrieben die Kreatur als zweifüßig und anscheinend außerirdisch.

Flug nach New York verursacht würden. Doch diese Vermutung konnte anhand des Flugplans der neuen Maschine nicht eindeutig belegt werden. Außerdem hat es Himmelsbeben, genau wie vom Himmel fallendes Eis, schon lange vor der Erfindung des Flugzeugs gegeben. Manche sollen durch die Explosion von Meteoren beim Eintritt in die Erdatmosphäre, andere durch UFOs ausgelöst worden sein.

Unerklärliche Detonationen in der Luft sind vor allem aus der Gegend von Barisal bekannt, einem Dorf am östlichen Ende der Sümpfe des Gangesdeltas, 100 Kilometer südlich von Dakka, der Hauptstadt von Bangladesh. Man nannte die Himmelsbeben dort auch »die Böller von Barisal«, weil sie an den dumpfen Knall alter Kanonen erinnerten. Sie wurden über einen Zeitraum von mindesten 50 Jahren von britischen Indienreisenden zwischen der Küste und einem Ort im Vorgebirge des Himalaya, 500 Kilometer im Landesinneren, gehört. Es konnte nie festgestellt werden, ob die Detonationen auf der Erde, auf dem Meer oder in der Luft stattfanden. Abwechselnd wurde behauptet, daß sie durch Feuerwerk, in Waldbränden berstenden Bambus, Kugelblitze, unterirdische Eruptionen oder Erdrutsche an den morastigen Flußufern verursacht würden.

Die Vielfalt der Theorien, mit denen man versucht hat, geheimnisvolle Geräusche zu erklären, erscheint beinahe so interessant wie das Phänomen selbst. Offenbar verwirrt es Techniker und Wissenschaftler so sehr, daß sie ohne Überprüfung die wildesten Hypothesen aufstellen. Bei genauerer Nachforschung stellt sich häufig heraus, daß scheinbar auf der Hand liegende Erklärungen gravierende Mängel aufweisen und das Rätsel komplexer ist als vermutet. Oft hat das merkwürdige Summen auch mehrere Ursachen. Eine davon kann die ausführliche Berichterstattung der Medien über das Phänomen sein, durch die Menschen erst dazu veranlaßt werden, so lange und gründlich hinzuhorchen, bis sie tatsächlich ein Geräusch hören.

Verschwunden

In den 20er Jahren dieses Jahrhunderts stolperte Charles Fort über ein Phänomen, das so ungewöhnlich war, daß es keinen Namen hatte. Deshalb erfand er den Begriff »Teleportation«, der einen Vorgang beschreibt, bei dem feste Objekte innerhalb von Sekunden an einem Ort verschwinden und an einem anderen wieder auftauchen.

Fort und seine Anhänger entwickelten eine komplexe, wenn auch nicht ganz ernstzunehmende Theorie, nach der die Teleportation eine wichtige Rolle bei der Entstehung der Erde spielte. Kontinente seien von einem Ort zum anderen verschoben worden, und als die Kraft nicht mehr benötigt wurde, sei sie bis zur annähernden Unkenntlichkeit verkümmert. »Es wäre doch möglich«, so meinte Fort,

> »daß einst die ganze Erde aus Gesteinsströmen entstand, die durch Teleportation aus einer anderen Welt hierhergelangten. Das Krachen herabstürzender Inseln, das dumpfe Grollen sich auftürmender Kontinente – und wie zum Spott [...] wirft die Kraft, die einst die Gipfel der Rocky Mountains auftürmte, heute mit Kieselsteinen nach Bauern in Trenton in New Jersey.«

Für einen Fort-Anhänger lassen sich durch ein solches Phänomen eine ganze Reihe von anscheinend nicht zusammenhängenden Mysterien erklären. Es könnte gleichermaßen für Poltergeister verantwortlich sein wie für Tiere, die viele tausend Kilometer von ihrem natürlichen Lebensraum entfernt auftauchen. Fische und Frösche könnten per Teleportation aus Flüssen und Teichen in die Luft gelangt sein, und Menschen, die unter denkwürdigen Umständen erscheinen oder plötzlich und unerwartet verschwinden, wurden eben teleportiert.

An Beispielen für dertige Fälle urplötzlichen Verschwindens und Auftauchens mangelt es nicht. Sie spielen eine wichtige Rolle in vielen Religionen. Bekannt sind zahlreiche Vorkommnisse vor allem aus dem späten 19. und frühen 20. Jahrhundert, aber auch in früheren Jahren gab es bereits einige spektakuläre Zwischenfälle. Allerdings haben neuere Untersuchungen gezeigt, daß die meisten Berichte jeglicher Grundlage entbehren.

Eine der ältesten Aufzeichnungen handelt von einem Fall, der schon in der Einleitung kurz erwähnt wurde. Ein spanischer Soldat, der einem neueren Bericht zufolge Gil Perez hieß, verschwand am 25. Oktober 1593 von seinem Posten in der philippinischen Hauptstadt Manila und fand sich wenige Momente später mitten auf einem Platz in einer anderen Hauptstadt des spanischen Kolonialreiches wieder – in Mexiko-City. Augenblicklich wurde er als Deserteur verhaftet und ins Gefängnis geworfen. Zu seinem Glück besaß er eine Information, die ihm das Leben rettete, weil sie seine unwahrscheinliche Geschichte bestätigte. Am Tag, an dem er aus Manila verschwunden war, hatte man in der Stadt vom Tod des Gouverneurs Gomez Perez Dasmarinas erfahren, der vor der philippinischen Küste bei einer Meuterei an Bord seines Schiffes ums Leben gekommen war. Es dauerte zwei Monate, bis die schreckliche Nachricht Mexiko-City auf normalem Weg erreichte. Danach schenkte man dem Soldaten endlich Glauben. Er wurde freigelassen und nach Manila zurückgeschickt.

Für einige Forscher unserer Tage ist die Teleportation des Soldaten einer der überzeugendsten Fälle im Kanon des

Paranormalen, weil er offenbar von den mexikanischen Behörden und dem Heiligen Gerichtshof der römisch-katholischen Kirche untersucht wurde (der, was nicht weiter überrascht, Hexerei vermutete.) Aber im Rahmen einer kürzlichen Überprüfung durch einen kanadischen Forscher namens Mr. X – der Mann heißt tatsächlich so – hat sich die Geschichte als so löchrig erwiesen, daß man mit Berichten dieser Art in Zukunft äußerst vorsichtig umgehen sollte. X fand heraus, daß zeitgenössische Chronisten die Teleportation nicht erwähnten, wohl aber die Tatsache, daß Dasmarinas' Tod von mehreren Bewohnern von Mexiko-City vorhergesagt worden war. Die frühesten Aufzeichnungen über die Teleportation erfolgten fast ein Jahrhundert nach dem angeblichen Ereignis. Außerdem ist kaum vorstellbar, daß ein Soldat, der am Tag der Meuterei aus Manila verschwand, bereits vom Tod des Gouverneurs wußte, weil die Nachricht kaum so kurz nach dem Ereignis dort eingetroffen wäre.

Andere Fälle scheinen nicht minder zweifelhaft. So unterbrach zum Beispiel der britische Diplomat Benjamin Bathurst 1809 seine Heimreise in einer kleinen preußischen Stadt und ging, wie es heißt, zu seiner Kutsche, um »nach den Pferden zu sehen«. Er verschwand spurlos. Bei genauerer Überprüfung der Angelegenheit stellte sich heraus, daß es nicht einen Zeugen für sein Verschwinden gab. Vermutlich wurde er seines Pelzmantels und seiner wohlgefüllten Brieftasche wegen ermordet. Während des Ersten Weltkriegs soll sogar ein ganzes britisches Bataillon, das First-Fifth Norfolk's, beim Vorrücken auf die türkischen Linien mit insgesamt 200 Mann in eine seltsam geformte Wolke oder Nebelschwade hineinmarschiert und nie wieder aufgetaucht sein. Das mysteriöse Ereignis war schnell in aller Munde und wurde immer weiter ausgeschmückt. Etwa 50 Jahre später behauptete ein Augenzeuge, ein neuseeländischer

Soldat, daß sich die Wolke mitsamt den Norfolks vom Boden erhoben habe und gegen die Windrichtung davongesegelt sei. Natürlich war dies Wasser auf die Mühlen der Ufologen. Aber ein Jahrzehnt später wies ein Autor namens Paul Begg nach, daß die Leichen von mehr als der Hälfte der Vermißten nach dem Krieg bei Gallipoli gefunden worden waren. Er kam zu dem Schluß, daß mit großer Wahrscheinlichkeit auch die übrigen Männer im Kampf gegen die Türken gefallen und ihre Leichen so wie die von Zehntausenden anderen Soldaten für immer auf dem Schlachtfeld geblieben waren.

Trotzdem gibt es für viele Fälle ungeklärten Verschwindens bis heute keine Erklärung. Beispielsweise ist das Schicksal der unglücklichen Besatzung der *Mary Celeste*, die vor 125 Jahren verlassen vor den Azoren treibend gefunden wurde, noch immer ein ungelöstes Rätsel. Neben Dutzenden anderer Vermutungen hat man angenommen, daß ein Versicherungsbetrug geplant war und die zehn Mann deswegen ihr Schiff im Stich ließen. Eine andere Version lautete, ein Matrose habe durchgedreht, alle anderen ermordet und sei dann über Bord gesprungen. Einleuchtender scheint dagegen die Vermutung, daß der Kapitän der Mannschaft befahl, von Bord zu gehen, weil er fürchtete, die aus Rohalkohol bestehende Ladung könne explodieren. Einige Tatsachen sind unstrittig. So fehlte etwa das Rettungsboot, was darauf hindeutet, daß das Schiff freiwillig aufgegeben wurde. Dafür entbehrt die oft gehörte Behauptung, das Essen in der Kombüse sei noch warm gewesen, jeder Grundlage. Bis jetzt gibt es keine Theorie, die alle bekannten Fakten erklären würde.

Auch an Land verschwinden Menschen spurlos. Ein unheimlicher Fall trug sich im Winter des Jahres 1900 auf der öden Insel Eilean Mor zu. Dieser von der Brandung umtoste Felsen, der nicht mehr als 800 mal 500 Meter mißt, ist die größte der sieben Flannan-Inseln in den Äußeren Hebriden. Um die Jahrhundertwende waren die Inseln bereits seit mehreren Jahrhunderten unbewohnt. Manchmal mochte ein Hirte seine Schafe hinüberbringen, aber niemand blieb je über Nacht, weil es der Überlieferung nach auf den Inseln spukte und die dort heimischen Elfen Eindringlingen nicht wohlgesonnen waren. Dann erbaute man auf Eilean Mor einen kleinen Leuchtturm, der anfangs von drei Männern betrieben wurde.

Im Dezember 1900 bestand die Besatzung aus James Ducat, Thomas Marshall und Donald McArthur; ein vierter Mann, Joseph Moore, hatte Landurlaub. Am zweiten Weihnachtsfeiertag kehrte Moore mit dem Versorgungsschiff *Hesperus* auf die Flannan-Inseln zurück, um seine Wache anzutreten. Man ruderte ihn durch die schwere Brandung an Land, wo er mehrere hundert Stufen zu dem neuen Leuchtturm hinaufsteigen mußte. Zu seiner Überraschung war der Posten verlassen. Alles schien in Ordnung zu sein. Die Betten waren gemacht und der Docht der großen Lampe beschnitten. Der letzte Eintrag im Logbuch stammte vom 15. Dezember. Eine sorgfältige Suche ergab, daß offenbar zwei der drei Öljacken sowie eine Werkzeugkiste fehlten – Gerätschaften, die sonst auf einer Plattform direkt unterhalb des Leuchtturms, gute 30 Meter über der grauen See, aufbewahrt wurden.

Die zuständige Behörde kam zu dem Schluß, daß die Leuchtturmwärter während eines besonders heftigen Sturms ins Meer gespült worden sein mußten. In den 50er Jahren begann sich Walter Aldebert, ebenfalls Leuchtturmwärter auf Eilean Mor, für das Geheimnis zu interessieren. Er fotografierte riesige Wellen, die sich bei starkem Wind mit solcher Gewalt an den Felsen brachen, daß Wassersäulen bis zu 60 Meter hochschossen – hoch genug, um einen unvorsichtigen Leuchtturmwärter, der sich vor dem Sturm in

Sicherheit wähnte, mit ins Meer zu reißen. Trotzdem blieb rätselhaft, warum alle drei Wärter bei solchem Wetter ins Freie gegangen sein sollten, einer sogar ohne wetterfeste Kleidung. Aldebert folgerte, daß zwei vermutlich irgendwelches Gerät sichern wollten, wobei einer über die Klippen gespült wurde. Der Überlebende habe dann seinen Kollegen im Leuchtturm alarmiert, woraufhin dieser in den Sturm hinausgelaufen sei, ohne sich die Zeit zu nehmen, seine Öljacke anzulegen. Als die beiden Wärter in der Hoffnung, ihren Freund zu retten, zu den Klippen eilten, seien auch sie von einer hohen Welle in den Tod gerissen worden.

Aldeberts Theorie klingt einleuchtend und wird durch die Aufnahmen noch unterstützt. Aber der Fall von Eilean Mor ist auch aus einem anderen Grund interessant. Er veranschaulicht, wie in der volkstümlichen Überlieferung ein rätselhaftes Ereignis immer wieder umgedeutet und laufend durch »neue« mysteriöse Details ergänzt wird. Zum Beispiel behauptete Vincent Gaddis, daß im Logbuch des Leuchtturms unverständliche, unheilschwangere Eintragungen gefunden worden seien, die Marshall kurz vor seinem Verschwinden gemacht habe. Am 12. Dezember soll er notiert haben, Ducat sei »gereizt« gewesen. Am 13. Dezember hieß es angeblich: »Ducat ruhig, MacArthur weint.« Am 14.: »Ducat, MacArthur und ich haben zusammen gebetet.« Schließlich am 15., ohne weitere Erklärung: »Gott ist über allem.«

Gaddis meinte, aus den Aufzeichnungen gehe unmißverständlich hervor, daß die Leuchtturmwärter über einen längeren Zeitraum von einer unbekannten dunklen Macht bedroht worden seien. Sie seien nicht in einem einzigen Augenblick elementaren Zorns vernichtet worden, sondern ihr Tod müsse über mehrere Tage hinweg vorbereitet worden sein. Allerdings war Gaddis' Quelle für den Wortlaut der Eintragungen ein 1929 erschienenes englisches Magazin namens *True Strange Stories*, das sich auf rätselhafte Vorkommnisse spezialisiert hatte und nicht unbedingt als zuverlässige Referenz gelten kann. Das Originallogbuch steht heute nicht mehr zur Verfügung, aber es erscheint höchst unwahrscheinlich, daß Ducat es als Marshalls Vorgesetzter gestattet hätte, in einem offiziellen Bericht respektlose Bemerkungen zu machen. Selbst wenn die Eintragungen existiert haben sollten, wäre an der Tatsache, daß drei Mitglieder einer streng kalvinistischen Seefahrergemeinde miteinander beteten, nichts Ungewöhnliches.

Selbstverständlich hat dies andere Autoren nicht davon abgehalten, über das Schicksal der verschwundenen Leuchtturmwärter von Eilean Mor zu spekulieren. Carey Miller zum Beispiel behauptete, daß »eine unsichtbare Kraft, die keine Eindringlinge auf der Insel duldete, die Männer vernichtete [...] Als Joseph Moore die Tür des Leuchtturms öffnete und nach seinen Freunden rief, stürzten sich drei riesige schwarze Vögel einer Art, die er noch nie gesehen hatte, von der Spitze des Leuchtturms und flogen aufs Meer hinaus.« Belege für diese Behauptung existieren nicht. Immerhin wird, solange es Menschen gibt, die solche Details erfinden, kein Mangel an Geheimnissen herrschen, die es zu lösen gilt.

Brennende Körper

Die Überreste von Dr. John Irving Bentley wurden neben der Toilette in seinem Haus in Pennsylvania gefunden. Viel war nicht übriggeblieben. Rumpf, Arme und Beine waren spurlos verschwunden, weder Kleidung noch persönlicher Besitz irgendwo zu entdecken. Nur der Schädel lag auf einer Wasserleitung, und der braun verkohlte Stumpf eines Fußes stand neben einem in die Fußbodenbretter gebrannten Loch, durch das man direkt in den Keller darunter sehen konnte.

Über dem Loch lag die Gehhilfe des 92jährigen Invaliden. Offenbar hatte der Doktor verzweifelt versucht, seinem Schicksal im letzten Moment zu entrinnen. Den Feuerwehrmännern, die die Spuren der Tragödie beseitigten, fiel auf, daß Bentleys Körper so stark gebrannt hatte, daß nur ein zwölf Zentimeter hoher Kegel Asche von ihm übriggeblieben war. Das rußige Häufchen war durch das Loch in den Keller gerieselt, während die Gummikappen der Gehhilfe nicht einmal angeschmolzen waren.

Welche Flamme konnte Bentleys Körper in einen glühenden Klumpen verwandelt haben, ohne daß sein Haus Feuer fing? Immerhin dauert es in einem Krematorium bei einer Hitze von 600 Grad 90 Minuten, bis eine Leiche vollständig verbrannt ist. Und warum war ein Fuß erhalten geblieben? Als die Feuerwehrleute um das Loch im Fußboden herumstanden, drängte sich ihnen angesichts der ungewöhnlichen Umstände ein Gedanke auf: Es mußte sich um eine plötzliche Selbstentzündung gehandelt haben.

Das Phänomen der plötzlichen Selbstentzündung ist seit der Mitte des 18. Jahrhunderts bekannt. Damals wurde eine betagte italienische Gräfin namens Cornelia Bandi eines morgens tot in ihrem Bett aufgefunden.

> »Ihr Körper bestand nur noch aus einem Haufen Asche. Beide Beine waren vom Fuß bis zum Knie unversehrt, sogar die Strümpfe waren erhalten. Dazwischen lag der Schädel der Gräfin. Das Gehirn, der halbe Hinterkopf und das Kinn waren zu Asche verbrannt. Darin fand man drei verkohlte Finger. Alles andere war Asche, die sich wie eine schleimige, stinkende Masse anfühlte.«

Im 18. und 19. Jahrhundert war man der Ansicht, daß vor

allem ältere Trinker von plötzlicher Selbstentzündung bedroht seien, weil exzessiver Alkoholgenuß den Körper leichter entflammbar mache. Im 20. Jahrhundert fiel diese Erklärung unter den Tisch, weil festgestellt wurde, daß auch jüngere, abstinente Menschen auf diese seltsame Art zu Tode kamen. Trotzdem ist bis heute nicht eindeutig geklärt, wie das Phänomen entsteht.

Bei näherer Betrachtung zeigt sich, daß allen feurigen Heimsuchungen einige Charakteristika gemeinsam sind. So gut wie immer ist der Körper fast vollständig, aber eben doch nicht ganz verbrannt. Die Extremitäten, zumeist die Füße und seltener die Hände, bleiben verschont. Noch merkwürdiger ist, daß auch die Knochen, die normalerweise Feuer unbeschadet überstehen, zu Asche zerfallen. Der typische süßliche Geruch nach verbranntem menschlichem Fleisch fehlt, und das gesamte Blut in den Adern ist verdampft. In den seltenen Fällen, in denen die Überreste noch brannten, als sie gefunden wurden, bemerkte man eine ungewöhnliche Flamme von elektrisch-bläulicher Farbe. Ebenfalls sehr auffällig ist, daß der lodernde Körper fast nie Schäden in der Umgebung hinterläßt.

Besonders kraß zeigte sich dies in einem Fall vom Februar 1888. Ein gewisser Dr. Mackenzie Booth wurde zu einem Heuboden in der Constitution Street in Aberdeen gerufen, wo er die Überreste eines 65jährigen ehemaligen Soldaten vorfand. Wie Booth berichtete, war der gesamte Körper von den Flammen verzehrt worden, und »die beiden Hände und der rechte Fuß waren durch den Fußboden in den darunterliegenden Stall gestürzt. Das Gesicht hatte sich in schmierige Asche verwandelt, die immer noch die Züge des Toten zeigte.« Aber das Feuer, das den alten Mann das Leben gekostet und sich durch die Fußbodenbretter hindurchgebrannt hatte, hatte nicht einen Halm des staubtrockenen Strohs entzündet, neben dem er lag.

Insgesamt sind etwa 300 Fälle von plötzlicher Selbstentzündung bekannt. Der berühmteste dürfte der Tod der 67jährigen Mary Reeser sein, die im Sommer 1951 in ihrer Wohnung in Florida ums Leben kam. Alle Anzeichen in dem Zimmer, in dem sie starb, deuteten auf plötzliche Selbstentzündung hin. Überall fand sich fettiger Ruß, aber das Mobiliar zeigte relativ wenige Brandschäden. Ein Lehnstuhl, ein Tisch und ein Lampenschirm waren Opfer der Flammen geworden, aber aus dem Polizeibericht ging hervor, daß die Lichtschalter aus Plastik ebenso wie die baumwollene Bettwäsche unversehrt geblieben waren. Nicht einmal ein Stapel Papier, der an einer Wand lag, hatte sich entzündet.

Es gibt durchaus eine wissenschaftliche Erklärung für diese Todesfälle: den sogenannten »Kerzeneffekt«. Man geht davon aus, daß ein voll bekleideter menschlicher Körper wie eine umgedrehte Kerze funktioniert. Sobald die Kleidung Feuer fängt, wirkt sie wie ein Docht, und das schmilzende Körperfett nährt die Flamme, die den Körper bis auf das Skelett verbrennt. Meistens gilt ein fallen gelassenes Streichholz oder eine brennende Zigarette als Ursache des Brandes, aber manchmal erleidet das Opfer auch einen Schlaganfall oder eine Herzattacke und fällt kopfüber in ein offenes Feuer. Möbelstücke wie Betten und Sessel liefern dann zusätzlichen Brennstoff.

Vieles spricht für diese Hypothese. Ältere Menschen und Betrunkene bemerken einen Brand oft später als jemand, der im Vollbesitz seiner Kräfte ist. Daher ist es diesen Personen manchmal nicht mehr möglich, die Flammen zu löschen. Oft sind sie auch übergewichtig und bieten dem Feuer im wahrsten Sinne des Wortes reichliche Nahrung. Daß Beine und Füße so oft unversehrt bleiben, hat den logischen Grund, daß Hitze und Flammen nach oben steigen.

Joe Nickell vom *Comittee for the Scientific Investigation*

of Claims of the Paranormal (Komitee für die wissenschaftliche Untersuchung von vermeintlich paranormalen Vorfällen) hält den Tod des Dr. Bentley für ein klassisches Beispiel des Kerzeneffekts. Bentley war invalide und »hatte die Angewohnheit, Streichhölzer und heiße Asche aus seiner Pfeife auf seine Morgenmäntel fallen zu lassen – sie wiesen zahlreiche Brandlöcher auf. Außerdem bewahrte er in beiden Taschen Streichhölzer auf, so daß aus einer Glut schnell ein verheerendes Feuer werden konnte.«

Nickell glaubt, daß Bentley aufwachte und feststellte, daß seine Kleidung in Flammen stand. Daraufhin schleppte er sich ins Badezimmer und versuchte den Brand zu löschen. (In der Toilettenschüssel fand sich ein zerbrochener Wasserkrug.) »Als er zu Boden stürzte, griff das Feuer von seiner Kleidung auf den Linoleumbelag des Fußbodens über. Darunter befanden sich Hartholzbretter und Holzbalken – ein wahrer Scheiterhaufen. Der Brand dürfte kalte Luft aus dem Keller angesaugt haben, so daß ein sogenannter ›Kamineffekt‹ entstand, der das Feuer zusätzlich anfachte.« Mary Reeser ereilte vermutlich ein ähnliches Schicksal. »Als sie zuletzt lebend gesehen wurde, saß Mrs. Reeser in einem Sessel und rauchte eine Zigarette. Sie trug ein leicht entflammbares Nachthemd und hatte zuvor zwei Schlaftabletten geschluckt. Wie sie erklärt hatte, wollte sie noch zwei weitere einnehmen.« Nickells Erklärung klingt überzeugend.

Außerdem gibt es Fälle von vermeintlicher plötzlicher Selbstentzündung, in denen die Opfer kopfüber in einem offenen Kamin gefunden wurden. Die Flammen hatten den Körper fast vollständig verzehrt, die Extremitäten jedoch unberührt gelassen. Aber nachdem der Brand hier eindeutig eine natürliche Ursache hatte, ist es unwahrscheinlich, daß es sich um ein übernatürliches Phänomen handelte, auch wenn die charakteristischen Symptome plötzlicher Selbstentzündung anzutreffen waren. Durch diese Beispiele ist auch die Behauptung widerlegt, es sei unmöglich, daß ein menschlicher Körper in einem normalen Haus einfach so zerstört werde.

Trotzdem kann der Kerzeneffekt nicht in allen bekannten Fällen als Erklärung gelten. Das Hauptproblem besteht darin, daß es vermutlich acht bis zwölf, mindestens aber mehrere Stunden dauert, bis ein menschlicher Körper auf diese Weise zu Asche verbrannt ist. Mary Reeser und John Bentley wurden frühmorgens gefunden, mindestens acht Stunden, nachdem sie das letzte Mal lebend gesehen worden waren. Damit wären in diesen Fällen die Voraussetzungen erfüllt. Larry Arnold aus Pennsylvania, der sich seit Jahren der Erforschung des Phänomens der plötzlichen Selbstentzündung widmet, entdeckte aber kürzlich einen Fall, in dem eine Frau mittleren Alters in einem Zeitraum von sechs bis 20 Minuten nahezu vollständig verbrannte.

Es begann damit, daß Arnold an einem Kurs zur Brandverhütung teilnehmen durfte, der eigentlich Feuerwehrleuten vorbehalten war. Gegen Ende des Seminars übergab ihm der Leiter einige äußerst ungewöhnliche Fotos von einer verkohlten Leiche, die in den Flammen fast vollständig verbrannt war. Nur die Beine waren erhalten geblieben, die Füße noch in sehr natürlich wirkender Position nach außen gedreht.

Es kostete Arnold acht Monate intensiver Detektivarbeit, bis er den Ort gefunden hatte, an dem die Aufnahmen entstanden waren. Die Bilder stammten aus der Kleinstadt Drexel Hill und zeigten die 51jährige Helen Conway – genauer gesagt, ihre Beine und einen Haufen schwelender Asche in einem versengten Sessel. Mehr war von ihrem Körper nicht übriggeblieben. »Der untere Teil ihrer Beine war relativ gut erhalten«, erfuhr Arnold. »An einigen Stellen hatte sich allerdings die Haut gelöst und Blasen geworfen.

Das Unterhautgewebe der Oberschenkel war aufgeplatzt und der restliche Körper zu einer schwarzen Masse verschmolzen, die kaum noch als menschlich zu identifizieren war.«

Eine Untersuchung ergab, daß Mrs. Conways Enkelin ihr eine Zigarette gebracht hatte. Als das Mädchen drei Minuten später zurückkehrte, stand ihre Großmutter in Flammen. Die Feuerwehr traf ebenfalls kaum später als drei Minuten nach dem Notruf ein und löschte das Feuer. Eben noch hatte Mrs. Conway gemütlich eine Zigarette geraucht, und Minuten später war von ihr nur noch eine glimmende Masse in einem verkohlten Sessel übriggewesen.

Nickell wies darauf hin, daß sie rauchte, als das Feuer ausbrach. Er führte die unnatürlich schnelle Verbrennung darauf zurück, daß sich »die Flammen unten an dem sitzenden Körper entzündeten, gerade nach oben loderten und dabei von dem Körperfett im Rumpf gespeist wurden. Das Feuer war daher wahrscheinlich besonders heftig, ähnlich einem Fettbrand beim Kochen.« Mrs. Conways Tod trat so unvermittelt ein, daß Arnold nicht so recht an plötzliche Selbstentzündung glauben wollte. »So wie ich es sehe«, schrieb er, »hat Helen Conways Tod eine noch viel seltsamere Ursache. Die Zerstörung ihres Körpers in weniger als 360 Sekunden ist nur durch plötzliche Selbst*explosion* zu erklären.«

Ob Arnold oder Nickell recht haben, sei dahingestellt. Fest steht jedenfalls, daß noch sehr viel Arbeit zu tun bleibt, um der Lösung dieses grausigen Rätsels auf die Spur zu kommen.

Die Kinder des Wolfs

Einige hundert Kilometer westlich von Barisal und seinen Böllern, im bengalischen Midnapore, fand ein indischer

Geistlicher namens Singh im Herbst 1920 zwei Menschenkinder und zwei Wolfsjunge in einem Wolfsbau unter einem Ameisenhügel. Die beiden Mädchen im Alter von etwa sechs und drei Jahren wurden zu den berühmtesten Kindern, die von Tieren aufgezogen worden sein sollen.

Der Fall der Wolfskinder von Midnapore ist zwar der am besten dokumentierte, aber keineswegs der erste seiner Art. Schon Romulus und Remus, die sagenhaften Gründer Roms, wurden angeblich von einer Wölfin gesäugt. In Hessen fanden Jäger im Jahre 1341 einen verwilderten Jungen, der offenbar bei Wölfen aufgewachsen war. (Wie den grünen Kindern von Woolpit, die zwei Jahrhunderte zuvor die Bauern in Suffolk in Aufruhr versetzt hatten, erging es dem Jungen schlecht, als man ihn zwang, deftige Landmannskost zu sich zu nehmen: Er starb kurz darauf.) Wölfe sind nicht die einzigen Tiere, die sich so edel verhalten. Der Überlieferung nach wurden in Litauen drei Kinder von Bären aufgezogen, und auch Schafe und Schweine haben bereits als Ersatzeltern fungiert. In Australien wurde um die Jahrhundertwende in Sydney eine Frau zu einer Strafe von einem Pfund verurteilt, weil sie ihr Kind im Hühnerhof aufwachsen hatte lassen. Das bedauernswerte Geschöpf verhielt sich, wie das Gericht erfuhr, ganz wie seine gefiederten Freunde und schlief sogar nachts neben ihnen auf der Stange. In den 70er Jahren wurde ein Affenkind im Urwald von Sri Lanka entdeckt. Dem »Gazellenjungen« der spanischen Sahara, der angeblich unverhältnismäßig dicke Knöchel hatte, so gut wie die besten Tiere seiner Herde sprang und lief und niemals gefangen wurde, widmete man ein ganzes Buch.

Als Reverend Singh die Kinder untersuchte, die er aus dem Wolfsbau unter dem Ameisenhügel gerettet hatte, entdeckte er, daß sie sich in mehrfacher Hinsicht an das Leben der Tiere angepaßt hatten. Tagsüber waren sie schläfrig, nachts aktiv. Knie, Ellenbogen und Hände waren mit dicken Schwielen bedeckt, weil sie sich auf allen vieren fortbewegten, ihre Haare dicht und verfilzt. Sie konnten nicht aufrecht stehen und waren völlig verwildert. Wer versuchte, sie hochzuheben, wurde gekratzt und gebissen. Jeder Versuch, sie zu baden, stieß auf erbitterten Widerstand. Dabei starrten sie ihre Retter aus leeren Gesichtern an, die wenig menschliche Züge erkennen ließen.

Es gelang Singh nicht herauszubekommen, wer die Kinder waren und warum sie im Wald bei den Wölfen gelebt hatten. Aber er entschloß sich, für sie zu sorgen und sie, wenn möglich, in die menschliche Gemeinschaft zurückzuführen. Er nahm die Mädchen, die er Kamala und Amala nannte, mit in sein Waisenhaus in Midnapore, wo er sie vorläufig in einem provisorischen Käfig unterbrachte. Dann begann er mit ihrer Umerziehung, die sich höchst mühsam gestaltete. Zu Beginn wollten die Wolfskinder nur rohes Fleisch essen, und manchmal heulten sie nach Mitternacht. »Ihr Schreien war ganz und gar ungewöhnlich«, notierte Singh in seinem Tagebuch.

> »Es begann sehr rauh und endete in einem aufwühlend schrillen, endlosen Klagen, das in seiner Lautstärke und Beständigkeit weder menschlich noch tierisch klang. Ich nahm an, daß sie nach ihren Gefährten, den Wölfen und deren Jungen, riefen. Ihr Geheul war noch in großer Entfernung zu hören, besonders in der Nacht, wenn alle schliefen und nur das Geschrei der Eulen und die Geräusche von jagenden oder zur Tränke eilenden Tieren die Stille durchbrachen.«

Ein Jahr nach ihrer Rettung starb das jüngere Wolfsmädchen, Amala. Kamala überlebte sie um acht Jahre. Sie lernte, aufrecht zu stehen und Kleider zu tragen, und beherrschte sogar 30 bengalische Wörter. Leider lernte sie nie genug, um etwas über ihr früheres Leben zu sagen. Im Herbst 1929 starb sie an Typhus. Sie hatte so abgeschirmt von der Öffentlichkeit gelebt, daß viele an ihrer Geschichte zweifelten. Man konnte sich nicht so recht vorstellen, daß Menschenkinder wirklich von Tieren aufgezogen worden waren.

Kinder, die auf diese Weise aufwachsen, und tierähnliche Menschen, die, auf sich selbst gestellt, in der Wildnis überleben, werfen grundlegende Fragen über die Einzigartigkeit des Menschen auf. Offenbar verfügen Tiere über eine Intelligenz, die es ihnen ermöglicht, die unüberbrückbar scheinende Kluft zwischen den Arten zu überwinden. Man hat vermutet, daß es sich um übertriebene oder teilweise erfundene Berichte über autistische Kinder (sie gleichen den wild aufgewachsenen Kindern tatsächlich in vielerlei Hinsicht) handelt, die von ihren Eltern verlassen worden waren. Aber es gibt eindeutige Hinweise darauf, daß zumindest einige Fälle authentisch sind. Die Beschreibungen sind sich sehr ähnlich, doch häufig von anthropomorphen Vorstellungen geprägt. Zum Beispiel werden Kinder, die bei Fleischfressern aufgewachsen sind, als unzugänglich und mißtrauisch geschildert, während andere, die von Pflanzenfressern großgezogen wurden, offen und zugänglich sein sollen.

Das starke Interesse, das diese Fälle besonders im 18. und 19. Jahrhundert fanden, stand in engem Zusammenhang mit der Debatte über den göttlichen Ursprung des Menschen. Wenn Gott während des Schöpfungsaktes die Menschen ausdrücklich von den Tieren unterschieden hatte, dann hätten wild aufgewachsene Kinder mehr menschliche Züge aufweisen müssen, als es tatsächlich der Fall war. Eine immer wiederkehrende Frage lautete auch, ob es möglich sei, ein ohne jegliche menschliche Erziehung und Zuneigung aufgewachsenes Kind wieder in die Gesellschaft einzugliedern. Das Thema ist von jeher besonders interessant gewesen, weil es uns lehren könnte, wie und wann wir lernen und was den Menschen vom Tier unterscheidet – sofern es diesen Unterschied tatsächlich geben sollte.

In diesem Sinne ist der Fall von Victor, dem wilden Jungen von Aveyron, besonders aufschlußreich. Er tauchte im Jahre 1800 aus den Wäldern Südfrankreichs auf. Damals war er zwölf oder 13 Jahre alt und hatte mindestens drei Jahre lang allein in der Wildnis gelebt. Tiere hatten dabei offenbar keine große Rolle gespielt, und er hatte sich hauptsächlich von Waldbeeren und Wurzelgemüse ernährt. Gelegentlich hatte er von den Feldern der angrenzenden Gehöfte gestohlen. Ihm schien bewußt zu sein, daß er ein Mensch war, denn manchmal besuchte er im Winter Leute in den Dörfern, die ihm rohes Gemüse schenkten, das er im Feuer garte. Victor konnte nicht sprechen, weswegen ihn ein führender Pädagoge als unheilbaren Idioten einstufte. Dann hatte er das Glück, dem Arzt Jean Itard zu begegnen. Der widmete sich fünf Jahre lang seiner Sozialisierung und lehrte ihn, einige Wörter zu sprechen. Problematisch waren Victors »hysterische« Anfälle, die offenbar durch seine aufgestaute Sexualität verursacht wurden. Itards Methode, die zu seiner Zeit als revolutionär galt, wurde die Grundlage aller modernen Unterrichtstechniken für gehörlose Kinder.

Ein ähnlicher, relativ unbekannter Fall ereignete sich in den 70er Jahren am Kuano-Fluß in Uttar Pradesh in Indien. Im Februar 1973 sah ein Priester einen etwa 15jährigen, nackten Jungen, der im Fluß schwamm und Fische fing. Als er in Baragdava, dem nächstgelegenen Dorf, von dem Kind erzählte, erklärte eine Frau namens Somni, daß es sich vielleicht um ihren Sohn Ramchandra handle, der im Alter von einem Jahr vom Fluß mitgerissen worden war. Man suchte die Gegend ab, aber der Amphibienjunge blieb spurlos verschwunden und tauchte erst 1979 wieder auf. Somni fand ihn schlafend in einem Feld und identifizierte ihn anhand eines Muttermales auf dem Rücken als den verschwundenen Sohn. Ramchandra erwachte und floh, aber die Dorfbewohner waren aufmerksam geworden, und es gelang ihnen, ihn einzufangen. Der Junge besaß einen auffallend runden Schädel, war stumm, kaum behaart und hatte eine grünschwarze Haut. Er ernährte sich von rohen Fischen und Fröschen, aber auch von Gemüse. Zwar floh er bald zurück in den Fluß, verhielt sich aber in Zukunft weniger menschenscheu. Wie Victor kam er manchmal an den Rand der Siedlung, wo die Dorfbewohner Schüsseln mit Spinat und Wasser bereitstellten.

Schließlich erfuhr Hubert Adamson, ein britischer Schriftsteller, der sich besonders für wild aufgewachsene Kinder interessierte, von dem Amphibienjungen von Kuano. 1985 reiste er nach Uttar Pradesh, um den Fall näher zu untersuchen. Er erfuhr, daß Ramchandra drei Jahre zuvor unter mysteriösen Umständen ums Leben gekommen war. Die Dorfbewohner hatten die Polizei aus der Stadt Morudehahea gerufen, und mit vereinten Kräften war es ihnen gelungen, Ramchandra einzufangen. Aber als sie ihn fortbringen wollten, hatte er sich losgerissen und war davongelaufen. Wenige Stunden später tauchte er in einer Siedlung in der Nähe auf, wo man ihn nicht kannte. Er machte sich an einige Frauen in einem Teesalon heran, von denen eine von seinem bizarren Äußeren so entsetzt war, daß sie ihn mit kochendem Wasser übergoß. Vom Schmerz überwältigt, lief der Amphibienjunge zum Fluß zurück. Wenig später wurde sein mit Blasen übersäter Körper, der bereits von Fischen angenagt war, im Wasser gefunden.

Adamson stand vor einem zweifachen Rätsel. Warum hatte das Kind 15 Jahre lang in einer relativ gut erschlossenen Gegend mit zahlreichen Bauernhöfen dieses merkwürdige

Leben im Wasser geführt? Und warum hatten die Dorfbewohner von Baragdava die Polizei gerufen? Er befragte so viele Menschen wie möglich und kam zu dem Schluß, daß das Problem vermutlich Ramchandras sich entwickelnde Sexualität gewesen war. Sie ließ ihn die Nähe der Dorffrauen suchen, wie es auch bei Victor von Aveyron 200 Jahre früher der Fall gewesen war. Sein merkwürdiges Aussehen und seine Unfähigkeit, sich zu verständigen, müssen ihn zu einem furchterregenden Zeitgenossen gemacht haben. Wahrscheinlich führten die Angst und der Abscheu, die sein sexuelles Interesse auslöste, dazu, daß schließlich die Polizei aus der Stadt eingriff.

Telefonanrufe aus dem Reich der Toten

Es dämmerte schon, als das Telefon in Viola Tollens Heim in Indianapolis klingelte. Mrs. Tollen, die in der hereinbrechenden Dunkelheit allein war, nahm einen Anruf entgegen, der kurz, aber höchst bemerkenswert sein sollte.

Mehrere Jahre war sie mit ihrem kleinen Nachbarn Ruby Stone befreundet gewesen. Die Beziehung fand ein jähes Ende, als Ruby im Alter von nur sieben Jahren starb. Jetzt hörte Mrs. Tollen eine dünne, kindliche Stimme am anderen Ende der Leitung, die ihr bekannt vorkam. Aber sie konnte sie zunächst nicht recht einordnen. »Sie haben gesagt, daß ich nicht telefonieren darf, aber ich habe es trotzdem getan«, waren die ersten Worte des merkwürdigen Anrufers. Viola entgegnete verwirrt: »Ich kenne deine Stimme, aber wer bist du?«

»Natürlich kennen Sie mich«, war die Antwort. »Ich bin Ruby.«

Mrs. Tollen hatte ein sehr seltenes Phänomen erlebt – einen Telefonanruf aus dem Jenseits. Nur ein paar Dutzend solcher Fälle sind bekannt. Die Anrufe sind so ungewöhnlich, daß kaum jemand davon wußte, bis vor ein paar Jahren die beiden amerikanischen Spezialisten für Übersinnliches D. Scott Rogo und Raymond Bayless das vorhandene Material in mühsamer Kleinarbeit zusammentrugen.

Einige Fälle sind genauso unerklärlich wie Mrs. Tollens Erlebnis. So starb 1965 eine gewisse Iris Brace, die treue Sekretärin von Walter Uphoff, Professor für Wirtschaft an der Universität von Colorado, völlig unerwartet nach einer Bagatelloperation. Ihr Chef hatte sie gebeten, sobald sie aus dem Krankenhaus käme, einen Kollegen anzurufen, um ihn zu fragen, ob er sich an einer von Uphoff organisierten Vortragsreihe beteiligen wolle. Am Morgen der Beerdigung von Mrs. Brace fiel Uphoff ein, daß er nun selbst anrufen mußte. Er hatte seinen Kollegen eben erreicht, als dieser sagte: »Einen Moment, bitte, mein anderes Telefon klingelt.« Dr. Uphoff wartete. Als sich der Kollege nach ein paar Minuten wieder meldete, sagte er: »Ihre Sekretärin hat gerade angerufen, um mir zu sagen, daß ich bei Ihrer Vortragsreihe mitmachen soll.«

Etwas anders gelagert war ein Zwischenfall, der sich im Mai 1971 in Tucson (Arizona) ereignete. Mr. und Mrs. MacConnell erhielten einen Anruf von einer älteren Freundin, der Rogo und Bayless das Pseudonym Enid Johlson gaben. Mrs. Johlson war kürzlich in ein anderes Pflegeheim verlegt worden, und daraufhin war der Kontakt zu ihr abgerissen. Deshalb freuten sich die MacConnells sehr, als sie sie an jenem Sonntag anrief.

Mr. MacConnell hob ab, gab jedoch den Hörer gleich an seine Frau Bonnie weiter. »Weißt du, wer hier spricht?« wollte die Stimme am anderen Ende der Leitung wissen. Mrs. MacConnell erkannte ihre alte Freundin sofort. Sie unterhielten sich etwa eine halbe Stunde lang, bis Mrs. MacConnell erklärte, daß sie Enid besuchen und ihr eine

Flasche von ihrem bevorzugten Brombeerlikör bringen wolle. Mrs. Johlson reagierte abwehrend. »Ich brauche das jetzt nicht«, erklärte sie. Zwar sei sie bettlägerig gewesen, aber es gehe ihr »jetzt wieder gut«, und sie sei »nie glücklicher gewesen«. Man verabschiedete sich freundschaftlich, und die MacConnells unterhielten sich noch darüber, um wieviel kräftiger und lebendiger gegenüber dem letzten Gespräch ihre Freundin geklungen hatte.

Fünf Tage später beschloß Bonnie MacConnell spontan, ihre Freundin in dem Pflegeheim anzurufen, dessen Adresse sie ihr genannt hatte. Die Rezeptionistin klang verstört, als sie nach ihr fragte. »Mrs. Johlson ist letzten Sonntag verstorben«, erklärte sie. Der Tod war mehrere Stunden vor dem langen Gespräch mit den MacConnells eingetreten.

Anrufe von Toten haben viele paranormale Elemente mit den Berichten von Geistererscheinungen gemeinsam. Manchmal tritt das Phänomen als sogenannte »Krisenerscheinung« auf, in anderen Fällen handelt es sich um vermeintliche Versuche von Toten, Kontakt mit Lebenden aufzunehmen. Wie die Erscheinungen der alten Hexe haben sie die Eigenart, so absurd anzumuten, daß die Betroffenen oft nur ungern jemandem von dem Anruf erzählen. Das heißt, daß die gesammelten Daten über solche Anrufe wahrscheinlich kaum durch Fälle »verseucht« sind, in denen Zeugen bewußt oder unbewußt bekannte Muster zum besten gaben.

Rogo und Bayless wiesen auf einen anderen interessanten Punkt hin. Dadurch, daß die Botschaften mechanisch über das Medium Telefon übermittelt wurden, erhofften sie sich Hinweise darauf, wie und von wem sie getätigt worden waren. Zum Beispiel kam die Verbindung manchmal über die Vermittlung zustande, oder dem Zeugen fiel auf, daß alle Telefone im Haus zugleich klingelten. Das bedeutete, daß es sich um ein Gespräch von außerhalb handelte. Manchmal bemerkte der Angerufene auch, daß das Telefon auf eine ganz besondere Art klingelte. Dies wiederum weise Rogo und Bayless zufolge darauf hin, daß der Anruf nicht in wörtlichem Sinne über die Telefonleitung erfolgte. Vermutlich habe es sich um eine »direkte Stimme« oder »Hellhören« gehandelt. Der Geist habe sich für seine übersinnliche Botschaft des Telefons bedient, um die Situation »natürlich« wirken zu lassen. Denn bekanntlich führt es zu beträchtlichen Problemen, wenn ein Zeuge durch die plötzliche Manifestation eines übersinnlichen Phänomens verschreckt oder verwirrt wird.

Rogo und Bayless gingen von der Annahme aus, daß die ungewöhnlichen Anrufe authentisch und nicht etwa der Einbildungskraft der Zeugen entsprungen waren. Auch die Möglichkeit, daß es sich um Verwechslungen gehandelt haben könnte, schlossen sie aus. Skeptiker mögen sich wundern, warum sich Rogo, der 1990 starb, bis jetzt noch nicht telefonisch aus dem Jenseits gemeldet hat. Doch interessant ist nicht allein die Frage, ob es sich bei den Anrufen tatsächlich um übersinnliche Vorgänge handelte. Wir haben hier auch ein schönes Beispiel dafür, wie sich seltsame Phänomene dem technischen Fortschritt anpassen.

Vergleichbares wurde auch schon früher beobachtet. So gab es nach der Erfindung des Telegrafen, die in die Blütezeit des Spiritualismus fiel, mehrere Fälle, in denen angeblich telegrafisch Kontakt mit Toten aufgenommen wurde. Als um die Jahrhundertwende die drahtlose Kommunikation gebräuchlich wurde, war eine ähnliche Entwicklung zu beobachten. Sogar im Fernsehen und über CB-Funk hat man bereits geheimnisvolle Stimmen gehört.

Auch bei anderen rätselhaften Ereignissen kommt dem Telefon eine Schlüsselfunktion zu. Die Männer in Schwarz bedienen sich seiner, um UFO-Zeugen zu bedrohen. Über unbenutzte Leitungen sind gelegentlich mechanische Stimmen zu hören, die endlose Nummernfolgen vorlesen, was sowohl mit UFOs als auch mit Experimenten zur Gedankenüberwachung in Verbindung gebracht wurde. Einige ungewöhnliche Todesfälle sind auf Blitze zurückzuführen, die in Telefonleitungen einschlugen und dem nichtsahnenden Gesprächsteilnehmer am anderen Ende der Leitung über das Kabel einen tödlichen Stromschlag versetzten.

Charles Fort rechtfertigte, wie wir gesehen haben, seine auf den ersten Blick wahllosen Aufzeichnungen seltsamer Phänomene mit den Worten: »Wenn man einen Kreis mißt, ist es gleichgültig, an welchem Punkt man beginnt.« Wenn man sich mit einer übernatürlichen Erscheinung beschäftigt, dann stößt man unweigerlich auf andere, zieht Parallelen und stellt Querverbindungen her. In den Grenzwelten existiert nichts Isoliertes.

Kleine grüne Männchen und andere bizarre Wesen

Wolfskinder sind keineswegs die einzigen ungewöhnlichen Geschöpfe, die in unseren Wäldern lauern und sich gelegentlich in die Städte vorwagen. In der Kryptozoologie ist man (fast) davon überzeugt, daß Affenmenschen und langhalsige Seeungeheuer in der Wildnis hausen. Aber neben solchen angeblichen Wesen aus Fleisch und Blut gedeiht auch eine Menagerie von Sumpfmonstern, wahnsinnigen Gasmännern und kleinen grünen Männchen, die so exotisch wirken, daß man sich ihre Existenz beim besten Willen nicht vorstellen kann.

Die Geschichten über sie klingen oft so absurd, daß sie entweder ignoriert oder von vornherein als unglaubwürdig abgetan werden. Dennoch unterscheiden sie sich bei näherer Betrachtung nicht grundlegend von den üblichen Berichten über kleine graue Außerirdische oder behaarte Zweibeiner.

Die Zeugen wirken in diesen höchst merkwürdigen Fällen genauso zuverlässig (beziehungsweise nicht weniger erfinderisch) wie in anderen, weniger außergewöhnlichen. Manche scheuen sich zunächst, über ihre Erlebnisse zu sprechen, weil sie selbst noch zu verwirrt sind. Aber sollten diese Menschen die Wahrheit sagen, so hätte das immense Auswirkungen auf die Grenzwissenschaften. Mag die Idee, daß eine Handvoll außerirdischer Besucher und ein paar versteckt lebende Affenmenschen tatsächlich existieren, eben noch vorstellbar sein, so führt der Karneval, den im Hintergrund herumtanzende Scharlatane veranstalten, unweigerlich zu dem Schluß, daß viele Antworten im Reich der Psychologie oder der Parapsychologie zu suchen sind.

Beispielsweise wird behauptet, daß in vielen Sümpfen und schlammigen Flußarmen der amerikanischen Südstaaten seltsame, reptilienartige Zweibeiner leben. Im Sommer 1988 trieb sich ein solches Wesen im Sumpf von Scape Ore bei Bishopville in South Carolina herum. Es wurde von einem gewissen George Hoolomon entdeckt, der Wasser aus einem artesischen Brunnen im Sumpf schöpfte, als eine unheimliche Kreatur mit großen Augen aus dem Wald auf ihn zulief. Später – am Morgen des 15. Juli – fanden Tom und Mary Waye aus der Branlett Road ihr Auto mit Sand, Kratzern und Bißspuren bedeckt vor.

Als das Erlebnis der Wayes bekannt wurde, faßte ein weiterer Zeuge den Mut, von einer höchst dramatischen Begegnung zu berichten. Am 29. Juni gegen zwei Uhr morgens hatte der 17jährige Christopher Davis aus der kleinen Siedlung Browntown auf dem Heimweg im Scape Ore eine Reifenpanne. Nachdem er den Reifen gewechselt hatte, war er soeben dabei, das Werkzeug zu verstauen, als eine seltsame Gestalt über ein offenes Feld auf ihn zugerannt kam. Das Wesen wirkte menschenähnlich, war jedoch übergroß, und seine Augen glühten in der Dunkelheit rot.

Entsetzt sprang Davis in seinen Wagen und versuchte davonzufahren, aber das Wesen erreichte den Wagen und zwängte seine Hände durch das halb geöffnete Seitenfenster. Davis setzte auf die Straße zurück und gab Gas.

> »Ich konnte es vom Hals an abwärts sehen. Es hatte drei riesige Finger, lange schwarze Fingernägel, eine rauhe grüne Haut und war sehr kräftig. Als ich losfuhr, sah ich im Rückspiegel, wie mir ein grüner Blitz folgte. Dann waren seine Zehen zu erkennen, und es sprang auf das Wagendach. Ich glaubte, ein Grunzen zu hören, dann erblickte ich durch die Windschutzscheibe seine Finger, die sich ans Dach klammerten.«

Einer Version der Geschichte zufolge verlor das Geschöpf den Halt, als der Wagen eine Geschwindigkeit von mehr als 50 Stundenkilometern erreichte, und fiel auf die Straße.

Davis fuhr direkt zum Haus seiner Eltern und parkte in der Einfahrt. Er wagte nicht, das Fahrzeug zu verlassen, bis sein Vater die Haustür öffnete. Seine Eltern und der örtliche Sheriff waren sich darin einig, daß der Junge völlig verstört wirkte. Nicht ohne Grund, denn seiner unzusammenhängenden Beschreibung nach war er von einem stinkenden, mindestens zwei Meter zehn großen Wesen angegriffen worden, das eine Eidechsenhaut, lange Arme und, wie eine Zeitung formulierte, »ein gravierendes kieferorthopädisches Problem« aufwies.

Der Autor John Keel trug fast zwei Dutzend ähnlicher Berichte über »gräßliche Sumpfmonster«, wie er sie nannte, aus den gesamten Vereinigten Staaten zusammen. Mehrfach wurden Fahrer in ihren Wagen angegriffen – ein untypisches Verhalten für die eher zurückhaltenden Affenmenschen in der Art des Bigfoot. In einerm anderen Fall fuhr am 1. November 1958 Charles Wetzel eine Straße in der Nähe des

Santa-Ana-Flusses im kalifornischen Riverside entlang. Plötzlich wurde die Musik im Radio von statischem Rauschen übertönt, und eine 1,80 Meter große Gestalt sprang vor seinem Wagen auf die Fahrbahn. Über dem schnabelartigen Mund der Erscheinung glühte ein Augenpaar, und in dem »Gesicht« waren weder Ohren noch Nase zu erkennen. Der ganze Körper war mit blattgroßen Schuppen bedeckt. Wetzel bremste abrupt, und das Wesen stürzte sich mit schrillem Kreischen auf ihn. Dabei zerkratzte es mit seinen Klauen die Windschutzscheibe. Als Wetzel wieder Gas gab, stürzte der Angreifer rücklings auf die Fahrbahn. Mit einem spürbaren Holpern überrollte das Auto das Wesen. Eine spätere Untersuchung ergab, daß der Wagen über etwas gefahren war, das Schleimspuren an der Unterseite hinterlassen hatte. Es wurden jedoch weder Hautreste noch Schuppen gefunden. Offenbar stieß auch niemand auf eine Leiche auf der Santa Ana Road. Interessant ist, daß von dem Dutzend bekannter Berichte über »Eidechsenmenschen« alle bis auf zwei aus der Zeit nach dem berühmten Horrorfilm *Der Schrecken vom Amazonas* aus dem Jahre 1954 stammen. Darin spielt ein ähnliches Wesen die Hauptrolle.

Sehr mysteriös blieb auch der Fall des bereits in der Einleitung erwähnten »wahnsinnigen Gasmannes«. Dieser nächtliche Unhold versetzte im Spätsommer 1944 die Bevölkerung von Mattoon, Illinois, in Angst und Schrecken. Man hatte allen Grund, an seine Existenz zu glauben, weil seine Opfer überlebten und daher ihre traumatischen Erlebnisse detailliert schildern konnten. Sie berichteten von einem lähmenden, süßlich riechenden Gas, das auf den Lippen und im Hals gebrannt habe und in ihre Schlafzimmer geleitet worden sei. In einigen wenigen Fällen wurde der schwarz gekleidete Verbrecher sogar auf der Flucht beobachtet. Aber weder Gangster noch Gas hinterließen Spuren, und der

»wahnsinnige Gasmann« konnte nicht gefaßt werden. Als die Polizei nach längerer Zeit immer noch keine Verhaftung vorweisen konnte, geriet die Situation außer Kontrolle. Innerhalb von 14 Tagen wurden 25 Fälle gemeldet, doch plötzlich, von einem Tag auf den anderen, verschwand der mysteriöse Narkosespezialist so unvermittelt, wie er aufgetaucht war.

Schon damals vermuteten viele Menschen, daß der wahnsinnige Gasmann von Illinois nur in der Phantasie seiner angeblichen Opfer existierte. Heute wird der Fall gern als überzeugendes Beispiel für eine »Massenhysterie« zitiert. Die Panik wurde durch Sensationsberichte der örtlichen Zeitung zusätzlich geschürt. Das Blatt sprach gleich zu Beginn von »ersten Opfern«, als könne man sicher sein, daß es noch weitere geben würde. Eine Untersuchung durch einen Psychologen der Universität von Illinois ergab, daß sich unter den Zeugen überproportional viele Frauen aus Vierteln mit niedrigem Lebensstandard befanden. Die beiden Luxuswohnviertel von Mattoon waren vom wahnsinnigen Gasmann verschont geblieben. Neuere Studien haben belegt, daß es sich um keinen Einzelfall handelte. Im Winter 1933/34 war es in Botecourt County, Virginia, zu einer Serie von ähnlichen Angriffen gekommen. In beiden Fällen wurde ein Gas versprüht, das Übelkeit verursachte und Schwellungen in Hals und Gesicht hervorrief. Merkwürdig war auch, daß in Mattoon vor dem Haus eines Opfers eine leere Lippenstifthülse gefunden wurde, während man in Botecourt an mehreren Tatorten Spuren von hohen Absätzen entdeckt hatte. Die Lokalpresse berichtete damals über den Fall von Botecourt, aber ansonsten fand er in den Medien kaum Erwähnung. Es ist unwahrscheinlich, daß die Panik von Mattoon zehn Jahre später durch Kenntnisse darüber ausgelöst wurde. Auch die Vermutung, daß ein Journalist ein lähmendes Gas erfinden könnte, erscheint abwegig. Eher fühlt man sich an die Erfahrungen mit der alten Hexe erinnert, auf die David Hufford in Neufundland stieß.

In alten Fallbeschreibungen finden sich auch viele Begegnungen mit weniger seltsamen, aber dennoch erstaunlichen Gestalten. Im Mai 1913 begegneten drei Jungen während der Arbeit auf einer Farm in Texas einem etwa 45 Zentimeter großen Männlein. »Es trug eine Art Mexikanerhut«, erinnerte sich einer der Burschen. »Es war ein runder Hut, der aussah, als ob er mit seinem Körper verwachsen wäre. Kleidung trug er nicht. Alles an ihm, auch der Hut, wirkte wie ein Gummianzug.« Bevor sich die Jungs das Wesen genauer ansehen konnten, wurde es von den Farmhunden zerrissen. Die Innereien und das Blut wirkten menschlich, aber die Haut war dunkelgrün. In einem anderen Fall wollte am 6. November 1959 John Trasco aus Everittstown in New Jersey seinen Hund füttern, als er auf ein 90 Zentimeter großes, grün gekleidetes Wesen stieß, das folgende Worte sprach: »Wir kommen in friedlicher Absicht. Wir wollen keinen Ärger. Geben Sie uns nur Ihren Hund.« Trasco verjagte die Kreatur, indem er sie anschrie: »Verschwinde hier, aber schnell!«

Woher kommen diese merkwürdigen Wesen? Ufologen würden wahrscheinlich auf die Besatzung von fliegenden Untertassen tippen, obwohl in den Berichten kein Raumschiff erwähnt wurde. Dagegen dürften Okkultisten eher das Erdinnere für die Heimat der Grünlinge halten. Janet Bord, Spezialistin für Märchen und Sagen, hat versucht, die Berichte mit einer volkstümlichen Überlieferung über ein Zwergenvolk in Verbindung zu bringen. Angeblich sollen die kleinen Wesen eine Vorliebe für grüne Kleidung haben, durch die sie ihre enge Verbundenheit mit der Natur ausdrücken. Angesichts des irrationalen Charakters der Begegnungen, werden Skeptiker eher davon ausgehen, daß es sich dabei um Schwindel oder Produkte einer überschäumenden Phantasie handelt.

Trotzdem lassen Ufologen wie Skeptiker immer wieder zentrale Fragen unberücksichtigt, die sich bei allen Grenzwelterfahrungen stellen. Nehmen wir einmal an, daß die grünen Männchen tatsächlich mit einem UFO anreisten. Dann wüßten wir immer noch nicht, was ein UFO ist, woher UFOs kommen, und was sie hier wollen. Was könnten Außerirdische mit einem Hofhund anfangen? Und wieso enthält ein Fall aus den späten 50er Jahren bereits Elemente, die in den 20 Jahre später in Mode gekommenen Berichten über Entführungen durch Außerirdische wieder auftauchen?

Oder nehmen wir andererseits an, daß die kleinen grünen Männchen echte Zwerge sind. Dann stellt sich die Frage, aus welchem Grund sie sich modern kleiden oder gar mit grünen Mexikanerhüten aus Gummi auftauchen. Oder hängt ihr Erscheinungsbild gar von der Person des Betrachters ab?

Die Theorie, daß es sich ausschließlich um Schwindelmanöver und Halluzinationen handle, bietet auch keine Erklärung für Fälle wie den der texanischen Farmarbeiter. Schließlich blieb das vermeintliche Ereignis jahrzehntelang unbekannt, erfüllte weder einen erkennbaren Zweck, noch brachte es einem der Beteiligten auch nur einen Penny ein. Und sollte es sich doch um eine Halluzination gehandelt haben – was war dann mit dem physischen Beweismaterial, dem Angriff der Hunde, dem Blut? Wie erklärt es sich, daß mehrere Zeugen auftraten? Warum war das Wesen klein, grün und gummiartig?

Erneut stehen wir bei unserer Reise in die Grenzwelten vor dem Dilemma, daß es äußerst schwierig ist, zwischen Realität und Unwirklichem zu unterscheiden. Aber wenigstens kennen wir inzwischen die Aspekte, die bei jeder Untersuchung von Bedeutung sind. Wir haben uns auf die

Zuverlässigkeit des jeweiligen Augenzeugen zu konzentrieren, auf die richtige Interpretation seiner Aussage, ohne dabei die Gruppendynamik eines anomalen Erlebnisses und die Quantität und Qualität des physischen Beweismaterials außer acht zu lassen.

Diesem Thema sind die folgenden Kapitel gewidmet.

8. *Fälschung*

Im Februar 1948 stieß ein Einwohner der Küstenstadt Clearwater in Florida kurz nach Tagesanbruch auf eine ungewöhnliche Fußspur im Sand. Offenbar war derjenige, der sie hinterlassen hatte, aus dem Wasser gekommen und drei Kilometer weit am Strand entlanggegangen, bevor er wieder in den Wellen verschwunden war. Das allein war merkwürdig genug. Für Aufregung sorgte aber vor allem die Größe der Abdrücke, die der unbekannte nächtliche Besucher hinterlassen hatte.

An jenem Morgen war der Sand feucht, so daß die Spuren deutlich zu erkennen waren. Das geheimnisvolle Wesen hatte drei Zehen und mußte deutlich größer als ein Mensch sein. Die Abdrücke von fast 40 Zentimetern Länge und 30 Zentimetern Breite ließen auf eine Körpergröße zwischen drei und sechs Metern schließen.

Das Sheriffbüro von Pinellas County schickte einen Trupp Männer los, der den Strand absuchte. In der Stadt verbreitete sich das Gerücht, daß ein junges Paar, das in jener Nacht am Meer gewesen sei, ein riesiges Monster aus den Wellen steigen und an Land kommen gesehen habe; es habe den Vorfall der Polizei gemeldet. Eine Überprüfung des Strandes blieb ergebnislos. Wenige Tage später hinterließ das Ungeheuer eine 100 Meter lange Spur im Norden der Stadt. Es tauchten Fußabdrücke auf Dan's Island im Süden auf und zwei Spuren im Gebiet von Indian Rocks, von denen eine eineinhalb Kilometer lang war. Im Herbst erschienen die auffälligen dreizehigen Abdrücke 60 Kilometer den Suwannee flußaufwärts.

Als Ivan T. Sanderson, ein in New York lebender Kryptozoologe und Radiomoderator, von dem bizarren Fall erfuhr, machte er sich sofort auf den Weg nach Süden. Er untersuchte Gipsabdrücke, die man von den Spuren genommen hatte, und stieß auch bald auf Zeugen, die glaubten, das scheue Wesen, von dem sie stammten, beobachtet zu haben. Am interessantesten schien die Aussage zweier Piloten von der Dunedin-Flugschule zu sein, die am 25. Juli ein merkwürdiges Wesen vor Hog Island im Meer schwimmen gesehen haben wollten. Sie erzählten Sanderson, daß es etwa fünf Meter lang gewesen sei, »einen stark behaarten Körper, einen schweren, massigen Kopf, Hinterbeine wie ein Alligator« und einen langen Schwanz gehabt habe. Ein Ehepaar aus Wisconsin, das seinen Urlaub in der Gegend verbrachte, hatte angeblich beim Angeln auf einer der kleinen Inseln vor Tarpon Springs ein großes Tier mit »kurzen, dicken Beinen und riesigen Füßen« aus den Büschen kommen sehen, dessen »Kopf direkt auf den Schultern saß und [das] ganz mit dichtem, kurzem grauem Fell bedeckt war«. Das Wesen habe anstelle von Armen Flossen besessen und sei direkt ins Meer gewatschelt. Schließlich bemerkte Sanderson selbst während eines Fluges den Suwannee hinauf ein merkwürdiges Geschöpf. Es war etwa sechs Meter lang, schmutziggelb und planschte an der Wasseroberfläche herum, während er darüber hinwegflog.

Aufgrund der Anhaltspunkte kam er zu dem Schluß, daß es sich bei dem Untier um einen Riesenpinguin handeln müsse, der durch eine Naturkatastrophe aus seinem ursprünglichen Lebensraum am Golf von Mexiko vertrieben worden sei. Zwar konnte er sich einige Diskrepanzen nicht erklären – das langschwänzige Tier, das die Piloten von Hog

Island gesehen hatten, war mit Sicherheit kein Pinguin gewesen -, aber er war der Ansicht, daß ein Betrug auszuschließen sei. Seiner Meinung nach waren die Spuren zu lang und die einzelnen Abdrücke zu tief, um von einem Menschen gelegt worden zu sein. Als einem der bekanntesten Zoologen der Vereinigten Staaten, der jahrelang Großtiere in viel schwierigerem Terrain als der Küste von Florida aufgespürt hatte, brachte man Sanderson und seinen Ergebnissen viel Respekt entgegen. Der Fall des »Riesenpinguins« ging schließlich als ungelöstes Rätsel in die Annalen des Unbekannten ein.

Erst 1973, 15 Jahre nach Sandersons Tod, stellte sich heraus, daß die Pinguinhysterie von Florida durch ein Schwindelmanöver ausgelöst worden war. Zwei Freunde, Al Williams und Tony Signorini, hatten die Idee dazu gehabt. Angeregt worden waren sie durch die kürzliche Entdeckung von Dinosaurierspuren in New Mexico. Zunächst probierten sie riesige Betonfüße aus, die sie über ihren Schuhen trugen, aber die erwiesen sich als zu leicht, so daß die Abdrücke nicht tief genug waren. Daher ließen sich die beiden von einer örtlichen Gießerei gußeiserne, dreizehige Stiefel anfertigen, von denen jeder 13,5 Kilogramm wog. Als Tony Signorini der *St. Petersburg Times* 1988 von seiner Rolle bei der Affäre erzählte, lagen die Eisenstiefel immer noch in einer Kiste in seiner Werkstatt. Sie paßten genau in die Gipsabdrücke vom Strand von Clearwater. Damit war erwiesen, daß es sich von Anfang an um einen Schwindel gehandelt hatte. Die beiden Männer hatten sich schlicht und einfach einen Scherz erlaubt, ohne jede Absicht, Gewinn aus dem Trubel zu schlagen. Signorini entschloß sich erst lange nach Williams' Tod dazu, der Lokalzeitung von dem Streich zu erzählen. Hätte er die Lösung des Rätsels mit ins Grab genommen, wäre das Mysterium für immer ungeklärt geblieben.

Erstaunlich wirkt diese Affäre noch heute. Wie war es möglich, daß ein Naturwissenschaftler vom Range Sandersons auf eine derart plumpe Täuschung hereinfiel? Schon als die Spuren entdeckt wurden, hatte man bemerkt, daß sie von einem verdächtig flachen Fuß stammten, der keinerlei Gelenke zu besitzen schien. Zwar waren die Abdrücke ungewöhnlich groß, aber der Abstand zwischen ihnen betrug nicht mehr als die Schrittlänge eines gewöhnlichen Menschen. Die Tatsache, daß alle Spuren über Nacht entstanden waren, deutete ebenfalls darauf hin, daß an der Angelegenheit etwas faul war. Und schließlich widersprachen sich sogar die Beschreibungen der Zeugen.

Allein die Tatsache, daß es so viele Augenzeugen gab, einschließlich Sanderson selbst, ist bereits sehr aufschlußreich. Weil in jenem Jahr erwiesenermaßen kein Riesenpinguin an der Golfküste Floridas sein Unwesen trieb, stellt sich die Frage, was das Liebespaar, die Piloten von Hog Island, die Urlauber aus Wisconsin und der britische Naturwissenschaftler sahen. Denkbar wäre, daß sich in dem Gebiet noch weitere Monster aufhielten, aber das wäre wirklich ein äußerst ungewöhnlicher Zufall. Wahrscheinlicher ist, daß die Zeugen gar nichts beobachteten und ihre Geschichten schlichtweg erfanden. Entweder verfolgten sie damit irgendwelche fragwürdigen Absichten, oder sie wollten auf obskure Art behilflich sein. Vielleicht wurden sie auch von der allgemeinen Hysterie angesteckt, so daß sie gewöhnliche Tiere, die sie nur flüchtig sahen, für den ominösen Riesenpinguin hielten.

Die Affäre lehrt uns, daß manchmal ganz normale Menschen jede erdenkliche Mühe auf sich nehmen, um einen Schwindel glaubwürdig zu gestalten. Tony Signorini schuftete stundenlang in seinen 13,5 Kilogramm schweren Schuhen, um die Spur am Strand von Clearwater zu legen. Der *St. Petersburg Times* beschrieb er seine mühevolle Tätigkeit wie folgt: »Ich schwang mein Bein vor und zurück und machte dann einen großen Satz. Das Gewicht der Füße trug mich [etwa zwei Meter weit]. Weil sie so schwer waren, sanken sie im Sand ein.« Da die Spur drei Kilometer lang war, muß Signorini diese Bewegung in jener Nacht mehr als tausendmal wiederholt haben. Ohne sein Geständnis hätte man ihre beträchtliche Länge mit Sicherheit als Beweis für die Existenz des Riesenpinguins angeführt, denn warum sollte sich jemand so viel Mühe machen, wenn schon eine Spur von ein paar hundert Meter den gleichen Zweck erfüllt hätte? Die Antwort lautet, daß die beiden Scherzbolde so stolz auf ihre Arbeit waren, daß sie sie so gut wie möglich machen wollten.

Die Pinguinpanik von Florida verdeutlicht, daß das Reich des Übersinnlichen nur zu erschließen ist, wenn die natürliche Vorliebe des Menschen für Schwindel, Streiche und Übertreibungen berücksichtigt wird. Von den Feldforschern wird die Anzahl der Betrügereien und Täuschungsmanöver, die uns ein verzerrtes Bild der Grenzwelten liefern, oft unterschätzt.

Für diese Fehleinschätzung gibt es mehrere Gründe. Offenbar wollen viele Forscher einfach nicht begreifen, daß so mancher Witzbold für seinen Scherz ungeheure Anstrengungen auf sich nimmt, damit sie nicht zugeben müssen, daß ihre Arbeit an einem bestimmten Fall vergebens war. Häufig können sie sich auch nicht vorstellen, daß Zeugen klug und erfinderisch genug sind, um sie an der Nase herumzuführen. Aus nachvollziehbaren Gründen mögen Menschen zögern zuzugeben, daß sie getäuscht wurden und einem Schwindel aufgesessen sind – und sei es nur vorübergehend. Außerdem schützt einen Betrüger, der sich öffentlich als Zeuge ausgibt, häufig die Annahme, daß sich niemand, der sich im Vollbesitz seiner geistigen Kräfte befindet, grundlos dem Spott aussetzen würde, welcher oft mit der Behauptung, eine mysteriöse Begegnung gehabt zu haben, verbunden ist. Nur wenn jemand versucht, aus seinem Erlebnis Kapital zu schlagen, ist man schnell mit Betrugsvorwürfen bei der Hand. Dabei genügt – wie ein Fall aus jüngster Zeit beweist – eine kleine Schar erfinderischer Possenreißer, um die Grenzwelten auf den Kopf zu stellen.

Sich im Kreise drehen

Im Sommer 1980 tauchten die ersten Kreise in den Getreidefeldern der Hügel des Themsetales auf. Der erste Fall, der Aufsehen erregte, ereignete sich im Vale of Pewsey in Sichtweite eines der berühmten, in Kalk gemeißelten Pferde. In einem Feld fand sich eine säuberlich ausgerichtete Formation aus drei Kreisen, innerhalb derer jeder Halm im Uhrzeigersinn niedergedrückt war. Ein oder zwei Tage später besuchte ein Reporter der Lokalzeitung *Wiltshire Times* den Ort und verfaßte einen Artikel, in dem es hieß, die Kreise seien zu exakt, um durch Wind, Regen oder die Armeehubschrauber, die über der Ebene von Salisbury Manöver flogen, verursacht worden zu sein. Die *Times* tippte auf UFOs als Urheber.

1981 wurden an einem Ort namens Cheesefoot Head neue Kreise entdeckt, einmal sogar eine weitere Dreierformation aus einem großen und zwei kleinen Kreisen. Danach wiederholten sich die Ereignisse in jedem Sommer aufs neue. Immer ausgefallenere Theorien über die Bedeutung der Kreise und die Frage, warum sie mitten im ländlichen England auftraten, wurden veröffentlicht. Die UFO-Hypothese fand zahlreiche Anhänger. Bekannte Ufologen wiesen darauf hin, daß es gegen Ende der 60er Jahre aus dem australischen Queensland Berichte über ähnliche Erscheinungen gegeben hatte. Damals waren die Formationen

»Untertassennester« getauft worden. Die überzeugendste Erklärung stammte von einem Meteorologen namens Terence Meaden, der sich besonders für anomale Wetterphänomene interessierte. Er vermutete, daß die Gebilde durch kleine Wirbelwinde oder sogenannte »Staubteufel« verursacht worden seien, die sich im Windschatten eines Hügels immer weiter um sich selbst gedreht und dadurch die perfekten Spiralen verursacht haben könnten. Diese Theorie erklärte sogar drei nebeneinander liegende Kreise wie die von Cheesefoot Head. Hier hatten sich angeblich entlang einer Miniwetterfront gleichzeitig drei Wirbelwinde gebildet.

Im Jahr darauf wurden die Muster noch komplizierter. An fünf verschiedenen Orten tauchte jeweils ein großer, von vier kleineren umgebener Kreis auf, so daß eine fliegende Untertasse auf vier Stelzen vermutet wurde. Mit der Wirbelwind-Theorie ließ sich die Präzision der Muster zwar nicht mehr erklären, aber es herrschte kein Mangel an alternativen Thesen. Beispielsweise vermutete Meaden jetzt elektromagnetische Energie in Form von »Plasmawirbeln« – ähnlich Kugelblitzen – als Ursache, während andere Forscher brünstige Igel für das Phänomen verantwortlich machten. Man hatte inzwischen herausgefunden, daß es bereits vor 1980 einige seltene Fälle von derartigen Kreisen gegeben hatte, wie mehr oder weniger glaubwürdige Berichte aus den 40er Jahren nahelegten. Schließlich entdeckten die immer zahlreicher werdenden Enthusiasten sogar ein Pamphlet aus der englischen Restaurationszeit. Es beschrieb offenbar einen Getreidekreis in Hertfordshire, der im Jahre 1678 entdeckt worden war. Angeblich hatte der Teufel persönlich dort die Sense geschwungen.

Das Interesse der Medien an dem jährlich wiederkehrenden Phänomen erreichte Ende der 80er Jahre seinen Höhepunkt. Inzwischen waren die Getreideformationen immer komplizierter geworden. Einfache Einzelkreise im Weizen gab es praktisch nicht mehr, statt dessen fanden sich Innenringe aus aufrecht stehenden Halmen und Anhängsel an der Außenseite der Kreise. Eine neue künstlerische Ebene wurde im Sommer 1990 erreicht, als ästhetisch sehr anspruchsvolle, komplizierte »Piktogramme« oder Hieroglyphen im Getreide auftauchten. Die schönste Formation wurde am 12. Juli in einem Feld bei Alton Barnes in Wiltshire gefunden. Sie bestand aus vier großen und drei kleinen Kreisen und war insgesamt 130 Meter lang. Die einzelnen Kreise waren durch schmale, ins Getreide geschnittene Streifen miteinander verbunden. Mehrere Ornamente schmückten das Gebilde. Beispielsweise zeigten drei der Kreise lange, gezackte Ausbuchtungen, die an Schlüssel erinnerten.

Kaum jemand glaubte, daß diese phantastischen Formationen durch ein zufälliges, noch so komplexes meteorologisches Phänomen entstanden sein konnten. Unterdessen wurden Meadens Variationen der Theorie von den Plasmawirbeln immer abenteuerlicher. So konstruierte er unter anderem die Hypothese, daß das Piktogramm von Alton Barnes »durch einen instabilen doppelten Wirbel geschaffen wurde [...], der von Traktorspuren im Feld angezogen worden war, weil die auf- und abfahrenden Traktoren Anomalien im elektrischen Feld hervorriefen.« Die Fangemeinde der Getreidekreise hatte sich inzwischen in zwei Hauptfraktionen gespalten. Die einen meinten, daß die immer komplizierter werdenden Muster nicht von menschlicher Intelligenz geschaffen worden seien (je nach Glaubensrichtung tippte man auf Ufonauten, Naturgeister oder Dämonen), während die anderen an einen Streich glaubten.

Anhänger der These von der nichtmenschlichen Intelligenz legten Interpretationen zur Untermauerung ihrer Theorie vor. Charles D'Orban von der Fakultät für Orientalistik und Afrikanistik der Universität von London spekulierte, daß die Formen des Piktogramms eine Botschaft auf sumerisch, der ältesten Schriftsprache der Welt, darstellen könnten. Er behauptete, die auf dem Höhepunkt einer Dürre erschienenen Kreise seien mit den warnenden Worten »verdoppelt eure Brunnen« zu übersetzen. Andere hielten die »Schrift« für einen mongolischen Dialekt oder auch für Tifinig, eine alte nordafrikanische Schrift. Ein Wetterfachmann namens Philip Eden entdeckte meteorologische Symbole, die seiner Ansicht nach unter anderem einen Sturm mit Windstärke sieben aus südwestlicher Richtung vorhersagten.

An Betrug glaubten nur wenige, weil er aus mehreren Gründen unwahrscheinlich erschien. Zunächst einmal waren die Formationen so perfekt, daß nur schwer vorstellbar war, wie einer oder selbst mehrere Beteiligte in den kurzen Sommernächten ein derartiges Kunstwerk fabrizieren sollten, ohne Spuren zu hinterlassen. Außerdem waren Weizen und Gerste niedergedrückt worden, ohne daß die Halme brachen. Und die Anzahl der entdeckten Gebilde hatte sich inzwischen vervielfacht. Allein 1990 wurden 500 entdeckt – einige davon in Japan, Bulgarien und dem walisischen Llanidloes.

Als das Phänomen den Höhepunkt seiner Rätselhaftigkeit und Komplexität erreicht hatte, brach das Kartenhaus der Getreidekreisanhänger schlagartig in sich zusammen. Im September 1991 druckte die Zeitung *Today* einen Artikel über zwei Männer aus Southhampton, die zugaben, von 1975 an zahlreiche Getreidekreise angelegt zu haben. Ihrer Aussage nach hatten sie sich Ende der 60er Jahre kennengelernt und festgestellt, daß sie viele gemeinsame Interessen hatten. So waren beide kunstbegeistert, interessierten sich aber auch für seltsame Phänomene. Doug, den besonders UFOs faszinierten, hatte in den 60er Jahren lange in

Australien gelebt und dort von den »Untertassennestern« von Queensland gehört. Eines Nachts hatte er die Idee gehabt, ähnliche Kreise in englischen Feldern anzulegen, um zu sehen, wie die Ufologen reagieren würden. Gemeinsam fabrizierten die beiden gegen Ende der 70er Jahre mehrere Kreise, wobei sie die Halme zunächst mit einer Eisenstange plattdrückten. Später erfanden sie ein höchst effizientes Werkzeug, das aus einem Brett und einem Stück Seil bestand, den sogenannten »Halmstampfer«. Leider schien damals noch niemand von der Angelegenheit Notiz zu nehmen. (Von der Aufregung, die der 1980 in der *Wiltshire Times* erschienene Artikel auslöste, erfuhren die Freunde nichts.) Sie wollten schon aufgeben, als die Dreierformation von Cheesefoot Head für Furore sorgte.

Ermutigt setzten sie ihre Aktivitäten fort und wurden von Jahr zu Jahr perfekter. Das Risiko, entdeckt zu werden, kam ihnen denkbar gering vor, obwohl sie vorübergehend in Schwierigkeiten gerieten, denn Dougs Frau verdächtigte ihren Gatten, einer nächtlichen Affäre nachzugehen. Gefährlich waren die Unternehmungen auch nicht, wenn man davon absieht, daß Doug eines Nachts von einem Klumpen menschlicher Exkremente aus einer Flugzeugtoilette bewußtlos geschlagen wurde. Es bereitete ihnen großen Spaß, immer neue Effekte zu kreieren, um Terence Meaden und die Anhänger der Theorie von der nichtmenschlichen Intelligenz an der Nase herumzuführen. Im Laufe der Zeit mußten sie jedoch feststellen, daß sie nicht allein waren. Weitere Kreise tauchten auf, deren Urheber nicht Außerirdische waren, sondern Witzbolde einer neuen Generation.

Einer der neuen »Kreismacher« war der amerikanische Journalist Jim Schnabel, der schließlich eine Geschichte des Phänomens verfaßte. Aufgrund seiner guten Kontakte zur Gemeinschaft der Getreidekreisanhänger gelang es ihm, mehrere Dutzend Gruppen zu identifizieren, die Kreise fabrizierten. Diese hatten sich selbst Namen wie »Merlin & Co.« oder »Bill Bailey Gang« gegeben. Einige ihrer Mitglieder standen in enger Verbindung zu den Anhängern der verschiedenen Getreidekreistheorien.

Die Enthüllungen von Doug und Dave lösten eine Panik unter den Getreidekreisexperten aus, besonders als das Gespann seine Behauptungen untermauerte, indem es auf Wunsch neue, beeindruckende Formationen schuf. Doch eine Reihe von Forschern ließ sich nicht überzeugen und behauptete verbissen, echte Kreise seien von einer Präzision und Feinheit, die kein Fälscher je erreichen könne. Erst als einige dieser Spezialisten auf nachweisbar von Menschenhand geschaffene Kreise hereinfielen und so unvorsichtig waren, den Medien gegenüber zu behaupten, daß diese über jeden Zweifel erhaben seien, machte sich allgemeine Enttäuschung breit. »Wenn das hier eine Fälschung ist, fresse ich vor allen Augen mein Hemd«, lautete im Sommer 1992 der Kommentar eines Experten zu einer besonders markanten Fälschung. Zwar finden sich weiterhin jedes Jahr ein paar Kreise im Getreide – häufig in spektakulären und schönen Formationen -, aber die Zahl der Enthusiasten, die sich mit dem Thema beschäftigten, ging von etwa 1 000 auf nahezu null zurück.

Die Legende von den Getreidekreisen ist vielleicht das beste Beispiel für ein so stark von Fälschungen durchsetztes Phänomen, daß es am Ende von selbst kollabiert. Die Geschichte ist in vieler Hinsicht sehr aufschlußreich. Zunächst einmal lehrt sie uns einiges über die Motivation von Theoretikern, die in diesem Fall immer kompliziertere Thesen erfanden, um die ständig raffinierter werdenden Formationen zu erklären. Sie ist aber auch ein Beleg für die Schlüsselrolle der Medien, die die Männer hinter dem Mysterium zuerst ermutigten und dann entlarvten.

Aber wer weiß, ob hinter allem nicht doch ein Körnchen

Wahrheit steckte? Es ist höchst unwahrscheinlich, daß ein so komplexes Phänomen wie das Geheimnis der Getreidekreise durch eine einzige Erklärung aufgedeckt werden kann. Vielleicht waren nicht alle Kreise gefälscht. Was hat es beispielsweise mit den Berichten über Formationen aus der Zeit vor Doug und Dave auf sich? Eventuell waren auch die meteorologischen Erklärungsversuche nicht vollkommen abwegig.

Außerdem wurden Doug und Dave von den australischen »Untertassennestern« inspiriert, deren Ursprung nach wie vor ungeklärt ist. Es gibt sogar Berichte von Augenzeugen, die beobachtet haben wollen, wie einfache Kreise durch Wirbelwinde oder seltsame elektromagnetische Effekte entstanden. Manche Menschen haben angeblich auch Plasmawirbel in Aktion beobachtet. Eine Fotosequenz aus dem August 1976 zeigt einen Wirbelwind, der sich über einem soeben abgeernteten Weizenfeld austobt. Vielleicht verbirgt sich hinter all dem Schwindel doch ein zwar seltenes, aber »echtes« Phänomen.

Glaube und Täuschung

Das Phänomen der Getreidekreise ist ein modernes Beispiel für eine uralte Disziplin. Fälschungen gibt es schon so lange wie seltsame Phänomene. Wahrscheinlich waren die Motive heute wie damals die gleichen: Lust am Unfug, Geldgier oder ein übersteigertes Streben nach Anerkennung. In den stark religiös geprägten Gesellschaften der Vergangenheit gab es auch noch einen anderen Grund für Täuschungsmanöver: Weitere Gläubige sollten gewonnen und andere in ihrer Überzeugung bestärkt werden.

Vermutlich können wir davon ausgehen, daß in der Vergangenheit der größte Teil solcher Betrügereien religiös motiviert war. Die Menschen, die dahinterstanden, scheinen ihre Taten für gerechtfertigt gehalten zu haben. Beispiele dafür können über Jahrtausende zurückverfolgt werden. So fungierte in den Tagen der römischen Republik im italienischen Baiae ein Tunnelkomplex, der unter einem alten Tempel angelegt und »Orakel der Toten« getauft worden war, als Pforte zum Hades. Der 200 Meter lange Tunnel führte zu einem etwa 140 Meter unter der Erdoberfläche gelegenen Ort, an dem zwei heiße vulkanische Quellen mit ihren dampfenden Wassern einen Kanal speisten, den man als Styx ausgegeben hatte. Bis das Orakel kurz vor Christi Geburt unter der Regentschaft von Marcus Agrippa verboten wurde, scheinen die Priester, die es bewachten, nicht schlecht daran verdient zu haben. Sie führten Neugierige herum und nahmen Kontakt mit den Toten für sie auf. Möglicherweise wurden den Besuchern auch halluzinogene Drogen verabreicht, bevor man sie in das unterirdische Reich führte. In den von Fackeln erleuchteten Gängen, in denen schwarz gewandete Gestalten geheimnisvolle Zeremonien durchführten, müssen sie sich dann tatsächlich wie in der Hölle gefühlt haben.

Als das Christentum im 4. Jahrhundert unserer Zeitrechnung im Römischen Reich zur Staatsreligion wurde, entwikkelte sich schnell ein blühender Handel mit christlichen Reliquien. Die erste Kundin für diese Artikel war Helena, die Mutter von Kaiser Konstantin dem Großen. Der Imperator hatte sich zum Christentum bekehrt, nachdem er im Oktober 312, kurz vor seinem entscheidenden Sieg über den Rivalen Maxentius an der Milvischen Brücke, ein feuriges Kreuz am Himmel über seinem Heer erblickt hatte. Im Jahre 327 unternahm die damals 72jährige Helena eine Pilgerfahrt nach Jerusalem, um sich an verschiedene heilige Stätten zu begeben, so auch an den Ort, an dem man das Kreuz Christi vermutete. Auf ihren Wunsch hin wurde danach gesucht. Man fand nach kurzer Zeit drei hölzerne Kreuze in einer Zisterne unter einem alten Tempel. Der Legende nach unterschied die Kaiserin das Kreuz des Herrn von den beiden der neben ihm gekreuzigten Diebe dadurch, daß sie eine todkranke Frau nacheinander auf alle drei Kreuze legen ließ. Als die Alte das Kreuz Christi berührte, genas sie augenblicklich. Die Reliquie wurde zusammen mit Helenas anderen Erwerbungen nach Konstantinopel gebracht. Unter anderem hatte sie auch die Nägel, mit denen Christus gekreuzigt worden war, und eine erstaunlich gut erhaltene Dornenkrone erstanden. In den folgenden 1 000 Jahren soll Konstantinopel während vieler Belagerungen von diesen Reliquien beschützt worden sein. Heute, fast 1 700 Jahre später, glaubt fast niemand mehr an die Echtheit der Funde, die vermutlich produziert wurden, um die Ungeduld der mächtigen Herrscherin zu besänftigen.

In jüngerer Zeit sind auch andere sogenannte Wunder der christlichen Überlieferung ins Zwielicht geraten. Wenige Jahre nach der Veröffentlichung seiner Theorie über die Verflüssigung des Blutes des heiligen Januarius äußerte sich Luigi Garlaschelli ebenso kompetent zu einem ähnlichen, aber weiter verbreiteten Phänomen: weinende, schwitzende und blutende Heiligenstatuen. Die meisten von ihnen stammen aus christlichen Ländern, zum Beispiel die zahlreichen wundertätigen Marienstatuen, aber auch aus anderen Teilen der Welt sind Fälle bekannt. Der römische Historiker Livius berichtete einst, daß eine Apollostatue drei Tage und Nächte lang ohne Unterlaß geweint habe, und in Chengannur in der indischen Provinz Kerala menstruiert angeblich ein- bis zweimal jährlich eine eiserne Skulptur der Hindugöttin Bhagawati. (Trefflicherweise steht die Statue in einem Schrein auf einem heiligen Felsen, der ehemals auf wunderbare Weise die Gestalt des Penis des Gottes Shiva angenommen haben soll.) Ein solches Phänomen findet sich nicht nur bei Statuen. Im Libanon existiert ein Heiligengrab, aus dem der Überlieferung nach einmal Blut sickerte. Mindestens eine Wunderheilung wird dieser Stätte zugeschrieben.

Garlaschelli begann 1995, sich mit dem Phänomen zu beschäftigen. Damals fingen plötzlich in ganz Italien Statuen zu weinen an. Die erste davon, ein 40 Zentimeter hohes Gipsmodell, das am Marienschrein von Medjugorje in der Herzegowina gekauft worden war und in einem Garten in der Kleinstadt Civitavecchia stand, begann im Februar jenen Jahres, dunkelrote Tränen zu weinen. Tausende von Pilgern strömten herbei, um das Wunder zu bestaunen. Angeblich weinte die Statue bis zu neunmal am Tag, jeweils bis zu fünf Minuten lang. Während ihre Berühmtheit wuchs, trafen aus dem ganzen Land Berichte von einem Dutzend ähnlicher Fälle ein.

In der Vergangenheit ist behauptet worden, die Analyse von Proben blutender Statuen habe ergeben, daß es sich tatsächlich um menschliches Blut handelte. Dagegen lieferte Garlaschelli eine ganz einfache Erklärung, die auf alle Fälle gleichermaßen anwendbar ist. Eine Statue kann je nach Wunsch »Blut«, »Schweiß« oder »Tränen« hervorbringen, ohne daß es verdächtiger Löcher oder mechanischer, elektronischer oder chemischer Apparate bedarf, indem man eine hohle Figur aus porösem Material, zum Beispiel Gips, lasiert und mit der gewünschten Flüssigkeit füllt – rot für Blut oder durchsichtig für Tränen und Schweiß. Die Flüssigkeit wird von dem porösen Material aufgesogen und durch die Lasur daran gehindert auszutreten. Ein Betrüger braucht dann nur noch einen winzigen Kratzer, etwa im Augenwinkel, anzubringen, und schon stellt sich der gewünschte Effekt ein.

Garlaschellis Methode klingt sehr einfach. (Vielleicht wurde das Geheimnis bereits in der Antike entdeckt und weitergegeben, oder man hat es mehrfach »erfunden«.) Ein Schwindel ist dabei sehr schwer nachzuweisen. Wenn die Flüssigkeit in der Statue aufgebraucht ist, hinterläßt sie kaum verdächtige Spuren. Die Theorie erklärt auch, warum nur wenige Statuen ständig oder über einen längeren Zeitraum hinweg regelmäßig Tränen vergießen (obwohl es gelegentlich Bildsäulen gegeben hat, die bis zu acht Jahre lang weinten). Flüssigkeiten, die in regelmäßigen Abständen auftreten wie in Civitavecchia, sickern vermutlich durch Kratzer, die der Betrüger nach Belieben öffnet und wieder verschließt.

Unerwartete Bedeutung erlangte die wissenschaftliche Erklärung für weinende und blutende Statuen, als plötzlich im September 1995 Hunderte von hinduistischen Standbildern Milch zu trinken begannen. Das Phänomen nahm seinen Anfang in Indien, trat jedoch auch in London, Hongkong, New York und Singapur auf. Vor allem Statuen von Ganesh, dem elefantenhäuptigen Sohn Shivas, begannen in jenen Tagen flüssige Opfergaben zu sich zu nehmen. Das Phänomen hielt bis zu drei Tage lang an. Während dieser Zeit versammelten sich Tausende von Hindus in den Tempeln, um das Wunder zu bestaunen und, wenn möglich, ihre Götter zu füttern. Der Gateway-Supermarkt im Londoner Stadtteil Southall verkaufte an einem einzigen Vormittag 14 000 Liter Milch, nachdem das Wunder bekannt geworden war.

Die plausible Erklärung der Skeptiker für diese nahezu unbekannte neue Erscheinung lautete, daß es sich dabei um den sogenannten »Kapillareffekt« handelte, also eine Umkehrung des Phänomens der weinenden und blutenden Statuen. Ein unlasiertes Standbild aus porösem Material kann über das Netzwerk von Poren auf der Gesteinsoberfläche mit atemberaubender Geschwindigkeit Flüssigkeit aufnehmen. Daß auch Götterstatuen aus Messing Milch tranken, komplizierte die Fälle ein wenig, aber Experimente ergaben, daß sich die Flüssigkeit möglicherweise in einer hauchdünnen, nahezu unsichtbaren Schicht an der Oberfläche verteilte. Diese Vermutung bestätigte sich, als man einer Statue in Neu-Delhi rot gefärbte Milch verabreichte. Allerdings war die Flüssigkeitsmenge, die manche Bildsäulen zu sich nahmen, derart groß, daß die Geschehnisse weiterhin rätselhaft blieben. Merkwürdigerweise kamen weder skeptische noch gläubige Forscher auf den Gedanken, die wundertätigen Statuen ein oder zwei Wochen später erneut aufzusuchen, um zu überprüfen, ob es in den Tempeln nach Joghurt roch.

Einen weiteren religiösen Schwindel wollen wir hier noch erwähnen, und sei es nur, weil er so grotesk war. Ende der 80er Jahre trieb ein Seismologenteam irgendwo in Sibirien ein 15 Kilometer tiefes Loch in die Erdoberfläche. In großer Tiefe begann der Bohrer plötzlich schneller zu rotieren, was darauf hindeutete, daß er auf einen Hohlraum gestoßen war. Die aus Sowjets und Norwegern bestehende Gruppe ließ ein Spezialmikrofon hinab, in der Hoffnung, Geräusche von den aneinanderstoßenden Kontinentalplatten aufzuzeichnen. Statt dessen, so hieß es in der fundamentalistischen christlichen Presse, registrierten die Instrumente unerwartet hohe Temperaturen von bis zu 1100 Grad Celsius, und die Mikrofone übermittelten ein unbeschreibliches Stöhnen, als ob Tausende Seelen unerträgliche Qualen litten. Aber es kam noch schlimmer. Als man die Instrumente an die Oberfläche zurückholte, entwich, behauptete ein gewisser Dr. Dmitri Azzazow, »eine Gaswolke, der – wir wollten unseren Augen nicht trauen – ein Ungeheuer folgte. In seinen Augen und an den gefletschten Zähnen erkannten wir, daß es sich um das personifizierte Böse handelte. Dann verschwand es unter wildem Heulen.« Nur eine Erklärung war möglich: Die Seismologen hatten sich direkt in die Hölle vorgebohrt.

Offenbar berichtete als erste die skandinavische Presse im August 1989 über den Vorfall. Bald darauf erschienen Artikel in Zeitschriften wie der *Biblical Archaeology Review* und *These Last Day Ministries*, die als Quelle einen Norweger namens Age Rendalin nannten. Der behauptete, »Sonderberater im norwegischen Justizministerium« zu sein und seine Informationen aus christlichen Radiosendungen in Kalifornien erhalten zu haben. Als er nach Norwegen zurückgekehrt sei, hätten sämtliche Zeitungen über das Ereignis berichtet.

Schließlich ergaben die Nachforschungen, daß Rendalin in Wirklichkeit ein Lehrer aus Oslo war. Er wich nicht von seiner Behauptung ab, das Grundgerüst der Geschichte im amerikanischen Rundfunk gehört zu haben, gab aber zu, viele Details wie zum Beispiel die erstaunliche Enthüllung des Dr. Azzazow erfunden zu haben. Damit habe er testen wollen, wie sorgfältig die christliche Presse ihre Quellen prüfe. Möglicherweise hatte das Gerücht seinen Ursprung in einem kurz zuvor veröffentlichten Bericht über eine Rekordtiefenbohrung in Kola im russischen Lappland. In einer Art Schneeballeffekt könnte es mit immer neuen Spekulationen und Wunschvorstellungen ausgeschmückt worden sein, bis endlich Rendalins Lügengebäude so schwindelerregende Höhen erreichte, daß es in sich zusammenbrachen.

Geschäfte mit den Yaqui

Ein Schwindel wie der zuvor beschriebene ist nicht allzu schwer zu entlarven. Seine Unglaubwürdigkeit bringt Skeptiker auf die richtige Fährte, und weil der Erfinder keinen besonderen Grund hat, die Spuren sorgfältig zu verwischen, wird er schließlich enttarnt. Anderen Betrügern ist es jedoch gelungen, sich selbst zum Zentrum ganzer Glaubenssysteme zu machen und immer neue Jünger zu gewinnen. Teilweise müssen ihre Anhänger ihnen ihren persönlichen Besitz übereignen, was maßgeblich zum Wohlstand einzelner Sektenführer beigetragen und sie dazu motiviert hat, ihr Lügengespinst weiter auszubauen.

Zahlreiche moderne Glaubensgemeinschaften passen in dieses Schema. Es wurde bereits beschrieben, wie der Spiritismus auf der Grundlage der inzwischen aufgedeckten Betrügereien der mit Knochen klappernden Fox-Schwestern entstanden war. Zwei hauptsächlich literarische Schwindelmanöver aus neuerer Zeit, mit der eine gutgläubige Leserschaft getäuscht wurde, sind jedoch weitgehend unbekannt geblieben.

In den 50er Jahren waren die Werke eines Schriftstellers, der sich selbst T. Lobsang Rampa nannte, in Großbritannien nahezu die einzigen Bücher, die sich mit seltsamen Phänomenen beschäftigten. Rampa behauptete, ein buddhistischer Lama aus Tibet zu sein, und veröffentlichte eine Reihe von Bänden, deren erster 1956 unter dem Titel *Das dritte Auge* erschien. Darin beschrieb er seine Erziehung in einem Kloster in Lhasa, wo man ihm operativ sein »drittes Auge« geöffnet habe. Damit habe er Zugang zu verborgenen übersinnlichen Kräften erlangt, die er in der Folge sogar als Pilot im Kampf gegen die japanischen Invasoren eingesetzt habe. Die späteren Bände enthielten noch spektakulärere Berichte. Unter anderem schilderte Rampa, wie er seinen Astralkörper zur Venus projiziert habe und dort auf »zum Himmel aufgefahrene Meister« wie Christus und Buddha getroffen sein.

Rampas Bücher waren so erfolgreich, daß nach ein paar Jahren tibetische Emigranten auf ihn aufmerksam wurden, denen einige Ungereimtheiten in seinen Schilderungen des Lebens in Lhasa aufgefallen waren. Mißtrauisch geworden und einigermaßen verwirrt, heuerten sie einen britischen

Privatdetektiv namens Clifford Burgess an, der den Autor und dessen Kenntnisse der buddhistischen Mystik überprüfen sollte. Burgess' Bericht fiel so vernichtend aus, daß er beinahe komische Züge annahm. »Rampa« war keineswegs ein Lama, sondern der Sohn eines Installateurs aus Plympton in Devon und hieß eigentlich Cyril Hoskins. Er hatte seinen Schädel rasiert, um asiatisch zu wirken, und eifrig das Okkulte studiert. Er war nie auch nur in die Nähe Tibets gekommen, hatte nie in seinem Leben Kampfflugzeuge geflogen, und sein drittes Auge hatte ihm bis dahin auch niemand geöffnet.

Erstaunlicherweise überlebte Hoskins' Ruhm die vernichtenden Enthüllungen. Wie er im umfassendsten seiner autobiographischen Werke (*Die Rampa-Story. Reise einer Seele)* erläuterte, sei er tatsächlich Hoskins, doch nur in einer gewissen Hinsicht. Als Rampa sei er auf der Reise von Tibet nach Großbritannien ums Leben gekommen, so daß sein Geist gezwungen gewesen sei, sich einen westlichen Körper zu suchen. Der Lama und der Installateurssohn hätten sich auf der Astralebene getroffen, wo Hoskins dem Tibeter seinen physischen Körper gegen eine saftige karmische Entschädigung übergab. Körperlose, übersinnliche Chirurgen aus Tibet machten sich ans Werk, und so erbte der heimatlose, im Zölibat lebende Mönch Rampa von Hoskins dessen englisches Aussehen. Obendrein erhielt er sein Haus und zufällig auch seine Frau. Die Klippen in Burgess' Bericht waren damit elegant umschifft, und Rampa/Hoskins machte sich unverdrossen daran, nahezu ein Dutzend weitere Bücher zu verfassen. Dazu zählte auch *Living With the Lama*, das die telepathisch diktierten Memoiren von Rampas Katze enthielt. Zwar waren die späteren Werke nicht ganz so erfolgreich wie *Das dritte Auge*, aber immerhin wurden in den 60er Jahren insgesamt mehr als eine Million Exemplare verkauft.

Im Fall Rampa handelte es sich um einen ziemlich plumpen Betrug. Es gab zahlreiche, offensichtliche Ungereimtheiten in den Erzählungen, und nur die Unwissenheit der Öffentlichkeit in bezug auf Tibet und das Okkulte ermöglichte Hoskins' Erfolg. Carlos Castañeda, in gewissem Sinne Hoskins' geistiger Nachfolger, war um einiges raffinierter, verwendete aber im Grunde die gleiche Methode. In den 70er Jahren war Castañeda mit *Die Lehren des Don Juan* und drei weiteren Büchern über seine Begegnungen mit einem indianischen Medizinmann, der ihn in den mystischen »Weg der Yaqui zur Weisheit« einführte, höchst erfolgreich.

Castañedas Don-Juan-Bücher sind die bestverkauften Werke in der Geschichte der Anthropologie. Die gelungene Mischung aus Philosophie, Abenteuer und übersinnlichen Erscheinungen hat Millionen von Lesern in ihren Bann gezogen. Castañeda zufolge sind der Yaqui-Zauberer und dessen Freund Don Gennaro dazu in der Lage, sich aus eigener Kraft in die Lüfte zu schwingen. Darüber hinaus beherrschen sie die Teleportation und können nicht zuletzt nach Belieben Poltergeister und merkwürdige Visionen heraufbeschwören. Sie sind bestrebt, das Realitätsverständnis des Autors – und damit auch des Lesers – zu revolutionieren, und versuchen es durch die Vision eines sich ständig wandelnden Universums, das nur von den Mächten der Hexerei getragen wird, zu ersetzen.

Diese Philosophie übte eine ungemeine Anziehungskraft auf die Leserschaft der 60er Jahre aus, die von den Idealen jener Zeit geprägt war und für die bewußtseinserweiternde Drogen eine wichtige Rolle spielten. (Don Juan und Castañeda nahmen eine Reihe interessanter Halluzinogene zu sich, um zur Weisheit zu gelangen.) Außerdem besaß Castañeda einen Doktortitel der Universität von Kalifornien, was seinen Büchern zusätzliche Glaubwürdigkeit verlieh. Seine Doktorarbeit basierte angeblich auf Notizen, die er sich während seiner Zeit mit Don Juan in Mexiko gemacht hatte. Die Werke wurde als Klassiker der »erlebnisorientierten« Anthropologie gefeiert und galten als Musterbeispiele für Kollegen, die sich in ihre Versuchspersonen hineinversetzen wollten.

Richard de Mille, Verfasser zweier kritischer Studien über Castañeda, wies detailliert nach, daß es keine Anhaltspunkte für die Existenz des kichernden Don Juan und dessen Freundes Don Gennaro gibt. (Der Gossenhumor der beiden trieb einen Autor dazu, sie als »Laurel und Hardy des Schamanentums« zu bezeichnen.) Ebenso unwahrscheinlich ist, daß der Autor jemals Feldforschung bei den Yaqui-Indianern betrieben hat. Zwar sind Castañedas Bücher in sich wesentlich logischer als die meisten Schwindel der Literaturgeschichte, aber es finden sich ein oder zwei schwerwiegende Fehler darin, die den Schluß nahelegen, daß es sich um Produkte seiner Phantasie handelt. Die fesselnde Philosophie hinter den Abenteuergeschichten und den übernatürlichen Phänomenen scheint aus den Bibliotheken der Universität von Kalifornien in Los Angeles zu stammen. Als Castañeda seine Doktorarbeit verfaßte, verließ er sich offenbar zu Recht darauf, daß die Professoren, die ihn prüften, selbst nicht alle relevanten Werke kannten.

De Milles Demontage Castañedas machte auch vor dessen persönlicher Autobiographie nicht halt – sie erwies sich als genauso falsch wie die von Cyril Hoskins. Dennoch sind sich Kritiker und Fans Castañedas darin einig, daß seine Bücher wichtige Aussagen enthalten. Verschiedene Anthropologen haben sich sogar dahingehend geäußert, daß es im Grunde genommen unwichtig sei, ob es sich um Tatsachenberichte oder Erfindungen handle, solange sie uns bedeutende Wahrheiten lehrten. Nur wenige Schwindler können dies für sich in Anspruch nehmen.

Betrugsmanöver, bei denen neue Erfahrungswelten erschlossen und ganze Philosophien entwickelt werden, bilden natürlich eher die Ausnahme. In der Regel setzt man Schwindelmanöver ein, um eine bereits existierende Lehre zu untermauern.

Skeptiker könnten behaupten, daß die gesamte Geschichte des Spiritismus und der Erforschung des Übersinnlichen die Chronik solcher Betrügereien sei. Das mag übertrieben klingen, aber vom Tischerücken bis hin zum Ektoplasma ist keiner der spektakulären physikalischen Effekte, die unser Verständnis von einer Séance geprägt haben, unumstritten. Viele der berühmtesten Medien sind zumindest einmal während ihrer Laufbahn dabei erwischt worden, wie sie ein gewünschtes Phänomen selbst produzierten.

Einer der rätselhaftesten Fälle ist der von Eusapia Palladino, einer einfachen Italienerin aus Bari, mit der die Geschichte der neuen Medien ihren Anfang nahm. Weil ihre Mutter während ihrer Geburt gestorben war und ihr Vater von Räubern getötet wurde, war sie früh eine Vollwaise. Daher machte sie sich 1866 auf den Weg nach Neapel, um dort als Kindermädchen zu arbeiten. Angeblich entdeckte die parapsychologische Gemeinschaft sie auf merkwürdige, aber sehr treffende Weise. Damiani, der bekannte italienische Erforscher des Übersinnlichen, nahm in London an einer Séance teil, in deren Verlauf sich ein Geist namens »John King« manifestierte. King erwähnte ein mächtiges Medium in Italien, das seine wiedergeborene Tochter sei, und gab Straße und Nummer des Hauses an, in dem Eusapia Palladino arbeitete.

Nach ihrer Entdeckung durch Damiani überraschte Eusapia Italien mit einer Reihe von Séancen, bei denen sich Objekte ohne menschliche Einwirkung bewegten oder gar zu schweben begannen, Musikinstrumente von selbst spielten und sich Gestalten aus dem Nichts materialisierten. Sie besaß auch die seltene Gabe, ihren Körper zu verlängern, so daß sie zeitweise zehn Zentimeter größer zu sein schien als sonst. Diese Wundertaten erregten natürlich die Aufmerksamkeit der zeitgenössischen Erforscher des Übersinnlichen. Das Medium wurde zu Séancen in London, Paris und New York eingeladen, die meistens, wie allgemein üblich, im Dunkeln stattfanden, aber manchmal war die Beleuchtung relativ gut. Eusapia Palladino ließ sich bei den Sitzungen häufig an ihren Stuhl fesseln. Zusätzlich hielten Forscher ihre Hände fest, um jede Möglichkeit des Betrugs auszuschließen. Was sich vor den Augen der berühmten und hochqualifizierten Sitzungsteilnehmer abspielte, beeindruckte diese zutiefst. Ein gewisser Ercole Chiaia schrieb:

> »Diese Frau steigt in die Luft empor, egal, womit man sie festbindet. Sie scheint auf der Luft zu liegen, wie auf einer Couch. Sie spielt auf [...] Orgeln, Glocken und Tamburinen, als berühre sie diese mit ihren Händen oder lasse unsichtbare Zwerge für sich wirken. Stellt man in einer Ecke des Raumes einen Behälter mit weichem Ton auf, so finden sich dort nach einigen Augenblicken Spuren von Händen verschiedener Größe oder gar von einem Gesicht, von denen man Gipsabdrücke nehmen kann.«

So überzeugend Palladinos Effekte auch wirkten, im Grunde unterschieden sie sich nicht von den Tricks, die Zauberkünstler mit Hilfe von Fäden und der Unterstützung von Komplizen bewerkstelligen. Tatsächlich wurde sie mehrfach bei Betrügereien ertappt. Während einer Serie von Séancen in Cambridge im Sommer 1895, an denen der bekannte Zauberkünstler J.N. Maskelyne teilnahm, wurde das Medium einmal dabei erwischt, wie es einen Tisch mit dem Fuß anhob und mit einer freien Hand einen Schwebeeffekt produzierte. In den Vereinigten Staaten wurde sie später bei ähnlichen Manipulationen ertappt.

Palladinos Betrügereien spalteten die Erforscher des Übersinnlichen in zwei Lager. Skeptiker waren der Meinung, daß ein Medium, das einmal bei einem Betrug erwischt worden sei, als grundsätzlich unglaubwürdig zu gelten habe. Dagegen erklärten Palladinos Anhänger, zu denen sogar einige der Spezialisten zählten, die sie bei ihren Manipulationen erwischt hatten, daß die Qualität ihrer Séancen von Tag zu Tag und von Ort zu Ort geschwankt habe. Manchmal seien die beobachteten Vorgänge tatsächlich unerklärlich gewesen. Man argumentierte, daß sie dann auf faulen Zauber zurückgreife, wenn sich ihre Energien auf einem Tiefstand befänden oder die Umstände generell ungünstig seien, um die Teilnehmer an ihren Sitzungen nicht zu enttäuschen.

Der Fall Eusapia Palladino verdeutlicht, daß nahezu jedes komplexe Phänomen authentische Elemente enthalten kann, während andererseits gewichtige Argumente dafür sprechen, daß es sich um Betrug handelt. Nach so vielen Jahren ist nicht mehr festzustellen, ob die Spezialisten für Übersinnliches, von denen zumindest einige anfangs sehr skeptisch gewesen waren, getäuscht wurden oder nicht. Jedenfalls kamen sie bei ihrer Überprüfung des Mediums zu dem Ergebnis, daß sie zumindest phasenweise tatsächlich übersinnliche Erscheinungen beobachtet hätten. Was der einzelne nun glauben will, ist Ansichtssache. Auf jeden Fall sollte jedes Medium, das einmal bei einem Täuschungsmanöver ertappt wurde, in Zukunft genau beobachtet werden. Im Zweifelsfall ist es hier ratsam, sich nicht für den Angeklagten zu entscheiden.

Vergessen wir nicht, daß andere Medien ähnlich beeindruckende Séancen wie Eusapia Palladino abgehalten haben.

Eines von ihnen, der Brasilianer Carlos Mirabelli, wurde ebenfalls mindestens einmal bei einem betrügerischen Trick erwischt. Angeblich konnte Mirabelli automatische Schrift in 28 Sprachen produzieren, in Trance 26 Sprachen sprechen, feste Gegenstände sich materialisieren und dematerialisieren lassen, die Geister von Toten herbeizitieren und Billard spielen, ohne dabei seine Hände zu benutzen. Berühmt ist ein Foto aus dem Jahre 1934, auf dem er in seinem Haus in der Nähe von São Paulo mit ausgestreckten Händen senkrecht in der Luft zu schweben scheint. Aber eine Untersuchung des bestens erhaltenen Abzugs ergab, daß er direkt unterhalb des Mediums retuschiert worden war. Man kam zu dem Schluß, daß Mirabelli zum Zeitpunkt der Aufnahme keineswegs schwebte, sondern auf einer Trittleiter stand. Nach seinem Tod hat sein Ruf stark gelitten, und inzwischen werden nahezu alle seine Wundertaten in Frage gestellt. Medien, die physikalische Effekte produzieren, sind mittlerweile fast völlig aus der Mode gekommen. Eines der letzten dieser Art lebte in Großbritannien und hatte sich auf die Materialisierung von Rosen spezialisiert. Leider fand man im Batteriefach seines Kassettenrecorders Blumen versteckt – ein weiteres Indiz dafür, daß es auf diesem Gebiet von Schwindlern nur so wimmelte.

Die entführte Kuh

Der Spiritismus ist nicht das einzige Phänomen, dessen Grundpfeiler in einem Morast von Betrügereien stehen. Als Ufologen in den 60er Jahren dieses Jahrhunderts die Welle von Luftschiffsichtungen aus dem Amerika der Jahre 1896/97 wiederentdeckten, glaubten sie, endlich auf den Beweis dafür gestoßen zu sein, daß man schon vor 1947 fliegende Untertassen gesichtet hatte. Heute wird allgemein davon ausgegangen, daß es sich bei den damaligen Fällen um Fehlinterpretationen oder Fälschungen handelt.

Viele der gesichteten »Lichter am Himmel« waren mit großer Wahrscheinlichkeit die Venus. Eine intensive Untersuchung, bei der unter anderem die Archive von etwa 1 500 Lokalzeitungen durchstöbert wurden, lieferte zudem Hinweise darauf, daß die berühmtesten und spektakulärsten der damaligen Fälle schlicht und einfach erfunden waren.

Zwei der dramatischsten Begegnungen haben die Ufologie über Jahre hinweg beeinflußt, weil sie in Dutzenden von Büchern als Tatsachenberichte gehandelt wurden. Ein Blatt namens *Farmer's Advocate* veröffentlichte zu jener Zeit einen Leserbrief, dem zufolge am 19. April 1897 in Kansas über der Farm des Ranchers Alexander Hamilton ein merkwürdiges Luftschiff auftauchte. Ein Seil wurde herabgelassen, an dem eine seiner preisgekrönten Färsen hinaufgezogen wurde. (Am nächsten Tag fand ein Nachbar Haut, Beine und Kopf des unglücklichen Tieres auf weichem Boden liegend vor, ohne daß in der Umgebung Fußspuren zu erkennen waren.) Die erstaunliche Geschichte, die Parallelen zu der im 20. Jahrhundert aufgekommenen Hysterie im Zusammenhang mit Entführungen durch Ausserirdische und Viehverstümmelungen aufweist, erregte großes Interesse. Keiner der zahlreichen Redakteure, die sie brachten, machte sich die Mühe, sie zu überprüfen, bis sich Mitte der 70er Jahre Jerome Clark mit einigen älteren Einheimischen in Verbindung setzte. Es stellte sich heraus, daß Hamilton die Geschichte für den örtlichen »Lügenclub« erfunden hatte, dessen Mitglieder darin wetteiferten, wer das unwahrscheinlichste Märchen erzählen konnte. Der Farmer hatte sogar ein schriftliches Geständnis an ein anderes obskures Lokalblatt, die *Atchison County Mail*, geschickt, das dort verstaubt war, bis es 1982 wiederentdeckt wurde. Das war ein harter Schlag für viele Ufologen, die den unterzeichneten, eidesstattlichen Erklärungen von Zeugen vertraut und sich auf zeitgenössische Presseberichte verlassen hatten. In letzteren hatte es geheißen, daß Hamilton ein aufrichtiger Mensch von hoher persönlicher Integrität sei.

Am Tag jener angeblichen Begegnung mit Außerirdischen druckte eine andere Zeitung, die *Dallas Morning News,* eine noch spektakulärere Geschichte, in der bereits eines der großen Themen der Ufologie des ausgehenden 20. Jahrhunderts auftauchte. Es ging um den Absturz eines Luftschiffes in der Nähe der Siedlung Aurora in Texas. Das Gefährt war offenbar in Not geraten und in geringer Höhe über die Stadt hinweggeflogen, bevor es gegen die Windmühle eines gewissen Judge Proctor stieß und explodierte. Dabei wurde es in viele kleine Stücke zerrissen. Angeblich barg man die Leiche des Piloten, eines kleinen Wesens, das die Einheimischen für einen Marsmenschen hielten, und begrub sie auf dem Friedhof des Ortes. Die Wiederentdeckung der Geschichte in den 60er Jahren veranlaßte einige Ufologen dazu, sich mit Spaten bewaffnet nach Aurora aufzumachen. Sie waren fest entschlossen, den örtlichen Behörden die Genehmigung zu einer Exhumierung abzuringen. Zu ihrer Enttäuschung mußten sie feststellen, daß sie einem Schwindel aufgesessen waren. Der Schuldige war ein Telegrafist namens S.E. Haydon, der die Geschichte während einer langweiligen Schicht erfunden hatte, um sich die Zeit zu vertreiben. Außerdem hatte er gehofft, auf diese Weise Besucher in die Stadt zu locken, deren Niedergang unaufhaltsam schien, nachdem der Ort beim Bau der Eisenbahn übergangen worden war. Wie die Kuhentführung von Kansas, war auch die Absturzgeschichte von Aurora durch in der Lokalpresse abgedruckte, gefälschte Zeugenaussagen gestützt worden.

Aus diesen Vorgängen ersehen wir, wie unzuverlässig die amerikanische Presse im 19. Jahrhundert zum Teil war. Den

Journalisten standen nur äußerst beschränkte Mittel zur Verfügung, aber die Seiten mußten gefüllt werden. Um Objektivität und Wahrheitsgehalt, auf die heute soviel Wert gelegt wird, kümmerte sich kaum jemand. Bei näherem Hinsehen zeigt sich, daß die Zeitungen des ausgehenden 19. Jahrhunderts voller erfundener Geschichten und Lügenmärchen waren.

Das gilt keineswegs nur für die Vereinigten Staaten. Am 9. Februar 1856 druckte die angesehene britische *Illustrated London News* einen spektakulären Bericht über einen lebenden Pterodactylus von der Größe einer Gans, der angebliche beim Bau eines Eisenbahntunnels in Frankreich entdeckt worden war. Bei dem Bericht handelte es sich um eine freie Erfindung, wie die gebildeteren Leser an dem lateinischen Namen des Tieres, der mit *Pterodactylus anas* angegeben war, erkennen konnten. (*Anas* heißt »Ente«.) Es gibt keinen erkennbaren Grund, warum diese Quellen bei ihrer Berichterstattung über Seeschlangen und wilde Affenmenschen mit der Wahrheit weniger skrupellos umgegangen sein sollten.

Auch die Geschichte der Ufologie im 20. Jahrhundert steckt voller Schwindeleien und Lügenmärchen. Am komplexesten dürfte die Ummo-Affäre in Spanien gewesen sein. Sie begann damit, daß am 6. Februar 1966 in dem Madrider Vorort Aluche eine fliegende Untertasse gesichtet wurde. Der Hauptzeuge, ein gewisser Jordan Peña, beschrieb ein riesiges, rundes Objekt mit drei Beinen, das an der Unterseite ein merkwürdiges Symbol aufgewiesen habe: drei senkrechte Linien, durch die ein horizontaler Streifen verlief. Die beiden äußeren Striche waren an den Enden nach außen gebogen, wodurch das Piktogramm eine gewisse Ähnlichkeit mit dem alchimistischen Zeichen für den Planeten Uranus erlangte. Die Aufregung, die Peñas Bericht auslöste, wurde dadurch verstärkt, daß dem Autor eines spanischen UFO-Buches ein Paket mit Fotos zuging, auf denen die Unterseite einer Untertasse mit dem gleichen seltsamen Symbol abgebildet war. Kurz darauf erhielt Fernando Sesma, ein führender Anhänger der Außerirdischentheorie in Spanien, lange maschinengeschriebene Dokumente, die angeblich von den »Ummiten«, einer den Weltraum bereisenden Rasse, stammten. Die Besucher erklärten, daß sie vom 14,6 Lichtjahre entfernten Planeten Ummo kämen. In ihren Briefen äußerten sie sich zu einer Vielzahl von technologischen, philosophischen und politischen Themen (bei letzteren vertraten sie eine eindeutig linksgerichtete Position). Während der folgenden zwölf Monate verschickten die Ummiten zirka 150 Briefe mit insgesamt 1 000 Seiten, die zahlreiche Informationen, Daten und allgemeinen Weltraumklatsch enthielten. Jede Seite der Briefe trug einen Stempel, der das Symbol zeigte, welches Peña auf der Untertasse von Aluche gesehen hatte.

Nur wenige Ufologen außerhalb Spaniens nahmen die Geschichte ernst, weil das Fotomaterial äußerst fragwürdig war. Zudem waren die Briefe zwar wesentlich ausführlicher als bisher bekannte Mitteilungen von Außerirdischen, aber nichts deutete darauf hin, daß sie wirklich extraterrestrischen Ursprungs sein könnten. Beeindruckend war der Aufwand, den die Fälscher trieben, und bis heute ist ungeklärt, wer hinter dem Schwindel steckte. (Abwechselnd wurde behauptet, daß es sich um einen Streich gehandelt habe, um das Werk eines ausländischen Geheimdienstes oder um den Versuch einer sozialistischen Gruppierung zur Verbreitung von Materialien, die unter der Franco-Diktatur verboten gewesen waren.) Wie im Fall des Pinguins von Clearwater gab sich jemand große Mühe, ohne daß so recht zu ergründen ist, was er damit bezweckte.

Ein ähnlicher Fall aus dem Amerika der 50er Jahre erlangte größere Bekanntheit. Ein amerikanischer Ufologe namens Morris Jessup erhielt zwei ausschweifende Briefe, die einmal mit »Carl Allen« und einmal mit »Carlos Allende« unterzeichnet waren, obwohl sie offensichtlich von derselben Person stammten. Darin hieß es, daß die US-Marine 1943 eine Reihe rätselhafter Experimente durchgeführt habe, um ein ganzes Kriegsschiff unsichtbar zu machen. Der geheimnisvolle Briefschreiber behauptete, die Tests seien erfolgreich verlaufen. Man habe um die *USS Eldridge* ein so starkes Kraftfeld aufgebaut, daß nicht nur das Schiff unsichtbar, sondern auch die Hälfte der Besatzung wahnsinnig geworden sei. Einige der Matrosen hätten sogar plötzlich ohne erkennbaren Grund in Flammen gestanden. Bei einem anderen Experiment sei die *Eldridge* von ihrem Stützpunkt aus in die Werft von Norfolk (Virginia) teleportiert worden. Weil die Versuche angeblich in der Werft von Philadelphia stattfanden, ging der Fall als das *Philadelphia-Experiment* in die Geschichte ein.

Wenige Monate später erhielt das *Office of Naval Research* (Büro für Marineforschung) per Post ein Exemplar von Jessups Buch *The Case for the UFO*. Es war offensichtlich von drei Zigeunern namens »Mr. A.«, »Mr. B.« und »Jemi« mit Anmerkungen versehen worden, die von erstaunlichem Insiderwissen über UFOs zeugten. Bei einem der Schreiber, »Mr. A«, handelte es sich offenbar um Carlos Allende. Einige Offiziere fanden die Anmerkungen anscheinend so interessant, daß sie eine kleine Auflage des Buches drucken ließen. Daraus folgerten manche Ufologen, daß Allendes bizarre Behauptungen möglicherweise nicht vollkommen abwegig waren.

Wie der Forscher Robert Goerman im Sommer 1979 zufällig herausfand, war der Briefschreiber weder Zigeuner noch Spanier und ganz gewiß kein Außerirdischer, wie ein bis zwei Verfasser von UFO-Büchern später vermutet hatten. In Wahrheit hieß er Carl Allen und stammte aus New

Kensington in Pennsylvania. Der intelligente Aussteiger hatte das *Philadelphia-Experiment* schlichtweg erfunden. Die Briefe an Jessup und die verschiedenen Anmerkungen in *The Case for the UFO* stammten alle von ihm selbst. Einige der erstaunlichen Hintergrundinformationen basierten auf seinen Erfahrungen im Zweiten Weltkrieg. Zufällig hatte er auf einem Handelsschiff gedient, das in der Werft von Philadelphia neben der *USS Eldridge* gelegen hatte.

Das Merkwürdigste an der Allen/Allende-Fälschung ist nicht die Idee, daß die US-Marine bereits 1943 über eine Technologie verfügt haben soll, die spätere Milliardeninvestitionen der amerikanischen Regierung überflüssig gemacht hätte, sondern die Tatsache, daß zahlreiche Werke über das *Philadelphia-Experiment* geschrieben wurden, ohne die zugrundeliegenden Fakten auch nur einmal in Frage zu stellen. So hieß es immer, Allende sei ein scheuer, rätselhafter Mensch, der ständig die Adressen wechsle und daher nicht aufgespürt werden könne. Als Beweis führte man an, daß eine der vielen Absenderadressen, die er in seinen Briefen angab, die eines verlassenen Farmhauses in New Kensington gewesen sei. Wie Goerman herausfand, war das Farmhaus durchaus bewohnt – und zwar von Carl Allens Familie. Hätte sich jemand die Mühe gemacht, dorthin zu fahren oder auch nur an diese Adresse zu schreiben, wäre der »geheimnisvolle Carlos Allende« innerhalb kürzester Zeit aufgeflogen. Aber niemand kam auf diese Idee.

Fairerweise muß man anmerken, daß Ufologen auch durchaus beeindruckende Forschungsarbeit geleistet haben. Beispielsweise wurden keine Mühen gescheut, um die Authentizität der berühmten *Majestic-12*-Affäre nachzuweisen oder zu widerlegen. Nicht ohne Grund, denn MJ-12, so die These, war und ist ein für UFOs zuständiges Geheimorgan der US-Regierung. Es soll im September 1947 von Präsident Truman ins Leben gerufen worden sein. Die zwölf Mitglieder (zu denen ursprünglich auch Trumans Verteidigungsminister James Forrestal gehörte), erhielten angeblich Zugang zu allen der Regierung zur Verfügung stehenden Informationen über fliegende Untertassen. Dazu soll unter anderem die revolutionäre Enthüllung gezählt haben, daß bei Roswell in der Wüste von New Mexico tatsächlich ein UFO und seine vier außerirdischen Piloten geborgen und der Vorfall mit der Erklärung vertuscht worden war, es habe sich um einen Wetterballon gehandelt.

Die Existenz von MJ-12 und die Reichweite der geheimen Informationen, zu der dieser Kreis Zugang hatte, wurden der UFO-Gemeinde erst im Dezember 1984 bekannt. Jaime Shandera, der zusammen mit William Moore zwei Jahre lang die Geheimhaltungsstory von Roswell untersuchte, erhielt damals per Post ein Paket ohne Absender, in dem Fotografien von zwei *Majestic-12* -Berichten über UFO-Abstürze enthalten waren. Einige Jahre später gingen dem britischen Ufologen Timothy Good Kopien der gleichen Dokumente zu. Keiner der drei Forscher hat jemals Auskunft darüber gegeben, wo das Paket abgeschickt wurde. Auch die Originalfilmnegative wurden der Öffentlichkeit nicht zugänglich gemacht. Es ist also nicht festzustellen, ob die bemerkenswerten Papiere echt waren.

Man hat mehrfach versucht zu beweisen, daß es sich bei den MJ-12-Unterlagen um Fälschungen handelte. Skeptiker wiesen darauf hin, daß die Terminologie und die spezifische Angabe von Daten in den beiden Dokumenten sehr ungewöhnlich seien. Aber die bei weitem vernichtendste Enthüllung stammte von dem ewigen Zweifler Philip Klass, der feststellte, daß die Unterschrift von Präsident Truman unter einem der Berichte mit seiner Signatur unter einem offiziellen Memo absolut identisch zu sein scheint, das sich im Nationalarchiv befindet und für jedermann zugänglich ist.

Diese Entdeckung und die ungeklärte Herkunft der MJ-12-Dokumente lassen die ganze Angelegenheit überaus fragwürdig erscheinen, auch wenn der Urheber der vermeintlichen Fälschungen bis jetzt nicht bekannt ist. William Moore ist bewußt, daß viele Ufologen ihn verdächtigen, die Dokumente, die sein Partner erhielt, gefälscht zu haben, aber er streitet jede Beteiligung ab.

Die dunkle Seite

Welche Rolle Moore in der MJ-12-Affäre auch gespielt haben mag, sicher ist, daß er an einem der spektakulärsten Täuschungsmanöver in der Geschichte der Ufologie beteiligt war. Es wurde offenbar von der US-Regierung inszeniert, um Verwirrung unter den Angehörigen der UFO-Gemeinde zu stiften.

Ende der 70er Jahre untersuchte Paul Bennewitz, ein UFO-Forscher aus New Mexico, die angebliche Entführung einer Mutter und ihres kleinen Sohnes durch Außerirdische. Unter Hypnose erinnerte sich die Frau nicht nur an die Entführung selbst, sondern auch an die Geschehnisse danach. Sie und ihr Sohn wurden zu einer unterirdischen Basis gebracht, erzählte sie Bennewitz, wo in einem großen Bottich menschliche Körperteile in einer Flüssigkeit schwammen. Sie beobachteten die Vivisektion eines geraubten Kalbes – die Panik wegen der Viehverstümmelungen war eben am Abklingen – und wurden selbst ärztlich untersucht. Dabei pflanzte man ihnen kleine Metallimplantate ein. Die Objekte in dem Tank, erinnerte sie sich, »waren so abscheulich, daß mir schlecht wurde und ich Todesangst bekam.«

Bennewitz interessierte sich vor allem für die seltsamen Implantate. Er glaubte, daß die Außerirdischen oder

»ABWs« (»außerbiologische Wesen«), wie er sie nannte, die Entführten überwachten und steuerten. Diese These versuchte er dadurch zu untermauern, daß er die elektromagnetischen Signale aufzeichnete, die seiner Meinung nach an die Implantate gesandt wurden. Bald glaubte er, schwache Funksignale der Außerirdischen empfangen zu haben, und entschlüsselte sie mit Hilfe eines Spezialprogrammes, das er zu Hause auf seinem Computer geschrieben hatte.

Die etablierten UFO-Gruppen nahmen Bennewitz' Theorie wenig ernst, vor allem als er erklärte, seine Übersetzung der codierten ABW-Botschaften habe ergeben, daß die Außerirdischen nicht nur Vieh verstümmelten, sondern auch Menschen töteten, sezierten und sogar verspeisten. Bennewitz zufolge verlängerten sie durch menschliches Blut und Organe ihr eigenes Leben. Außerdem kombinierten sie Körperteile von Menschen und Rindern zu unheimlichen Mischwesen, die nach und nach die Menschheit ersetzen und sie zu einer Rasse von viehischen Sklaven degradieren sollten.

Noch dramatischer klang die Behauptung der Bennewitz-Fraktion, daß die US-Regierung über diese Vorgänge Bescheid wisse und sogar ein geheimes Abkommen mit den ABWs geschlossen habe, das diesen gestatte, unterirdische Basen zu unterhalten, Vieh zu verstümmeln und Menschen zu entführen. Der Regierung mußte dazu zuerst eine Liste potentieller Entführungsopfer vorgelegt werden. Im Gegenzug stellten die ABWs Technologie und Waffen zur Verfügung. Aber die Außerirdischen hielten sich nicht an die Vereinbarung, und die amerikanische Regierung mußte ohnmächtig zusehen, wie ihre Bürger verschleppt und Tiere verstümmelt wurden.

Bennewitz' Materialien stammten zum größten Teil von Sergeant Richard Doty, einem Angehörigen des *Air Force Office for Special Investigations* (Büro der Luftwaffe für besondere Ermittlungen), kurz AFOSI. Doty wurde rasch zu einer unverzichtbaren Quelle für angeblich streng geheime Dokumente der US-Regierung über das Geheimnis der UFOs. Unter anderen gab er auch das Papier weiter, in dem die *Majestic-12* -Gruppe zum ersten Mal erwähnt wurde. Besonders privilegierte Ufologen, darunter William Moore, erfuhren, daß Doty einem Geheimbund angehörte, der sich selbst »Das Vogelhaus« nannte und aus Eingeweihten bestand, die die Vertuschungstaktik der US-Regierung verurteilten. Die Mitglieder des Bundes gaben sich selbst zum Gruppennamen passende Codenamen (Doty war offenbar als »Falke« bekannt). Sie behaupteten, über spektakuläre Beweise für die Vertuschung zu verfügen. So versprach Doty beispielsweise einer Fernsehproduzentin namens Linda Moulton Howe geheimes Filmmaterial über UFO-Abstürze und Treffen zwischen Menschen und Außerirdischen. Sogar ein Interview mit einem »ABW-3« genannten Ufonauten wollte er arrangieren.

Es überrascht nicht, daß die Aufnahmen niemals geliefert wurden. Howes Vertrag, demzufolge sie für den Kabelsender HBO einen Dokumentarfilm über UFOs drehen sollte, wurde nicht verlängert. 1988 arrangierte Moore dann einen Auftritt des »Falken« zusammen mit einem anderen Mitglied des Vogelhauses mit dem Codenamen »Kondor« in einer Sendung mit dem Titel »UFO Cover Up? ... Live!« (dt.: »UFO-Vertuschung? ... Live!«). Gesichter und Stimmen der beiden Männer wurden unkenntlich gemacht, während sie ihre ungewöhnlichen Kenntnisse über ABWs zum besten gaben. Angeblich stand eine gewisse Region mit der Bezeichnung *Area 51* unter außerirdischer Kontrolle. Im Gegenzug hielt die US-Regierung mehrere ABWs gefangen, die sich an irdischer Musik erfreuten – speziell an tibetischen Gesängen – und sich mit Erdbeereis vollstopften. Selbstverständlich konnten die lächerlichen Ausführungen Bennewitz' Verschwörungstheorie nicht belegen.

Erst 1989 brachten William Moores Enthüllungen Licht in das Dunkel der Affäre Bennewitz/Doty/Howe. Er flog nach Las Vegas, um dort vor dem Jahreskongreß des *Mutual UFO Network* zu sprechen, weigerte sich aber, den Text seiner Rede vorab zu veröffentlichen. Außerdem erklärte er, daß er auf dem Podium keine Fragen beantworten werde. Diese Vorsichtsmaßnahme war vermutlich überflüssig, weil es vielen der versammelten Ufologen bei seinen Ausführungen sowieso die Sprache verschlug. Moore gab zu, daß er zwischen 1980 und 1984 als unbezahlter Doppelagent für den amerikanischen Geheimdienst gearbeitet und Doty und seine Vorgesetzten mit Informationen über Bennewitz und die private UFO-Gruppe APRO versorgt habe. Gleichzeitig wollte er dem unglücklichen Bennewitz Fehlinformationen untergeschoben haben, die angeblich von AFOSI stammten. Der arme Mann war schließlich unter der Last der düsteren »Enthüllungen« zusammengebrochen und hatte einen Nervenzusammenbruch erlitten. Ziel der Regierungsinitiative war vermutlich die Diskreditierung der Berichte über Entführungen durch Außerirdische gewesen. Trotzdem waren einige Ufologen von der Verschwörungstheorie so fasziniert, daß sie Moores Enthüllungen ebenfalls zu einem Teil der Desinformationskampagne erklärten. Moore entschuldigte seine Zusammenarbeit mit dem AFOSI damit, daß er mehr über die Vertuschung habe erfahren wollen.

Altbekanntes fotografiert

In den eineinhalb Jahrhunderten seit der Erfindung der Fotografie sind Hunderte von Fotos und Filmaufnahmen vorgelegt worden, die angeblich alles Mögliche beweisen. Die Palette reicht von Schnappschüssen von fliegenden Untertassen bis zu Aufnahmen von Göttern. Man sollte den Einfluß dieser Bilder nicht unterschätzen. Zum einen haben sie unsere Vorstellung von Nessie und Bigfoot entscheidend geprägt, zum anderen hält sich hartnäckig die Ansicht, daß sie als Beweismaterial zuverlässiger seien als Augenzeugenberichte.

Auch nach Meinung von Experten sind einige der interessantesten Fotos echt – oder wenigstens nicht offenkundig gefälscht. Die Vorstellung, daß übersinnliche Phänomene durch solche Bilder nachgewiesen werden können, ist jedoch sehr fragwürdig. Für die Herstellung überzeugender Fälschungen reicht heute eine für jedermann erschwingliche Computertechnologie aus, so daß zumindest bei Fotos, die nach Mitte der 80er Jahre entstanden sind, Skepsis angebracht ist. Aber auch davor gab es zahlreiche Möglichkeiten, Bilder zu manipulieren. Im Laufe der Jahre sind so viele der »überzeugendsten« Aufnahmen als Fälschungen entlarvt worden, daß man sich fragen muß, wie es um die anderen bestellt ist.

Für die meisten gefälschten Fotografien wurden entweder Modelle verwendet, oder man griff auf die Doppelbelichtung zurück. Letztere eignet sich besonders für die Darstellung von Geistern und ähnlichen Erscheinungen, während für Monster oder UFOs Modelle zweckmäßiger sind. Selten ist ein Betrüger gezwungen, einen Abzug zu retuschieren oder das Negativ zu manipulieren. Daher ist es keineswegs ein Beweis für die Echtheit eines Fotos, wenn keine Anzeichen einer solchen Nachbearbeitung zu finden sind, obwohl dies gerne behauptet wird.

Bereits 1862 wurden mit Hilfe von Doppelbelichtung »Geisterbilder« hergestellt. Üblicherweise zeigten sie einen Teilnehmer während einer Séance, umgeben von den Geistern der Verstorbenen. Als Pionier auf diesem Gebiet tat sich William Mumler aus Boston hervor. Betrügereien dieser Art waren jedoch bis in die 20er Jahre unseres Jahrhunderts weitverbreitet. Mumlers erste Fotomontage zeigt einen seiner Klienten, einen gewissen Dr. Gardner, neben einer Erscheinung, die dieser zunächst als seinen verstorbenen Vetter identifizierte. Später gestand er, daß es sich um ein lebendes Modell gehandelt habe. Unverdrossen produzierten Mumler und seine Nachahmer weiter ähnliche Aufnahmen, auf denen die »Geister« entweder kaum zu erkennen oder von Kopf bis Fuß in wallende Gewänder gehüllt waren. Einige dieser Gestalten hatten groteske Gesichter, die offenbar aus Pappmaché hergestellt worden waren. Für uns Menschen der heutigen Zeit ist der Betrug meistens so offensichtlich, daß wir uns kaum vorstellen können, wie jemand darauf hereinfiel. Doch viele Spiritisten nahmen die Bilder ernst und fühlten sich bestätigt.

Im 20. Jahrhundert setzte sich die Beliebtheit der Geisterbilder mit den berühmt-berüchtigten Fotos von den »Elfen von Cottingley« fort. Die Aufnahmen waren eine Zumutung für den gesunden Menschenverstand, konnten jedoch nur unter größten Schwierigkeiten als Fälschungen entlarvt werden. Sie wurden 1917 und 1920 von zwei Kusinen, Elsie Griffiths und Francis Wright, in einem Wäldchen bei Cottingley in Yorkshire produziert. Cottingley wird meist als Dorf beschrieben, wodurch die Geschichte den Charme einer ländlichen Szenerie erhält, obwohl es 1917 das größte »Dorf« Englands war. Der in den Außenbezirken der Industriestadt Bradford gelegene Ort besaß sogar ein eigenes Rathaus. Elsie und Francis, damals 16 und zehn Jahre alt, machten die beiden ersten Aufnahmen mit einer Plattenkamera, die sie sich von Vater Wright geliehen hatten. Einige Jahre später fertigten sie drei weitere Fotos an. Wie sie sagten, wollten sie damit Elsies Eltern beweisen, daß sie wirklich Elfen im Tal gesehen hatten.

Eines der beiden Bilder, die im Juli und September 1917 entstanden, zeigt Francis, die eine Gruppe von Elfen bei einem Reigen beobachtet. Auf dem anderen ist Elsie (mit unnatürlich verlängerten Fingern) zu sehen, während sie einen grotesken, tanzenden Gnom betrachtet. Arthur Wright entwickelte die erste Platte noch am selben Nachmittag in einer improvisierten Dunkelkammer, zeigte sich jedoch wenig beeindruckt. Er war sicher, daß die beiden Mädchen »etwas im Schilde führten«. Das zweite Bild, das er ein paar Monate später entwickelte, bestätigte ihn in dieser Überzeugung. Elsies Mutter, eine Theosophin, war sich dessen dagegen nicht so sicher. Sie wollte gern glauben, daß ihre Tochter die Wahrheit sagte, und zeigte die Aufnahmen einigen Freunden im örtlichen Theosophenkreis. Auf diese Weise erfuhr der Präsident der Blavatsky-Gesellschaft in London, Edward Gardner, davon. Er übergab die Bilder Arthur Conan Doyle, dem geistigen Vater von Sherlock Holmes, der ein überzeugter Spiritist war. 1920 stellte dieser den Mädchen Geld zur Verfügung, damit sie sich einen besseren Fotoapparat kaufen konnten. Mit der neuen Kamera nahmen Elsie und Francis drei weitere Bilder auf. Eines davon zeigt eine weibliche Elfe mitten im Sprung direkt vor Francis' Gesicht. Auf dem zweiten schenkt eine Elfe Elsie einen winzigen Blumenstrauß. Das dritte, vergleichsweise unscharfe Foto stellt eine »Elfenlaube«, wie die Mädchen sie nannten, im Gebüsch dar. Gardner meinte, man sehe darauf »sonnenbadende Elfen«.

Die Fotos von Cottingley wurden im Dezember 1920 öffentlich bekannt, als Conan Doyle in der Weihnachtsausgabe des Magazins *Strand* einen Artikel über sie veröffentlichte. Einige Monate später erschien ein weiterer Essay, in dem er die zweite Fotosequenz diskutierte. Die Meinungen gingen weit auseinander. Während in den Augen mancher Leser Doyles Berühmtheit keinen Zweifel an den Fotos zuließ, erklärten andere, daß es sich um einen offensichtlichen Schwindel handle. Unterdessen hatte die Angelegenheit für die Familien Wright und Griffiths in Yorkshire viel zu weite Kreise gezogen, als daß Elsie und Francis ihren Betrug hätten zugeben können.

Denn selbstverständlich waren die Bilder von Cottingley gefälscht, noch dazu mit erstaunlich einfachen Mitteln. Die Mädchen hatten die Elfen aus Papier ausgeschnitten und auf Hutnadeln gespießt. Bei genauerem Hinsehen ist der Kopf einer Nadel zu erkennen, der aus dem Bauch des Gnomen ragt. Auch Conan Doyle war das 1920 aufgefallen. Aber er hatte angenommen, daß es der Bauchnabel des Geschöpfes sei, was für ihn bedeutete, daß Elfen wie Menschen zur Welt kamen. Einige der Figuren hatte die begabte Künstlerin Elsie gemalt, andere hatten die Kusinen aus dem während des Krieges beliebten Buch *The Princess Mary Gift Book* ausgeschnitten und mit Flügeln versehen. (Dadurch erklärte sich auch, warum die Elfen verdächtig moderne Frisuren trugen und ihre Kleidung ganz dem Geschmack des 20. Jahrhunderts entsprach.) Die »Elfenlaube« war eine anscheinend unbeabsichtigte Doppelbelichtung.

Erst 1981 legten Elsie (damals 80 Jahre alt) und Francis ein Geständnis ab. Trotzdem war schon immer offensichtlich gewesen, daß es sich bei den Fotos um Fälschungen handelte. Beispielsweise ist auf dem ersten Bild, das Francis mit den tanzenden Elfen zeigt, der Wasserfall im Hintergrund an der Stelle, an der er in den Cottingley Beck stürzt, unscharf. Anders dagegen die Flügel und Körper der schwebenden Elfen, was darauf hindeutet, daß sie sich zum Zeitpunkt der Aufnahme nicht in Bewegung befanden. Im

Nachhinein wurde auch klar, daß die Bilder keineswegs zufällige Schnappschüsse waren, wie die Mädchen behauptet hatten. Einige waren sogar retuschiert worden.

Die Sage von den Elfen von Cottingley gehört zu den lehrreichsten Fälschungen. Elsies und Francis' relativ einfache Geschichte hielt aus verschiedenen Gründen so lange stand, die auch bei anderen Schwindelaktionen eine Rolle spielten. So mußten sogar Skeptiker zugeben, daß die Mädchen zu jung und unerfahren zu sein schienen, um derartige Bilder herzustellen. Die beiden Aufnahmen von 1917 waren angeblich die ersten Fotografien, die Elsie und Francis je gemacht hatten. Experten der Firma Kodak erklärten, eine Fälschung sei durchaus möglich, doch zwei junge Mädchen aus einem Dorf in Yorkshire besäßen wohl kaum die nötigen Kenntnisse und Mittel dazu. Diese Einschätzung wurde zu einem der wichtigsten Argumente für die Echtheit der Fotos. Hinzu kam, daß Harold Snelling, ein von Gardner konsultierter Spezialist, nach eingehender Überprüfung des Bildes von Francis erklärte: »Die Platte ist nur einmal belichtet worden. Die tanzenden Gestalten sind weder aus Papier noch aus Stoff. Sie sind auch nicht auf den Hintergrund gemalt. Aber am interessantesten erscheint mir, daß sie sich während der Belichtung bewegt haben müssen.« Im nachhinein betrachtet, hat offenbar das Vertrauen in die Meinung dieser Experten verhindert, daß den deutlichen Ungereimtheiten die notwendige Aufmerksamkeit früher geschenkt wurde. Außerdem blieben die »Mädchen« bis zuletzt bei ihrer Geschichte.

Seitdem hat es mehrfach ähnliche Fälle gegeben. Zum Beispiel sorgte in den 70er und 80er Jahren Tony »Doc« Shiels, eine der schillerndsten Gestalten im zeitgenössischen Universum der Monster und Ungeheuer, für Furore. Shiels legte als reisender Zauberer und Entertainer nicht nur seine eigenen Elfenfotos vor, sondern darüber hinaus eine ganze

Serie von Bildern, die angebliche Seeschlangen und Ungeheuer aus verschiedenen Seen zeigten. Seine erstaunlich hohe fotografische Trefferquote erklärte er damit, daß er die Bestien mit Hilfe übernatürlicher Kräfte aus ihren Schlupflöchern locke. Weil er unerschütterlich bei der Behauptung blieb, die Fotos seien echt, wurden sie schließlich sogar in Büchern und Zeitschriften über unerklärliche Phänomene veröffentlicht. 1992 entlarvte Mark Chorvinsky, ein Redakteur des *Strange Magazine,* Shiels' sympathische Betrügereien. Er wies nach, daß einige Aufnahmen vermutlich Modelle aus Knetmasse auf Glas zeigten. Chorvinsky berief sich auf die vom »Doc« verfaßten Bücher, in denen dieser Fälschungen verteidigt und entsprechende Techniken erklärt hatte. Weil die Publikationen unter Zauberkünstlern weiter verbreitet waren als unter Erforschern des Übersinnlichen, waren sie relativ unbeachtet geblieben. Wieder einmal hatte sich ein vertrauenswürdig wirkender Augenzeuge als Schwindler erwiesen.

Filmen ist genauso wenig zu trauen wie Fotos. Zu den frühesten »laufenden Bildern« vom Ungeheuer von Loch Ness zählen die Aufnahmen von 1933 und 1936 von Malcolm Irvine, einem Kameramann der britischen »Wochenschau«. Offenbar entstanden sie mit Hilfe eines Modells, das durch das Wasser gezogen wurde. (Daß es Irvine gleich zweimal gelang, das Ungeheuer auf Zelluloid zu bannen, war ein solch phänomenaler Glücksfall, daß man eigentlich hätte mißtrauisch werden müssen!) Auch von dem vielleicht wichtigsten »Monsterfilm«, einer zwölf Sekunden langen 16-mm-Filmsequenz, wurde von Anfang an gemunkelt, er zeige keineswegs einen erwachsenen Bigfoot, sondern einen »Menschen im Affenkostüm«. Roger Patterson und Roger Gimlin, die den Schmalfilm 1967 drehten, müssen zumindest relativ geschickt vorgegangen sein, denn der betreffende Bigfoot scheint ein Weibchen mit hängenden Brüsten zu sein. Man hat darauf hingewiesen, daß sich die Muskeln auf sehr realistische Art unter der Haut bewegten, und Patterson und Gimlin legten eine Reihe von Gipsabdrücken vor, die sie angeblich von Fußspuren des Wesens genommen hatten. John Napier, Anthropologe und Bigfoot-Forscher, hebt dagegen hervor, daß das gezeigte Geschöpf in jedem Detail auch von einem Menschen hätte dargestellt werden können. Zusätzlich ergaben kürzlich Nachforschungen durch Mark Chorvinsky, daß die meisten führenden Maskenbildner Hollywoods den Film für eine Fälschung halten.

Damit wäre klar, daß Foto- und Filmmaterialien allein nicht als Beleg für ungewöhnliche Phänomene gelten können. Dies wiederum bedeutet, daß alle Erforscher des Übersinnlichen und alle Ufologen ihre Akten dringend überprüfen sollten.

Übungen für Betrüger

Seit langem prägt eine spektakuläre Parade von Betrügereien und Schwindeleien das Bild von ungewöhnlichen Phänomenen. Millionen von Menschen, die nie in ihrem Leben an einer Séance teilgenommen haben, stellen sich vor, daß sich dort Geister manifestieren, Tische selbständig herumrücken und Medien Ektoplasma in rauhen Mengen produzieren. Für Zehntausende ist das Monster von Loch Ness das elegante, langhalsige Untier, das wir von dem berühmten »Surgeon-Foto« kennen. Und mögen selbst Ufologen die Schreckensvisionen von Bennewitz und Lear als baren Unsinn abtun – in der Öffentlichkeit und in den Medien sind sie auf offene Ohren gestoßen.

Es wäre viel zu einfach, solche Fälschungen als das Werk gefährlicher, verantwortungsloser Gauner zu klassifizieren, denn damit wäre die seltsame Beziehung, die sich zwischen einem Betrüger und den von ihm Getäuschten aufbaut, nicht geklärt.

Jeder Schwindel befriedigt ein gewisses Bedürfnis. An den Grenzen der Realität suchen viele Menschen nach einer spektakulären Bestätigung für ihre Hoffnungen und Überzeugungen. Conan Doyle und seine Spiritisten wollten an übersinnliche Wesen glauben, und die Fotos von Cottingley lieferten ihnen den lang ersehnten Beweis für deren Existenz. Sensationslust ist ein weiterer wichtiger Faktor. Die von Paul Bennewitz verbreitete Schreckensvorstellung, daß Außerirdische menschliche Körperteile züchten, und zwar mit Wissen und Billigung derjenigen, die uns eigentlich schützen sollten, ist viel aufregender als ein weiteres, unerklärliches »Licht am Himmel«.

Aber ein gelungenes Täuschungsmanöver muß noch mehr Voraussetzungen erfüllen. In seinem Essay zum 15. Jahrestag des *Philadelphia-Experiments* identifizierte der Ufologe Jacques Vallée nicht weniger als 13 zusätzliche Faktoren, die zum Erfolg von Carl Allens Geschichte beitrugen. Kernpunkt war die erstaunliche, angeblich nachprüfbare Tatsache, daß die *USS Eldridge* unsichtbar geworden und dann von einem Ort zum anderen teleportiert worden sei. Ebenfalls von größter Wichtigkeit waren laut Vallée interessante, fesselnde Zeugen – was für den mysteriösen »Carlos Allende« natürlich in vollem Umfang zutraf. Wenn man an Eusapia Palladino denkt könnte man hinzufügen, daß »Zeugen mit fachlicher Autorität« wichtig sind. Palladinos öffentlicher Ruf beruhte sicherlich gleichermaßen auf dem Bewußtsein, daß führende Wissenschaftler ihre Fähigkeiten überprüft und für echt befunden hatten, wie auf den Phänomenen, die sie produzierte.

Die dramatische Fortsetzung einer Geschichte ist ebenfalls von Nutzen. Die zweite Fotoserie über die Elfen von

Cottingley belebte das Interesse an der Story, der Auftritt von Lear und Doty ließ die Behauptungen von Paul Bennewitz glaubwürdig scheinen. Eindruck macht auch stets die Andeutung, daß offizielle Stellen in ein Vertuschungsmanöver verwickelt seien und der Hauptzeuge alles riskiere, um dieses aufzudecken. Vallée erläuterte: »Als ›Underdog‹ auf der Flucht besaß Carlos Allende eine Glaubwürdigkeit, die er zum Beispiel als Besitzer eines Drogeriemarktes in Toledo oder als Filialleiter eines Lebensmittelgeschäftes in Tucson nie erreicht hätte.«

Ein wirklich überzeugender paranormaler Schwindel muß suggerieren, daß er jenseits menschlicher Möglichkeiten liegt. In den Ummo-Briefen existieren lange technische Passagen über eine extraterrestrische Physik, die der unsrigen weit überlegen ist. Sie werden von Anhängern als Beweis dafür angeführt, daß es sich tatsächlich um Mitteilungen von einem anderen Planeten handle. Die milchtrinkenden Statuen des Ganesh nahmen ihr Mahl vor Hunderten von Gläubigen zu sich, und Doc Shiels' Bilder hielten einer Überprüfung durch mehrere Experten stand.

Viele Betrügereien erfüllen alle Kriterien und sind dennoch im Laufe der Zeit aufgeflogen. Aber die Wahrscheinlichkeit ist groß, daß zahlreiche andere Fälle unentdeckt geblieben sind. Daher gilt immer die Warnung: *caveat lector* – Leser, sei wachsam.

9. *Unwiderlegbare Beweise?*

Es gibt viele Methoden der systematischen Beschäftigung mit dem Unbekannten. Der nachfolgend geschilderte Weg wird selten eingeschlagen, bietet sich aber an, wenn man die Welt des Unbekannten als Ganzes bewerten und einordnen will.

Man kann zwei Arten seltsamer Phänomene unterscheiden: einmal Vorgänge, die nicht völlig geklärt, aber unbestritten real sind, und auf der anderen Seite Erscheinungen, die möglicherweise nicht existieren. Zur ersten Kategorie gehören Mysterien wie Kugelblitze, vom Himmel stürzende Tiere oder Gegenstände, Lichträder unter Wasser, Tiere außerhalb ihres Lebensraumes, eingeschlossene Frösche und Kröten. Zur zweiten Art zählt man Geister, übersinnliche Wahrnehmung, außerirdische Raumschiffe, religiöse Visionen, Monster und Wunder.

Diese Systematik läßt eventuelle Schwindelmanöver oder Irrtümer unberücksichtigt und konzentriert sich auf den harten Kern der Fälle, die gründlich untersucht und als »unerklärlich« eingeordnet wurden. So zeigen die Kadaver der Dschungelkatzen, Sumpfkatzen oder Pumas, die man in Großbritannien, weit von ihrer natürlichen Heimat entfernt, gefunden hat, daß zumindest einige der gesichteten Großkatzen wirklich existierten. Eine Analyse der Fälle, bei denen die Zeugen sich täuschten oder offenbar unter Wahrnehmungsproblemen litten, mag aufschlußreiche Erkenntnisse hinsichtlich der menschlichen Psyche liefern, aber uns geht es darum zu klären, woher die tatsächlich existierenden Tiere kamen. Handelte es sich um entlaufene oder absichtlich freigelassene Haustiere? Gibt es vielleicht eine sich in freier Wildbahn fortpflanzende Population? Oder wurden sie gar aus ihrer Heimat Afrika nach Großbritannien teleportiert?

Es wird auch niemand, der sich ernsthaft mit dem Thema befaßt hat, bestreiten, daß Fische, Frösche, Sand und so weiter wirklich vom Himmel fallen. Die Frage ist nur, wie dies geschieht und ob die populäre wissenschaftliche These von den Wirbelwinden eine befriedigende Erklärung liefern kann.

Mit dem Beweismaterial konfrontiert, müßte ein Skeptiker zugeben, daß es sich in einigen Fällen tatsächlich um reale Phänomene und existierende Tiere handelt. Er würde aber behaupten, daß es im Loch Ness nie ein Monster, sondern höchstens einen großen Fisch gegeben habe. Auch Hinweise darauf, daß die Erde von Außerirdischen besucht werde, gebe es nicht; Telepathie, Hellseherei, Vorahnungen und Psychokinese seien durch Raterei, glückliche Zufälle und Tricks zu erklären, und die meisten Geister existierten nur in der Phantasie mancher Menschen.

Vergleicht man diese beiden Kategorien miteinander, so könnte man sagen, daß sich für Mysterien der ersten Art eine rationale, wissenschaftliche Erklärung finden lassen dürfte, auch wenn dazu bekannte Theorien eventuell weiterentwickelt werden müßten. Aber sollten sich Phänomene, die der zweiten Kategorie zuzurechnen sind, als real entpuppen, würde dies wichtige wissenschaftliche Grundsätze, deren Gültigkeit nach sorgfältiger Überprüfung aufgrund ihrer Wiederholbarkeit erwiesen schien, auf den Kopf stellen oder zumindest ernsthaft in Frage stellen. Es überrascht daher nicht, daß die Wissenschaft die vorgelegten Beweise für die Existenz von Monstern und Wundern für unzureichend erklärt hat und nach besseren Belegen verlangt.

Schafe und Ziegen

Diese Forderung wirft die Frage auf, über welche Beweise für die Existenz seltsamer Phänomene wir verfügen. Dabei muß man von vornherein sagen, daß es das Ideal – einen unter Laborbedingungen überprüf- und wiederholbaren Effekt – nicht gibt. Erforscher des Reichs des Übersinnlichen, die sich seit den 30er Jahren mit diesem Problem herumschlagen, erklären das damit, daß das Psi ein schwaches und launisches Phänomen sei, welches bei manchen Menschen viel stärker ausgeprägt sei als bei anderen.

Selbst Personen mit starken Psi-Kräften, also übersinnlichen Fähigkeiten, zeigten sich höchst sensibel gegenüber äußeren Einflüssen. Am besten erforscht dürfte der »Schaf/Ziege-Effekt« sein, die These, daß der Glaube an Psi entscheidend dafür ist, ob ein Individuum zur übersinnlichen Wahrnehmung fähig ist. Gertrude Schmeidler, die frühere Präsidentin der *Society for Psychical Research*, führte einen Versuch mit 1 200 Testpersonen durch, um ihre Theorie zu beweisen, daß Menschen, die »davon überzeugt waren, daß es keine übersinnliche Wahrnehmung gibt, unter den Versuchsbedingungen schlechtere Ergebnisse als andere erzielen würden.« Während Gläubige und neutral eingestellte Personen (»Schafe«) mit ihren Resultaten knapp über der statistischen Wahrscheinlichkeit lagen, fielen die Zweifler (»Ziegen«) so stark ab, daß Schmeidler auf eine gewisse »Psi-Vermeidung« tippte. Ähnliche Versuche mit jeweils zwei Kindern deuteten darauf hin, daß der dominante Partner in der Regel bessere Ergebnisse erzielte als sein zurückhaltenderer Freund.

Schon eine einzelne Testperson ist vielfältigen Einflüssen ausgesetzt. Die allgemeine Stimmung, die Motivation, die Frage, ob man entspannt ist oder nicht, die Beziehung zu der Person, die den Versuch durchführt – das alles kann den Ausgang des Experiments beeinflussen. In dem Bestreben, diese Vielfalt von Variablen angemessen zu berücksichtigen, wurde in den 60er und 70er Jahren viel Zeit mit der fruchtlosen Suche nach einem angemessen, »Psi-förderlichen« Versuch verbracht. Schließlich kam man zu dem Schluß, daß selbst wenn die Bedingungen in bezug auf die Testperson ideal waren, das Ergebnis des Experiments vom Versuchsleiter beeinflußt werden konnte. Dessen allgemeine Stimmung, Motivation und so weiter konnten – bisweilen sogar unter Einsatz des eigenen Psi – die Ergebnisse verfälschen. Dieses Phänomen wird als »Experimenteur-Effekt« bezeichnet.

Weil es unmöglich ist, diese Vielfalt von Variablen in einem Versuch zu berücksichtigen, stehen die Chancen schlecht, daß das Psi, so es denn existieren sollte, jemals in einem wiederholbaren Experiment nachgewiesen werden kann.

Der Zeuge auf dem Prüfstand

Selbstverständlich lassen sich die meisten merkwürdigen Phänomene nicht unter Laborbedingungen überprüfen. Wie mehrfach erwähnt, ereignet sich die Mehrzahl der Vorfälle an isolierten, abgelegenen Orten, und oft ist nur ein einziger Augenzeuge zugegen. Unser Wissen über diese Phänomene basiert auf der Beobachtungsgabe des Zeugen und der Genauigkeit seiner Beschreibung.

Dazu muß man sagen, daß diese zum großen Teil von wesentlich schlechterer Qualität sind, als die meisten Forscher zugeben wollen. Augenzeugen haben schon die krassesten Fehlleistungen erbracht. Fast jeder von uns kennt diesen Effekt von Verkehrsunfällen: Wenn zwei Wagen zusammenstoßen, dann geben häufig nicht nur die Fahrer, sondern auch eventuelle Zeugen höchst widersprüchliche Beschreibungen des Vorfalls ab. Warum sollte das bei merkwürdigen Phänomenen anders sein?

Allan Hendry, der als Vollzeitangestellter des *Center for UFO Studies* Feldforschung betrieb, weist in seinem Buch *The UFO Handbook* darauf hin, daß sich die meisten Augenzeugenberichte, mit denen er sich näher befaßte, als unerwartet dürftig entpuppten. Immer wieder identifizierte Hendry, der im Laufe der Zeit zum Experten für natürliche Ursachen von Untertassensichtungen wurde, »UFOs« als Planeten, Sterne, Satelliten, Flugzeuge oder Ballons. In einem Fall hatte ein Zeuge beinahe die Tür seiner Nachbarn eingetreten, um sie vor einem riesigen UFO zu warnen, das über ihnen schwebte. Es stellte sich heraus, daß er den Mond gesehen hatte. (Besonders erstaunlich ist, daß sich auch der Zeuge mit Hendrys Erklärung zufriedengab.)

Ohne Hendry wäre dieser Fall als spektakuläre Sichtung eines »besonders typischen UFOs« in die Annalen eingegangen. Tatsächlich sind die meisten UFO-Bücher, wie im Grunde genommen die meisten Bücher über seltsame Phänomene, voll von solchen Fällen.

Behalten wir diese Tatsache im Auge, wenn wir uns noch einmal mit einem Vorfall befassen, der ganz zu Anfang des Buches erwähnt wurde: Tony Clarks köstliches Mahl in dem nicht existierenden *tchae khana*. Auf den ersten Blick erscheint dieses Rätsel wunderschön schaurig. Und es ist keineswegs der einzige Fall dieser Art. So unternahmen John und Christine Swain zwischen 1952 und 1969 250 Fahrten durch New Forest auf der Suche nach einem nebelverhangenen See, den sie ihrer Meinung nach bei einem Urlaub in der Nähe von Beaulieu Abbey gesehen hatten. Sie waren sicher, daß sie ihn an einer kleinen Insel erkennen würden, auf der ein Schwert in einem Felsen steckte. Es heißt auch, etwas weiter westlich liege in einem Wald bei Haytor in Devon eine gespenstische Hütte. Ein Landvermesser, der sie von einem Hügel aus entdeckte, bemerkte, daß Rauch aus dem Kamin stieg und Wäsche auf der Leine hing. Als er später ins Tal hinunterging, fand er keine Spur von dem Bauwerk und seinen geisterhaften Bewohnern.

Sollte sich Clark getäuscht haben? Einerseits identifizierte er das Dorf, das er besucht hatte, eindeutig, weil sich kurz davor eine ungewöhnliche Felsenformation befand. Andererseits kannte er nach eigener Aussage die Gegend, ein verlassenes Gebiet im nördlichen Iran, nicht. Letzteres ist kaum die beste Voraussetzung für eine genaue Beobachtung. Auch den Namen des Dorfes, in dem das Restaurant sein sollte, scheint er sich nicht gemerkt zu haben.

Oft ist es hilfreich, sich an den Fall des verschwundenen Hotels in Sussex zu erinnern. Ein britisches Ehepaar war dort eines Tages vorbeigekommen und hatte sich den Ort gemerkt, weil ihnen das Haus so gut gefiel, daß sie dort Urlaub machen wollten. Obwohl sie lange danach suchten, konnten sie es nicht wiederfinden. Alle Nachfragen blieben ergebnislos. Als ein Bericht über ihre Suche unter dem Titel »Halluzination eines nicht existierenden Gebäudes« im *Journal of the Society for Psychical Research* erschien, kam ein Skeptiker namens Denys Parsons auf die Idee, die Reiseroute des Paares nachzuvollziehen. Er fand eine Kreuzung, an der die beiden falsch abgebogen waren, und gelangte von dort aus zu dem sehr realen Hotel.

Welche Faktoren können die Genauigkeit einer Zeugenaussage beeinflussen? Da sind zunächst einmal die physischen Gegebenheiten zum Zeitpunkt des Geschehens: das Wetter, die Sicht und die Entfernung zwischen dem Zeugen und dem Phänomen, das er beobachtet. Wichtig ist auch die Dauer der Begegnung. (Zumeist ist sie sehr kurz, oft nur wenige Sekunden lang.) Außerdem spielt es eine Rolle, wieviel Zeit vergeht, bis der Zeuge von dem Ereignis berichtet. Viele Menschen scheuen sich zunächst, jemandem von ihrem Erlebnis zu erzählen, so daß dieses häufig länger zurückliegt. Schließlich ist da noch der Zeuge selbst. Ist er ein guter Beobachter? Sieht er gut? Falls es einen anderen Zeugen gab – haben die beiden den Vorfall miteinander besprochen, bevor sie ihn meldeten? (Das ist häufig der Fall, so daß die Schilderungen oft bis ins kleinste Details übereinstimmen.) Ausschlaggebend kann auch der Gemütszustand des Betroffenen zum Zeitpunkt des Ereignisses sein. War er aufmerksam und konzentriert oder desorientiert und verstört? Gibt es Anzeichen dafür, daß er sich in einer Erwartungshaltung befand oder besonders leicht zu beeindrucken war?

Wollte man nur Fälle berücksichtigen, in denen die Umstände günstig waren, dann würde unsere Fallsammlung von Zehntausenden von Berichten auf ein paar hundert schrumpfen. Denn dann könnte man nur Fälle berücksichtigen, bei denen sich das Erlebnis über einen längeren Zeitraum hinzog, die Zeugen aufmerksam und als gute Beobachter bekannt waren, sofort Bericht erstatteten, keine Erwartungen bezüglich einer Sichtung hegten und während des Vorfalls ruhig, gelassen und skeptisch blieben. Aus eigener Erfahrung kann ich sagen, daß weniger als fünf Prozent des Materials, das der *Fortean Times*, dem Magazin für seltsame Phänomene, zugeht, für eine Veröffentlichung geeignet erscheint. Und von diesen erfüllt kaum ein Bericht die oben erwähnten Kriterien. Als Allan Hendry die Fälle aussortierte, die übrigblieben, nachdem er die Meldungen beiseite gelegt hatte, in denen sich die unbekannten Flugobjekte als identifizierbar erwiesen hatten, kam er auf 113 »echte« UFO-Berichte von insgesamt 1300, die zwischen August 1976 und November 1977 beim *Center for UFO Studies* eingegangen waren. (Das sind 8,7 Prozent.) Davon erfüllten die wenigsten die idealen Kriterien. Susan Blackmore erwartete bei ihrem ersten Besuch in den Archiven der *Society for Psychical Research* Berge von Dokumenten mit Berichten über merkwürdige Ereignisse. Aber man sagte ihr: »Jeder denkt, daß unsere Archive voll von Fallberichten sind, doch das stimmt nicht. Wir akzeptieren nur die besten, und das sind diejenigen, die überprüft worden sind.«

In den letzten Jahren haben Psychologen und Physiologen nachgewiesen, wie fehlbar die menschliche Wahrnehmung und das menschliche Gedächtnis sind. Eine neuere Untersuchung von Richard Wiseman und Peter Lamont von der Universität Hertfordshire befaßte sich mit Zeugen des berühmten indischen Seiltricks, dem »weltweit bekanntesten weltlichen Wunder«. Bei diesem Zauberkunststück läßt der Magier ein Seil senkrecht stehen, an dem dann ein kleiner Junge emporklettert. Es gibt mehrere Variationen. Bei der einfachsten Version klettert das Kind nach oben und wieder herunter. In der interessanteren Variante verschwindet der Junge, während er am Seil emporsteigt, um dann aus einem Korb, der sich ständig vor den Augen des Publikums befunden hat, wieder aufzutauchen. In der klassischen Version verschwindet das Kind am oberen Ende des Seils, und man hört seine körperlose Stimme, weil es sich weigert herunterzukommen. Der Zauberer klettert ihm nach und verschwindet ebenfalls. Kurz darauf regnet es Körperteile aus dem Nichts. Der Zauberer erscheint am oberen Ende des Seils, steigt herab, bedeckt die blutigen Teile des Jungen mit seinem Mantel, und – siehe da! – das Kind entsteigt den Falten seines Gewandes unversehrt.

Wiseman und Lamont ordneten ihre Zeugenberichte danach, wie spektakulär sie waren. Es stellte sich heraus, daß in Fällen der einfachsten Variante durchschnittlich erst vier Jahre seit dem Ereignis vergangen waren, während bei farbigen, hochgradig komplizierten Schilderungen der Vorfall bis zu 41 Jahre zurücklag. Dieses Ergebnis deutet darauf hin, daß die Zeugen ihre Geschichten im Laufe der Jahre immer wieder neu erzählten und sie dabei ständig ausschmückten. Nach einigen Jahrzehnten war dann aus einem einfachen Zaubertrick in ihrer Erinnerung eine wahrlich wundersame Begebenheit geworden.

Aber wie kam es, daß die Zeugen ihre Geschichten immer auf die gleiche Art ausschmückten? Eine Erklärung könnte sein, daß sie bereits wußten oder allmählich herausfanden, wie der indische Seiltrick in der vollen Version präsentiert wird, und entsprechende Elemente in ihre Schilderungen einflochten. In gleicher Weise könnten Zeugen, die zum Beispiel die Venus für ein UFO hielten, ihr Erlebnis so darstellen, wie sie es aus anderen UFO-Berichten kennen. Statt von einem hellen Licht am Himmel, das sich nicht von der Stelle rührte, sprachen sie von einem hin- und herflitzenden, hell erleuchteten Raumschiff. Besucher von Loch Ness könnten zum Beispiel Wellenformationen gesehen haben, aber von langen, flachen Buckeln berichten, die durch das Wasser glitten, und Séance-Teilnehmer würden einen simplen Trick des Mediums als echten, unerklärlichen psychokinetischen Effekt beschreiben. Dazu müssen nicht unbedingt Jahre vergehen. Viele Zeugen dürften natürliche Vorgänge schon während des Ereignisses als übernatürlich mißverstehen. Die Literatur des Unerklärlichen ist voll von Berichten dieser Art.

Ein Psychologe würde derartige Erfahrungen auf die Erwartungshaltung der Zeugen zurückführen: Menschen sehen und fühlen das, was sie erwarten oder sich wünschen.

Diese Annahme ist durch Experimente überzeugend belegt worden. So wurden Testpersonen bei einem Versuch angewiesen, einen Gang entlangzugehen, bis ein Licht aufleuchtete. Das Licht erschien nie, aber einige blieben pflichtgemäß stehen. In ähnlicher Weise wird ein Proband, der zwei an eine Batterie angeschlossene Metallstäbe hält, mit großer Wahrscheinlichkeit zusammenzucken, wenn das Gerät eingeschaltet wird, obwohl die Batterie entladen ist. Die Testperson erwartet einen elektrischen Schock, und häufig erschrickt sie durch das Zusammenzucken schon so, daß sie anschließend davon überzeugt ist, tatsächlich einen Stromschlag erhalten zu haben.

Opfer dieses Phänomens wurde auch Tim Dinsdale, der sich 1960 von seinem heimischen Reading aus nach Loch Ness begab, in der Hoffnung, das Monster filmen zu können. Die Reise war mühselig und dauerte fast zwei Tage. Dinsdale blieben nur sechs Tage am See, um Aufnahmen von dem Ungeheuer zu machen, bevor er zurückmußte. Er war davon überzeugt, daß das Wesen existierte, und hatte eine ziemlich genaue Vorstellung, wie es aussah und wie es sich verhalten würde.

Am Nachmittag des zweiten Reisetages erreichte er Loch Ness und fuhr am Südufer entlang. Plötzlich bemerkte er eine Familie, die auf das Wasser hinausdeutete und erregt mit den Armen gestikulierte. Weil er wußte, daß dies Anzeichen für eine Sichtung des Monsters sein konnten, fuhr Dinsdale schnell weiter. Er berichtete folgendes:

> »In 200 bis 300 Metern Entfernung vom Ufer sah ich, wie die Wölbungen von zwei grauen Buckeln die Oberfläche durchbrachen [...] Ich schaute erneut hin und rieb mir die Augen, aber es war da. In voller Lebensgröße schwamm es im Wasser herum!

Ich riß den Wagen herum und stieg so hart auf die Bremse, daß der Schotter aufstob. Dann stieß ich die Türen auf und hob die Kamera mit ihrem unhandlichen Stativ heraus. Mühsam stellte ich sie auf dem unebenen Untergrund auf und versuchte sie mit zittrigen Händen funktionsbereit zu machen. Ich wußte, daß jede Sekunde kostbar war, aber ich kannte die Kamera noch nicht und verlor daher Zeit. Meine Hände zitterten inzwischen so stark, daß ich sie kaum noch gebrauchen konnte. Als es mir endlich gelang, durch die Linse zu spähen, waren die Buckel zum Glück immer noch an der gleichen Stelle. Seltsam gelassen und leblos trieben sie an der Oberfläche.

Einen Augenblick lang zögerte ich, obwohl ich den Finger schon am Auslöser hatte. Einem plötzlichen Impuls folgend, griff ich nach meinen Fernglas. Siebenfach vergrößert wirkten die Buckel noch eindrucksvoller, geradezu überlebensgroß. Bei näherem Hinsehen entdeckte ich einen haarähnlichen Zweig, der aus dem rechten Buckel wuchs und an dem ein einsames Blatt fröhlich im Wind flatterte.«

Das »Ungeheuer« war ein treibender Baumstamm, den Dinsdales Wunschdenken, die aufgestaute Erwartung und seine mangelnde Erfahrung in ein Lebewesen verwandelt hatten.

Gegen Ende der 70er Jahre entwickelte Adrian Shine, der Leiter des *Loch Ness and Morar Project*, ein Experiment, mit dem er die Wahrnehmungsfähigkeit von Freiwilligen testete, die auf der Suche nach Morag, dem Vetter von Nessie, an den Morar-See gekommen waren. Er befestigte einen langen, geraden Holzpfahl mit einem Seil an einer Zugvorrichtung und versenkte ihn draußen im See. Normalerweise war der Pfahl unter der Oberfläche verschwunden, aber wenn man mehr Seillänge gab, tauchte er wie ein Seeungeheuer aus dem Wasser auf.

Neuankömmlinge wurden ans Ufer geführt und einige Minuten allein gelassen. Daraufhin hatte Shines Holzungeheuer einen kurzen Auftritt. Der aufgeregte Freiwillige berichtete anschließend von seinem Erlebnis und wurde gebeten, eine Zeichnung anzufertigen. Obwohl der Holzpfahl vollkommen glatt war, zeichneten zahlreiche von Shines »Augenzeugen« einen kleinen Kopf am Ende eines langen Halses ein. Sie wußten, wie Morag auszusehen hatte, und gaben wieder, was sie erwartet, nicht was sie tatsächlich gesehen hatten.

Hysterie, Panik und Ansteckung

Es ist relativ einfach zu verstehen, weshalb Berichte einzelner Zeugen Ungenauigkeiten enthalten können. Unvergleichlich schwieriger ist es zu begreifen, wie und warum innerhalb weniger Wochen Unmengen ähnlicher Meldungen eingehen, wenn in einer Gemeinschaft ein neues Phänomen aufgetaucht ist.

Solche »Wellen« oder »Hysterien« gehören zu den bemerkenswertesten Erscheinungen im Reich des Übersinnlichen. Ein hervorragendes Beispiel dafür ist die plötzliche Flut von Berichten über »fliegende Untertassen«, nachdem Kenneth Arnold am 24. Juni 1947 eine Formation von unbekannten Flugobjekten über den Cascade Mountains gesehen hatte. Eine frühe Studie kam auf insgesamt 850 Sichtungen im Juni und Juli 1947, aber heute schätzt man, daß weltweit innerhalb von etwa fünf Wochen zirka 4 000 Meldungen eingingen. Sicherlich war das zu einem erheblichen Teil auf die ausführliche Medienberichterstattung zurückzuführen. Ein ganz neues Thema war geboren. Massenhysterien hat es aber auch schon früher gegeben, und ihre Auswirkungen waren auch ohne moderne Kommunikationsmittel verheerend. Im Juli und August 1789 wurde das Frankreich der Revolution von der sogenannten »großen Furcht« geschüttelt. Wie ein Lauffeuer verbreitete sich das Gerücht, unbesiegbare Armeen zögen mordend und plündernd von Dorf zu Dorf durch das Land. (Abwechselnd hieß es, daß es sich um Österreicher, Briten, Schweden, Spanier oder gar ehemalige Galeerensklaven und Räuber, die im Sold der französischen Royalisten stünden, handle.) Tausende von Menschen hörten erschreckend realistische Schilderungen von Verwüstungen, obwohl die Geschichte jeder Grundlage entbehrte. Beispielsweise hielt sich am 28. Juli 1789 die 19jährige Lucy de la Tour du Pin in Forges-les-Eaux in der Normandie auf, als sie Lärm auf der Straße hörte. Sie lief hinaus und fand inmitten einer aufgeregten Menge einen Mann auf einem grauen Pferd, dem von einem wilden Ritt der Schaum vor dem Maul stand und das Blut von den Flanken tropfte. Der Reiter kam aus dem acht Kilometer entfernten Gaillefontaine, wo ein österreichisches Heer »alles plünderte und die Scheunen in Brand steckte«, wie er seiner entsetzten Zuhörerschaft berichtete. Lucy mußte den Dorfpfarrer mit Gewalt daran hindern, die Glokken zu läuten. Sie versprach, mit ihrem Ehemann nach Gaillefontaine zu reiten, um zu beweisen, daß es sich nicht in Feindeshand befinde. Ohne ihren Mut wäre mit Sicherheit auch Forges-les-Eaux von der großen Furcht erfaßt worden. Als das Mädchen Gaillefontaine erreichte, stellte sie fest, daß das Dorf unversehrt war. Dafür waren die Einwohner davon überzeugt, daß Forges-les-Eaux den Österreichern in die Hände gefallen war.

Eine ähnliche Panik von fast schon übernatürlichem Charakter brach 1876 im chinesischen Nanking aus. Es ging das Gerücht um, daß unsichtbare Dämonen das Land heimsuchten, die den Chinesen ihre Zöpfe abschnitten. Weil diese als Zeichen der Ergebung gegenüber den Mandschu-Herrschern getragen werden mußten und ihre Entfernung als Rebellion mit dem Tode bestraft wurde, griff die Hysterie in kürzester Zeit auf die Städte Shanghai, Hangchow, Amoy und schließlich Peking über. Drei Jahre lang hielt sich die Furcht hartnäckig und versetzte in dieser Zeit ganze Provinzen in Aufruhr. Ein Fremder konnte in einer von der Panik erfaßten Gemeinde seines Lebens nicht sicher sein, und mindestens drei chinesische Christen wurden geköpft, weil man sie für das Abschneiden der Haare verantwortlich machte. Amulettverkäufern verhalf das Gerücht von durch Hexenkraft beseelten Papiermenschen, die mit Scheren bewaffnet durch die Städte flögen, zu einem außergewöhnlich guten Geschäft.

Ähnliche Hysterien aufgrund vermeintlicher Zopfabschneider hat es in China bereits im 5. Jahrhundert unserer Zeitrechnung gegeben. Ihr modernes Äquivalent bilden vermutlich die Paniken, die in Westafrika regelmäßig ausbrechen, wenn wieder einmal Gerüchte umgehen, daß Zauberer der Schwarzen Magie auf der Suche nach frischen Genitalien für ihre Zaubertränke seien. Weil es heißt, ein Hexenmeister könne einem Mann den Penis stehlen, wenn er ihn irgendwo am Körper berühre, ist das auffälligste Symptom für die Hysterie, daß die Leute einander plötzlich nicht mehr die Hand schütteln. Gleichzeitig beobachtet man, daß Männer oft die Hände in die Hosentaschen stekken, um unauffällig überprüfen zu können, ob noch alles an seinem Platz ist.

Bemerkenswert ist vor allem, daß es niemals Hinweise darauf gegeben hat, daß irgend jemandem der Zopf oder gar der Penis auf übernatürliche Weise abhanden gekommen ist. Genausowenig wie es in Frankreich im Jahre 1789 österreichischen Soldaten gab, waren im China der 70er Jahre des

19. Jahrhunderts unsichtbare Papiermenschen unterwegs, und das gleiche gilt für die penisstehlenden Hexenmeister im Afrika der 90er Jahre unseres Jahrhunderts. Die Gerüchte können sich nur ausbreiten, weil sie die Urängste der örtlichen Bevölkerung ausdrücken. Vielleicht hat es hin und wieder einen »echten« Fall gegeben – in China scheint es vorgekommen zu sein, daß jemandem aus Bosheit oder Übermut der Zopf abgeschnitten wurde -, aber für eine Hysterie bedarf es dessen nicht. Sie nährt sich aus sich selbst heraus.

Das beste moderne Beispiel für eine Panik, die eine ganze Gesellschaft erfaßte, dürfte der unheimliche Ziegenaussaugers gewesen sein. Dieser Tiermörder tauchte im Frühjahr 1995 in Puerto Rico auf. Alles begann damit, daß ungewöhnlich viele Haustiere, hauptsächlich Ziegen, Hühner und Kaninchen, getötet wurden. In den Provinzen Orocovis und Morovis wurden mehrere Tierkadaver entdeckt, die auf grausame Art ums Leben gekommen waren. Der unbekannte Mörder hatte sie offenbar mit einem Biß getötet und dann das Blut aus ihren Körpern gesaugt.

Einige Zeit später tauchten die ersten Beschreibungen von Bestien auf, die man für die Morde verantwortlich machte. Ein Polizist aus Orocovis, der nach dem Kadaver eines toten Schafes suchte, sah ein etwa 1,20 Meter großes, menschenähnliches Wesen im Schatten lauern. Es hatte gelborangefarbene Augen und stank furchtbar. Am 26. März 1995 begegnete Jaime Torres im selben Feld einem ähnlichen Ungeheuer mit einem kleinen, runden Kopf. Seine Augen waren länglich, der Mund klein, und die Haut schillerte in Grau, Purpur, Braun und Gelb.

In Puerto Rico brach eine allgemeine Panik aus. Suchtrupps von bis zu 200 Personen durchkämmten die Wälder der Insel, und es gab wilde Spekulationen über die Identität des Mörders. Einige wenige hielten den Ziegenaussauger für ein bislang unentdecktes einheimisches Tier, möglicherweise eine Fledermaus. Aber die Mehrheit war der Meinung, es müsse sich entweder um ein außerirdisches »Haustier«, das aus einem UFO entlaufen sei, oder um ein mißglücktes genetisches Experiment handeln.

Bald tauchte eine Fotomontage auf, die ein höchst merkwürdiges Mischwesen zeigte. Der Ziegenaussauger war darauf zweibeinig wie ein Känguruh, hatte lange Arme, die in furchterregenden Klauen ausliefen, und einen Kopf wie ein grauer Außerirdischer mit riesigen schwarzen Augen und einem winzigen Mund. Am erschreckendsten war, daß Federn oder Stacheln in einer Linie von seinem Kopf über den ganzen Rücken verliefen. Mindestens ein Zeuge wollte gesehen haben, wie die Stacheln bebten und vibrierten, wobei sie dem Ziegenaussauger soviel Auftrieb verliehen, daß er sich in die Lüfte erhob.

Soweit die Fotomontage. Zeugenberichte über das Aussehen des Ziegenaussaugers gingen dagegen weit auseinander. Manche sprachen von einem Raubtier, andere hielten ihn für ein Wesen aus einem UFO. Dann wieder hieß es, er besitze Flügel, und mindestens einmal glaubte jemand, einen teuflisch gegabelten Schwanz erkannt zu haben. Schließlich wurde im Dezember 1995 in Guanica ein gewisser Osvaldo Rosado von einem einen Meter 20 großen »Gorilla« mit schwarzem Fell attackiert.

Ähnlich uneinig war man sich darüber, wie der Ziegenaussauger bei seiner mörderischen Tätigkeit vorging. Obwohl die Ansicht vorherrschte, daß der Killer seine Opfer mit einem einzigen Biß erledige, fanden sich bei den ersten toten Schafen, die zu Beginn der Panik im März 1995 gefunden wurden, jeweils drei dieser Verletzungen. Manchen Tieren waren auch die Kehlen durchgeschnitten worden. 1996 wiesen die meisten der getöteten Tiere dagegen eine tiefe, doppelte Wunde am Hals auf. Skeptiker auf der Insel kamen – was nicht überrascht – zu dem Schluß, daß der Ziegenaussauger gar nicht existierte und verwilderte Hunde und Katzen die Übeltäter seien.

Die Art, wie sich die Hysterie ausbreitete, spricht dafür, daß sie recht hatten. Als 1996 das Wesen sein Aktionsgebiet auszuweiten begann, fielen Haustiere in Mexiko, Venezuela und im Süden der USA ähnlichen Morden zum Opfer. Im Herbst 1996 gelangte die Bestie sogar bis nach Europa, wo sie für den Tod von sechs Schafen in Portugal verantwortlich gemacht wurde. Die Tiere wurden mit einer einzigen tödlichen Bißwunde bei Idanha-a-Novo aufgefunden. Doch wohin er auch ging, der unheimliche Mörder blieb stets innerhalb der romanischsprachigen Welt. Dort beherrschte *el Chupacabras* die Medien, und die logische Erklärung der Skeptiker erscheint im Nachhinein einleuchtend.

Hat es jemals einen Ziegenaussauger gegeben? Trotz einiger ungeklärter Augenzeugenberichte lautet die wahrscheinlichste Antwort auf diese Frage »nein«. Die Diskrepanzen in der Beschreibung des Geschöpfes und die unterschiedlichen Arten, wie seine Opfer zu Tode kamen, deuten darauf hin, daß eine Vielzahl von Phänomenen in ein neues, überzeugendes Glaubenssystem integriert wurde. Hunde, die normalerweise für den Tod von Haustieren verantwortlich gemacht worden wären, und geheimnisvolle Wesen, die man sonst für UFO-Besatzungen gehalten hätte (in Puerto Rico werden besonders häufig UFOs gesichtet), wurden zumindest vorübergehend in die Legende vom Ziegenaussauger eingebaut.

Der Soziologe Ron Westrum stieß auf einen ähnlichen Effekt, als er UFO-Sichtungen näher untersuchte.

> »Rund um die UFOs ist ein ganzes System von Überlieferungen entstanden [...] So erklärte eines Tages ein Bauer einem Forscher im Brustton der Überzeugung: ›Man sagt, daß der CB-Funk ausfällt, wenn man etwa

auf einen halben Kilometer an einen von ihnen herankommt.‹ Das ist eine sehr präzise Information, ganz gleich, wie es um ihren Wahrheitsgehalt bestellt ist. Weil solche ›Tatsachen‹ überall in unserer Gesellschaft in Umlauf sind, gibt es immer weniger ›unwissende‹ UFO-Zeugen. Die bekannten Geschichten rufen eine Erwartungshaltung hervor, und man glaubt, daß während einer Begegnung mit einem UFO bestimmte Dinge geschehen müssen. Dadurch wird nicht nur der Bericht des Augenzeugen beeinflußt, sondern auch seine Erinnerung an das Ereignis selbst. Ich vermute, daß zahlreiche Erlebnisse, die früher anders geschildert worden wären, nun in die ›UFO-Schublade‹ gesteckt werden, weil man sich an gewisse Stereotype hält.«

Psychologen kennen dieses Phänomen als »Ansteckung«. Sie sind der Ansicht, daß Berichte über merkwürdige Erscheinungen dadurch in hohem Grade beeinflußt werden. Jede Beschreibung, die sich nicht auf einen isolierten, einzigartigen Vorfall bezieht, so die Theorie, kann durch die Erwartungen der Augenzeugen beeinflußt werden. Je häufiger ein seltsames Ereignis erzählt und diskutiert wird, je mehr sich die Medien damit beschäftigen, desto größer wird die Wahrscheinlichkeit, daß ein Zeuge von seinen eigenen Erwartungen in die Irre geführt wird. Ein Licht am Himmel, das im Juni 1947 kaum beachtet worden wäre, wird im Juli bereits zur fliegenden Untertasse. Eine Welle, die man am Lomond-See für nichts Ungewöhnliches gehalten hätte, wird am Loch Ness zum Monster.

Ein anschauliches Beispiel für diese Art der Ansteckung bietet ein Vorfall, der sich im Dezember 1881 in Großbritannien ereignete. Ein Abgeordneter namens Walter Powell verschwand auf mysteriöse Weise an Bord des Ballons *Saladin,* als sich dieser in Bridport am Ärmelkanal aus seiner Verankerung riß. Powell war ein einflußreicher Mann, und sein Schicksal erregte großes Aufsehen. Binnen kurzem gingen zahlreiche Berichte über merkwürdige Lichter und Objekte am Himmel ein, nicht nur vom Ärmelkanal, sondern auch aus Dartmouth, dem mehrere hundert Kilometer weiter nördlich gelegenen Hartlepool, Alderney, Montrose Ness, vom Monte de Fuerte und aus Bilbao in Spanien. Vielleicht hatten einige der Zeugen den *Saladin* – der nie gefunden wurde – gesehen, aber mit Sicherheit nicht alle. Aufschlußreich ist auch ein Vorfall, der sich in Holland im Jahre 1978 ereignete, als ein kleiner Panda aus einem Rotterdamer Zoo ausbrach. Die Medien berichteten über den Vorfall, und innerhalb kürzester Zeit gingen bei den Behörden etwa 100 Berichte aus dem ganzen Land ein, denen zufolge das langsame und leicht zu identifizierende Tier gesehen worden war. Nicht einer davon entsprach den Tatsachen. In Wirklichkeit war der Panda nur wenige Meter von dem Zoo entfernt von einem Zug überrollt und getötet worden. Alle »Augenzeugen« hatte sich getäuscht.

Auch ein verwandtes Phänomen, die sogenannte Massenhysterie, hat anscheinend häufig für erstaunliche Vorfälle gesorgt. Die Massenhysterie unterscheidet sich von der hysterischen Ansteckung dadurch, daß die Auswirkungen zwar meistens dramatischer sind, aber auf ein enges Gebiet begrenzt bleiben. Die physischen Symptome sind oft spektakulär. Beispielsweise litten im April 1993 in Kairo bis zu 1300 Schulmädchen an 32 Schulen ohne erklärbare körperliche Ursache unter Übelkeit und Ohnmachtsanfällen. Der Auslöser scheint ein Vorfall im Nildelta gewesen zu sein, bei dem ein Teenager beim Vorlesen in der Klasse zusammengebrochen war. Freundinnen des Mädchens folgten ihrem Vorbild, und die Krankheit breitete sich in Windeseile aus. Zahlreiche ähnliche Beispiele sind bekannt.

Häufig werden die Begriffe hysterische Ansteckung und Massenhysterie verwendet, um Ereignisse zu beschreiben, in denen Opfer ohne erkennbaren Grund physische Symptome zeigen. Massenhysterie an sich ist aber keine Erklärung. Wie sich die Hysterie überträgt, und warum manche Menschen davon betroffen sind, während andere nicht reagieren, ist nicht vollständig geklärt. Aber wir wissen, daß das Phänomen durch Streß und Unsicherheit – wie zum Beispiel in Zeiten politischer Unruhe – begünstigt wird. Eine bestimmte Erwartungshaltung dürfte ebenfalls eine Rolle spielen. Psychologen vermuten, daß sechs Faktoren für das Phänomen der hysterischen Ansteckung ausschlaggebend sind:

> »Zunächst einmal müssen bestimmte regionale Voraussetzungen erfüllt sein. Zum Beispiel sollten die geografischen Gegebenheiten es einem Bigfoot erlauben, blitzschnell aufzutauchen und wieder zu verschwinden, sonst wird es kaum zu massenhaften Berichten über Begegnungen mit ihm kommen. In Städten wird der Bigfoot höchst selten gesichtet. Außerdem muß die Kommunikation gewährleistet sein, damit möglichst viele Leute schnell von den Vorfällen erfahren [...] Gesellschaftliche und wirtschaftliche Krisensituationen sowie mangelndes Vertrauen in die offiziellen Stellen erhöhen die Bereitschaft, unkonventionelle Erklärungen zu akzeptieren. [Zusätzlich] besitzt jede Kultur eine Tradition von Überlieferungen, die für bestimmte Erfahrungen alternative Erklärungen bieten. Auch löst eine Episode oft eine ganze Lawine von Berichten aus, und während sich die Nachrichten häufen, beginnen immer mehr Menschen, aktiv nach dieser Erfahrung zu suchen [...] Logischerweise sind sie dabei häufig erfolgreich. Und schließlich, je toleranter eine Gesellschaft einer besonders ungewöhnlichen

> Vorstellung gegenüber eingestellt ist, desto wahrscheinlicher ist, daß anomale Erlebnisse dadurch begünstigt werden.«

So mysteriös die Mechanismen, die hinter der hysterischen Ansteckung und der Massenhysterie stecken, auch sein mögen, mit Sicherheit liegen diese Phänomene zumindest einem Teil der Fälle zugrunde, in denen es keinerlei physisches Beweismaterial gibt oder dieses mit Gewalt in eine vorgegebene Form gepreßt wird. (Zum Beispiel ist die massenhafte Besessenheit durch Dämonen, die gelegentlich in den Nonnenklöstern der Renaissance auftrat, mit größerer Wahrscheinlichkeit auf Massenhysterie als auf echte Angriffe durch übernatürliche Wesen zurückzuführen.)

Selbstverständlich ist es nicht sehr befriedigend, ein Mysterium mit einem anderen zu erklären. Aber Ursachen und Auswirkungen der hysterischen Ansteckung müssen noch gründlich erforscht werden, bevor wir fundierte Aussagen über die Art des Phänomens und die Gründe für sein Auftreten treffen können.

Fälle mit mehreren Augenzeugen

Folglich sind Augenzeugenberichte generell in einem Ausmaß unzuverlässig, das sich Feldforscher nicht hätten träumen lassen. Menschen begehen nun einmal Fehler, wenn sie beschreiben und interpretieren, was sie gesehen haben. Bei Fehldeutungen und Irrtümern spielen zahlreiche Faktoren eine Rolle: die physischen Gegebenheiten, die Dauer der Begegnung, die Zuverlässigkeit des Zeugen und seine Gemütsverfassung sowie der Zeitraum zwischen einer Erfahrung und dem Bericht darüber. Von Bedeutung kann auch sein, ob der Zeuge seinen ersten Eindruck, daß es sich um eine übernatürliche Erfahrung handelt, kritisch überprüft, ganz zu schweigen von Suggestion, Erwartungshaltung und hysterischer Ansteckung. Sogar in den überzeugendsten Fällen wird niemals vollständig zu klären sein, was sich wirklich abgespielt hat.

Um einen möglichst genauen Eindruck davon zu bekommen, was in den Grenzwelten vor sich geht, sollte man also zunächst einmal nach Fällen suchen, in denen es mehrere Zeugen gegeben hat. Das sind mehr als genug. Laut einem Verzeichnis von 24 000 UFO-Begegnungen waren in mehr als zwei Dritteln der Fälle mindestens zwei Zeugen zugegen. Allerdings fördert eine tiefere Untersuchung das aufschlußreiche Ergebnis zutage, daß bei den »höchst merkwürdigen« Erlebnissen häufig nur eine Person zugegen war. Leider sind die Aussagen mehrerer Zeugen auch selten aufschlußreicher als die eines einzelnen. In den meisten Fällen hatten die Betroffenen hinreichend Zeit, ihre Geschichte zu besprechen, so daß die endgültige Fassung des Berichts auch abgestimmt sein konnte.

Die Anwesenheit mehrerer Personen verbessert keineswegs deren Beobachtungsgabe, vor allem wenn bereits eine bestimmte Erwartungshaltung besteht. Ein gutes Beispiel hierfür ist Daniel Home, der in der Mitte des letzten Jahrhunderts als Medium berühmt wurde. Home ist eine der umstrittensten Gestalten in der Geschichte der Erforschung des Übersinnlichen. Während er für seine Anhänger »das größte physische Medium in der Geschichte des Spiritismus« war, hielten ihn seine Kritiker für einen Scharlatan, Schwindler und Betrüger. (Brownings Gedicht »Mr. Sludge, the Medium« ist ein kaum verhüllter Angriff auf ihn.) Homes größte Wundertat fand am 13. Dezember 1868 statt. Damals schwebte er aus einem Fenster im dritten Stock, um in vier Metern Entfernung durch ein anderes wieder hineinzufliegen. Diese Leistung wird unter Parapsychologen noch heute erregt diskutiert. An der damaligen Séance nahmen außer Home drei weitere Personen teil, aus deren Berichten jedoch bei näherer Untersuchung hervorgeht, daß sie von dem eigentlichen Vorgang so gut wie nichts mitbekamen. Home bat sie sitzenzubleiben und ging in das Zimmer nebenan. Dann hörten die Teilnehmer, wie ein Fenster geöffnet wurde. Wenige Augenblicke später stieß Home das Fenster des Raumes auf, in dem die Séance stattfand, und sprang herein. Einer der drei Zeugen, der Master of Lindsay, saß mit dem Rücken zum Fenster. Später erklärte er, er habe an einem Schatten an der gegenüberliegenden Wand erkannt, daß Home offenbar horizontal in der Luft schwebte. Der zweite Zeuge, Captain Charles Wynne, soll Home während des Vorgangs sowohl in seinem Sessel sitzen gesehen als auch zu ihm gesagt haben: »Ich kann beschwören, daß Sie aus dem einen Fenster hinausgeschwebt und zum anderen wieder hereingekommen sind.« Der dritte Zeuge, Lord Adare, bestätigte, daß er Home vor dem Fenster sah (dort befand sich ein kleiner Balkon), fügte aber hinzu, der Raum habe fast vollständig im Dunkeln gelegen. Kurz gesagt, die berühmte Séance ist von allen, die Home während der 25 Jahre seiner Laufbahn abhielt, die am schlechtesten dokumentierte. Die Anhaltspunkte sind so dürftig, daß man mit gleicher Berechtigung annehmen könnte, Home habe sich tatsächlich in die Lüfte erhoben, wie auch, daß es sich um einen bemerkenswerten Fall von Suggestion handelte. Ebensogut ließe sich ein Zaubertrick vermuten. (Houdini erbot sich einmal, die »Illusion« am Originalschauplatz nachzustellen, und der skeptische Paraforscher Frank Podmore vermutete, daß Home lautstark ein Fenster im Nebenzimmer geöffnet habe und dann im Schutz der Dunkelheit heimlich in den Séance-Raum zurückkehrt sei, wo er sich hinter dem Vorhang versteckt habe. Dann habe er dort ebenfalls das Fenster geöffnet und sei in den Raum getreten.)

Nicht immer sind die Fälle mit mehreren Zeugen so vieldeutig, aber es gibt so gut wie immer Faktoren, die die Wahrnehmung möglicherweise beeinflussen. Unter anderem kann auch hier die Erwartungshaltung den Ausschlag geben. Damit läßt sich vielleicht ein Vorfall erklären, der sich im Sommer 1985 in einem kleinen irischen Dorf namens Ballinspittle in der Nähe von Cork ereignete. Ein Teenager, Clare O'Mahoney, ging in der Dämmerung an der Mariengrotte des Dorfes vorbei, als ihr etwas an der lebensgroßen Betonstatue der Jungfrau merkwürdig vorkam. Das Standbild befand sich etwa sechs bis sieben Meter von ihr entfernt und sieben Meter über ihr. Dem Mädchen fiel auf, daß die Figur scheinbar vor- und zurückschwankte, als ob sie jemand von hinten anstoßen würde. Mutter und Schwester, die eilig herbeigerufen wurden, bestätigten den Eindruck. Das seltsame Ereignis wurde im Dorf rasch bekannt, und am nächsten Abend starrten schon 40 Menschen auf die Skulptur, die zuvorkommenderweise wieder schwankte. Eine Woche nach dem ersten Bericht fanden sich in Ballinspittle Tausende von eifrigen Pilgern ein, die ihren Rosenkranz beteten, während sie die Statue nicht aus den Augen ließen.

Einige Zeugen sahen, wie sich die Statue bewegte, andere hatten gar religiöse Visionen. Eine Frau behauptete, sie habe das Antlitz Christi über dem der Jungfrau erscheinen sehen, andere erklärten, daß sich die Hände der Madonna bewegt hätten. Die Medien berichteten ausführlich über das vermeintliche Wunder. Nach wenigen Tagen begannen auch in anderen Grotten Marienstatuen zu schwanken. Auf dem Höhepunkt der Hysterie bewegten sich angeblich mehr als vier Dutzend Statuen in 16 von Irlands 26 Grafschaften.

Lionel Beer, der das Spektakel aus unmittelbarer Nähe beobachtete, trug mehrere interessante Umstände zusammen. Die Vorfälle ereigneten sich im Juli und August, also während des sogenannten Sommerlochs, so daß sich die Presse eingehend damit beschäftigen konnte. Außerdem war es der zweite sehr feuchte Sommer in Folge, und die irischen Bauern machten sich große Sorgen um ihre Ernte. Merkwürdigerweise gab es in Ghaeltacht (dem Teil Irlands, in dem noch überwiegend Gälisch gesprochen wird) ebenso wenig schwankende Statuen wie in Nordirland, möglicherweise weil dort die kulturellen Bedingungen anders sind.

Aber die einleuchtendste Erklärung für das Mysterium scheint die These eines Psychologenteams von der Universität Cork zu sein, das sich, mit einer Videokamera bewaffnet, nach Ballinspittle begeben hatte. Die Überraschung der Wissenschaftler war zunächst groß, als sie ebenfalls eine Bewegung entdeckten. Nachdem sie ihr Videoband zurückgespult hatten, stellten sie jedoch fest, daß die Statue in Wahrheit die ganze Zeit über völlig ruhig gestanden hatte. Sie waren einer optischen Täuschung erlegen, dem sogenannten autokinetischen Effekt, der dadurch verursacht wird, daß der menschliche Kopf und Körper unmerklich schwanken, während das Auge, selbst wenn es auf einen festen Gegenstand blickt, minimale Abtastbewegungen macht. Als Folge davon erhält das Gehirn die Information, daß sich das betrachtete Objekt bewegt.

Damit wäre ein augenscheinlich mystisches Phänomen, das von Tausenden zuverlässiger Zeugen beobachtet wurde, überzeugend erklärt. Dieser Effekt könnte unter anderem auch zu UFO-Sichtungen wie den »Lichtern am Himmel« geführt haben. Bereits aus den 30er Jahren stammt eine hochinteressante Studie zu dem Thema. Der Psychologe Sherif testete anhand dieses Effektes die Gruppendynamik der menschlichen Wahrnehmung und kam zu dem Schluß:

> »Autokinese wird durch Gruppensuggestion beeinflußt. Wenn mehrere Versuchspersonen gemeinsam ein

> Licht beobachteten, kreiste ihre Einschätzung der Stärke der Bewegung um einen einheitlichen Wert herum. Wenn diese Personen das Licht später allein betrachteten, schätzten sie die Bewegung weiterhin so stark ein wie zuvor in der Gruppe. Sherifs Untersuchung belegt überzeugend, daß ein Konsens kein zuverlässiger Anhaltspunkt für die tatsächliche Existenz des beobachteten Phänomens ist; mehrere Beobachter eines unklaren Reizes können sehr wohl gemeinsam irren.«

Manche Zeugen leiden auch unter anderen Wahrnehmungsstörungen. In einigen Fällen scheint ein dominanter Zeuge den anderen zu beeinflussen, ein Phänomen, das Psychologen als *folie à deux* bezeichnen. Eine besonders extreme Entwicklung dieser Art hatte bei einer zwölfköpfigen Familie dazu geführt, daß diese in einer völlig absurden Phantasiewelt lebte – ein einzigartiger Fall von *folie à douze*. Das Thema ist nur wenig erforscht. Offenbar tritt *folie à deux* hauptsächlich bei Familienangehörigen und engen Freunden auf. Ein bestimmtes Wissen über den anderen und ein gemeinsamer Erfahrungsschatz scheinen die Voraussetzung für diese Erkrankung zu sein, so daß einander fremde Personen davon nicht betroffen sind.

Vielleicht sollte man also nach Fällen suchen, bei denen die Zeugen einander unbekannt waren und die Ereignisse von verschiedenen Standorten aus beobachteten. Idealerweise sollten die Personen nicht miteinander in Kontakt gekommen sein, bevor ihre Aussagen aufgezeichnet wurden. Außerdem sollte die Befragung von verschiedenen Personen übernommen werden, um so das Risiko einer Beeinflussung durch die Art der Fragestellung auf ein Minimum zu reduzieren. Leider sind diese Fälle höchst selten.

Großes Aufsehen hat in den letzten zehn Jahren die

angeblich erste Entführung durch Außerirdische erregt, für die es unabhängige Zeugen gab. Linda Napolitano aus New York erinnerte sich unter Hypnose daran, mehrfach von grauen Außerirdischen aus ihrer Wohnung in Manhattan entführt worden zu sein. Die Wesen »beamten« sie durch das geschlossene Schlafzimmerfenster hindurch in ein schwebendes UFO. Man stellte sie dem Entführungsforscher Budd Hopkins vor, der ihren Bericht interessant fand, »sich aber weiter keiner Gedanke machte, [weil] er sich nur unwesentlich von anderen Fällen unterschied.«

Erstaunlicherweise wurde Lindas Aussage kurze Zeit später durch einen Brief bestätigt, der Hopkins zuging. Darin behaupteten zwei Polizeibeamte namens Richard und Dan, daß sie in der fraglichen Nacht, also am 30. November 1989, unter Lindas Fenster geparkt und beobachtet hätten, wie diese ihre Wohnung auf einem Lichtstrahl verlassen habe und daran entlang zu einem wartenden UFO geglitten sei. Anschließend sei die fliegende Untertasse in den East River getaucht.

Die Polizisten schickten noch mehrere Briefe, in denen sie weitere Details enthüllten, aber es sollte noch besser kommen. Zwei andere Zeugen nahmen ebenfalls Kontakt mit Hopkins auf. Einer davon war ein einflußreicher Politiker, den die beiden Beamten in jener Nacht bewacht hatten, die andere eine ältere Frau, die erklärte, ihr Auto sei in jener Nacht unvermittelt stehengeblieben, als sie zum Zeitpunkt der Entführung über die Brooklyn Bridge fuhr. Die Zeugin wollte ebenfalls beobachtet haben, wie Linda in Begleitung von drei Außerirdischen an einem Lichtstrahl entlang zu einem UFO hinaufglitt.

Der Fall wirkte höchst interessant. Hopkins hatte eine Zeugin, die sich sowohl bewußt an ihre Entführung erinnerte als auch das Erlebnis unter Hypnose nacherleben konnte. Außerdem hatte er mehrere Briefe mit detaillierten

Beschreibungen von drei Zeugen erhalten, die in einem Wagen unterwegs gewesen waren und alle die gleichen erstaunlichen Beobachtungen gemacht hatten. Und schließlich hatte eine weitere Zeugin die Begegnung von einem anderen Ort aus beobachtet.

Trotzdem ist Hopkins' Version der Ereignisse kaum zu akzeptieren. Alle vier Zeugen, die Kontakt mit dem Forscher aufnahmen, wollten anonym bleiben, und keiner von ihnen hat sich zu einer persönlichen Befragung durch Hopkins oder jemand anderen bereiterklärt, so daß wir uns allein auf ihre Briefe verlassen müssen. Außerdem behauptet Hopkins, daß die Frau von der Brooklyn Bridge inzwischen verstorben sei.

Probleme bereiten auch die Widersprüchlichkeiten in den Zeugenberichten. Trotz gründlicher Suche war Hopkins nicht in der Lage, Polizeibeamte mit den Namen Richard und Dan aufzutreiben, die sich zur fraglichen Zeit in der Gegend hätten aufhalten können. Die Frau von der Brooklyn Bridge erklärte in ihrem Brief, daß das UFO über ihr Auto hinweg davongeflogen und keineswegs in den Fluß gestürzt sei. Unter Kollegen aus Ufologenkreisen hat sich Hopkins Feinde gemacht, weil er behauptete, der einflußreiche Politiker aus der Napolitano-Entführung sei kein anderer als Perez de Cuellar, damals der Generalsekretär der Vereinten Nationen. Perez de Cuellar hat sich nicht öffentlich dazu geäußert.

Niemand bezweifelt, daß Hopkins seine Entführungsfälle immer nach bestem Wissen und Gewissen untersucht. Daß Linda Napolitanos Geschichte so eingehend erforscht wurde, ist ihm zu verdanken. Daher ist es um so erstaunlicher, daß ein auf den ersten Blick idealer Fall so undurchsichtig geblieben ist. Offenbar genügt es nicht, über unabhängige und anscheinend zuverlässige Zeugen zu verfügen und darüber hinaus ein Entführungsopfer zu haben, das sich sowohl bewußt als auch unter Hypnose an das Ereignis erinnert

Diese Erkenntnis ist aus zwei Gründen von Bedeutung. Einmal sind die Aussagen von Augenzeugen häufig das einzige verfügbare Beweismaterial, weshalb man sich darüber im klaren sein muß, wie unzuverlässig sie sein können. Und zweitens kann dieses neue Wissen hilfreich sein, wenn wir uns mit jener zahlreichen Sorte von Phänomenen beschäftigen, die den Rahmen jeglicher Vorstellungskraft sprengen.

Nehmen wir ein einfaches Beispiel: Ist es möglich, daß Bigfoot wirklich existiert? Ein so großes Geschöpf würde ungeheure Mengen an Nahrung benötigen. Außerdem könnte es nur in undurchdringlichen Wäldern überleben, in denen es nicht allzu häufig auf Menschen stieße. Man könnte sich Oregon und Washington State als seine Heimat vorstellen, aber weiter östlich dürfte es schwierig werden. Was ist also von den Berichten aus New Hampshire, New Mexico und New York zu halten? Der einzige amerikanische Bundesstaat, aus dem noch kein Bigfoot gemeldet wurde, ist Hawaii.

Vor demselben Problem stehen wir bei den *peistes*, den Ungeheuern, die in den Seen Irlands leben. Ende der 60er und Anfang der 70er Jahre wurden diese Monster in über einem Dutzend kleiner Gewässer in Connemara gesichtet. Die Loch-Ness-Forscher waren begeistert, weil sie hofften, die Untiere hier leichter aufspüren zu können. Ein typischer Bericht ist der vom 22. Februar 1968, als ein einheimischer Bauer namens Stephen Coyne im Nahooin-See in der Dämmerung ein schwarzes Objekt im Wasser bemerkte.

> »Es handelte sich um ein Tier mit schlangenähnlichem Kopf und Hals, die beide einen Durchmesser von etwa 20 bis 30 Zentimeter hatten. Es wechselte mehr-

fach die Richtung, während es im See herumschwamm. Von Zeit zu Zeit steckte es den Kopf unter Wasser, woraufhin zwei Buckel sichtbar wurden. Gelegentlich tauchte ein flacher Schwanz auf, einmal sogar direkt neben dem Kopf, woraus ich schloß, daß er lang und beweglich war. Das Ding war schwarz, glatt und haarlos, ähnlich wie ein Aal.«

Sieben Angehörige der Familie Coyne sahen das Untier. Sie schätzten seine Länge auf etwa vier Meter. Das Ungeheuer schwamm mindestens eine halbe Stunde lang im See herum und kam einmal bis auf weniger als zehn Meter an die am Ufer versammelten Menschen heran. Dabei konnten sie erkennen, daß Gaumen und Kiefer von heller Farbe und offenbar zahnlos waren. Auch wenn die Beleuchtung schlecht war, ist wohl noch niemand einem Seeungeheuer so nahe gekommen.

Ein Team unter Leitung von Lionel Leslie besuchte den Nahooin im selben Sommer, um das Untier aufzuspüren. Sie fanden einen See vor, der nicht mehr als 100 x 80 Meter maß und höchstens sieben Meter tief war. Der Monsterjäger F.W. Holiday erinnerte sich, vor dem winzigen Gewässer gestanden und gesagt zu haben: »Wenn hier eins drin ist, dann gehört es uns.« Dem Biologen des Teams, Roy Mackal, dagegen »sank der Mut, als ich mir diesen Teich ansah. Noch nicht einmal ein einziges Tier hätte sich für längere Zeit in diesem Tümpel aufhalten können.« Man spannte ein Netz von einem Ufer des Sees zum anderen und ruderte, bewaffnet mit einem Betäubungsgerät für Fische, darauf herum. Aber kein Monster ließ sich blicken. Nach einer Weile verlor auch Holiday seine anfängliche Zuversicht.

»Die Suche wurde schnell paradox. Alles deutete darauf hin, daß peistes in diesen Seen heimisch waren, aber wovon sie sich ernähren sollten, war nicht auszumachen. Im Nahooin lebte eine stabile Population kleiner brauner Forellen. Aber die Vorstellung, daß ein Tier von der Größe eines Krokodils in dem Teich lauern sollte, um diese Fische zu fressen, war absurd. Es hätte innerhalb weniger Tage mit dem gesamten Fischbestand aufgeräumt.«

Ganze Bücher ließen sich diesen kryptozoologischen Unwägbarkeiten widmen. Ein schönes Beispiel für die Probleme, die sich ergeben, wenn Augenzeugenberichte wörtlich genommen werden, sei noch erwähnt. Es geht um Sichtungen des rätselhaftesten aller in den Ozeanen vermuteten Geschöpfe: die Meerjungfrau. Gwen Benwell und Sir Arthur Waugh, die führenden Autoritäten auf diesem Gebiet, führen in ihrem Buch *Sea Enchantress* Dutzende von Fällen an. Ihren Erläuterungen zufolge war der Glaube an Meerjungfrauen lange Zeit nicht nur unter Fischern verbreitet.
1723 überprüfte in Dänemark sogar eine königliche Kommission die Existenz dieser Geschöpfe. Nach Auswertung aller verfügbaren Beweismaterialien kamen ihre Mitglieder zu dem einhelligen Schluß, daß es die Wesen wirklich gebe. Unter anderem hätten sie selbst vor den Färöer Inseln einen Meermann zu Gesicht bekommen. Eine beliebte Erklärung lautet, daß die Zeugen Seekühe und Dugongs mit Mitgliedern des fischschwänzigen Meeresvolkes verwechselt hätten.

Aus dem vergangenen Jahrhundert stammen einige der jüngsten Berichte über Sichtungen aus nächster Nähe. Die meisten von ihnen kommen aus Schottland, wo der Glaube an Meerjungfrauen tief verwurzelt ist. Beispielsweise schnitten 1830 ein paar Kleinbauern auf Benbecula in den Äußeren Hebriden Seetang, als einer von ihnen am Strand auf ein

Geschöpf »in Gestalt einer Miniaturfrau« stieß. Die Männer versuchten vergeblich, sie zu einzufangen, bis ein Junge mit einem Stein nach ihr warf, als sie sich eben im Wasser in Sicherheit bringen wollte, und sie im Rücken traf. Zwei Tage später wurde ihre Leiche ans Ufer gespült. Man untersuchte sie sorgfältig.

> »Der obere Teil des Körpers glich dem eines wohlgenährten Kindes von drei bis vier Jahren, obwohl die Brust außergewöhnlich entwickelt war. Das Haar war lang, dunkel und glänzend, die Haut weiß, weich und zart. Der untere Teil ähnelte einem Lachs ohne Schuppen.«

Nach der Untersuchung wurde der kleine Körper bestattete, allerdings nicht auf dem christlichen Friedhof, sondern am Meer. Der Stein, der das Grab bezeichnete, stand bis 1961 dort, was viele Kryptozoologen zu der Hoffnung verleitete, das Skelett zu finden, um es zu untersuchen.

Die dramatischste aller Begegnungen mit Meerjungfrauen ereignete sich ebenfalls in Schottland. 1833 fand die sechsköpfige Besatzung eines kleinen Fischkutters vor der Shetland-Insel Yell eine Meerjungfrau, die sich in ihren Netzen verfangen hatte, und holte sie an Bord. Dort hielt man sie drei Stunden lang fest. Die Fischer berichteten, daß sie etwa einen Meter groß gewesen sei und ein Affengesicht sowie kurze Arme, die sie ständig über der Brust gekreuzt hielt, gehabt habe. Kopf und Hals seien von einem Stachelkamm gekrönt gewesen, den sie nach Belieben habe aufstellen können. Flossen oder Kiemen konnten die Männer angeblich nicht entdecken, aber der fischähnliche Unterleib habe in einem Schwanz geendet, der dem eines Hundshaies ähnlich sah. Schließlich hätten sie das Wesen lebend ins Wasser zurückgeworfen.

Leider stammen die Berichte über diesen Fall ebensowenig wie die von Benbecula aus erster Hand. Robert Hamilton, Professor für Naturgeschichte an der Universität von Edinburgh, erfuhr davon über einen gewissen Mr. Edmonston, einen »bekannten und intelligenten Beobachter«, der den Kapitän des Kutters und einen seiner Männer befragt hatte. Als Beweismaterial mag dies nicht gelten, aber der Vorfall ist ein gutes Beispiel dafür, daß Augenzeugen unter idealen Bedingungen Dinge sehen, die sich selbst kühnste Kryptozoologen nicht träumen lassen. Ein qualitativer Unterschied zu den etwas glaubwürdigeren Sichtungen von Bigfoots oder Loch-Ness-Monstern ist ebenfalls nicht auszumachen. Hätten die sechs schottischen Fischer von Yell zum Beispiel eine Babyseeschlange gefangen, so wäre ihr Bericht von den Monsterjägern mit größter Wahrscheinlichkeit für bare Münze genommen worden, ohne daß man danach gefragt hätte, ob er aus erster Hand stammte oder nicht.

Was läßt sich also abschließend über die Glaubwürdigkeit von Augenzeugenberichten sagen? Mit Sicherheit sollte nicht jeder Hinweis auf ein seltsames Phänomen von vornherein als Fälschung abgetan werden. Aber bevor man eine Geschichte auch nur unter Vorbehalt akzeptiert, muß sie genau überprüft werden, ohne daß man dabei aus dem Auge verliert, was wir über die Schwächen von Zeugenaussagen und die Möglichkeit verzerrter Wahrnehmung unter bestimmten Bedingungen wissen. Selbstverständlich ist es immer von Vorteil, wenn ein Zeuge seinen Bericht zusätzlich belegen kann. Geeignet hierzu erscheinen Fotos, Filme und andere Aufzeichnungen wie Bandaufnahmen und Echolotkurven sowie physische Materialien wie Gipsabdrücke oder gar Kadaver.

Es gibt Hunderte von Fotos, die angeblich paranormale Ereignisse, unbekannte Flugobjekte und seltsame Tiere zeigen. Beispielsweise füllt eine kürzlich von der Ufologin Wendelle Stevens zusammengestellte Sammlung sämtlicher bekannten UFO-Fotografien zwei Bände und insgesamt etwa 400 Seiten. Dazu kommen Film- und Videoaufnahmen, deren Zahl weniger beeindruckend ist, die jedoch im allgemeinen einen besseren Eindruck von dem fraglichen Phänomen vermitteln und schwieriger zu fälschen sind.

Leider läßt sich die große Mehrheit dieser Bilder in zwei Kategorien unterteilen: Entweder handelt es sich um offenkundige Fälschungen, oder die Informationen sind so dürftig, daß eine Bewertung so gut wie unmöglich ist. Wollten wir nur einigermaßen fundierte Aufnahmen berücksichtigen, so kämen nur noch ein paar Dutzend Bilder für eine Untersuchung in Frage.

Zur Veranschaulichung wollen wir das Fotomaterial über das Monster von Loch Ness betrachten. Im Jahre 1986 zur Zeit der letzten umfassenden Studie bestand es aus 26 Fotos (ausschließlich bekannter Fälschungen), 26 Filmsequenzen und einem kurzen Videofilm. Das Material stammte aus den Jahren 1933 bis 1983. Im vergangenen Jahrzehnt sind einige Aufnahmen dazugekommen, die aber allesamt nicht von Bedeutung sind.

Von diesen 53 angeblichen Beweisen sind 25 entweder ohne zusätzliche Informationen nicht aussagekräftig, aus sehr großer Entfernung aufgenommen oder so undeutlich, daß man noch nicht einmal sagen kann, ob die Bilder ein belebtes Objekt zeigen. Bei 15 weiteren handelt es sich vermutlich um Verwechslungen mit Vögeln oder im Wasser treibenden Baumstämmen. Von den verbleibenden 13 Filmen und Fotos sind fünf bekanntermaßen Fälschungen, bei zwei weiteren wird dies vermutet, so daß eine magere Bilanz von sechs möglicherweise aussagekräftigen übrigbleibt.

Zu den aussortierten Fotos gehören auch viele der bekanntesten Aufnahmen vom Ungeheuer von Loch Ness. Die berühmteste – sie stammt von 1934 – zeigt einen schmalen, aus dem Wasser ragenden Kopf und wurde kürzlich als Fälschung entlarvt. Man hatte ein Modell auf einem U-Boot befestigt, das über einen Aufziehmechanismus verfügte. Die drei eckigen Buckel, die ein Förster namens Lachlan Stuart im Sommer 1951 fotografiert haben will, stehen mittlerweile ebenfalls in dem Verdacht, nicht echt zu sein. Und alle fünf bekannten Unterwasseraufnahmen eines amerikanischen Teams der Bostoner Akademie für angewandte Wissenschaften aus den 70er Jahren zeigen wahrscheinlich nur den Grund des Sees.

Was hat es mit dem übrigen Bildern auf sich? Eines der frühesten Fotos von dem Monster ist völlig unscharf und höchst bizarr. Darauf ist so etwas wie ein halber Schildkrötenpanzer zu sehen, an dem sich hinten eine einzige Flosse befindet. Es weist keinerlei Ähnlichkeit mit einer der anderen Aufnahmen auf. Der Fotograf, ein Einheimischer namens Hugh Gray, war so mit seiner Kamera beschäftigt, daß er das Objekt, das er gesehen hatte, nur sehr bruchstückhaft beschreiben konnte. Man vermutete, daß es sich in Wirklichkeit um einen Labrador handelte, der mit einem Stock im Maul auf die Kamera zuschwamm.

Dann gibt es noch eine Aufnahme von einem Mitglied des Teams des Versicherungsmagnaten Sir Edward Mountain, das den gesamten See fünf Wochen lang unter Beobachtung hielt. Es zeigt einen langen, flachen Buckel mitten im See. Wäre da nicht die Andeutung einer Fontäne, würde man das Objekt mit Sicherheit für eine Welle halten. Eine genaue Identifizierung ist nicht möglich, dafür ist das Bild zu undeutlich. Ein drittes, höchst eindrucksvolles Foto machte im Juli 1955 der Bankmanager Peter McNab. Es zeigt zwei riesige schwarze Buckel vor der Mündung der Urquhart Bay, etwa in der Mittes des Sees. Deutlich ist der Turm der Ruine von Urquhart Castle zu erkennen, so daß die Größe des Ungeheuers gut zu schätzen ist. Demnach betrüge allein der sichtbare Teil des Monsters knapp 20 Meter, während man bislang angenommen hatte, daß das gesamte Seeuntier höchstens so lang war. Das wahre Problem der McNab-Bilder besteht darin, daß es eigentlich zwei davon geben müßte, weil er seiner Aussage nach zwei verschiedene Kameras benutzte. Bei näherer Untersuchung wird jedoch deutlich, daß eines der beiden Bilder eine abfotografierte Aufnahme des ersten ist. McNabs Sohn, der ihn damals begleitete, kann nichts dazu sagen, weil er das Monster nicht zu Gesicht bekam. Angeblich hatte er zum fraglichen Zeitpunkt »unter der Motorhaube« zu tun.

Von den verbleibenden Aufnahmen ist Tim Dinsdales einminütiger Film der bekannteste, den er nur wenige Tage nach seinem abgebrochenen Versuch, einen Baumstamm zu filmen, im April 1960 drehte. Dinsdale behauptet, der Film zeige einen Buckel, der in eineinhalb Kilometer Entfernung parallel zum gegenüberliegenden Ufer über den See schwimme. Kritiker glauben, daß es sich dabei um ein Motorboot handelt. Für diese Vermutung spricht die Tatsache, daß sich der »Buckel« mit derselben Geschwindigkeit bewegt wie ein Boot mit Außenbordmotor. Ein- oder zweimal scheint am Heck sogar der Kopf eines Mannes erkennbar zu sein. Für die These, daß es ein Monster ist, spricht eigentlich nur Dinsdales Behauptung, daß er den Buckel durch sein Fernglas beobachtet habe. Er sei sicher, einen rotbraunen Rücken mit einem großen Fleck auf der Seite entdeckt zu haben, und im übrigen sei der Höcker »kräftig und breit wie der eines afrikanischen Büffels« gewesen. Als das Wesen davonschwamm, will Dinsdale auf beiden Seiten Paddelschläge im

Wasser bemerkt haben. Allerdings konnte der Skeptiker Ronald Binn nachweisen, daß Dinsdales Erinnerungen an seine Beobachtungen durch das Fernglas ungenau und übertrieben waren. Bedenkt man, in welcher geistigen Verfassung sich Dinsdale im April 1960 befand, sollte man seiner Aussage nicht allzu viel Bedeutung beimessen.

Dann haben wir eine kurze Filmsequenz, die eine lange, schmale Kielwelle zeigt und im Juni 1967 von Dick Raynor vom *Loch Ness Investigation Bureau* aufgenommen wurde, außerdem die Fotos, die R.H. Lowrie am 7. August 1960 von der Yacht *Finola* aus machte. Die Sichtung erstreckte sich über zehn Minuten und wurde auch von anderen Familienmitgliedern an Bord der Yacht sowie von einem Monsterjäger namens Torquil MacLeod, der sich am Ufer aufhielt, beobachtet. Die Augenzeugen beschrieben ein großes Tier, das sich mit einer Geschwindigkeit von über sechs Knoten fortbewegte und drei Buckel sowie einen »halsähnlichen Vorsprung« besaß. Die Bilder zeigen allerdings nur eine breite, V-förmige Welle, die parallel zum Ufer verläuft. Ihre Aussagekraft ist so gering, daß man ohne die begleitenden Zeugenberichte vermuten würde, ein Otter oder ein paar Enten seien dort vorbeigeschwommen.

Das Beweismaterial für die meisten anderen seltsamen Phänomene ist leider von ähnlich dürftiger Qualität. Gespensterbilder zum Beispiel entstehen meistens zufällig. Der Fotograf macht eine Aufnahme von einem vollkommen unauffälligen Objekt, wie zum Beispiel dem Innenraum einer Kirche, und entdeckt später überraschend auf dem entwickelten Film eine geisterhafte Erscheinung. Einige Bilder zeigen »klassische« Geister in Laken oder wallenden Roben, die heute aus der Mode gekommen sind und kaum noch beobachtet werden. Die berühmteste beabsichtigte Aufnahme von einem Gespenst stammt aus dem Jahre 1936 und zeigt eine schwache, amorphe Gestalt, die über die

Haupttreppe von Raynahm Hall in Norfolk herunterschwebt. Angeblich handelt es sich dabei um die »braune Lady«, ein Gespenst, das dort mehrfach gesehen wurde. Jahrelang galt das Foto als echt, aber inzwischen häufen sich die Hinweise darauf, daß es gefälscht ist.

Welchen Wert besitzen Fotos überhaupt als Beweismaterial? Heute, im Zeitalter der Computertechnik, lautet die Antwort: so gut wie keinen. Es ist kaum ein Bild vorstellbar, das nicht zu fälschen wäre. Selbst Filme können manipuliert werden, wenn man genügend Zeit und Geld investiert. Ältere Aufnahmen sind etwas glaubwürdiger, obwohl die Geschichte der Fälschungen von Fotos lang und glorreich ist, wie wir wissen. Die Erfahrung hat gezeigt, daß ein auffällig scharfes Bild von einem mysteriösen Vorfall mit größter Wahrscheinlichkeit nicht echt ist. Gestochen scharfe Aufnahmen, vor allem von außerirdischen Raumschiffen, haben sich allzuoft als Fälschungen entpuppt. Logischerweise wird ein Zeuge von einem kurzlebigen Phänomen eher einen verschwommenen, unscharfen Schnappschuß machen können. Von dieser Seite sollten wir in der nächsten Zeit also nicht mit überzeugendem Beweismaterial rechnen.

Die aussagekräftigsten Beweise für die Existenz seltsamer Phänomene dürften »physische Spuren« sein. Sie haben den großen Vorteil, daß sie in aller Ruhe von Experten untersucht werden können. Außerdem hat man in solchen Fällen wenigstens den Eindruck, es mit einem Mysterium zu tun zu haben, daß physisch tatsächlich existiert und nicht nur als Halluzination zu erklären ist.

So ist der überzeugendste Beweis dafür, daß der Bigfoot ein Lebewesen und kein Hirngespinst ist, nicht der umstrittene Patterson-Film, sondern die Sammlung Dutzender, qualitativ hochwertiger Abdrücke abnorm großer Fußspuren, die Kryptozoologen im Laufe der Jahre zusammengetragen haben. Viele davon mögen gefälscht sein, aber nicht bei allen ist das erwiesen. Grover Krantz, Professor für Anthropologie an der Universität des Staates Washington, verweist auf eine Reihe interessanter Charakteristika. Zum Beispiel scheinen voll ausgewachsene Bigfoots wegen ihres großen Gewichts plattfüßig zu sein. Dagegen zeigen die Abdrücke kleinerer Exemplare eine gewölbte Sohle. Interessant sind auch die Spuren, die im Oktober 1969 bei Bossburg in Washington entdeckt wurden. Auf einer Strecke von 800 Meter wurden über 1 080 Abdrücke im Schnee gefunden. Eine Untersuchung ergab, daß der rechte Fuß normal war, der linke jedoch ein Klumpfuß mit einer abnormen Stellung der dritten Zehe. Diese Tatsache überzeugte den britischen Anthropologen John Napier von der Echtheit der Spuren. Sollte es sich um einen Schwindel gehandelt haben, dann hätte zumindest jemand unsinnig viel Energie darauf verwendet. Andererseits erinnern wir uns an Tony Signorini und seine Überschuhe aus Beton, so daß man auch hier mit einem abschließenden Urteil vorsichtig sein muß.

In einer Reihe von Fällen waren die Abdrücke des angeblichen Sasquatch so tief, daß es für einen Fälscher nicht einfach gewesen wäre, sie nachzuahmen. Krantz meinte jedoch, am überzeugendsten seien die wenigen Spuren, bei denen man die »Hautleisten« – ein den Fingerabdrücken vergleichbares Muster von Papillarlinien auf der Fußsohle – erkennen könne. Am deutlichsten waren diese bei den 30 Zentimeter langen Spuren zu sehen, die im Juni 1982 bei Mill Creek an der Grenze zwischen Oregon und Washington entdeckt wurden und zahlreiche Wissenschaftler beeindruckten. Aber auch in diesem Fall ist eine Fälschung nicht auszuschließen, denn Paul Freeman, der Mann, der die Spuren fand, hat eigenen Aussagen zufolge auch andere Bigfootspuren gefälscht. Zudem ergab eine Untersuchung durch das Forstamt, daß unter anderem Fichtennadeln beiseite gefegt worden waren, bevor die Abdrücke hinterlassen wurden. Verdächtig erschien auch, daß die Schrittlänge stets gleich blieb und die Spuren nicht im geringsten verwischt waren, was bei einem affenartigen Lebewesen, das einen schlammigen Hügel hinaufgeht, eigentlich zu erwarten gewesen wäre.

Gelegentlich erreichen uns auch physische Beweismaterialien aus der undurchsichtigen Welt der Ufologie. Einer der bizarrsten Fälle ist wohl der eines Installateurs namens Joe Simonton aus Eagle River in Wisconsin. Als dieser am Morgen des 18. April aus dem Fenster sah, landete gerade ein UFO in seinem Hinterhof. Eine Klappe öffnete sich, und drei kleine »Männer« in schwarzen Uniformen stiegen aus. Einer von ihnen bedeutete ihm, einen Eimer mit Wasser zu füllen. Als Simonton der Bitte nachgekommen war, ging das Wesen in sein UFO zurück und tauchte mit vier warmen, fettigen Pfannkuchen wieder auf. Simonton probierte das außerirdische Frühstück vorsichtig und fand, daß es wie Pappkarton schmeckte. Dagegen ergab eine spätere chemische Analyse, daß es sich um gewöhnliche Haferpfannkuchen handelte. Der Kommentar des Ufologen John Rimmer zu diesem Vorfall läßt keine Möglichkeit außer acht:

> »Man könnte dies als Beweis dafür ansehen, daß Joe Simonton ein Betrüger war. Andererseits könnte es auch bedeuten, daß sich Pfannkuchen sehr ähnlich sind, gleichgültig woher sie stammen. Oder es belegt, daß menschenähnliche Wesen aus anderen Welten sehr wohl irdische Nahrung zu sich nehmen können, wenn es erforderlich ist.«

Interessanter schien das Material, das im September 1957 dem Gesellschaftskolumnisten der Zeitung *O Globo* zuging. Er erhielt einen Brief, dessen Verfasser behauptete, daß er in der Nähe von Ubatuba im Bundesstaat São Paulo beim Fischen war, als über ihm eine fliegende Untertasse erschienen sei. Es habe ausgesehen, als wenn das Raumschiff in der Nähe zu Boden stürzen würde, aber dann sei es im letzten Moment vertikal in die Höhe geschossen und anschließend in einem grellen Blitz explodiert. Dabei seien in weitem Umkreis Trümmer zu Boden gefallen. Zwar war das Schreiben unterzeichnet, die Unterschrift aber unleserlich. Dafür lagen als Beweis drei Proben eines leichten, metallartigen Materials bei.

Das sogenannte »Ubatuba-Material« hat eine jahrelange Kontroverse ausgelöst. Teile der Fragmente wurden in Unmengen von chemischen Tests analysiert, wobei man zu dem Ergebnis kam, daß es sich um ungewöhnlich reines Magnesium handelte. Einmal hieß es, das Material sei so erstaunlich, daß es nicht von der Erde stammen könne, aber heute weiß man, daß bereits in den 40er Jahren Magnesium von vergleichbarer Qualität in den Vereinigten Staaten hergestellt wurde. Eine Analyse legte die Vermutung nahe, daß es im Inneren der Fragmente zu »gerichtetem Kristallwachstum« gekommen sei, was auf außerirdischen Ursprung hindeuten würde. Dem steht die Tatsache entgegen, daß sich kein Zeuge der spektakulären Explosion jemals zu erkennen gegeben hat. Insgesamt gesehen, spricht alles dafür, daß auch im Ubatuba-Fall Betrüger am Werk waren.

Andere Begegnungen der zweiten Art sind nicht so einfach zu erklären. Besonders interessant ist ein Fall, der sich am 8. Januar 1981 in dem französischen Dorf Trans-en-Provence ereignete. Ein Einheimischer namens Renato Nicolai hörte ein pfeifendes Geräusch, und als er aufsah, landete ein »Schiff«, das aus zwei miteinander verbundenen Untertassen bestand, mitten in seinem Garten. Nicolai rannte zu einer kleinen Hütte und beobachtete aus sicherer Entfernung, wie das Objekt mit demselben merkwürdigen

Geräusch wieder abhob. Die Ufologen waren von diesem Ereignis schwer beeindruckt, vor allem weil Nicolai selbst kein besonderes Interesse an dem Erlebnis zeigte und erklärte, nichts über UFOs zu wissen. Anschließend untersuchte nicht nur die örtliche Polizei den Fall, sondern auch ein offizielles französisches Regierungsorgan, die GEPAN – *Groupe d'Etude des Phénomènes Aérospatiaux Non-Identifiés* (Studiengruppe zur Untersuchung nichtidentifizierter Weltraumphänomene). In dem Bericht finden mehrere physische Spuren der Landung Erwähnung. Beispielsweise waren in Blattproben die Chlorophyllpigmente reduziert, Abdrücke im Boden könnten von den »Landefüßen« des Raumschiffs gestammt haben, und der Boden zeigte Spuren von Hitzeschädigung. Leider waren diese Effekte nicht so deutlich, wie man sie sich wünschen würde, aber Ufologen halten die eingehende Überprüfung durch die GEPAN »für die vielleicht wichtigste Untersuchung eines einzelnen Falles in der Geschichte der UFOs«.

Wahrlich kein Mangel an Dramatik herrschte bei einer anderen Begegnung der zweiten Art, die im Mai 1967 in der Wildnis von Manitoba in der Gegend um den Falcon-See stattfand. Wie der Prospektor Stefan Michalak berichtete, erschien über ihm ein leuchtendes, zigarrenförmiges Objekt, das nicht weit von der Quarzader entfernt landete, an der er arbeitete. Er trat an das vermeintliche amerikanische Testflugzeug heran und steckte seinen Kopf durch eine offenstehende Klappe.

> »Das Innere war ein Labyrinth von Lichtern. Lichtbündel liefen horizontal und diagonal durcheinander, während andere Lichter wild blinkten, ohne daß ich ein System darin hätte entdecken können. Auffällig war die Dicke der Wände des Raumschiffs. Sie betrug am Durchlaß gut 50 Zentimeter.«

Als Michalak seinen Kopf zurückzog, schloß sich die Luke. Er glaubte, aus dem UFO Stimmen zu hören, konnte jedoch kein Besatzungsmitglied entdecken. Da ihm das Innere verschlossen war, begann er, den Rumpf des Raumschiffes zu untersuchen. Dieser war so heiß, daß er sich seinen Handschuh daran verbrannte. Wenige Augenblicke später stieß ein kleiner »Auspuff« an der Unterseite des Objekts plötzlich heißes Gas aus. Michalak wich zurück, aber Weste und Hemd standen bereits in Flammen, und er erlitt schwere Verbrennungen an seiner Brust. Während das UFO in den Himmel stieg, schleppte sich Michalak schwer verletzt in sein Motel zurück.

Die Nachwirkungen der Begegnung vom Falcon-See waren für Michalak verheerend. Er klagte über Übelkeit, Kopfschmerzen, üble Gerüche, die aus den Brandwunden aufstiegen, Depressionen und Appetitlosigkeit. Nach dem Erlebnis nahm er zehn Kilogramm ab.

Es besteht kein Zweifel daran, daß Michalak zum Zeitpunkt der Begegnung Verbrennungen an der Brust und Verätzungen des Magens erlitt. Aber andere physische Spuren waren nicht mit Sicherheit auszumachen. Bei einer Analyse von Proben des Landeplatzes wurde eindeutig eine schwache Strahlung gemessen, ungefähr von der Stärke der Beleuchtung einer Armbanduhr. Andere Untersuchungen bestätigten dieses Ergebnis jedoch nicht. Mißtrauen erregte auch, daß Michalak versuchte hatte, sich Geld für die Heimfahrt zu besorgen, indem er die Story an die *Tribune* in Winnipeg verkaufte. Andererseits war nur schwer vorstellbar, daß ein Schwindler all die körperlichen Symptome aufweisen würde, unter denen Michalak litt. Der Fall blieb höchst zweifelhaft. Der Ufologe Jerome Clark beschrieb den Vorgang zusammenfassend als »die Art von Übung in Frustration und Undurchschaubarheit, die UFO-Forscher in den Wahnsinn treibt.«

Nur in einigen wenigen Fällen steht physisches Beweismaterial zur Verfügung, dessen Ursprung eindeutig belegt ist. Besonders bemerkenswert sind die kleinen Klumpen einer dunklen Substanz, die im goldenen Reliquienschrein einer italienischen Kathedrale aufbewahrt werden – die Überreste des sogenannten »Blutwunders« von Neapel. Angeblich handelt es sich um das getrocknete Blut des heiligen Januarius, das sich jedes Jahr mit nahezu vollkommener Präzision an 18 verschiedenen Feiertagen im Mai, September und Dezember verflüssigt. Das Phänomen ist so zuverlässig, daß es als schlechtes Omen gilt, wenn es einmal ausbleibt. Als sich das Blut 1527 nicht verflüssigte, kam es zu einer verheerenden Seuche, 1569 litt das Land unter einer schweren Hungersnot, und 1990 gelang es der italienischen Nationalmannschaft trotz Heimvorteils nicht, die Weltmeisterschaft zu gewinnen.

Vom heiligen Januarius selbst weiß man erstaunlich wenig. Angeblich war er ein früher christlicher Bischof, der unter dem römischen Kaiser Diokletian den Märtyrertod starb. Seine Reliquien gelangten erst im Jahre 1497 nach Neapel. Außerdem klafft eine Lücke von 100 Jahren zwischen den ersten Berichten über deren Wundertätigkeit und seinem Tod vermutlich im Jahre 305. Daher ist es sehr unwahrscheinlich, daß die heiligen Phiolen in der Kathedrale von Neapel tatsächlich das Blut des Januarius enthalten. Trotzdem können Tausende von Pilgern die vermeintlich wunderbaren Eigenschaften des Inhalts bestätigen. 1970 stand der neapolitanische Arzt Giorgio Giorgi nur einen Meter vom Erzbischof von Neapel entfernt, während der eine der Glasphiolen vor den versammelten Gläubigen langsam im Kreis herumschwenkte. Giorgi schrieb später:

»Nach etwa vier Minuten war zu meiner Überraschung der Blutklumpen vor meinen Augen vom festen in den flüssigen Zustand übergegangen. Die Verwandlung [...] geschah plötzlich und unerwartet. Die Flüssigkeit war auf einmal viel heller, glänzte und warf so viele Gasblasen [...] daß man den Eindruck hatte, sie koche.«

Lange Jahre suchte man vergeblich nach einer Erklärung für das Phänomen. Selbst der Jesuit Herbert Thurston, eine anerkannte Autorität auf dem Gebiet religiöser Wunder und für seine skeptische Haltung bekannt, gab zu, daß er vor einem Rätsel stand. Die Verflüssigung war den Berichten zufolge bei Temperaturen zwischen zehn Grad unter und 30 Grad über Null eingetreten. Dabei hatten sich die heiligen Phiolen bis zu 24 Stunden, manchmal aber auch nur wenige Minuten außerhalb ihres Schreines befunden. Noch bemerkenswerter ist, daß das braunschwarze Blut bei seiner Verflüssigung stets die Farbe wechselt und hellrot wird. Auch die Menge scheint sich zu verändern – manchmal füllt es die Phiolen halb, manchmal ganz. 1906 und erneut 1991 fand man jedoch eine relativ einleuchtende Erklärung, die auf dem wissenschaftlichen Prinzip der Thixotropie beruht.

Thixotrope Stoffe wechseln innerhalb kürzester Zeit vom festen in den flüssigen Zustand, wenn sie in Bewegung geraten. Manche Lehmarten sind thixotrop und können schwere Erdrutsche auslösen. Das Prinzip findet auch bei der Herstellung von tropffreien Farben Anwendung. 1991 stellte Luigi Garlaschelli, Chemiker an der Universität von Pavia, verschiedene thixotrope Mischungen aus Lehm, in Alkohol gelöstem Bienenwachs, Kalk, Wasser und Salzen her. Garlaschellis Mischungen sehen dem verklumpten Blut in den heiligen Phiolen sehr ähnlich und lassen sich schnell und wiederholt verflüssigen. Die Theorie erklärt das Wunder zwar nicht in allen Punkten, aber für sie spricht auch, daß eine wichtige Zutat für Garlaschellis Lieblingsmischung – hydrierte Eisensalze – an den Abhängen des nahen Vesuv im Überfluß zu finden ist. Dies könnte der Grund dafür sein, daß in Neapel eine einzigartige Häufung dieser Reliquien, von denen es angeblich maximal 20 gibt, anzutreffen ist. Dazu zählen drei Flaschen mit Blut von Johannes dem Täufer, eine Phiole mit Fett des heiligen Laurentius und die bemerkenswerte, sich verflüssigende Milch der heiligen Jungfrau Maria.

Die Jagd nach dem »endgültigen Beweis«

Eine letzte Art von Beweisen wollen wir hier noch behandeln. Es gibt Berichte über Fälle, in denen Forscher erstaunlich nahe an eine unwiderlegbare Bestätigung für ihre Theorie herangekommen sind. Dies betrifft vor allem Kryptozoologen, denen, wenn man den Gerüchten Glauben schenken will, mehrfach die dringend benötigten Nahaufnahmen oder gar Kadaver ihrer Objekte der Begierde zum Greifen nahe schienen.

Zum Beispiel hörte 1965 der Monsterjäger F.W. Holiday von zwei bemerkenswerten Filmsequenzen, die angeblich Mitte der 30er Jahre von einem Arzt aus den schottischen Highlands namens McRae aufgenommen worden waren. Eine sollte eine Seeschlange zeigen, die ihren langen, mit einer üppigen Mähne besetzten Hals über ein Seetangbeet am Ufer eines schottischen Sees schwang. Die andere Sequenz war aus ungefähr 100 Meter Entfernung am Loch Ness aufgenommen worden. Darauf war eine »Nessie« mit drei Buckeln in der Nähe des Ufers zu sehen, die ihren Hals dicht über der Wasseroberfläche hielt. Auf dem stumpfen, kegelförmigen Kopf befanden sich zwei hornähnliche Sinnesorgane, und der Hals wurde von einer steifen, stacheligen Mähne gekrönt. Am seltsamsten fand McRae, daß sich die Haut des Monsters in ständiger wellenförmiger Bewegung befand, während darunter die Muskeln spielten. Leider, so erklärte man Holiday, habe McRae die beiden Sequenzen in einem Banksafe hinterlegt und mehrere Treuhänder damit beauftragt, dafür zu sorgen, daß sie nach seinem Tode nicht in falsche Hände gerieten. Unterdessen waren die Beauftragten selbst verstorben, aber sie hatten den Inhalt des Films ohnehin nur mündlich wiedergeben dürfen. Falls die Aufnahmen jemals existiert haben sollten, befänden sie sich inzwischen wahrscheinlich in einem derart schlechtem Zustand, daß sie unbrauchbar wären.

Ähnlich unglückliche Umstände führten laut Bernard Heuvelmans dazu, daß der erste Kadaver einer Riesenseeschlange, die jemals in menschliche Hände geriet, wieder verlorenging. Im Frühjahr 1885 segelte ein gewisser Mr. Gordon, der Präsident der *United States Humane Society* (Gesellschaft für Humanität der Vereinigten Staaten) an der Atlantikküste vor Florida entlang. Nachdem er eines Nachts in der Mündung des abgelegenen New River festgemacht hatte, fand er am nächsten Morgen den Kadaver eines riesigen Seeungeheuers an seinem Anker baumelnd vor. Als er es aus dem Schlick emporzog, stellte sich heraus, daß der schlanke Körper etwa 14 Meter lang war. Kopf und Teile des Halses fehlten, aber ein Flossenpaar und ein langer, schmaler Schwanz waren erhalten geblieben. Die Verwesung des Kadavers war bereits weit fortgeschritten, was in Fällen von Seeungeheuern immer bedenklich stimmen sollte. Gordon versuchte die Überreste ans Ufer zu ziehen, um sie aufzubewahren, aber noch bevor man sie näher untersuchen konnte, kam ein Sturm auf, und die See holte sich den merkwürdigen Körper zurück.

Hätte Kapitän William Hagelund, ein pensionierter kanadischer Walfänger, nicht ein so gutmütiges Herz gehabt, dann wäre der eben erwähnte Verlust leichter zu verschmerzen gewesen. Denn im August 1968 waren Hagelund und seine Familie mit ihrer Jacht zwischen den Gulf Islands vor der Küste von British Columbia unterwegs, als sie eines Abends vor De Courcy Island eine Bewegung im Wasser vernahmen. Der alte Walfänger wasserte ein Dingi und ruderte hinaus. Ein kleines, aalartiges Wesen von etwa 40 Zentimetern Länge schwamm an der Oberfläche. Mit viel Mühe gelang es ihm, das Tier zu fangen und an Bord zu bringen. Bei einer näheren Untersuchung stellte sich heraus, daß ihm das Geschöpf völlig unbekannt war. Es besaß einen verhältnismäßig großen Kopf mit gekrümmten Kiefern, einen Schnurrbart und eine Unmenge winziger Zähne. Schildplatten oder Schuppen liefen den Rücken hinunter, vorne befanden sich zwei Flossen, und der breite Schwanz war gespalten. Die Oberseite war von schwarzbrauner Farbe, während an der Unterseite gelber »Flaum« wuchs. Hagelund beschloß, das geheimnisvolle Wesen am nächsten Morgen zu einer nahen biologischen Forschungsstation zu bringen. Er legte es in einen Eimer mit Seewasser, aber es schlug so verzweifelt um sich, daß er in der Nacht aufstand, um dem seltsamen Gefangenen die Freiheit zurückzugeben – eine Aktion, deretwegen sich Kryptozoologen noch heute die Haare raufen.

Seeungeheuer sind nicht die einzigen unbekannten Tiere, die Menschen in die Hände fallen. Im Dezember 1967 erlegten zwei Studenten, während sie im Tenton Forest von Wyoming jagten, angeblich ein über zwei Meter großes Geschöpf, das sie für einen Bären hielten. Bei näherer Untersuchung stellten sie fest, daß es sich um einen riesigen Affen mit dunkelbraunem Fell handelte. Anscheinend hatten sie noch nie von Bigfoot gehört und »dachten, daß das Tier einen Besitzer haben müsse. Daher beschlossen sie, den Kadaver an Ort und Stelle zu lassen und niemandem etwas davon zu erzählen.« Als ihnen allmählich dämmerte, mit wem sie es zu tun gehabt hatten, war es zu spät. Einige Jahre später, im Sommer 1969, hörte eine Gruppe, die in der Nähe von Auburn im Bundesstaat Washington zeltete, Geräusche im Unterholz. Am nächsten Morgen entdeckte man in einer Bärenfalle einen abgerissenen Fuß von 50 Zentimeter Länge. Das Geschöpf, dem er gehört haben mußte, hatte bei seiner Flucht eine Spur hinterlassen, die abwechselnd aus riesigen Fußabdrücken und Blutflecken bestand. Erstaunlicherweise beschloß man, den Fuß zu lassen, wo er war. Man sah und hörte nie wieder davon.

Selbstverständlich sind auch diese Geschichten mit Vorsicht zu genießen. Viele sind zu gut, um wahr zu sein. Aber selbst wenn die Berichte zutreffen sollten, so sind sie ohne den Körper des Tieres als physischen Beweis wertlos. Vielleicht hätte sich der Kadaver aus der Mündung des New River als verwesender Hai entpuppt wie viele andere an Land gespülte »Seeschlangen«. In den seltenen Fällen, in denen solche Überreste in die Hände von Wissenschaftlern gelangten, waren die Ergebnisse der Untersuchungen entweder wenig aussagekräftig oder schlichtweg enttäuschend. Ein gutes Beispiel dafür ist die mumifizierte »Yeti-Hand«, die der texanische Ölmillionär Tom Slick in einem obskuren Kloster in Nepal aufspürte und die der Filmschauspieler James Stewart in seiner Unterhose versteckte und außer Landes schmuggelte. Eine wissenschaftliche Untersuchung ergab, daß die Hand zwar alt, aber eindeutig menschlich war.

Vielleicht so menschlich wie die größten Mysterien in den Grenzwelten?

10. Antworten aus dem Verborgenen

Eines der bemerkenswertesten Ereignisse, die sich jemals im Reich des Übersinnlichen abspielten, fand im Sommer 1973 in Kanada statt. Dort versammelten sich die Mitglieder der *Toronto Society for Psychical Research* und führten eine Reihe von Séancen durch, bei der sie einen Geist namens »Philip« heraufbeschworen.

Philip erzählte ihnen viel über sein Leben und die Zeit, in der er gelebt hatte. Er behauptete, ein englischer Aristokrat gewesen zu sein und im englischen Bürgerkrieg auf seiten des Königs gekämpft zu haben. Obwohl verheiratet, sei er eine romantische Verbindung mit einem Zigeunermädchen eingegangen, das er sehr geliebt habe. Während einer der Hexenjagden, die damals das Land erschütterten, sei sie verhaftet und als Hexe vor Gericht gestellt worden. Trotz Philips verzweifelter Bemühungen habe man das Mädchen schließlich am Brandpfahl verbrannt. Die Schuld, die er empfunden habe, weil er die Tragödie nicht hatte verhindern können, sei so groß gewesen, daß sein Geist an die Erde gefesselt blieb und nicht in die Nachwelt eintreten konnte.

Auch wenn sich Philips Geist niemals bei einer der Séancen der Gesellschaft tatsächlich materialisierte, machte sich seine Anwesenheit bemerkbar. Die Treffen der Gruppe wurden von Klopfzeichen und Rutschgeräuschen begleitet. Der Tisch, an dem die Teilnehmer saßen, kippte von einer Seite zur anderen. In entfernten Ecken des Raumes waren

Laute zu hören, und die Lichter schalteten sich selbständig ein und aus. Außerdem schien Philip ein ungewöhnlich mutiger Geist zu sein. Er ließ sich in der Anwesenheit von 50 Zuschauern und bei voller Beleuchtung herbeirufen, obwohl die Geister es in der Regel vorziehen, in abgedunkelten Räumen vor nur sehr wenigen Zeugen zu erscheinen. Einmal trat Philip sogar während einer Séance auf, die von einem örtlichen Fernsehsender live übertragen wurde.

Ein solches Verhalten war noch nie dagewesen, auch nicht in den großen Tragen des Spiritismus. Doch am ungewöhnlichsten war, daß Philip gar nicht existierte. Er war von der *Toronto Society for Psychical Research* als Teil eines Experiments erdacht worden, mit dem man herausfinden wollte, ob es möglich wäre, einen künstlichen Geist zu erfinden. Die acht Mitglieder der Gruppe hatten Monate damit zugebracht, seinen Charakter zu entwerfen und eine einerseits glaubwürdige und andererseits genügend dramatische Biographie für ihn zu schaffen.
Während dieser Zeit war er für sie selbst zu mehr als einer Erfindung geworden.

An dieser Stelle ist eine Ermahnung zur Vorsicht geboten. Die Gruppe aus Toronto stellte einige dramatische Behauptungen über das Experiment auf, deren wichtigste war, daß Philip, nachdem seine Persönlichkeit in ausreichenden Zügen skizziert worden sei, ein eigenständiges Geisterleben angenommen habe. Nicht nur, daß keines der Mitglieder mehr in der Lage gewesen sei, ihn zu führen. Er habe sich darüber hinaus ihrer gemeinsamen Kontrolle entzogen. Gelegentlich sei dies so weit gegangen, daß er Behauptungen aufgestellt habe, die in absolutem Widerspruch zu der Geschichte standen, die für ihn erdacht worden war. Sollten diese Aussagen der Mitglieder der Forschergesellschaft zutreffen, wäre damit der Beweis für die Existenz einer Form von außersinnlicher Wahrnehmung erbracht. Außerdem gab es mehrere Experten, die fanden, daß das Klopfen und Tischkippen während der Séancen die Existenz von Psychokinese beweise, weil es sich dabei zweifellos nicht um das Werk von Geistern aus anderen Sphären gehandelt habe. Schließlich schienen die Séancen in Toronto sogar zu belegen, daß der Glaube an die jeweiligen Phänomene eine unverzichtbare Komponente bei außergewöhnlichen Erfahrungen darstellt. Als ein Mitglied der Gruppe zu Philip sagte: »Wir haben dich nur erfunden, das weißt du doch«, hörte das Phänomen abrupt auf. Der Geist erschien erst wieder, nachdem alle Mitglieder der Gruppe einige Zeit damit verbracht hatten, ihren Glauben an ihn wiederzuerlangen.

Obwohl die Geschichte der Séancen mit Philip aufregend und möglicherweise von großer Bedeutung ist, besteht das große Problem darin, daß das Experiment bis jetzt nicht von anderen Forschern wiederholt wurde. Bis es dazu kommt, wäre es unklug, die Behauptungen der Gruppe aus Toronto uneingeschränkt zu akzeptieren.

Zwar erscheint ein kollektiver Betrug in diesem Fall unwahrscheinlich (immerhin wurde das Experiment von dem anerkannten Parapsychologen A.R.G. Owen moderiert und von dessen Frau organisiert), aber es könnte für ein einzelnes Mitglied der Gruppe möglich gewesen sein, die anderen zu täuschen.

Doch für den Augenblick spielt es keine Rolle, ob wir die Philip-Séancen als Beweis für ASW und die Existenz einer Art von Gruppenbewußtsein akzeptieren, oder ob wir die Aktivitäten des Geistes einer Erwartungshaltung, Halluzinationen oder sogar einem Betrug zuschreiben. Wichtig ist, daß die Mitglieder der Gruppe sich selbst davon überzeugten, das, was sie erlebten, sei real.

Was kann uns der Fall Philip also über wunderliche Ereignisse lehren? Das Beispiel deutet an, daß seltsame

Phänomene eher eine interne denn eine externe Quelle haben. Außerdem wird klar, daß einige seltsame Phänomene objektiv real erscheinen können, obwohl sie nachweislich *nicht* objektiv real sind. Und er demonstriert, daß es für eine Gruppe von neugierigen und intelligenten Zeugen möglich ist, derartige Phänomene im Kollektiv zu erfahren. Kurz: Alle Anzeichen implizieren, daß viele unerklärliche Mysterien gelöst werden könnten, wenn wir nicht nach einer parapsychologischen, sondern nach einer psychologischen Erklärung suchen.

Das Kobold-Universum

Bevor wir damit fortfahren, jene psychologischen Prozesse zu ergründen, die möglicherweise für diese Art von Phänomen ursächlich sind, soll nicht unerwähnt bleiben, daß einige Forscher eine alternative Theorie entwickelt haben, mit der sie den soeben identifizierten Widerspruch erklären. Sie gehen davon aus, daß zwar viele seltsame Phänomene nicht physikalisch wirklich erscheinen, aber Anzeichen von Intelligenz aufweisen.

Diese Theorie wird manchmal »ultraterrestrische Hypothese« genannt. Sie besagt, daß eine große Anzahl der Mysterien, die wir betrachtet haben – einschließlich UFOs, Poltergeister und sogar Bigfoot –, Manifestationen einer kontrollierenden Intelligenz oder gar einer Gruppe solcher Intelligenzen sind. Diese Überintelligenz soll in einer anderen Art von Realität existieren. Der Kryptozoologe und Okkultist F.W. Holiday hat diesen Ort »Kobold-Universum« genannt. Dabei handelt es sich seiner Auffassung nach um »eine Halle aus Zerrspiegeln, in die wir unter schreiendem Protest geboren werden.« Im allgemeinen wird diese Welt als höhere Dimension verstanden, deren Bewohner, die

»Ultraterrestrier«, die Erde aufsuchen können, wann immer es ihnen beliebt. Alternativ wurde vorgeschlagen, daß diese Intelligenzen einfach in einem weiter oben angesiedelten Bereich der Existenz leben als wir Menschen, im sogenannten »Superspektrum«, wie es der UFO-Forscher John Keel bezeichnete. Keel geht davon aus, daß die Bewohner des Superspektrums zwar im allgemeinen unsichtbar sind, aber von Menschen mit speziellen psychischen Fähigkeiten erspäht werden können. Allerdings dürfen wir nicht darauf hoffen, sie fangen, verletzen oder auch nur verstehen zu können.

Selbst wenn man allgemein annimmt, daß sich die Ultraterrestrier dem Menschen gegenüber nicht aggressiv verhalten, haben doch eine Reihe von Forschern vermutet, daß sie uns häufig aus mysteriösen Gründen in die Irre zu führen versuchen. Dies könnte sowohl die roten Heringe erklären, für die normalerweise komplexe Phänomene wie das UFO-Rätsel verantwortlich gemacht werden, als auch die verblüffenden, »höchst merkwürdigen« Berichte, bei denen ein Mysterium mit einem anderen verschmilzt – UFO-Entführte werden von Poltergeistern geplagt, ein Priester wird gerufen, um den Geist des Loch-Ness-Monsters zu exorzieren.

Ein typischer Zwischenfall dieser Art ereignete sich am 6. Februar 1974 im Haus von Thelma Arnold in Uniontown (Pennsylvania). Auf ein Klappern an ihrer Vordertür hin griff sie zu ihrer 16-mm-Pistole und trat hinaus. Im Schein der Terrassenlampe sah sie eine große, affenartige Kreatur in nur wenigen Schritten Entfernung stehen. Als wolle das Wesen aufgeben, hob es die Arme über den Kopf, aber Thelma Arnold war so erschrocken, daß sie ihre auf den Bauch des Monsters gerichtete Pistole trotzdem abfeuerte.

Sie tötete es nicht. »Es verschwand einfach in einem grellen Blitz«, erzählte sie später.

Ein paar Jahre später, im Frühling 1979, sahen Sam und Ruth Frew, die nicht weit von Uniontown entfernt lebten, ein großes Objekt, »das vom Himmel fiel«. 14 Tage darauf hörten sie merkwürdige Tiergeräusche in den Hügeln. Die Laute hielten ungefähr drei Jahre lang an, bis Sam Frew am 12. August 1981 davon überzeugt war, eine telepathische Botschaft zu erhalten. »Komm herunter zur Gasleitung«, teilte man ihm mit. Er ging in den Wald hinein und traf auf eine haarige Kreatur von über dreieinhalb Metern Größe. Frew hatte den Eindruck, daß das Monster ihm etwas mitzuteilen versuchte. »Es war intelligent«, erzählte er dem Reporter, der ihn interviewte. »Es wollte kommunizieren. Man findet nur ein paar Fußspuren, aber nicht mehr, weil sie nicht aus dieser Dimension sind.«

Zwar sperren sich Anhänger der Ultraterrestrier-Hypothese gegen diesen Vergleich, aber ihre Theorie ist im Grunde nur eine Neuauflage der alten spiritistischen Idee von der »astralen Ebene«. In dieser Sphäre sollen erleuchtete Geister Seite an Seite mit Dämonen leben, die herabsteigen, um von unvorsichtigen Menschen Besitz zu ergreifen. Daneben existieren angeblich boshafte Wesen, die sich daran erfreuen, Normalsterbliche zu erschrecken oder zu verblüffen. Auch denselben Zweck verfolgen neue wie alte Theorie: Die komplexen Phänomenen immanente Unlogik soll erklärt werden. So ließe sich zum Beispiel begründen, warum vermeintlich reale Monster zwar von Schüssen getroffen, aber nicht getötet werden. Oder warum man sie jagen, aber nicht fangen kann, und wie sie in Umgebungen überleben, die nicht ein einziges Wesen ihrer Art, geschweige denn eine ganze Familie oder Gruppe ernähren könnten.

Wenn prinzipiell alles möglich ist, dann auch, daß die Ultraterrestrier-Hypothese zutrifft. Nur dürfte es sehr schwer sein, den Beweis anzutreten, daß eine so wenig faßbare, flüchtige Dimension existiert. Insgesamt ist es leichter anzunehmen, daß seltsame Phänomene komplex sind, weil das menschliche Gehirn komplex ist. Vielleicht lassen sich einige Antworten besser finden, indem wir die eigene Gedankenwelt erforschen, statt eine andere Realität zu suchen.

Phantastische Reisen

Für eine diesbezügliche Untersuchung böte sich der relativ neue Begriff der »Phantasieanfälligkeit« an. Diese von Sheryl Wilson und Theodore Barber entwickelte Theorie geht davon aus, daß ein relativ geringer Teil der erwachsenen Bevölkerung – nach aktuellen Schätzungen höchstens vier Prozent – Phantasien in einer Lebhaftigkeit und Häufigkeit erfährt, die den anderen unbekannt sind. Wilson und Barber sind der Meinung, daß Phantasieanfälligkeit aus der Unfähigkeit resultiert, sich von der kindlichen Vertiefung in Phantasie und Einbildung zu lösen. Außerdem glauben die Autoren, daß der spezielle Hang zur Phantasie unter den Menschen besonders ausgeprägt ist, die während ihrer Kindheit ein überdurchschnittlich komplexes und intensives Phantasieleben hatten. Falls Wilson und Barber recht haben, dürfen wir davon ausgehen, daß phantasieanfällige Persönlichkeiten in ihrer Kindheit »imaginäre Freunde« hatten, sich mit Vorliebe Phantasiespielen widmeten und fest daran glaubten, daß ihre Spielzeuge eigene Persönlichkeiten besäßen und daß der Nikolaus echt sei. Außerdem scheint eine Beziehung zwischen Phantasieanfälligkeit und Kindheitstraumata (wie zum Beispiel Kindesmißbrauch) zu bestehen. Mißbrauchte Kinder wenden sich oft der Phantasie zu, um die Illusion der Kontrolle über ihr Leben aufrechtzuerhalten.

Welche Charakteristika zeigt nun die erwachsene phantasieanfällige Persönlichkeit? Wilson und Barber haben eine kleine Testgruppe von vermeintlich phantasieanfälligen Personen mit einer anderen Gruppe verglichen. Sie entdeckten, daß die »Anfälligen« einen großen Teil ihrer Zeit mit Phantasien zubrachten, die sie »sehen«, »hören«, »riechen« und »fühlen« konnten. Nicht nur erlebten diese Personen manchmal Orgasmen ohne physische Stimmulation, sondern sie versanken auch häufiger als andere in lebhafte Träume und angsterregende Halluzinationen. Dazu zählten auch Visionen von Geistern und Monstern. Die Hälfte von ihnen glaubte sogar daran, spezielle Botschaften von einer Art höherer Intelligenz zu erhalten. Einige Testpersonen machten offenbar mediale Erfahrungen, und fast alle zeigten sich für Hypnose empfänglich. Tatsächlich beobachtete der Psychologe Robert Baker, daß »jenes Verhalten, das wir normalerweise ›hypnotisch‹ nennen, bei phantasieanfälligen Persönlichkeiten alltäglich ist.« Wilson und Barber hoben hervor, daß phantasieanfällige Persönlichkeiten zwar manchmal ein geringes Selbstwertgefühl an den Tag legten und nur schwer mit Streß umgehen könnten, aber keinesfalls geistesgestört oder krank seien. Der Studie zufolge sind sie in der Lage, ein glückliches und nach außen hin normales Leben zu führen.

Dies ist eine wichtige und überprüfbare Hypothese, insbesondere wenn wir davon ausgehen, daß Wilson und Barber die Zahl der Personen, die sich nur in besonderen Situationen der Phantasie hingeben, unterschätzt haben könnten. Die Wissenschaftlerin Hilary Evans hat festgestellt, daß viele Zeugen des Unbekannten in ihrem Leben offenbar schwierige oder traumatische Phasen durchlaufen. Dabei kann es sich um Heranwachsende handeln, die Probleme in der Pubertät haben – wie viele »Epizentren« von Poltergeistern und Jugendliche, die Marienerscheinungen erfahren –, oder um Erwachsene, die aufgrund von

Arbeitslosigkeit, sozialer Not oder Scheidung unter Streßsymptomen leiden. Möglicherweise nehmen diese Menschen in solchen Situationen für eine bestimmte Zeit die Strategie einer phantasieanfälligen Persönlichkeit an, um ihre Probleme zu überstehen. Evans formulierte es wie folgt:

> »In der Regel hat das Individuum ein (vielleicht unbewußtes) Problem. Dabei kann es sich um eine unmittelbare Krise, die für gewöhnlich persönlicher Art ist, oder um eine zeitweilige schwierige Phase in der Entwicklung handeln. Beispielsweise können die Schwierigkeiten, Pubertät oder Menopause zu überwinden, zu einer ernsten Identitätskrise führen. Oder es handelt sich um eine langfristige Unsicherheit, zum Beispiel durch religiöse Zweifel, oder um eine chronische Frustration, die etwa auf ein langweiliges oder erniedrigendes Leben zurückzuführen ist. Unfähig, das Problem auf normalem Wege zu lösen, erfindet das Unterbewußtsein in solchen Situationen eine dramatische Episode und projiziert sie als simulierte Realität an das Bewußtsein. Auf dieser phantastischen Reise trifft das Individuum auf ein Wesen aus einer anderen Welt, das neben allen anderen Attributen auch die erforderliche Autorität besitzt.
>
> Um effektiv zu sein, muß der Vorfall natürlich glaubwürdig sein. Um glaubwürdig zu sein, muß er lebensecht sein. Daher wird er in einer Weise präsentiert, die das Bewußtsein als real akzeptiert.«

An dieser Stelle wollen wir darauf hinweisen, daß sich die Phantasieanfälligkeit noch in einem frühen Stadium der Erforschung befindet. Bislang wurden dazu erst wenige Studien durchgeführt, und nur eine kleine Beispielgruppe von anscheinend phantasieanfälligen Personen ist untersucht worden.

Phantasieanfällige Erwachsene begreifen schnell, daß sie sich lächerlich zu machen drohen, wenn sie sich ihrer bequemen Alternativeexistenz allzu auffällig hingeben. Daher verbergen sie ihre imaginären Erfahrungen häufig sogar vor engen Verwandten und Freunden. Es ist also schwierig zu bestimmen, wie häufig Phantasieanfälligkeit tatsächlich auftritt. Ohne weitere Forschung sollte man nicht einmal davon ausgehen, daß es sie überhaupt gibt.

Trotzdem kann die Theorie von Wilson und Barber hilfreiche Erklärungen für eine große Anzahl von Berichten über seltsame Phänomene liefern. Angefangen von Entführungen durch Außerirdische über Geisterbesuche und Sichtungen von Monstern wie Bigfoot bis hin zu außerkörperlichen Erfahrungen läßt sich mit ihr in vielen Fällen sowohl die überzeugende Realitätsnähe der Phänomene als auch deren seltsame Irrealität und bizarre Logik erklären. Außerdem erhalten wir eine Erklärung dafür, weshalb Sichtungen durch einzelne Zeugen überwiegen, sowie für die Schwierigkeit, physische Beweise zur Untermauerung von Augenzeugenberichten zu sammeln. Die Theorie bietet sogar den Vorteil, daß keine vermeintlich unüberwindbaren wissenschaftlichen Gesetze außer Kraft gesetzt werden müssen, um die jeweilige Erfahrung zur Realität werden zu lassen.

Darüber hinaus ist an der Hypothese der phantasieanfälligen Persönlichkeit sympathisch, daß sie erklärt, warum ein Teil der Menschen, die paranormale Erlebnisse haben, auf eine ganze Kette von Merkwürdigkeiten stoßen. Wie beispielsweise Sam Frew, der ein UFO landen sah, rätselhafte Geräusche hörte und eine telepathische Begegnung mit Bigfoot hatte. Diese Häufung von bizarren Ereignissen treffen wir in einigen höchst merkwürdigen Fällen an, insbesondere bei der Begegnung in Maine, die nicht nur eine UFO-Sichtung und eine Entführung durch Außerirdische beinhaltete, sondern auch unerklärliche Geräusche, rätselhafte Visionen, Poltergeister, Männer in Schwarz und telepathische Botschaften. Manchmal baut sich ein solches Muster über einen längeren Zeitraum auf, um dann in einem »Hauptzwischenfall« zu kulminieren. Ein französischer Ufologe nannte dieses Phänomen »Aufbauphase«. Es könnte als Serie von zunehmend intensiven Phantasien durch eine phantasieanfällige Person erklärt werden.

Ist es möglich, die Annahme zu überprüfen, daß viele Zeugen ungewöhnlicher Ereignissen phantasieanfällige Persönlichkeiten sind? Offenbar. Es gibt einige anekdotenhafte Anhaltspunkte dafür, daß zahlreiche Personen, die behauptet haben, von Ufos entführt worden zu sein, sowie vermeintliche Medien als Kinder Anzeichen von Phantasieanfälligkeit zeigten. Zum Beispiel spielte das große mentale Medium Mrs. Leonore Piper im Alter von acht Jahren im Garten, als es angeblich folgendes Erlebnis hatte:

> »Plötzlich fühlte ich einen heftigen Schlag gegen das rechte Ohr, begleitet von einem langen Zischlaut. Allmählich formte sich der Laut zu dem Buchstaben ›S‹, dem dann die Worte folgten, ›Tante Sarah nicht tot, sondern noch bei dir.‹ [...] Ein paar Wochen später weinte ich nachts und konnte nicht schlafen, weil so viele helle Lichter im Raum waren und all die Gesichter darin.«

Ihre Zeitgenossin Mrs. Gladys Leonard legte noch deutlichere Symtome der Phantasieanfälligkeit an den Tag. In ihrer Autobiographie erinnerte sie sich folgendermaßen an ihre Kindheit:

»Ich konnte in jede gewünschte Richtung blicken, und sofort verschwand das physische Bild der Wand, Tür, Decke oder was auch immer ich ansah. An die Stelle traten allmählich Täler, sanfte Hügel, wundervolle Bäume und Felder voller Blumen in allen Formen und Farben. Die Szenerie schien sich über Kilometer hinweg auszudehnen, und ich war mir bewußt, daß ich viel weiter sehen konnte, als in der gewöhnlichen physikalischen Szenerie um mich herum möglich gewesen wäre.«

In ähnlicher Weise rebellierte Catherine Muller, das Mars-Medium der 90er Jahre des 19. Jahrhunderts, in ihrer Kindheit gegen »die eintönige Umgebung, in die ihr Schicksal sie gebracht hatte«, wie der Physiologe Theodore Flournoy formulierte. Obwohl physisch gesund, war sie anfällig für Halluzinationen, Visionen und Vorahnungen. Sie stellte sogar ernsthaft in Frage, ob sie tatsächlich das Kind ihrer Eltern sei. Sei es nicht möglich, so fragte sie einmal, daß das Kindermädchen ein falsches Baby von einem Nachmittagsspazierung heimgebracht habe? Catherine Laboure, die französische Nonne, deren Vision der Jungfrau Maria von 1830 zu den prägendsten der bekannten seltsamen Erfahrungen zählte, hatte nach eigener Aussage »eine Neigung dazu, Erscheinungen zu sehen«. Besonders häufig sah sie den Heiligen Vincent de Paul, den Gründer ihres Ordens. Ferner behauptete sie, einen persönlichen »Schutzengel« zu haben, der ein »Kind von etwa fünf Jahren, das hell strahlt«, gewesen sein soll. Einer von Nigel Watsons UFO-Zeugen, Paul Bennett, sah seine erste fliegende Untertasse im Alter von neun Jahren. Sie schoß geräuschlos an seinem Fenster vorbei, während er im Bett lag, und erschien ihm fast nahe genug, um sie zu berühren. In der Folge sah er mehrere weitere UFOs und einmal sogar einen außerirdischen Roboter – immer in der Nähe seines Zuhauses in Bradford, während er sich in der Gesellschaft von Freunden befand. Darüber hinaus wurde Bennett Zeuge offenbar psychokinetischer Effekte. Das Licht in seinem Schlafzimmer schaltete sich selbständig ein und aus, und ein Wecker fiel grundlos zu Boden. Außerdem träumte er von Begegnungen mit UFOs und schlafwandelte ungefähr einmal monatlich.

Man führte mehrere Versuche zur Phantasieanfälligkeit von UFO-Entführten und Menschen, die Nahtod-Erfahrungen gemacht haben, durch. Keith Basterfield, Robert Batholomew und George Howard untersuchten 152 Personen, die behaupteten, von Außerirdischen entführt worden zu sein, und kamen zu dem Ergebnis, daß 132 von ihnen – 87 Prozent – mindestens ein Charakteristikum der Phantasieanfälligkeit aufwiesen. Eine ähnliche Studie wurde kürzlich von Joe Nickell durchgeführt. Er testete 13 Entführte, deren Erfahrungen von dem Harvard-Psychologen John Mack unter Hypnose aufgedeckt und 1995 in dem Buch *Entführt von Außerirdischen* veröffentlicht worden waren. Nickell berichtete, daß alle 13 Testpersonen ausgeprägte Anzeichen von Phantasieanfälligkeit gezeigt hätten. Angeblich wies eine Person vier der sieben Hauptindikatoren auf, eine andere fünf und die restlichen elf alle sieben. Einer der Entführten soll sich unter anderem daran erinnert haben, daß er als Kind gehört hatte, wie Tiere mit ihm sprachen. Eine entführte Frau behauptete, daß sie »die Aura von Menschen fühle«, und die meisten der Testpersonen wollten telepathische Botschaften von Außerirdischen erhalten haben. Nickell folgerte daraus, daß die veröffentlichten Berichte nahelegten, alle Entführten bis auf zwei hätten während der Hypnose Phantasien entwickelt. Unter den Berichten in dem Buch befanden sich astrale Flüge, Erscheinungen von Erdgeistern und in einem Fall sogar die

»Verwandlung« in ein außerirdisches Wesen, das anschließend mit mechanischer Stimme zu dem Therapeuten Mack sprach.

Forscher, die den Zeugen seltsamer Phänomene Jahre ihrer Arbeit gewidmet haben, nahmen die Hypothese von der phantasieanfälligen Persönlichkeit nicht eben begeistert auf. Insbesondere Experten auf dem Gebiet der Entführung durch Außerirdische haben argumentiert, daß sich mit dieser Theorie die Komplexität ihrer Fälle nicht erklären lasse. Sie verwiesen auf drei rivalisierende Studien, durch die jeweils andere Korrelationen zwischen Phantasieanfälligkeit und ungewöhnlichen Erfahrungen ermittelt wurden. Eine dieser Untersuchen führte ein Team der Carleton-Universität in Ottawa durch. Sie erbrachte zweideutige Ergebnisse, auf die sowohl Anhänger als auch Gegner der Theorie ihre Argumentation stützten. Die zweite Testreihe wurde von Mitgliedern des *Centre for UFO Studies* beaufsichtigt und basierte auf einer kleinen Testgruppe von nur 19 Entführten. Die Forscher gelangten zu dem Schluß, daß die überwiegende Mehrheit der Testpersonen weder besonders phantasieanfällig noch hypnotisch beeinflußbar sei. Die dritte Studie ist die Arbeit eines Psychologen namens Kenneth Ring, der sowohl Entführungen durch Außerirdische als auch Nahtod-Erfahrungen untersucht hat. Ring zog die Phantasieanfälligkeit als mögliche Ursache beider Phänomene in Erwägung, fand aber keine offensichtliche Verbindung. Allerdings ergab seine Studie, daß sowohl Zeugen von Begegnungen der dritten Art als auch Personen mit einer NTE einen Zustand durchlaufen, den er »veränderte Realitätserfahrung« nannte – außergewöhnliche Erfahrungen, die real erscheinen. Dieser Unterscheidung zwischen Phantasieanfälligkeit und der veränderten Realitätserfahrung sind andere Psychologen ausgewichen. Leonard George bemerkte dazu: »Die meisten Forscher würden die ›veränderte

Realitätserfahrung‹ unter die Definition von Phantasieanfälligkeit einordnen.« Es hat also den Anschein, als würden die vorhandenen Anhaltspunkte die Phantasieanfälligkeit als Erklärung für manche seltsamen Phänomene nahelegen.

Unsichtbare Sphären

Zu den beeindruckendsten Tatsachen bei den vielen seltsamen Ereignissen, die wir untersucht haben, gehört, daß sie so real erscheinen. Falls es sich um Halluzinationen handelt, wie in der Hypothese von der phantasieanfälligen Persönlichkeit unterstellt wird, dann sind sie sehr subtil und lebendig. Aber was genau sind Halluzinationen, und wie können wir sie identifizieren?

Bei genauerer Untersuchung aller vorliegenden Anhaltspunkte scheint es, als hätten wir es generell mit zwei verschiedenen Kategorien von Erfahrungen zu tun. Die erste und häufigste beinhaltet das Eindringen von Figuren und Objekten in die als Wirklichkeit empfundene Form der Wahrnehmung. Dort kommt es zu einer Interaktion mit der normalen Umgebung. Die meisten Psychologen würden dieses Phänomen als »echte Halluzinationen« bezeichnen, die als konkrete Störungen der Wahrnehmung definiert werden. Eine echte Halluzination wirkt völlig real, wirft Schatten und paßt sich korrekt in die objektiv wirkliche Umgebung ein. (Trotzdem ist es möglich, daß eine solche Halluzination durchsichtig erscheint oder die Form einer Figur oder eines Objektes annimmt, die oder das viel größer oder kleiner wirkt, als sie oder es eigentlich sein sollte.) Demnach könnten echte Halluzinationen für einen Teil der Begegnungen mit Außerirdischen, Monstern und Geistern sowie für Sichtungen von Riesen und Feen verantwortlich sein.

Psychologen unterscheiden verschiedene Arten von Halluzinationen. Dazu gehört das sogenannte Doppelgänger-Phänomen, bei dem die halluzinierende Person eine andere Gestalt sieht, in der sie sich selbst erkennt, auch wenn die Erscheinung nur teilweise zu identifizieren ist oder farblos und »geleeartig« wirkt. Eine weitere Art ist die »Pseudohalluzination« oder Vision, die sich von der »echten Halluzination« dadurch unterscheidet, daß sich der Empfänger im Moment seiner Wahrnehmung bewußt ist, etwas Irreales zu erfahren. Pseudohalluzinationen werden oft mit geistigen Störungen wie zum Beispiel Hysterie in Verbindung gebracht. Mittlerweile stimmen die meisten Psychologen darin überein, daß Halluzinierende nur schwer zwischen Signalen, die intern (durch ihr Gehirn) und extern (als Ergebnis von Sinneswahrnehmungen) erzeugt werden, unterscheiden können. Das bedeutet, daß der Empfänger in der Regel keinen Unterschied zwischen einer Halluzination und der objektiven Wirklichkeit bemerkt. Darin liegt die wichtigste Erkenntnis, wenn wir beurteilen wollen, ob Halluzinationen eine plausible Erklärung für Begegnungen mit dem Unbekannten darstellen.

Die zweite große Kategorie ungewöhnlicher Ereignisse erweist sich als noch seltsamer. Statt anzunehmen, daß sich eine einzelne Halluzination in die reale Welt eingeschlichen hat, geht man umgekehrt davon aus, daß sich die erfahrende Person in eine andere Realität hineinbegibt. Jemand, der eine solche Erfahrung macht, hat keine »Erscheinungen«, sondern tritt für die Dauer der Erfahrung tatsächlich ins Reich des Übersinnlichen ein und stößt dort auf ein bis dahin geheimes Universum. Ein Psychologe würde sagen, daß die Person einen veränderten Bewußtseinszustand (VBZ) erfährt.

Für gewöhnlich leben wir in einer Welt, die uns allen als »Konsensrealität« bekannt ist. Ein Psychologe beschrieb sie folgendermaßen:

> »Sie ist der Wachzustand oder das Weltverständnis, das uns in frühester Kindheit von den Repräsentanten unserer Kultur, in den meisten Fällen unseren Eltern, beigebracht wird.
> In diesem Zustand sammeln wir Erfahrungen, die denen anderer Mitglieder unserer Gesellschaft stark ähneln. Teilweise ergibt sich die Ähnlichkeit aus der Tatsache, daß wir in der gleichen Umgebung leben, teilweise entsteht sie dadurch, daß wir eine gemeinsame Auffassung von der Welt teilen. Sie leitet uns bei der Auswahl dessen, was wir wahrnehmen, was wir in die Erinnerung aufnehmen und was wir außer acht lassen.«

Dagegen ist ein veränderter Bewußtseinszustand

> »... ein Zustand, in dem [ein Individuum] eine deutliche, *qualitative* Veränderung im Muster seiner geistigen Wahrnehmung empfindet. Das heißt, sie oder er fühlt nicht nur eine quantitative Veränderung (stärker oder weniger wach, deutlichere oder undeutlichere Bilder, schärfer oder trüber etc.), sondern auch eine veränderte Qualität des mentalen Prozesses. Geistige Funktionen laufen außerhalb des Gewohnten ab, Wahrnehmungen ohne ›normales‹ Gegenstück treten auf und so weiter.«

Was gilt als veränderter Bewußtseinszustand? Alles vom Schlaf bis zur hypnotischen Trance, vom Ruhezustand, der mit Meditation herbeigeführt wird, bis zur Euphorie, die durch Drogen ausgelöst wird. Welche Bedeutung kommt dem VBZ zu, wenn wir das Unbekannte verstehen wollen? Er stellt alles, was wir denken, sehen, hören, fühlen und wissen, in Frage.

Eine unserer wichtigsten Annahmen ist, daß wir die Welt mit unseren Augen so sehen, wie sie wirklich ist. Wir gehen davon aus, daß die Informationen korrekt an unser Gehirn übertragen, die Signale den Sehnerv entlanggeleitet, effizient im Sehzentrum verarbeitet und dann richtig und dauerhaft in der Erinnerung gespeichert werden. Könnten wir uns nicht wie selbstverständlich darauf verlassen, dann verbrächten wir unsere Zeit damit, jede Wahrnehmung in Frage zu stellen, statt unserer Arbeit nachzugehen, uns auszuruhen, zu spielen und unser Leben zu gestalten.

Die meisten Menschen halten diese Annahme den größten Teil der Zeit über für gerechtfertigt. Aber in einem veränderten Bewußtseinszustand nehmen wir die Realität hoffnungslos verzerrt wahr. In solchen Zuständen wird die Realität zur Illusion und die Illusion zur Realität.

Die Bedeutung des VBZ liegt darin, daß seine Eigenschaften immer wieder in Augenzeugenberichten von seltsamen Phänomenen auftauchen. Dazu zählen Halluzinationen, extreme Emotionen von Angst bis Ekstase, Gefühle tiefer Einblicke und Offenbarungen, verzerrte Ansichten von Körpern, gestörtes Zeitempfinden und stark erhöhte Beeinflußbarkeit. Ist es folglich möglich, daß einige außergewöhnliche Erfahrungen nicht wirklich, sondern das Ergebnis von veränderten Bewußtseinszuständen sind?

Die Antwort auf diese Frage scheint »ja« zu lauten. Darüber hinaus wiesen neuere Forschungen verstärkt auf einen bestimmten VBZ als mögliche Ursache für viele der merkwürdigen Berichte, die wir betrachtet haben, hin. Schlafforscher haben zwei wenig bekannte Übergangsstadien zwischen Wachsein und Schlaf identifiziert, in denen die normale Unterscheidung zwischen Realität und Traum verschwimmt. Beim Einschlafen durchläuft das Gehirn die kurze »hypnagogische Phase«, in der unzusammenhängende, aber lebhafte und häufig bizarre Bilder entstehen und auch sonderbare Geräusche und Gerüche wahrgenommen werden können. Beim Erwachen gerät es in eine sehr ähnliche »hypnopompische Phase«, während der Bilder jedoch meistens einen Sinn ergeben, vielleicht weil sich das Gehirn bereits auf die Ereignisse des kommenden Tages vorbereitet.

Hypnagogische und hypnopompische Phase machen insgesamt etwa fünf Prozent unseres Schlafes aus. Aber die Bilder und Geräusche, die darin auftreten, sind in der Regel noch flüchtiger als Träume. Die häufigste Form der hypnagogischen Halluzination ist offenbar eine Parade unbekannter Gesichter, die nach keinem erkennbaren Muster im Gehirn aufblitzen. (Dabei wird häufig betont, daß sie *unbekannt* sind.) Aber manchmal präsentieren sich während der hypnagogischen und hypnopompischen Phasen auch kurze Geschichten, die mehr an gewöhnliche Träume erinnern. (Beispielsweise hatte ein Schläfer die Vision eines extrem hellen Lichtes, durch das er einen Raum sehen konnte, in dem britische Armeeoffiziere über einen Kartentisch gebeugt standen. Offenbar waren sie damit beschäftigt, Truppen zu bewegen. Er wurde »von Angst ergriffen«, daß sie sich umdrehten und ihn bemerkten.) Diese Art von Kurztraum scheint speziell bei Narkoleptikern aufzutreten, die unter einer Form von exzessiver Schläfrigkeit leiden. Ein Psychologe beschreibt die Erfahrung wie folgt:

> »Wahrscheinlich handelt es sich bei der Hypnagogie um die flüchtigste aller Bilderscheinungen. Die Erfahrung wird nie mit anderen geteilt. Darüber hinaus rasen die Bilder mit derartiger Geschwindigkeit am geistigen Auge des Wahrnehmenden vorbei – noch dazu zu einer Zeit, in der seine intellektuellen Kräfte besonders inaktiv sind –, daß die Erfahrung absolut flüchtig, ja nahezu unfaßbar ist.«

Der größte Vorteil der Hypnagogie als mögliche Erklärung für eine Reihe seltsamer Erfahrungen besteht darin, daß sie die früheste Schlafphase ist. Denkbar ist, daß einige vermeintlich im Wachzustand erlebte Erfahrungen in Wahrheit Momente hypnagogischer Halluzinationen sind. Es genügt anzunehmen, daß sich der Zeuge, möglicherweise unwissentlich, kurz vor dem Einschlafen befunden hat. Zwar mag eine solche Annahme nicht in allen Situationen gerechtfertigt sein, aber in einigen Fällen sollte man sie durchaus in Betracht ziehen.

Obwohl die wenigen Psychologen, die die hypnagogische Phase untersucht haben, einhellig feststellten, daß es sich bei der Mehrheit dieser Halluzinationen um keine bedrohlichen Erfahrungen handelt, steht außer Frage, daß es eine Unterkategorie von höchst realistischen und beängstigenden Visionen gibt. Die alarmierenden Eindrücke variieren von einem allgemeinen, unbestimmten Angstgefühl über den Eindruck, daß *etwas* das Schlafzimmer betreten hat, bis hin zu regelrechten Visionen von Monstern, Hexen, Geistern oder Außerirdischen. Häufig werden sie von einer Empfindung begleitet, die mindestens genauso schockierend ist: dem Gefühl der Hilflosigkeit, das sich bis in die Überzeugung steigert, vollständig paralysiert zu sein. (Schlafforscher schreiben dieses Phänomen der Tatsache zu, daß das Gehirn seine Träume vom Rest des Nervensystems abkoppelt, um zu verhindern, daß sich der Körper erhebt und seine Träume auslebt. Aus diesem Grund werden Lähmungen im Schlaf häufiger aus der hypnagogischen als aus der hypnopompischen Phase berichtet.) In dieser Beschreibung erkennen wir unter anderem die wesentlichen Charakteristika von David Huffords Erfahrungen mit der alten Hexe wieder.

Selbstverständlich ist die Möglichkeit nicht ausgeschlossen, daß in manchen Fällen tatsächlich »etwas« das Schlafzimmer betreten hat – sei es eine alte Hexe oder ein außerirdischer Entführer. Vielleicht hat ein Zeuge, der sich an einen Moment der Hypnagogie zu erinnern schien, tatsächlich eine physische Erfahrung gemacht.

Die Forschung hat mehrere charakteristische Eigenschaften der Hypnagogie herausgearbeitet. Mit ihrer Hilfe können wir möglicherweise besser zwischen realen und im wesentlichen halluzinatorischen Erfahrungen unterscheinden.

Robert Baker definierte die fünf Eigenschaften hypnogogischer und hypnopompischer Halluzinationen wie folgt:

> »Erstens ereignen sie sich immer vor oder nach dem Einschlafen. Zweitens fühlt sich die Person paralysiert, hat Schwierigkeiten, sich zu bewegen, oder begibt sich aus ihrem Körper heraus. Drittens ist die Halluzination ungewöhnlich bizarr. Viertens schläft der Erfahrende normalerweise wieder ein, nachdem die Halluzination vorbei ist. Und fünftens ist der Halluzinierende unerschütterlich von der ›Realität‹ seiner Erfahrung überzeugt.«

Vergleichen wir diese Charakteristika mit der Zusammenfassung einer »typischen Entführung« von David Jacobs. Sofort werden einige deutliche Zusammenhänge offenbar.

> »Eine nichtsahnende Frau bereitet sich in ihrem Schlafzimmer darauf vor, zu Bett zu gehen. Sie legt sich hin, liest eine Weile, schaltet das Licht aus und sinkt in einen friedlichen Schlaf. Mitten in der Nacht dreht sie sich um und liegt jetzt auf dem Rücken. Sie wird durch ein Licht geweckt, das in ihrem Zimmer zu leuchten scheint. Das Licht kommt auf ihr Bett zu und nimmt die Form eines kleinen ›Mannes‹ mit Glatze und großen

schwarzen Augen an. Sie hat Angst. Sie will davonlaufen, kann sich aber nicht bewegen. Sie will schreien, kann aber nicht sprechen …

Häufig entwickeln Entführte ›Schutzerinnerungen‹, die den Anfang einer Entführung verschleiern. Beispielsweise berichtete eine Entführte, daß sie eines Nachts einen Wolf in ihrem Schlafzimmer gesehen habe. Sie konnte sich genau an seinen Pelz, seine Fangzähne und Augen erinnern. Andere Entführte behaupten, daß sie einen ›Engel‹ oder ›Teufel‹ gesehen hätten. Manchmal erinnern sie sich daran, gefühlt zu haben, wie sie aus ihrem Bett schwebten, aber dann ›dagegen ankämpften‹ und sich wieder in ihr Bett zurücksinken lassen konnten.«

Es fällt auf, daß diese klassische Form der Entführung durch Außerirdische derart starke Ähnlichkeiten mit der hypnagogischen Halluzination aufweist, daß sie als mögliche Erklärung für einige Entführungsfälle in Erwägung gezogen werden muß. Vielleicht läßt sich sogar eine größere Anzahl von vermeintlichen Begegnungen der dritten Art damit erklären.

Selbstverständlich ereignen sich nicht alle Halluzinationen während der Schlafphasen. Manche werden außerhalb des Gehirns produziert, zum Beispiel im Auge (entoptische Phänomene) und im Ohr (entotische Phänomene). Dazu zählt übrigens auch das Ohrensausen. Entoptische Phänomene bestehen im allgemeinen aus Formkonstanten, das heißt aus geometrischen Bildern, die durch Nervenreize im visuellen System hinter dem Augapfel entstehen. Dadurch ist es möglich, Formkonstanten im Dunkeln oder mit geschlossenen Augen wahrzunehmen. Wie bereits erwähnt, ist eine typische Formkonstante die Vision eines Tunnels, die manchmal während der Nahtod-Erfahrung auftritt.

Zeugen können aber auch helle, pulsierende Lichter und, in außergewöhnlichen Fällen, sogar erkennbare Gestalten wahrnehmen.

Darüber hinaus gibt es Halluzinationen, die den Tastsinn beeinflussen. Dazu zählt zum Beispiel die »Kokainwanze« – jenes lebhafte Gefühl, daß Insekten auf oder unter der Haut krabbeln. Es geht häufig mit Entzugserscheinungen einher. Zu Halluzinationen dieser Art mag auch das Gefühl der »Kälte« zählen, das viele Zeugen angeblich vor und während einer Gespenstersichtung erfahren. Jedenfalls fällt die Körpertemperatur während einer Begegnung mit einem Geist nachgewiesenermaßen nicht ab. Die Para-Forscherin Celia Green, die eine Untersuchung über Gespenster veröffentlichte, beschrieb einen Fall aus dem 19. Jahrhundert, in dem drei Frauen einen »kalten Wind« fühlten, während ein Geist an ihnen vorüberschritt. Dennoch flackerten die Kerzen, die sie in den Händen hielten, nicht. Nach einer Begegnung auf der griechischen Insel Poros im 20. Jahrhundert behauptete eine Zeugin, daß ihr »kälter und kälter« geworden sei, obwohl sie sich der Tatsache bewußt war, daß es eine warme Nacht war.

Greens Untersuchung enthüllte ein weiteres interessantes Muster. Sie zeichnete auf, was die Zeugen gerade taten, als sie ein Gespenst sahen, und entdeckte, daß 38 Prozent gelegen, 23 Prozent gesessen, 19 Prozent gestanden hatten, 18 Prozent gegangen und ein Prozent gefahren oder geritten waren. Dies scheint zu bedeuten, daß sich die Wahrscheinlichkeit, ein seltsames Phänomen zu erfahren, entgegengesetzt proportional zur physischen Aktivität verhält. Vielleicht braucht das Gehirn eine bestimmte Menge von Freizeit, um sich etwas anderem als aufmerksamkeitsintensiven Aufgaben widmen zu können.

Dies erinnert an den veränderten Bewußtseinszustand, den Psychologen als Absorption bezeichnen. Er wird im allgemeinen für eng verwandt oder sogar identisch mit der Phantasieanfälligkeit gehalten. Ein einfaches Beispiel für Absorption: Jemand ist so in ein Buch vertieft, daß er nicht bemerkt, wie ein anderer den Raum betritt. In extremen Fällen wird die Konzentration so ausschließlich auf ein einzelnes Objekt fokussiert, daß andere Objekte (möglicherweise unbemerkt) verschwinden. Es kann auch den Anschein haben, als laufe die Zeit langsamer oder bleibe gar stehen.

Mit anderen Worten: Absorption kann dazu führen, daß normale Wahrnehmungen verschwimmen, und günstige Bedingungen für Phantasien schaffen. In einer Forschungsarbeit gelangte ein Psychologe zu dem Schluß, daß »Objekte absorbierter Aufmerksamkeit eine Bedeutung und Vertrautheit annehmen, die normalerweise dem Selbst vorbehalten sind. Dadurch können sie eine temporäre, selbstähnliche Qualität erhalten.« Diese Erkenntnis mag helfen, einige Monstersichtungen und eventuell auch Fälle von vermeintlicher Psychokinese zu erklären. (Obwohl in einer anderen Studie keine Beziehung zwischen Absorbtion und Berichten von Psychokinese festgestellt wurde.) Sicherlich läßt sich mit dem oben genannten Ergebnis das seltsame Gefühl der Losgelöstheit von der Umgebung erklären, daß in vielen Grenzwelterfahrungen, einschließlich Begegnungen der dritten Art, häufig empfunden wird. Die Ufologin Jenny Randles prägte den Begriff »Oz-Faktor«, um diese Art der Erfahrung zu beschreiben. Als Beispiel führte sie den Fall des UFO-Zeugenpaares Mr. und Mrs. W. an, die am 21. Juli 1978 in der Nähe von Manchester eine dunkle Scheibe am Himmel schweben sahen. Während der Sichtung, die ungefähr eineinhalb Minuten dauerte, bemerkten die W.s, daß die Straße, in der sie standen, seltsam ruhig wurde. Es gab darin keine Fahrzeuge und keine anderen Fußgänger mehr. In anderen Fällen haben Zeugen beschrieben, daß sich eine plötzliche Stille um sie gelegt habe und sogar der Gesang der Vögel verstummt sei. Das alles hört sich sehr nach Absorption an.

Falsche Diagnosen

Alle Forscher, die Phantasieanfälligkeit und den Hang, in veränderte Bewußtseinszustände einzutreten, untersucht haben, stimmen darin überein, daß es sich weder bei dem einen noch bei dem anderen um eine Krankheit handelt. Trotzdem muß eine Untersuchung ungewöhnlicher Erfahrungen auch die Möglichkeit in Betracht ziehen, daß sich einige ungewöhnliche Ereignisse durch medizinische Ursachen erklären lassen.

Ein offensichtliches Beispiel ist das Phänomen der Besessenheit, die Verdrängung der menschlichen Seele aus dem Körper durch eine andere Einheit, für gewöhnlich einen Dämon. Diese alarmierende Erfahrung wurde von überall in der Welt berichtet; historische Fälle gehen bis in die Antike zurück. Allerdings besteht breite Übereinstimmung über die Symptome der Besessenheit, die erstaunliche Verzerrungen des Gesichts und des Körpers, Schaum vor dem Mund, Erbrechen, das Entwickeln enormer Kräfte sowie die Tendenz, Obszönitäten in einer tiefen, kehligen Stimme von sich zu geben, beinhalten. Beispielsweise verursachte 1491 die französische Nonne Jeanne Potier (die offenbar eine hysterische Nymphomanin war) in einem Kloster in der Stadt Cambrai eine Flut von Fällen der Besessenheit. Besessene Nonnen bellten wie Hunde, entwickelten übermenschliche Kräfte und behaupteten, die Zukunft vorhersagen zu können. Im holländischen Wertet erkletterten 1550 »Nonnen Bäume wie Katzen« und behaupteten, sie seien von unsichtbaren Händen meterhoch in die Luft gehoben, gezwickt und geschlagen worden. Obwohl derartige Fälle häufig zu Hexenjagden, Folter, Prozessen und Exekutionen führten, war selbst zur damaligen Zeit allgemein bekannt, daß es sich bei vielen Fällen von »Besessenheit« um das Ergebnis von Hysterie und psychologischer Ansteckung handelte. Aus heutiger Sicht lassen sich auch viele Charakteristika der Epilepsie in überlieferten Beschreibungen der Besessenheit erkennen. Die Besitzergreifung durch das Böse beinhaltet typischerweise Bewußtlosigkeit, gefolgt von wilden Krämpfen und Schaumentwicklung vor dem Mund.

Eine andere Krankheit, die möglicherweise zur klassischen Beschreibung von Besessenheit beigetragen hat, ist das »Tourette-Syndrom«. Dabei handelt es sich um eine seltene neurologische Störung, deren Symptome von Zuckungen im Gesicht über verbale Ausbrüche, von bellenden Lauten bis zu unkontrollierten Flüchen reichen. Eine Befragung des »besessenen« Menschen ergibt oft direkte Hinweise auf das Wirken eines Dämons: Unter dem Tourette-Syndrom leidende Personen haben häufig das Gefühl, daß ihnen eine unsichtbare Einheit ihr bizarres Verhalten diktiere.

Eine der verblüffendsten Eigenschaften der Epilepsie ist die sogenannte »epileptische Aura«, die Anfällen oft vorausgeht. Dabei kann es zu verschiedenartigen Halluzinationen und dem Gefühl der »Anwesenheit« beispielsweise der Jungfrau Maria oder auch des Teufels kommen. In Verbindung damit treten Momente des *déjà vu* oder des selteneren Phänomens *jamais vu* (»nie gesehen« – bekannte Orte erscheinen neu und anders) auf. Epileptische Auren werden häufig vom Gefühl böser Omen begleitet, können aber auch ekstatisch sein. Zweifellos könnte ein Eptileptiker, der eine Aura erfährt, ebenso leicht zu der Überzeugung gelangen, daß er Opfer eines übernatürlichen Ereignisses wird, wie seine Begleiter durch die Anfälle selbst eingeschüchtert werden. Darüber hinaus erleidet ein nicht geringer Prozentsatz der Epileptiker niemals einen Anfall. Wer als Symptom nur die epileptische Aura erlebt, könnte ohne weiteres zu der Ansicht gelangen, ausgewählt worden zu sein, um tiefe religiöse oder okkulte Erfahrung zu machen.

Der Sitz derart seltsamer Visionen scheint ein bestimmter Teil des Gehirns zu sein – die Schläfenlappen. Sie befinden sich an der Basis sowohl der linken als auch der rechten Gehirnhälfte und machen zirka 40 Prozent der gewundenen äußeren Schicht »Graumasse« aus. Dieser Teil des Gehirns ist für die höheren Funktionen verantwortlich, einschließlich der Interpretation von Sinneswahrnehmungen der Augen und Ohren sowie für das Speichern und Abrufen von Erinnerungen. Schäden an den Schläfenlappen, ob durch Epilepsie oder als Ergebnis einer Kopfverletzung, können zu bemerkenswerten Veränderungen bezüglich der Art führen, in der das Gehirn die Welt um sich herum versteht. Eine der häufigsten davon ist der sogenannte »Traumzustand«, in dem extreme visuelle und hörbare Halluzinationen auftreten. Patienten, die unter diesem Krankheitsbild leiden, erfahren auch intensive Angstzustände.

Diese spezielle Art der Besitzergreifung führt allerdings nicht zu wild herumschleudernden Gliedmaßen, die die meisten Menschen mit Epilepsie assoziieren. Die Schläfenlappen sind nicht für die Steuerung des Muskelsystems verantwortlich. Außerdem treten Symptome dieser Störung nicht mit großer Häufigkeit auf, und es ist wahrscheinlich, daß viele Kranke niemals bemerken, daß sie unter diesem Zustand leiden.

Menschen mit Schläfenlappenepilepsie entwickeln verschiedene interessante Persönlichkeitsmerkmale, einschließlich »exzessiven moralischen Eifers und der Tendenz, in alltäglichen Ereignissen eine tiefere Bedeutung zu vermuten.« Am faszinierendsten ist, daß Personen mit Fehlfunktionen der Schläfenlappen nachweislich häufiger von seltsamen und unerklärlichen Begegnungen berichten. Diese beinhalten das seltsame Gefühl des Schwebens, das häufig von Entführten und Personen, die außerkörperliche Erfahrungen machen, berichtet wird.

Damit dürfte deutlich werden, daß eine klinische Untersuchung von Zeugen, die angeblich UFO-Entführungen oder religiöse Visionen erlebt haben, ergeben könnte, daß zumindest einige scheinbar mysteriöse und paranormale Ereignisse in Wahrheit das Ergebnis von Schläfenlappenepilepsie sind. Jüngere Studien haben sogar ergeben, daß bereits geringfügige Abnormalitäten der Schläfenlappen, die nicht zur Epilepsie zählen, die Illusion erzeugen können, bizarre Dinge zu sehen und zu hören.

In einer Untersuchung wurde die Gehirntätigkeit von zwölf Medien mittels EEG gemessen. Es stellte sich heraus, daß zehn von ihnen Abnormitäten an den Schläfenlappen aufwiesen. Ein anderes Forschungsergebnis legte nahe, daß eine Schädigung des rechten Schläfenlappens im Zusammenhang mit den Erfahrungen außersinnlicher Wahrnehmung und Visionen von Geistern und Gespenstern steht. Aber die vielleicht interessanteste Untersuchung von möglichen Verbindungen zwischen ungewöhnlichen Erfahrungen und Abnormitäten der Schläfenlappen wird zur Zeit von Michael Persinger an der Laurentian-Universität durchgeführt. Der Neurophysiologe Persinger ist gleichzeitig einer der Hauptvertreter der Erdlichter-Theorie. Er glaubt, daß einige Berichte über seltsame Phänomene das Ergebnis von »Mikroanfällen« in den Schläfenlappen sein könnten, ausgelöst durch Müdigkeit, Angst, persönliche Krisen oder sogar durch Veränderungen im natürlichen Magnetfeld der Erde. Um seine Theorie zu überprüfen, suchte er Freiwillige und bat sie, einen speziellen Helm aufzusetzen, mit dem Sensoren über den Schläfenlappen positioniert wurden. Über diesen Helm konnte Persinger magnetische Impulse an die Gehirne seiner Testpersonen übermitteln, wodurch anschließend Schübe von elektrischer Aktivität in den Schläfenlappen ausgelöst wurden.

Die Parapsychiologin Susan Blackmore meldete sich freiwillig, um ihre Schläfenlappen unter Persingers Helm stimulieren zu lassen. In einem »Kerker« tief im Inneren der Universität machte sie folgende beängstigende Erfahrung:

> »Ich war die ganze Zeit über hellwach. Ungefähr zehn Minuten lang passierte gar nichts. Weil ich alle Empfindungen laut beschreiben sollte, fühlte ich mich dazu genötigt, irgend etwas zu sagen. Plötzlich schwanden meine Zweifel. ›Ich schaukle. Es ist, als liege ich in einer Hängematte.‹ Dann fühlte es sich tatsächlich so an, als würde mein Körper von zwei Händen an den Schultern gepackt und in eine aufrechte Position gerissen [...]
>
> Etwas schien mein Bein zu fassen, daran zu ziehen, es zu verdrehen und die Wand hinauf zu zerren. Ich fühlte mich, als wäre ich halb zur Decke hochgezogen worden. Dann kamen die Emotionen. Vollkommen unerwartet wurde ich plötzlich unglaublich wütend. Nicht nur ärgerlich, nein, es war der typische Zorn, aus dem heraus man bei klarem Verstand reagiert. Aber es gab nichts und niemanden, auf den oder das ich hätte reagieren können. Nach vielleicht zehn Sekunden war die Wut wieder verflogen. Später wurde ich von einer ebenso plötzlichen Angst ergriffen. Ich fürchtete mich einfach, ohne daß ich einen besonderen Grund hätte nennen können.«

Trotz Persingers magnetischen Terrors sah Blackmore keine Außerirdischen. Sie berichtete auch nicht, entführt worden zu sein. Bis hierhin bleibt demnach der Gedanke unbewiesen, daß die Schläfenlappen eine zentrale Rolle bei vielen seltsamen Erfahrungen spielten. Doch fügte man ein Element der Suggestion hinzu, überlegte Blackmore, ließe sich daraus eine Tendenz der Opfer von Mikroanfällen ableiten, ihre Erfahrungen zu rationalisieren.

> »Selbstverständlich wußte ich, daß das alles durch die Veränderungen in den magnetischen Feldern ausgelöst wurde. Aber was fühlen Menschen, denen so etwas mitten in der Nacht und völlig unvermittelt passiert? Würden sie nicht sofort versuchen, eine Erklärung zu finden? Wären sie nicht daran interessiert herausfinden, wer ihnen so etwas antut? Und falls ihnen jemand sagte, daß Außerirdische verantwortlich sein könnten? Wenn sie eingeladen würden, einer Erfahrungsgruppe von Entführten beizutreten? Würden dann nicht einige die Idee aufgreifen, und wäre es nur, um sich selbst davor zu bewahren, verrückt zu werden?«

Viele Entführungsforscher würden diese Fragen mit einem lauten Nein beantworten. David Jacobs kritisierte auch Persingers Vermutung, daß magnetische Felder, die durch die Reibung zwischen tektonischen Platten vor Erdbeben entstehen, für eine Stimulation der Schläfenlappen verantwortlich sein könnten. In der Tat fehlt es bisher an einem klaren Beweis für diese Theorie. Außerdem konnte Persinger seine Untersuchungen nicht an Entführten, sondern lediglich an spontanen studentischen Freiwilligen durchführen. Bis es gelingt, bessere Beweise für eine direkte Verbindung zwischen Abnormitäten im Gehirn und Halluzinationen von Außerirdischen und Monstern zu erbringen, bleibt das Problem eine Frage der Interpretation.

Epilepsie und Anomalien der Schläfenlappen sind nicht die einzigen klinischen Indikationen, die zu verblüffenden Halluzinationen führen können. Auch Sauerstoffmangel hat verheerende Auswirkungen auf die Wahrnehmung und ist für einige bizarre Erlebnisse verantwortlich. Wir sahen bereits, daß einige Charakteristika der Nahtod-Erfahrung das Ergebnis von Sauerstoffmangel sein können. Es folgen zwei weitere Fälle, die offenbar ähnliche Ursachen hatten. Während des Ersten Weltkriegs (als Piloten ohne Sauerstoffmasken in offenen Cockpits flogen) berichtete ein Flieger, daß er »in sehr großer Höhe ein merkwürdiges, drachenartiges Wesen gesehen habe, das schwebte und sich ihm rasch näherte.« Weil er fürchtete, angegriffen zu werden, senkte der Pilot die Flughöhe, und der Drachen verschwand. 1971 war ein Tauchlehrer namens Ian Skinner vor Malta in ungefähr 40 Meter Tiefe abgestiegen. Später berichtete er:

> »Plötzlich sah ich ein Licht vor mir. Neugierig und durch eine unbestimmte Kraft angezogen, schwamm ich näher heran. Hinter der nächsten Kante und viel tiefer unten sah ich eine sehr schöne junge Frau. Sie war groß und schlank und hatte eine hübsche Figur. Sie stand am Eingang zu einer großen Höhle [...] Das Leuchten der Umgebung trug zur Klarheit und Ruhe der Szenerie bei.
>
> Ich dachte, daß ich unter Stickstoffnarkose leiden müsse, die man in den frühen Tagen des Tauchens auch als ›Tiefenrausch‹ bezeichnete. Da zeigte mir ein Blick auf den Tiefenmesser, daß ich mich in fast 60 Meter Tiefe befand. Plötzlich sprach sie. ›Hallo‹, sagte sie, ›ich habe auf dich gewartet. Du brauchst keine Angst zu haben. Bei mir bist du sicher.‹ Ich wandte mich ab, aber sie lächelte und kam auf mich zu. Sie streckte ihre Hand aus, die sich warm, sinnlich und sicher anfühlte. Meine Angst schwand.
>
> ›Wenn du zu mir zurückkommst, werde ich auf dich warten‹, fuhr sie fort. ›Dann wirst du für immer bei mir

bleiben. Ich habe ein Geschenk für dich.‹ Sie gab mir eine kleine Amphore in der Form eines Kruges. Während ich aufstieg, sah ich sie winken. Dann verschwand sie langsam aus meinem Blickfeld.«

Skinner tauchte auf und hatte eine Amphore bei sich, die später als phönizisches Duftgefäß identifiziert wurde.

Das Geheimnis der Erinnerung

Selbst wenn wir akzeptieren, daß Phantasieanfälligkeit, Schläfenlappenepilepsie, Sauerstoffmangel und eine Reihe anderer psychologischer und medizinischer Faktoren dazu beitragen zu erklären, warum einige Zeugen seltsame Phänomene erfahren, so verstehen wir trotzdem noch nicht, warum sie sehen, was sie sehen.

Woher kommen die Monster und Außerirdischen, von denen immer wieder berichtet wird? Wenn sie nicht echt sind, stammen sie wahrscheinlich aus irgendeinem Teil unserer Erinnerung, in dem Informationen über die Ereignisse unseres Lebens gespeichert sind.

An dieser Stelle ist es wichtig hervorzuheben, daß die vermutlich am weitesten verbreitete Vorstellung von Erinnerung nicht richtig ist. Das Gedächtnis ist nicht das unfehlbare Archiv, in dem unsere Gedanken und Erfahrungen für immer und ewig aufbewahrt und jederzeit – wenn nicht direkt, dann durch spezielle Methoden wie Hypnose – abrufbar bleiben. Vielmehr haben neuere Untersuchungen ergeben, daß Erinnerungen nur aus kurzen Zusammenfassungen bestehen, die unser Gehirn hervorkramt, sofern erforderlich. Wenn wir einen vergangenen Moment wiedererleben, erfahren wir in Wahrheit nicht eine authentische Aufzeichnung, sondern eine imaginäre Rekonstruktion des

Ereignisses, und diese ist unvermeidlich beeinträchtigt. Zentrale Einzelheiten, die uns selbst betreffen, werden hervorgehoben, Irrelevantes wird vergessen und das Erinnerte im Einklang mit unseren Überzeugungen und Erfordernissen neu interpretiert.

Darüber hinaus ist das Erinnerungsvermögen ein plastisches Phänomen. Es kann geformt und durch eine unvorsichtig formulierte Anfrage leicht beeinflußt werden. Bei einem Versuch wurde Mitgliedern einer Gruppe ein Film über einen Verkehrsunfall gezeigt und eine der beiden folgenden Fragen gestellt: »Sahen Sie einen zerbrochenen Scheinwerfer?« oder »Sahen Sie *den* zerbrochenen Scheinwerfer?« Doppelt so viele Personen, denen die zweite Frage gestellt wurde, behaupteten, einen kaputten Scheinwerfer gesehen zu haben – der in dem Film gar nicht gezeigt worden war.

Am alarmierendsten ist die Tatsache, daß es möglich ist, bewußt oder unbewußt falsche Erinnerungen im Gehirn abzulegen. Sind sie einmal implantiert, dann sind falsche Erinnerungen von wahren nicht mehr zu unterscheiden. Sie behalten sogar dann den Anschein von Realität, wenn überzeugende Beweise dafür vorgelegt werden, daß es sich um Phantasien handelt. Falsche Erinnerungen bestehen auch Lügendetektortests.

Ein Beispiel, das zeigt, wie falsche Erinnerungen eingepflanzt werden können, auf denen ein Zeuge dann aufbaut, dreht sich um einen vierjährigen Jungen. Ihm wurde elf Wochen lang erklärt, daß er ein absolut frei erfundenes Ereignis erlebt habe. »Du mußtest ins Krankenhaus, weil deine Finger in eine Mausefalle geraten waren«, sagte man ihm. »Erinnerst du dich daran?« Die Forscher zeichneten seine Antworten im Verlauf der Wochen auf.

Erste Befragung: » Nein, ich war nie im Krankenhaus.«
Zweite Befragung: »Ja. Ich habe geweint.«

Vierte Befragung: »Ja, ich erinnere mich. Es hat sich angefühlt wie ein Schnitt.«

Elfte Befragung: »Ich sah hin, und dann sah ich nicht mehr, was ich tat. Ich geriet irgendwie hinein [...] Ich ging nach unten und sagte zu Papa: ›Ich habe Hunger.‹ Und dann steckte mein Finger plötzlich in der Mausefalle [...] Mein Bruder hat ihn hineingedrückt. Es ist gestern passiert. Gestern habe ich mir den Finger eingeklemmt. Gestern mußte ich ins Krankenhaus.«

Während des vergangenen Jahrzehnts hat das sogenannte »Syndrom der falschen Erinnerungen« eine wichtige Rolle in zahlreichen denkwürdigen Gerichtsverfahren gespielt. Dabei ging es um befremdliche Behauptungen von rituellem Kindesmißbrauch, häufig durch gut organisierte Banden von Satanisten. Mehrere Dutzend Fälle von angeblichem Kindesmißbrauch im Zusammenhang mit satanischen Ritualen wurden aus den Vereinigten Staaten, Großbritannien, den Niederlanden, Brasilien, Australien und Neuseeland berichtet. Einige endeten mit Verurteilungen und langen Gefängnisstrafen für die Angeklagten. Alle Fälle haben mehrere Faktoren gemeinsam: Meistens basieren sie auf der unbezeugten Aussage eines kleinen Kindes oder, im günstigeren Fall, mehrer Kinder; es gibt keine physischen Beweise dafür, daß der Mißbrauch tatsächlich stattfand; die Gerichte sind darauf angewiesen zu glauben, daß die in aller Regel erstaunlichen Behauptungen der kindlichen Zeugen wahr sind. Kinder haben sich an zahlreiche Vorfälle erinnert, in denen Babys geopfert und verbrannt wurden, an Geister und Monster und (in einem Fall) an Opfer, die lebendig an Haie verfüttert wurden, welche der Anführer eines Satanskultes in einem großen Tank hielt. Trotz intensiver Nachforschungen hat die Polizei niemals auch nur ein einziges totes Baby geschweige denn Tanks voller menschenfressender Haie gefunden. Es besteht Anlaß zu der Vermutung, daß es sich hierbei um eventuell unbeabsichtigt eingepflanzte falsche Erinnerungen handelt, ausgelöst durch Therapeuten und Sozialarbeiter, die selbst an Kindesmißbrauch im Zusammenhang mit satanischen Ritualen glaubten.

1988/89 ereignete sich in Olympia (Washington) ein bemerkenswerter Fall, der bewies, daß einige Berichte tatsächlich das Ergebnis falscher Erinnerungen sind. Paul Ingram, der örtliche Polizeichef und zufälligerweise ein hingebungsvoller Christ, wurde des sexuellen Mißbrauchs an seinen beiden inzwischen erwachsenen Töchtern angeklagt. Während einer mehrmonatigen Therapie erinnerten sich die Frauen allmählich an einen erstaunlich langwierigen und komplexen rituellen Mißbrauch nicht nur durch ihren Vater, sondern auch durch andere Polizeibeamte, ihre Mutter und mehrere andere Mitglieder eines vermeintlichen Satanskultes. Als Ingram die Anschuldigungen vorgehalten wurden, stritt er zunächst alles ab, aber schließlich gestand er und fügte sogar eigene Erinnerungen hinzu. Manche seiner Schilderungen waren so bizarr, daß Richard Ofshe, ein von der Staatsanwaltschaft eingeschalteter Psychologe, zu der Überzeugung gelangte, es müsse sich um Phantasien handeln. Er testete seine Theorie, indem er Ingram erzählte, seine Töchter hätten sich an einen Zwischenfall erinnert, in dem er sie zum Sex miteinander gezwungen habe, während er dabei zusah. Sie hatten keinerlei derartige Beschuldigung erhoben, und Ingram leugnete zunächst wieder, daß die Tat stattgefunden habe. Aber wenige Tage später, nachdem er »darüber nachgedacht hatte«, schrieb er einen detaillierten Bericht über den nicht existenten Vorfall, einschließlich »erinnerter« Dialoge. Ofshe »bezweifelte jetzt ernsthaft, daß Ingram schuldig war. Statt dessen wirkte er auf ihn nur noch wie ein stark beeinflußbares Individuum mit einem Hang zu tranceartigen Zuständen und einer offenkundigen, wenn auch gefährlichen Neigung, der Obrigkeit gefallen zu wollen.« Der Psychologe kam zu dem Schluß, daß der Polizist so davon überzeugt sei, seine Kinder würden nicht lügen, daß er sich eingeredet habe, er müsse seine Erinnerungen an den Mißbrauch verdrängt haben.

Nicht alle Erinnerungen an Kindesmißbrauch im Rahmen von Satansritualen sind in normalem Bewußtseinszustand ans Licht gekommen. Viele wurden in ähnlicher Weise unter Hypnose hervorgeholt, wie diese Technik auch bei Erinnerungen an frühere Leben und Entführungen durch Außerirdische spektakuläre Ergebnisse erbracht hat. Egal, wie gut die extraterrestrischen Entführer versucht haben mögen, ihre Aktivitäten dadurch zu verschleiern, daß sie alle bewußten Erinnerungen auslöschten und an deren Stelle Schutzerinnerungen einpflanzten – die hypnotische Rückführung durch einen erfahrenen Therapeuten scheint häufig die Rekonstruktion der Ereignisse zu ermöglichen, wie sie sich tatsächlich zugetragen haben.

Während der vergangenen Jahrzehnte hat sich die Hypnose einen guten Ruf als hervorragendes Instrument erworben, mit dem sich verborgene Wahrheiten aufdecken lassen. Von vielen wird sie als universelles Wahrheitsserum angesehen, das es einem Zeugen unmöglich mache, zu lügen oder ausweichende Antworten zu geben. Unglücklicherweise ist sie alles andere als das. Zwar wurde nachgewiesen, daß Hypnose die Fähigkeit mancher Menschen steigern kann, sich an Einzelheiten vergangener Ereignisse zu erinnern, aber es gibt auch zahlreiche Belege dafür, daß sie die Beeinflußbarkeit extrem verstärkt und hypnotisierte Personen großer Verwundbarkeit ausgesetzt sind. Ein Mensch in Trance greift möglicherweise Stichworte auf, die ihm durch eine unbeabsichtigte Suggestivfrage angeboten werden, und erfindet eine passende Antwort. Außerdem wurde gezeigt, daß Hypnose die Möglichkeit eines Irrtums erhöht. Laut

Leonard George »gibt es keinen Beweiß dafür, daß Hypnotisierte über dauerhaft bessere Erinnerungen verfügen als andere. Vielmehr scheint die Hypnose das *Vertrauen* in die eigene Erinnerungsfähigkeit zu erhöhen, statt deren Genauigkeit. Demnach fällt es einer hypnotisierten Person leichter, eine Phantasie für eine wahre Erinnerung zu halten.«

Um die Zuverlässigkeit von Anhaltspunkten, die unter Hypnose erzielt wurden, bewerten zu können, sind viele wichtige Experimente durchgeführt worden. In einem Fall wurden einem Freiwilligen lebhafte falsche Erinnerungen an einen Bankraub implantiert. Anschließend konnte er den vermeintlichen Verbrecher aus einer Reihe von Fotos »herauspicken«. In einem anderen Fall wurden drei Frauen zunächst an einem ausgeklügelt inszenierten Straßenüberfall vorbeigefahren, dann hypnotisiert und gebeten, sich an die Ereignisse zu erinnern. Weder über die Anzahl und das Geschlecht der Räuber noch über die Farbe und das Fabrikat von deren Fluchtauto konnten sie übereinstimmende Angaben machen. Viele Zeugen bieten also unter Hypnose unbewußt Phantasien an, auch wenn ein Forscher mit äußester Vorsicht vorgeht, um keine Suggestivfragen zu stellen. Wahrscheinlich resultiert das daraus, daß Menschen unter Hypnose den starken Wunsch entwickeln, ihren Therapeuten zufriedenzustellen.

Wir haben bereits festgestellt, daß vergessene Erinnerungen an Filme und Bücher eine Quelle für Erinnerungen an vergangene »Leben« sein können. Psychologen kennen dieses Phänomen als Kryptomnesie. Es begegnet erstaunlich häufig. In ähnlicher Weise mögen Medien, die behaupten, neue Sinfonien von Meisterkomponisten wie Beethoven zu produzieren, in Wahrheit Versatzstücke von ihnen bekannten Werken zum besten geben. (Untersuchungen ergaben, daß die Mehrzahl von Hörmedien eine relativ gute musikalische Ausbildung genoß.) Der Psychologe William James hatte es einmal mit einem Fall von vermeintlicher dämonischer Besessenheit zu tun, in dem eine einfache Deutsche, die mit Fieber darniederlag, auf lateinisch, griechischisch und hebräisch zu reden begann. Obwohl der örtliche Priester bereits das Schlimmste befürchtete, stellte sich schließlich heraus, daß die Frau als Kind bei einem alten Professor gewohnt hatte, der die Angewohnheit gehabt hatte, laut zu lesen, während er durch den Flur schritt. In ihrem Fieber hatte sich die »besessene« Frau an die Worte des Gelehrten erinnert, ohne deren Bedeutung zu verstehen oder sich zu erinnern, wo sie die Fremdsprachen gehört hatte.

Auch einige andere bekannte Erinnerungsphänomene scheinen bei der Untersuchung ungewöhnlicher Erfahrungen relevant zu sein. Eines davon ist die Kryptästhesie, die unbewußte Informationsaufnahme. Der Begriff wurde von Theodore Flournoy geprägt, dem Schweizer Psychologen, der in den 90er Jahren des 19. Jahrhunderts unter anderen eines der Marsmedien untersuchte. Flournoy berichtete vom Beispiel eines Mannes, der in ein verlassenes Lager in einem Wald kam und eine »Stimme« hörte, die ihm befahl, den Ort sofort zu verlassen. Völlig überrascht über die offenbar aus dem Nichts kommenden Worte, gehorchte er. Augenblicke später stürzte ein großer Baum krachend auf die Lichtung, auf der er eben noch gestanden hatte. Unter Flournoys Befragung erinnerte sich der beinahe Erschlagene daran, daß er einen Termitenschwarm bemerkt hatte, der um den Baum herumschwärmte, als er die Lichtung betrat. Der Psychologe schloß daraus, daß der Mann unbewußt die Unsicherheit des Baumes erkannt und seine Erinnerung eine geräuschvolle Halluzination produziert hatte, so daß der bewußte Teil seines Gehirns vor der Gefahr gewarnt worden war. Man darf getrost behaupten, daß viele Menschen eine derart glückliche Fügung eher einem Schutzengel zuschreiben oder sie als Beispiel einer Vorahnung werten würden.

Ein anderes Phänomen, durch das sich viele ungewöhnliche Ereignisse erklären lassen, sind Pareidolien. Dabei handelt es sich um die Tendenz des Gehirns, alltägliche Sinneseindrücke in bedeutungsvolle Bilder und Botschaften umzuwandeln. Diese verblüffende, aber sehr gut bekannte Täuschung von Erinnerungsfähigkeit und Wahrnehmungskraft hat bereits jeder einmal erfahren, der in die Wolken hinaufgesehen und dort Bilder von Löwen, Drachen und ähnlichem erkannt hat. Sie ist für die meisten aller Trugbilder verantwortlich, angefangen von Visionen eines Christusgesichtes in der abblätternden Farbe an der Wand eines Hühnerhauses bis hin zu einer vermeintlichen Ähnlichkeit der verbrannten Unterseite der heiligen Tortilla mit dem Heiland, die 1978 verkohlt aus einem Ofen in New Mexico gezogen wurde. Ein verwandter Begriff, die Fata Morgana, beschreibt die seltsame Erscheinung, bei der beispielsweise eine himmlische Stadt in der Luft schwebt. In Wahrheit sieht der Beobachter Spiegelungen von Fels- oder Eiszinnen, die phantastische Formen annehmen und vom Gehirn als Türme, Kirchturmspitzen oder Burgen interpretiert werden. Durch diese ungewöhnliche Form von Pareidolien lassen sich möglicherweise Phänomene wie das der wunderschönen stillen Stadt in Alaska erklären. Sie treten am häufigsten in kalten Breiten auf.

Aber Pareidolien sind kein rein visuelles Phänomen. Durch sie kann vielleicht auch erklärt werden, warum manche fundamentalen Christen diabolische Botschaften in Aufnahmen hören, die rückwärts abgespielt werden. (Es erscheint nicht nur unwahrscheinlich, daß solche Botschaften existieren. In Experimenten wurde auch nachgewiesen, daß man sie weder bewußt noch unbewußt versteht, wenn sie absichtlich erstellt wurden.)

Das vielleicht elektrisierenste jüngere Beispiel für eine Pareidolie war der kurzlebige Enthusiasmus der Para-Forscher für das »Phänomen der elektronischen Stimmen« (PES).

Ende der 50er Jahre dieses Jahrhunderts wurde das PES erstmals von einem schwedischen Filmproduzenten namens Frederick Jurgenson »entdeckt«. Der Lette Konstantin Raudive veröffentlichte dann Anfang der 70er Jahre ein Buch in englischer Sprache darüber. Im wesentlichen wird behauptet, das PES bestehe aus Botschaften aus dem Reich der Toten, die ein Tonband aufnimmt, welches in einem leeren Raum läuft. Ähnliche Ergebnisse können erzielt werden, wenn man sorgfältig das Rauschen abhört, das von einem zwischen zwei Sendern eingestellten Radiogerät produziert wird. (Später entwickelte ein geschäftstüchtiger Unternehmer eine spezielle Maschine, die Spiricom, von der er behauptete, daß sie für den bescheidenen Preis von 6 000 bis 8 000 Mark Stimmen aufzeichne und verstärke.) Ein britischer Forscher brüstete sich, mit der Radiomethode 10 000 verschiedene Botschaften empfangen zu haben.

Bevor PES als psychisches Phänomen akzeptiert wurde, galt es, zwei Hindernisse aus dem Weg zu räumen. Das erste stellte sich bereits bei dem Versuch, die vermeintlichen Botschaften aufzunehmen. Meistens waren sie so verschwommen, daß sie kaum zu hören waren. Außerdem stellte sich rasch heraus, daß eine angeblich empfangene Mitteilung niemals von zwei Personen in der gleichen Weise interpretiert wurde. Das zweite Problem bestand darin, daß fast alle Botschaften ausgesprochen kurz waren und meistens keinen Sinn ergaben. (Ähnliches gilt auch für einige Telefonanrufe aus dem Jenseits.) Eine PES-Übertragung, die von Philip Rogers in Sheffield aufgezeichnet wurde, beinhaltete die außergewöhnliche Konversation zwischen zwei Besatzungen fliegender Untertassen. Rogers gab sie folgendermaßen wieder:

> *Erster Mann:* »Raum. Nehme teil an Luftwaffe. Yar-var nianna donnova – Ionosphäre.«

Zweiter Mann: »Ich bin weg! Yonskaler, ja! Du berührst. Du hast Mist gebaut. Mach weiter!«

Frau: »Er verlagert sich in die Zeit-/Raumdimension.«

Zweiter Mann (mit breitem Yorkshireakzent): »Halt die Klappe.«

Dritter Mann: »Mein Stoikranz klemmt.«

Zweiter Mann: »Raum.«

Erster Mann: »Guter, alter Einstein.«

Es erscheint uns leichter, als Erklärung für diese Konversation Pareidolien heranzuziehen, als anzunehmen, daß Ufonauten derartiges Kauderwelsch sprechen.

Probleme mit der Hypothese vom psychologischen Ursprung

Insgesamt könnten sich mit dieser Sammlung von seltsamen psychologischen Zuständen und exzentrischen Gehirnphänomenen viele der größten Mysterien innerhalb der Grenzwelten erklären lassen. Vielleicht werden Entführungen durch UFOs deshalb so selten beobachtet, weil sie nicht stattfinden. Vielleicht werden Menschen, die vergangene Leben beschreiben oder einen traumatischen Mißbrauch innerhalb eines satanischen Rituals nacherleben, Opfer falscher Erinnerungen. Und vielleicht sind alle Beweise, die unter Hypnose produziert werden, nicht viel wirklicher als ein Traum, in dem man fliegt.

Ich hege den Verdacht, daß ein großer Teil der verblüffenden Berichte, die wir aufgezeichnet haben, ihren Ursprung im menschlichen Gehirn haben. Man könnte dies Hypothese vom psychologischen Ursprungs nennen. Aber ich kann sie nicht beweisen, genausowenig wie die zahlreichen Skeptiker mit ihren statistischen Analysen und aufgestellten Querverbindungen. Die fundamentale Schwierigkeit liegt darin, eine allgemeine Theorie an spezifische Daten anzupassen. Im Bereich der Entführung durch Außerirdische oder der Reinkarnation wird es immer Forscher geben, die auf erstaunliche Einzelheiten in individuellen Fällen verweisen können. Es ist schlichtweg unmöglich, alles und jedes mit einer einzigen Theorie wie etwa der phantasieanfälligen Persönlichkeit zu erklären.

Doch psychologische Theorien müssen, wenn sie überhaupt einen Wert besitzen, besser zu überprüfen sein als zum Beispiel die unbeweisbare Hypothese von den Ultraterrestriern. Gibt es eine Möglichkeit, mit der sich die Bedeutung der menschlichen Einbildungskraft und des menschlichen Erinnerungsvermögens in Berichten über seltsame Phänomene messen läßt?

Es ist schwierig, Zeugen dabei zu beobachten, wie sie gerade ein seltsames Ereignis erfahren, aber nicht absolut unmöglich. Menschen, die eine außerkörperliche Erfahrung machen, reisen zum Beispiel nicht physisch an andere Orte. Ihre Körper bleiben ruhig sitzen oder liegen, während ihre Gedanken in einem tranceartigen Zustand fixiert zu sein scheinen. Trotzdem es gibt eine Handvoll Berichte, in denen ein Zeuge einen Astralkörper am Anfang einer AKE unter der Decke schweben gesehen haben will. Aber ohne handfeste Beweise ist es schwierig zu belegen, daß dieser »Körper« in irgendeiner Form real war. Versuche, UFO-Entführte zu filmen, die behaupteten, in mehr oder weniger regelmäßigen Abständen gewaltsam aus ihren Betten geholt worden zu sein, sind, wie wir gesehen haben, bis heute stets fehlgeschlagen. Aus irgendeinem Grund tauchen die Außerirdischen einfach nicht auf, wenn die Kameras laufen.

Fast genauso unbefriedigend sind Untersuchungen an den Zeugen selbst verlaufen. Ein großer Teil der Erforschung von Thesen wie der der phantasieanfälligen Persönlichkeit beinhaltete nicht die erneute Befragungen von Zeugen, sondern untersuchte – viel weniger befriedigend – bereits veröffentlichte Fallstudien ein weiteres Mal. Damit ergab sich unausweichlich das Problem, wie sich die damit verbundenen Vorurteile vermeiden ließen. Für solche Untersuchungen gibt es mehrere Gründe – Mangel an Zeit und Geld oder die Schwierigkeit, eine geeignete Testgruppe aus Personen zusammenzustellen, die von anderen Forschern noch nicht untersucht wurden. Das Resultat ist, daß erstaunlich wenig mit den Zeugen selbst gearbeitet wurde.

Ein zumindest anfänglich erfolgversprechendes Experiment wurde Mitte der 70er Jahre von dem Arzt und UFO-Forscher Richard Haines durchgeführt. Haines fragte sich, ob die Augenzeugen, die angeblich beobachtete fliegende Untertassen skizzierten, tatsächlich exakt ihre Erfahrungen wiedergaben, oder ob sie ihre Sichtungen so darstellten, »wie sie sein müßten«, basierend auf Materialien aus UFO-Büchern und Science-fiction-Filmen, die sie zuvor gelesen oder gesehen hatten. Haines bat 424 in der Mehrheit an Ufologie interessierte Personen, ein UFO zu zeichnen, »so wie Sie denken, daß es aussehen sollte.« 137 der befragten Personen glaubten, selbst bereits einmal ein UFO gesehen zu haben. Als Haines die Zeichnungen durchsah, fand er heraus, daß sich die Zeichnungen der beiden Gruppen sehr stark ähnelten. Der größte Unterschied bestand darin, daß die UFO-Zeugen weniger Beiwerk – Türen, Luken, Landekufen und Aufschriften – zeichneten als die nicht Vorbelasteten. Das Experiment legte den Schluß nahe, daß beide Gruppen ihre Bilder auf der Grundlage eines allgemein gültigen, kulturell beeinflußten Verständnisses davon anfertigten, wie ein UFO auszusehen habe. Anscheinend war dieses imaginäre Bild stark genug, um zu beeinflußen, wie sich die Zeugen »echte« UFOs vorstellten.

Ein anderer UFO-Forscher, Alvin Lawson, führte ein ähnliches Experiment durch. Er wollte herausfinden, wie Menschen, die keine oder nur geringe Kenntnisse über Ufologie besaßen, eine Entführungserfahrung erfinden würden. Keine der Testpersonen durfte jemals behauptet haben, eine Begegnung mit Außerirdischen gehabt zu haben. Der Forscher annoncierte in Zeitungen, daß er kreative Menschen suche, die bereit seien, an einem Experiment teilzunehmen. Schließlich wählte er acht Freiwillige aus, die hypnotisiert wurden und denen dann durch stark suggestive Fragen nahegelegt wurde, daß sie durch Außerirdische entführt und einer medizinischen Untersuchung unterzogen worden seien. Anschließend verglich Lawson ihre Aussagen mit den Berichten von »tatsächlich« Entführten.

Lawsons Test ergab nicht nur, daß seine Freiwilligen erstaunlich ausführliche Begegnungen erfanden, sondern auch, daß ihre eingebildeten Erfahrungen starke Ähnlichkeiten mit den Fällen aufwiesen, die von spezialisierten UFO-Forschern gesammelt worden waren. Menschen, die nachweislich kaum Kenntnisse über UFOs besaßen, beschrieben typische Charakteristika einer Entführung wie etwa Lichtstrahlen, telepathische Kommunikation und die Untersuchung der Geschlechtsorgane durch humanoide Besatzungen.

Ufologen haben Lawsons Experimente aus mehreren Gründen kritisiert. Sicherlich ist es wahr, daß eine Testgruppe von acht Personen kaum ausreicht, um allgemeine Schlüsse zu rechtfertigen. Außerdem wurde nicht genauer untersucht, wieviel diesen »unwissenden« Freiwilligen vorher tatsächlich über UFO-Erfahrungen bekannt war. Ein dritter Kritikpunkt bezog sich darauf, daß die von den hypnotisierten Testpersonen erfundenen Außerirdischen sehr unterschiedlich waren. Weniger als 20 Prozent sollten humanoid gewesen sein, verglichen mit 70 Prozent in

»echten« Fällen. Allerdings ist dazu anzumerken, daß das Experiment einige Jahre vor dem Auftauchen der kleinen grauen Wesen, die andere Ufonauten weitgehend aus den Entführungsberichten verdrängten, durchgeführt wurde.

Insgesamt zeigte Lawsons eingeschränktes Experiment, daß das menschliche Gehirn von allein Berichte produzieren kann, die denen angeblich Entführter stark ähneln, insbesondere dann, wenn sich die entsprechende Person in einem stark beeinflußbaren Zustand befindet. Dagegen klärte das Experiment nicht, woher unsere mentalen Bilder von Geistern, Außerirdischen, Dämonen und Monstern kommen. Sind sie das Ergebnis einer lebenslangen Begegnung mit alten Überlieferungen und modernen Medien, die von spannenden Berichten über seltsame Phänomene überfließen? Entstehen sie aus Erinnerungen, die tief in unserem Unterbewußtsein verankert sind und nur darauf warten, gelöst zu werden? Oder sind sie in irgendeiner Form »real«? Und falls ja – mit welchem Phänomen haben wir es dann zu tun?

11. Mysteriöse Trends

Die Phantome der Sozialarbeiterinnen kamen an einem Wintertag im Jahre 1990 zu Elizabeth Coupland und ihren Kindern.

Die beiden jungen Frauen, die an die Tür der Sozialwohnung in Sheffield klopften und erklärten, sie kämen von der *National Society for the Prevention of Cruelty to Children* (Nationale Gesellschaft zur Verhinderung von Grausamkeit gegen Kinder), wirkten attraktiv und selbstbewußt. Beeindruckt von dem Auftreten ihrer eleganten Besucherinnen, ließ Mrs. Coupland sie ein und erlaubte ihnen, ihre beiden Kinder im Alter von zwei Jahren und fünf Monaten zu untersuchen.

Die Visite dauerte nicht lange, und Mrs. Coupland nahm an, daß damit alles erledigt sei. Daher war ihre Überraschung groß, als ein oder zwei Tage später eine der Frauen in Begleitung eines männlichen Kollegen zurückkehrte und behauptete, sie sei dazu ermächtigt, die Kinder fortzubringen. Mrs. Coupland war schockiert und verängstigt, verwahrte sich jedoch energisch dagegen, ihre lieben Kleinen wegzugeben. Als sie damit drohte, die Polizei zu holen, traten die Sozialarbeiter den Rückzug an.

Trotzdem rief Mrs. Coupland bei der Polizei an, die sich mit der NSPCC in Verbindung setzte. Dort bestritt man, Sozialarbeiterinnen zu Elizabeth Coupland geschickt zu haben. Auch der örtlichen Behörde in Sheffield war nichts von dem Vorfall bekannt.

Binnen kurzem wurde klar, daß die falschen Sozialarbeiter auch andere Haushalte aufgesucht hatten. Nachdem der Coupland-Fall publik geworden war, meldeten sich mehrere Dutzend Familien und erklärten, ebenfalls Besuche von gutgekleideten jungen Männern und Frauen erhalten zu haben. Stets war behauptet worden, man habe vom Gesundheits- oder Jugendamt den Auftrag erhalten, die Kinder zu untersuchen. In mehreren Fällen war es tatsächlich zu Untersuchungen gekommen, während der die Besucher angeblich nach blauen Flecken oder anderen Anzeichen für sexuellen Mißbrauch suchten.

Der Schluß lag nahe, daß es sich um eine Bande von Pädophilen handelte. Deshalb wurde im Frühjahr 1990 eine aufwendige Ermittlungskampagne in die Wege geleitet. Als einige Monate später die *Operation Childcare*, an der 23 verschiedene Einheiten beteiligt waren, abgebrochen wurde, war sie zur größten Polizeiaktion in der Geschichte Großbritanniens geworden. Doch die Ergebnisse entsprachen nicht den Erwartungen. In Tausenden von Arbeitsstunden hatte man Aussagen zu Protokoll genommen, nach Zeugen gesucht und in Pädophilenkreisen nach Hinweisen geforscht, um letztlich zu dem Schluß zu gelangen, daß es sich nur bei zwei von insgesamt 250 Meldungen lohne, diesen weiter nachzugehen. Bei den übrigen Besuchern hatte es sich nach Ansicht der Polizei um eine buntgemischte Ansammlung von Mormonen, Vertretern, Werbern, Marktforschern und Porträtfotografen gehandelt. Sogar ein oder zwei echte Beamte des Gesundheitsamts hatten sich offenbar darunter befunden.

Zwar ist die Geschichte längst von den Titelblättern der Zeitungen verschwunden, aber die gespenstischen Sozialarbeiter suchen immer noch Familien in Großbritannien auf.

Im April 1995 wurden sie in Edinburgh gesehen, einen Monat später in Leicester. In Bristol und Bath tauchten sie ebenso auf wie in Blackburn, Battersea und Barnsley. Seit jenem Januarmorgen im Jahre 1990 ist jedoch nicht ein einziges Mal Anklage gegen einen falschen Sozialarbeiter erhoben worden, geschweige denn, daß jemand verurteilt worden wäre. Ebensowenig hörte man in diesem Zusammenhang von sexuellem Mißbrauch. Nur einmal wurden die Kinder wirklich mitgenommen – und zwar in den Park der Stadt, wo sie ein Eis bekamen, bevor man sie unversehrt wieder nach Hause brachte.

Es überrascht nicht weiter, daß es der Polizei nicht gelungen ist, rationale Motive für das Verhalten der nicht zu fassenden Phantomgestalten zu finden. Daß es sich um das Werk einer organisierten Pädophilenbande handelte, kann mittlerweile nahezu ausgeschlossen werden, weil es sich größtenteils um Besucherinnen gehandelt hat und Frauen mit pädophilen Neigungen relativ selten sind. Außerdem waren die Versuche, die Kinder mitzunehmen, stets halbherzig. Wahrscheinlicher ist, daß diese Menschen tatsächlich nach Anzeichen für Kindesmißbrauch suchten. Journalisten ist es gelungen, in mindestens zwei Fällen selbsternannte »Kindesretter« auszumachen. Zumeist dürfte jedoch eine absurde Mischung aus Fehlinterpretationen, Phantasievorstellungen und gelegentlich sogar Verwirrtheitszuständen im Spiel gewesen sein. Eine Mutter meldete zum Beispiel die Ankunft einer ganzen Gruppe von verdächtigen Sozialarbeitern, die sich als Filmcrew entpuppte und einen Dokumentarfilm drehen wollte.

Die *Operation Childcare* förderte erstaunliche Erkenntnisse bezüglich des Aussehens und Verhaltens der Phantomgestalten zutage. Die meisten Zeugen erklärten, daß sie von einer oder zwei Frauen aufgesucht worden seien. Seltener handelte es sich bei den Unbekannten um einen Mann und eine Frau. Alle Frauen waren jung, etwa Ende 20 bis Anfang 30, stark geschminkt und elegant gekleidet. Eine Zeugin, Katharine Millett aus Sheffield, erklärte, ihre Besucherin habe »wie ein Fotomodell ausgesehen. Sie trug das Haar aufgesteckt, hatte eine gute Figur und ein dunkles, zweiteiliges Kostüm an.« Nur wenige der angeblichen Sozialarbeiterinnen sprachen einen Dialekt. Mehrfach wurden Termine im voraus vereinbart und sogar entsprechende Ausweise vorgelegt. Unerklärlicherweise fuhren die Unbekannten offenbar bevorzugt rote Vauxhall-Cavaliers.

Interessanter als die Identität der Sozialarbeiter erscheint die Frage, warum sie in Großbritannien gerade im Winter 1989/1990 auftauchten. Die Lösung dieses Rätsels liegt auf der Hand. Das Land wurde damals von einer Panikwelle bisher unbekannten Ausmaßes heimgesucht, und die Furcht vor Kindesmißbrauch war allgegenwärtig. In jenen Monaten waren die Zeitungen voll von Berichten über rituelle Kindesmißhandlungen durch satanische Sekten in Manchester, Rochdale und Nottingham. Es hieß, Säuglinge würden bei geheimen religiösen Zeremonien vergewaltigt und gefoltert, Babys getötet und verspeist und Föten für rituelle Teufelsopfer abgetrieben. Keine dieser Anschuldigungen konnte jemals bewiesen werden. Aber in den Monaten, während die Phantomsozialarbeiter aktiv waren, tauchten im Morgengrauen echte Sozialarbeiter bei Familien auf, die angeblich mit den Satanssekten unter einer Decke steckten, und nahmen die gefährdeten Kinder mit. Die Erinnerung an den Skandal von Cleveland war noch frisch. Dort hatte ein Kinderarzt auf der Grundlage eines ungenauen, neuen Tests 120 Fälle von sexuellem Mißbrauch an Kindern diagnostiziert. Es entstand der Eindruck, daß keine Familie vor Sozialarbeitern sicher sei, die willkürlich entschieden, Kinder seien gefährdet, und deren Eltern monatelang das Sorgerecht entzogen.

Die Tatsache, daß Mormonenmissionare mit falschen Gesundheitsbeamten verwechselt wurden, wie es manchmal bei den der Polizei gemeldeten Vorkommnissen der Fall war, deutet darauf hin, daß Eltern jedem Fremden gegenüber mißtrauisch waren. Sie sorgten sich um die Sicherheit ihrer Kinder und fürchteten, jemand könne ihnen etwas antun – ein völlig normales Gefühl. Demnach scheint die Panik durch eine menschliche Urangst ausgelöst worden zu sein. Trotzdem ist sehr interessant, wie die furchterregenden Entführer beschrieben wurden. Sie entsprachen keineswegs dem Stereotyp des perversen Pädophilen, sondern wirkten auf viel subtilere, weniger greifbare Weise bedrohlich. Die Urangst der Eltern mag eine Erklärung für das Auftreten der merkwürdigen Besucher gewesen sein, aber warum sie gerade zu jenem Zeitpunkt und in der Gestalt von Sozialarbeitern/innen erschienen, läßt sich nur verstehen, wenn man sich mit dem kulturellen Hintergrund befaßt.

Die Ungeheuer vom Saint-François-See

Die Vorstellung, daß unser Gehirn Eindrücke so zusammenfügt, daß seltsame Phänomene je nach Ort und Zeitpunkt ihres Auftretens unterschiedlich empfunden werden, wird als Hypothese vom kulturellen Ursprung oder als psychosoziale Theorie bezeichnet und ist bereits seit Ende der 60er Jahre bekannt. Auch wenn sie inzwischen weiterentwickelt worden ist, so finden sich immer noch viele Charakteristika aus ihrer Anfangszeit. Beispielsweise ist die These in Europa, vor allem in Frankreich, wesentlich populärer als in den Vereinigten Staaten, wo man sie für unnötig komplex und vor allem für nicht beweisbar hält. Ihre Kritiker meinen, sie biete ebensowenig eine hinreichende Erklärung für Fälle mit physischem Beweismaterial wie für die zum Teil verblüffenden Übereinstimmungen in Beschreibungen merkwürdiger Erfahrungen. Es sei die eigene Subtilität, die gegen die Hypothese vom kulturellen Ursprung arbeite, heißt es, denn Hintergrund und Erwartungen der Zeugen seien so unterschiedlich, daß sich jede neue Begegnung grundsätzlich von allen anderen unterscheiden müsse.

Trotzdem liefert die ursprünglich aus der Ufologie stammende Theorie eine überzeugende Erklärung für viele Trends und seltsame Moden der Grenzwelten, die man bei merkwürdigen Erscheinungen beobachten kann. Mit ihrer Hilfe läßt sich zum Beispiel begründen, warum in den 90er Jahren des vorigen Jahrhunderts unbekannte Flugobjekte angeblich Luftschiffen glichen, während man in den 40er und 50er Jahren dieses Jahrhunderts Geisterraketen beziehungsweise fliegende Untertassen beobachtet haben wollte. In den Augen psychosozialer Theoretiker waren diese Sichtungen nicht vom jeweiligen Stand der Technik bestimmt, sondern von den Hoffnungen und Ängsten der Zeit. Demnach wäre die Welle von 1896/97, bei der immer wieder angebliche Luftschiffe brillanter amerikanischer Erfinder gesichtet wurden, Ausdruck der Sehnsucht nach der Eroberung des Himmels, von der die Menschen um die Jahrhundertwende erfüllt waren. Die Geisterraketen von 1946 waren ein Spiegel des Zweifels und der Unsicherheit, von denen die Nachkriegsjahre beherrscht waren, weil niemand wußte, was die Russen zusammen mit gefangenen deutschen Wissenschaftlern ausbrüteten. Und schließlich nahmen die fliegenden Untertassen der 50er Jahre entweder das heraufziehende Zeitalter der Raumfahrt vorweg oder waren Ausdruck der Furcht vor einer kommunistischen Invasion.

Die Hypothese vom kulturellen Ursprung mag auch einige Mysterien auf dem Gebiet des Übersinnlichen erklären und die Lösung für zahlreiche kryptozoologische Rätsel liefern. Ein besonders überzeugender Beleg für die Theorie dürfte die Tatsache sein, daß die Mutter Gottes häufig Katholiken erscheint, in deren Glauben die Marienverehrung eine wichtige Rolle spielt. Dagegen scheint Protestanten für solche Visionen schlicht und einfach der kulturelle Hintergrund zu fehlen. Auch könnten der Erfolg des Spiritismus und die Leichtigkeit, mit der sich seine Anhänger davon überzeugen ließen, daß während der Séancen Übernatürliches geschah, auf den schwindenden Einfluß der traditionellen Kirchen zurückzuführen sein. Bei den nach Glauben und Autorität suchenden Menschen war ein Vakuum hinterlassen worden.

Diese grob verallgemeinernde Argumentation wird sehr wahrscheinlich nicht kritiklos hingenommen, und mit Sicherheit muß sie noch weiter ausgearbeitet werden. Aber auch auf persönlicher Ebene sind die Ansatzpunkte der Hypothese vom kulturellen Ursprung nicht uninteressant. So ist es zum Beispiel sehr wahrscheinlich, daß ein Mensch, der sich auf der Suche nach verschütteten Erinnerungen an einen Therapeuten wendet, welcher an Reinkarnation und Entführungen durch Außerirdische glaubt, sich unter Hypnose an ein früheres Leben oder eine Verdrängung erinnert, vor allem dann, wenn er es in gewisser Weise erhofft oder erwartet.

Diese Hypothese läßt sich experimentell überprüfen. Der Psychologe Robert Baker führte dazu einen Versuch mit 60 Freiwilligen durch, die er in drei Gruppen aufteilte. 20 Testpersonen sagte man, Hypnose biete Zugang zu früheren Leben, 20 andere erfuhren, Hypnose sei ein Irrweg, der Rest erhielt eine neutrale Einführung. Baker hypnotisierte dann alle Versuchspersonen und bemühte sich herauszufinden, inwieweit sie sich an frühere Leben erinnerten. Bei den Personen, denen man erklärt hatte, Reinkarnation sei möglich, waren die Ergebnisse deutlich ergiebiger. Bei einer

Analyse der früheren Leben von Patienten verschiedener Hypnotiseure ergab sich zudem, daß die Überzeugung des Therapeuten offenbar die Erinnerung der Patienten beeinflußte. Glaubte dieser, die Reinkarnation erfolge unmittelbar nach dem Tod, so berichtete man ihm von einem ununterbrochenen Fluß von Wiederverkörperungen. War er jedoch der Ansicht, die Seele warte eine Weile, bevor sie zur Erde zurückkehre, fanden sich Lücken von mehreren Jahrzehnten zwischen den früheren Leben.

Ian Stevensons Untersuchungen zur Reinkarnation, die, wie bereits erwähnt, nicht auf Hypnose beruhen, legen den Schluß nahe, daß auch hier kulturelle Einflüsse am Werk sind. Eine Analyse seiner Fallsammlung zeigt, daß Versuchspersonen aus Indien und Sri Lanka fast immer nur wenige Kilometer von dem Ort entfernt wiedergeboren werden, an dem sie den Tod fanden, während man in Alaska normalerweise innerhalb derselben Familie reinkarniert wird. Asiaten wechseln während der verschiedenen Inkarnationen kaum das Geschlecht, während dies bei den britischen und amerikanischen Patienten der Therapeuten Arnall Bloxham und Joe Keeton häufig geschah. Es fällt leichter zu glauben, daß diese Unterschiede durch kulturelle und religiöse Einflüsse bedingt sind, als daß sich Reinkarnation für britische Seelen anders auswirkt als für Seelen aus Indien und Sri Lanka.

Die detaillierteste Version der Hypothese vom kulturellen Ursprung stammt von dem französischen Volkskundler Michel Meurger, der seine Arbeit mit einer Feldstudie in der kanadischen Provinz Quebec begann. Dort untersuchte er 20 Seen, in denen Überlieferungen zufolge Ungeheuer hausen sollen. Bereits vor ihm hatten Kryptozoologen dort Nachforschungen angestellt, sich jedoch auf die Handvoll Berichte beschränkt, die modernen Monstersichtungen ähnelten, ohne sich weiter um den Zusammenhang, in dem sie standen, zu kümmern. Meurger lehnte diesen reduktionistischen Ansatz grundsätzlich ab. Statt dessen versuchte er nachzuweisen, daß es prinzipiell unmöglich ist, Ethnologie und Wirklichkeit klar voneinander zu trennen. Ignoriert man den ethnologischen Kontext eines Berichtes, so wird es unmöglich, seine ursprüngliche Absicht und Bedeutung zu verstehen. Dies führte dazu, daß Kryptozoologen an die reale Existenz von Monstern glaubten, die es so nicht geben kann.

Meurgers Arbeit in der Provinz Quebec ergab, daß das Seeungeheuer nur eines von mehreren, immer wiederkehrenden Motiven der örtlichen Tradition ist. Nicht genug damit, daß es in den Seen von Monstern nur so wimmeln soll, angeblich reichen die Gewässer außerdem bis in bodenlose Tiefen hinab. Sie sollen unter Wasser von Höhlen durchzogen und durch versunkene Kanäle, an denen sich schreckliche Strudel bilden, miteinander verbunden sein. In den Stollen, heißt es, sind geheimnisvolle U-Boote unterwegs. Mit welcher Berechtigung, so fragte Meurger, tun wir diese Teile der historischen Überlieferung als Legenden ab, während die reale Existenz der Seeungeheuer akzeptiert wird, nur weil sie zufällig den Vorstellungen der Kryptozoologen entspricht?

Selbst wenn man sich bei der Untersuchung der Seen von Quebec auf die Berichte über Ungeheuer beschränkt, dürfte es den Kryptozoologen schwerfallen, Sinn in die ungeheure Vielfalt der gesichteten Geschöpfe zu bringen. Meurger nannte als Beispiel den Saint-François-See, ein von dichten Kiefernwäldern umgebenes, isoliertes Gewässer südöstlich von Montreal. Die Berichte über Seeungeheuer sind hier kaum zu zählen. Der See ist – wie Loch Ness – gut 30 Kilometer lang und etwa 60 Meter tief, zählt also nicht unbedingt zu den größten Gewässern dieser Erde. Glaubt man jedoch den Erzählungen der Einheimischen, so beherbergt er bis zu fünf verschiedene Arten von Monstern, die alle während der letzten drei Jahrzehnte gesichtet wurden. Meurgers Sammlung umfaßt Berichte über einen riesigen, etwa zehn Meter langen Stör, Tiere, deren Rücken einem mit Zacken besetzten Baumstamm gleicht, einen großen Fisch mit Finne, ein walartiges Geschöpf und ein geflecktes Monster mit Krokodilkopf. Aus zoologischer Sicht ist es höchst unwahrscheinlich, daß in einem derart kleinen Gewässer so viele verschiedene Lebewesen existieren. Genausowenig kann man sich vorstellen, daß in den Seen nur einer einzigen kanadischen Provinz derartig viele Monster beheimatet sein sollen.

Meurger führte die Vielfalt darauf zurück, daß europäische Vorstellungen von Seeungeheuern, bei denen es sich stets um pferdeköpfige Bestien, Drachen oder Riesenschlangen handelt, mit Überlieferungen kanadischer Indianer verschmolzen, in denen vor allem gehörnte Schlangen eine Rolle spielen. Die kulturelle Palette für das Motiv Monster bietet also unzählige Möglichkeiten.

Von diesem Ansatzpunkt ausgehend, kam Meurger zu dem Schluß, daß die Legenden von Seeungeheuern in sehr großem Zusammenhang zu sehen seien. Für ihn sind sie Teil einer »mythologischen Landschaft«, eines Ortes, an dem sich die menschliche Phantasie frei entwickeln kann und der Unterschied zwischen Dichtung und Wahrheit belanglos ist beziehungsweise der Entscheidung des einzelnen überlassen bleibt. Für den Wanderer in der mythologischen Landschaft sind solche Ungeheuer nicht einfach nur Monster, sondern sie besitzen übernatürliche Fähigkeiten und magische Kräfte. Sie werden zu proteischen Wesen – unfaßbar, geheimnisvoll und wandelbar wie die religiösen Visionen, die Außerirdischen und die Bestien, denen wir bereits begegnet sind.

Das soll nicht heißen, daß die Wesen, mit denen wir es zu

tun haben, einzig und allein geheiligten Traditionen und uralten Mythen entspringen. Auch moderne Erzählungen, Dichtungen und urbane Legenden haben die mythologische Landschaft um Motive bereichert. Man denke an die blau gewandeten Jungfrauen und Ektoplasmastäbe des 19. und an die geheimnisvollen U-Boote und kleinen grauen Außerirdischen des 20. Jahrhunderts. Ihre Überzeugungskraft erhalten diese neuen Bilder aber natürlich teilweise durch Anlehnung an ältere, allgemein anerkannte Legenden und Motive.

Meurgers mythologische Landschaft ist also möglicherweise das fehlende Glied, nach dem wir suchen, der Ort, an dem Realität und Unwirkliches, Altes und Neues aufeinandertreffen, sich vermischen und miteinander verschmelzen. Damit wäre nicht nur erklärt, warum die Existenz von Seeungeheuern zoologisch so unwahrscheinlich ist wie die Entführungen durch Außerirdische aus medizinischer Sicht. Auch die zentrale Frage, welche Rolle psychologischen und physiologischen Anomalien bei der Entstehung merkwürdiger Phänomene zukommt, wäre damit beantwortet. Zwar haben wir gesehen, daß die Erlebnisse ihren Ursprung in unserem eigenen Kopf haben können – ausgelöst durch Bewußtseinsveränderungen oder Epilepsie in den Schläfenlappen –, aber warum Geister, bucklige Monster und außerirdische Entführer die Protagonisten sind und nicht rosafarbene Elefanten, ist noch nicht geklärt. Die Erklärung dafür lautet, daß diese alptraumhaften Wesen in der mythologischen Landschaft bereits unterwegs sind. Topografisch mag diese Landschaft für jeden Menschen feine Unterschiede aufweisen, aber insgesamt ist der kulturelle Einfluß so groß, daß uns ihr Anblick weitgehend vertraut bleibt, während wir von einem Schauplatz zum anderen wechseln. Deshalb berichten die meisten Europäer und Amerikaner, daß sie von grauen Außerirdischen entführt werden, während ein solches Erlebnis für einen Algerier oder Malaysier ganz andere Züge annehmen mag.

Die Frage ist, ob sich beweisen läßt, daß es Meurgers mythologische Landschaft innerhalb der Grenzwelten gibt, und wie man, falls ja, die Phänomene, die sich dort abspielen, von jenen unterscheiden kann, die real existieren.

Auf der Suche nach der mythologischen Landschaft

In diesem Buch haben wir uns immer wieder die zentrale Frage gestellt, ob es die seltsamen Phänomene, mit denen wir uns beschäftigen, wirklich gibt.

Nur allzuoft war das Beweismaterial widersprüchlich, und die Augenzeugenberichte erwiesen sich in fataler Weise als unzureichend. Manche Mysterien schienen kulturell bedingt zu sein, andere wiederum hatten ihren Ursprung offenbar in den verborgenen Windungen des menschlichen Gehirns. Trotz allem war in vielen Fällen eine physisch reale Basis für ein Phänomen denkbar.

Jetzt ist es an der Zeit, eine Methode vorzuschlagen, mit der »reale« Ereignisse – das heißt solche, deren Ursprung lediglich unbekannt ist, ob er nun außerhalb oder innerhalb der Person des Zeugen begründet liegt – von »irrealen« zu unterscheiden. Unter letzteren verstehe ich Fälschungen, Fehlinterpretationen und irrtümliche Identifizierungen, die teilweise auf soziale und kulturelle Faktoren zurückzuführen sind. Es wird nicht einfach sein, einen Trennstrich zwischen diesen beiden Varianten zu ziehen, denn häufig werden vermeintlich reale Phänomene durch die Erwartungen des Zeugen, sein Vorwissen und seine Gemütsverfassung verzerrt. Dagegen unterscheiden sich eindeutig irreale Mysterien von unbestritten echten Fällen oft so wenig, daß sie kaum davon zu trennen sind. Unter Berücksichtigung dieser Faktoren dürfte jedoch zumindest eine Annäherung an eine endgültige Lösung möglich sein.

Meiner Meinung nach liegt der Schlüssel in der historischen Kontinuität von ungewöhnlichen Phänomenen. Wird ein rätselhafter Vorgang zu unterschiedlichen Zeitpunkten in verschiedenen Ländern ähnlich beschrieben, so ist die Wahrscheinlichkeit groß, daß es sich entweder um ein reales Ereignis in der Außenwelt oder aber um unfreiwillige Vorgänge im vegetativen Nervensystem des Menschen handelt. Bleibt dasselbe Phänomen aber auf eine bestimmte Religion oder Kultur beschränkt, verändert es über die Jahre hinweg die Erscheinungsform in Abhängigkeit von Ort und Zeitpunkt seines Auftretens, so liegt der Schluß nahe, daß es entweder nicht existiert oder auf einen internen Stimulus durch die höheren Gehirnfunktionen zurückzuführen ist.

Die Jagd nach der heiligen Aubergine

Für die Hypothese vom kulturellen Ursprung spricht zunächst, daß seltsame Phänomene dem Diktat der Mode ebenso unterworfen sind wie die Alltagswelt. Wer sich nur gelegentlich mit unerklärlichen Vorgängen beschäftigt, bemerkt möglicherweise gar nicht, daß sich die Grenzwelten in ständigem Fluß befinden. Alte Mysterien verblassen, man hört immer seltener von ihnen, und schließlich geraten sie ganz in Vergessenheit, während neue Rätsel das Licht der Welt erblicken. Es gibt auch Geheimnisse, die nur den Namen oder das Erscheinungsbild wechseln und in veränderter Gestalt wieder auftauchen.

Seit nicht einmal einem Jahrzehnt ist die »heilige Aubergine« nun bekannt. Schneidet man dieses vermeintlich gewöhnliche Gemüse auf, findet sich im Muster seiner Samen eine religiöse Botschaft. Aufgrund der Morphologie der Aubergine ähnelt das Muster ausschließlich arabischen Buchstaben, weshalb die Inschriften bis jetzt auch nur innerhalb islamischer Gemeinschaften entdeckt wurden.

Das Phänomen trat offenbar zum ersten Mal im März 1990 in der Küche von Farida Kassam in Leicester in Erscheinung. Die Botschaft lautete »*Ya-Allah*« (»Allah lebt«). »Wir waren richtig schockiert, als wir die Samen sahen«, erklärte Faridas Ehemann Zahid. »Wir trauten unseren Augen nicht. Unser Versicherungsvertreter war der erste Nichtmoslem, dem wir die Schrift zeigten, und selbst ihm fiel die Ähnlichkeit [mit einer Tafel mit denselben Worten] auf.« Gegen Ende des Monats erhielten die Kassams von der örtlichen Moschee die Erlaubnis, ihre Entdeckung publik zu machen. Innerhalb einer Woche suchten über 5 000 Personen die Familie auf, um das wundersame Gemüse zu bestaunen. Als die Aubergine schließlich zu faulen begann, wurde sie in geweihter Erde begraben.

Die Nachricht von der Entdeckung breitete sich in der moslemischen Gemeinde der Midlands wie ein Lauffeuer aus. Das Lebensmittelgeschäft, in dem Farida das Gemüse gekauft hatte, konnte sich vor Kunden kaum mehr retten, und binnen wenigen Tagen hatte man in Leicester drei weitere heilige Auberginen entdeckt. Andere Exemplare tauchten in Nottingham, Burton-on-Trent und Birmingham auf. Eine Frucht zeigte das Wort »Allah«, die Samen einer anderen bildeten offenbar eine Sure aus dem Koran. Wenig später fand eine kenianische Familie, deren Sohn in Großbritannien studierte, die Inschrift »Allah« in einer in Nairobi gekauften Aubergine. Das berühmteste Gemüse gehörte Hussain Bhatti aus Nottingham, dessen Sohn, ein Chemiestudent, es erfolgreich in einer Salzlösung konservierte.

Für die Menschen, die sie entdeckten, waren die heiligen Auberginen echte Wunder, von Gott gesandte Zeichen.

Dagegen behaupteten Zweifler, daß es sich um Simulakren handle, die es schon immer gegeben habe; die anderen Moslems hätten nur deshalb ebenfalls Botschaften in ihrem Gemüse gefunden, weil sie danach gesucht hätten, nachdem die Entdeckung der Kassams bekannt geworden war. Diese These hat einiges für sich, aber man sollte nicht von vornherein die Möglichkeit ausschließen, daß andere, höhere Kräfte am Werk waren.

Die heilige Aubergine war nur eines der Phänomene, die zu jener Zeit in der islamischen Welt für Aufsehen sorgten. Drei Tage, nachdem die Islamische Heilsfront im Juni 1990 die allgemeinen Wahlen in Algerien gewonnen hatte, sah man im Osten des Landes eine Wolke, die den Namen »Allah« formte. In Haiderabad in Südindien fand Hadschi Mohammed Multani eine Mango mit der Inschrift *»La Ilaha Illallah«* (»Es gibt keinen Gott außer Allah«). Besonders aufschlußreich erscheint die Tatsache, daß diese Simulakren gehäuft während des Golfkrieges auftraten. Damals kämpften Moslems gegen Moslems, während gleichzeitig »christliche Armeen« in den Mittleren Osten zurückkehrten. Parallel dazu erlebte der islamische Fundamentalismus in der Region einen bemerkenswerten Aufschwung.

Ist die Saat für ein neues Phänomen einmal gelegt, so trägt sie oft noch Jahre später Früchte. 1996 tauchte in Bolton (Lancashire) in der Küche von Mrs. Ruskana Patel erneut eine heilige Aubergine mit der inzwischen vertrauten Inschrift *»Ya-Allah«* auf. Interessant war die Erklärung von Mrs. Patel, daß sie in der Nacht zuvor geträumt habe, eine der drei Auberginen, die sie an jenem Tag kaufen würde, sei gesegnet.

Vor 770 Jahren ereignete sich in einer ähnlich aufgeladenen Atmosphäre von gespannter Erwartung und religiöser Sehnsucht ein Wunder ganz anderer Natur. Stigmata (Wundmale, die jenen des gekreuzigten Christus gleichen) gehören zu den geheimnisvollsten und umstrittensten ungewöhnlichen Phänomenen, sind jedoch hervorragend dokumentiert. Sie mögen als gutes Beispiel für ein Rätsel dienen, das sich zwar im Laufe der Jahre weiterentwickelt hat, dessen Kontinuität aber immer noch so groß ist, daß man Fälle, zwischen denen Jahrhunderte liegen, miteinander vergleichen kann.

Das »Geburtsdatum« des Phänomens läßt sich genau bestimmen: Es war der 14. September 1224. An jenem Tag bereitete sich Franziskus von Assisi, künftiger Heiliger und bereits weithin als gottesfürchtiger Asket verehrt, auf den zweiten Monat einer Klausur vor, die er mit einigen engen Freunden unter spartanischen Bedingungen auf dem Monte La Verna oberhalb des Arno verbrachte. Die vorangegangen Wochen hatte er intensiv über die Leiden Christi am Kreuze meditiert, und es ist anzunehmen, daß er durch das andauernde Fasten geschwächt war. Als Franziskus im ersten Licht der Morgendämmerung zum Gebet niederkniete,

> »bewegte er das Leiden Christi in seinem Herzen [...], und seine Leidenschaft wuchs zu einer solchen Stärke, daß er durch Liebe und Mitleid ganz und gar in Jesus verwandelt wurde. Als er derart entbrannt war, sah er einen Seraphim mit sechs leuchtenden, feurigen Schwingen vom Himmel herabsteigen. Der Seraphim näherte sich Franziskus in schnellem Fluge so weit, bis dieser erkennen konnte, daß der Engel die Gestalt des Gekreuzigten angenommen hatte. Nach einer langen

> Zeit des geheimen Austausches entschwand die geheimnisvolle Vision. Zurück blieb das wundersame Abbild der Passion Christi am Körper des heiligen Franziskus. Von da an zeigten sich in seinen Händen und Füßen die Spuren der Nägel, die er im Körper des gekreuzigten Jesus gesehen hatte.«

Insgesamt wies Franziskus fünf Wundmale auf. Jeweils zwei befanden sich in den Handflächen und an den Füßen, dort, wo der Überlieferung nach Christus bei der Kreuzigung die Nägel eingeschlagen worden waren. Das fünfte Mal trat an der Seite seines Körpers auf – an der Stelle, an der ein römischer Zenturio dem Erlöser einen Speer in den Körper gestoßen hatte, wie es in der Bibel heißt. Bei späteren Stigmatisierten fanden sich fast immer genau dieselben Zeichen, in einigen wenigen Fällen allerdings nur eines oder zwei davon. Gelegentlich erschienen auch Kratzer auf der Stirn des Betroffenen, dort, wo Christus durch die Dornenkrone verletzt worden sein soll.

Warum tauchten die Stigmata so urplötzlich im Italien des 12. Jahrhunderts auf? Die Antwort könnte zumindest teilweise in den theologischen Trends jener Zeit begründet liegen. Kurz zuvor hatte die katholische Kirche begonnen, die Menschlichkeit Christi stärker zu betonen. Ein neuer Feiertag, *Corpus Christi,* der für die geistige Besinnung auf die physischen Leiden des Gottessohnes bestimmt war, sollte in den Kalender aufgenommen werden. Die religiöse Malerei reagierte mit blutrünstigen Schilderungen der Kreuzigung, die einen Jesus zeigten, der Todesqualen litt, während aus seinen Wunden Blut tropfte. Sie ersetzten die stärker stilisierten, friedvolleren Darstellungen früherer Epochen. Ein Vorfall, der sich zwei Jahre zuvor in Oxford ereignet hatte, veranschaulicht, wie sehr die damalige Zeit von den Kreuzigungsmalen besessen war. Ein junger Mann war vor den Erzbischof von Canterbury gebracht und der Ketzerei angeklagt worden, weil er behauptet hatte, daß er der Sohn Gottes sei. Als man ihn im Rahmen der Gerichtsverhandlung untersuchte, fanden sich an seinem Körper fünf Wundmale. Offenbar hatte er sich kreuzigen lassen, weil er sich tatsächlich für Christus hielt, oder um andere davon zu überzeugen.

Es ist unwahrscheinlich, daß Franziskus von Assisi von jenem Fall wußte. Der Ruf des Heiligen sorgte dafür, daß die Geschichte seiner Stigmatisierung bald in ganz Europa bekannt wurde. Im 13. Jahrhundert wurden mindestens zehn weitere Fälle gemeldet, und einer kürzlichen Schätzung zufolge hat es seit 1224 insgesamt über 400 Stigmatisierte gegeben. Berühmt geworden sind Johann Jetzer, ein Schweizer Bauer, bei dem die Male 1507 auftraten, und Therese Neumann. Die umstrittene deutsche Stigmatisierte war mit einer ganzen Reihe von Leiden geschlagen und wies von 1926 bis zu ihrem Tod im Jahre 1962 jeden Freitag die Stigmata auf – allerdings nie in Anwesenheit eines wissenschaftlichen Beobachters. Der bekannteste aller Stigmatisierten dürfte der Kapuzinermönch Padre Pio gewesen sein. Er soll eine Reihe außergewöhnlicher Phänomene erlebt und zahlreiche Wunderheilungen vollbracht haben, wie es überhaupt bezeichnend für Stigmatisierte ist, daß sie mit anderen Mysterien in Verbindung gebracht werden. Gegenwärtig existiert eine starke Bewegung innerhalb der katholischen Kirche, die sich für die Heiligsprechung von Pio einsetzt.

Im Augenblick gibt es weltweit etwa 25 bekannte Stigmatisierte. Dazu zählen mindestens fünf Italiener, zwei Briten und vier Amerikaner. Ein Fall ist aus Korea, ein weiterer aus Japan bekannt. Da bis in dieses Jahrhundert hinein Stigmatisierungen nur aus dem katholischen Europa bekannt waren, ist diese Entwicklung an sich schon faszinierend. Bemerkenswert ist jedoch auch die dramatische Veränderung des Frauenanteils. Insgesamt zeigten sich die Wundmale Christi bisher bei 353 Frauen und nur 54 Männern, das heißt, auf einen Mann kommen sieben Frauen. Eine Analyse von Ted Harrison, der führenden zeitgenössischen Kapazität auf diesem Gebiet, ergab jedoch, daß sich das Verhältnis in den letzten 50 Jahren drastisch verändert hat. In 44 seit 1946 gemeldeten Fälle beträgt es nur noch 2,4:1, und unter den lebenden Stigmatisierten ist es auf 1,5:1 gesunken. Harrison führte dies darauf zurück, daß »sich das Gewicht der Autorität von Männern und Frauen in Kirche und Gesellschaft verschoben hat.« Seiner Ansicht nach könnten Frauen in früheren Jahrhunderten versucht haben, durch die Stigmata jene Aufmerksamkeit zu erregen, die ihnen in einer von Männern dominierten Gesellschaft und einer Kirche, die sie vom Priesteramt ausschloß, versagt blieb. Möglicherweise noch bedeutsamer ist der Hinweis Harrisons, daß »Stigmata Individuen und Gemeinschaften eine direkte spirituelle Autorität verleihen«. Als Beispiel nannte er Stigmatisierte, die entweder Führer von messianischen Sekten wurden oder zumindest eine religiöse Erneuerung in ihren Heimatkirchen auslösten.

Eine Analyse der verzeichneten Fälle läßt interessante Muster erkennen. Vor 1900 war kein stigmatisierter Priester bekannt, aber seitdem hat es mehrere gegeben, als ersten Padre Pio. Außerdem tritt das Phänomen stets in Häufungen auf. Beispielsweise gab es zwischen dem 13. und dem 15. Jahrhundert auf der iberischen Halbinsel nur einen einzigen Fall, zwischen 1600 und 1799 insgesamt 54 und seit 1800 nur noch sieben. Interessant ist auch, daß sich die Male dem Stand der medizinischen Forschung anzupassen scheinen. Üblicherweise traten zwei der fünf Wunden in den Handflächen auf, so wie wir es von den Darstellungen zahlloser Heiligenbilder kennen. Heute wissen wir jedoch, daß an dieser Stelle eingeschlagene Nägel das Gewicht eines menschlichen Körpers gar nicht tragen könnten. Die Römer kreuzigten ihre Opfer, indem sie einen Nagel direkt über dem Handgelenk durch den Arm trieben. In den beiden jüngsten Fällen bluteten die Stigmatisierten dann tatsächlich aus Wunden, die sich im wissenschaftlich zulässigen Bereich befanden.

All dies deutet darauf hin, daß es sich bei den Stigmata um ein kulturell beeinflußtes Phänomen handelt. In keiner der großen nichtchristlichen Religionen gibt es Parallelen dazu. Mit Ausnahme eines vereinzelten Anglikaners oder Baptisten im 20. Jahrhundert gehörten außerdem alle Betroffenen der römisch-katholischen Kirche an. Sollten die Male wirklich himmlischen Ursprungs sein, so wäre außerdem nur schwer zu verstehen, warum zwischen dem Tod Christi und ihrem ersten Auftreten zwölf Jahrhunderte vergangen sind. Auch läßt sich nicht behaupten, daß es sich bei Stigmatisierten stets um besonders gläubige, verdienstvolle Personen handelte. Einer der bekanntesten Fälle aus jüngerer Zeit war der des Spaniers Clemente Dominguez, der als katholischer Priester abgelehnt wurde. Daraufhin ernannte er sich zum Papst seiner eigenen, abtrünnigen Kirche und wurde prompt exkommuniziert.

Ferner scheint sich ein Großteil der Stigmatisierten durch ein niedriges Selbstwertgefühl, psychische Erkrankungen und eine Neigung zu Hysterie und Selbstverstümmelung auszuzeichnen. Teresa Musco, eine Stigmatisierte aus Neapel, litt ihr Leben lang unter schlechter Gesundheit. Insgesamt wurde sie über 100mal operiert und verstarb schließlich 1976 frühzeitig, wie sie es vorausgesagt hatte. (Sie erreichte wie Christus das Alter von 33 Jahren.) Teresa bezeichnete sich selbst häufig als »Misthaufen«, und ihr Tagebuch enthält immer wieder die Bitte: »Herr, laß mich dein Putzlappen sein!« Dagegen behauptete Therese Neumann, daß man sie als junges Mädchen zweimal zu vergewaltigen versucht habe. Außerdem litt sie als Folge von Kopfverletzungen unter Blindheit und Krämpfen. Angeblich ernährte sie sich mehr als drei Jahrzehnte lang nur von Brot und Wein, die sie bei der täglichen Kommunion erhielt. Man verdächtigte sie, sich die Wundmale selbst beigebracht zu haben. Noch merkwürdiger war der Fall der Engländerin Jane Hunt, bei der sich die Zeichen der Passion 1985 nach einer Reihe von Fehlgeburten manifestierten. Nach einer Gebärmutterentfernung im Jahre 1987 fand das Wunder ein Ende.

Bezeichnenderweise konnte in fast allen Fällen überzeugend nachgewiesen werden, daß sich die Stigmatisierten die Wunden zumindest anfänglich selbst zugefügt hatten. Der Jesuit Herbert Thurston, ein anerkannter Experte auf dem Gebiet physischer mystischer Phänomene, ist der Ansicht, daß es seit dem heiligen Franziskus keinen über jeden Zweifel erhabenen Stigmatisierten mehr gegeben habe. Die berühmte Magdalena de la Cruz, die sich im 16. Jahrhundert in Spanien wegen ihrer ständigen Selbstgeißelungen und der spektakulären Verletzungen, die sie sich dabei beibrachte, häufig vor Gericht wiederfand, gab schließlich zu, sich die Kreuzigungsmale selbst zugefügt zu haben. Auch Magdalenas portugiesische Zeitgenossin, Maria de la Visitação, wäre um Haaresbreite als Betrügerin entlarvt worden. Eine andere Nonne hatte durch einen Spalt in ihrer Zellentür beobachtet, wie sie sich Nägelmale auf die Hand pinselte, aber der Priester, den man mit einem Stück Seife losschickte, um sie zu untersuchen, ließ sich von der Behauptung beeindrucken, schon die leichteste Berührung der Wunden verursache ihr Todesqualen. Selbst der bemerkenswerte Johann Jetzer war keine Ausnahme. Der Schweizer wurde nicht nur immer wieder von Poltergeistern heimgesucht, sondern erlebte in seiner Zelle auch eine ganze Reihe religiöser Visionen. Einmal weinte sogar ein Marienbild in seiner Gegenwart. 1507 gestand er schließlich, die Kreuzigungsmale gefälscht zu haben. Daraufhin wurden vier Brüder aus seinem Kloster auf dem Scheiterhaufen verbrannt. Er selbst war diesem Schicksal nur entgangen, weil seine Mutter Frauenkleider in die Todeszelle geschmuggelt hatte, in denen ihm die Flucht gelungen war.

Was also sind Stigmata? Die vorliegenden Materialien erlauben den Schluß, daß es sich im wesentlichen um einen psychischen Zustand des Individuums handelt, wobei die Art der Manifestation des Phänomens stark von den kulturellen Erwartungen der Stigmatisierten abhängt. Selbsthaß, Geltungssucht und niedriges Selbstwertgefühl mögen die Betroffenen zur Selbstverstümmelung treiben, aber ohne die allgegenwärtige Ikonographie jahrhundertealter christlicher Überlieferung würden die Verletzungen höchstwahrscheinlich weniger systematisch und symbolträchtig ausfallen.

Trotzdem ist das Mysterium nicht völlig geklärt, auch wenn man vom Wahrheitsgehalt dieser These überzeugt ist. Läßt man die Betrüger außen vor, so bleibt immer noch eine stattliche Zahl von Stigmatisierten, die sich offenbar – bewußt oder unbewußt – in Zuständen der Verwirrung, ausgelöst durch exzessives Fasten oder Beten, selbst verstümmelt haben. In diesen Fällen gibt es nach Ansicht von Forschern wie Harrison eindeutige Hinweise darauf, daß die ursprünglichen Wunden spontan wieder auftreten können, was vermutlich psychosomatische Ursachen hat. Besonders häufig ist dies an bedeutsamen Tagen wie dem Karfreitag der Fall.

Im 19. Jahrhundert untersuchten in Frankreich zwei Ärzte, Warlomont und Crocq, den Arm der jungen Louise Lateau, den sie mit einem versiegelten Glaszylinder umgaben. Das Mädchen hatte fünf Jahre nach einem Unfall begonnen, Wundmale zu zeigen. Damals war sie von einer Kuh niedergetrampelt worden, woraufhin sich schwere innere Abszesse gebildet hatten. Im Bericht der Ärzte hieß es unter anderem:

> »Innerhalb von 24 Stunden hatte sich am unteren Ende des Gefäßes eine kleine Pfütze flüssigen Blutes gebildet [...] Am Handrücken hafteten schwarze, harte Klumpen geronnenen Blutes [...] Die Wunde darunter war etwa anderthalb Zentimeter lang und fünf Millimeter breit. Die Epidermis war verschwunden, die Lederhaut darunter rot und breiig.«

In jüngerer Zeit wurde in Italien in einem Labor gefilmt, wie die Stigmata am Körper der in Trance liegenden Domenica Lo Binco erschienen. Am Arm der Frau traten während der Aufnahme Wundmale auf. Dieser Fall ist besonders interessant, weil sich bei Lo Binco die Kreuzigungsmale normalerweise am Karfreitag manifestierten, der Laborversuch jedoch an einem ganz gewöhnlichen Tag stattfand. Offenbar hatte sie sich selbst davon überzeugt, daß Karfreitag war. Harrison könnte also recht haben, wenn er psychosomatische Ursachen vermutet und annimmt, daß die Kraft der Suggestion eine wichtige Rolle spielt.

Ian Wilson, ein weiterer Forscher, der sich mit dem Thema befaßte, zog Parallelen zwischen Stigmata und psychosomatisch bedingten Krankheiten. 1951 gelang es dem britischen Arzt A.A. Mason, durch hypnotische Suggestion ein angeborenes Hautleiden zu lindern, das der Haut seines Patienten ein reptilienartiges Aussehen verlieh. Nach zehntägiger Behandlung verbesserte sich der Zustand verschiedener Körperpartien des Kranken um 50 bis 95 Prozent. Robert Moody, ebenfalls Arzt, beschrieb 1946 den Fall eines Patienten, dessen Mitsoldaten ihn regelmäßig mit Seilen gefesselt hatten, um ihn am Schlafwandeln zu hindern. Während der Behandlung entwickelte der Mann gelegentlich

Striemen und Einkerbungen an den Stellen, an denen ihn das Seil berührt hatte. In jüngster Zeit behandelte der Amerikaner R.D. Willard 22 weibliche Freiwillige mit »leichter Hypnose«, in deren Verlauf er sie aufforderte, sich vorzustellen, ihre Brüste würden angenehm warm. Neun der Frauen aus der Testgruppe mußten sich seinen Angaben zufolge danach einen größeren Büstenhalter anschaffen.

So attraktiv der Gedanke der Autosuggestion auch klingen mag – man sollte nicht vergessen, daß diese Erklärung wissenschaftlich nicht vollständig akzeptiert ist. Es ist auch nicht annähernd geklärt, wie das Gehirn den vermeintlichen Einfluß auf den Körper ausübt. Sollte jedoch die Existenz eines entsprechenden Mechanismus nachgewiesen werden, so könnte damit eine Erklärung für eine ganze Reihe von seltsamen Phänomenen geliefert werden.

Über den Körper hinaus

Stigmata mögen im wesentlichen auf den katholischen Kulturbereich beschränkt sein; es gibt aber auch seltsame Phänomene, die so gut wie überall anzutreffen sind. Wie bereits erwähnt, ist die Nahtod-Erfahrung offenbar unabhängig von der religiösen Überzeugung des einzelnen praktisch in jeder Gesellschaft bekannt. Selbstverständlich gibt es eine einleuchtende physische Erklärung dafür, aber die vorliegenden Materialien zeigen, daß der jeweilige historische und kulturelle Kontext eine weitaus wichtigere Rolle zu spielen scheint, als wenn es sich um ein rein medizinisches Phänomen handelte.

Am deutlichsten werden die Unterschiede zwischen Berichten aus dem 20. Jahrhundert und dem Mittelalter bei der Beschreibung der Reise, die eine sterbende Seele unternimmt. Zeitgenössische Zeugen sprechen im allgemeinen von einem langen Tunnel, an dessen Ende sich ein helles, weißes Licht befindet, auf das sie sich zubewegen. Wenn sie es schließlich erreichen, stellt sich heraus, daß es sich um eine Art Vorraum zum Himmel handelt. Dagegen beschrieb man früher häufig sehr detailliert zwei verschiedene Arten von Leben nach dem Tod: Entweder gelangte die Seele in den Himmel oder ins Fegefeuer beziehungsweise in die Hölle.

Mittelalterliche und moderne Erfahrungen dieser Art unterscheiden sich grundlegend dadurch, daß man früher großen Wert auf Gericht, Prüfung und Strafe legte, die eine Seele über sich ergehen lassen mußte, bevor sie in den Himmel gelangte. Diese Vorstellungen entsprachen den religiösen Überzeugungen jener Zeit. Dagegen wird in heutigen Beschreibungen häufig erwähnt, daß dem Verstorbenen nahegelegt wird, einen »Rückblick« zu halten. Zwar beinhaltet dies einen erzieherischen Ansatz, aber es wird kein Urteil gesprochen – ein perfektes Spiegelbild der Selbstbezogenheit des ausgehenden 20. Jahrhunderts. Carol Zaleski, die sich eingehend mit der Geschichte der Nahtod-Erfahrung befaßte, kam zu dem Schluß, daß die mittelalterlichen Beschreibungen den damals allgemein anerkannten Glauben an Strafe und Belohnung nach dem Tod reflektierten. Dagegen sind heutige Berichte davon geprägt, daß nur noch sehr wenige Menschen von der Existenz der Hölle überzeugt sind, während die meisten immer noch auf einen Himmel hoffen. Gleichzeitig macht sich der Einfluß eines neuen, vom Spiritismus entwickelten und verbreiteten Bildes vom Leben nach dem Tod bemerkbar. Zaleski schloß mit den Worten, daß die Nahtod-Erfahrung »ein Werk der erzählerischen Phantasie ist, das nicht nur von den allgemein gültigen Gesetzen des symbolischen Erlebens bestimmt wird, sondern auch von den örtlich und zeitlich begrenzten Regeln einer bestimmten Kultur.«

Bestätigung für diese These lieferte eine Untersuchung von mittelalterlichen Berichten über NTE aus China und Japan. Hier finden sich häufig zumindest ansatzweise Beschreibungen von gottähnlichen Führern und einem durchstrukturierten Leben nach dem Tod. Nach der Genesung von einer Krankheit mit einhergehender NTE änderten die Zeuge ihr Leben für gewöhnlich radikal. Auffällig ist, daß sich NTEs von Taoisten eher auf den Himmel beziehen, während Buddhisten häufiger mit der Hölle zu tun haben. Offenbar wurden die buddhistischen Vorstellungen von dem, was sich nach dem Tod ereignet, grundlegend von den Erfahrungen einiger Mönche geprägt, die nach einer NTE von zahlreichen, übereinanderliegenden Höllen berichteten, über die angeblich verschiedene Gottheiten herrschten. Doch kaum war das Bild vom Leben nach dem Tod in den Schriften der chinesischen Buddhisten festgelegt, da verlor die Beschäftigung mit der Topografie der Hölle an Bedeutung; einer Reihe von »Besuchern«, die gern gequälte Seelen sehen wollten, wurde mitgeteilt, daß Besichtigungen nicht mehr möglich seien. Im China des ausgehenden Mittelalters und der beginnenden Neuzeit näherten sich die Beschreibungen von NTE immer mehr denen an, die wir aus moderner Zeit kennen.

All dies deutet darauf hin, daß die Nahtod-Erfahrung nicht allein unter physiologischen Aspekten zu erklären ist. Offenbar wird das Erlebnis entscheidend von kulturellen Einflüssen geprägt.

NTEs sehr ähnliche Erfahrungen stellen sich auch ein, ohne daß das Gehirn durch fortschreitenden Sauerstoffentzug vom Tode bedroht ist. Aus dem westlichen Kulturkreis ist der Fall eines Mannes bekannt, der von einer Steilklippe sprang und davon überzeugt war, daß er auf den Felsen darunter sterben würde. Sein Bericht entspricht einer klassischen NTE. Aus dem mittelalterlichen Japan stammen

Berichte über den Mönch Honen, der dort gegen Ende des 12. Jahrhunderts die buddhistische »Schule des Reinen Landes« eingeführt haben soll. Als Zeichen der Ergebung begann Honen, den Namen Amidas, des Königs des Reinen Landes, also des Himmels, bis zu 70 000 Mal pro Tag (etwa 100mal pro Minute!) zu singen. Offenbar führte diese ständige Wiederholung zu einer Bewußtseinserweiterung, unter deren Einfluß der Mönch zahlreiche Visionen hatte. Diese zeichnete er zwischen 1198 und 1212 gewissenhaft auf. Unter anderem zählen dazu eine Reihe von Nahtod-Erfahrungen.

Eine interessante Variante sind Erlebnisse, von denen ins Koma gefallene Patienten berichten. Sie legen den Schluß nahe, daß die zeitliche Dauer der NTE nicht notwendigerweise so begrenzt sein muß, wie es in modernen Berichten aus dem Westen stets der Fall ist. Hier erwacht der Zeuge meist in oder vor dem Moment, in dem er auf das »Lichtwesen« trifft. Möglicherweise besteht ein Zusammenhang zwischen der Dauer der Bewußtlosigkeit und der Ausführlichkeit der Beschreibung. Unter den alten chinesischen Berichten findet sich der Fall von Chao T'ai aus der Provinz Hupeh, der zehn Tage lang im Koma lag. Seine Nahtod-Erfahrung war besonders komplex. Er wurde von zwei Reitern in Empfang genommen, die ihn auf einer Straße nach Osten in eine große Stadt führten. Nachdem er deren Tore durchschritten hatte, führte man Chao vor ein in Scharlachrot gekleidetes Wesen, das eine Liste seiner Sünden verlas. Sodann teilte ihm das Geschöpf mit, daß er eine Inspektion der himmlischen Wasserwerke durchführen solle, die unter anderem eine unterirdische Hölle versorgten. Chaos ausführliche Besichtigungstour bot ihm die Gelegenheit, die verschiedenen Strafen kennenzulernen, mit denen Seelen auf den unterschiedlichen Stufen der Hölle belegt wurden. Außerdem konnte er die Wirksamkeit buddhistischer Rituale beobachten, die von den Lebenden für die Toten ausgeführt wurden. Schließlich stellte sich heraus, daß Chao durch den Fehler eines Beamten zu früh in die Stadt gerufen worden war. (Dieses Detail ist typisch chinesisch und in einem Bericht über eine NTE aus dem mittelalterlichen Europa undenkbar.) Daraufhin gab man ihm den Auftrag, in die Welt der Lebenden zurückzukehren und den Menschen dort vom Jenseits zu erzählen.

Es gibt bemerkenswerte Parallelen zwischen der Nahtod-Erfahrung und anderen außergewöhnlichen Phänomenen. Peter Rogerson, ein Sozialhistoriker der Ufologie, führte aus:

> »Bei den Rückkehrern des Mittelalters waren alte Wunden geheilt, während sie neue mitbrachten – wie bei von UFOs Entführten. St. Fursa trug an Kinn und Schulter den bleibenden Abdruck einer brennenden Seele, die ein Dämon nach ihm geschleudert hatte! Auch die psychischen Folgen der Erlebnisse sind vergleichbar. Der Betroffene verlor häufig das Gedächtnis oder die Sprache oder verfügte plötzlich über außergewöhnliche Fähigkeiten. Andere Motive wirken ebenfalls vertraut: Im Fegefeuer des heiligen Patrick erscheint dem Ritter Owen der Raum von innen wesentlich größer als von außen.«

Falls Rogerson recht hat, würde dies nicht nur darauf hinweisen, daß sowohl die Nahtod-Erfahrung als auch Begegnungen und Entführungen im Zusammenhang mit Außerirdischen kulturell geprägt sind. Es könnte auch heißen, daß beide Phänomene zumindest teilweise eine gemeinsame physiologische oder psychologische Ursache haben. Folglich wären beide Arten von Erlebnis nicht auf von der Person des Zeugen unabhängige Vorgänge zurückzuführen. Was wir für die Evolution oder die Metamorphose eines Rätsels halten, könnte dieselbe, unveränderte Erfahrung sein, die das Gehirn dem kulturellen Umfeld entsprechend interpretiert. Damit hätten wir die Diskussion, ob der Mensch durch Vererbung oder Erziehung bestimmt wird, auf das Gebiet der außergewöhnlichen Phänomene ausgedehnt.

Allerdings scheinen kulturelle Prägung, Wissensstand und Erwartungshaltung allein keine ausreichende Erklärung für einen besonders ungewöhnlichen Fall zu liefern. Als Beispiel mag einer der ausführlichsten historischen Berichte über die Nahtod-Erfahrung gelten. Der große mittelalterliche Schriftsteller Bede beschrieb darin das Erlebnis eines Mannes namens Drythelm, der an einer schweren Krankheit litt und eines Abends im Jahre 696 anscheinend verstarb. Doch am nächsten Morgen lebte er und berichtete von einem Mann »mit strahlendem Gesicht in leuchtender Rüstung«, der ihn durch ein riesiges Tal geführt habe. Eine Seite des Tales habe in Flammen gestanden, während die andere mit Schnee bedeckt gewesen sei. Ständig seien Seelen von einer Seite auf die andere geworfen worden. Drythelm glaubte, in der Hölle gelandet zu sein, aber sein Führer erklärte ihm, daß die Seelen nur vorübergehend in dem Tal gefangengehalten würden und durch Gebete und für sie gelesene Messen freikommen könnten. Dann zeigte man dem »Toten« die echte Hölle, eine bodenlose Grube voller Dämonen. Anschließend wurde er über eine große Mauer auf eine Blumenwiese voller glücklicher Menschen gebracht. Er hielt diesen Ort für den Himmel, aber sein Führer erklärte ihm, daß hier die Seelen mit leichten Fehlern darauf warteten, in den wahren Himmel eingelassen zu werden. Dessen Duft sei noch köstlicher und sein Licht noch strahlender. Als Drythelm das Bewußtsein wiedererlangte, gab er seine weltlichen

Güter auf und zog sich in ein Kloster zurück. Er führte, wie es ein Gelehrter nannte, »ein Leben der Hingabe und Entbehrungen, des Fastens und der kalten Bäder«.

Merkwürdig an diesem wie an einem halben Dutzend anderer Fälle aus dem frühen Mittelalter ist, daß zu jener Zeit die Kirche die Doktrin vom Fegefeuer noch gar nicht lehrte. Die Vorstellung, daß es nach dem Tod andere Stadien als Himmel und Hölle geben könnte, war damals theologisch völlig inakzeptabel. Der Gedanke wurde nicht einmal diskutiert. Warum fanden also Drythelm und andere bei ihren Reisen ein Fegefeuer vor? Sind ihre Erlebnisse lediglich Hinweise auf ein unerwartetes Interesse des mittelalterlichen Englands an einer exakten Hierarchie des Jenseits? Oder handelt es sich um echte Erfahrungsberichte über ein Leben nach dem Tod?

Die Kamele kommen

Nicht nur religiöse und übersinnliche Phänomene sind erstaunlichen, aber höchst aufschlußreichen Modeströmungen unterworfen. Auch die Kryptozoologie weist Eigentümlichkeiten auf, die den Fachleuten selbst oft gar nicht bewußt sind. Dazu zählen die Fälle, in denen das Monster von Loch Ness an Land gesehen wurde.

Eine ganze Reihe dieser Vorkommnisse sind verzeichnet, auch wenn sie außerhalb des harten Kerns der Nessie-Forscher kaum bekannt sind. Für die Monsterjäger sind sie deshalb besonders aufregend, weil die Zeugen Teile des Tieres beschrieben, die man normalerweise nicht zu Gesicht bekommt. Am häufigsten wird der Bericht von Mr. und Mrs. George Spicer zitiert, die das Ungeheuer am 22. Juli 1933 beobachteten. Rupert Gould, der das Paar befragte, faßte ihr Erlebnis folgendermaßen zusammen:

»Die Spicers hatten Dores passiert und waren auf dem Weg nach Foyers, als an einer leichten Steigung ein merkwürdig aussehendes Wesen vor ihnen von links nach rechts über die Straße hüpfte [...] [Spicer] konnte keinen Kopf ausmachen, aber das Wesen war in Sekundenschnelle über die Straße, so daß er keine Zeit hatte, sich einen richtigen Eindruck zu verschaffen. Es war von häßlicher, elefantengrauer Farbe und hatte einen extrem langen, dünnen Hals, der spiralförmig gedreht war und sich in Wellen auf und ab bewegte. Der Körper war wesentlich dicker [...] Beine oder Schwanz konnte er nicht erkennen, aber am Halsansatz sah er etwas ›auf- und abwippen‹. Bei näherer Überlegung kam er zu dem Schluß, daß es vielleicht der Schwanz gewesen sein könnte, den das Tier um den Körper gelegt hatte. Alles in allem wirkte das Wesen wie eine ›riesige Schnecke mit langem Hals‹.«

Selbst in hochspezialisierten Studien wird kaum jemals die merkwürdige Verteilung der Landsichtungen erwähnt. Abgesehen von dem einsamen Monster, das 1960 aus großer Entfernung am Ufer gesehen wurde, stammen alle Fälle aus dem Sommer 1934 oder der Zeit davor. Sieben Vorfälle ereigneten sich vor dem April 1933, dem Monat, in dem das Ungeheuer zum ersten Mal auf den Titelseiten der Zeitungen auftauchte. In jener frühen Zeit wurde das Monster offenbar fast genauso häufig an Land wie im Wasser beobachtet.

Erstaunlich ist auch, wie wenig die Beschreibungen der Zeugen, die das Monster vor 1933 an Land sahen, dem allgemein verbreiteten Bild von Nessie gleichen. Normalerweise stellt man sich das Ungeheuer als ein Tier von der Art eines Plesiosauriers mit langem Hals, Flossen und Schwanz vor. Spicers Monster mag noch einigermaßen dazu passen, aber was Alfred Cruickshank beobachtete, als er eines

Nachts im April 1923 am See vorbeifuhr, klingt nach einem völlig anderen Geschöpf:

> »Ich sah folgendes Ungeheuer: Körperlänge drei bis vier Meter, Höhe einssiebzig bis zwei Meter, Schwanzlänge drei bis vier Meter, Farbe khakigrün wie ein Frosch. Das Vieh hatte einen cremefarbenen Bauch, der über den Boden schleifte, vier Beine, dick wie die eines Elefanten, und große Füße mit Schwimmhäuten. Es ähnelte einem übergroßen Flußpferd [...] Als es über die Straße lief, stieß es einen scharfen, bellenden Laut aus.«

Cruickshank war der einzige, der hörte, daß Nessie mehr als nur Atemgeräusche von sich gab. Er fertigte eine Skizze von dem Wesen an, das er im schwachen, flackernden Licht seiner Scheinwerfer gesehen hatte. Darauf ist ein untersetztes, dickes Tier mit einem großen, hundeähnlichen Kopf zu erkennen, das so gut wie keinen Hals besitzt. An den kurzen Beinen befinden sich Finger oder Klauen, und der Schwanz hat gewaltige Ausmaße.

Noch merkwürdiger ist, daß frühere Zeugen, die das Ungeheuer an Land beobachtet haben wollen, ein Geschöpf beschrieben, das weder dem Wasserwesen Nessie noch Cruickshanks merkwürdigem »Flußpferd« ähnelte. Um das Jahr 1879 herum hörten Kinder, die am Nordufer des Sees in der Nähe eines alten Friedhofs picknickten, ein Geräusch hinter sich. Als sie sich umdrehten, sahen sie ein graues Tier mit langem Hals und kleinem Kopf, das die Uferböschung hinter ihnen herunterstieg und ins Wasser »watschelte«. Ein Jahr später ging ein gewisser E.H. Bright mit seinem Vetter in der Nähe dieser Stelle spazieren, als ein ähnliches Tier aus dem Wald brach. Es war grau, hatte vier Beine, einen langen Hals und ähnelte einem Elefanten. Um 1912 herum sahen fünf bis sechs Kinder an der Inchnacardoch Bay am südlichen Ende des Sees ein Tier aus einem Gebüsch kommen und sich auf den Weg zum Wasser machen. Margaret MacGruer, die zu der Gruppe gehörte, erklärte, daß es grau gewesen sei und sich wie eine Raupe bewegt habe. An der Unterseite des massigen Körpers hätten sich zwei kurze Beine befunden. Ihr Bruder William erinnerte sich an ein kamelartiges Geschöpf von hellgelber Farbe, das einen langen Hals, einen gekrümmten Rücken und lange Beine aufwies. Es »zog die Schultern hoch und schwang den Kopf hin und her.«

Und schließlich sah Colonel Fordyce, der im April 1932 mit seiner Frau am Südufer des Sees entlangfuhr, zu seinem Erstaunen folgendes:

> »Ein riesiges Tier kam aus den Wäldern zu unserer Linken und lief etwa 150 Meter vor uns über die Straße auf den See zu. Es hatte einen Gang wie ein Elefant, wirkte aber wie eine Kreuzung zwischen einem riesigen Pferd und einem Kamel. Auf dem Rücken trug es einen Höcker, und am Ende des langen Halses saß ein kleiner Kopf. Ich hielt den Wagen an und verfolgte das Wesen ein kurzes Stück zu Fuß. Von hinten wirkte es grau und häßlich.«

Weil die Fordyces noch nie von dem Ungeheuer von Loch Ness gehört hatten, kamen sie zu dem Schluß, daß es sich um ein groteskes Monstrum handeln müsse, das aus einer Tierschau entlaufen sei.

Was aber war das Wesen wirklich? Möglicherweise haben diese Tiere ihre Heimat in Meurgers mythologischer Landschaft. Sie könnten Vorläufer einer Tradition sein, deren Bild noch nicht genau festgelegt ist, deren Gestalt und Verhalten noch zu definieren sind. Angesichts des vorliegenden

Materials drängt sich der Gedanke auf, daß es vor 1930 Erzählungen über ein Tier gegeben haben muß, das einem Flußpferd, einem Kamel oder einem Elefanten ähnlich sah und in der Umgebung von Loch Ness oder im See selbst lebte. Die Überlieferung könnte tatsächlich uralt sein, denn schon 1771 hörte angeblich ein gewisser Patrick Rose von einem Monster, »das eine Kreuzung zwischen Pferd und Kamel sein und dessen Maul sich am Hals befinden soll.« Angeblich war das Untier erst kurz zuvor im See gesichtet worden. Der erste Teil der Beschreibung klingt ganz nach dem Ungeheuer von Loch Ness, aber das sich im Hals öffnende Maul erinnert eher an die schrecklichen Fabelwesen aus Legenden und Sagen.

In einem solchen Wesen finden wir in der Tat einen hervorragend geeigneten Kandidaten. Bei dem seltsamen Geschöpf kann es sich eigentlich nur um das schreckliche Wasserpferd gehandelt haben, das einer uralten Überlieferung zufolge die Seen des Hochlands bewacht. Vergleichen wir die Beschreibungen von E.H. Bright, den MacGruers und Colonel Fordyce mit der von dem Wasserpferd, das den sogenannten Children's Pool am Oich-See, nur wenige Kilometer den kaledonischen Kanal nach Süden hinunter, heimsuchte:

> »Es geht die Sage, daß vor vielen Jahren Kinder aus Inchlaggan an den Windungen des Garry spielten, als eine riesige ›Bestie‹ in Gestalt eines mißgebildeten Ponys am Flußufer erschien. Neugierig näherten sie sich dem Tier, um herauszufinden, ob sie es vielleicht reiten könnten. Der Überlieferung nach zeigte sich die ›Bestie‹ so zahm, daß eines der Kinder auf ihren Rücken steigen konnte. Kaum hatte es das getan, da stürzte sich die ›Bestie‹ mitsamt Reiter in die Fluten [...] Sie verschwanden im Wasser, und von keinem der beiden wurde jemals wieder die geringste Spur gefunden.«

Sicher ist, daß mit Erscheinen der Berichte über die im Wasser lebende Nessie Mitte der 30er Jahre die Landsichtungen binnen kurzem aufhörten. Sollte das Monster seine Gewohnheiten plötzlich geändert haben, weil es durch äußere Umstände ins Wasser getrieben wurde? Gab es zwei verschiedene Geschöpfe? Oder bestand eine Verbindung zwischen der Geburt des kryptozoologischen Wassermonsters mit den alten Überlieferungen von Seehütern und Fabelwesen? Und falls sie bestand, welchen Wahrheitsgehalt dürfen wir dann in den Berichten über das Ungeheuer vom Loch Ness erwarten?

Variationen des Rätsels

Ähnliche Beispiele, die demonstrieren, wie Traditionen sich verändern und uralte Archetypen zu modernen Mysterien werden, sind nicht schwer zu finden.

Die Geschichte der Wissenschaft mag zu dem Schluß verleiten, daß der auf seiner unermüdlichen Suche nach dem Stein der Weisen, mit dem sich wertloses Metall in Gold verwandeln läßt, über den Kessel gebeugte mittelalterliche Alchimist ein Vorläufer des modernen Chemikers war. Aber überzeugender wirken die Parallelen zu den exzentrischen Erfindern unserer Tage, die eine magische Substanz anpreisen, mit der aus Wasser schwarzes Gold – Öl – hergestellet werden kann. Aus dem vergangenen Vierteljahrhundert sind mindestens ein halbes Dutzend solcher Fälle bekannt. Bemerkenswert ist der des Thomas Munson, eines Walisers aus Blaenau Ffestiniog. Bei einem Fernsehauftritt im Jahre 1974 präsentierte er »Tracanath«, ein Spezialpulver, das er angeblich gegen Ende des Zweiten Weltkriegs in Deutschland entdeckt hatte. Mit Wasser vermischt, sollte es einen Treibstoff für Motoren zum Preis von 2,5 Pfennig pro

Liter ergeben. (Munson blieb dem Vorbild der alten Alchimisten insofern treu, als er am Vorabend einer Demonstration, die er vor potentiellen Investoren durchführen sollte, urplötzlich verschwand.) Eine Analyse des von ihm produzierten Kraftstoffs ergab, daß er zu 95,3 Prozent destilliertes Wasser enthielt. Die übrigen Bestandteile waren Benzol, Methanol, Jodkristalle, Heizöl, Borax und das Spülmittel Fairy – …

1996 führte der Inder Ponnaiah Ramar Pillai am Indian Institute of Technology in Neu-Delhi einer Gruppe von Regierungswissenschaftlern ein »Zauberkraut« vor, das eine ähnliche Wirkung besitzen sollte. Diesmal beliefen sich die Kosten allerdings auf fünf Pfennig pro Liter. Die Wissenschaftler zeigten sich skeptisch und erklärten später, Pillai habe sich eines hohlen, mit echtem Erdöl gefüllten Löffels bedient, um sie zu täuschen.

Auch die geheimnisvollen Männer in Schwarz scheinen sowohl Vorgänger wie Nachfahren zu haben. Der Volkskundler Peter Rojcewicz (der während eines angeblich veränderten Bewußtseinszustandes in der Bibliothek seiner Universität selbst einmal eine Begegnung mit einem Mann in Schwarz gehabt haben will) verwies auf die Analogie zwischen der Ungeschicklichkeit dieser schwarzgekleideten Wesen, in der sich ihr nichtmenschlicher Charakter offenbare, und dem klassischen Bild vom Teufel. Auch Satan wird häufig als dunkelhäutig beschrieben; oft verrät ihn sein Pferdefuß. Auch bei den Phantomsozialarbeitern scheint der Archetyp des schwarzen Mannes mit hineinzuspielen. Sie wurden häufig als übertrieben höflich und elegant gekleidet beschrieben und wußten über die Menschen, die sie aufsuchten, unerklärlich gut Bescheid – ganz wie die Männer in Schwarz. Manchmal wirkten sie von vornherein auffällig. Eine Frau war zum Beispiel unnatürlich stark geschminkt, während sich eine andere so unbeholfen bewegte, daß die Zeugin annahm, es handle sich um einen verkleideten Mann. Beide Verhaltensmuster sind auch für die noch absurder anmutenden Begegnungen mit den Männern in Schwarz bezeichnend.

Diese Männer in Schwarz passen hervorragend in unsere moderne Gesellschaft. Hilary Evans sprach von »rätselhaften Wesen, die greifbar scheinen, sich jedoch gleichzeitig jedem wirklichen Zugang entziehen«. Sie wirken zwar weniger bizarr als die meisten der phantastischen Bewohner der Grenzwelten, die Bedrohung durch sie ist jedoch wesentlich direkter. Ihr detailliertes Wissen und die Andeutung, sie besäßen Regierungsvollmachten, läßt sie für die Mitglieder einer modernen Gesellschaft höchst bedrohlich wirken. Heute fürchten wir vielleicht keine Gespenster mehr, aber wir wissen sehr wohl, daß wir nichts Gutes von nicht gewählten, dem Volk nicht verantwortlichen Vertretern des Staates zu erwarten haben. Unter diesem Gesichtspunkt wird klar, daß die Männer in Schwarz und die Phantomsozialarbeiter in gewisser Weise die Rolle des mittelalterlichen Teufels übernommen haben. Der eine bedrohte seine Opfer mit ewiger Verdammnis, die anderen wollen ihnen Freiheit oder Kinder rauben. Der Teufel führte die Menschen in Versuchung, die Männer in Schwarz drohen. Möglicherweise entspricht dies unserer heutigen, stark reglementierten Welt eher. In den Augen der Menschen unserer Zeit scheint der Staat über die notwendigen Mittel und Kenntnisse zu verfügen, um die Drohungen des Teufels wahr werden zu lassen.

Ist es möglich, daß Männer in Schwarz, Phantomsozialarbeiter und der Archetyp des Teufels kulturspezifische, äußere Manifestationen einer grundlegenden menschlichen Angst vor dem Verlust der Freiheit sind? Paßt sich das Phänomen in seiner Gestalt lediglich dem Zeitgeist an? Die Berichte über Begegnungen mit Männern in Schwarz legen den Schluß nahe, daß Halluzinationen im Spiel sein könnten.

Sehen wir uns an, unter welchen Umständen ein solches Trio Albert Bender, dem Gründer des *International Flying Saucer Bureau*, im September 1953 erschien, als er eben die endgültige Lösung des UFO-Mysteriums veröffentlichen wollte.

Bender hatte einen Schwindelanfall erlitten und sich in seinem Schlafzimmer hingelegt, als er plötzlich drei schemenhafte Individuen bemerkte.

> »Die Gestalten wurden deutlicher. Sie trugen alle schwarze Kleidung, wirkten wie Geistliche, hatten aber Homburghüte auf. Die Gesichter waren nicht zu erkennen, weil sie von den Hüten beschattet und halb verdeckt wurden. Ich hatte keine Angst mehr [...] Plötzlich leuchteten die Gesichter der drei wie Blitzlichter auf, und sie starrten mich an. Der Schmerz, den ihre Augen mir verursachten, wurde unerträglich. Ich hatte das Gefühl, daß sie sich in das Innerste meiner Seele hineinbrannten. In diesem Moment wurde mir klar, daß sie mir eine telepathische Botschaft zukommen ließen.«

Derart bizarre Manifestationen klingen eindeutig nach einem Zustand geistiger Verwirrtheit. Ein Zusammenhang mit Benders Verfassung ist in Anbetracht der Belastung, welche die letzte Phase seiner Arbeit über fliegende Untertassen für ihn darstellte, leicht vorstellbar. Andererseits gibt es zwischen Augenzeugen und Männern in Schwarz eine Interaktion, wie sie mit Geistern, Monstern und anderen möglichen Halluzinationen nicht vorstellbar wäre. Männer in Schwarz führen lange Unterhaltungen, setzen sich auf den Platz, der ihnen zugewiesen wird, und lassen sich von ihren Gastgebern mit Getränken und mit Götterspeise versorgen. Ihre wunderbar surrealen Eigenschaften sind von großer Bedeutung, wie wir später noch sehen werden.

Nicht jede alte Tradition weicht dem Druck des modernen Lebens. Manche scheinen eine enorme Anpassungsfähigkeit an die sich wandelnden Gegebenheiten zu besitzen.

Nehmen wir das Beispiel der Elfen. Die Ansicht, daß diese Geschöpfe in das Reich der Fabelwesen gehörten, ist weitverbreitet. Es gab jedoch Zeiten, als man dem kleinen Volk relativ häufig im täglichen Leben begegnete. (Allerdings handelte es sich dabei nicht um die mit Zauberkräften begabten Kreaturen mit hauchzarten Flügeln, die wir aus Kinderbüchern kennen.) Heute noch wird erstaunlich häufig von Begegnungen mit Elfen, Naturgeistern, Gnomen und Kobolden berichtet.

Wir wollen uns an dieser Stelle mit knappen Beispielen aus dem 19. und 20. Jahrhundert begnügen. Im Sommer 1884 machte sich der Fahrer einer Postkutsche auf der Isle of Man wie gewöhnlich auf den Weg, um seine Postsäcke einzusammeln. Er sollte um 1.30 Uhr nachts zurück sein, tauchte jedoch erst kurz vor halb sechs wieder auf. Bei einer Befragung durch William Martin, der heimische Sagen sammelte, erklärte er drei Jahre später seine Verspätung mit einer Geschichte, die nicht nur alle typischen Elemente einer Begegnung mit Elfen enthält, sondern auch an das Verhalten von Poltergeistern denken läßt.

> »Mit ernster Miene erzählte er, daß er etwa zehn Kilometer von zu Hause entfernt von einer Horde Elfen überfallen worden sei. Sie hätten sehr elegante rote Gewänder getragen, und seien mit Laternen ausgerüstet gewesen. Nachdem sie sein Pferd angehalten hatten, warfen sie die Postsäcke auf die Straße und tanzten nach Elfenart um sie herum. Der arme Postbote setzte sich vergeblich zur Wehr. Kaum hatte er einen

Sack zurück auf den Wagen gehoben, da warfen sie ihn schon wieder hinunter. Das Spiel setzte sich bis zum Morgengrauen fort.«

Eine zweite Begegnung mit tanzenden Elfen ereignete sich am 10. August 1977. Diesmal traf es David Swift, einen Polizisten aus Hull. Auf seinem üblichen Rundgang kam er ein bis zwei Stunden nach Mitternacht an einem Sportplatz vorbei, auf dem ein seltsamer Nebelfleck herumwirbelte. Als er näherkam, machte er drei in dem Nebel tanzende Gestalten aus, die er zunächst für Betrunkene hielt. Bei einer handelte es sich um einen Mann »in einem ärmellosen Wams und engen Hosen«, die anderen beiden waren Frauen, die »Hauben, Schals und weiße Gewänder trugen«. Alle drei hielten einen Arm in die Höhe, als ob sie, wie man später vermutete, um einen unsichtbaren Maibaum tanzten. Bevor Swift sie erreichte, verschwanden die drei Gestalten. Als er den Vorfall seiner Polizeidienststelle meldete, stieß er auf Unglauben. Nachdem die örtliche Presse darüber berichtet hatte, ergossen sich Spott und Hohn über Swift, der später nie mehr über sein Erlebnis sprechen wollte.

Daß es im 20. Jahrhundert noch Elfen gibt, ist an sich schon erstaunlich genug. Noch bemerkenswerter ist, daß die modernen Schilderungen Details enthalten, die darauf hindeuten, daß das kleine Volk sich dem Wandel der Zeiten anpaßt. Eine Augenzeugin, Marina Fry aus Cornwall, erinnerte sich (allerdings erst viele Jahre nach dem Vorfall) daran, daß sie im Alter von drei Jahren zusammen mit ihren älteren Schwestern ein summendes Geräusch vernahm. Als sie aus dem Schlafzimmerfenster sahen, entdeckten sie einen kleinen, etwa 45 Zentimeter großen Mann mit weißem Bart und roter Zipfelmütze, der »in einem winzigen roten Auto im Kreis herumfuhr«. Es könnte sich hierbei natürlich um Einbildung oder um einen Traum gehandelt haben. Möglicherweise ließ die Zeugin auch einfach die Erinnerung im Stich. Erstaunlich ist, daß im September 1979 eine Gruppe von Kindern zwischen vier und acht Jahren, die im Wollaton Park in Nottingham spielten, ein ganz ähnliches Erlebnis hatte. Der Vorfall wurde von ihrem Schulleiter aufgezeichnet, der die Kinder getrennt befragte (allerdings hatten sie vorher ausreichend Zeit gehabt, um sich abzusprechen).

> »Es dämmerte bereits, als die Kinder etwa 60 kleine Männer entdeckten, die ungefähr halb so groß wie sie selbst waren und lange, an der Spitze rote Bärte trugen. Ein Junge war sich allerdings sicher, daß die Bärte schwarz waren. Auf dem Kopf hatten sie eine Art altmodische Schlafmütze mit Bommel, ihre Hemden waren blau, die engen Hosen gelb. Während der knapp 15 Minuten, die sie sich bei den Kindern aufhielten, saßen die Männer die meiste Zeit in ihren kleinen Autos. Insgesamt waren es 30 Wagen mit je zwei Insassen. Ein Kind meinte, die Autos seien grün und blau gewesen, ein anderes sprach von rot, ein weiteres von rot und weiß. Statt eines Lenkrades besaßen die Fahrzeuge eine runde Vorrichtung mit einem Griff. Die Kinder hörten kein Motorengeräusch, aber die Autos bewegten sich mit hoher Geschwindigkeit und überwanden Hindernisse wie zum Beispiel Baumstämme. Die kleinen Männer jagten die Kinder, erwischten sie aber nie, obwohl es ihnen ein leichtes gewesen wäre, sie zu fangen. Die Kinder waren überzeugt davon, daß es sich nur um ein Spiel handelte.«

In einem Fall wurde sogar ein Elfenflugzeug gesichtet. 1929 spielten ein achtjähriger Junge und seine fünfjährige Schwester in ihrem Garten in Hertford, als ein winziges Flugzeug mit einer Spannweite von 30 bis 40 Zentimetern über den

Zaun geschwebt kam. Offenbar handelte es sich um einen Doppeldecker, einen Flugzeugtyp, der damals weitverbreitet war. Er landete neben dem Abfalleimer, startete dann erneut und flog davon. Der Pilot, ein Männlein mit lederner Schutzkappe, winkte den Kindern zu, als die Maschine abhob.

Viele Leser werden diese Fälle ins Reich der Fabel verweisen. Tatsächlich gibt es Hinweise darauf, daß sie der Phantasie der Augenzeugen entsprungen sind. Die »Autos« vom Wollaton Park erinnern zum Beispiel stark an Go-Karts, mit denen Kinder im Alter von vier bis acht Jahren wohlvertraut sein dürften. Bezeichnend ist auch, daß alle Berichte über Elfen in mechanischen Gefährten von Kindern stammen.

Auch wenn man diese Geschichten nicht wörtlich nehmen will, aufschlußreich sind sie allemal. Wenn Elfen, die sich einst zu Fuß oder zu Pferd fortbewegten, heute Auto fahren und Flugzeuge steuern, warum sollten sie dann nicht auch UFOs fliegen?

Eine Reihe prominenter Ufologen hat tatsächlich die Ansicht vertreten, daß Begegnungen mit und Entführungen durch Außerirdische in enger Verbindung zu den Berichten über Elfen stehen. Der Überlieferung zufolge hatten diese es tatsächlich schon immer auf Menschen abgesehen. Das Motiv des Wechselbalgs, eines häßlichen Koboldbabys, das anstelle eines goldhaarigen menschlichen Säuglings in der Krippe zurückgelassen wird, ist nur ein Beispiel dafür. (Man beachte die Parallelen zu David Jacobs Theorie von der Züchtung eines Mischwesens durch Außerirdische, denn als übergeordnetes Ziel wollen auch die Kobolde ihrer Rasse frisches Blut zuführen.) Legendär sind die Geschichten über Männer und Frauen, die einen Hexenring betreten und sich dort in einem ewigen Tanz gefangen finden. Andere erhalten die Erlaubnis, das unterirdische Königreich der Elfen zu besuchen, können von dort aber nur unter größten Schwierigkeiten wieder entkommen. Auch das Erlebnis der fehlenden Zeit ist nicht neu: In vielen Märchen kehrt ein Mensch aus dem Feenreich in dem Glauben zurück, nur einen Tag oder höchstens eine Woche unterwegs gewesen zu sein, aber dann stellt er fest, daß in der Welt der Menschen mehrere Jahre vergangen sind.

Unter den von Traditionsforschern zusammengetragenen Berichten erinnert der des Walisers David Williams am ehesten an eine Begegnung mit Außerirdischen. Williams, ein Bediensteter aus Penrhyndeudraeth in Gwynedd, folgte eines Nachts seiner Herrin nach Hause. Als er dort ankam, erfuhr er, daß sie schon drei Stunden vor ihm zurückgekehrt war, obwohl er dachte, daß sie ihm höchstens drei Minuten voraus gewesen wäre. Als Erklärung dafür schilderte er folgendes Erlebnis:

> »Ein strahlender Meteor flog durch die Luft, dicht dahinter folgte ein feuriger Ring oder Reifen. In diesem Reifen stand ein kleines Paar, ein Mann und eine Frau, in schönen Gewändern [...] Als der Reifen die Erde erreichte, sprangen die beiden heraus und machten sich sofort daran, auf dem Boden einen Kreis anzulegen. Sobald ihr Werk vollbracht war, tauchte aus dem Nichts eine Schar von Männern und Frauen auf, die zu der süßesten Musik, die ich jemals gehört hatte, im Kreis tanzten. Der Anblick war so wundervoll, daß ich einige Minuten, wie ich dachte, stehenblieb, um die Szene zu betrachten. Die Erde war von einem gedämpften Licht erleuchtet, so daß ich jede Bewegung der Wesen verfolgen konnte. Allmählich kam der Meteor, der mir zuerst aufgefallen war, wieder in Sicht. Dann erschien der feurige Ring. Als dieser den Tanzplatz erreichte, sprangen die Dame und der Herr,

die damit angereist waren, erneut in den Reifen und verschwanden auf die gleiche Art, auf die sie gekommen waren. Nicht eine Elfe war mehr zu sehen, und ich blieb allein im Dunkeln zurück.«

Verschiedene Erklärungen für diese merkwürdige Geschichte sind denkbar. Möglicherweise glaubte Williams, daß er Oberon und Titania, die Elfenkönige, vor sich hatte, die ihren Untertanen einen offiziellen Besuch abstatteten. Wie auch immer die Wahrheit lauten mag, am erstaunlichsten an der Geschichte ist, daß sie aus dem frühen 19. Jahrhundert stammt. Sie wurde erstmals in Elias Owens *Welsh Folk-Lore* aus dem Jahre 1888 aufgezeichnet, sieben Jahrzehnte vor der ersten modernen Begegnung mit Außerirdischen. Sollte sich die Begebenheit tatsächlich so abgespielt haben, dann besäßen wir damit einen historischen Beleg für die Existenz von Außerirdischen. Wahrscheinlicher ist jedoch, daß es sich um eine wilde Erfindung handelte, mit der ein nachlässiger Bediensteter seine Verspätung entschuldigen wollte. Dennoch ist bemerkenswert, daß ein modernes und angeblich objektiv reales Phänomen so viele fiktive Elemente enthält, die Historikern schon lange bekannt sind.

Auch andere Motive der Ufologie finden sich in alten Sagen. Eine Parallele zu Autos, die von UFOs angehaltenen werden und deren Insassen sich jeder Fluchtmöglichkeit beraubt sehen, erkennen wir in der »unsichtbaren Mauer«, die Elfen errichtet haben. Um 1935 herum fand sich zum Beispiel in der Grafschaft Mayo ein junges Mädchen in der Elfenfestung von Lis Ard gefangen. Immer, wenn sie versuchte, den Hügel zu verlassen, wurde sie an einer Lücke im äußeren Wall festgehalten. Eine unsichtbare Kraft drehte sie um und führte sie ins Zentrum der Festung zurück. Als es dunkel wurde, »spürte« sie, daß sie von wachsender Feindseligkeit umgeben war. Ein Suchtrupp mit Fackeln, der auf dem Hügel Ausschau nach ihr hielt, konnte ihre Rufe nicht hören. Erst als die unsichtbare Mauer auf geheimnisvolle Weise verschwand, gelang ihr die Flucht. Das traumatische Erlebnis des Mädchens läßt sich durchaus mit einer Entführung durch Außerirdische vergleichen, bei der das Opfer aus einem blockierten Wagen verschleppt und in einem UFO gefangengehalten wird, bis die Kidnapper es freilassen.

Manche Forscher behaupten sogar, diese Feensagen seien in die volkstümliche Überlieferung eingegangene Erinnerungen an echte Begegnungen mit außerirdischen Entführern. Die damalige Gesellschaft habe nur Ausdrucksformen gewählt, die der mangelnden technologischen Entwicklung entsprachen. Andere wie der französische Ufologe Jacques Vallée, halten Elfen und Außerirdische für das Produkt desselben Kernphänomens, das kulturspezifisch unterschiedliche Ausdrucksformen findet. Ob es sich um ein internes Phänomen handelt – also eine Phantasievorstellung oder Halluzination, für die das menschliche Gehirn verantwortlich ist – oder um ein externes – zum Beispiel ein ultraterrestrisches Kontrollsystem, wie von Vallée einmal angedeutet wurde –, wurde nie ausreichend untersucht. Möglich erscheint auch, daß die Begegnungen des 20. Jahrhunderts lediglich moderne Sagen sind, die eine verständliche, allgemeine Furcht vor Entführungen widerspiegeln.

Das Entführungsmotiv findet sich in den Legenden zahlreicher Gesellschaften. Zum Beispiel glaubt man in Haiti, daß das Volk systematisch von mächtigen Voodoo-Zauberern (*Zobop*) unterdrückt wird, die regelmäßig Opfer für ihre gräßlichen magischen Rituale entführen. In den frühen 40er Jahren hieß es in der Hauptstadt Port-au-Prince, daß ein geisterhaftes, von Hexern gelenktes Automobil (*Motor-Zobop*) des Nachts auf der Insel unterwegs sei, um Opfer zu den Zeremonien zu schaffen. Es sei an dem nichtirdischen blauen Licht seiner Scheinwerfer zu erkennen.

Der Voodoo-Zauberer Divione Joseph begegnete dem *Motor-Zobop* eines Nachts, als er unterwegs war, um Geister auszutreiben. Auf einer Kreuzung wurde er plötzlich von einem grellen blauen Licht geblendet und verlor das Bewußtsein. Als er zu sich kam, befand er sich im Inneren eines *Motor-Zobop* und war von gräßlichen, halb menschlichen Gestalten umgeben, die Masken trugen. Die Maskierten versuchten ihn zu bestechen, damit er über sein Erlebnis Stillschweigen bewahre, und warfen ihn anschließend aus dem Wagen. Er erwachte in seinem Bett.

Der Ufologe John Rimmer, durch den Josephs Bericht bekannt wurde, kommentierte die Begegnung wie folgt:

> »Die Parallelen zu UFO-Entführungen liegen auf der Hand. Das blendende Licht und der Verlust des Bewußtseins sind Elemente, die besonders häufig im Anfangsstadium einer Entführung auftauchen. Nahezu alle Entführungsopfer berichten, daß sie bei ihrem Erwachen von seltsamen, halb menschlichen Gestalten umgeben waren. Divione sieht in diesem Fall maskierte Menschen, ein Anblick, der einem Voodoo-Zauberer sicherlich vertrauter ist als Außerirdische in Raumanzügen. Auch andere Aspekte der Geschichte aus Haiti deuten auf eine enge Verbindung zu UFO-Entführungen hin. Besonders deutlich wird dies im Verhalten der Kidnapper. Es ist von Grund auf irrational, jemanden zu entführen, um ihm dann Geld anzubieten, damit er niemand anderem davon erzählt. Dies scheint jedoch der einzige Zweck der Verschleppung gewesen zu sein.«

Ich möchte an dieser Stelle hinzufügen, daß wir die Erwartungshaltung des Opfers nicht vergessen sollten. Joseph war sich mit Sicherheit darüber im klaren, daß ein helles Licht in der Nacht eine Entführung durch den *Motor-Zobop* ankündigen konnte – so wie moderne Entführungsopfer davon überzeugt sind, daß ein helles Licht am Himmel ein UFO sein mag, und »wissen«, daß Außerirdische die Erde heimsuchen, um Menschen zu verschleppen. Bemerkenswert ist auch, daß Joseph in seinem Bett erwachte. Dies legt den Schluß nahe, daß es sich um eine komplexe Phantasievorstellung, vielleicht sogar einen lebhaften Traum handelte. Damit ließe sich auch die von Rimmer erwähnte Irrationalität erklären.

Entführungsgeschichten sind auch in westlichen Gesellschaften weitverbreitet. Gegen Ende des 19. Jahrhunderts wurde Europa von wilden Spekulationen über Frauenhändler überschwemmt, die junge weiße Mädchen in die Prostitution lockten, wie es zunächst hieß. Später war man romantischer und behauptete, daß die Frauen für die Harems von Wüstenscheichs bestimmt seien. Im Mai 1969 wurde die französische Stadt Orléans von dem Gerücht erschüttert, daß in den Umkleidekabinen bestimmter Boutiquen Mädchen überfallen, betäubt und in den Mittleren Osten verschleppt würden. Einer der unangenehmeren Aspekte der Panik war, daß alle betroffenen Geschäfte Juden gehörten, so daß der Geschichte die abstoßende Konnotation des Antisemitismus anhaftete. Um zu demonstrieren, wie lächerlich die Berichte waren, setzte der Vorsitzende der örtlichen jüdischen Gemeinde das Gerücht in die Welt, die Opfer würden durch ein Netz von Tunneln in die Sklaverei verbracht. Die unterirdischen Kanäle endeten angeblich an der Loire, wo ein U-Boot warte. Am nächsten Tag erzählte man ihm seine eigene Fabel als Tatsachenbericht.

Von unserem Standpunkt aus ist der interessanteste Aspekt an dem Fall, daß sich ohne jede Grundlage ein völlig absurdes Gerücht entwickeln kann. Während der Panik wurde in Orléans nicht ein einziges Mädchen als vermißt gemeldet, trotzdem glaubten Hunderte, vielleicht Tausende von Menschen an die Geschichte und trugen selbst zu ihrer Verbreitung bei, indem sie eine oder zwei Basisversionen des Gerüchts immer wieder diskutierten und ausschmückten. Für die Entwicklung einer Panik ist es relativ unerheblich, ob ihr tatsächlich ein dramatisches Ereignis zugrundeliegt oder nicht. Der Soziologe Edgar Morin, der rechtzeitig in Orléans eintraf, um die Entwicklung des Gerüchtes zu dokumentieren, glaubte den Ursprung auf vage Zeitungsberichte über Personen, die auf unerklärliche Weise verschwunden waren, und einen Artikel in einer Boulevardzeitung über die Entführung einer Frau in Grenoble zurückführen zu können. Doch höchstwahrscheinlich breitete sich die Geschichte so schnell aus, weil sie tiefverwurzelte menschliche Ängste ansprach. Auf der einen Seite herrschte die Furcht vor Außerirdischen, vermeintlich skrupellosen jüdischen Geschäftsleuten oder wollüstigen Ausländern, die französische Mädchen in ihre Gewalt bringen wollten, und auf der anderen empfand man die immer aggressivere Sexualität der Teenager als unheimlich. Daher überrascht es nicht weiter, daß sich die Panik hauptsächlich auf Boutiquen konzentrierte, in denen »unanständige« Teenagermode verkauft wurde.

Man sollte jedoch den möglichen Vorläufern von Begegnungen mit und Entführungen durch Außerirdische nicht allzuviel Bedeutung beimessen. Wie von Michel Meurger kürzlich erläutert, gibt es keinen Beweis für eine Kontinuität zwischen alten ländlichen Traditionen und dem Glauben der Großstädter unserer Tage. Seiner Meinung nach hat die Suche nach Parallelen eine in höchstem Maße komplexe Angelegenheit stark verzerrt. Er kam zu dem Schluß, daß »die Suche nach rein formalen Analogien die Forscher blind gemacht hat für die Tatsache, daß die Welt der UFO-

Legenden ihre Wurzeln eindeutig in einer bestimmten Zeit (der zweiten Hälfte des 20. Jahrhunderts) und in einem bestimmten Raum (den USA) hat.«

Meurger glaubt, daß alle Elemente des Entführungsszenarios in der Science-fiction des ausgehenden 19. und beginnenden 20. Jahrhunderts zu finden sind. Dort werden die medizinischen Untersuchungen und chirurgischen Eingriffe beschrieben, die eine typische Entführung durch Außerirdische charakterisieren und die in der Welt der Elfen niemals eine Rolle gespielt haben. Ihre Basis hatten sie anscheinend in heute vergessenen Ängsten des 19. Jahrhunderts vor Körperräubern und Vivisektionisten. Die Marsianer in H.G. Wells Roman *Krieg der Welten* entführen Menschen, um ihnen Blut abzuzapfen. Die billigen Comic-Hefte der 30er Jahre zeigen Außerirdische und futuristische Verbrecher häufig als Wesen mit einem riesigen Gehirn, aber spindeldürren Gliedmaßen, die über ein vollständig automatisiertes Universum regieren. »Ein abnorm entwickelter Kopf ist das morphologische Kennzeichen eines Supermannes.« Häufig kommen in den Geschichten leidenschaftslose Chirurgen vor, die ohne Skrupel bereit sind, gefangene Menschen bei lebendigem Leibe zu sezieren, so wie es ein Mensch vielleicht mit einem niederen Tier tun würde. In anderen Machwerken erscheinen chirurgische Geräte mit langen Nadeln, die mittlerweile ein wichtiges Element in Berichten über Entführungen durch Außerirdische sind.

Insgesamt gesehen sind die Ähnlichkeiten zwischen den Entführungsmotiven der Ufologie auf der einen Seite und der traditionellen Überlieferung und Science-fiction auf der anderen so auffällig, daß man davon ausgehen muß, es handle sich auch bei augenscheinlich glaubwürdigen Berichten über Entführungen durch Außerirdische um unbewußte Phantasien der Augenzeugen. Diesen Phantasien liegen universale menschliche Ängste zugrunde, aber ihre Basis ist auch der Wissensschatz, der praktisch allen Menschen in den westlichen Ländern (und vielen anderen Kulturen) gemeinsam ist. Die Parallelen zwischen den individuellen Erfahrungen von Entführungsopfern sowie die Muster, dem die Begegnungen folgen, finden durch diesen Ansatz eine ebenso einleuchtende Erklärung wie durch die extraterrestrische Hypothese. Er bietet allerdings eine wesentlich überzeugendere Lösung für die unlogischen und unzusammenhängenden Elemente, die solche Fälle kennzeichnen, für Ähnlichkeiten zwischen Entführungen durch Außerirdische und anderen seltsamen Phänomenen, für die Besonderheiten in der Psychologie von Zeugen sowie für das völlige Fehlen von physischem Beweismaterial.

Für die Annahme spricht allgemein, daß es so gut wie keine faßbaren Beweise dafür gibt, daß eine Entführung durch Außerirdische wirklich jemals stattgefunden hat. Der einzige Zeuge ist immer der Entführte selbst. Außerdem sind die Entführer uns zu ähnlich, um »wirkliche« Außerirdische zu sein, deren Technologie der unseren um Tausende oder Millionen von Jahren voraus ist. Es gibt keinen Grund dafür anzunehmen, daß Außerirdische uns ähnlich sehen sollten oder unseren Drang, alles zu erforschen und zu erklären, teilen. Der von Medizin und Sexualität besessene durchschnittliche graue Außerirdische ist ein exaktes Spiegelbild unserer selbst, für das sich mit Sicherheit eine psychologische Begründung finden läßt.

Wenn auch der Mechanismus, der es dem menschlichen Gehirn ermöglicht, auf das hier diskutierte Quellenmaterial zuzugreifen und daraus ein augenscheinlich völlig reales Erlebnis zu schaffen, noch nicht genau erforscht ist, so können die aus der traditionellen Überlieferung und der Fiktion bekannten Modetrends doch wertvolle Hinweise für eine Lösung des Rätsels um die Entführungen durch Außerirdische liefern.

Im krassen Gegensatz zum Phänomen der Entführung durch Außerirdische, das vor 1960 kaum bekannt war und bis heute außerhalb der Vereinigten Staaten so gut wie keine Rolle spielt, hat es in jedem Zeitalter und in jeder Gesellschaft Gespenster gegeben. Sieht man von einigen modernen parapsychologischen Theorien ab, so ist über Jahrhunderte hinweg eine erstaunliche Einigkeit darüber festzustellen gewesen, was Gespenster sind: die Geister von Toten.

Diese Übereinstimmung macht es um so erstaunlicher, daß die Erscheinungsweise von Geistern offenbar bestimmten Moden unterworfen ist. Eine Untersuchung der Gespenstergeschichte belegt, daß sich das Phänomen im Laufe der Jahre weiterentwickelt hat. Außerdem scheinen sich die Geister, die in Gesellschaften der Dritten Welt spuken, von denen in der industrialisierten Welt zu unterscheiden.

Soweit sich die Berichte zurückverfolgen lassen, werden Gespenster in ärmeren Gesellschaften stets als bösartige Wesen beschrieben, denen man am besten aus dem Weg geht. Häufig kehren menschliche Seelen in der Gestalt von Tieren zurück. Manche afrikanischen Stämme glauben, daß Übeltäter nach ihrem Tod zu Schakalen werden, während die Tapuya in Brasilien davon überzeugt sind, daß gute Seelen in die Körper von Vögeln einziehen dürfen. Doch auch wenn sie menschliche Gestalt annehmen, scheinen die Geister unter Verständigungsschwierigkeiten zu leiden. Bei den Algonquin-Indianern zirpen sie wie Grillen, bei den Zulus und den neuseeländischen Maoris »sprechen« sie mit dünnen, pfeifenden Stimmen, die nur von Medizinmännern und Schamanen interpretiert werden können. In städtischer orientierten Gesellschaften heißt es manchmal, daß Gespenster unverständlich »brabbeln«.

Historisch gesehen war man sich stets darüber einig, daß

ein Toter, der menschliche Gestalt annahm und zur Erde zurückkehrte, normalerweise einen guten Grund dafür hatte. Zum Beispiel wollte er einen Mord rächen oder den Ort enthüllen, an dem ein Schatz vergraben lag. Damit konnte er sich der weltlichen Bürden entledigen, die ihm den Zugang zum Himmel verwehrten. So berichtete der römische Schriftsteller Plinius der Jüngere aus dem 2. Jahrhundert nach Christus:

> »In Athen gab es ein Haus, in dem ein Geist des Nachts an seinen Ketten rasselte. Es handelte sich angeblich um einen knochigen, schmutzigen alten Mann mit verwahrlostem Haupthaar und Bart. An den Beinen soll er gefesselt gewesen sein und um die Handgelenke Ketten getragen haben. Ein Philosoph beschloß, eine Nacht an jenem Ort zu verbringen, um herauszufinden, was dort vor sich ginge. Er las eben in einem Buch, als er Geräusche hörte. Plötzlich erschien die besagte Gestalt, die ihm bedeutete, ihr in den Garten zu folgen, wo sie unvermittelt wieder unsichtbar wurde. Der Gelehrte markierte den Ort ihres Verschwindens mit Gras und Blättern. Am nächsten Tag ließ er die örtlichen Behörden dort graben. Man fand ein Skelett in Ketten. Nach ordnungsgemäßer Durchführung der Begräbnisriten hörte der Spuk auf.«

Dieser Bericht stammt bestenfalls aus dritter Hand. Sein Wert für uns liegt in der Beschreibung des Geisterglaubens im römischen Reich. In diesem Zusammenhang ist er allerdings sehr aufschlußreich. Zum einen begegnen wir dem Geist in Ketten, der auch in modernen Gruselromanen ein beliebtes Motiv ist, und zum anderen erfahren wir, daß die Erscheinung nur nachts unterwegs ist und eine bestimmte Aufgabe zu erfüllen hat. Ist diese erledigt, endet der Spuk.

Während des Mittelalters und der frühen Neuzeit wandelte sich das Bild der Geister. Nun erschienen sie von Flammen umringt oder schleppten verkohlte Leichen hinter sich her. Offenbar kamen sie direkt aus der Hölle. Ihre Funktion scheint zwar ebenfalls moralischer Natur, aber religiöser orientiert gewesen zu sein, weil sie die Lebenden vor der ewigen Verdammnis warnten. So begegneten einmal zwei Mönche den Geistern von drei Männern, die, wie sie wußten, ohne Absolution gestorben waren. Zwei der Erscheinungen sprachen, doch der dritte brach sein Schweigen nicht. Seine Gefährten erklärten, daß er sich der Verleumdung schuldig gemacht habe und dafür in die Hölle geschickt worden sei. Seine Strafe bestehe darin, einen rotglühenden Stein im Mund zu behalten, der seine Zunge verbrenne und ihn am Sprechen hindere.

Während der Reformation verlagerte sich der Schwerpunkt noch einmal, als der Gedanke des Fegefeuers von den neuen protestantischen Kirchen in Frage gestellt wurde. Erscheinungen in katholischen Ländern bestätigten nun ausdrücklich die Existenz eines Zwischenreiches im Jenseits. Im 17. und frühen 18. Jahrhundert verloren die Gespenster das Interesse an religiösen Themen und beschäftigten sich mehr mit Erbschaften, weltlichen Gütern oder persönlicher Rache. Erst in den folgenden 150 Jahren wurde das Bild der Gespenster romantisiert. Dies war die Zeit des geisterhaften Mönchs und der grauen Frau sowie einiger nicht an bestimmte Orte gebundener Geister (Fliegender Holländer).

Bemerkenswert ist, daß das 19. Jahrhundert das Zeitalter des »anonymen Geistes« war. Während der vorangegangenen Jahrtausende konnten die Zeugen die Gespenster stets ohne Probleme identifizieren. Normalerweise handelte es sich um Freunde oder Verwandte, für deren Zweck es von größter Bedeutung war, daß die Menschen, die sie heimsuchten, sie erkannten. Schließlich wollten sie sie warnen, sich an ihnen rächen oder das Versteck eines verborgenen Schatzes enthüllen. Diese Art von Gespenstern zog sich durch das viktorianische Zeitalter und wird vereinzelt heute noch gesehen. Doch zunehmend häufiger traten vage, schemenhafte und nicht zu identifizierende Geister in Erscheinung, die keine bestimmte Absicht zu verfolgen schienen.

Aufgrund des Mangels an historischen Quellen läßt sich nur schwer sagen, ob dieses Entwicklungsmuster wirklich die Erfahrungen der Zeugen vor dem 19. Jahrhundert widerspiegelt. Man hat den Verdacht geäußert, daß viele der frühen Berichte absichtlich zu religiösen Parabeln verfälscht wurden. Aber erst in den 80er Jahren des vergangenen Jahrhunderts, nach der Gründung der *Society for Psychical Research*, begann man gezielt, Berichte über Geistererscheinungen zu sammeln. Vielleicht ist diese Tatsache teilweise für das verstärkte Auftreten der »anonymen Geister« im 19. Jahrhundert verantwortlich. Mit Sicherheit jedoch wäre ein modernes Gespenst, also eine hohe, graue, namenlose Gestalt in wallenden Gewändern, die plötzlich auftaucht, nichts sagt und durch die Wand verschwindet, Plinius oder einem mittelalterlichen Mönch genauso absurd vorgekommen wie uns heute ein brennender Leichnam, der direkt aus dem Fegefeuer entlaufen zu sein scheint.

Nichts von alldem ergibt viel Sinn, wenn wir davon ausgehen, daß es sich bei den im Laufe der Jahrhunderte beobachteten Erscheinungen um Manifestationen desselben *externen* Phänomens handelte. Warum sollten die Toten ihre Gestalt von Jahrhundert zu Jahrhundert so dramatisch verändern? Die einzige denkbare Erklärung ist, daß sie von den Erwartungen des Zeugen und dessen kulturellem Umfeld geprägt wird.

Damit soll nicht gesagt sein, daß alle Geistererscheinungen dem menschlichen Gehirn entspringen. Mit der Hypothese vom kulturellen Ursprung lassen sich die wenigen Fälle, in denen dasselbe Gespenst über Jahre hinweg von verschiedenen, voneinander unabhängigen Zeugen gesehen wurde, genausowenig erklären wie die ebenso seltenen Vorkommnisse, bei denen eine Spukgestalt gleichzeitig von mehreren Personen beobachtet wird. Auch Erscheinungen, bei denen ein später eingetretenes Ereignis prophezeit wurde oder die sich zu einem besonders bedeutungsvollen Zeitpunkt ereigneten, lassen sich nicht so einfach erklären. Auf jeden Fall ist es interessant, die wechselvolle Geschichte der Gespenster mit den zahlreichen Berichten über ein vermutlich eng verwandtes Phänomen zu vergleichen – den Poltergeistern.

Berichte über diese »lärmenden Geister« gibt es bereits seit dem Jahre 856 vor Christus. Seit damals sind über 500 Vorfälle aus verschiedenen Ländern und Kulturen verzeichnet – eine Datengrundlage, die nicht weniger umfangreich ist als jene, die uns für das Studium der Gespenster zur Verfügung steht. Hereward Carrington, einer der prominentesten Erforscher des Übersinnlichen, berichtete, daß steinewerfende Poltergeister aus über 30 Ländern – darunter China, Island, Java, Südafrika, Großbritannien, Frankreich und Deutschland – bekannt sind. Doch im krassen Gegensatz zu seinen wandelbaren Kollegen hat sich der Poltergeist immer auf die gleiche Art manifestiert.

Die frappierende Ähnlichkeit zwischen historischen und modernen Berichten über dieses Phänomen läßt sich am besten durch einen direkten Vergleich illustrieren. Eine der frühesten Beschreibungen eines Poltergeistes findet sich in der Chronik *Journey Through Wales*, die der Mönch Gerald von Wales um 1190 verfaßte. Gerald beschrieb darin eine zwei Jahre zurückliegende Rundreise durch seine Heimat. Zu der Gegend um Manorbier notierte er folgendes:

»In jenem Teil von Pembroke hausen noch heute unreine Geister, die den Menschen sehr vertraut sind. Zwar sind sie nicht sichtbar, aber ihre Gegenwart läßt sich nicht leugnen. Zuerst manifestierten sie sich im Heim von Stephen Wiriet, später tauchten sie bei William Not auf. Dort haben sie mit Abfall herumgeworfen, offenbar in der Absicht, die Bewohner des Hauses zu ärgern, ohne ihnen jedoch ernsthaften Schaden zuzufügen. Bei William erwiesen sie sich für Gäste und Gastgeber gleichermaßen als Plage, weil sie die Leinenwäsche und manchmal sogar die wollenen Gewänder zerrissen und Löcher hineinschnitten. Alle Vorsichtsmaßnahmen waren vergeblich, es schien unmöglich, die Kleidung vor ihnen zu schützen, selbst wenn man die Türen verriegelte und verbarrikadierte. Bei Stephen ereigneten sich noch weit verwunderlichere Geschehnisse. Der Geist hatte nämlich die Angewohnheit, sich mit den Menschen herumzustreiten. Wenn sie ihm widersprachen, was sie absichtlich häufig taten, schalt er sie in aller Öffentlichkeit für jede kleine Missetat, die sie vom Tage ihrer Geburt an begangen hatten – ...

Befragte man mich, welche Ursache diese Ereignisse haben und wie ich sie mir erkläre, so wüßte ich keine Antwort, außer daß sich auf diese Art häufig ein plötzlicher Wechsel von Armut zu Reichtum und noch häufiger von Reichtum zu bitterster Armut ankündigt, was auch hier der Fall war. Bemerkenswert scheint mir, daß diese Orte nicht durch das Besprengen mit Weihwasser oder andere religiöse Zeremonien gereinigt werden können. Ganz im Gegenteil, sobald sich ein Priester blicken läßt, sei er auch noch so fromm und noch so gut mit Kruzifixen und Weihwasser ausgerüstet, ergießen sich über diesen Schmutz und Unrat.«

Diese beiden Absätze erscheinen mir in verschiedener Hinsicht höchst aufschlußreich. Es handelt sich um zwei klassische Fälle von Poltergeist-Manifestationen, wie sie auch aus neuerer Zeit bekannt sind. So wurde im Herbst 1952 aus Runcorn in Cheshire ein Ereignis gemeldet, bei dem Kleider zerrissen, Gegenstände herumgeschoben und Betten zerwühlt wurden. Dagegen war der berühmte Poltergeist von Enfield – immer noch heftig umstritten und Gegenstand eingehender Untersuchungen – bekannt dafür, daß er überall im Haus Exkremente verteilte. In diesem Fall versuchte man immer wieder, sich mit dem Poltergeist in Verbindung zu setzen. Der »sprach« durch eines der Kinder im Haus, wobei er häufig obszöne Ausdrücke verwendete, und kritzelte Botschaften auf Zettel und Wände. Seine Stimme behauptete, daß er der Geist von verschiedenen Personen sei, die zum Teil in dem Haus gestorben waren, und vom örtlichen Friedhof komme. Einmal befahl er sogar: »Ich will Jazzmusik. Besorgt mir welche, sonst drehe ich durch!«

Die von Gerald von Wales beschriebenen Phänomene sind in den vergangenen Jahrhunderten vielfach beobachtet worden. Eine von Alan Gauld durchgeführte statistische Analyse von 500 Poltergeist-Manifestationen zeigt, daß in 64 Prozent der Fälle kleinere Gegenstände bewegt wurden und es in 48 Prozent zu Klopfgeräuschen kam. (Ein Skeptiker würde natürlich einwenden, daß diese »Phänomene« einfacher nachzuahmen seien als andere Verhaltensweisen, die man Poltergeistern zuschreibt.) Aber auch sprechende Geister sind nicht selten; in einem von sechs Fällen kommt es zu einer Kommunikation zwischen dem rätselhaften Wesen und einem Menschen. Zerrissene Kleider sind weniger häufiger, spielen jedoch immerhin noch bei sechs Prozent der Ereignisse eine Rolle, während in einem von 20 Fällen Schmutz und Exkremente durch die Luft fliegen.

Der zweite Absatz von Geralds Beschreibung ist noch aufschlußreicher als der erste. Der Mönch berichtete zunächst, daß die Einheimischen glaubten, das Schicksal der Bewohner eines von Poltergeistern heimgesuchten Hauses werde sich in naher Zukunft wandeln. (Tatsächlich verschlechterten sich die Lebensumstände von Wiriet und Not dramatisch.) Dieses Motiv findet sich bei den heutigen Poltergeistbeschreibungen nicht mehr, obwohl, wie eben erläutert, das Phänomen selbst unverändert geblieben ist. Das deutet darauf hin, daß zwischen der landläufigen Überlieferung, die sich im Laufe der Zeit tatsächlich weiterentwickelt hat, und dem zugrundeliegenden Phänomen, das real zu existieren scheint, unterschieden werden muß. Bemerkenswert ist auch, daß sich Gerald, ein Geistlicher, der immerhin Aussichten auf das Amt des Erzbischofs hatte, verwirrt zeigte, weil die betreffenden Poltergeister den üblichen religiösen Heilmitteln gegenüber immun zu sein schienen. Man muß davon ausgehen, daß er den Fall so schilderte, wie er ihm erzählt wurde. Hätte er Eindruck schinden oder einen moralischen Effekt erzielen wollen, wäre es den Priestern in seinem Bericht sicherlich gelungen, die lästigen Geister zu vertreiben.

In der Geschichte der Poltergeister finden sich weitere kulturelle Aspekte, die für die unterschiedlichen Deutungen ausschlaggebend gewesen sind. Das Phänomen als solches scheint jedoch davon unbeeinflußt geblieben zu sein. Beispielsweise stellte Gauld fest, daß es heute, zu einer Zeit, in der nur noch wenige Menschen an Dämonen glaubten, kaum noch Fälle von »Besessenheit« durch Poltergeister gebe. Er fügte hinzu, daß »in dem Jahrhundert nach der Reformation die Fälle, in denen die Ereignisse einem Verstorbenen zugeschrieben wurden, dramatisch abnahmen.« Dies ist seiner Meinung nach darauf zurückzuführen, daß »der Gedanke der Wiederkehr der Toten den frühen theologischen Schriftstellern des Protestantismus ein Greuel war.« Aber eine Analyse der etwa 20 aus jener Zeit bekannten Fälle zeigt, daß die Menschen weiterhin von Gegenständen, die durch den Raum flogen, von Stimmen aus dem Nichts und durch unerklärliches Klopfen aufgestört wurden.

Skeptiker sind der Ansicht, daß Poltergeist-Manifestationen generell Lausbubenstreiche seien. In einigen Fällen trifft dies tatsächlich zu. So verdächtigte man im Jahre 1959 einen Poltergeist, Urheber mehrerer Brände in einem Haus in Alabama gewesen zu sein, bevor sich herausstellte, daß ein neunjähriger Junge der Schuldige war. Er hatte seine Familie dazu bringen wollte, wieder in die Stadt zurückzuziehen, aus der sie gekommen war.

Der Gedanke daran, daß die meisten Erscheinungen von Poltergeistern von Kindern oder Jugendlichen inszeniert werden, kann nicht recht überzeugen, wenn man in Betracht zieht, daß kaum einmal Beweise für einen faulen Zauber gefunden wurden. Auch die historische Kontinuität des Phänomens ist so nicht zu erklären. Würden Erwachsene verdächtigt, könnte man vermuten, daß sie sich am traditionellen Bild von Poltergeistern orientiert hätten. Aber auch in diesem Fall wäre die Ähnlichkeit zwischen Vorkommnissen, die sich im Abstand von mehreren Jahrhunderten auf verschiedenen Kontinenten ereigneten, höchst bemerkenswert. Noch unglaubwürdiger wirkt die Vorstellung, daß Kinder im Alter von sieben oder acht Jahren wissen sollten, wie sich ein Poltergeist zu benehmen hat. Nur selten verhalten sie sich so wie Märchengestalten, die Kindern bekannt sein könnten. Es hat also den Anschein, als handelte es sich beim Poltergeist im Gegensatz zum gewöhnlichen Feld-, Wald- und Wiesengespenst um ein physisch reales Phänomen, dessen Eigenheiten sich im Laufe der Geschichte kaum gewandelt haben. Bleibt die Frage, um *was* es sich handelt. Haben wir es zum Beispiel mit der psychologischen

Manifestation einer physiologischen Veränderung zu tun? Darauf gibt es bis heute keine Antwort.

Probleme mit der Hypothese vom kulturellen Ursprung

So attraktiv die Hypothese vom kulturellen Ursprung auch sein mag, der Gedanke, daß die Gesellschaft, in der sich ein denkwürdiger Vorfall ereignet, die Art der Erfahrung beeinflusse, stößt bei verschiedenen Forschern auf Skepsis, unter anderem auch bei jenen, die sich mit traditionellen Überlieferungen beschäftigen.

Am fundiertesten ist wohl die kritische Untersuchung von Thomas Bullard, einem amerikanischem Ethnologen mit besonderem Interesse für Ufologie. 1987 veröffentlichte er ein umfangreiches Dossier über mehr als 300 Entführungen durch Außerirdische, also im Grunde über alle, die bis zu diesem Zeitpunkt bekannt waren. Darin analysierte er die Berichte im Hinblick auf die Muster, denen sie folgten, und mögliche Parallelen. Wie Meurger kam er zu dem Schluß, daß es offensichtlich keine direkte Verbindung zu den aus volkstümlichen Sagen bekannten Entführungen durch Elfen und Feen gibt. Außerdem stellte er fest, daß die Fälle, in denen sich die Zeugen bewußt erinnerten – etwa ein Drittel der Gesamtzahl -, und jene, die unter Hypnose aufgezeichnet wurden, keine nennenswerten Unterschiede aufwiesen. Die Ergebnisse verschiedener Regressionstherapeuten ähnelten sich ebenfalls. Das deutet darauf hin, daß die Berichte nicht nur durch den Übereifer von Ufologen und die Vertrauensseligkeit von Therapeuten, die ihren Patienten falsche Erinnerungen suggerieren, zustande kommen. Wenn es sich um Phantasievorstellungen handelt, dann muß ihre Quelle eine andere sein.

Allerdings ergibt sich aus Bullards umfassender Studie,

daß jede klassische Entführung durch Außerirdische einem bestimmten Muster folgt. Wie bei den Märchen, die von den Ethnologen in ihre Bestandteile zerlegt werden, könnte man auch hier eine Reihe von Leitmotiven benennen: »Gefangenschaft«, »Untersuchung«, »Rückkehr« und so weiter. Kritiker der Hypothese vom kulturellen Ursprung haben allerdings darauf hingewiesen, daß Bullard auch unerwartete Muster fand, die immer wieder vorkamen, obwohl sie nicht allgemein bekannt waren. Diese Elemente besitzen jedoch in hohem Maße phantastischen Charakter und erinnern an Details aus Science-fiction-Romanen. Bullards Analyse zufolge kam es in den meisten Fällen zu einer »Tür-Amnesie«, wie er es nannte. Dabei erinnert sich der Entführte nicht daran, durch eine Tür oder eine Öffnung in das UFO gelangt zu sein. Merkwürdig ist auch, daß sich von Außerirdischen verschleppte Personen häufig intensiv mit der Frage beschäftigten, aus welcher Quelle das Licht an Bord der »Untertasse« stammte.

Der Volkskundler und Verhaltensforscher David Hufford war der erste, der sich mit dem Phänomen der alten Hexe auseinandersetzte. Auch er hält die Hypothese vom kulturellen Ursprung für unzureichend. Bei einer Untersuchung der Erscheinung in verschiedenen Kulturkreisen stellte er fest, daß die Gestalt des Schlafzimmergeistes in Abhängigkeit von den kulturell geprägten Erwartungen der Zeugen von einem Ort zum anderen unterschiedlich war. Die Kernelemente der Erfahrung, das Gefühl der Lähmung, der langsam näherkommende Angreifer, die zunehmende Panik und das Gefühl, unter dem Gewicht des auf der Brust hockenden Geistes zerquetscht zu werden, blieben jedoch gleich – unabhängig davon, ob der Zeuge von der alten Hexe oder dem Schlafzimmergeist gehört hatte oder nicht. Etwa sechs von zehn der von Hufford in Neufundland befragten Studenten war das Phänomen gänzlich unbekannt. 6,5

Prozent derjenigen, die eine solche Erfahrung gemacht hatten, sprachen nicht darüber und wußten nicht, daß andere Ähnliches durchgemacht hatten. Trotzdem stimmten die Schilderungen weitgehend überein.

Hufford kam zu dem Schluß, daß »die Verbreitung der Legenden, die sich um eine Erfahrung ranken, häufig mit der Verbreitung der Erfahrung selbst verwechselt worden ist«. Seiner Meinung nach könnten die physischen Symptome auf eine Lähmung im Schlaf während einer hypnagogen Halluzination zurückzuführen sein. Doch am Ende seiner Untersuchung mußte er eingestehen, daß »der Inhalt der Erfahrung bei unserem gegenwärtigen Wissensstand nicht befriedigend zu erklären ist.«

Es sieht so aus, als könnten weder die Hypthese vom psychologischen noch die vom kulturellen Ursprung für sich allein als Erklärung dienen. Eine ganze Reihe komplexer und weitverbreiteter Phänomene sprengen einen derart engen Rahmen. Nimmt man jedoch beide Thesen zusammen, kommt man zu weitaus befriedigenderen Lösungen. Bei der alten Hexe könnte es sich um ein physiologisches Phänomen handeln, das durch die Brille kultureller Einflüsse und in einer bestimmten Erwartungshaltung wahrgenommen wird. Die Entführung durch Außerirdische ist wohl kaum als realer physischer Angriff zu betrachten, sondern vermutlich psychologischen Ursprungs. Diese Quelle wird jedoch durch eine wichtige kulturelle Komponente überlagert, die aus dem allgemein bekannten Muster besteht, das den Zeugen aus der Berichterstattung der Medien über frühere Vorkommnisse bekannt ist. Bei den frühesten Ereignissen mögen nebelhafte Erinnerungen an Schilderungen aus billigen Science-fiction-Romanen eine Rolle gespielt haben.

Könnte man überzeugend nachweisen, daß der Zeuge solchen Einflüssen niemals ausgesetzt war, so würde das kulturelle Element natürlich bedeutungslos. Aber bei der

Allgegenwärtigkeit der Medien in der heutigen Welt dürfte es schwer sein, eine solche Person zu finden. Dabei ist auch zu berücksichtigen, daß das menschliche Gehirn in der Lage ist, Erinnerungen an Bücher und Zeitschriften, die vor Jahrzehnten gelesen wurden, zu reproduzieren. Aus Untersuchungen über Erinnerungen an frühere Leben wissen wir, daß aus diesem Schatz die überzeugendsten Phantasien gesponnen werden können. Weil uns also leider kein idealer Zeuge zur Verfügung steht, muß das Rätsel der Entführungen durch Außerirdische wie so viele andere in diesem Buch behandelte Phänomene für den Augenblick ungelöst bleiben.

12. Der Sinn für Übersinnliches

Mitschrift einer auf Band aufgezeichneten telefonischen Nachricht:

> »Hallo, mein Name ist Virginia Staples. 1948 lebte ich in Bremerton, Washington. Meine Wohnung besaß einen riesigen Keller. In den Wänden des Kellers befanden sich große Löcher. Der Hausmeister erzählte mir, daß es sich dabei um eine ehemalige Verbindung zum Meer handle. Die großen Apartmenthäuser standen alle sehr dicht beieinander, und alle hatten Keller. Es waren auch alles alte Gebäude. Es gab eine Waschmaschine, ein Waschbecken und Wäscheleinen. An diesem speziellen Tag hatte ich meine ganze Wäsche bereits aufgehängt, aber ich wurde das Gefühl nicht los, daß mich etwas anstarrte. Das Gefühl war so unheimlich, daß ich mich schließlich umdrehte und in den hinteren Teil des Kellers sah. Ich erschrak fürchterlich. Ich hatte so viel Angst, daß ich es heute noch fühlen kann. Ich konnte mich nicht mehr bewegen. In einem der großen Löcher des Kellers stand ein riesiges Etwas. [An dieser Stelle beginnt sie zu schluchzen.] O Gott, es war furchtbar! Ich bin 1,80 Meter groß, und dieses Geschöpf war so groß wie ich. Es hatte einen leuchtend orangefarbenen Körper und kleine spinnenartige Beine. Auf seinem Kopf befanden sich Antennen, die sich

vor- und zurückbewegten. [Sie weint jetzt.] Das Wesen kam auf mich zu. Ich rannte aus dem Keller hinaus und in meine Wohnung zurück. Dort packte ich rasch alles zusammen und floh. Ich hatte panische Angst. Ich zog nach Seattle zu meiner Kusine. Dort besuchte ich ein Aquarium um zu sehen, ob es irgend etwas gäbe, das so aussah wie das Geschöpf, das ich gesehen hatte. Das einzige, was ich fand, war eine kleine Krabbe. Aber das ergab keinen Sinn. Jahrelang hatte ich schreckliche Alpträume. Schließlich fand ich den Mut, zu einem Besuch nach Bremerton zurückzukehren. Aber das Wohnhaus in der Denny Street war abgerissen worden. Ich weiß, daß niemand mir diese Geschichte glaubt, aber, so wahr Gott mein Zeuge ist, sie ist wirklich so passiert.«

In der Tat habe ich keinen Zweifel daran, *daß* sie passierte, zumindest was Virginia Staples betrifft. Aber die Frage lautet: *Was* passierte?

Es steht fest, daß der Zwischenfall einen starken Eindruck in der Erinnerung der Zeugin hinterließ. Tatsächlich waren die Nachwirkungen so stark, daß das Erlebnis noch ein halbes Jahrhundert später zu den wichtigsten Augenblicken in ihrem Leben zählte. Staples war offensichtlich davon überzeugt, daß das Wesen, das sie sah, in irgendeiner Form real war. Entweder handelte es sich um ein Monster aus Fleisch und Blut, das vielleicht durch den beschriebenen geheimen Zugang zum Meer gekommen war, oder um eine übernatürliche Erscheinung in irgendeiner Form. Vielleicht war es ein Wesen aus einer anderen Dimension oder ein Ungeheuer aus den Abgründen der Hölle.

Vielleicht hatte sie sogar recht mit ihrem Vergleich, obwohl nach meiner Kenntnis die Riesenkrabbe, die sie beschrieb, in den vielen Aufzeichnungen über Grenzwelterfahrungen einzigartig ist. Doch sollte mittlerweile klar sein, daß es mögliche andere Erklärungen für ihre Erfahrung gibt. Auch diese könnten in irgendeiner Form gerechtfertigt sein.

Betrachten wir zunächst den psychologischen Hintergrund des Falles, soweit wir ihn verstehen können. Handelte Virginia Staples konsequent und vernüftig, als sie ihre Sachen packte und das Gebäude panikartig verließ? Oder hatte sie bereits vorher ein Motiv umzuziehen? Vielleicht löste die Erscheinung im Keller aus, daß sie einen Gedanken umsetzte, mit dem sie sich bereits lange Zeit beschäftigt hatte, ohne daß sie sich dessen bewußt gewesen war. (Wir wissen es nicht.) Spiegelt ihre anhaltende Angst eine berechtigte Furcht wider, oder deutet sie lediglich auf eine besonders lebhafte Einbildungskraft, vielleicht auf eine phantasieanfällige Persönlichkeit hin? (Das können wir nicht beurteilen.) War das Wesen, das sie sah, vielleicht irgendeine Art von Halluzination? Mit Sicherheit empfand die Zeugin die Atmosphäre im Keller als beängstigend und bedrückend. In ihrem Bericht beschrieb sie alles als »riesig«. Vielleicht »spukte« auch die Erzählung des Hausmeisters über die geheimnisvolle Verbindung zum Meer in ihrem Kopf herum. Man darf annehmen, daß bei Virginia Staples an jenem Tag im Jahre 1948 eine gewisse Erwartungshaltung bestand, denn sie hatte zum Beispiel früh das Gefühl, angestarrt zu werden.

Bestimmt haben die meisten von uns dieses unbehagliche Gefühl hin und wieder verspürt, ohne sich umzudrehen und einer 1,80 Meter großen Krabbe gegenüberzustehen, die näherkommt. Aber wenn wir den vernünftigen Ansatz wählen und davon ausgehen, daß dieses furchtbare Wesen nicht wirklich physisch real war, dann werden wir wahrscheinlich nie erfahren, warum Staples' Vision jene Form annahm. Betrachten wir trotzdem die kulturellen Aspekte des Falles. Er ereignete sich während der Blütezeit der billigen Science-fiction-Magazine, der B-Movies und der Abenteuerserien. Vielleicht war einen oder zwei Monate zuvor eine verwandte Form des »Insektenaugen-Monsters« in einer Ausgabe der Schundhefte erschienen, vielleicht hatte Staples auch im Jahr davor ein ähnliches Geschöpf in irgendeinem Comic gesehen. (Möglicherweise hatte sie auch schlicht am Abend vorher Krabben gegessen.)

Jedenfalls kann mit einiger Sicherheit behauptet werden, daß die Erinnerung, die dazu führte, daß Staples in Tränen ausbrach, während sie 1995 ihre Mitteilung auf dem Anrufbeantworter hinterließ, nicht exakt mit dem Monster übereinstimmte, daß sie 1948 sah. Sie muß den gesamten beängstigenden Vorfall über fünf Jahrzehnte hinweg so häufig nachempfunden haben, daß er zu einer falschen Erinnerung von geringer Zuverlässigkeit mutierte, ohne daß es ihr bewußt wurde.

Natürlich ist es heute fast unmöglich, mit Bestimmtheit zu sagen, was der ursprüngliche Auslöser für Virginia Staples' Erfahrung war. Vielleicht materialisierte sich tatsächlich etwas in der Form einer riesigen Krabbe am anderen Ende des Kellers. Aber wahrscheinlicher ist, daß die Zeugin in dem Loch in der Wand etwas Formloses wahrnahm: einen unscharfen farbigen Nebel vielleicht, der durch Reize an den Nervenenden in ihren Schläfenlappen entstand, oder möglicherweise etwas so Banales wie eine Person in organgefarbener Kleidung, die sie aus den Augenwinkeln beobachtete. Auf alle Fälle handelte es sich um etwas, das immer größer wurde, während sie die Erfahrung in ihren Gedanken immer wieder nacherlebte. Zunächst tat sie es noch bewußt, während sie in ihre Wohnung zurückhastete, packte und die Stadt verließ, dann unterbewußt in den Alpträumen, die sie noch Jahre danach plagten.

Der mentale Prozeß, durch den ein nebulöser erster Stimulus in eine außergewöhnliche Erinnerung verwandelt wurde, ist noch schwieriger zu definieren. Wahrscheinlich benutzte Virginia Staples ihre Phantasie, um eine unbestimmte und daher in gewisser Weise unbefriedigende Erfahrung in etwas Bedeutungsvolleres umzuformen. Dies wäre typischerweise dadurch geschehen, daß sie die besten Elemente ihrer Geschichte auswählte und ausschmückte und gleichzeitig andere, die sich nicht ereignet hatten, hinzufügte.

Aufgrund einer eigenen Erfahrung, die ich während der Niederschrift des Falles machte, kann ich bezeugen, daß eine derartige Umformung möglich ist. Als ich mir Notizen für dieses Kapitel des Buches machte, erinnerte ich mich an Staples' Bericht und schrieb, zusammen mit einem Querverweis, auf ein Stück Papier die Worte »riesige zweifüßige Krabbe im Keller«. Als ich die Aufzeichnung der telefonischen Mitteilung der Zeugin erneut las, bemerkte ich, daß sie an keiner Stelle behauptet hatte, daß das Wesen auf zwei Beinen gegangen sei oder auch nur aufrecht gestanden habe. Es handelt sich lediglich um den *Eindruck*, den man beim flüchtigen Lesen des Berichts erhält. Wir sehen darin das Ergebnis der jahrelangen Beeinflussung durch billige Filme mit schlechten Spezialeffekten, die uns annehmen läßt, daß die meisten Monster humanoid sind. In ähnlicher Weise könnte Virginia Staples der Gedanke, daß das Wesen auf sie zukommen wollte, durch stereotype Szenen aus Trivialromanen und Filmen suggeriert worden sein. Es handelt sich dabei einfach um das typische Verhalten von Monstern. Außerdem wird der gesamten Erfahrung damit ein bestimmter Zweck, eine passende Aura der Bedrohung verliehen.

Diese Fallanalyse (wie auch die meisten zuvor behandelten Geschichten) lehrt uns, daß alle Ereignisse innerhalb der Grenzwelten subjektiv sind. Der Schlüssel zum Verständnis dieser Geschehnisse liegt in einer sorgfältigen – und letztlich spekulativen – Auslegung der Zeugenberichte. Denn nur in sehr wenigen Fällen dürfen wir darauf hoffen, bestätigende physische Beweise zu finden.

Diese Subjektivität erschwert es dem unvoreingenommenen Betrachter, irgendeinen Fall mit letzter Gewißheit abzulehnen. Ebensowenig kann man davon ausgehen, auch nur ein einziges Phänomen richtig interpretiert zu haben. Trotzdem scheint es gottlob möglich, ein paar allgemeine Schlußfolgerungen zu ziehen.

Als erstes stellen wir fest, daß sich ungewöhnliche Erfahrungen nicht übersichtlich kategorisieren lassen. Einige rätselhafte Berichte über Tiere enthalten parapsychologische Momente, so wie manche UFOs das Produkt irdischer Phänomene zu sein scheinen. Daher ist es sowohl sinnlos als auch gefährlich, irgendein seltsames Phänomen isoliert zu betrachten. Gleiches gilt für die großen verallgemeinernden Theorien, die entwickelt wurden, um sie zu erklären. Weder die Hypothese vom psychologischen noch die vom kulturellen Ursprung dürfen einzeln herangezogen werden. Die Kultur beeinflußt die Psychologie und umgekehrt. Nur eine Kombination aus beiden Theorien kann uns hoffen lassen, komplexe Phänomene wie das der alten Hexe oder des schwarzen Hundes erklärbar zu machen.

Die zweite Schlußfolgerung ist, daß es anscheinend keine dauerhaft unerklärlichen Phänomene gibt. Wenn in einem bestimmten Fall von plötzlicher Selbstentzündung offenbar wird, daß das Opfer kopfüber in einen Kamin stürzte, dann wird damit die ganze Idee der plötzlichen Selbstentzündung unglaubwürdig und in Frage gestellt. Falls sich eine einzige Sichtung eines vermeintlichen Seeungeheuers als Verwechslung mit einer Welle oder einem tauchenden Vogel herausstellt, dann können wir nicht sicher sein, daß sich andere, ebenso überzeugende Zeugen nicht auch irren. Dieses Problem hat grundlegende und kaum erforschte Auswirkungen auf die gesamte Untersuchung von seltsamen Phänomenen. Den im allgemeinen raren und mehrdeutigen physischen Beweisen wird damit eine nahezu untragbare Last aufgebürdet.

Schließlich müssen wir zugeben, daß mehr der gesuchten Antworten in uns selbst liegen, als wir erwartet hätten. Im wesentlichen rührt das daher, daß der menschliche Geist Sinn für Übersinnliches besitzt, also die Eigenart, Unbekanntes zu genießen und sich davon angezogen zu fühlen. Dieser Sinn für Übersinnliches ist für viel Unglück und für viele Mißverständnisse verantwortlich. Doch da er uns aus den Höhlen der Steinzeit in die gegenwärtige Zivilisation getragen hat, wäre es falsch, ihn zu verdammen.

Rätselhafte und mysteriöse Erfahrungen verändern Leben. Weil sie so wichtig sind, sollten wir sie unvoreingenommen betrachten, ohne zu definitiven Schlüssen hasten zu wollen. Wir sollten ihnen mit dem Wunsch begegnen, von der Vielzahl menschlicher Erfahrungen zu profitieren. Kurz gesagt: Wir brauchen unseren Sinn für Übersinnliches.

Die Geschehnisse im Reich des Übersinnlichen mögen furchteinflößend, verwirrend, erstaunlich und unverständlich sein. Aber wir besuchen diese anderen Welten, weil wir es wollen: Jeder betritt die Grenzwelten mindestens einmal in seinem Leben.

Anmerkungen

Einleitung: An einem Grenzübergang

Tom D'Ercole. D'Ercole berichtet über seine Begegnung mit der seltsamen Wolke in »True Mystic Experiences: My Own Little Cloud«, *Fate* (Februar 1979), S. 54-55. Der Vorfall fand im Sommer 1975 in der Oyster Bay (New York) statt, und die Untersuchung des Hemdes wurde in der Junior High School von Garden City vorgenommen.

D'Ercole schätzte, daß die wachsende Wolke am Ende eine Größe von ca. einem Meter 80 mal 45 Zentimeter erreichte. Bis zu diesem Zeitpunkt war sie zu einem »abstrakten, mehrfach gewundenen, dunklen und gasförmigen ›Etwas‹« geworden.

Das fabelhafte tchae khana. Tony Clark: »Lunchtime at the Phantom Diner«, *Fortean Times 69* (Juni/Juli 1993), S. 34-35. Ein Skeptiker würde anmerken, daß Clark seine Neigung, an mystische Erfahrungen zu glauben, dadurch offenbarte, daß er an die *Fortean Times* (Ausgabe 88, Juli 1996) schrieb, um über die seltsame Erfahrung eines befreundeten Ingenieurs zu berichten. Dieser war angeblich in Nigeria einer unsichtbaren Schlafzimmererscheinung begegnet.

Edward Baldock. Daily Telegraph (2. + 16. Februar 1991), zitiert in *Fortean Times 58* (Juli 1991), S. 6. Es stellte sich heraus, daß Wigginton – verglichen mit ihrem Vampirdasein – eine weniger erfolgreiche Mörderin war. Sie ließ neben dem Körper ihres Opfers eine Kreditkarte fallen, und wurde verhaftet, vor Gericht gebracht und zu lebenslanger Haft verurteilt.

Nonquawuse. J.B. Peires: *The Dead Will Arise: Nonquawuse and the Great Xhosa Cattle-Killing Movement of 1856-7* (Johannesburg, Raven Press 1989).

Prince. Paul Sieveking: »Rover's Return«, *Fortean Times 70* (August/September 1930), S. 38-41.

Bobbie. Ibd.

Das Bermuda-Dreieck. Lawrence Kusche: *The Bermuda Triangle Mystery – Solved* (London, New English Library 1981).

Der Schlafzimmergeist. David Hufford: *The Terror That Comes in the Night* (Philadelphia, University of Pennsylvania Press 1982); Hilary Evans: *Visions, Apparitions, Alien Visitors: A Comparative Study of the Entity Enigma* (Wellingborough, Aquarian Press 1984).

Randy P. Strange 16 (1995), S. 23.

Fátima. Kevin McClure: *The Evidence for Visions of the Virgin Mary* (Wellingborough, Aquarian Press 1983), S. 71-86. Nach Angaben dieses sorgfältigen und verständigen Forschers stellte sich heraus, daß »nichts an Fátima auch nur im geringsten einfach war ... Ich habe in meinen Forschungen der letzten zehn Jahre nie eine solche Sammlung von gegensätzlichen Angaben gesehen.«

Dank der Anstrengungen von Beamten in der iranischen Botschaft von Lissabon erschien Fátima kürzlich wieder in den Schlagzeilen. Sie hatten die Arbeiten eines örtlichen Gelehrten ins Persische übersetzt und damit die Theorie verbreitet, daß der unheimliche Ort von afrikanisch-moslemischen Invasoren im frühen Mittelalter nach der Tochter des Propheten Mohammed benannt worden war. Gemäß dieser Theorie handelte es sich bei der von Lucia Santos gesehenen Erscheinung um Fátima selbst und nicht um die Jungfrau Maria. Im Ort wurden täglich ganze Flugzeugladungen von religiösen Touristen aus dem Iran erwartet, die die Stätte in einen islamischen Wallfahrtsort verwandeln würden. *Fortean Times 86* (Mai 1996) S. 11.

Die Lage von Troja. Iman Wilkens: *Where Troy Once Stood* (London, Rider 1990); *The Guardian*, 25. und 26. Juni 1990.

Das Heilige Land in Arabien. Kamal Salibi: *Die Bibel kam aus dem Lande Asir. Eine neue These über die Ursprünge Israels* (Reinbek b. Hamburg, Rowohlt 1985).

Comyns Beaumont. John Mitchell: *Eccentric Lives and Peculiar Notions* (London, Thames & Hudson 1984). Beaumonts Theorien gleichen denen der einstmals einflußreichen anglo-israelitischen Bewegung, nach deren Überzeugung das britische Volk mit den zehn verlorenen Stämmen Israels identisch und somit das von Gott erwählte Volk sei. Donna Kossy: *Kooks: A Guide to the Outer Limits of Human Belief* (Portland, Feral House 1994).

Die grünen Kinder. Die Entdeckung der Kinder kann auf den Zeitraum von 1135 bis 1154 datiert werden. Sie wurde mindestens 60 Jahre lang nicht aufgezeichnet, und erschien dann erstmals in den Chroniken von Ralph of Coggeshall (*Chronicon Anglicarum*) und William of Newburgh (*Historia Rerum Anglicarum*), die beide im letzten

Jahrhundert in Schulausgaben herausgegeben wurden: Ralph von J. Stevenson (London, Rolls Series 1875) und William von R. Howlett als eine der Chroniken der Regierungszeit von Stephen, Henry II. und Richard I. (London, Rolls Series 1884). Die neueste von mehreren Neuuntersuchungen dieses Falls ist Paul Harris: »The Green Children of Woolpit«, *Fortean Times 57* (1991), S. 39, 41. Damit wir dieses hervorragende Märchen nicht mit zuviel Skepsis betrachten, soll auf die bekannte Folkloristin Katharina Briggs verwiesen werden, die in *The Fairies in Tradition and Literature* (London, RKP 1977), S. 7-8, anmerkte, daß es über eine »seltsam überzeugende und detaillierte Atmosphäre« verfüge.

Begegnungen mit Trollen. Michel Meurger: *Lake Monster Traditions: A Cross-Cultural Analysis* (London, Fortean Tomes 1988), S. 17.

UFOs in nichtwestlichen Kulturen. Thierry Pinvidic: »An Algerian Case Study«, *Magonia 14* (1983), S. 3-7.

Falsche Identifikation eines Aufnahmeteams. Mike Dash: »The Case of the Phantom Social Workers«, *Fortean Times 57* (1991), 43-5.

Schottische UFO-Entführung. Persönliches Gespräch mit Malcolm Robinson von *Strange Phenomena Investigations*, der sich mit diesem Fall befaßte.

Der Fliegende Holländer. Michael Goss und George Behe: *Lost at the Sea: Ghost Ships and Other Mysteries* (Amherst, New York, Prometheus Books 1994), S. 46-52. Goss und Behe kritisieren den Bericht mit Geschick. Sie vermuten eine übertriebene Darstellung des Logbucheintrags.

Das Seeungeheuer des Königs von Bhutan. National Geographic, September 1961, zitiert in Peter Costello: *In Search of Lake Monsters* (St. Albans, Panther Books 1975), S. 294.

Jimmy Carters UFO. Robert Sheaffer: *The UFO Verdict* (Buffalo, Prometheus Books 1980); Steuart Campbell: *The UFO Mystery Solved: An Examination of UFO Reports and Their Explanation* (Edinburgh, Explicit Books 1994), S. 88.

Pater Gill. Kim Hansen: »Papua-New Guinea, 26.-27. Juni 1959« in Hilary Evans und John Spencer (Hrsg.): *UFOs 1947-1987: the 40-Year Search for an Explanation* (London, Fortean Tomes 1987), S. 59-62; Martin Kottmeyer: »Gill again: a fresh look at an old classic«, *Magonia 54* (November 1995), S. 11-14.

Begegnung von Falkville. Margaret Sachs: *The UFO Encyclopaedia* (London: Corgi 1981), S. 99.

Paul Ingram. Lawrence Wright: *Erinnerungen an Satan. Ein Vater wird angeklagt* (München, dtv 1996).

Der »Schlitzer« von Halifax. Mick Gos: *The Halifax Slasher: An Urban Terror in the North of England* (London, Fortean Tomes 1987).

Der Fischregen von Alabama. »The Chilatchee, Alabama Fish Fall«, *INFO Journal No. 46* S. 24. Alle gefundenen Fische gehörten zu einheimischen Fischarten, das nächstgelegene Gewässer war jedoch der Chilatchee Creek, etwa zwei Kilometer westlich. Mr. und Mrs. Phillips gaben an, daß zur betreffenden Zeit keine Wirbelstürme oder Tornados gemeldet worden seien. Auch fanden sie in den örtlichen Wetterkarten nichts, was erklären könnte, wie die Fische in die seltsame Wolke hineingezogen worden waren. Da der

Fischfall auf einen so kleinen Raum begrenzt war und die Wolke so ungewöhnlich anmutete, sagte Mrs. Phillips, daß sie das Gefühl gehabt habe, das Ereignis sei irgendwie beabsichtigt gewesen.

Hessdalen. Hanson: »Hessdalen, 1981-1985« in Evans & Spencer, op. –cit., S. 88-92

Gulf Breeze. Jerome Clark: »Gulf Breeze sightings« in *The UFO Encyclopaedia Band 1: UFOs in the 1980s* (Detroit, Apogee Books 1990), S. 121-128.

Die »Veronikas«. Ian Wilson: *Holy Faces, Secret Places: the Quest for Christ's True Likeness* (London, Doubleday 1991). Inzwischen wird im allgemeinen anerkannt, daß es sich bei diesen Bildern um Gemälde handelt, obwohl es auch Argumente gibt, die nahelegen, daß sie göttlich inspiriert wurden.

Die Heilige Vorhaut. »Preposterous prepuce«, *Fortean Times 44* (Sommer 1985), S. 8.

Adamskis Fotografie einer fliegenden Untertasse. Curtis Peebles: *Watch the Skies! A Chronicle of the Flying Saucer Myth* (Washington, Smithsonian Institution Press, 1994), S. 303 N. 8. Weitere Möglichkeiten sind ein 20 Zentimeter großes Modell, das eng an die Pläne eines Raumschiffs angelehnt ist, welches acht Monate vor Adamskis Aufnahmen veröffentlicht wurde, und ein Tabakbefeuchter, bestückt mit drei Ping-Pong-Bällen. Jerome Clark: *The UFO Encyclopaedia Band 2* (Detroit, Omnigraphics 1992), S. 1-12.

Morgawr. A. Mawman-Peller: *Morgawr: the Monster of Falmouth Bay* (Exeter, Centre for Fortean Zoology 1996); Tony »Doc« Shiels: *Monstrum: A Wizard's Tale* (London,

Fortean Tomes 1990); Mark Chorvinsky: Tony »Doc« Shiels: »magic and monsters«, *Strange 8* (Herbst 1991), S. 4-20. Doc hat sich übrigens niemals zu einer Fälschung bekannt und auch nicht den Vorwürfen rechtgegeben, daß er seine bekannten Fotos des Monsters von Loch Ness und die obskuren Schnappschüsse von Feen in ähnlicher Weise manipuliert habe.

Geisterfotos. »Spirit photography« in Leslie Shepard (Hrsg.): *Encyclopaedia of Occultism & Parapsychology* (2. Ausgabe), S. 1261-1262.

Gefälschte Mondlandungen. Siehe z.B. David Percy: *Three Thirds* (London, Peculiar Books 1996).

Das Leichentuch von Turin. David Sox: *The Shroud Unmasked: Uncovering the Greatest Forgery of All Time* (Basingstoke, The Lamp Press 1988); Mike Dash: »Shrouded in Mystery«, *Fortean Times 51* (Winter 1988/89), S. 4-7. Seit 1988 werden neue kontroverse Diskussionen zu dem Leichtuch geführt; die Autoren Lynn Picknett und Clive Prince haben die Hypothese aufgestellt, daß es sich in Wahrheit um ein frühes Experiment in der Fotografie von Leonardo da Vinci handelt.

3000 Sichtungen des Monsters von Loch Ness. Die Zahl 3000 wurde erstmals von David James genannt, dem Gründer des *Loch Ness Phenomena Investigation Bureau*, und zwar in *The Field*, 23. November 1981, S. 951-953. Die Zahl 10 000 erschien auf dem Schutzumschlag von Roy Mackal: *The Monsters of Loch Ness* (London, Futura 1976). Eine vorsichtige Liste der bekannten Sichtungen, die der deutsche Forteaner Ulrich Magin erstellte, enthält der Anhang von Henry Bauer: *The Enigma of Loch Ness: Making Sense of a Mystery* (Urbana und Chicago, University of Illinois Press 1986). Siehe auch ibd., S. 10, Nr. 32.

133 –306 –688 Dämonen fielen mit Luzifer... Diese Zahlen werden zitiert in Richard Cavendish: *The Powers of Evil* (London, Routledge & Kegan Paul 1975), S. 234.

Pudel in Mikrowellenherden. »Nuking the poodle«, *Fortean Times 80* (April/Mai 1995), S. 180.

1. Seltsamer Planet

Roter Schnee. The Mirror of Literature, Amusement & Instruction (London), Band XXV, Nr. 702, 1. Januar 1835, S. 44, zitiert in der Zeitschrift *Voyage in the South Atlantic Ocean* von H.M. Sloop Chanticleer.

Blutrote Wolken. Notes & Queries, 8. Serie, Band 12, S. 228, zitiert in Charles Fort: *Das Buch der Verdammten* (Frankfurt a.M., Zweitausendeins 1995).

Der Sandschauer von Bagdad. Annual Register 1857, S. 132, zitiert in ibd., S. 234-5. Der ursprüngliche Bericht stammt von Charles Murray, dem britischen Gesandten in Persien.

Der Fall der rosafarbenen Frösche auf Stroud. Bob Rickard: »When pink frogs fell«, *Fortean Times 51* (Winter 1988-89), S. 14-15. Zwei Wochen früher gab es auch »Niederschläge« von rosa bis rot gefärbten Fröschen in Cirencester und etwas später in Cheltenham. Ian Darling von der Organisation *Gloucestershire Trust for Nature Conservancy* (GTNC, Gloucestershire-Stiftung für die Erhaltung der Natur) sagte, daß die Frösche nicht wirklich rot oder rosa waren. Sie stammten von einer Albinorasse, und die Färbung kam durch das Blut zustande, welches durch ihre blasse Haut schimmerte. Das GTNC vermutete, daß die mit der Luft beförderten Amphibien aus der Sahara gekommen sein könnten und von Winden in Orkanstärke zusammen mit Massen von rotem Saharasand, der zu dieser Zeit auch in England niederfiel, nach Norden getragen worden waren. Rickard bemerkte verschiedene Schwachstellen in den Theorien des GTNC, Außerdem wies er darauf hin, daß etwa zur Zeit des Froschniederschlags der Film *The Love Child* lief. Auf dem Poster dazu waren fallende rosafarbene Frösche zu sehen. Der Film handelt von einer Band und einem Song mit dem Namen *The Pink Frogs.* In einem weiterführenden Bericht, »More on pink frogs«, *Fortean Times 52* (Sommer 1989), S. 79, wurden vier weitere Vorfälle mit solchen Tieren beschrieben, von denen einer bis in die späten 20er Jahre zurückgeht. Der angebliche Ursprung in der Sahara wird weiterhin angezweifelt.

Geister und Wasser. Diese Theorie zu Poltergeisterfällen, die von G.W. Lambert, 1956 bis 1958 Präsident der *Society for Psychical Research*, in der Zeitschrift der SPR formuliert wurde (Juni 1955), wurde nachfolgend zu einer Hauptalternative zu der allgemein akzeptierten »personengebundenen« Theorie von Poltergeistvorfällen erweitert und später auch auf Spukerscheinungen angewandt. Renee Haynes: *The Society for Psychical Research 1882-1982: A History* (London, Macdonald 1982), S. 106-08.

Unerklärliches geschieht meistens am Mittwoch. Eine Theorie von Autor John Keel, die auf seiner Analyse von 700 UFO-Berichten von 1967 beruht, nach der sich mehr Vorfälle am Mittwoch als an jedem anderen Wochentag ereigneten. Weitere Analysen einer breiteren Palette von Erscheinungen konnten die Theorie nicht untermauern: »Wednesday phenomenon« in Jerome Clark: *UFO Encyclopaedia Band 3, UFOs 1960-1979* (Detroit, Apogee Books 1996), S. 589.

Gelber Regen. »Scientists say yellow rain is a lot of crap«, *Fortean Times,* Herbst 1984, S. 16.

Grünes UFO in der Nähe von Astrachan. »From the KGB Archives«, *INFO Journal 71* (Herbst 1994), S. 31.

Die Jungfrau Maria und die Eidechse. Hilary Evans: *Gods, Spirits, Cosmic Guardians: Encounters with Non-Human Beings* (Wellingborough, Aquarian 1987), S. 54.

Das Große Schlamm-Monster. »Big Muddy Monster Returns«, *Fortean Times 51* (Winter 1988-89), S. 16. Die Zeugen waren Charles Staub, ein Sicherheitsbeamter, und Bob Reiman, der Besitzer des Schrottplatzes. Der Vorfall ereignete sich am 3. Juni 1988, ein Dutzend Jahre nach dem letzten berichteten Erscheinen des Monsters.

Die stille Stadt. Dwight Whalen: »Silent City in the Sky«, in *Fortean Times 66* (Dez. 1992/Jan. 1993), S. 36-40. Zu den Städten des mittleren Westens von Grönland siehe Howard Abramson: *Hero in Disgrace: the Life of Arctic Explorer Frederick A. Cook* (New York, Paragon House 1991), S. 92.

UFO der Japanese Airlines. Jerome Clark: *The UFO Encyclopaedia, Band 1: UFOs in the 1980s* (Detroit, Apogee Books 1990), S. 146-48. Dort werden die Geschichte dieses gut dokumentierten Falls und die verschiedenen erfolglosen Versuche zu seiner Klärung beschrieben. In Steuart Campbell: *The UFO Mystery Solved* (Edinburgh, Explicit Books 1994), S. 168-76, wurde nachfolgend angemerkt, daß nur Terauchi das gigantische UFO meldete. Die anderen Mitglieder der Crew sahen ausschließlich zwei weiße Lichter mit großem Abstand, die in einer Reihe flogen. Im Buch wird die Hypothese aufgestellt, daß die gemeldeten Lichter als Luftspiegelung der Flugplatzbeleuchtung des Allan Army Air Field in Delta Junction (Alaska) interpretiert werden könnten. Um Campbells Theorie zu bestätigen, hätten die Lichter zum besagten Zeitpunkt eingeschaltet sein müssen und es hätte eine Temperaturumkehrung zwischen dem Flugplatz und dem Flugzeug von Kapitän Terauchi geben müssen. Da beide Faktoren jetzt nicht mehr bewiesen werden können, bleiben die Objekte weiterhin unidentifiziert.

Die Himmelsbeben von Burlington. Res Bureaux Bulletin 31 (23. März 1978), S. 3-6.

»Caddy«. Paul LeBlond und Edward Bousfield: *Cadborosaurus: Survivor from the Deep* (Victoria BC, Horsdal & Schubart 1995).

Die Geisterschiffe der Northumberland-Straße. Larry Arnold: »Ahoy Mate! Which Flaming Phantom Ship Sails Thar?«, *Pursuit Band 11*, S. 109, 116, 144-50; George Bebe und Michael Goss: *Lost At Sea: Ghost Ships and Other Mysteries* (Amherst, New York, Prometheus Books 1994), S. 73-5.

Fußspuren von Gravelbourg. »Footprints in the ... « *Pursuit*, Juli 1971, S. 69-70.

Clarendons Stimme ohne Körper. Light, Dezember 1889, zitiert in John Michell und Robert Rickard: *Phenomena: A Book of Wonders* (London, Thames & Hudson 1977), S. 83.

Der wahnsinnige Gasmann von Mattoon. Die meisten Erwähnungen dieses seltsamen Falles, welche vom 31. August 1944 bis zum 12. September des gleichen Jahres erschienen, basieren auf einer soziologischen Studie eines Studenten mit Namen Donald Johnson – »The ›Phantom

Anaesthetist« of Mattoon: a field study of mass hysteria«, *Journal of Abnormal and Social Psychology 40* (1945), S. 175-86. Wie dem Titel zu entnehmen ist, wird das mystische Moment hier eher als fehlende physikalische Realität abgetan. Der Fall wurde später von Loren Coleman in *Mysterious America* (London, Faber & Faber 1983), S. 191-201, und von Willy Smith in »Mattoon Revisited«, *Magonia 48* (Januar 1994), S. 3-6, neu beurteilt. Beide Autoren neigen eher zu der Annahme, daß hinter den Ereignissen mehr steckte, als Johnson erkannte oder zugestand.

Die Schlümpfe. Newsweek, 4. April 1983, zitiert in »Smurfs on rampage«, *Fortean Times 42* (Herbst 1984), S. 14.

Dwendis. Loren Coleman: *Curious Encounters: Phantom Trains, Spooky Spots and Other Mysterious Wonders* (London, Faber & Faber 1986), S. 55; Mark Sanborne: »On the trail of the Duende and Sisimite of Brazil«, *Strange Magazine 11* (Frühjahr-Sommer 1993), S. 10-13, 54-7.

Teleportiert nach Mexiko-City. Mr X: »The Aparecido and the death of Gomez Perez Dasmarinas«, *Fortean Times 52* (Sommer 1989), S. 55-9.

Ziegenaussauger. Scott Corrales: *The Chupacabras Diaries: an Unofficial Chronicle of Puerto Rico's Paranormal Predator* (Derrick City, Samizdat Press 1996); und unzählige Schreiben an die Forteana-E-Mail-Diskussionsgruppe und die Web-Seite *Goatsucker.*

Riesenschlangen. Tim Dinsdale: *The Leviathans* (London, Futura 1976), S. 130-7. Es werden die brasilianischen Zeitungen *Diario de Pernambuco*, 24. Januar 1948, und *Provincia do Para*, 28. April 1949, zitiert und Skizzen der

Fotografien mit Bleistift- und Tinte gezeigt. Man nimmt an, daß dies Fotos der Riesenschlange seien, die in Fort Tabatinga – 1600 Kilometer flußaufwärts und mindestens vier Monate früher – getötet worden war. Das scheint unwahrscheinlich. In Bernard Heuvelmans: *On the Track of Unknown Animals* (London, Rupert Hart-Davis 1962), S. 292-8, werden zwei weitere Fotos erwähnt, jedoch nicht abgedruckt, die am 1. Juni 1948 in *A Noite Illustrada* erschienen waren. Da dies die einzigen bekannten Fotos der *sucuriju gigante* sind, ist die Nähe der Erscheinungstermine sicherlich bemerkenswert.

Villas Boas' Entführung. Die Meldung wurde erst 1964 veröffentlicht, wahrscheinlich weil die Ufologen glaubten, daß der Vorfall zu unwahrscheinlich war und daß die Veröffentlichung seiner bemerkenswerten Details ihr Thema diskreditieren könnte. Dennoch hat er sich als bemerkenswerter Vorbote der gegenwärtig im Überfluß aus den Vereinigten Staaten kommenden Meldungen über Entführungen mit sexuellen Aktivitäten erwiesen. Gordon Creighton: »The Amazing Case of Antonio Villas Boas« in Charles Bowen (Hrsg.): *The Humanoids* (London, Futura 1977), S. 200-238.

Der patagonische Plesiosaurus. Peter Costello: *In Search of Lake Monsters* (St. Albans, Panther Books 1975), S. 257-268. Aus der Region kommen immer wieder neue Märchen über den patagonischen Plesiosaurus. Die meisten ranken sich um den See Nahuel Huapi, dessen Anwohner den Spitznamen *Nahuelito* tragen. Ein kürzlich erschienener Bericht über Nahuelito stammt von Jessica Campbell aus Barilouche, die 1993 ein graugrünes Monster mit einer Länge von zehn Metern sah, von dem mehrere Höcker über der Wasseroberfläche erschienen, wahrscheinlich am Schwanzende (die Quelle ist nicht spezifiziert). Besonders bemerkenswert erschienen ihr die hörbaren, schweren Atemgeräusche des Monsters. Angeblich sollen während dieser Sichtung Fotografien gemacht worden sein, von denen jedoch nach meinem Wissen keine veröffentlicht wurde. *Animals & Men 3* (Okt. 1994), S. 11, zitiert *New Zealand Northern Advocate*, 5. Jan. 1994.

Zweifelhafte Inseln. Henry Stommel: *Lost Islands: the Story of Islands that have Vanished from Nautical Charts* (Vancouver, University of British Columbia Press 1984); Rupert Gould: »The Auroras, and other doubtful islands« in *Oddities: A Book of Unexplained Facts* (London, Goeffrey Bles, 1945), S. 124-162, behandelt das gleiche Thema. Gould diskutiert die Geschichte der Kerguelen im gleichen Band, in seinem Essay zu »The Devil's Hoof-Marks« (S. 20-1f).

Die sprechende Schildkröte von Uganda. UPI, 24. August 1978, zitiert in *Fortean Times 27* (Herbst 1978), S. 39.

Die sprechende Ziege von Uganda. AFP, 3. Juni 1992, zitiert in *Fortean Times 66* (Dezember 1992/Januar 1993), S. 9. Märchen über sprechende Tiere scheinen eine Spezialität dieses Landes zu sein. In »Country File: Uganda«, Fortean *Times 87* (Juni 1996), S. 45, wird die Zeitung *Monitor of Kampala* zitiert, sie habe Märchen über sprechende Vögel auf der Straße zwischen Kidongole und Kolin gemeldet. Nachdem die Zeugen über die Vögel berichteten, hätten sie ihre Stimme verloren (*Monitor,* 5. Okt. 1994). In der gleichen Zeitung (*Monitor,* 11. Jan. 1994) war der Bericht über die Kobra zu lesen, die mit ihrem Opfer in der Ateso-Sprache redete.

Die vampirischen Wassernixen von Burundi. Karl Shuker: »Menagerie of Mystery«, *Strange 15* (Frühjahr 1995), S. 32.

Die Steinhagel von Kenia. David Barritt: »Tales from Africa«, *Fortean Times 44* (Sommer 1985), S. 36-7, 40.

Orang bati. Karl Shuker: »Menagerie of Mystery«, *Strange 16* (Herbst 1995), S. 28.

Irkuiem. Loren Coleman: »Cryptozoo News«, *Strange 2* (1988), S. 24.

Wolkenzerstörende Flugzeuge. Wall Street Journal, 6. August 1985, zitiert in »Spanish mystery aircraft«, *Fortean Times 47* (Herbst 1986), S. 8.

Bottineau. »The wizard of Mauritius« in Gould: op. –cit., S. 173-93.

Orffyreus. Ibd. S. 89-116.

Dr. Bachseitz. »The Talking Toilet«, *Fortean Times 38* (Herbst 1982), S. 24-5; »Reflections« *Fortean Times 39* (Frühjahr 1983), S. 27-8.

Fliegende Schweine. Über Wales: *Cambrian Natural Observer,* 1905, S. 35, zitiert von Charles Fort: *Neuland* (Frankfurt a.M., Zweitausendeins 1996). In Kalifornien: *The Register*, Santa Ana, 26. Feb. 1982, zitiert in *Fortean Times 45* (Winter 1985), S. 36.

Riesenhuhn. Sunday Express, 9. Juni 1985, zitiert in *Fortean Times 46* (Frühjahr 1986), S. 29. Baizi rief die Polizei, die beobachtete, daß der Bereich um den Fußabdruck mit einem grauen Pulver bedeckt war; eine Erklärung wurde jedoch nicht abgegeben.

Ziegenmann. Mark Opasnick: »On the trail of the Goatman«, *Strange 14* (Herbst 1994), S. 18-21.

Der Himmelsfaden von Caldwell. Caldwell: *New Jersey Progress*, 6. August 1970, zitiert in *INFO Journal 7* (Herbst-Winter 1970), S. 11-12.

Der Himmelsfaden von Greensburg. St. Louis Post Dispatch, 24. September 1978, zitiert in *Fortean Times 29* (Sommer 1979), S. 38.

Schwarze Hunde. »Mysterious black dogs« in Janet & Colin Bord: *Alien Animals: A Worldwide Investigation* (St. Albans, Granada 1980), S. 77-111; Graham McEwan: *Mystery Animals of Britain and Ireland* (London, Robert Hal 1986), S. 119-149; Jerome Clark: *Unerklärlich* (Niedernhausen/Ts., Falken) . Ein moderner Fall aus Amerika (Georgia , 1978) kann nachgelesen werden in »Phantom black dog«, *Strange 13* (Frühjahr 1994), S. 28, 50. Pierre van Paassen schrieb über seine Erfahrungen in *Days of Our Years* (London, Heinemann, 1939), S. 237-40.

Der Tatzelwurm. Bernard Heuvelmans: *On the Track of Unknown Animals* (London, Rupert Hart-Davis 1962), S. 32-36. Auch Roger Hutchings: »Alpine enigma«, *Animals & Men 2* (Juli 1994), S. 20-1. Zum *Tzuchinoko* siehe Bernard Heuvelmans: »Tzuchiniko, a ›tatzelwurm‹ from Japan« in *INFO Journal 49* (Juni 1986), S. 7-8.

Die Cochion. Lewis Spence: *The Fairy Tradition in Britain* (Rider 1948), S. 78ff., zitiert in Philip Canning: »Questionables«, *Fortean Times 21* (Frühjahr 1977), S. 5-6.

Die Siwash. »Nevada's red-haired people eaters«, *INFO Journal 8* (Winter-Frühjahr 1972), S. 28-29, zitiert St. Paul, Minnesota, *Sunday Pioneer Press*, 27. Sept. 1970.

Die Fellwandler der Navajo. »The abominable werewolves of the Southwest«, *Strange 7* (April 1991), S. 40-1.

Dacianos und Brujeria. Dacianos siehe Daniel Mannix: *Freaks: We Who Are Not As Others* (San Fransisco, Re/Search Publications 1990), S. 113; Brujeria siehe Bruce Chatwin: *In Patagonien* (Reinbek b. Hamburg, Rowohlt 1990) und Michel Meurger: »The Mythical Landscape of Chile« in Meurger: *Lake Monster Traditions: A Cross-Cultural Analysis* (London, Fortean Tomes 1988), S. 274-89. (*Invunche* wird zufällig als »Knirps« oder »Zwerg« übersetzt, *chivato* als »junge Ziege«.) Eine weitere und unerwartete Parallele: Mannix bringt auf der Seite gegenüber seiner Beschreibung der Dacianos eine Fotografie von Martin Laurelle, die auf der Weltausstellung in New York 1940 ausgestellt wurde und einen Mann zeigt, der seinen Kopf ohne jede Hilfe der Brujeria um 180 Grad drehen konnte, so daß sein Kinn auf seinem Rückgrat lag.

Manananggal. AP, 8. Mai 1992, zitiert *Manila People's Journal Tonight.*

Tuyul. »Tuyul hunters disappointed«, *Fortean Times 47* (Herbst 1986), S. 9.

Killerkänguruh. »Kangarooiana«, *INFO Journal 5* (Herbst 1969), S. 14.

2. *Land der Götter und Engel*

Geschichte der UFO-Entführung. Dies ist eine Zusammenfassung der von Linda Napolitano berichteten Entführungsgeschichte. Sie wurde angeblich in einer Nacht im Jahr 1989 aus ihrem Schlafzimmer in Manhattan entführt. Der Fall wurde berühmt, als der Hauptuntersuchungsbeamte Budd Hopkins bekanntgab, daß er vier unabhängige Zeugen aufgespürt habe, die behaupteten, Neapolitano beobachtet zu haben, wie sie zu einem schwebenden UFO aufgestiegen sei. Dies macht den Fall in der Geschichte der Ufologie fast einzigartig.

Neue Tierarten. »Vietnam's lost world«, *Fortean Times 66* (Dez. 1992-Jan. 1993), S. 6; »New mammals pop up in ›Nam‹«, *Fortean Times 78* (Dez. 1994-Jan. 1995), S. 19; Karl Shuker, »The cave time forgot«, *Fortean Times 88* (Juli 1996), S. 42 und »Wild thing, I think I love you«, *Fortean Times 91* (Oktober 1996), S. 42-3.

Auf die Erfahrung konzentrierte Phänomene. David Hufford: *The Terror That Comes in the Night* (Philadelphia, University of Pennsylvania Press 1982); James McClenon: *Wondrous Events: Foundations of Religious Belief* (Philadelphia, University of Pennsylvania Press 1984).

Das Skrotum-drückende Phantom. Paul Vincent: Post an die Forteana-E-Mail-Gruppe, 22. Okt. 1996.

Teufel in der Grube. Steve Howells: Post an die Forteana-E-Mail-Gruppe, 21. Okt. 1996.

Frankenstein. Bill Jacobs: Post an die Forteana-E-Mail-Gruppe, 22. Okt. 1996.

1978 veröffentlichte Untersuchung. Dean Sheils: »A cross-cultural study of beliefs in out of the body experiences, waking and sleeping«, *Journal of the Society for Psychical Research, 49* (1978), S. 697-741.

Castor und Pollux. Steve Moore: »Close Encounters: a mythic perspective«, *Fortean Times 37* (Frühjahr 1982), S. 34-39, 64. Es muß angemerkt werden, daß die restlichen elf Berichte über derartige Begegnungen nicht so gut nachgewiesen sind wie dieser. Zumindest erklärt eine griechisch-römische Überlieferung, daß diese Treffen möglich waren. Aus irgendeinem Grund wurde über Castor und Pollux weit häufiger berichtet als über die vielen anderen Gottheiten dieses Pantheons.

Der Zeuge als besondere Persönlichkeit. Hilary Evans: *Gods, Spirits, Cosmic Guardians* (Wellingborough, Aquarian Books 1987), S. 25-6.

Der Ruf Mohammeds. Philip Hitti: *The Arabs: a Short History* (London, Macmillan 1968), S. 24.

Joseph Smith und die Gründung des Mormonenkirche. Richard Bushman: *Joseph Smith and the Beginnings of Mormonism* (Urbana, University of Illinois Press 1984); Robert Lindsay: *A Gathering of Saints* (London, Simon & Schuster 1989), S. 27-35, 100-03; Robert Gottlieb und Peter Riley: *America's Saints: the Rise of Mormon Power* (San Diego, Harbourt Brace Jovanovich 1986), S. 32-6.

Hong Xiuquan. Jonathan Spence: *God's Chinese Son: the Taiping Heavenly Kingdom of Hong Xiuquan* (London, HarperCollins 1996).

Erscheinungen der Jungfrau Maria. Zu Walsingham siehe Kevin McClure: *The Evidence for Visions of the Virgin Mary* (Wellinborough, Aquarian Books 1983), S. 14-15. Zu den Erscheinungen von Juan Diego siehe Jody Brant Smith: *The Guadalupe Madonna: Myth or Miracle?* (London, Souvenir

Press 1983). Zu La Salette siehe McClure: op. –cit., S. 27-35. Zu einer rein skeptischen Perspektive siehe Joe Nickell: *Entities: Angels, Spirits, Demons and Other Alien Beings* (Amherst, Prometheus Books 1995), S. 159-72.

... machte keine näheren Angaben zu ihrer Identität. Dies führt uns zu den verblüffendsten Ungewöhnlichkeiten dieses ohnehin seltsamen Themas. Gemäß einer Studie zu Erscheinungen der Jungfrau Maria identifiziert sich die erscheinende Figur in weniger als der Hälfte aller aufgezeichneten Fälle selbst. Sie nimmt in diesen Fällen oft eine örtlich bekannte, aber nicht allgemein geläufige Identität an (im Elsaß 1873 beispielsweise »Unsere Dame vom Rhein«). Hilary Evans: *Visions, Apparitions, Alien Visitors* (Wellingborough, Aquarian Books 1986), S. 108.

Die Erscheinungen von Bernadette. McClure: op. –cit., S. 36-48; Evans: op. –cit., S. 106-09. Die Aktualität und Genauigkeit von Bernadettes Erinnerungen sind fraglich. Ihre Aussage stammt erst vom 28. Mai 1861, einer Zeit, zu der sie ihre Geschichte schon unzählige Male wiederholt haben mußte und bereits Nonne war.

Die heilenden Wasser von Lourdes. Die »Wunder« von Lourdes werden von einem Gremium katholischer Ärzte untersucht, dem medizinischen Büro von Lourdes. Im ersten Jahrhundert nach seiner Gründung im Jahre 1884 akzeptierte das Gremium nur 84 der 6000 eingereichten Fälle als wirkliche Wunder. Joe Nickell: *Looking for a Miracle: Weeping Icons, relics, Stigmata and Healing Cures* (Buffalo, Prometheus Books 1993), S. 149-52.

Nur eine von zwei ... Die andere war Catherine Laboure, der die Jungfrau 1830 in ihrem Kloster in Paris erschien. Es wird vermutet, daß diese Erfahrung ein wesentlicher Baustein für die Entwicklung der modernen Erscheinungen der Maria war, denn Catherines Vision der Jungfrau wurde auf mehr als einer Million religiöser Medaillen unsterblich gemacht. Diese wurden im Gedenken an die Erscheinung geprägt und im ganzen katholischen Frankreich verteilt. Es ist sicher nicht undenkbar, daß Bernadette Soubirous – und vielleicht sogar die Hellseher von La Salette – Kopien dieser Medaillen sahen, bevor sie sich ihrer eigenen Erscheinungen erfreuten und somit eine gute Vorstellung davon hatten, wie Maria aussehen sollte.

Fátima und die späten Erscheinungen. McClure: op. –cit., S. 71-132; Nickell: *Entities* S. 166-70.

Marias »Zeitplan«. Mike Dash: »Apparitions and the Marian Year«, *Fortean Times 51* (Winter 1988/89), S. 19-23.

... daß die Jungfrau sehr genau auswählt, wem sie sich offenbart In nicht wenigen Fällen wird noch stärker selektiert. Zum Beispiel ist bis jetzt noch nicht geklärt, ob die jüngsten der drei Kinder, die die Jungfrau bei Fátima sahen, sie jemals sprechen hörten. Dann wäre die Übermittlerin der Erscheinungen die älteste und einzige überlebende Zeugin, Lucia de Jesus dos Santos. Auch in Beauraing handelte ein Kind unter den fünf Hauptzeugen, der elfjährige Albert Voisin, als Anstifter und Hauptsprecher für die kleine Gruppe.

Jean Bernard. Hilary Evans: *Gods, Spirits, Cosmic Guardians* (Wellingbourough, Aquarian Books 1988), S. 54-7.

... aber selten in protestantischen oder orthodoxen Gebieten. Eine recht spektakuläre Ausnahme zu dieser allgemeinen Regel war eine Reihe von Erscheinungen an der koptischen

Kirche zu Zeiton, Kairo, zwischen 1968 und 1971. In diesem Fall war die Erscheinung nicht nur für jedermann in der Menschenmenge sichtbar, sondern sie wurde auch fotografiert, während sie um das Dach der örtlichen Kirche schwebte. Die Fotos zeigen eine völlig konventionelle »Jungfrau« mit einem sichtbaren Heiligenschein und wurden niemals endgültig zu Fälschungen erklärt. Nach Ansicht vieler Forscher gehören sie jedoch in die Kategorie »zu gut, um wahr zu sein«.

Erscheinungen an der Llanthony Abbey. McClure: op. –cit. S. 118-20.

Nonquawuses Erlebnis. J.B. Peires: *The Dead Will Arise: Nonquawuse and the Great Xhosa Cattle-Killing Movement of 1856-7* (Johannesburg, Raven Press 1989), S. 78-9, 87-94. Interessant ist, daß einige der späteren Erscheinungen von Nonquawuse auch von einigen anderen Menschen gesehen wurden, und dies unter ähnlichen Bedingungen, die auch zu der Erscheinung des Sonnenwunders in Fátima geführt hatten.

Umherwandelnde Nephiter. Loren Coleman: *Mysterious America* (Boston, Faber & Faber 1983), S. 218-32.

Erscheinungen der Jungfrau von 1947. Evans: *Visions, Apparitions, Alien Visitors,* S. 120.

Ampara Cuevas. Evans: *Gods, Spirits, Cosmic Guardians,* S. 11. Zu einem französischen Fall dieser Art aus dem 19. Jahrhundert, über den der Psychologe Pierre Janet berichtete, siehe ibd., S. 12-13.

Falsche Prophezeiung in Fátima. Kevin McClure: *The Fortean Times Book of the Millennium* (London, John Brown 1996), S. 56.

Heller Lichtball in Fátima. Joao Quaresma: zitiert in McClure: *Visions,* S. 76-7. Dieser Schriftsteller wurde später zum Vikar von Leiria, der Diözese, in welcher Fátima liegt.

Fotografien der Götter. Bob Rickard: »Photos of the gods«, *Fortean Times 36* (Winter 1982), S. 32-42; »More photos of the gods«, *Fortean Times 44* (Sommer 1985), S. 24-6; *Sunday People,* 13. Nov. 1977; »Bleeding nun snaps Jesus«, *Fortean Times 75* (Juni-Juli 1994), S. 15; Dash: op. –cit., S. 23.

Religiöse Reliquien. Joe Nickell: *Looking for a Miracle: Weeping Icons, Relics, Stigmata, Visions & Healing Cures* (Buffalo, Prometheus Books 1993), S. 73-100.

Des heiligen Teilos Schädel. Paul Sullivan & Quentin Cooper: »Saint's Day Almanac«, *Fortean Times 79* (Feb.-März. 1995), S. 50; Andy Roberts & David Clarke, »Heads and tales: the screaming skull legends of Britain«, *Fortean Studies 3* (London, John Brown 1996), S. 155.

Unversehrtheit. Joan Carroll Cruz: *The Incorruptibles: a Study of the Incorruption of the Bodies of Various Catholic Saints and Beati* (Rockfort, Illinois, Tan Books 1995), bes. S. 43-6, 256-9; Herbert Thurston: *The Physical Phenomena of Mysticism* (London, Burns Oates 1952), S. 233-270; Nickell: op. –cit. S. 85-93. Im Fall der heiligen Cäcilia scheint es einige Zweifel darüber zu geben, daß ihr angeblich unversehrter Leichnam bei der zweiten Ausgrabung in adäquater Weise untersucht wurde. Damit muß dieser wenig befriedigende Fall als »unbewiesen« betrachtet werden.

Nichtchristliche Fälle von Unversehrtheit. Andrew White: *A History of the Warfare of Science with Theology in Christendom* (New York, George Braziller 1955), Bd. 2, S. 10;

Aleister Crowley: *The Confessions of Aleister Crowley: an Autohagiography,* Hrsg.: John Symons und Kenneth Grant (London, Arkana 1989), S. 206. Mein Dank geht an Brian Chapman für diese Verweise.

3. Welt der Geister

Wiertz' hypnotisches Telepathieexperiment. Leslie Shepard (Hrsg.): *Encyclopaedia of Occultism and Parapsychology (2nd edition)* (Detroit, Gale Research 1984), Bd. 2, S. 648, zitiert S. Watteau: *Catalogue Raisonne du Musée Wiertz* (Brüssel 1865). Es hat von Zeit zu Zeit beträchtliche Kontroversen darüber gegeben, ob der Tod bei der Hinrichtung durch die Guillotine sofort eintritt. Diese Frage wurde nach der Hinrichtung eines Mannes namens Prunier von drei Ärzten untersucht. In ihrem Bericht in der Zeitschrift *British Medical Journal* (Dezember 1879) heißt es unter anderem: »Wir haben bestätigen können, so weit es uns menschlich möglich war, daß der Kopf des fraglichen Kriminellen keinen Anschein von jeglicher Sinnenwahrnehmung oder Gefühlsregung zeigte; daß die Augen ihr Sehvermögen verloren hatten, und daß der Kopf in jeder Hinsicht tot war.« Siehe John Laurence: *The History of Capital Punishment* (Secaucus, New Jersey, Citadel Press 1960), S. 85. Eine durchaus vergleichbare, aber grausamere Idee kam Lieutenant Anastay, einem französischen Mörder, der 1892 im Gefängnis Roquette von Paris hingerichtet wurde. Während er in der Todeszelle einsaß, forderte er, daß bei seiner Hinrichtung Ärzte anwesend wären, da er mit ihnen über die dem Tod folgenden Erfahrungen kommunizieren wollte. Er war der festen Überzeugung, daß er dazu in der Lage sein würde. Sein Plan war, daß die Doktoren seinem abgeschlagenen Kopf Fragen stellen sollten, die er dadurch beantworten würde, daß er seine Augen nach rechts für »ja« und nach links für »nein« drehte. Ein solches Experiment wurde nicht unternommen, obwohl sich Anastay auf dem Schaffott danach erkundigte, ob ein Arzt anwesend sei. »Es wäre mir eine große Freude, wenn die Tests durchgeführt würden«, waren seine letzten Worte auf der Erde (ibd. S. 148). In gebildeten Kreisen wird heute die Ansicht vertreten, daß die Köpfung – oder das Brechen des Rückgrats beim Erhängen – zum sofortigen Verlust des Bewußtseins führen, selbst wenn es bis zum Tod etwas länger dauern könnte. Mein Dank geht an Brian Chapman für die letzten Verweise.

Mesmer. Shepard: op. –cit., Bd. 2, S. 642-53, 872-5; E.J. Dingwall (Hrsg.): *Abnormal Hypnotic Phenomena* (London, J. & A. Churchill 1967), Bd. 1, S. 2-13, Bd. 2, S. 103-07.

Die Fox-Schwestern. Shepard: op. –cit., Bd. 1, S. 488-52; Alan Gauld: *Mediumship and Survival* (London, Heinemann 1982), S. 3-4; Joe Nickell: *Entities: Angels, Spirits, Demons and Other Alien Beings* (Amherst, Prometheus Books 1995), S. 17-24. Das Alter der Fox-Schwestern wird verschieden angegeben: elf und 14, acht und sechs sowie die allgemein bevorzugte Version zehn und sieben. »Splitfoot« war übrigens ein alter Spitzname für Teufel.

Spiritualismus. Der Spiritualismus wurde bald zu einer organisierten Religion mit eigenen Kirchen. Obwohl er eng mit dem Christentum verwandt ist, lehrt er nicht, daß die Seelen nach dem Leben entweder belohnt oder bestraft werden. Im Spiritualismus wird statt dessen argumentiert, daß es jeder Seele selbst überlassen bleibt, über Sünden und Untersagungen nachzudenken. Besonders die bösen Seelen können noch eine Weile an die Erde gekettet bleiben, bis die schrittweise Erleuchtung zu einem Aufsteigen in immer höhere Ebenen führt. Jedoch glauben die Spiritualisten nicht an einen Himmel an sich. Shepard: op. –cit., Bd. 3, S. 1264-82; Ruth Brandon: *The Spiritualists: the Passion for the Occult in the Nineteenth and Twentieth Centuries* (London, Weidenfeld & Nicholson 1983); Janet Oppenheim: *The Other World: Spiritualism and Psychical Research in England* (Cambridge, Cambridge University Press 1985).

»Damit wurde der nächste große Schritt ... « John Mulholland: *Beware Familiar Spirits* (New York 1938) zitiert in Nickell: op. –cit., S. 19.

Oliver Lodge und die »Raymond«-Sitzungen. Oliver Lodge: *Raymond, or Life and Death, with Examples of the Evidence for Survival of Memory and Affection After Death* (London, Methuen 1916); Renee Haynes: *The Society for Psychical Research 1882-1982: A History* (London, MacDonald 1982), S. 183-5.

Vorgänger des Spiritualismus. Max Sexton: »Spiritualism, ancient and modern«, *The Skeptic*, Bd. 9, 5 (1995), S. 19.

Spiritismus. Guy Lyon Playfair: *The Flying Cow: Research into Paranormal Phenomena in the World's Most Psychic Country* (London, Souvenir Press 1975).

Madame Blavasky. James Webb: *The Flight from Reason, Band 1: the Age of the Irrational* (London, MacDonald 1971), S. 44-65.

Das Zeitalter des Irrationalen. Ibd., S. 9-14.

Society for Psychical Research. Haynes: op. –cit.; Ivor Grattan-Guiness (Hrsg.): *Psychical Research: A Guide to its*

Principles and Practices in Celebration of 100 Years fo the Society for Psychical Research (Wellingborough, Aquarian 1982).

Ektoplasma. Einige Autoritäten geben an, daß das Ektoplasma ein linearer Nachkomme der »magnetischen Flüssigkeiten« der Mesmeristen sei. Siehe Shepard: op. –cit., Bd. 1, S. 384-8; Gauld: op. –cit., S. 4.

Harry Bastien. Shepard: op. –cit., S. 136.

Geständnis der Fox-Geschwister. Shepard: op. –cit., S. 491-2; Nickell: op. –cit., S. 21-4. Gerechterweise muß darauf hingewiesen werden, daß der Fall Fox in spiritualistischen Kreisen immer noch für beträchtliche Kontroversen sorgt. Ein Jahr nach der Offenbarung hatte Maggie ihre Aussage zurückgezogen und war wieder zu einem Medium geworden. Es wurde vermutet, daß die »Geständnisse« lediglich eine Notlüge zweier verarmter und (bis dahin) alkoholsüchtiger Frauen war, die mit ihrer Aussage nur verzweifelt versuchten, Geld zu verdienen. Man argumentierte, daß es zumindest bei einigen Séancen der beiden Schwestern schwer sei, ihnen Betrügerei nachzuweisen. Unbestritten scheint, daß in der Tat ein menschliches Skelett – zusammen mit einer Blechdose, wie sie von Hausierern getragen wird – im Keller des Hauses von Hydesville gefunden wurde, das, wie die Mädchen vorausgesagt hatten, dort vergraben war.

Ektoplasma. Shepard: op. –cit., Bd. 1, S. 384-8, Bd. 3, S. 1419; Hilary Evans: *Visions, Apparitions, Alien Visitors* (Wellingborough, Aquarian 1984), S. 231-2; Kevin Jones: *Conan Doyle and the Spirits: The Spiritualist Career of Sir Arthur Conan Doyle* (Wellingborough, Aquarian 1989), S. 139-45. Erwähnenswert ist zum einen der merkwürdige und quasisexuelle Inhalt von Crawfords Experimenten. Man bestand unter anderem darauf, daß sich die 20jährige Kathleen vor einer Séance saubere Strümpfe und Schlüpfer anzog. Ihre Oberschenkel und der Stoff ihrer Unterwäsche wurden, während sie diese noch trug, anschließend genauestens untersucht (der Untersucher kam letztendlich zu dem Schluß, daß sich die Ektoplasmastangen aus ihrer Vagina materialisierten). Zum anderen ist erwähnenswert, daß Frau Vollhardt wegen offensichtlichen Betrugs während einer Séance im Jahr 1920 vor Gericht erscheinen mußte. Außerdem wird behauptet, daß Crawford Eric Dingwall gestanden haben soll, daß die Ergebnisse gefälscht seien. Siehe Susan Blackmore: *In Search of the Light: The Adventures of a Parapsychologist* (Amherst, Prometheus Books 1996), S. 211.

Kluski. Shepard: op. –cit., Bd. 2, S. 726.

Super-ASW. Gauld: op. –cit., S. 119-46.

Kreuz-Korrespondenzen. H.F. Saltmarsh: *Evidence of Personal Survival from Cross-Correspondences* (London, G. Bell & Sons 1938).

Buchtests. Gauld: op. –cit., S. 47-9.

Urzeitliche Atlantisbewohner. Das Medium, ein gefeierter amerikanischer Channelling-Sender mit Namen J.Z. Knight, wurde kürzlich in einen unterhaltsamen Gerichtsfall verwickelt, nachdem er von der Deutschen Julie Ravel verklagt worden war, die die exklusiven Rechte an Ramtha, dem fraglichen, 35 000 Jahre alten Geist, beanspruchte. Ein deutscher Richter befand, daß Ravel gegen Knights Urheberrecht verstoßen habe, was einen Wendepunkt in der Rechtssprechung zu unabhängigen und körperlosen Intelligenzen darstellte. »Ancient Egyptian in custody battle«, *Fortean Times 81* (Juni-Juli 1995), S. 7.

Barbie »Lawyers gag Barbie«, *Fortean Times 78* (Dez. 1994-Jan. 1995), S. 7.

Marsmedien. Hilary Evans: »Talking with Martians«, *Fortean Times 76* (Aug.-Sept. 1994), S. 22-7.

Kategorien von ASWs. Diese Kategorien wurden in den 50er Jahren des 20. Jahrhunderts erstmals von der Parapsychologin Louisa Rhine definiert. In Fällen von Telepathie und Präkognition ist die häufigste Erfahrungsform die der Wachintuitionen; beim Vorhersehen sind es hauptsächlich realistische Träume. Leonard George: *Alternative Realities: The Paranormal, the Mystic and the Transcendent in Human Experience* (New York, Facts on File 1995), S. 86-91.

Rosalind Heywood. Renee Haynes: *The Seeing Eye, the Seeing I* (London, Hutchinson 1976), S. 208.

Die verlorene Uhr. Myers zitiert in Grattan-Guinness: op. –cit., S. 102.

Telepathie in Familien. Berthold Schwarz: *Parent-Child Telepathy* (New York 1971).

Vorhersage von Gewinnern bei Rennen. Kilbracken zitiert in Danah Zohar: *Through the Time Barrier: A Study of Precognition and Modern Physics* (London, Heinemann 1982), S. 41-3.

Vorahnungen von Aberfan. Ibd., S. 38-41.

Cox' Zugstatistiken. Zohar: op. –cit., S. 36.

Barkers Vorahnungsbüro. Ibd. S., 40-1.

Prophezeiung zum Krieg. Kevin McClure: »The 1939 no-war prophecies«, *Common Ground 6* (Sept. 1982), S. 14-18; Sid Birchby: »The Falklands war – why weren't we told?« *Common Ground 7* (Jan. 1983), S. 11-12.

Weltuntergangsprophezeiungen. Kevin McClure: *The Fortean Times Book of the Millennium* (London, John Brown 1996).

Stanislawa Tomczyk. Shepard: op. –cit., Bd. 3, S. 1366-7.

Alexej Frenkel. Mike Dash: »From our files: Russia«, *Fortean Times 53* (Winter 1989), S. 22; »Healer, heal thyself«, *Fortean Times 56* (Winter 1990), S. 18. Ein ähnlicher Fall wurde drei Jahre später aus China berichtet: ein Mann namens Wei, Meister der mystischen Kunst Qi Gong, wurde bei einem Versuch, seiner Mutter seine psychokinetischen Kräfte zu beweisen, in der Nähe von Shanghai von einem Güterzug mit 28 Waggons überrollt. »Blood on the tracks«, *Fortean Times 66* (Dez. 1992-Jan. 1993), S. 15.

Ninel Kulagina. Joe Nickell: *Missing Pieces: How to Investigate Ghosts, UFOs, Psychics and Other Mysteries* (Buffalo, Prometheus Books 1992), S. 175-6.

Der Fall im McDonnell-Laboratorium. Ibd., S. 176-7.

J.B. Rhine. Grattan-Guinness: op. –cit., S. 51-3; Nickell: op. –cit., S. 57-8, 161-2.

Samuel Soal. Zohar: op. –cit., S. 66-9; Blackmore: op. –cit., S. 116-8.

Verschiebung von ASW. Martin Gardner: *Fads and Fallacies in the Name of Science* (New York, Dover Publications 1957), S. 304.

Rattentests. Zohar: op. –cit., S. 87-8.

Das Ganzfeld. Susan Blackmore: »A report of a visit to Carl Sargent's laboratory«, *Journal of the Society for Psychical Research, Bd. 54, 808* (Juli 1987), S. 186-98; Trevor Harley und Gerald Matthews: »Cheating, psi and the appliance of science: a reply to Blackmore«, ibd., S. 199-207; Carl Sargent: »Sceptical fairytales from Bristol«, ibd., S. 208-18; Adrian Parker & Nils Wiklund: »The Ganzfeld experiments: towards an assessment«, *Journal of the Society for Psychical Research, Bd. 54, 809* (Oktober 1987), S. 261-5; Blackmore: op. –cit., S. 99-107, 129-30, 246-59.

Psi bei Kindern. Ibd., S. 72-89; Susan Blackmore: »ESP in young children: a critique of the Spinelli evidence«, *Journal of the Society for Psychical Research, Bd. 52, 797* (Juni 1984), S. 311-15; Zohar: op. –cit., S. 99-100. Die Theorie, Psi sei eine verkümmerte menschliche Fähigkeit, wurde übrigens erstmals von Sigmund Freud vorgebracht.

Außerkörperliche Erfahrung. George: op. –cit., S. 204-08; Susan Blackmore: *Beyond the Body: an Investigation of the Out-of-the-body Experience* (London, Heinemann 1982); Blackmore: *The Adventures of a Parapsychologist* S. 168-71.

Fernwahrnehmung. Russell Targ und Harold Puthoff: *Mind-Reach: Scientists Look at Psychic Ability* (London, Jonathan Cape 1971); Verschiedene: »Reports on government-sponsored remote viewing programmes«, *Journal of Scientific Exploration, Bd. 10, 1* (1996), S. 1-110; Ray

Hyman: »Evaluation of the Military's Twenty-Year Program on Psychic Spying«, *Skeptical Inquirer* (März/April 1996), S. 21-4, und »The evidence for psychic functioning: claims vs. reality«, ibd., S. 24-7; Bob Rickard: »Psi spy – watching us watching them: SRI, CIA, NSA, DIA and ESP«, *Fortean Times 87* (Juli 1996), S. 28-30.

Programm zur Erforschung von verteidigungsrelevanten AKEs. Siehe S. Ostrander und L. Schroeder: *Psychic Discoveries Behind the Iron Curtain* (Eaglewood Cliffs, New Jersey, Prentice Hall 1970).

Nahtod-Erfahrung. Susan Blackmore: *Dying to Live* (Buffalo, Prometheus Books 1993); Kenneth Ring: *Life at Death: a Scientific Investigation of the Near-Death Experience* (New York, Quill 1982); William Barrett: *Death-Bed Visions: The Psychical Experiences of the Dying* (Wellingborough, Aquarian 1986); Karl Jansen: »Using ketamine to induce the near-death experience«, *Jahrbuch für Ethnomedizin* 1995, S. 55-79; George: op. –cit., S. 105-07; Robert Baker »A classic work on the nature of death«, *Skeptical Inquirer, Bd. 18, 5* (Herbst 1994), S. 524-8.

Reinkarnation. Jeffrey Iverson: *More Lives than One? The Evidence of the Remarkable Bloxham Tapes* (London, Souvenir Press 1976); Ian Stevenson: *Reinkarnation – Der Mensch im Wandel von Tod und Wiedergeburt. 20 überzeugende und wissenschaftliche bewiesene Fälle* (Braunschweig, Aurum 1994); Ian Wilson: *Mind Out of Time? Reincarnations Claims Investigated* (London, Victor Gollancz 1981); George: op. –cit., S. 242-5; Leonard Angel: »Empirical evidence for reincarnation? Re-examining Stevenson's most impressive case«, *Skeptical Inquirer, Bd. 18, 5* (Herbst 1994), S. 481-7; Roy Stemman: *Reincarnation*

International Yearbook 1996; Paul Edwards: *Reincarnation: a Critical Examination* (Amherst, Prometheus Books 1996).

Geister. Celia Green und Charles McCreery: *Apparitions* (London, Hamish Hamilton 1975); Andrew MacKenzie: *Hauntings and Apparitions* (London, Heinemann 1982); Joe Nickell: *Entities* S. 39-77.

Heimsuchung auf der Burg von Lancaster. Neale Mounsey: »Spirits behind bars«, *Fortean Times 92* (Nov. 1996), S. 34-6.

Zylinder im Tower von London. Notes & Queries 1860.

Gesichter von Belmez. »The faces of Belmez return«, *Fortean Times 83* (Okt.-Nov. 1995), S. 13.

Steinbandtheorie. C.D. Broad: *Lectures on Psychical Research* (London, Routledge and Kegan Paul 1962), S. 137.

Der Fall Cheltenham. Ibd., S. 40-64.

Der Fall McConnel. MacKenzie: op. –cit., S. 22-4.

Tiergeister. Shepard: op. –cit., Bd. 1, S. 53.

Chinesische Geister. Ibd., S. 226-30.

Japanische Geister. Carmen Blacker: »The angry ghost in Japan«, in H.R.E. Davidson und W.M.S. Russell (Hrsg.): *The Folklore of Ghosts* (Cambridge: D.S. Brewer 1982), S. 95-108.

Westindische Geister. Venetia Newell: »West Indian ghosts« in ibd., S. 73-94.

Der Fall von Charlottenburg. Alan Gauld und A.D. Cornell: *Poltergeists* (London, Routledge & Kegan Paul 1979), S. 148-57.

Unterscheidung zwischen Geistern und Poltergeistern. Ibd., S. 176-223.

Angriffe durch Poltergeister und der Fall von Eleonora Zugun. Ibd., S. 116-42.

Der Poltergeistfall von Bristol. Blackmore: *Adventures of a Parapsychologist*, S. 195-99, 202-07.

4. Fremdes Universum

UFO-Vorfall in Maine. Brent Raynes: »The twilight side of a UFO encounter«, *Flying Saucer Review*, Bd. 22, 2 (Juli 1976), S. 11-4; s. auch Shirley Fickett: »The Maine UFO encounter: investigation under hypnosis«, und Berthold Schwarz: »Comments on the psychiatric-paranormal aspects of the Maine case« in *Flying Saucer Review* an anderer Stelle. Die Zeugen hatten zur damaligen Zeit Pseudonyme, ihre wirklichen Namen werden jedoch genannt in Jerome Clark: *High Strangeness: UFOs from 1960 Through 1979* (Detroit, Omnigraphics 1996), S. 357-63. Der Fall von Maine wurde zwar noch keiner wirklichen skeptischen Untersuchung unterzogen, es existieren aber keinerlei Vermutungen, daß es sich um eine Fälschung handelt. Ein Skeptiker würde sicher vermuten, daß dieses Ereignis das Produkt von zwei zu starker Phantasie neigenden Persönlichkeiten war, die sich gegenseitig angestachelt haben (siehe Kapitel 10); selbst die Gläubigsten nehmen wohl nicht an, das das ganze Ereignis wirklich der Wahrheit entspricht.

Frühere Berichte. Jerome Clark: *The Emergence of a Phenomenon: UFOs from the Beginning Through 1959* (Detroit, Omnigraphics 1992), S. 61-2. Vielleicht vermutete man, die Schiffe stammten aus Märchenreichen. Auf alle Fälle scheint es die Absicht gewesen zu sein, ihnen zu zeigen, daß sie viel leichter als Luft waren; daß die unteren Gefilde des Himmels ihr Äquivalent des Meeres und vielleicht genauso gefährlich waren. In einer anderen Geschichte über ein Himmelsschiff, die sich in Irland im Jahre 956 vor unserer Zeit abspielte, schwamm ein Matrose von einem Schiff herunter, das über Teltown erschienen war. Als die Menschen auf dem Boden ihn ergriffen, bat er um seine Freilassung und sagte: »Ich werde ertränkt.« Wenn es sich dabei vielleicht auch nicht um reine Erfindung handelt, scheinen die Verweise auf Himmelsmatrosen und fliegende Schiffe doch kaum erklärbar. Himmelsschiffe wurden weiterhin gesehen, mindestens bis 1640. Zu *Magonia* siehe Jaques Vallée: *Passport to Magonia: From Folklore to Flying Saucers* (London, Tandem 1975); Jean-Louis Brodu: »Magonia: a re-evaluation«, *Fortean Studies 2* (London, John Brown 1995), S. 198-215.

Der erste UFO-Bericht soll irgendwann zur Herrschaftszeit des großen Pharao Thuthmosis III., dem »Napoleon von Ägypten«, der von 1479 bis 1447 vor Christus regierte, aufgezeichnet worden sein. Gemäß eines Papyrus, der sich im Ägyptischen Museum des Vatikan befunden haben soll, haben die »Schreiber im Haus des Lebens« im Jahre 1457 vor Christus »einen Feuerkreis gesehen, der vom Himmel kam – ... Er hatte keinen Kopf, der Atem aus seinem Mund hatte einen faulen Geruch, sein Körper war fünf Meter lang und ebenso breit.« Einige Tage später »traten diese Dinge häufiger als zuvor am Himmel auf. Sie schienen heller am Himmel als das Leuchten der Sonne und erstreckten sich bis zu den Grenzen der vier Stützen der Himmel.« *Doubt 41*

(1953). Der Papyrus soll nach dem Tod seines Besitzers verkauft worden sein und ist jetzt verschollen. Der Bericht wurde als mögliche Fälschung des durch die US-Luftwaffe gesponsorten UFO-Projekts der Universität von Colorado identifiziert. Edward Condon (Hrsg.): *Wissenschaftliche Untersuchung über unidentifizierte fliegende Objekte. Auszug aus dem 'Condon-Report'.* (Gesellschaft z. Erforsch. d. UFO-Phänomens 1986).

Seltsame Wolken über Frankreich. J.B. Delair: »UFOs, clouds & pseudo-planes«, *Fortean Times 24* (Winter 1977), S. 42-6.

Lady of the Lake. Mr X: »A UFO from 1872?«, *INFO Journal 59* (März 1990), S. 23.

Die Himmelsschlange von Oklahoma. »The family that has archetypal visions together ... «, *Strange Magazine 6* (1990), S. 5. Der Hauptzeuge, ein Mann namens Nahu, verknüpfte die Erscheinung mit Märchen der Azteken und Indianer über fliegende Schlangen und folgte den Ansichten von Jung, indem er vermutete, daß es eine »urbildliche Erscheinung« gewesen sei.

Das »quallenartige Objekt« aus Japan. »Jellyfish mutilations«, *Strange Magazine 14* (Herbst 1994), S. 38, zitiert *Japanese Space Phenomena Society UFO Information* (Frühjahr 1992). Es sieht so aus, als wäre dieser Vorfall, der sich in Kinryuu, Präfektur Saga, ereignete, durch einen Kugelblitz hervorgerufen.

Himmelsschlange von Crawfordsville. Vincent Gaddis: *Mysterious Fires and Lights* (Garberville, Borderland Sciences 1994), S. 25-6.

Frühe Luftschiffe. Den ersten angetriebenen Flug unternahm der Franzose Henri Giffard im Jahr 1852 mit einem Dampfluftschiff, das mit einem drei PS starken Motor ausgerüstet war. LTC Rolt: *The Aeronauts* (Brunswick, Alan Sutton 1985), S. 208-11.

Anomale Luftschiffsichtungen. Eine der Hauptbesonderheiten der UFO-Wellen vor 1947 liegt darin, daß die gesehenen Objekte der Technologie jener Zeit immer ein Stück voraus waren. Deshalb überrascht es kaum, daß die Luftschiffwelle von 1896-97 einer Reihe von Berichten über mysteriöse Ballons über Kanada folgten, und daß diese Ballons in der Folge erneut über Polen erschienen. Es gab außerdem einige wenige frühere Berichte über Luftschiffe, von denen der erste im *Santa Fe Weekly New Mexican* vom 29. März 1890 erschienen sein könnte. In diesem Bericht wird ein Vorfall beschrieben, der sich am 26. März in Galisteo Junction (New Mexico) ereignete. Drei Männer hörten während eines Abendspaziergangs laute Stimmen und Musik, die von einem »großen Ballon« mit der Form eines Fisches kamen, der sie von Westen her überflog. Obwohl sie keine Motoren sahen, waren die Männer sicher, daß die acht bis zehn Passagiere, die während des Überflugs eine Reihe von Gegenständen aus der Passagierkabine warfen, den Ballon völlig unter Kontrolle hatten. Einer dieser Gegenstände erwies sich als Blume mit einem Stück seidenartigem Papier, auf das chinesische Schriftzeichen gezeichnet waren. Einige Tage später erkannte ein reicher junger Chinese, der zu Besuch in der Gegend war, das Papier als Nachricht von seiner Verlobten. Diese flog auf einem Jungfernflug von China nach New York. Man hoffte, daß diese Route später einmal zu einer regelmäßigen Luftverkehrslinie werden würde. Der junge Mann bestieg den Zug nach New York, um seine Verlobte dort zu treffen. Nach unserem Wissen sind weder er noch das Luftschiff jemals dort angekommen. Dies geschah einige Jahre nach den ersten, zögerlichen Experimenten mit lenkbaren Luftschiffen (die in der Öffentlichkeit damals weitgehend bekannt waren); die Chinesen hatten zu dieser Zeit jedoch kein derartig fortgeschrittenes Luftschiff.

Die Luftschiffwelle von 1896-97 ist sicher die am besten untersuchte aller historischen Anomalien. Die Stapel von fast 1500 Zeitungen aus den gesamten Vereinigten Staaten wurden nach Berichten durchgekämmt – eine erstaunliche Forschungsleistung. Die allgemeine Schlußfolgerung der Forscher war, daß eine beträchtliche Anzahl der einfacheren Sichtungen auf Fehlinterpretationen von Planeten oder Sternen beruhten, und daß eine große Zahl der komplexeren Erscheinungen das Ergebnis von Fälschungen und Witzen waren. Ein kleiner Rest bleibt nach wie vor verblüffend. Clark: op. –cit., S. 17-39; Brookesmith: op. –cit., S. 22-3.

Das Luftschiff von Sacramento. Clark und Brookesmith: op. –cit., an anderer Stelle. Der Vorfall ereignete sich gegen 19.00 Uhr, und San Francisco ist nur 125 Kilometer von Sacramento entfernt. Das würde bedeuten, daß sich das Luftschiff mit einer Geschwindigkeit von gerade acht Kilometern pro Stunde vorwärtsbewegte. Sollte diese Luftschiffwelle wirklich mit außerirdischen Besuchen verknüpft sein, wäre es interessant, über die Probleme zu spekulieren, vor denen Möchtegern-Reisende zwischen den Galaxien bei einer derart begrenzten Leistung stünden.

Andere Luftschiffwellen. Siehe Carl Grove: »The airship wave of 1909«, *Flying Saucer Review,* Bd. 16, 6 (Nov.-Dez. 1970), S. 9-11, Bd. 17, 1 (Jan.-Feb. 1971), S. 17-19, Willy Wegner: »The Danish airship of 1908«, *Metempirical UFO Bulletin NS9* (Winter 1977-78), S. 11-12; Joseph Trainor: »The New England airship invasion of 1909«, *Fortean*

Studies 1, S. 59-70; Nigel Watson: »Airships & Invaders: background to a social panic«, *Magonia 3* (Frühjahr 1980), S. 2-7, »UFOs 1900-1946« in Clark: op. –cit., S. 361-83, und viele andere Quellen. In den Vereinigten Staaten und in mehreren anderen Ländern gab es außerdem einzelne Sichtungen von »Luftschiffen« und »Wolkenzigarren« in der Periode von 1897 bis 1914.

Foo fighters. Loren E. Gross: *Charles Fort, the Fortean Society and Unidentified Flying Objects* (Fremont, The Author 1976). Aus einem Schlagwort in einem amerikanischen Comic-Heft: »Wo es Foo gibt, gibt es auch Feuer«. Nicht alle *Foo fighters* waren einfach nur Lichter. Einige von ihnen erschienen metallisch und ähnelten den »fliegenden Untertassen«, welche 1947 erstmals gemeldet wurden. Es hat jedoch nie Beweise dafür gegeben, daß entweder die Alliierten oder die Axenmächte etwas mit den *Foos* zu tun hatten. In konventionellen Erklärungen wurde auf Elmsfeuer und Reflektionen von Lichtkristallen verwiesen. Erstaunlicherweise hat es – gerade angesichts der starken Verbreitung von Luftschiffsichtungen unmittelbar davor – während des Ersten Weltkriegs keine UFO-Vorfälle gegeben.

Geisterflieger. Ole Jonny Braenne: »The Norwegian ghost fliers of 1933-37«. *INFO Journal 73* (Sommer 1995), S. 6-11, basiert auf 1400 Seiten Berichten aus den Archiven der Königlich-Norwegischen Luftwaffe und des Königlich-Norwegischen Verteidigungsministeriums, und tritt somit an die Stelle einer Reihe früherer und weniger kritischer Artikel zum Thema von John Keel, die in den 70er Jahren des 20. Jahrhunderts im *Flying Saucer Review* erschienen. Braenne glaubt, daß die meisten Fälle in den Archiven als Fehldeutungen von Sternen und Planeten und einige als Sichtungen von echten, in Norwegen gebauten Flugzeugen gedeutet werden müssen.

Geisterraketen. Anders Liljegren und Clas Svahn: »The ghost rockets« in Hilary Evans und John Spencer (Hrsg.): *UFOs 1947-1987: the Forty Year Search for an Explanation* (London, Fortean Tomes 1987); »Ghost rockets« in Clark: op. –cit., S. 168-76. Seit 1940 hat es einige wenige Berichte über Geisterraketen gegeben. 1984 erschienen zwei Raketen, die eine Rauchfahne in den Farben rosa, rot, gelb und grün hinter sich herzogen, über Andros Islands auf den Bahamas. *Strange 11* (Frühjahr-Sommer 1993), S. 39.

Sichtung von Arnold. Kenneth Arnold: »What happened on 24 June 1947?« in Hilary Evans und Dennis Stacy (Hrsg.): *UFOs 1947-1997* (London, John Brown 1997), S. a-b; Clark: op. –cit., S. 216-19. Die Sichtung wurde von Skeptikern als Schneewolke, die vom Bergkamm geblasen wurde, als Wolken oder als schwebende Wassertröpfchen in der Luft gedeutet, wobei jedoch jede dieser Erklärungen widerlegt wurde. Arnold hatte nicht behauptet, Raumschiffe gesehen zu haben. Nach mehreren Jahren aktiver Teilzeituntersuchungen schlußfolgerte er, daß UFOs »lebende Organismen in der Atmosphäre« seien.

Ein Problem, welches in Verbindung mit Arnolds Schätzungen von Geschwindigkeit und Entfernung entsteht, liegt darin, daß die Objekte mehr als 180 Kilometer von ihm entfernt schienen, als sie in Sicht kamen, aber kleiner als ein DC4-Flugzeug waren. Es ist unwahrscheinlich, daß Objekte von dieser Größe aus einer so großen Entfernung sichtbar sind, wie hell sie auch sein mögen. Somit muß entweder Arnolds Schätzung der Geschwindigkeit oder seine Schätzung der Entfernung falsch gewesen sein.

Grüne Feuerbälle. Die Meldungen erschienen erstmals im Dezember 1948 und dann erneut bis zum Juli 1949. Loren Gross: *UFOs: A History, Band 1 und 2* (Fremont, The Author 1982).

Warum 1947? Verschiedene Aspekte dieser Frage werden beschrieben in einer Spezialausgabe von »Why 1947? The Coming of the UFOs«, *Common Ground 10* (1983). Zu Invasion im Film siehe Nigel Watson: »The day the flying saucers invaded the cinema« in Evans und Spencer: op. –cit., S. 333-37.

Ursprung des Begriffs »fliegende Untertasse«. Dieser Begriff, der eine so enge Verknüpfung mit dem UFO-Mysterium erfuhr, stammt nicht, wie allgemein vermutet, aus der Zeitungsberichterstattung über die Sichtungen von Arnold, obwohl er kurze Zeit später als Headline für die gesichteten Objekte verwendet wurde. Die Bezeichnung »Untertasse« wurde in Wirklichkeit erstmals bereits im Januar 1878 für eine Luftanomalie verwendet. Clark: op. –cit., S. 218, 357.

Formation von zivilen UFO-Gruppen. Peebles: op. –cit., S. 109-18.

»Ausgebildete Zeugen« wie z.B. Flugzeugpiloten. Es wurde jedoch argumentiert, daß Piloten in keiner Weise besser dafür ausgebildet seien, UFOs zu beobachten, als jeder andere, obwohl es ihnen vielleicht eher widerstrebe, UFOs zu melden, weil sie befürchten müßten, sich lächerlich zu machen. Ansonsten ist die Wahrscheinlichkeit, daß sie von ungewöhnlichen Erscheinungen oder ähnlichem fasziniert sind, gleich groß.

Thomas Mantell. Peebles S. 18-21; Edward Condon: *Wissenschaftliche Untersuchung über unidentifizierte fliegende Objekte. Auszug aus dem 'Condon-Report'.* (Gesellschaft z. Erforsch. d. UFO-Phänomens 1986). Campbell (S. 74-5) vermutet, daß das Objekt eine Luftspiegelung des Jupiter war.

Hubschrauberfall Coyne. Jennie Zeidman: »UFO-helicopter close encounter over Ohio«, *Flying Saucer Review v22n4* (November 1976), S. 15-19; Zeidman: »More on the Coyne helicopter case«, *Flying Saucer Review,* Bd. 23, 4 (Januar 1978), S. 16-18; Jerome Clark: *High Strangeness: UFOs from 1960 Through 1979* (Detroit, Omnigraphics 1996), S. 121-6.

Der Fall von Manchester. Harvey Elliott: »UFO ›buzzed‹ airliner at Manchester Airport«, *Times,* 2. Februar 1996; *Independent Joint Airmiss Working Group : Bericht über Beinahzusammenstöße in der kommerziellen Luftfahrt,* Nr. 2/95.

Fotos von McMinville. Clark: op. –cit., S. 238-40.

Fotos von Trindade Island. Campbell: op. –cit., S. 109-17; Willy Smith: »UFOs in Latin America« in Evans und Spencer: op. –cit., S. 109-11. Obwohl einige Kritiker, wie Donald Menzel, vermuteten, daß Barauna selbst ein UFO-Fälscher war, scheint er lediglich in einen früheren Streit eingegriffen zu haben, um zu zeigen, wie ein Foto gefälscht worden sein könnte. Außerdem gibt es offenbar noch ein fünftes Foto von Trindade, das von einem Sergeant der Inselgarnison einige Zeit vor Baraunas Sichtung aufgenommen, jedoch niemals veröffentlicht wurde. Es war Teil eines Dossiers der brasilianischen Seestreitkräfte zu diesem Fall.

Begegnungen. Teil des Systems zur Klassifizierung von UFO-Meldungen, entwickelt von J. Allen Hynek, einem Astronomen, der sich vom Berater des Projekts *Blue Book* der US Air Force zum Gründer und Direktor des *Center for UFO Studies* entwickelte. In Hyneks System werden UFO-Meldungen eingeteilt in (1) Nachtlichter, (2) Tageslichtscheiben, (3) Radar-/sichtbare Fälle, in denen ein von Zeugen auf dem Boden oder in der Luft gesehenes UFO auch vom Radar aufgezeichnet wurde, und (4-6) Begegnungen der ersten, zweiten und dritten Art. Einige spätere Ufologen haben vorgeschlagen, zwei weitere Kategorien – Begegnungen der vierten und fünften Art (Entführungen und Begegnungen, die im Geist von Menschen initiiert wurden oder andere parapsychologische Elemente enthalten – hinzuzufügen.) Diese wurden jedoch nicht allgemein anerkannt. J. Allen Hynek: *The UFO Experience: A Scientific Enquiry* (London, Corgi Books 1974), S. 54-206.

Radar-/Sichtberichte von Lakenheath/Bentwaters. Jerome Clark: *The Emergence of a Phenomenon* S. 225-7; Philip Klass: *UFOs Explained* (New York, Random House 1974), S. 175-233; Ronald Story: *UFOs and the Limits of Science* (London, New English Library 1981), S. 124-9. Martin Shough: »Radar and the UFO« in Evans und Spencer: *UFOs 1947-1997: the 40-Year Search for an Explanation* (London, Fortean Tomes 1987), S. 217-26; Condon: *Wissenschaftliche Untersuchung über unidentifizierte fliegende Objekte. Auszug aus dem 'Condon-Report'.* (Gesellschaft z. Erforsch. d. UFO-Phänomens 1986)

Berichte über die Manipulation von Fahrzeugen. Mark Rodeghier: *UFO Reports Involving Vehicle Interference: A Catalogue and Data Analysis* (Evanston, Illinois, *Center for UFO Studies* 1981); Jerome Clark: op. –cit., S. 228-9; Peebles: op. –cit., S. 119-27.

Delphos. Story: op. –cit., S. 77-82; Kim Hansen: »UFO casebook« in Evans und Spencer: op. –cit., S. 79-82; Michael Swords und Errol Frank: »Research note: Delphos, Kansas, soil analysis«, *Journal for UFO Studies new series 3* (1991), S. 115-38; Clark: *High Strangeness,* S. 148-51. Ein weiteres

Problem bei Fällen mit meßbaren Spuren ist die Menge von Berichten über Spuren, bei denen es offensichtlich keine Verbindung zu einer wirklichen UFO-Sichtung gab. Siehe Bill Chalker: »Physical traces« in Evans und Spencer: op. –cit., S. 182-99.

Cash/Landrum. Jerome Clark: *UFOs in the 1980s* (Detroit, Apogee Books 1990), S. 43-6; Peter Brookesmith: *UFO: the Government Files* (London, Blandford 1996), S. 86.

UFO-Absturz von Dundy County. Jerome Clark: »Spaceship and saltshaker«, *International UFO Reporter,* Bd. 11, 6 (November – Dezember 1986), S. 12, 21.

UFO-Absturz von New Mexico. Clark: *Emergence of a Phenomenon* S. 300-3. Der Absturzfall von Aztec (New Mexico) begegnet in regelmäßigen Abständen als wahre Geschichte, zuletzt bei William Steinman und Wendelle Stevens: *UFO Crash at Aztec* (Tuscon, UFO Photo Archives 1987).

Stringfields Absturzforschungen. Leonard Stringfield: »Retrievals of the Third Kind, part 1«, *Flying Saucer Review* Bd. 25, 4 (Juli/August 1979), S. 13-20; »part 2«, Bd. 25, 5 (Sept.-Okt. 1979), S. 6-12; »The UFO crash/retrieval syndrome: status report II, part I« *FSR* Bd. 28, 2 (Nov. 1982), S. 3-8; »Part I continued« *FSR* Bd. 28, 3 (Jan. 1983), S. 6-15; »The UFO crash/retrieval syndrome: status report II: new sources, new data« *FSR* Bd. 28, 4 (März 1983); »The UFO crash-retrieval syndrome« *FSR* Bd. 28, 5 (Juni 1983), S. 9-12; *UFO Crash/retrievals status report III: amasing the evidence* (Cincinatti, The Author 1983).

Der Zwischenfall von Roswell. Unter der Vielzahl von Quellen zu diesem oft diskutierten Vorfall sind auch Kevin Randle und

Don Schmitt: *UFO Crash at Roswell* (New York, Avon Books 1991) und *The Truth About the UFO Crash at Roswell* (New York, Avon Books 1994); Peebles: op. –cit., S. 245-51; Jenny Randles: *UFO Retrievals* (London, Blandford 1995), S. 31-55; *Skeptics UFO Newsletter* (Jan. 1995); *Saucer Smear* Bd. 43, 5 (1. Juni 1996); William Barrett: »Now where was it that UFO crashed?« in Joe McNally und James Wallis (Hrsg.): *Weird Year 1996* (London, John Brown 1996), S. x-y; und Brookesmith: op. cit., S. 146-63.

Einschätzung der Lage. Peebles: op. –cit., S. 23-4, 26-7, 30-3; Brookesmith: op. –cit., S. 27-8. Die Luftwaffe lehnte die Schlußfolgerungen der Einschätzung des *Project Sign* nicht nur ab, sondern ersetzte es mit *Project Grudge*, das aus noch skeptischeren Untersuchungsbeamten bestand.

CIA. Ibd., S. 73-92.

Untersuchung der Royal Air Force. Timothy Good: *Jenseits von Top Secret. Das geheime Ufo-Wissen der Regierungen. Eine Dokumentation* (Frankfurt a.M., Zweitausendeins 1993). Wieder bestanden die offiziellen Stellen darauf, daß ein Täuschungsmanöver nur in den Köpfen der Ufologen existiere. »Über 90 Prozent der Berichte beruhten erwiesenermaßen auf Meteoren, Ballons, Leuchtfeuern und anderen Objekten«, erklärte der zuständige Unterstaatssekretär dem Unterhaus. »Der Fakt, daß die restlichen zehn Prozent ungeklärt sind, ist wohl lediglich einem Mangel an Daten zuzuschreiben.«

Stoljarow-Ausschuß. Ion Hobana und Julien Weverbergh: *UFOs From Behind the Iron Curtain* (New York, Bantam Books 1975), S. 33-5; Gordon Creighton: »Dr. Felix Zigel and the development of ufology in Russia: part I«, *Flying Saucer Review* Bd. 27, 3 (November 1981), S. 8-13.

Mr. Wilson. Wallace Charlton: *The Great Texas Airship Mystery* (Plano, Texas, Wordware Publishing 1991), S. 182-89.

Begegnung von Hopkins. Jerome Clark: *The Emergence of a Phenomenon* S. 33, 35. Obwohl Hopkins' bedachte Wahl des Wortes »meine Vorstellung« für jeden Skeptiker, der sich der vorherrschenden Fälschungen während der Luftschiffwelle bewußt war, äußerst ominös klingt, vermutet Clark, daß die Begegnung eine halluzinatorische oder visionäre Erfahrung gewesen sein könnte. Er zieht Parallelen zu einem Fall mit Kontaktaufnahme aus dem Jahr 1950, bei dem nackte Venusbewohner angetroffen wurden.

Griechische Begegnung der dritten Art. Strange Magazine 13 (Frühjahr 1993), S. 28, 50.

Weitere exotische Begegnungen. Es muß auch darauf hingewiesen werden, daß bis in die frühen 50er Jahre dieses Jahrhunderts noch spektakulärere Behauptungen über Zusammentreffen mit UFO-Passagieren aufgestellt wurden. Diese Berichte kamen von einer neuen Art von Zeugen, den kontaktaufnehmenden Zeugen. Darunter waren die ersten Berichte über Menschen, die wirklich an Bord von fliegenden Untertassen gingen. Der bekannteste – es gab insgesamt fast ein Dutzend – war George Adamski. Siehe Peebles: op. –cit., S. 93-108, 132-34. Mindestens acht Personen mit derartigen Erfahrungen gab es in den USA in den 50er Jahren: George Adamski, Orfeo Angelucci, Truman Bethurum, Daniel Fry, Howard Menger, George van Tassel, George King und Buck Nelson. In ihren Berichten neigten sie zu dünnen Beweisen, aber komplexer Philosophie und starkem Mystizismus. Sie enthielten viele Merkmale, die auch heute noch in New-Age-Kreisen anzutreffen sind. King gründete seine eigene Untertassenreligion, die *Aethe-*

rius Society, die auch heute noch »Bekehrte« anzieht. Einige der anderen Kontaktaufnehmenden hatten geringere Ambitionen. Nelson verhökerte Taschen voller Haare, von denen er behauptete, sie stammten von einem 385 Pfund schweren Bernhardiner vom Planeten Venus.

Der UFO-Historiker David Jacobs identifizierte ein interessantes Muster in den Geschichten kontaktaufnehmender Personen: Jeder behauptete, eine nähere Begegnung gehabt oder eine noch interessantere Reise ins Weltall gemacht zu haben als sein Vorgänger. Außerdem bestanden sie darauf, daß ihr Treffen mit unseren Brüdern aus dem Weltall vor jedem anderen Treffen stattgefunden habe. Es überrascht nicht, daß Jacobs zu der Annahme gelangte, die Kontaktaufnehmenden hätten ihre Geschichten erfunden oder zumindest sehr detailreich ausgeschmückt, um den eigenen Bekanntheitsgrad zu erhöhen. Jacobs: *The UFO Controversy in America* (Bloomington, Indiana University Press 1975), S. 103-04.

Obwohl die Kontaktaufnehmenden seit den frühen 50er Jahren auch erstmals über häufigere Begegnungen mit freundlichen Außerirdischen berichteten (unter ihnen die Südafrikanerin Elizabeth Klarer, die sogar erzählte, von einem netten Untertassenpilot mit Namen Aken verführt worden zu sein, von dem sie dann ein Kind bekommen habe), spielten UFO-Passagiere in anderen Berichten über Sichtungen bis in die 60er Jahre keine große Rolle.

Begegnungen der dritten Art in den 50er Jahren. Die wahrscheinlich beeindruckendste der glaubwürdigen Begegnungen fand nicht in Amerika oder Europa, sondern auf Papua-Neuguinea statt.

Der Vorfall von Neuguinea ereignete sich während einer intensiven örtlichen UFO-Welle. Am 26. Juni 1959 ging ein anglikanischer Missionar, Pater William Gill, nach draußen, um in den frühen Abendhimmel zu blicken. Über sich sah er den Planeten Venus, der sehr hell schien, aber zu seiner Überraschung gab es dort ein zweites, noch heller scheinendes Licht, welches blinkte und dann begann, zu ihm herabzusinken. Nach einigen Augenblicken rief Gill zwei seiner Angestellten zu sich, und es dauerte nicht lange, bis die restlichen Bewohner der Mission nach draußen kamen, um in den Himmel zu starren. Damit stieg die Gesamtzahl der Zeugen auf 37 an. Als sich das Objekt näherte, wurde das Licht größer, so daß es zweimal so groß wie die Faust eines Mannes erschien, die auf Armlänge vor dem Gesicht gehalten wird. Die Menschen auf dem Boden erkannten ein rundes Objekt mit einem breiten und dicken Unterteil und einem schmaleren oberen Deck. Zwei Paar Stützen waren vom Unterteil nach unten gerichtet, während eine helle Säule aus blauem Licht in Intervallen blinkte und in einem Winkel von 45 Grad aufwärts in den Himmel gerichtet war. Am bemerkenswertesten war der Umstand, daß Gill und seine Begleiter undeutlich mehrere offenbar menschliche Gestalten erkennen konnten, die auf der Oberfläche des Oberteils standen und von einem schwachen Glimmen beleuchtet waren, welches das Raumschiff vollständig umgab.

Die Sichtung an diesem bemerkenswerten Abend dauerte etwa dreieinhalb Stunden. Während dieser Zeit gingen die Gestalten auf dem Oberdeck zurück in das Schiff und kamen mehrmals wieder heraus. Das Schiff selbst schwebte am Himmel hin und her, erschien manchmal unter den Wolken und verschwand dann wieder darin. Erst gegen 21.30 Uhr drehte es ganz ab. Die Zeugen sahen, wie es seine Farbe änderte, plötzlich seine Geschwindigkeit erhöhte und in Richtung Westen davonschoß.

Zwar war diese erste Sichtung schon bemerkenswert genug, aber das, was noch folgte, war fast beispiellos. Das seltsame Objekt kehrte nämlich am folgenden Abend etwa zur gleichen Zeit zurück, diesmal von zwei anderen Lichtern begleitet. Wieder wurden umherwandelnde Gestalten auf der Oberseite des Schiffes ausgemacht. Spontan winkte Gill ihnen zu – und die Fremden winkten zurück. Einer der Missionsbewohner folgte Gills Beispiel und winkte mit beiden über den Kopf erhobenen Armen; zwei der Gestalten auf dem Objekt taten das gleiche. Schließlich winkten alle vier Gestalten auf dem Raumschiff der kleinen Gruppe außerhalb der Mission zu.

Pater Gill ließ sich eine Taschenlampe bringen und schickte eine Reihe von Morse-Lichtsignalen zu dem Objekt am Himmel. Nach einigen Augenblicken begann das Objekt, von einer Seite auf die andere zu schwanken, was als Antwort gedeutet wurde. Es schien näher zu kommen, und einige der Personen auf dem Boden fragten sich, ob es Landevorbereitungen unternehme. In Wirklichkeit war die Kontaktaufnahme fast beendet. Gill berichtete: »Nach weiteren zwei oder drei Minuten verloren die Gestalten offenbar das Interesse an uns, denn sie verschwanden unter Deck.« Gill und seine Begleiter (ein durchaus bemerkenswerter Umstand) kehrten trotz des hohen Besuchs in die Mission zurück, nahmen ihr Abendmahl zu sich und hielten anschließend den Abendgottesdienst ab. Als sie gegen 20.00 Uhr wieder hinaustraten, hatte sich der Himmel mit Wolken zugezogen, und die Besucher waren verschwunden.

Die Bedeutung des Falles von Neuguinea liegt nicht nur in der Anzahl von 38 Zeugen – obwohl dies ein Rekord für Begegnungen der dritten Art bleibt – und der offensichtlichen Rechtschaffenheit des Hauptzeugen, sondern auch im Widerstand gegen eine Entlarvung. Menzel, der erste Kritiker, der den Bericht attackierte, stellte seine Luftspiegelungstheorie und die Hyphotese auf, daß das Objekt der Planet Venus gewesen sei. Dabei wies Gill ausdrücklich darauf hin, daß die Venus unter dem Objekt sichtbar gewesen war, als es erschien, und daß das Schiff unter den Schichten von Wolken auftauchte, die später am Abend über die Mission trieben. Auch ein hell beleuchtetes Tintenfischfangboot auf einem falschen Horizont oder eine Luftspiegelung des Planeten Merkur wurden als Erklärung angeboten. Diese Theorien besitzen sicher eine gewisse Plausibilität. Zum Beispiel könnten die Verzerrungen, die bei einer Luftspiegelung entstehen, erklären, warum das Objekt viel breiter als die meisten anderen UFOs erschien, und die ungewöhnliche Dauer der Sichtung könnte einer Fehlinterpretation von Himmelskörpern entsprechen. Und doch kann die Hypothese der Luftspiegelung nicht erklären, warum so viele Zeugen sicher waren, daß sie Gestalten auf dem Oberdeck gesehen haben. Und die Vorstellung, daß das UFO wirklich ein Tintenfischfangboot war, unterstellt die spektakuläre Fehlinterpretation eines relativ bekannten und vertrauten Objektes.

Wenn man akzeptiert, daß Gill und seine Begleiter ein echtes UFO gesehen haben, tauchen eine Reihe von interessanten Fragen auf. Warum dauerte die Sichtung so lange? Oder anders gefragt: Warum sind die meisten anderen Sichtungen so kurz? Warum unterschied sich die UFO-Beschreibung der Missionare – mit den Landestützen, den offensichtlich menschlichen Gestalten, die vom offenen Oberdeck herunterwinkten, und dem blinkenden blauen Suchlicht – so von fast jedem anderen UFO-Bericht? Wenn Gill die Wahrheit sagte, logen dann andere Zeugen, oder gab es einfach viele verschiedene Arten von UFOs und deren Passagieren? Jerome Clark: »Close Encounters: history's best case«, *Fate,* Februar 1978, S. 38-46. Zu einer Analyse siehe Kim Hansen: »UFO casebook«, in Evans und Spencer: op. –cit., S. 59-62; Steuart Campbell: *The UFO Mystery Solved* (Edinburgh, Explicit Books 1994), S. 66-8; Martin Kottmeyer: »Gill again«, *Magonia 54* (Nov. 1995), S. 11-14.

Kelly/Hopkinsville. Isabel Davis und Ted Bloechner: *Close Encounter at Kelly and Others of 1955* (Evanston, IL 1955).

Die Entführung von Bebedouro. Jerome Clark: *High Strangeness* S. 44-9.

Die Begegnung von Genua. Luciano Boccone: »Italian night watchman kidnapped by UFO«, *Flying Saucer Review,* Bd. 26, 1 (Frühjahr 1980), S. 4-9.

Probleme bei der Beschreibung von UFO-Besatzungen. Frederick Malmstrom und Richard Coffman: »Humanoids reported in UFOs, religion and folktales: human bias towards human life forms?« in Richard Haines (Hrsg.): *UFO Phenomena and the Behavioural Scientist* (Metuchen, New Jersey, Sacrecrow Press 1979), S. 60-88; Patrick Huyghe: *A Field Guide to Extraterrestrials* (New York, Avon Books 1996), bes. S. 122-32.

Anzahl von UFO-Sichtungen. Hilary Evans: »A global phenomenon« in Evans und Spencer: op. –cit., S. 44-7.

Hochentwickelte »Superbienen«. Zitiert in Peebles: op. –cit., S. 90.

Andere Heimatplaneten von Außerirdischen. Clark: op. –cit., S. 245-6, 307-11.

Donald Menzel. Erstaunlicherweise erscheint der Name dieses Erzskeptikers auf der Liste der Mitglieder des von der US-Regierung ernannten Zwölferkomitees, einer Topsecret-Gruppe, die nach Auffassung vieler Ufologen ein bewußtes Täuschungsmanöver organisierte, mit dem davon abgelenkt werden sollte, daß in Amerika mindestens eine abgestürzte fliegende Untertasse in einer geheimen Forschungseinrichtung unter Verschluß gehalten wird (siehe 11. Kapitel). Zu Menzels Karriere und seinen Theorien siehe Clark: *Emergence of a phenomenon* S. 158-62; Condon: *Wissenschaftliche Untersuchung über unidentifizierte fliegende Objekte. Auszug aus dem ›Condon-Report‹.* (Gesellschaft z. Erforsch. d. UFO-Phänomens 1986). Zu seinen Sichtungen siehe Donald Menzel und Lyle Boyd: *The World of Flying Saucers* (New York, Doubleday 1963), S. 60-2 und Campbell: op. –cit., bes. S. 61-4. Campbell bezweifelt Menzels Identifizierung des Objekts als Sirius und vermutet, daß es sich um Saturn handelte.

Transport der US-Marine. Philip Klass: *UFOs Explained* (New York, Random House 1974), S. 52

La Rubia. Huyghe, *Field Guide*, S. 108f.

Jean Hingley. Albert Budden: »The mince-pie Martians: the Rowley Regis Case«, *Fortean Times 50* (Sommer 1988), S. 40-4.

Watson zu besonders merkwürdigen Fällen. Nigel Watson: *Portraits of Alien Encounters* (London, Valis Books 1990), S. 146-7.

Die Männer in Schwarz. Ein Argument, das dagegen spricht, die Männer in Schwarz ernst zu nehmen, ist die Tatsache, daß als erster ein Komödiant namens Harold Dahl von ihnen Besuch bekam. Außerdem war Dahl einer der beiden Männer, die für die »Luftsprünge von Maury Island« im Jahre 1947, die erste moderne UFO-Fälschung, verantwortlich waren. Kenneth Arnold selbst nahm an der Untersuchung dieses Vorfalls teil, welcher sich übrigens am Tag vor seiner eigenen Sichtung am Mount Rainier ereignete, jedoch erst später gemeldet wurde. Die Besatzung eines

Holzfällerbootes unter dem Kapitän Harold Dahl war in der Nähe von Maury Island bei Tacoma unterwegs, als sechs Raumschiffe in der Form von Donuts (komplett mit Löchern in der Mitte) über ihnen erschienen. Während Dahl und seine Begleiter das Spektakel mit weit aufgerissenen Augen betrachteten, kollidierten zwei der Objekte miteinander. Ein lauter Knall war zu hören, woraufhin eines der Objekte Metallblechstücke und eine schwarze, gesteinsähnliche Substanz ausspuckte. Etwa 20 Tonnen dieses Schutts landeten im Wasser, auf der Insel und auf dem Boot. Dahls Hund wurde dabei getötet, und sein Sohn verletzte sich am Arm. Die Mannschaft nahm Teile dieses Schutts mit nach Tacoma. Als einige Tage später die ersten Berichte über Sichtungen von fliegenden Untertassen in den Zeitungen erschienen, berichtete Dahls Partner Fred Crisman einem Reporter, was passiert war. Es dauerte nicht lange, bis Arnold in Tacoma ankam, um selbst herauszufinden, was geschehen war. Er interviewte die Zeugen und untersuchte die Proben, bevor er, schockiert, die US-Luftwaffe anrief. Arnold kann kein aggressiver Verhörer gewesen sein, denn die beiden Offiziere, die noch am gleichen Tag nach Tacoma flogen und mit dem Hauptzeugen sprachen, stellten schnell fest, daß die ganze Angelegenheit eine Fälschung war. Crisman, der außer Kontrolle geriet, hatte sie ausgeheckt. Innerhalb von 24 Stunden waren die Männer von der Luftwaffe auf dem Rückweg. Mit an Bord befand sich eine Kiste mit geheimen Berichten, die ein Kollege ihnen mitgegeben hatte und die sie zum Stützpunkt bringen sollten. Sie kamen nie an. Während des kurzen Fluges fing ihre Maschine Feuer und stürzte ab. Beide Männer kamen ums Leben. Obwohl der Absturz offensichtlich ein Unfall war, dauerte es nicht lange, bis die Zeitung *Tacoma Times* Wind von dem Vorfall bekam und spekulierte, daß es sich bei dem »geheimen Material« an Bord um Schutt von Maury Island gehandelt habe und daß die Maschine von Geheimagenten sabotiert oder abgeschossen worden sei, um zu verhindern, daß die Wahrheit über fliegende Untertassen bekannt werde. Peebles: op. –cit., S. 12-15; John Keel: »The Maury Island caper« in Evans und Spencer: op. –cit., S. 40-3. Peebles gab an, daß Crisman im Jahr davor dem Science-fiction Schundblatt *Amazing Stories* berichtet hatte, daß er an einem Maschinengewehrkampf im Untergrund gegen eine böse Rasse teilgenommen habe, die in einer Höhle hause. Keel gab an, daß er anschließend mit den Untersuchungen zum Mordfall Kennedy in Berührung kam und selbst 1968 bei einem Attentatsversuch fast getötet wurde. Arnold erschien in Tacoma, weil ihn der Herausgeber von *Amazing Stories*, Ray Palmer, beauftragt hatte, einen Bericht über den Vorfall zu schreiben. Keel vermutete, daß das Ereignis in Wirklichkeit mit der illegalen Versenkung von radioaktivem Müll über dem Hafen durch ein Flugzeug der US-Atomenergiebehörde zu tun hatte.

Während der Untersuchungen hatte Dahl (nach eigenen Behauptungen) in einem Schnellrestaurant in Tacoma mit einem Fremden in dunklem Anzug gefrühstückt. Dieser las ihm zu seiner Bestürzung eine detaillierte Version des Vorfalls vor, obwohl zu dieser Zeit noch keine Berichte an die Öffentlichkeit gelangt waren. Der Fremde beendete das Treffen mit der Drohung, daß Dahls Familie etwas zustoßen würde, falls er einer anderen Person von dem Vorfall berichten würde.

Unheimliche Männer in schwarzer Kleidung tauchen auch in zahlreichen sehr viel älteren Geschichten auf und werden oft mit dem Bösen und dem Teufel in Verbindung gebracht. Der erste Bericht über ihr Erscheinen in einem möglichen UFO-Kontext stammt aus dem Jahr 1905, als Männer in Schwarz zweimal mit den Ereignissen der walisischen religiösen Erweckung in Verbindung gebracht wurden. Diese religiösen Veranstaltungen wurden von Mary Jones orchestriert, einer Priesterin, die während ihrer Reisen durch das Land von seltsamen Lichtern am Himmel begleitet wurde. Bei einem dieser Vorfälle während der Erweckung wurde eine junge Bäuerin in drei aufeinanderfolgenden Nächten in ihrem Schlafzimmer von einem »schwarz gekleideten Mann« besucht, der »dem Mädchen eine Nachricht überbrachte, die sie aus Angst nicht preisgeben wollte«. Mrs. Jones sagte, daß er genauso aussah wie eine Gestalt, die ihr selbst auf einem einsamen Weg begegnet war und die sich in der Folge in einen wütenden schwarzen Hund verwandelt und sie angegriffen hatte. Sie war sicher, daß dies Satan selbst gewesen sein mußte. Kevin und Sue McClure: *Stars, and Rumours of Stars: the Welsh Religious Revival, 1904-5* (Market Harborough, The Authors 1980), S. 25-6. Es gab sogar einen modernen britischen Vorfall mit Männern in Schwarz. Er erwies sich jedoch als Fälschung, die ein Mitglied einer UFO-Untersuchungsgruppe für seine Kollegen ausgeheckt hatte: Martin Shipp: »The alien amongst us«, *Probe Report* Bd. 3, 3 (Januar 1983), S. 3-14.

Zwischenfall mit Albert K. Bender. Obwohl er sich mit seinem »Geheimnis« angeblich niemandem anvertraute, erzählte Bender nahestehenden Personen wie dem Untersuchungsbeamten Gray Barker von seinem Besuch von den drei Fremden. Barkers später erschienenes Buch zu diesem Thema, *They Know Too Much About Flying Saucers* (New York, University Books 1956), ist deshalb hauptsächlich dafür verantwortlich, daß diese Geschichte über die Männer in Schwarz in die Akten aufgenommen wurde. In den 60er Jahren kehrte Bender für kurze Zeit in die Welt der Ufologie zurück und schrieb ein merkwürdiges Buch, *Flying Saucers and the Three Men* (Clarksburg, Saucerian Press 1962). Darin gab er preis, daß seine schwarzen Männer Agenten einer Zivilisation vom Planeten Kazik gewesen seien, die immer noch einen Stützpunkt in der Antarktis betreiben würden.

Major Richard French. John Keel: *UFOs: Operation Trojan Horse* (London, Abacus 1973), S. 185-86. French fuhr keinen schwarzen Sedan. Er kam in einem weißen Mustang an, der sich als Mietwagen aus Minneapolis erwies.

Entführungen durch Außerirdische. Jerome Clark: *UFOs in the 1980s,* S. 1-14; Philip Klass: *UFO Abductions: A Dangerous Game* (Buffalo, Prometheus Books 1988); David Jacobs: *Geheimes Leben. Dokumentierte Berichte über UFO-Entführungen aus erster Hand* (Rottenburg, Jochen Kopp 1995); Jim Schnabel: *Dark White: Aliens, Abductions and the UFO Obsession* (London, Penguin 1995); Peebles: op. –cit., S. 160-6, 225-41; Peter Brookesmith: *UFO! – Die Chronik aller Begegnungen* (Schindellegi/Schweiz, Heel 1995).

Betty und Barny Hill. Auch Bettys Schwester sichtete im Jahre 1957 ein UFO. Am Anfang der Begegnung, als Barney noch dachte, daß das Objekt ein Flugzeug wäre, vermutete Betty bereits, es handle sich um ein UFO. Als beide davon überzeugt waren, scheint ihnen die Idee gekommen zu sein, daß sie kurz vor einer Begegnung mit außerirdischen Wesen stünden: Barney stoppte den Wagen und holte seinen Revolver vom Kaliber 22 aus dem Kofferraum.

Rückblickend wird ersichtlich, daß sich gegen Ende der Begegnung ein weiteres merkwürdiges Detail zeigte, als Betty den Anführer der Außerirdischen in ein Gespräch verwickelte. Als sie Interesse daran zeigte, mehr über das Universum zu erfahren, »ging er zur Wand herüber und zog eine (Sternen-) Karte herunter«, erklärte ihr die Lage seines

Heimatplaneten und »ließ die Karte wieder zurückschnappen«. Eine herausziehbare Karte war zwar für das Jahr 1961 ein durchaus vernünftiger Einrichtungsgegenstand eines UFOs, erscheint jedoch dreieinhalb Jahrzehnte später hoffnungslos veraltet. Ein moderner Entführter wird mit Sicherheit eine Karte erwarten, die auf dem Bildschirm einer Computerkonsole erscheint. Wer weiß, welche weiteren technologischen Fortschritte die menschliche Rasse machen wird, bis sie in der Lage ist, ihr eigenes interstellares Raumschiff zu bauen?

Die überzeugendste Erklärung der Entführung ist, daß sie geträumt wurde. Diese Ansicht vertrat Benjamin Simon, der Therapeut der Hills. Er glaubte, daß Betty Hills »Alpträume«, die von Ufologen als Projektion ihrer unterdrückten Erinnerungen interpretiert wurden, in Wirklichkeit nichts weiter als schlechte Träume waren, und verwies auf den sexuellen Symbolgehalt sowohl der langen Nasen als auch der großen Nadeln der Außerirdischen. Simon folgerte, daß die Entführungserfahrung im wesentlichen eine Phantasie von Betty war, von der sie ihren leichter zu beeinflussenden Mann überzeugte. Auch bemerkte er Widersprüche in den Zeugenaussagen. So erinnerte sich Betty einerseits daran, daß die Außerirdischen offenbar keine Vorstellung von Zeit gehabt hätten, sie andererseits aber mit den Worten »Warten Sie eine Minute!« zurückgerufen wurde, als sie im Begriff war, das UFO zu verlassen. Der ganze Vorfall scheint dadurch ausgelöst worden zu sein, daß die Hills ein Licht erblickten, welches sich genau an der Stelle befand, wo Jupiter hell am nächtlichen Himmel schien. Was die Details der Begegnung betrifft, vermuten einige Ufologen, daß sie von einer Folge der Science-fiction-Fernsehserie *Twilight Zone* inspiriert waren. Diese war zwei Wochen zuvor ausgestrahlt worden. Die Hills bestritten jedoch, sie gesehen zu haben, und glaubten weiterhin, daß ihre Begegnung wirklich stattgefunden hatte.

Parker und Knapp. Jacobs: *Geheimes Leben. Dokumentierte Berichte über UFO-Entführungen aus erster Hand* (Rottenburg, Jochen Kopp 1995);

Leah Haley. Bob Rickard zu Leah Haley: »Cato's New Friends«, *Fortean Times* 82 (August/September 1995).

Melissa Bucknell. Jacobs: *Geheimes Leben. Dokumentierte Berichte über UFO-Entführungen aus erster Hand* (Rottenburg, Jochen Kopp 1995)

»... geschah etwas sehr Interessantes.« »Comments and questions on Dick Haines« u. »Novel investigative techniques« in Andrea Pritchard, David Pritchard, John Mack, Pam Kassy und Claudia Yapp (Hrsg.): *Alien Discussions: Proceedings of the Abduction Study Conference Held at MIT, Cambridge, MA* (Cambridge, North Cambridge Press 1994), S. 472.

Begegnung in Malaysia. Ahmad Jamaludin: »A wave of small humanoids in Malaysia in 1970«, *Flying Saucer Review,* Bd. 28, 5 (Juni 1983), S. 24-7.

UFOs in Algerien. Thierry Pinvidic: »An Algerian case study«, *Magonia 14* (1983), S. 3-7.

5. Im Reich seltsamer Kreaturen

Vu-Quang-Ochse. »Vietnam's lost world«, *Fortean Times 66* (Dezember 1992 bis Jan. 1993), S. 6; »New mammals pop up in ›Nam‹«, *Fortean Times 78* (Dezember 1994 bis Januar 1995), S. 19.

Fülle von Neuheiten. Daß die Zoologie seit 100 Jahren nicht mehr von einer solchen Fülle von Neuheiten überschüttet wurde, sagt vielleicht mehr über das Versagen der Zoologie als über die Vielfalt des Lebens auf der Erde aus. Der Krytozoologe Jonathan Downes, Leiter des *Centre for Fortean Zoology* in Devon, der eine Studie zur Fauna von Hongkong anfertigte, glaubte, daß sich dieses angeblich durch die Urbanisierung verdorbene Gebiet als mindestens ebenso wichtige Quelle neuer Arten wie Vu Quang erweisen werde. Zu den neueren Entdeckungen dort gehört unter anderem eine neue Art von Ratten (Februar 1996). *Animals & Men 9* (April 1996), S. 6, 32-36.

Mit noch spektakuläreren Entdeckungen rechnen. Man sollte sich daran erinnern, daß eine Reihe von heute bekannten Arten erst vor relativ kurzer Zeit katalogisiert wurde, obwohl die Tiere der örtlichen Bevölkerung in den meisten Fällen bekannt waren. In den 185 Jahren, die vergangen sind, seit Baron Georges Cuvier, der Vater der Paläontologie, seine voreilige Vermutung aufstellte, daß »es wenig Hoffnung gibt, neue Arten von großen Vierfüßern zu entdekken«, wurden eine Vielzahl von Arten wie unbekannte Tapire, Paviane, Gibbons und Moschusochsen entdeckt, ganz zu schweigen von Pygmäennilpferden, dem Riesenpanda, dem Okapi, dem Königsgeparden und den Berg- und Pygmäengorillas. Zugegebenermaßen hatten alle diese Kreaturen enge Verwandte, die der Wissenschaft bereits bekannt waren. Aber die Kryptozoologen müßten sich nur ins Reich der Eidechsen begeben und auf den menschenfressenden Komododrachen verweisen, die größte und gemeinste aller Eidechsen, die 1912 von einem Flieger bei einer Notlandung auf einer Insel im malayischen Archipel entdeckt wurde. Unterhalb der Wasseroberfläche haben wir den Riesentintenfisch oder den Coelancanth, einen Knochenfisch, von dem man glaubte, daß er vor 70 Millionen Jahren ausgestorben wäre. 1938 erschien er auf den Komoren, und seither ist er das beliebteste aller fossilen Lebewesen. (Auch in diesem Fall war die Existenz des Coelacanth nur für die Wissenschaftler eine Neuigkeit. Unter den Bewohnern der Komoren war der Fisch so bekannt, daß seine Schuppen als eine Art Sandpapier verwendet wurden, die man bei der Reparatur von Fahrradschläuchen gebrauchte.) Siehe in einem beliebigen Handbuch oder bekannten Werk der Kryptozoologie.

Neue Entdeckungen. Bei weitem seltener als die Identifizierung einzelner Unterarten ist die Entdeckung neuer Stämme, obwohl auch dies gelegentlich vorkommt. Ein neues Phylum, die Locifera, wurde 1983 identifiziert. Es besteht aus winzigen Kreaturen, die am Meeresufer in den Spalten zwischen Sandkörnern leben. Eine weitere, die Cycliophora, fand man 1995. Diese asexuellen Tiere, die eine Länge von etwa einem Drittel Millimeter erreichen, sind ausschließlich auf den Lippen norwegischer Hummer zu finden. Die Cycliophora ist erst der 36. entdeckte Stamm. Die anderen 35 hält man für ausreichend, um die etwa 30 bis 100 Millionen Arten zu klassifizieren. *Nature,* Dezember 1995, Bd. 378, S. 709.

Coelacanth. Michel Raynal and Gary Mangiacopra: »Out-of-place coelacanths«, *Fortean Studies 2* (London, John Brown 1995), S. 153-65.

Stachelschweine in Devon. »Feral Himalayan Porcupines in Devon«, *Nature in Devon No. 10.*

Wilder Eber. »Other exotics', *Animal & Men 1* (1994), S. 6.

Vielfraße. Karl Shuker: »Who's afraid of the big wolverine?«, *Fortean Times 85* (Februar/März 1996), S. 36-7.

Bernard Heuvelmans. Nachdem er über das bis dato nicht klassifizierbare Gebiß des Aardvark promoviert hatte, wurde Heuvelmans zu Beginn des Zweiten Weltkriegs zum Militärdienst eingezogen. Während der Besatzung verdiente er seinen Lebensunterhalt als professioneller Jazzsänger. Nach dem Krieg zog er nach Paris, wo er sein Lebenswerk begann, die Erforschung aller Formen von unbekannten Tieren und die Erstellung eines einflußreichen Werks über die Seeschlange, den Riesentintenfisch und den Riesenoktopus, lebende Dinosaurier und überlebende Neanderthaler. Es ist keine Übertreibung, ihn den Vater der Kryptozoologie zu nennen. Er ist außerdem ein überzeugter Gegner der rivalisierenden folkloristischen Schule, die vermutet, daß viele, wenn nicht die meisten Kreaturen, denen Heuvelmans sein Leben widmete, jeder physischen Wirklichkeit entbehrten.

Britische Großkatzen. Trevor Beer: *The Beast of Exmoor, Fact or Legend?* (Barnstaple, Countryside Productions); Janet & Colin Bord: *Alien Animals: A Worldwide Investigation* (St. Albans, Granada 1980); Nigel Brierly: *They Stalk By Night: the Big Cats of Exmoor and the South West* (Newtown, Devon, Yeo Valley Productions 1989); Di Francis: *The Beast of Exmoor and Other Mystery Predators of Great Britain* (London, Jonathan Cape 1993); Ministry of Agriculture, Fisheries & Food: *The Evidence for the Presence of Large Exotic Cats in the Bodmin Area and Their Possible Impact of Livestock* (London, MAFF Publications 1995); Karl Shuker: *Mystery Cats of the World* (London,

Robert Hale 199-); John Michell & Robert Rickard: *Phenomena: A Book of Wonders* (London, Thames & Hudson 1977), S. 124-5. Regelmäßig erscheinen jährliche Aktualisierungen zu Sichtungen, die aus Berichten von örtlichen Zeitungen zusammengestellt werden, in *Fortean Times* ; zu den letzten Zusammenfassungen siehe *Fortean Times 59* : 18-20 (für die Jahre 1990-1); *FT 64* : 44-5 (1992); *FT 73* : 41-4 (1993); *FT 80* : 37-43 (1994) und *FT 88* : 28-31 (1995).

Jane Fuller. Richard Halstead und Paul Sieveking: »An ABC of British ABCs«, *Fortean Times 73* (Februar/März 1994), S. 42.

Sally Duke. Paul Sieveking: »Beasts in our midst«, *Fortean Times 80* (April/Mai 1995), S. 38.

Andere Großkatzen. Zu australischen Großkatzen siehe Paul Cropper und Tony Healy: *Out of the Shadows: Mystery Animals of Australia* (Sydney, Pan Macmillan 1994), S. 55-97; David O'Reilly: *Savage Shadow: the Search for the Australian Cougar* (Perth, Creative Research 1981). Zu amerikanischen Großkatzen siehe Loren Coleman: »On the trail: maned mystery cats«, *Fortean Times 31* (Frühjahr 1980), S. 24-7; »On the trail: an answer from the Pleistocene«, *Fortean Times 32* (Sommer 1980), S. 21-2. Zu deutschen Großkatzen siehe Ulrich Magin: »The Odenwald Beast«, *Fortean Times 55* (Herbst 1990), S. 30-1. Zu Kadavern von Großkatzen siehe Karl Shuker: »British mystery cats – the bodies of evidence«, *Fortean Studies,* Bd. 2 (1995), S. 143-52.

Bilbo. »London pride«, *Fortean Times 75* (Juni-Juli 1994), S. 11.

Ausbrecher. Zu den Fällen, in denen Großkatzen auf den britischen Inseln ausbrachen, gehören zwei Jaguare, die im September 1982 aus dem Colwyn Bay Zoo entkamen und kurze Zeit später getötet wurden, ein Puma, der im März 1988 vom Jane Miller Circus weglief und starb, nachdem er in einen eiskalten Fluß gesprungen war, außerdem ein schwarzes Pantherjunges, das im Januar 1975 am Ufer von Medway gefunden wurde und wahrscheinlich aus dem Colchester Zoo stammte. Außerdem wurde im Mai 1980 der Kadaver einer toten Löwin aus einem kleinen See bei St. Helen (Lancashire) gezogen. Ein Luchs ging im Januar 1927 bei Inverness in eine Falle. Shuker: op. –cit., S. 146-49.

Verirrte Krokodile. John Michell und Robert Rickard: *Living Wonders* (London, Thames & Hudson 1982), S. 56-8; Loren Coleman: »Erratic crocodilians and other things«, *INFO Journal 12* (Februar 1974), S. 12-18, enthält eine komplette Auflistung mit den Quellen für die Verweise in diesen Abschnitten.

Krokodile von Chipping Norton. The Gentlemen's Magazine November 1866, S. 640, Juli bis Dezember 1866, S. 149-54; Charles Fort: *The Complete Books of Charles Fort* (New York, Dover Publications 1974), S. 592. Die andere populäre Erklärung für solche Funde – obgleich sie schwer nachzuweisen ist – liegt darin, daß die Tiere aus einem Reisezirkus oder einer Tierschau ausbrachen.

Das vom Himmel fallende Krokodil von Charleston. Coleman: op. –cit., zitiert *Charleston Evening Post,* 11. August 1971.

Krokodil in einem Zeppelin. Paul Thompson: »An errant

aerial alligator?«, *INFO Journal 39* (März/Juni 1981), S. 11, zitiert John Toland: *Ships in the Sky* (New York, Henry Holt 1957), S. 279.

Krokodil im Brooklyn-Museum. Coleman: op. –cit., zitiert *New York Times* 7. Juni 1937.

Krokodil in einer deutschen Schnellzugtoilette. Ibd., zitiert *Washington Post* 7. Februar 1973.

Krokodil auf der M55 bei Preston: op. cit., S. 7.

Bären von Hackney. »Out of place«, *Fortean Times 37* (Frühjahr 1982), S. 44-5.

Lebende Mammuts. Bernard Heuvelmans: *On the Track of Unknown Animals* (London, Rupert Hart-Davis 1962), S. 331-53.

Lebende Moas. Karl Shuker: »The case of the missing moa«, *Fortean Times 69* (Juni-Juli 1993), S. 42-3.

Überlebender Thylacinus. Steven Smith: *The Tasmanian Tiger – 1980 (Wildlife Division Technical Report 81/1*, National Parks and Wildlife Service, Tasmania, 1981); Paul Cropper und Tony Healy: *Out of the Shadows: Mystery Animals of Australia* (Chippendale: Ironbark 1994), S. 1-54.

Überlebender Dinosaurier. Roy Mackal: *A Living Dinosaur: In Search of Mokele Mbembe* (Leiden, Holland, E.J. Brill 1987); Karl Shuker: *In Search of Prehistoric Survivors: Do Giant ›Extinct‹ Creatures Still Exist?* (London, Blandford 1996).

Mysteriöse Tiere in Südamerika. Heuvelmans: op. –cit., S. 252-328.

Riesenfaultier. Jan Williams: »Giant ground sloth in Amazonia«, *Animals & Men 1* (1994), S. 8-9; »The mother of all sloths«, *Fortean Times 77* (Oktober/November 1994), S. 17; Shuker: op. –cit., S. 144-5, 173. In einem Kommentar zum Größenunterschied zwischen einem vier Meter großen Mylodon und dem zwei Meter großen Mapinguary vermutet Oren, daß die Waldbewohner in der Regel kleiner sind als verwandte Arten, die in freierem Gelände leben.

Die Frage nach dem Überleben des Mylodons wurde erstmals durch eine Entdeckung im Jahre 1895 aufgeworfen, als in einer Höhle bei der Bucht Last Hope Inlet weit im Süden von Chile eine offensichtlich frische Mylodonhaut gefunden wurde. Die Suche nach dieser Haut bildet die Grundlage von Bruce Chatwins Erinnerungen *In Patagonien* (Reinbek b. Hamburg, Rowohlt 1990). Das Alter wurde mit der Radiokarbonmethode auf etwa 10 000 Jahre bestimmt.

Riesenschlangen des Amazonas-Gebietes. Heuvelmans: op. –cit., S. 284-98; Tim Dinsdale: *The Leviathans* (London, Futura 1976), S. c-d. Südamerika ist nicht der einzig mögliche Lebensraum von Riesenschlagen – im August 1959 flog ein belgischer Pilot, Rene van Lierde, im Tiefflug über Gebüschland im Süden von Zaire, als er plötzlich auf eine monströse Schlange stieß, die sich, wie er berichtete, aufrichtete und versuchte, seinen Hubschrauber anzugreifen. Nachdem er sich vom ersten Schock erholt hatte, gelang es van Lierde, ein Foto von der Riesenkreatur zu machen. Auf diesem Bild ist in der Tat eine große Schlange zu sehen, jedoch kann eine Berechnung der Größe aufgrund der fehlenden signifikanten Bodenmerkmale, die einen Maßstab liefern könnten, nur auf der Grundlage der Höhe des Hubschraubers vorgenommen werden. Van Lierde gab diese mit 45 bis 50 Meter an. Offensichtlich existieren noch andere Berichte aus dieser Region, aber gegenwärtig scheint der südamerikanische Regenwald das einzige Gebiet zu sein, in dem Riesenschlangen regelmäßig gesichtet werden. Bernard Heuvelmans: *Les Derniers Dragons d'Afrique* (Paris, Plon 1978), S. 59-61. Es gab auch gelegentliche Berichte über Riesenschlangen in Sibirien – siehe Paul Stonehill: ›Giant serpents of the Russian Far East‹, *Strange 13* (1994), S. 29.

Monster von Australien. Heuvelmans: op. –cit., S. 191-220; Cropper & Healy: op. –cit.; Rex Gilroy: *Mysterious Australia* (Mapleton, Queensland, Nexus Publishing 1995), S. 115-28.

Weltweite Berichte über Affenmenschen. Janet und Colin Bord: *The Evidence for Bigfoot and Other Man-Beasts* (Wellingborough, Aquarian Books 1984); Myra Shackley: *Wildman: Yeti, Sasquatch and the Neanderthal Enigma* (London, Thames & Hudson 1983); Healy und Cropper: op. –cit., S. 111-58; Ulrich Magin: »Meet the European snowman«, *INFO Journal 54* (Februar 1988), S. 26-7, 36; Sergio de la Rubia-Munoz: »Wild men in Spain«, *INFO Journal 72* (Winter 1995), S. 22-5.

Ivan Sanderson und Bigfoot. Ivan Sanderson: *Abominable Snowmen: Legend Come to Life* (New York, Pyramid Books 1968), S. 60.

Der Fall Fulton. Janet und Colin Bord: *The Evidence for Bigfoot and Other Man-Beasts* (Wellingborough, Aquarian Books, 1984), S. 19-20.

Der Fall Roe. Ivan Sanderson: op. cit., S. 108-11. Roes Aussage wurde einer längeren eidesstattlichen Erklärung entnommen. Vielleicht war die bemerkenswerteste Konsequenz der Veröffentlichung in der Zeitung *Agassiz-Harrison Advance* durch den Sasquatch-Forscher John Green die, daß ein pensionierter schwedisch-kanadischer Holzfäller namens Albert Ostman die möglicherweise bizarrste Geschichte der kryptozoologischen Forschung erzählen konnte. Nach Ostman: op. –cit., S. 85-95.

Bigfoot gesichtet. Bord & Bord: op. –cit., S. 111.

Echte Riesen. Mark Hall: »True giants around the world«, *Wonders Bd. 1, 3* (September 1992), S. 31-47.

Der schreckliche Schneemensch. Über den Ursprung dieses beschwörenden Ausdrucks gibt es einige Kontroversen. Offenbar wurde er 1930 von einem Journalisten, Henry Newman, als Ergebnis einer Fehlübersetzung des tibetischen *metoh kang-mi* erfunden. Wörtlich übertragen ergäbe sich »ekelerregender Mann aus dem Schnee«. Ralph Izzard: *The Abominable Snowman Adventure* (London, Hodder & Stroughton 1955), S. 23-4.

Der Yeti wird selten gesehen. In einer Liste mit Fällen, die der Anthropologe John Napier für sein Buch *Bigfoot: the Yeti and Sasquatch in Myth and Reality* (London, Abacus 1976), S. 174-5 ausgearbeitet hat, werden nur zwei Sichtungen durch westliche Zeugen neben einer Reihe von Fußabdrücken erwähnt. Sie ist nicht ganz vollständig, erzeugt aber eine gute Vorstellung davon, wie ungewöhnlich es für jemanden ist, der nicht den einheimischen Scherpas angehört, den Yeti zu sehen. Es ist außerdem bemerkenswert, daß keiner der Berichte von Napier von einer Höhe unter ca. 3800 Metern kommt.

Sichtung des Yeti von Abbot. Ibd., S. 44. Napier spekuliert, daß in diesem Fall ein Bär gesehen wurde.

Schneemensch im Pamirgebirge. Bord & Bord: op. –cit., S. 47-9; Mike Dash: »In search of the yeti«, *Fortean Times 67* (Februar/März 1993), S. 32-4; Dimitri Bajanow: *In the Footsteps of the Russian Snowman* (Moskau, Crypto-Logos 1996).

Wilder Mann als wilder Mensch. Michael Showmaker: »Searching for the historical Bigfoot«, *Strange 5* (1990), S. 18-23, 57-62; Mark Chorvinsky: »The monster is a man: hairy people, wild people and the Bigfoot legend«, ibd., S. 24-9.

Ray Wallace und die Geburt des Bigfoot. Mark Chorvinsky: »New Bigfoot photo investigation«, *Strange 13* (Frühjahr 1994), S. 10-11, 51; Chorvinsky: »From the Editor«, *Strange 16* (Herbst 1995), S. 1; Loren Coleman.

Beweise für den wilden Mann. Mike Dash: »Manimals«, *Fortean Times 54* (Sommer 1990), S. 18-23.

MacDonalds Sichtung. Rupert Gould: *The Loch Ness Monster and Ohters* (London, Geoffrey Bles 1934), S. 94-6. Miß MacDonald hatte schon früher (Februar 1932) eine seltsame, krokodilähnliche Kreatur in dem seichten Fluß Ness gesehen. Dieser Fluß verbindet den Loch Ness über die Stadt Inverness mit dem Meer. Sie ist die einzige Zeugin, die behauptet, eine derartige Kreatur gesehen zu haben. Ibd., S. 38-9.

MacKays Sichtung. Ibd., S. 39-40. Skeptiker haben daraus Kapital geschlagen, daß Mrs. MacKay die Besitzerin des Drumnadrochit-Hotels war, eines der wichtigsten Übernachtungsorte am See. Deshalb habe sie als erste Nutzen aus einem größeren Touristenstrom zu Loch Ness gezogen. Wie Gould jedoch anmerkte, weigerte sie sich anfänglich, als Zeugin identifiziert zu werden, da sie befürchtete, die Menschen würden ihre Sichtung nicht ernstnehmen. In einer schlagkräftigeren Kritik des ersten modernen Berichts heißt es, daß Mrs. MacKay anfänglich glaubte, die Wasserturbulenzen stammten von zwei miteinander kämpfenden Enten. Ihr Ehemann, der mit dem Auto entlang der Uferstraße fuhr, habe angehalten und lediglich bewegtes Wasser und Wellen gesehen, die ans Ufer schwappten.

Sichtungen im Lochy-See. Peter Costello: *In Search of Lake Monsters* (St. Albans, Panther 1975), S. 153-4; »Good month for monster hunters«, *Fortean Times 95* (Februar 1997), S. 18.

Sichtung von Kenneth MacKenzie. Elizabeth Montgomery-Campbell mit David Solomon: *The Search for Morag* (London, Tom Stacey 1972), S. 138-40.

Sichtung von McDonnell-Simpson. Ibd.

Das Wasserpferd. K.M. Briggs: *The Fairies in Tradition and Literature* (London, Routledge & Kegan Paul 1977), S. 57-8.

A-Mhorag. Montgomery Campbell und Solomon: op. –cit., S. 108-11.

Lord Malmesbury und das Wasserpferd vom Arkaig-See. Costello: op. –cit., S. 148-9.

Ogopogo. Mary Moon: *Ogopogo: the Okanagan Mystery* (Vancouver: J.J. Douglas 1977); Arelene Gaal: *Ogopogo: the True Story of the Okanagan Lake Million Dollar Monster* (Surrey, Hancock House Publishers 1986).

Storsjon-See. Costello: op. –cit., S. 215-26; Ulla Oscarsson: *The Great Lake Monster* (Ostersund, ohne Datum).

Riesenstör. »80 year old sturgeon found dead«, *INFO Journal 54* (Februar 1988), S. 24; »Largest fish clarification«, *Fortean Times 69* (Juni/Juli 1993), S. 63.

Migo. Jon Downes: »Crocodile tears II«, *Animals & Men 5* (1995), S. 22; Karl Shuker: »The Migo movie: a further muddying of murky waters«, ibd., S. 22-5; Darren Naish: »Analysing video footage purporting to show the ›Migo‹, a lake monster from Lake Dakataua, New Britain«, *Cryptozoology Review,* Bd. 1, 2 (Herbst 1996), S. 18-21.

Monster vom Tianchi-See. Joe McNorty and James Wallis (Hrsg.): *Weird Year 1996* (London, John Brown 1996), S. 92.

Die Seeschlange der Daedalus. Rupert Gould: *The Case for the Sea-Serpent* (London, Philip Allan 1930), S. 94-126.

Die Seeschlange von Kapitän Cringle. Ibd., S. 188-94.

Seeungeheuer von Stronsay. Bernard Heuvelmans: *In the Wake of the Sea Serpents* (London, Rupert Hart-Davis 1968), S. 118-30.

Kadaver von Tecolutla. Rafael Lara Palmeros: »A marine monster in Tecolutla, Mexico«, *INFO Journal 71* (Herbst 1994), S. 24-6.

Kadaver von Naden Harbour. E.L. Bousfield und P.H. LeBlond: »An account of Cadborosaurus willsi, new genus, new species, a large aquatic reptile from the Pacific coast of North America«, *Amphipacifica: Journal of Systematic Biology,* Bd. 1, Beilage 1 (1995); Bousfield und LeBlond: *Cadborosaurus: Survivor of the Deep* (Victoria, BC: Horsdal & Schubart 1995).

Heuvelmans und Magin. Heuvelmans: op. –cit., S. 537-73; Heuvelmans: »How I conquered the Great Sea Serpent«, *Strange Magazine 3* (1988), S. 10-13, 56-7; Ulrich Magin: »St. George without a dragon: Bernard Heuvelmans and the sea serpent«, *Fortean Studies 3* (London, John Brown 1996), S. 223-36.

6. *Mutter Erde*

Stonehenge. Roger Sandell: »Notes towards a social history of ley-hunting«, *Magonia 29* (April 1988), S. 3-7.

Definition von Erdmysterien. Paul Devereux: »The earth remembered: the nature of earth mysteries«, *The Ley Hunter 96* (Sommer 1984), S. 4-7.

Theorie der Kraftlinien. Alfred Watkins: *The Old Straight Track: Its Mounds, Beacons, Moats, Sites and Mark Stones* (London, Abacus 1974), erschien ursprünglich 1925; siehe auch Paul Screeton: *Quicksilver Heritage: The Mystic Leys – Their Legacy of Ancient Wisdom* (London, Abacus 1977).

Was ist eine Kraftlinie? Watkins: op. –cit., S. 197-204; Paul Devereux und Ian Thompson: *The Ley Hunter's Companion: Aligned Ancient Sites – A New Study with Field Guide and Maps* (London, Thames & Hudson 1979), S. 27, 38-43, 72-3.

Beispiele für Kraftlinien. Ibd., S. 47-8, 187-9. Siehe auch Screeton: op. –cit., S. 38-51; Philip Heselton: *Earth Mysteries* (Shaftesbury: Element Books 1995), S. 22.

Weltweites Netz von Kraftlinien. Watkins: op. –cit., S. 180-3; Heselton: op. –cit., S. 20-1. Die deutsche Kraftlinienforschung ist noch nicht tot: Siehe Ulrich Magin: »A church alignment in Worms, Germany«, *INFO Journal 67* (Oktober 1992), S. 6-9.

Der Geist der britischen Landschaft. Watkins: op. –cit.

» ... hat das Land in einen Ort voller Geheimnisse verwandelt.« Sandell: op. –cit., S. 5.

Feng-shui. Ein guter allgemeiner Führer ist Derek Walter: *Das Feng-Shui Praxisbuch* (Bern/München/Wien, O.W. Barth 1996). Siehe auch John Michell: *The New View Over Atlantis* (London, Thames & Hudson 1983), S. 59-66, und zahlreiche Veröffentlichungen im deutschen Sprachraum. Es gibt einige wenige westliche Parallelen zu der chinesischen Landschaft. Eine sind die vermuteten »Erdtierkreiszeichen«, die einige Erforscher von Erdmysterien, wie sie glauben, an heiligen Plätzen identifiziert haben. Glastonbury, eines der mystischsten aller religiösen Zentren, soll von einem Kreis aus zwölf Riesenfiguren mit einem Durchmesser von ca. 18 Kilometern umgeben sein. Jede dieser Figuren steht für ein Tierkreiszeichen und ist aus den Hügeln und Flüssen des Gebietes geformt. Einige Forscher spekulieren, daß die Existenz solcher Anordnungen der Grund dafür ist, daß Orte wie Glastonbury als heilige

Stätten ausgewählt werden (gleiches gilt offensichtlich auch für das mysteriöse Dorf Rennes-le-Château in den französischen Pyrenäen); andere brachten das überzeugende Argument vor, daß Erdtierkreiszeichen nichts weiter als riesige Abbilder seien, die mehr in Gedanken als in der Wirklichkeit existierten. Katherine Maltwood: *A Guide to Glastonbury's Temple of the Stars* (London, James Clark 1929); Heselton: op. –cit., S. 72.

Straßenbau in Island. Ulrich Magin: »The Akureyri fairies revisited«, *INFO Journal 66* (Juni 1992), S. 18-19, enthält einen skeptischen Überblick über derartige Geschichten.

Wandernde Kirchen. Michael Goss: »The devil and barn hall: the folklore of siting legends«, *Fortean Studies,* Band 3 (London, John Brown 1996), S. 159-175.

Suche nach den Erdmysterien. Devereux: op. –cit., S. 4.

Simulakrum von Dean Liddell. John Michell und Robert Rickard: *Phenomena: A Book of Wonders* (London, Thames & Hudson 1967), S. 58-9, zitiert *TP's and Cassell's Weekly* vom 11. September 1926.

Simulakrum von George Bernard Shaw. »Shaw Simulacrum«, *Fortean Times 42* (Herbst 1984), S. 9.

Gaia-Hypothese. James Lovelock: *Gaia. Die Erde ist ein Lebewesen. Was wir heute über Anatomie und Physiologie des Organismus Erde wissen und wie wir ihn vor der Gefährdung durch den Menschen bewahren können* (Bern/München/Wien, Scherz 1992).

Rollright Stones. Janet und Colin Bord: *Secret Country:*

More Mysterious Britain (St. Albans, Granada 1978), S. 107-111; Michell & Rickard: op. –cit., S. 86-7.

Blaxhall Stone. Heselton: op. –cit., S. 28.

Die hohle Erde. Die praktisch einzig zuverlässige Quelle für diese verrückte Theorie ist Walter Kafton-Minkel: *Subterranean Worlds: 100,000 Years of Dragons, Dwarfs, the Dead, Lost Races & UFOs From Inside the Earth* (Port Townsend, Washington, Loompanics Unlimited 1989).

Die Welt in der Welt. Ibd., S. 7.

Erreichen des Nordpols. Tatsächlich wird heute von zahlreichen Geografen vermutet, daß Peary sich dem Nordpol nicht bis auf 150 Kilometer näherte und log, um dies zu verschleiern. Es ist bemerkenswert, daß die erste unbezweifelte Ankunft einer Landexpedition am Nordpol erst in den 60er Jahren stattfand.

Shavers Theorie einer hohlen Erde. Kafton-Minkel: op. cit., S. 139-167. Einige der gespenstischeren Details – inklusive der Pariser Entführung durch die Deros – stammen aus Warren Smith: *This Hollow Earth* (London, Sphere Books 1977), S. 129-43.

Interesse der Nazis an der Theorie der hohlen Erde. Diese Thesen werden in dem bedeutenden Buch *The Morning of the Magicians* von Louis Pauwels und Jacques Bergier (St. Albans, Granada 1982), S. 185-200, und von dem Okkultisten Trevor Ravenscroft in seinem Buch *Spear of Destiny* (London, Putnam 1973) beschrieben. Sie wurden scharf angegriffen. Darin wurde gezeigt, daß die historischen Wurzeln der NSDAP, einschließlich einiger Elemente ihrer

Rassentheorien, teilweise in den okkultistischen Gruppen liegen, die in der Folge des Ersten Weltkriegs in Deutschland florierten, insbesondere in der *Thule-Gesellschaft*. Nicholas Goodrick-Clarke: *The Occult Roots of Nazism: the Ariosophists of Austria and Germany 1890-1935* (Wellingborough, Aquarian Press 1985). Außerdem scheinen sowohl Göring als auch Himmler den Theorien eines deutschen Fliegers mit Namen Peter Bender Aufmerksamkeit geschenkt zu haben. Dieser glaubte nicht nur, daß die Erde hohl sei, sondern daß wir selbst im Inneren lebten und daß der Mond mit den Planeten und der Erde um eine winzige zentrale Sonne rotierte. Bender bezahlte seine Theorie während des Zweiten Weltkriegs mit dem Leben, als Göring eine Expedition auf die Ostseeinsel Rügen finanzierte, wo ein Nazi-Physiker beauftragt wurde, eine Spezialkamera in den Himmel zu richten, in der Hoffnung, Bilder von der britischen Flotte einzufangen, die – oben – in der Nordsee manövrierte. Das völlige Scheitern dieser Versuche führte zu Benders Internierung und Tod in einem Konzentrationslager. Kafton-Minkel: op. –cit., S. 217-22.

UFOs und Bigfoot aus dem Erdinneren. Kafton-Minkel: op. –cit., S. 228-9.

T.E. Lethbridge. Tom Lethbridge war nach seiner Pensionierung ein produktiver Autor, der über alles mögliche schrieb, von Wundern der Erde bis hin zu einer astronautischen Urtheorie über die Wagen der Götter. Zu Rutengängern siehe seine Hauptwerke: *Ghost and Ghoul* (London, Routledge & Kegan Paul 1961), *Ghost and Divining Rod* (London, Routledge & Kegan Paul 1963) und *The Power of the Pendulum* (London, Routledge & Kegan Paul 1976). Zu einem kurzen, positiven Überblick über seine Theorien siehe Colin Wilson: *Das Okkulte* (Wiesbaden, Fourier 1995).

Experimente zur Erdenergie. Screeton: op. –cit., S. 171, 178; Paul Devereux: *Earth Lights: Towards an Understanding of the UFO Enigma* (Wellingbourough, Turnstone Press 1982), S. 151.

Hitchings Experimente. Francis Hitching: *Earth Magic* (London, Cassell 1975); Devereux: op. –cit., S. 122-68.

Drachenprojekt. Devereux: op. –cit., S. 142-51, Devereux: *Places of Power* (London, Blandford 1990); Heselton: op. –cit., S. 47-51.

» ... daß der Zufall eine weit größere Rolle spielt ... « Paul Devereux: »It was 20 years ago today«, *The Ley Hunter 124* (Winter 1995-96), S. 1.

Bewußtseinsforschung. Ibd.; Heselton: op. –cit., S. 102; Julian Thomas: »Monuments ancient and modern«, *The Ley Hunter 125* (Herst 1996), S. 17-19.

»Ich denke, daß die uralte [...] Verbindung«. Paul Devereux: *Shamanism and the Mystery Lines* (Quantum Books 1992) zitiert von Heselton: op. –cit., S. 81.

Leichenwege, Totenstraßen und Geisterpfade. Ibd., S. 80; Ulrich Magin: »My Life on the path of ghosts«, *Fortean Times 89* (Juli 1996), S. 49.

Die Theorien von Aimé Michel. Jerome Clark: *»Orthoteny«, The Emergence of a Phenomenon: UFOs from the Beginning Through 1959* (Detroit, Omnigraphics 1992), S. 264-5.

Orthotentische Linien. Vom griechischen *orthoteneis*, »gestreckt in einer geraden Linie«.

Hyphotese der Erdlichter. Paul Devereux: *Earth Lights: Towards an Explanation of the UFO Enigma* (Wellingborough 1982) und *Earth Lights Revelation: UFOs and Mystery Lightform Phenomena: the Earth's Secret Energy Force* (London, Blandford 1989); Michael Persinger und Gyslaine Lafreniere: *Space-Time Transients and Unusual Events* (Chicago, Nelson-Hall 1977); Kevin McClure: »Serious Faults«, *Common Ground 7* (1983), S. 7-10; »Letters«, *Common Ground 9* (1984), S. 11-15; »The earthlights debate for the defence«, *Magonia 12* (1983), S. 8-12.

Der Fall Bridgend. Devereux: *Earth Lights*, S. 205, zitiert Jenny Randles und Peter Warrington: *UFOs – a British Viewpoint* (London, Robert Hale 1979), S. 208-09.

Hessdalen. Jerome Clark: *UFOs in the 1980s* (Detroit, Agogee Books 1990), S. 131-4.

Dr. John Derr. Zitiert in einem Dokumentarfilm über Devereux' Werk – *Equinox: Identified Flying Objects*, ausgestrahlt auf Channel 4 am 6. November 1996.

Jim Byerlee. Zitiert in ibd.

UFO-Welle von Dyfed. Zu den Ansichten der Befürworter siehe Randall Jones Pugh und F.W. Holiday: *The Dyfed Enigma* (London, Faber & Faber 1979). Die Autoren versuchten unter anderem, Michels Orthotentiktheorie wieder zum Leben zu erwecken, indem sie walisische Sichtungen auf einer Karte einzeichneten und nach Anordnungen suchten. Die meisten der sich ergebenden »Kraftlinien« hatten nur zwei oder drei Punkte. Zu den Ansichten der Gegner siehe Hilary Evans: *The Unexplained.*

Irrlichter. John Michell und Robert Rickard: *Phenomena: A Book of Wonders* (London, Thames & Hudson 1977), S. 26-7.

Leuchtende Eulen. David Clarke: »The luminous owls of Norfolk«, *Fortean Studies Band 1* (London, John Brown 1994), S. 50-8.

7. Die Welt der Frösche

Charles Fort Martin. Gardner: *Fads and Fallacies in the Name of Science* (New York, Dover 1957), S. 42-54; Damon Knight: *Charles Fort, Prophet of the Unexplained* (Garden City, New York, Doubleday 1970); Robert Rickard: »Charles Fort and Fortean Times«, *Fortean Times 29* (Sommer 1979), S. 2-8.

Inspektor für eindringende Merkwürdigkeiten. »Imperial Forteanism«, *Fortean Times 30* (Winter 1979), S. 67-8.

Robert Ripley. Ripley (1883-1949) wird besprochen in Otto Minyak: »A carnival of curiodditities«, *Fortean Times 74* (April/Mai 1994), S. 33-5, und in »Robert Ripley«, *The People's Almanac Presents The Twentieth Century* (London, Aurum Press 1996), S. 766-7.

Norbert Pealroth. Todesanzeige in der *New York Times,* 15. April 1993.

Niederschläge. Charles Fort: *Das Buch der Verdammten* (Frankfurt a.M., Zweitausendeins 1995).

Der Fischniederschlag von Dunmarra. »Diary of a Mad Planet, February to March 1994«, *Fortean Times 75* (Juni/Juli 1994), S. 49.

Gegrillter Heilbutt fällt vom Himmel. »Falls«, *Fortean Times 37* (Frühjahr 1982), S. 50.

Brasilianischer Bohnenniederschlag. »Falls«, *INFO Journal 8* (Winter 1971/Frühjahr 1972), S. 26.

Exkrementeschauer. »Well, it doesn't smell like rain«, *Fortean Times 84* (Dezember 1995-Januar 1996), S. 11. Zu einem Niederschlag von Abwässern siehe auch *INFO Journal 50*, S. 22.

Fall eines Trolls in Norrkoping. »Fall of mystery animal«, *Fortean Times 6* (September 1974), S. 15. *Fortean Times* berichtete einige Jahre später (»A reprise for Living Wonders«, *Fortean Times 40* [Sommer 1983], S. 4-15), daß die ursprüngliche Quelle *Almanackia* von Gustaf Otto Bilberg aus dem Jahr 1709 stammte. Als Datum des Vorfalls wurde hier die Nacht vom 8. auf den 9. August angegeben. Die Kreatur wurde beschrieben als Wesen, das »irgendwie einem Biber ähnelte, dessen Körper etwas kleiner ... und dessen Kopf etwas größer war. Sein Unterkiefer war etwas länger als der Oberkiefer, es hatte ziemlich kleine Augen, kurze Hinterbeine und einen kurzen Schwanz und ein grobes bräunliches Fell.«

Andere seltsame Niederschläge. Jerome Clark: *Unexplained! 347 Strange Sightings, Incredible Occurences and Puzzling Physical Phenomena* (Detroit, Visible Ink 1993), S. 131-2.

Fall des silbernen Etuis. »Falls«, *Fortean Times 15* (April

1976), S. 17; A.J. Bell: »Precession of the gracious: fallout of the damned«, *Fortean Times 20* (Februar 1977), S. 14-17.

Riesenhagelkorn von Seringapatam. Fort: *Book of the Damned*, S. 16-17, zitiert *Annual Report of the British Association for the Advancement of Science* (1851), S. 82.

Wasserhosentheorie. Robert Schadewald: »Fish falls and whirlwinds«, *Fortean Times 22* (Sommer 1977), S. 31-33. Siehe auch W. Scott Home: »Waterspout up for Mr. Fort!«, *INFO Journal 35* (Mai/Juni 1979), S. 2-3.

Der Fischregen von Mountain Ash. Robert Schadewald: »The great fish fall of 1859«, *Fortean Times 30* (Winter 1979), S. 38-42.

Der Fischregen von Kiribati. »Fish fall answers castaways' prayer«, *Fortean Times 48* (Frühjahr 1987), S. 16, zitiert *Daily Telegraph* 25. August 1986.

Engelshaar. Jerome Clark: »Angel hair«, *The Emergence of a Phenomenon: UFOs From the Beginning Through 1959* (Detroit, Omnigraphics 1992), S. 44-47. Erste Berichte über Engelshaare können mindestens bis zum Jahr 1741 zurückdatiert werden: »Falls!«, *INFO Journal 14* (November 1974), S. 28-30.

Wolke aus Spinnennetzen in Dorset. »Cobweb cloud«, *Fortean Times 54* (Sommer 1990), S. 30, zitiert *Daily Mirror* 29. Oktober 1988.

Geheimnisvolle Spinnennetze in Bosnien. Paul Sieveking: »The webs of war«, *Fortean Times 71* (Oktober-November 1993), S. 34.

Seltsames Summen. »The Hueytown hum«, *Fortean Times 65* (Oktober/November 1992), S. 12-13; »The Taos hum«, *Fortean Times 71* (Oktober/November 1993), S. 12.

Mysteriöse Detonationen von Bristol. »Heavens Above!«, *Fortean Times 19* (Dezember 1976), S. 21-2.

Böller von Barisal. »Three strange sounds« in Rupert Gould: *Enigmas* (New York, University Books 1966), S. 39-45.

Teleportation. Forts Prägung des Begriffes ist aufgezeichnet in Kapitel Zwei von *Lo!* (New York, Claude Kendall 1931), und sein Anspruch auf die Autorschaft wurde vom *Oxford English Dictionary* anerkannt. Es kann mit Recht behauptet werden, daß die Spiritualisten bereits über einen Begriff zur Beschreibung dieses Phänomens oder eines sehr ähnlichen verfügten. Sie nannten transportierte Objekte, die sich bei Séancen materialisierten, »Apporte«. Es ist auch wahr, daß die Tradition derartiger Phänomene bereits aus Urzeiten stammt. So soll der Prophet Moḥammed um das Jahr 618 unserer Zeit vor seinem Aufstieg in den siebten Himmel in einem Augenblick von Mekka nach Jerusalem transportiert worden sein.

»Es wäre doch möglich ... « Charles Fort: *The Complete Books of Charles Fort* (New York, Dover Books 1974), S. 571.

Spanischer Soldat. Mr. X: »The Aparecido and the death of Gomez Perez Dasmarinas«, *Fortean Times 52* (Herbst 1990), S. 55-9. Die Geschichte gelangte über M.K. Jessup: *The Case for the UFO* (New York, Citadel Press 1955) in die phänomenologische Literatur. Jessup selbst (derselbe Jessup, der die umstrittenen Philadelphia-Experimente bekanntmachte, siehe Kapitel 8) scheint auf die Geschichte gestoßen zu sein, als er in Mexiko arbeitete. Die älteste Version des Vorfalls stammt wohl aus der *Conquista de las Islas Filipinas* von Pater Gaspar de Sant Agustin, die 1698 geschrieben und seither mehrmals übersetzt und wiederaufgelegt wurde. Der Name Gil Perez erscheint erstmals in Margaret Sachs: *The UFO Encyclopaedia* (London, Corgi 1981), und ist sicher eine Verfälschung des Namens des Gouverneurs der Philippinen, Gomez Perez Dasmarinas. Es gibt eine sehr ähnliche Geschichte, die angeblich aus dem Jahr 1655 stammt und in der über die Teleportation eines portugiesischen Soldaten aus der indischen Kolonie Goa zurück nach Lissabon »in der Luft, in einer unglaublich kurzen Zeit« berichtet wird. Der unglückliche Mann wurde wahrscheinlich denunziert und als Hexer auf dem Scheiterhaufen verbrannt. Die Quelle dieses Falls ist die Schrift des englischen Chronisten John Aubrey *Miscellanies* (London 1695); eine portugiesische Quelle wurde offenbar nie entdeckt. Es ist erwähnenswert, daß die britische Quelle des Falls von Goa auf drei Jahre vor der ersten spanischen Quelle für den Fall von Mexiko datiert wird.

Benjamin Bathurst. Mike Dash: »The disappearance of Benjamin Bathurst«, *Fortean Times 54* (Sommer 1990), S. 40-44.

Das verschwundene Norfolker Bataillon. Paul Begg: *Into Thin Air* (Newton Abbot, David & Charles 1979), S. 40-51.

Mary Celeste. Es gibt Dutzende von Büchern zu diesem Fall – einige sind gut, einige spannend und viele einfach schlecht. Die wahrscheinlich sorgfältigste Sammlung, in der auch viele Fehler aus früheren Berichten widerlegt wurden, ist Charles Eden Fay: *The Story of the Mary*

Celeste (Salem: Peabody Museum 1942). Der Autor tendiert zu der Meinung, daß es eine kleine Explosion im Laderaum gab, hervorgerufen durch einen Funken von einem Metallband auf einem der 1700 Alkoholfässer, aus denen die Fracht bestand. Aus Angst vor einer größeren Explosion befahl der Kapitän Benjamin Briggs, das Beiboot zu wassern. Er ließ sich mit seiner Crew an einem Seil nach achtern zurückfallen, um dort zu warten, bis es sicher genug schien, wieder an Bord zu gehen. Doch wegen des rauhen Wetter riß das Seil, weshalb die Crew hilflos zusehen mußte, wie das Schiff schnell verschwand. Als sich das Wetter noch weiter verschlechterte, sank das kleine Boot. Die *Mary Celeste* segelte weiter, um dann ein oder zwei Tage später gefunden zu werden.

Übrigens ist die verbreitete Ansicht, der Name des Schiffes sei *Marie Celeste*, nicht korrekt. Die falsche Schreibweise wurde bekannt, weil Arthur Conan Doyle sie in einer Short story verwendete. Die Aussage von J. Habbakuk Jepherson zu diesem Mysterium wurde im *Cornhill Magazine* von 1884 veröffentlicht.

Das Mysterium von Eilean Mor. Zu den rätselhaften Logbucheinträgen siehe Vincent Gaddis: *Invisible Horizons* (New York, Ace Books 1965), S. 177-8; zu der Riesenwelle und einem Interview mit MacArthurs überlebender Tochter (zu diesem Zeitpunkt 90jährig) siehe Joan Simpson: »Boxing day at Flannan Rock«, *The Times* 26. Dezember 1990; zu den Vögeln siehe Carey Miller: *Baffling Mysteries* (London, Panics 1976), S. 19-25.

Spuk und Elfen. Solche Volksmärchen muß es nicht unbedingt wirklich gegeben haben. Wenn man allerdings die Unheimlichkeit der Inseln in Betracht zieht, wäre es nicht verwunderlich, wenn es sie wirklich gab.

Plötzliche Selbstentzündung. Jenny Randles und Peter Hough: *Spontaneous Human Combustion* (London, Robert Hale 1992); Larry Arnold: *Ablaze: The Mysterious Fires of Spontaneous Human Combustion* (New York, M. Evans & Co. 1995); Joe Nickell: »Investigative files: not-so-spontaneous combustion«, *Skeptical Inquirer* (November/Dezember 1996).

Von Tieren aufgezogene Kinder. Charles Maclean: *The Wolf Children* (London, Allen Lane 1977) ist die vollständigste Sammlung zu dem Fall von Midnapore und basiert auf wiederentdeckten Erstquellen, einschließlich der Papiere von Reverend Singh. Siehe auch R.M. Zingg: »Feral man and extreme cases of isolation« in *American Journal of Sociology 53* (1949), »Wild Children« in Francis Hitching: *Die letzten Rätsel unserer Welt. Das große Buch der Phänomene* (Frankfurt a.M., Umschau 1995); und »Children brought up by animals« in Michell und Rickard: *Phenomena: A Book of Wonders* (London, Thames & Hudson 1977), S. 108-09.

Victor, der wilde Junge von Aveyron. Harlan Lane: *The Wild Boy of Aveyron* (St. Albans, Granada 1977). Victor lebte bis 1828 und wurde etwa 40 Jahre alt.

Der Amphibienjunge von Kuano. »Tales from India«, *Fortean Times 32* (Sommer 1980), S. 40; »The water boy«, *Fortean Times 47* (Herbst 1986), S. 74-5.

Telefonanrufe von Toten. D. Scott Rogo und Raymond Bayless: *Phone Calls from the Dead* (London, New English Library 1980).

Männer in Schwarz benutzen Telefone. Siehe Brad Steiger

und Joan Whritenour: *The New UFO Breakthrough* (London, Tandem 1973), S. 15-9.

Experimente zur Gedankenüberwachung. »Killer phones«, *Fortean Times 45* (Winter 1985), S. 8-9; Martin Cannon: »The numbers game«, *The Anomalist I* (1995), S. 33-45.

Das Sumpfmonster von Scape Ore. Paul Sieveking: »Lizard man«, *Fortean Times 51* (Winter 1988-89), S. 34-7; Mark Opasnick und Mark Chorvinsky: »Lizard man«, *Strange Magazine 3* (1988), S. 32-3; Loren Coleman: »The strange case of the two Charlie Wetzels«, *Fortean Times 39* (Frühjahr 1983), S. 44-6; Coleman: *Curious Encounters* (Winchester, Massachussets, Faber & Faber 1985), S. 34.

Der wahnsinnige Gasmann aus Mattoon. Donald Johnson: »The ›phantom anaesthetist‹ of Mattoon: a field study of mass hysteria«, *Journal of Abnormal and Social Psychology 40* (1945), S. 175-86; Coleman: *Curious Encounters*, S. 191-211; Willy Smith: »Mattoon revisited«, *Magonia 48* (Januar 1994), S. 3-6; Michael Shoemaker: »The mad gasser of Botetourt«, *Fate* 38, 6 (Juni 1985), S. 62-8. Im Laufe dieser Untersuchung machte Smith die wichtige Entdeckung, daß Johnson, auf dessen Arbeiten sich die meisten Schriften zum Fall Mattoon stützten, erst im ersten Jahr an der Universität studierte, als der Artikel geschrieben wurde, und deshalb lediglich einen Einführungskurs in Psychologie besucht hatte, aus dem er das Wissen für seine Feldarbeit zog.

Kleine grüne Männchen. Janet Bord: »I spy little green men«, *Fortean Times 91* (Oktober 1996), S. 30-3.

Riesenpinguin von Florida. Ivan T. Sanderson: *More ›Things‹* (New York, Pyramid Books 1969); Bob Rickard: »Florida's penguin panic«, *Fortean Times 66* (Dezember 1992/Januar 1993), S. 41-3. Bevor wir die Vorstellung von verirrten Pinguinen gänzlich abschreiben, lohnt es sich, darauf hinzuweisen, daß im Januar 1995 fünf dieser Vögel im Golf von Genua gesichtet wurden. Die italienischen Behörden versuchten herauszufinden, wie sie dort hingekommen waren. *Daily Telegraph,* 7. Januar 1995.

Kreise in Getreidefeldern. Pat Delgado und Colin Andrews: *Circular Evidence* (London, Bloomsbury 1990); Ralph Noyes (Hrsg.): *The Crop Circle Enigma* (Gateway Books 1990); Jim Schnabel: *Round in Circles: Physicists, Poltergeists, Pranksters and the Secret History of the Cropwatchers* (London, Penguin 1994); Ian Mrzyglod: »A last word on whirlwinds«, *The Probe Report Bd. 2n4* (März 1982), S. 6-9; Spezialausgabe der *Fortean Times* zu Kreisen in Getreidefeldern (53, Winter 1989/90); »This year's crop«, *Fortean Times 55* (Herbst 1990), S. 7-13.

Tifinig-Schrift. Diese nordafrikanische Sprache spielt auch in einem völlig anderen Mysterium eine Rolle: die Frage, was sich auf dem Grund der Geldgrube von Oak Island in Nova Scotia befindet.

»Orakel der Toten«. Peter James & Nick Thorpe: *Ancient Inventions* (London, Michael O'Mara Books 1995), S. 419-21. Eines der großen Mysterien dieses bemerkenswerten Komplexes liegt darin, wie seine Erbauer beim Beginn der Tunnelgrabungen mit so großer Sicherheit wissen konnten, daß sie auf die heißen vulkanischen Quellen stoßen würden.

Konstantin der Große. Diese offensichtlich unglaubwürdige Geschichte der Visionen des Herrschers erzählte er dem Historiker Eusebius, der sie beschreibt in seinem *De Vita Constanti*, in H. Wace & P. Schaff (Hrsg.): *A Select Library of Nicene and Post-Nicene Fathers of the Christian Church* (Oxford, Parker & Co. 1890), S. 27-8.

Helena und die Entdeckung des wahren Kreuzes. John Julius Norwich: *Byzantium: the Early Centuries* (London, Viking 1988), S. 68; Gordon Stein: *Encyclopaedia of Hoaxes* (Detroit, Gale Research 1993), S. 235-6. Auch diese bemerkenswerte Geschichte ist relativ gut belegt – Bischof Cyril von Jerusalem (wahrscheinlich kein Augenzeuge) diskutierte sie nur 25 Jahre später, als wäre sie Allgemeinwissen.

Die Wunder des Christentums. Gerechterweise muß erwähnt werden, daß die katholische Kirche mit nur wenigen Ausnahmen nicht der Meinung ist, daß diese Wunder wahr sind. Viele Geistliche vertrauen ihnen, ob sie aber an sie glauben, bleibt eine Frage der privaten Entscheidung und nicht eines Dogmas.

Weinende Apollostatue. Zitiert in Robert Rickard und John Michell: *Phenomena* (London, Thames & Hudson 1977), S. 20-1.

Die menstruierende Skulptur in der Provinz Kerala. »Miracles«, *Fortean Times 36* (Winter 1982), S. 19-21, zitiert *Probe India* (August 1981).

Das blutende Grab im Libanon. Es handelt sich um das Grab von Pater Cherball, das sich in einem Kloster auf einer Bergspitze bei Annaya nördlich von Beirut befindet. Man glaubt, daß die 30jährige Jeannette Howard um das Jahr

1967 dort von einer Lähmung geheilt wurde. »Miracles«, *Fortean Times 16*, S. 7, 13-15.

Die Analyse von Proben blutender Statuen – ... Dies gilt angeblich auch für eine Flüssigkeit, die 1968 im brasilianischen Porto das Caixas einem blutenden Kreuz entnommen wurde. Ibd.

Weinende und blutende Skulpturen. Luigi Garlaschelli: »Weeping statues«, *Chemistry in Britain*, Bd. 31, 7 (Juli 1995), S. 534; Luigi Garlaschelli an Mike Dash, 27. Dezember 1995, Akten des Autors; zur Civitavecchia-Skulptur siehe »Virgin blood flood Italy«, *Fortean Times 81* (Juni/Juli 1995), S. 11; die Skulptur, die acht Jahre lang weinte, war die von Porto des Caixas, siehe Anmerkung oben. Garlaschelli merkte an, daß ein regelmäßiges Fließen am besten mit destilliertem Wasser erreicht werden kann, und daß die Mineralienablagerungen von gewöhnlichem Leitungswasser ein sporadisches Fließen hervorrufen. Dies könnte zur Erklärung des unvorhersehbaren Verhaltens der Skulpturen in den bekannten Fällen beitragen.

Trinkende Statuen. Hinduistischen Statuen wird regelmäßig derartige Nahrung angeboten, sie sollen aber im allgemeinen nur die immateriellen Anteile der Nahrung konsumieren. Es wurde vermutet, daß sich das Durcheinander mit den trinkenden Statuen deshalb so schnell verbreitete, weil es in der Saison des *Pitr Baksh* entstand, in der die Gläubigen den Statuen Milch für die Seelen ihrer Vorfahren anbieten. Joe Nickell, »Milk-drinking idols«, *Skeptical Inquirer (* März/April 1996), S. 7; »It's all in the lap of the gods«, *Fortean Times 84* (Dezember 1995/Januar 1996), S. 16-7.

Hölle in Sibirien entdeckt. »Hell found under Sibiria«,

Strange Magazine 7 (April 1991), S. 44; »Siberian hell«, *Fortean Times 59* (September 1991), S. 16; Paul Sieveking: »Driller chiller«, *Fortean Times 72* (Dezember 1993/Januar 1994), S. 42-3.

T. Lobsang Rampa. Lobsang Rampa: *Die Rampa-Story. Reise einer Seele* (Hamburg/Frankfurt a.M., Betzel 1987); Gordon Stein: op. –cit., S. 5-6; Bob Rickard: »T. Lobsang Rampa: the plumber from Plymton who became a lama from Lhasa«, *Fortean Times 63* (Juni/Juli 1992), S. 24-6. Übrigens stand das »T« im Namen von Rampa angeblich für *tuesday* (»Dienstag«).

Carlos Castañeda. Richard de Mille: *Castañeda's Journey: the Power and the Allegory* (Santa Barbara: Capra Press 1976); Stein: op. –cit., S. 1-3.

Eusapia Palladino. »Palladino, Eusapia«, in Leslie Shepard (Hrsg.): *Encyclopaedia of Occultism & Parapsychology 2nd edition* (Detroit, Gale Research 1985), Band 2, S. 997-1002; Hereward Carrington: *Personal Experiences in Spiritualism* (London, T. Werner Laurie, ohne Datum, ca. 1910); Gordon Stein: »Mediumship: is it mixed or just mixed up?«, *Skeptical Inquirer* Bd. 19, 3 (Mai/Juni 1995), S. 30-2. Übrigens handelt es sich bei Palladinos John King um den John King von Madame Blavatsky aus den frühen Tagen der Theosophischen Gesellschaft.

Mediumbetrügereien. Alan Gauld: *Mediumship and Survival: a Century of Investigations* (London, Heinemann 1982).

Mirabelli. Guy Lyon Playfair: *The Flying Cow: Research into Paranormal Phenomena in the World's Most Psychic*

Country (London, 1975), S. 78-110; Playfair: »Hoax! The great Mirabelli«, *Fortean Times 71* (Oktober/November 1993), S. 43-5. Auch Playfair neigte zu der Ansicht, daß es in den ersten Séancen von Mirabelli *etwas* gegeben haben könnte, ein echtes Phänomen, welches er später mit einigen recht simplen Zaubertricks duplizieren mußte.

Hamiltons Betrug mit der Kalbsentführung. Jerome Clark: *The Emergence of a Phenomenon* (Detroit), S. 192-200; *Atchinson County Mail* 7. Mai 1897, zitiert in ibd.

Absturz bei Aurora. H. Michael Simmons: »Once upon a time in the west, or, the mystery of the Aurora graveyard«, *Magonia 20* (August 1985), S. 3-6; Wallace Chariton: *The Great Texas Airship Mystery* (Plano, Wordware Publishing 1991), S. 197-214. Nach einer Neuuntersuchung stellte sich heraus, daß die Geschichte von Anfang bis Ende erfunden war – Judge Proctor, der in Aurora lebte, besaß nicht einmal eine Windmühle.

Lebender Ptyrodactylus. Michael Goss: »The french pterodactyl: Fortean folly«, *Magonia 21* (Dezember 1985), S. 3-7, 11.

Andere ungenaue Presseberichte aus dem 19. Jahrhundert. Ein Beispiel könnte der Betrug von Winstead Wildman von 1895 sein. Dieser Fall wurde »die erste große Aufregung um Bigfoot« genannt. Seit August berichteten viele Menschen, sie hätten einen nackten haarigen »wilden Mann« mit einer Größe von ca. 1,80 Meter entlang der Grenze zwischen dem Staat New York und Connecticut gesehen. In dieser Zeit erschienen mindestens 21 Presseberichte zu diesem Fall, die alle nahelegten, daß etwas wirklich Ungewöhnliches geschehen sei, bevor man herausfand, daß die Geschichte angeblich als Betrug durch einen schelmischen Zeitungsschreiber namens Louis Stone ins Leben gerufen worden war. Ein anerkannter Forscher vermutete jedoch, daß selbst die Verantwortlichkeit Stones ein Betrug sei und daß die ursprünglichen Berichte, die die Panik verbreitet hatten, auf die Sichtung eines Bären zurückzuführen seien. Michael T. Shoemaker: »Searching for the historical Bigfoot«, *Strange Magazine 5* (1990), S. 18-23, 57-62; Shoemaker: »The Winstead wild man revisited«, *Strange Magazine 11* (Frühjahr/Sommer 1993), S. 30-1, 59.

Ummo-Affäre. Jerome Clark: *High Strangeness: the UFO Encyclopaedia 1960 1979* (Detroit, Omnigraphics 1996), S. 512-16; Luis Gonzales: »The planet of the anonymous correspondents«, *Magonia 47* (Oktober 1993), S. 9-14.

Carlos Allende und die Experimente von Philadelphia. Goerman, selbst ein Einwohner von New Kensington, bekam durch einen glorreichen Zufall Wind von dem Betrug. Er fand heraus, daß sein direkter Nachbar niemand anderes als der Vater von Carlos Allende war. Zur Geschichte des Experiments siehe Charles Berlitz & William Moore: *Das Philadelphia-Experiment* (München, Droemer Knaur 1995); Robert Goerman: *The Allende Dossier* (Brackenridge, Goerman Publishing 1982); Jerome Clark: »Allende letters«, *The Emergence of a Phenomenon: UFOs from the Beginning through 1959* (Detroit, Omnigraphics 1992); Jacques Vallée: »Anatomy of a hoax: the Philadelphia Experiment 50 years later«, *Journal of Scientific Exploration,* Bd. 8, 1 (1994), S. 47-71. Auszüge aus dem kommentierten UFO-Fall sind in verschiedenen bekannten UFO-Büchern enthalten, wie z.B. Brad Steiger und Joan Whritenour: *The New UFO Breakthrough* (London, Tandem 1973), S. 61-6. Obwohl heute allgemein als Betrug bezeichnet, wurde das *Philadelphia-*

Experiment für eine neue Lesergeneration unter dem Deckmantel *Montauk-Projekt* neu geboren. In mehreren Büchern dazu wird vermutet, daß man bei den Experimenten nach Philadelphia-Art, die auf einem geheimen Stützpunkt der Luftwaffe in Montauk fortgeführt wurden, versuchte, die Zeit zu steuern. Es gibt aber kaum Beweise für derartige Vorgänge. (Siehe z.B. Preston Nichols/Peter Moon: *Montauk Projekt. Experimente mit der Zeit* [Hermetika 1994]). Die Wahrheit ist vielleicht viel einfacher. In seiner Arbeit zitiert Vallée ein Interview mit einem anderen Matrosen, der an Bord der Schwesterschiffe in Philadelphia war. Dieser gab an, daß wirklich ein geheimes Experiment stattgefunden habe, bei dem allerdings neue Geräte zur Demagnetisierung von Schiffsrümpfen eingesetzt worden seien. Auf diese Weise sollten die deutschen Magnetsuchtorpedos unbrauchbar gemacht werden.

Majestetic 12. Die Frage der »gefälschten Unterschrift« bleibt weiter offen. Sie ist nicht absolut identisch mit der von Klass gefundenen Unterschrift von Truman. Dies erklären Skeptiker damit, daß die MJ-12-Papiere mindestens einmal kopiert wurden, was zu Verzerrungen in den relativen Proportionen der Linien geführt habe. Befürworter argumentieren, daß verschiedene Teile der Unterschrift scheinbar in unterschiedlichem Maße vergrößert wurden, weshalb eines keine Kopie des anderen sein könne. Zum Standpunkt der Befürworter siehe Timothy Good: *Jenseits von Top Secret. Das geheime Ufo-Wissen der Regierungen. Eine Dokumentation* (Frankfurt a.M., Zweitausendeins 1993); Stanton Friedman: *Top Secret/MAJIC* (New York, Marlowe & Company 1986). Zur Ansicht der Kritiker siehe Philip Klass: »The MJ-12 Papers' parts 1 and 2«, *Skeptical Inquirer*, Bd. 14, 2 (Winter 1990), S. 136-8; Joe Nickell & John Fischer: *Mysterious Realms: Probing Paranormal, Historical and*

Forensic Enigmas (Buffalo, Prometheus Books 1992), S. 81-105.

AFOSI. Zu einer Übersicht dieser extrem umfangreichen Verschwörungstheorie siehe Jerome Clark: *UFOs in the 1980s* (Detroit, Apogee Books 1990), S. 99-109; Curtis Peebles: *Watch the Skies! A Chronicle of the Flying Saucer Myth* (Washington, Smithsonian Institution Press 1994), S. 256-82. Ein Punkt, der vielleicht erwähnt werden sollte, ist die Art und Weise, in der Dotys AFOSI-Karriere zu Ende ging. Er wurde 1986 von New Mexico nach Deutschland versetzt und beauftragt, sich mit einer Reihe von kommunistischen Informanten in Verbindung zu setzen. Dotys Vorgesetzte hegten den Verdacht, daß er einige seiner Unterlagen gefälscht hatte. Als er einen Test mit dem Lügendetektor nicht bestand, wurde er in die USA zurückgeschickt. Dort verbrachte er sein letztes Jahr als Kantinenmanager und »Spezialist für Verpflegung« bei der Luftwaffe.

Geisterfotografien. Stein: op. –cit., S. 183-5; Shepard: op. –cit., S. 1261-2.

Elfen von Cottingley. Arthur Conan Doyle: *The Coming of the Fairies* (London, Hodder & Stoughton 1922); Geoffrey Crawley: »That astonishing affair of the Cottingley fairies«, *British Journal of Photography 24+31* (Dezember 1982), 7+21+28 (Januar), 4+11+18 (Februar), 1+8 (April 1983); Joe Cooper: *The Case of the Cottingley Fairies* (London, Robert Hale 1990); K. M. Briggs: *The Fairies in Tradition and Literature* (London, RKP 1978), S. 238-40.

Andere Elfenfotos. Zu den Elfenfotos von Doc Shiels siehe Anthony Shiels: *Monstrum! A Wizard's Tale* (London, Fortean Tomes 1990), S. 55-7; Mark Chorvinsky: »The

Shiels-related fairy photos«, *Strange Magazine 9* (Frühjahr/ Sommer 1992), S. 24-5, 60. In einer zweiten Ausgabe von *The Coming of the Fairies* veröffentlichte Doyle eine Reihe von angeblichen Elfenfotos, die in Ostpreußen aufgenommen worden waren. Diese Fotos wurden in der Phänomen-Literatur niemals besprochen, und zeitgenössische Forscher scheinen sich ihrer Existenz nicht bewußt zu sein.

Shiels' Monsterfotos. Mark Chorvinsky: »The ›Mary F.‹ Morgawr photographs investigation«, *Strange Magazine 8* (Herbst 1991), S. 11, 46-8; Chorvinsky: »The ›GB Gordon‹ Shill photograph«, ibd., S. 15, 51; Chorvinsky: »The trickster«, ibd., S. 16-7, 54-5. »Doc ist ein Serienbetrüger, der immer wieder als eine Art des Selbstausdrucks zum Betrug getrieben wird«, folgerte Chorvinsky.

Irvines Filme. Die Möglichkeit, daß Irvines Film von 1936 gefälscht war, wurde erstmals in Betracht gezogen von Constance Whyte: *More than a Legend* (London, Hamish Hamilton 1957). Der Film wurde kürzlich wiederentdeckt und sieht tatsächlich nicht besonders echt aus.

Pattersons Bigfoot-Film. John Napier: *Bigfoot: the Yeti and Sasquatch in Myth and Reality* (London, Abacus 1976), S. 73-80; Mark Chorvinsky: »The makeup man and the monster«, *Strange Magazine 17* (Sommer 1996), S. 6-10, 51-3. Kürzlich wurde offengelegt, daß es einen weiteren Grund dafür gebe, die Authentizität des Films anzuzweifeln: Patterson und Gimlin wurden von Ray Wallace – jenem Straßenbauer, welcher verdächtigt wird, die erste moderne Bigfoot-Sichtung gefälscht zu haben (siehe Kapitel 5) – zu dem Gebiet von Bluff Creek geführt, wo die Szene gefilmt wurde. Dies legt nahe, daß die beiden Männer die unschuldigen Opfer eines dritten Fälschers sind.

Übungen für Betrüger. Vallée: op. –cit., Marcello Truzzi: »The seciology and psychology of hoaxes« in Stein: op. –cit., S. 291-7.

9. Unwiderlegbare Beweise?

Überprüfbarer und wiederholbarer Versuch unmöglich. Gertrude Schmeidler: »Some guidelines from research findings« in Ivor Grattan-Guinness (Hrsg.): *Psychical Research: a Guide to its History, Principles and Practices* (Wellingborough, Aquarian 1982), S. 268-83.

Hendrys UFO-Untersuchungen. Allan Hendry: *The UFO Handbook: a Guide to Investigating, Evaluating and Reporting UFO Sightings* (Garden City, New Jersey, Doubleday & Company 1979).

Gespenstische Seen und Hütten. John Michell und Robert Rickard: *Phenomena* (London, Thames & Hudson 1976), S. 51-2.

Fall des verschwundenen Hotels. Skeptical Briefs (Dezember 1995), S. 2. Es gibt auch ein folkloristisches Element in diesem Geschichtenzyklus, da Parallelen mit der Erzählung einer Mutter über eine Reise mit ihrer Tochter zur Pariser Ausstellung von 1889 vorhanden sind. Nach ihrer Ankunft (aus Indien auf dem Weg nach London) zogen sie sich in Zimmer 342 ihres Hotels zurück, das äußerst charakteristisch eingerichtet war. Die Mutter fühlte sich krank, woraufhin die Tochter allein das Hotel verließ, um Medikamente zu holen. Nachdem sie einige Stunden später zurückkehrte, war ihre Mutter verschwunden und das Zimmer auf mysteriöse Weise völlig neu eingerichtet. Ein ungläubiger

Hotelmanager bestand darauf, daß er keine der beiden Damen jemals vorher gesehen habe und verwies auf die Gästeliste des Hotels, die beide unterschrieben hatten, in der sich nun aber keine Spur vom Namen der Mutter befand. Voller Sorge suchte die junge Frau erfolglos Hilfe bei der Polizei und dem britischen Botschafter. Erst später stellte sich heraus, daß die Mutter plötzlich an der Pest gestorben war und daß die Hotelleitung und die Stadtbehörden in der Angst, eine Panik könnte die Ausstellung ruinieren, es geduldet hatten, daß alle Spuren ihrer Existenz verwischt wurden. Dieser Vorfall wurde erstmals in Form einer Kurzgeschichte mit dem Titel *Too long at the Fair* beschrieben, wurde seitdem jedoch als Fakt in einer Reihe von Büchern über seltsame Phänomene aufgenommen, wie z.B. im *Reader's Digest Book of Strange Stories, Amazing Facts* (London, Reader's Digest Association 1979), S. 361.

Blackmore und das SPR-Archiv. Susan Blackmore: *The Adventures of a Parapsychologist* (Amherst, Prometheus Books 1996).

Der indische Seiltrick. Richard Wiseman und Peter Lamont: »Unravelling the Indian rope-trick«, *Nature, Bd. 383, 6597* (19. September 1996), S. 212; Rupert Gould: »The Indian rope-trick« in *The Stargazer Talks* (London, Geoffrey Bles 1943), S. 7-13; Eric Dingwall: »The end of a legend: a note on the magical flight« in Allan Angoff und Diana Barth (Hrsg.): *Parapsychology and Anthropology: Proceedings of an International Conference Held in London, England, August 29-31 1973* (New York, Parapsychology Foundation 1974), S. 241-61.

Erwartungshaltung. Graham Reed: *The Psychology of Anomalous Experience* (Buffalo, Prometheus Books 1988), S. 58-

60; Tim Dinsdale: *Loch Ness Monster* (London, Routledge & Kegan Paul 1961), S. 81-2; persönliche Gespräche mit Adrian Shine, 1984.

UFO-Flut von 1947. Ted Bloechner: *The Report on the UFO Wave of 1947* (Washington, The Author 1967); Jan Aldrich: *Project 1947*, Presseveröffentlichung November 1996.

Die große Furcht. Simon Schama: *Citizens: a Chronicle of the French Revolution* (London, Viking 1989), S. 429-36. Schama merkte an, daß ein ähnliches Phänomen 1703 in Frankreich auftrat, es aber in Wirklichkeit viele historische Parallelen gäbe.

Chinesische Hysterie wegen Haarabschneidern. Steve Moore: »Tales from the Yellow Emporium«, *Fortean Times 39* (Frühjahr 1983), S. 51-3; »Tales from the Yellow Emporium«, *Fortean Times 40* (Sommer 1983), S. 42-3; »Chinese hair-cutting panics: a tail-piece«, *Fortean Times 59* (September 1991), S. 48-50.

Verschwundener Penis. Bob Rickard: »Jewel heist panic«, *Fortean Times 56* (Winter 1990), S. 33.

Ziegenaussauger. Scott Corrales: *The Chupacabras Diaries: an Unofficial Chronicle of Puerto Rico's Paranormal Predator* (Derrick Hill, Samizdat Press 1996); Corrales: »How many goats can a goatsucker suck?«, *Fortean Times 89* (August 1996), S. 34-8; »Euro-sucker?«, *Fortean Times 95* (Februar 1997), S. 8. Der wichtigste Chronist für Ziegenaussauger, Scott Corrales, notierte zwei mögliche Vorboten der Panik: zum einen eine Welle von Rinderverstümmelungen im Jahr 1975 und zum anderen eine wenig bekannte Welle der Panik wegen einer Plage von »Vampirvögeln« aus dem

Jahr 1989. Er untersuchte auch die sensationsgeprägte Berichterstattung in der Presse von Puerto Rico.

»Rund um die UFOs – ... « Ron Westrum: »Witnesses of UFOs and other anomalies«, in Richard Haines (Hrsg.): *UFO Phenomena and the Behavioural Scientist* (Metuchen, New Jersey, Scarecrow Press 1979), S. 91.

Ansteckungstheorie. Joe Nickell: »The Devil's Footprints: solving a mystery«, *Skeptical Inquirer,* Bd. 20, 1 (Januar/Februar 1996), S. 18-20; Nickell: *Entities: Angels, Spirits, Demons and Other Alien Beings* (Amherst, Prometheus Books 1995), S. 43.

Walter Powell und der Saladin. Nigel Watson: *Phantom Aerial Flaps and Waves, Magonia Occasional Paper No. 1* (London, Magonia Magazine 1987), S. 9.

Massenhysterie. »Spring fever«, *Fortean Times 69* (Juni/Juli 1993), S. 16; Leonard George: *Alternative Realities: the Paranormal, the Mystic and the Transcendent in Human Experience* (New York, Facts on File 1995), S. 114-6.

Mehrere Augenzeugen. Westrum: op. –cit., S. 106-07.

»Höchst merkwürdige« Erlebnisse. Ibd. In einer Studie von 334 Begegnungen mit humanoiden Wesen wird angegeben, daß bei 61 Prozent der Vorfälle nur ein einziger Zeuge vorhanden war.

Daniel Home. Eric Dingwall: *Some Human Oddities* (London, Home & Van Thal 1947), S. 91-128, 187-193; Leslie Shepard (Hrsg.): *Encyclopaedia of Occultism and Parapsychology* (Detroit, Gale Research 1984), Bd. 2, S. 621-

5, 759-61; Trevor Hall: *The Enigma of Daniel Home: Medium or Fraud?* (Buffalo, Prometheus Books 1984). Gerechterweise muß erwähnt werden, daß es erstens einige Zweifel darüber gibt, in welchem Zimmer, auf welcher Etage und in welchem Haus die Séance stattfand und welche relative Position und welchen Abstand voneinander die beiden Fenster hatten. Außerdem schien Home bei einigen anderen Anlässen vor mehreren Zeugen zu deren Zufriedenheit zu schweben. Dieser Fall ruft noch immer heftige Debatten hervor.

Schwankende Statue von Ballinspittle. Lionel Beer: *The Moving Statue of Ballinspittle and Related Phenomena* (London, Spacelink Books 1986); Joe Nickell: *Looking for a Miracle: Weeping Icons, Relics, Stigmata, Visions and Healing Cures* (Buffalo, Prometheus Books 1993), S. 64-5.

Autokinese. George: op. –cit., S. 27.

Folie à deux. George: op. –cit., S. 137; Hilary Evans: *God, Spirits, Cosmic Guardians* (Wellingborough, Aquarian 1987), S. 239, 256-7.

Entführung von Linda Napolitano. Budd Hopkins: *Entführt ins All. Die Ufo-Kidnapper an der Brooklyn-Bridge* (Berlin, Ullstein 1997); Philip J. Klass: »New Hopkins book«, *Skeptics' UFO Newsletter 42* (November 1996), S. 1-7.

Probleme mit Bigfoot. Janet und Colin Bord: *Bigfoot Casebook* (St. Albans, Granada 1982); John Green: *Sasquatch: the Apes Among Us* (Seattle, Hancock House Publishers 1978).

Das Monster von Lough Nahooin. F.W. Holiday: *The*

Dragon and the Disc: an Investigation into the Totally Fantastic (London, Futura 1974), S. 48-62; Roy Mackal: *The Monsters of Loch Ness* (London, Futura 1976), S. 40-1.

Meerjungfrauen. Gwen Benwell und Arthur Waugh: *Sea Enchantress: the Tale of the Mermaid and her Kin* (New York, Citadel Press 1965); Michel Meurger und Claude Gagnon: *Lake Monster Traditions: a Cross-Cultural Analysis* (London, Fortean Tomes 1988), S. 18-22.

Fotografische Beweise für das Monster von Loch Ness. Siehe Untersuchungen in Roy Mackal: *The Monsters of Loch Ness* (London, Futura 1976), S. 93-122, 273-6; Ronald Binns: *The Loch Ness Mystery Solved* (Shepton Mallet, Open Books 1983), S. 107-125; und Steuart Campbell: *The Loch Ness Monster: the Evidence* (Wellingborough, Aquarian 1986), S. 35-74.

Fotos von Lowrie. Tim Dinsdale: *Loch Ness Monster* (London, Routledge & Kegan Paul 1976), S. 104-6; Dinsdale: *The Leviathans* (London, Futura 1976), S. 19-21.

Geist von Raynham Hall. Robert Rickard und Richard Kelly: *Photos of the Unknown* (London, New English Library 1980), S. 1.

Abdrücke von Bigfoot. John Napier: *Bigfoot: the Yeti and the Sasquatch in Myth and Reality* (London, Abacus 1976), S. 96-119; Janet und Colin Bord: *Bigfoot: the Evidence* (Wellingborough, Aquarian 1984), S. 90-6; Michael R. Dennett: »Evidence for Bigfoot? An investigation of the Mill Creek sasquatch prints«, *Skeptical Inquirer,* Bd. 13, 3 (Frühjahr 1989), S. 264-72.

Joe Simontons außerirdische Pfannkuchen. John Rimmer: *The Evidence for Alien Abductions* (Wellingborough, Aquarian 1984), S. 79; Jerome Clark: *High Strangeness: UFOs from 1960 Through 1979* (Detroit, Omnigraphics 1996), S. 168-75. Es scheint einige Zweifel hinsichtlich Simontons Beschäftigung zu geben. Es wurde manchmal behauptet, er sei Hühnerzüchter.

Ubatuba-Material. Jerome Clark: *The Emergence of a Phenomenon: UFOs from the Beginning Through 1959* (Detroit, Omnigraphics 1994), S. 331-3; Jenny Randles: op. –cit., S. 74-7.

Begegnung von Trans-en-Provence. Jerome Clark: *UFOs in the 1980s* (Detroit, Apogee Books 1990), S. 205-07.

Begegnung vom Falcon-See. Jerome Clark: *High Strangeness,* S. 191-200.

Das Blut des heiligen Januarius. Der beste Überblick über dieses bekannte Phänomen aus der letzten Zeit ist Bob Rikkard: »Seeing red: the blood miracle of Naples«, *Fortean Times 65* (Oktober/November 1992), S. 36-41. Zu Garlaschellis Ansichten über Thixotropie siehe Luigi Garlaschelli und Sergio Della Sala: »Working bloody miracles«, *Nature* (10. Oktober 1991), Bd. 353, S. 507. Es scheint bemerkenswert, daß sich Januarius' Blut ursprünglich nur einmal im Jahr an seinem Feiertag verflüssigte.

Fälle, in denen sich das Blut nicht verflüssigte. Hier scheint es eine strenge Trennung zwischen den 17 Feiertagen im Mai und September zu geben, an denen ein Ausbleiben der Blutverflüssigung sehr ernst genommen wird, und dem einzigen Feiertag im Dezember, da das Ausbleiben an diesem Tag nicht ungewöhnlich ist. Nach der Tabelle von Alfana und Amitrano: *Il Miracolo di San Gennaro* (Neapel 1924, zitiert in ibd.), ist die Verflüssigung in den letzten 200 Dezemberfeiertagen in 78 Fällen ausgeblieben, während sie an den 3400 Feiertagen im Mai und September des gleichen Zeitraums nur selten – weniger als 50mal – ausblieb. Die große Diskrepanz zwischen diesen Zahlen (Verhältnis von 1:2,6 im Dezember und 1:6 im Mai und September) läßt sich scheinbar nicht ausschließlich mit Hilfe der Thixotropie-Theorie erklären.

Der »endgültige« Beweis. Ein weiteres Beispiel ist die sogenannte »Untertasse von Silpho Moor«, ein Miniatur-UFO mit einem Durchmesser von zirka 45 Zentimetern, das Ende der 50er Jahre auf einem Erdwall in der Nähe von Fylingdales Frühwarnstation in Yorkshire auftauchte. Die Untertasse schien leer zu sein, mit Ausnahme einer Kupferstange und einer fest darum gewickelten Metallspule, in die eine Reihe von Hieroglyphen geätzt waren. Eine nähere Untersuchung zeigte, daß die Röhre mit 17 hauchdünnen Kupferplättchen mit ähnlichen Hieroglyphen gefüllt war. Die Übersetzung ergab, daß es sich um eine Nachricht an die Menschheit handelte, die aus 2000 Wörtern bestand und angeblich von einem Außerirdischen namens Ullo geschrieben worden waren. Nachdem die Untertasse von Silpho Moor durch viele Hände gegangen war, wurde sie zuletzt in einem Fish'n'Chips-Stand irgendwo im Osten von Yorkshire ausgestellt gesehen. Seither blieben alle Versuche, sie wiederzufinden, ohne Erfolg. Wahrscheinlich war sie eine Fälschung, wenn auch eine sinnlose. Jenny Randles: *UFO Retrievals* (London, Blandford 1995), S. 77-82.

Dr. McRaes Monsterfilme. Es ist erwähnenswert, daß Holidays Hauptinformant, der schottische Landschaftsmaler Alaister Dalls, dieser Version der Ereignisse später in einem Interview mit Alan Wilkins widersprach. F.W. Holiday: *The Great Orm of Loch Ness* (London, Faber & Faber 1971), S. 113-17; Mackal: op. –cit., s. 116-7; Campbell: op. –cit., S. 53.

Kadaver der New-River-Mündung. Bernard Heuvelmans: *In the Wake of the Sea Serpents* (London, Rupert Hart-Davis 1968), S. 131.

Hagelunds Babymonster. Paul LeBlond und Edward Bousfield: *Cadborosaurus: Survivor from the Deep* (Victoria, Horsdal & Schubart 1995), S. 57-9, 121.

Bigfoot. Bord & Bord: op. –cit., S. 128-9.

Mumifizierte »Yeti-Hand«. Loren Coleman: *Tom Slick and the Search for the Yeti.*

10. Antworten aus dem Verborgenen

Philip, der einfallsreiche Geist. Iris M. Owen und Margaret Sparrow: *Conjuring up Philip* (New York, Harper & Row 1976). Hätte sich Philip materialisiert, wäre er zu etwas geworden, das Okkultisten ein »Gedankengebilde« nennen. Hilary Evans: *Visions, Apparitions, Alien Visitors* (Wellingborough, Aquarian 1986), S. 216-221, gibt zwei Beispiele für scheinbar gelungene Versuche zur Erzeugung von Gedankengebilden an. Bei einem dieser Experimente aus dem Jahr 1913 in St. Petersburg gelang es, zeitweise die Märchenfigur »der gestiefelte Kater« zu erzeugen.

Das Kobold-Universum. F.W. Holiday: *The Goblin Universe* (St. Paul, Minnesota, Llewellyn Publications 1986), S. 214.

Ultraterrestrier. Jerome Clark: *High Strangeness: UFOs from 1960 Through 1979* (Detroit, Omnigraphics 1996), S. 511-12.

Thelma Arnolds Bigfoot. B. Ann Slate und Alan Berry: *Bigfoot* (New York, Bantam Books 1976), S. 118-9. »Arnold« ist in Wirklichkeit ein Pseudonym.

Der telepathische Bigfoot. Janet und Colin Bord: *The Evidence for Bigfoot and Other Man-Beasts* (Wellingborough, Aquarian 1984), S. 115-6.

Zu Phantasien neigende Personen. Jerome Clark: *UFOs in the 1980s* (Detroit, Apogee Books 1990), S. 11-12; Robert Baker: »The aliens among us: hypnotic regression revisited«, *Skeptical Inquirer,* Bd. 12, 2 (Winter 1987-88), S. 147-62; Mark Rodeghier, Jeff Goodpaster & Sandra Blatterbauer: »Psychosocial characteristics of abductees: results from the CUFOS Abduction Project«, *Journal of UFO Studies new series 3 (1991), S.* 59-90; Leonard George: *Alternative Realities: The Paranormal, the Mystic and the Transcendent in Human Experience* (New York, Facts on File 1995), S. 4-5, 51-2, 96-7; Joe Nickell: »A study of fantasy proneness in the thirteen cases of alleged encounters in John Mack's Abduction«, *Skeptical Inquirer,* Bd. 20, 3 (Mai/Juni 1996), S. 18-20, 54.

»In der Regel hat das Individuum – ... « Hilary Evans: *Gods, Spirits, Cosmic Guardians* (Wellingborough, Aquarian 1986), S. 268.

Theorie der »Aufbauphase«. John Rimmer: *The Evidence for Alien Abductions* (Wellingborough, Aquarian 1984), S. 49-50.

Mrs. Piper. Leslie Shepard: *The Encyclopaedia of Occultism and Parapsychology* (Detroit, Gale Research 1985), Bd. 3, S. 1037.

Mrs. Leonard. Ibd., Bd. 2, S. 755.

Catherine Muller. Hilary Evans: »Talking with Martians«, *Fortean Times 76* (August/September 1994), S. 22-3.

Die heilige Catherine Laboure. Joe Nickell: *Looking for a Miracle: Weeping Icons, Relics, Stigmata, Visions & Healing Cures* (Buffalo, Prometheus Books 1993), S. 170.

Paul Bennett. Nigel Watson, *Portraits of Alien Encounters* (London, Valis Books 1990), S. 16-71.

»Die meisten Forscher... « George: op. –cit., S. 97.

Veränderter Bewußtseinszustand. George: op. –cit., S. 11-13, 126-7; Graham Reed: *The Psychology of Anomalous Experience* (Buffalo, Prometheus Books 1988), S. 168-9.

»Sie ist der Wachzustand... « George: op. –cit., S. 11-12.

»... ein Zustand, in dem [ein Individuum]... « Ibd., zitiert C.T. Tart (Hrsg.): *Altered States of Consciousness: a Book of Readings* (New York, Wiley 1969).

Schlafphänomen. Peretz Lavie: *The Enchanted World of Sleep* (New Haven, Yale University Press 1996), S. 79-80.

Halluzinationen. Reed: op. –cit., S. 46-68.

Hypnagogische und hypnopompische Phase. Obwohl ich

den Begriff »Halluzination« verwende, um diese Phasen zu beschreiben, gibt es immer noch einige Kontroversen darüber, ob sie wirkliche Halluzinationen oder einfache Bilder sind – in anderen Worten Dinge, von denen der Wahrnehmende weiß, daß sie nicht wahr sind. Ich ziehe den Begriff Halluzination hier vor, weil es klar scheint, daß einige Erfahrungen, die durchaus hypnagogisch oder hypnopompisch anmuten, dem Wahrnehmenden völlig real erscheinen, und zwar in der Hinsicht, daß es ihm später schwerfallen wird, das Erlebnis zu rationalisieren. Ibd., S. 65. Allgemein siehe David Hufford: *The Terror That Comes in the Night: an Experience-Centred Study of Supernatural Assault Traditions* (Philadelphia, University of Philadelphia Press 1982); Evans: op. –cit., S. 45-58; Baker: op. –cit.; George: op. –cit., S. 126-8.

»Eine nichtsahnende Frau ... « David Jacobs: *Geheimes Leben. Dokumentierte Berichte über UFO-Entführungen aus erster Hand* (Rottenburg, Jochen Kopp 1995);

Halluzinationen und Absorptionen. George: op. –cit., S. 4-5, 83-4, 105-7, 117-9.

Gefühl für Kälte. Celia Green und Charles McCreerey: *Apparitions* (London, Hamish Hamilton 1975), S. 117.

Oz-Faktor. Jenny Randles: *UFO Reality: a Critical Look at the Physical Evidence* (London, Robert Hale 1983); Jerome Clark: *UFOs in the 1980s* (Detroit, Apogee Books 1990), S. 169-70.

Besessenheit. T.K. Osterreich: *Possession, Demoniacal and Other Among Primitive Races in Antiquity, the Middle Ages and Modern Times* (Secaucus, New Jersey, Citadel Press

1974); Rossell Hope Robbins: *The Encyclopaedia of Witchcraft and Demonology* (London, Bookplan 1964), S. 392-8; Marc Cramer: *The Devil Within* (London, W.H. Allen 1979); Barry Beyerstein, »Neuropathology and the legacy of spirit possession«, *Skeptical Inquirer,* Bd. 12, 3 (Frühjahr 1988), S. 248-62.

Temporale Schläfenlappenepilepsie. Robert Durrant: »Temporal lobe epilepsy«, *Mutual UFO Network Investigator's Edge series No. 11* (1991); Beyerstein: op. –cit., S. 251-5; George: op. –cit., S. 276-7; Susan Blackmore: »Alien abduction: the inside story«, *New Scientist (* 19. November 1994), S. 29-31; Richard Restak: »Complex partial seizures present diagnostic challenge«, *MHI* (September 1995).

Jacobs Kritik an Persinger. Jacobs: *Geheimes Leben. Dokumentierte Berichte über UFO-Entführungen aus erster Hand* (Rottenburg, Jochen Kopp 1995).

Todesfälle durch Sauerstoffmangel. Nigel Watson: »Historical aerospatial anomalities«, *Fortean Times 36* (Winter 1982), S. 44-46; Ian Skinner: »Mystery of the deep«, *Fortean Times 92* (November 1995), S. 51.

Erinnerungen und falsche Erinnerungen. Reed: op. –cit., S. 69-90; George: op. –cit., S. 93-5; Lawrence Wright: *Erinnerungen an Satan. Ein Vater wird angeklagt* (München, dtv 1996); Ted Goertzel: »Measuring the prevalence of false memories«, *Skeptical Inquirer,* Bd. 18, 3 (Frühjahr 1994), S. 266-72; Martin Gardner: »The tragedies of false memory«, *Skeptical Inquirer,* Bd. 18, 5 (Herbst 1994), S. 464-70.

Ofshe »bezweifelte jetzt ernsthaft ... « Wright: *Erinnerun-*

gen an Satan. Ein Vater wird angeklagt (München, dtv 1996).

Hypnose. Baker: op. –cit.; Evans: op. –cit., S. 186-8; Ian Wilson: *Mind Out of Time?: Reincarnation Claims Investigated* (London, Victor Gollancz 1981), S. 95-114; Peter Reeven: »Fantasising under hypnosis: some experimental evidence«, *Skeptical Inquirer,* Bd. 12, 2 (Winter 1987-88), S. 181-83; Jonathan Venn: »Hypnosis and reincarnation: a critique and case study«, *Skeptical Inquirer,* Bd. 12, 4 (Sommer 1988), S. 286-91.

Kryptomnesie. George: op. –cit., S. 59-60; Melvyn Willin: »Music form beyond the veil – or within ourselves?« *The Skeptic,* Bd. 10, 5/6 (Dezember 1996), S. 37-40.

Kryptästhesie. George: op. –cit., S. 57-8.

Pareidolien. Ibd., S. 97-8, 212-14. Zu Christus an der Tür zum Hühnerstall siehe »Henhouse ›Images‹«, *Fortean Times 18* (Oktober 1976); zur heiligen Tortilla Rickard und Kelly: op. cit., S. 95.

Elektronische Stimmen. Konstantin Raudive: *Breakthrough: an Amazing Experiment in Electronic Communication* (Gerrards Cross, Colin Smythe 1971); William Welch: *Talks With the Dead* (New York, Pinnacle Books 1975); Alan Cleaver: »But are the voices lying?« The Electronic Voice Phenomenon: tape recordings or ... ?, *Common Ground 1* (1982), S. 23-6; Alexander Macrae: »Breakthrough! Again?« *Common Ground 6* (1983), S. 32-4.

UFO-Zeichnungen. Richard Haines: »What do UFO drawings by alleged eyewitnesses and non-eyewitnesses have in common?«, in Haines (Hrsg.): *UFO Phenomenoa and the Behavioural Scientist* (Metuchen, New Jersey, Scarecrow Press 1979), S. 358-95.

Lawsons Entführungsexperimente. Clark: op. –cit., S. 2-3, 181-2; Evans: op. –cit., S. 174-85; Jacobs: *Geheimes Leben. Dokumentierte Berichte über UFO-Entführungen aus erster Hand* (Rottenburg, Jochen Kopp 1995).

11. Mysteriöse Trends

Phantome der Sozialarbeiterinnen. Mike Dash: »The case of the phantom social workers«, *Fortean Times 57* (Frühjahr 1991), S. 43-5; Bob Rickard: »Social panics«, *Fortean Times 61* (Februar 1992), S. 36; Bob Rickard: »The sprectral inspectorate«, *Fortean Times 66* (Dezember 1992/Januar 1993), S. 48-9; Bob Rickard: »Fear on the doorstep«, *Fortean Times 77* (Oktober/November 1994), S. 36-8; Joe McNally: »It's all right missus, we're from the social«, *Fortean Times 87* (Juni 1996), S. 18.

Hypothese vom kulturellen Ursprung. Jerome Clark: *UFOs in the 1980s* (Detroit, Apogee Books 1990), S. 172-85.

Bakers Reinkarnationsexperimente. Robert Baker: »The effect of suggestion on past lives regression«, *American Journal of Clinical Hypnosis 25* (1982), S. 71-6.

Tendenz von Rückkehrenden aus vergangenen Leben spiegelt Ansichten von Hynotiseuren wider. Ian Wilson: *Mind out of Time? Reincarnation Claims Investigated* (London, Victor Gollancz 1981), S. 95-114.

Wilsons Analyse von Stevensons Reinkarnationsdaten. Ibd., S. 53-60.

Michel Meurger und die Hypothese vom kulturellen Ursprung. Michel Meurger: *Lake Monster Traditions: a Cross-Cultural Analysis* (London, Fortean Times 1988).

Saint-François-See. Ibd., S. 59-77, 117.

Seltsame Modeerscheinungen. Seltsame Phänomene werden nicht nur geboren, sie sterben auch. Viele der unerklärten Mysterien, die frühere Generationen schockierten, sind heute gänzlich vergessen, einige von ihnen erblühten und vergingen in nur einer einzigen Lebenszeit.

Ein sehr schönes Beispiel für ein derartig kurzlebiges Phänomen ist die verlorene Kunst der Nauskopie, die nur wenige Jahre im späten 18. Jahrhundert auf der Insel Mauritius im Indischen Ozean florierte. Die Nauskopie war nach Angaben ihres Erfinders, eines obskuren französischen Marineoffiziers namens Bottineau, eine Methode zur Bestimmung sich nähernder Schiffe, die sich bis zu 900 Kilometern entfernt befanden. Sie wurde durch eine genaue Untersuchung des Horizonts vorgenommen. Bottineau behauptete, daß es mit ein wenig Übung möglich sei, bestimmte atmosphärische Effekte zu isolieren, die auf das Vorhandensein von Schiffen unter dem Horizont schließen ließen: »Wenn sich ein Schiff dem Land oder einem anderen Schiff nähert, erscheint ein Meteor von einer bestimmten Art in der Atmosphäre, der ohne größeren Aufwand für jedes Auge sichtbar ist: dies ist [...] das notwendige Ergebnis der Annäherung eines Schiffes an ein anderes oder an das Land. Die Existenz dieses Meteors und die Kenntnis seiner verschiedenen Modifikationen bilden die Sicherheit und Präzision meiner Voraussage.«

Um was es sich bei diesem mysteriöse Meteor auch immer handelte, scheint es doch unwahrscheinlich, daß er so leicht zu erblicken war, wie Bottineau behauptete. Er nutzte seine »bemerkenswerte« Entdeckung offenbar in erster Linie dazu, Geld zu machen. So schloß er Wetten mit den Offizieren der französischen Garnision darüber ab, wann das nächste Schiff mit Kurs auf die Insel landen würde. Zwischen 1778 und 1782 scheint er die Ankunft von 575 Schiffen auf Mauritius erfolgreich vorausgesagt zu haben, in einigen Fällen sogar vier Tage vor ihrer Landung. Aus erhaltenen Zeitungen wird ersichtlich, daß der Governeur der Insel, Viscount de Souillac, und mehrere seiner höheren Offiziere durchaus davon überzeugt waren, daß Bottineau eine bemerkenswerte Entdeckung gemacht hatte. Dem »Leuchtturmzauberer«, wie Bottineau genannt wurde, war es offenbar gelungen, seine gelegentlichen Verfehlungen zur Zufriedenheit der Obrigkeit zu erklären.

Wir werden sicher nie erfahren, ob die Nauskopie nur ein Betrug, ein einzigartiges meteorologisches Phänomen, das an Wunder grenzte, oder eine Form von Präkognition war. Selbst heute, wo die Perfektionierung des Radars Jahre zurückliegt, wären Beweise für die Existenz der Nauskopie von größtem Interesse für Wissenschaftler und von praktischem Nutzen für Segler. In den 80er Jahren des 18. Jahrhunderts war die Vorstellung, daß man eine Flotte aus größter Entfernung sichten konnte, revolutionär und von so großer Bedeutung, daß die Franzosen möglicherweise die Seeherrschaft von Großbritannien übernommen hätten und triumpierend aus den Napoleonischen Kriegen zurückgekehrt wären, wenn sie die Kunst der Nauskopie beherrscht hätten. Bottineau konnte die Regierung jedoch nie davon überzeugen, ihn zu unterstützen, und starb 1802 in großer Armut. Das Geheimnis scheint in der ersten Hälfte des 19. Jahrhunderts verlorgengegangen zu sein, obwohl zwei ältere

Schüler die Nauskopie noch bis 1826 praktizierten. Eine indische Zeitschrift aus dieser Zeit berichtete, daß einer der beiden »vom Institute nach Paris eingeladen wurde, er aber die gleiche Erscheinung dort nicht beobachten konnte, und deshalb zurückkehrte«. Vor dieser Zeit und danach scheint keine andere Entdeckung wie die von Bottineau mehr gemacht worden zu sein. Rupert Gold: *Oddities* (London, Geoffrey Bles 1944), S. 173-93; *The Mirror of Literature, Amusement & Instruction,* Bd. 7, 200 (17. Juni 1826), S. 379.

Heilige Auberginen. »Muslim signs and wonders«, *Fortean Times 55* (Herbst 1990), S. 4-5; »Islamic simulacra«, *Fortean Times 53* (Winter 1989/90), S. 8; »Holy fruit and vegetables«, *Fortean Times 88* (Juli 1996), S. 8.

Stigmata. Herbert Thurston: *The Physical Phenomena of Mysticism* (London, Burns Oats 1952), S. 32-129; Ian Wilson: *The Bleeding Mind: An Investigation into the Mysterious Phenomenon of Stigmata* (London, Weidenfeld & Nicholson 1988); Joe Nickell: *Looking for a Miracle* (Buffalo, Prometheus Books 1993), S. 219-225; Ted Harrison: *Stigmata: A Medieval Mystery in a Modern Age* (New York, Penguin 1994); Harrison: »What a way to spend Easter«, *Fortean Times 95* (Februar 1997), S. 34-38.

... »bewegte er das Leiden Christi ... « Diese Passage stammt aus den *Fioretti* (ital.; »Blümchen«), einer Sammlung von Aussagen und Taten des heiligen Franziskus, die aber erst etwa ein Jahrhundert nach dessen Tod zusammengestellt wurde. Schriftliche Beweise dafür, daß er das Wundmal erhielt, wurden jedoch schon zwei Jahre nach dem Vorfall festgehalten.

Ein junger Mann war vor den Erzbischof von Canterbury

gebracht (worden) ... Das Gericht befand den Mann schuldig und verurteilte ihn zu lebenslanger Haft.

Außerkörpliche Erfahrungen. Carol Zaleski: *Nah-Todeserlebnisse und Jenseitsvisionen* (Frankfurt a.M., Insel 1993); James McClenon: *Wondrous Events: Foundations of Religious Belief* (Philadelphia, University of Pennsylvania Press 1994), S. 151-84.

Mann, der von einer Steilklippe sprang. Ian Stevenson: »Survival after death: evidence and issues«, in Ivor Grattan-Guinness (Hrsg.): *Physical Research: A Guide to its History, Principles & Practices in Celebration of 100 Years of the Society for Psychical Research* (Wellingborough, Aquarian Books 1982), S. 109-10.

»Bei den Rückkehrern des Mittelalters«. Peter Rogerson: »Review of Zaleski«, *Magonia 29* (April 1988), S. 16.

Fegefeuer. Die katholische Doktrin des Fegefeuers wurde erstmals in einem päpstlichen Brief – der auf dem Konzil von Lyon ausgearbeitet worden war – aus dem Jahr 1253 definiert und dann auf dem Konzil von Ferrara-Florenz (1438-45) erweitert. Davor hatte es ein weniger streng definiertes Reich der Vorhölle gegeben, welches als Übergangsort für die Seelen auf dem Weg in den Himmel und als Heimat für nicht getaufte Babys betrachtet wurde. Die Vorstellung vom Fegefeuer war jedoch viel älter. Sie könnte vom persischen Parsismus (dem Glauben an Zoroaster) entliehen worden sein, der unter anderem eine Seelenreise durch ein reinigendes Feuer predigte. Zu den Vorteilen dieser Doktrin gehörte die Möglichkeit, die Erscheinung von Geistern zu erklären, welche als Seelen betrachtet wurden, die auf den Eintritt in den Himmel warteten. Die

Protestanten glaubten, daß die tote Seele direkt in den Himmel gehe, da Gläubige durch ihren Glauben an Christus von der Sünde befreit seien. Auch die orthodoxe Kirche lehnt die Vorstellung vom Fegefeuer ab, während sie die Gläubigen aber weiterhin ermutigte, für die Seelen zu beten, die nach dem Tod in einem undefinierten Zwischenzustand gestrandet sind. James Lewis: *Encyclopaedia of Afterlife Beliefs and Phenomena* (Detroit, Visible Ink 1995), S. 224-5, 295-6.

Landsichtungen des Monsters von Loch Ness. Roy Mackal: *The Monsters of Loch Ness* (London, Futura 1976), S. 262-4; Rupert Gould: *The Loch Ness Monster and Others* (London, Geoffrey Bles 1934), S. 43-6; Tim Dinsdale: *Loch Ness Monster* (London, Routledge & Kegan Pual 1976), S. 111-2; Peter Costello: *In Search of Lake Monsters* (St. Albans, Panther Books 1975), S. 36-7, 130-7; Ronald Binns: *The Loch Ness Mystery: Solved* (Shepton Mallet, Open Books 1983), S. 49-51; Mike Dash: »The camels are coming«, *Fortean Times 58* (Juli 1991), S. 52-3. Cruickshanks Beschreibung des Monsters erinnert an die Angaben eines Tauchers, Duncan MacDonald, der angeblich um das Jahr 1880 in den See bei Fort Augustus stieg, um ein Wrack zu untersuchen. In einer Tiefe von neun Metern sah er ein großes Tier – »wie ein Riesenfrosch« –, das auf einem Riff über ihm lag und ihn scheinbar mit Interesse betrachtete. In Wirklichkeit muß diese dramatische Begegnung ein Betrug oder ein Märchen gewesen sein, denn die Sicht im See war bei dieser Tiefe bei weitem nicht gut genug, um ein solches Lebewesen zu sehen. Nicholas Witchell: *The Loch Ness Story* (London, Corgi 1982), S. 26-7.

Das Ungeheuer vom Children's Pool. Peter Costello: *In Search of Lake Monsters* (St. Alban, Panther 1975), S. 154-5.

Alchemisten. »April fuels«, *Fortean Times 11* (August 1975), S. 3, 19; »Alchemy & elixiers«, *Fortean Times 35* (Sommer 1981), S. 39-40; »Water power baffles scientists«, *Fortean Times 85* (Februar/März 1996), S. 16; »This man cooks up kerosene«, *Fortean Times 94* (Dezember 1996), S. 17. Obwohl es, streng genommen, nicht zum Thema dieses Buches gehört, sei erwähnt, daß einige wenige Fälle einer angeblich erfolgreichen Transmutation von Blei zu Gold aufgezeichnet sind – siehe Gaston de Mengel: »The evidence for authentic transmutation«, *Journal of the Alchemical Society*, Bd. 1, 4 (April 1913) und Rupert Gould: »The last of the alchemists«, *Enigmas: Another Book of Unexplained Facts* (New York, University Books 1965), S. 137-87.

Männer in Schwarz. Peter M. Rojcewicz: »The men in Black experience and tradition: analogies with the traditional devil hypothesis«, *Journal of American Folklore 100* (April bis Juni 1987), S. 148-60; Hilary Evans: *Visions, Apparitions, Alien Visitors* (Wellingborough, Aquarian 1984), S. 136-45.

»Die Gestalten wurden deutlicher.« Bender, zitiert in Evans: op.–cit., S. 140.

Elfen. Katherine Briggs: *The Vanishing People: Fairy Lore and Legends* (New York, Pantheon Books 1978); Janet Bord: *Fairies: Real Encounters with Little People and Fairies* (London, Michael O'Mara Books 1997). Eine Erklärung für die weite Verbreitung der Feenkunde ist übrigens, daß sie eine Volkserinnerung an die Zeit enthalte, in der der Homo sapiens neben dem Neanderthaler auf der Erde gelebt habe. Letzterer wurde von seinem viel aggressiveren Rivalen in die abgelegenen Gebiete von Europa vertrieben. Dies könnte das Überleben der Sagen in keltischen Ländern erklären. Weiterhin wurde vermutet, daß Feen einen uralten Glauben widerspiegeln, nach dem die menschliche Seele in Form einer miniaturisierten menschlichen Figur inkarniert wird.

Feen und Entführungen durch Außerirdische. Bord: op. –cit., Kapitel 5; Jacques Vallée: *Passport to Magonia: from Folklore to Flying Saucers* (London, Tandem 1975); Katherine Briggs: *The Fairies in Tradition and Literature* (London, Routledge & Kegan Paul 1977), S. 115-22; John Rimmer: *The Evidence for Alien Abductions* (Wellingborough, Aquarian Press 1984), S. 41-8; Michel Meurger: »Surgeons from outside«, *Fortean Times 3* (London, John Brown 1996), S. 308-21.

Entführungen in Orléans. Edgar Marin: *Rumour in Orleans* (London, Blond 1971).

Gespenster. Leslie Shepard (Hrsg.): *Encyclopaedia of Occultism and Parapsychology, second edition* (Detroit, Gale Research 1984), Bd. 1, S. 52-64; R.C. Finucane: *Appearances of the Dead: a Cultural History of Ghosts* (London, Junction Books 1982); Alan Gauld: »Review of Finucane«, *Journal of the Society for Psychical Research*, Bd. 52, 797 (Juni 1984), S. 330-3.

Plinius der Jüngere. Zitiert in Finucane: op. –cit., S. 2.

Die Geister der Mönche. Ibd., S. 60.

Poltergeister. Gerald of Wales: *The Journey Through Wales* (London, Penguin 1978), S. 151-2; Hereward Carrington und Nandor Fodor: *The Story of the Poltergeist Down the Centuries* (London, Rider & Company 1953); Alan Gauld und A. D. Cornell: *Poltergeists* (London, Routledge & Kegan Paul 1979); Guy Lyon Playfair: *This House is Haunted: the Investigation of the Enfield Poltergeist* (London, Sphere Books 1981); Shepard: op. –cit., Bd. 3, S. 1049-55; Joe Nickell: *Entities: Angels, Spirits, Demons and Other Beings* (Amherst, Prometheus Books 1995), S. 79-107; McClenon: op. –cit., S. 57-77. Fairerweise muß darauf hingewiesen werden, daß ein Wissenschaftler von der *Society for Psychical Research* zu dem Fall Enfield einen kritischen Bericht erstellte. Darin vermutete er, daß die Störungen das Werk zweier junger Mädchen in dem Haus gewesen sein könnte.

Bullards Arbeiten zu Entführungen. Jerome Clark: *UFOs in the 1980s* (Detroit, Apogee Books 1990), S. 1-14; Hilary Evans: »Abducted by an archetype«, *Fortean Times 33* (Herbst 1980), S. 6-10.

David Huffords Arbeit zu Old Hag. David Hufford: *The Terror That Comes in the Night: an Experience-Centred Study of Supernatural Assault Traditions* (Philadelphia, University of Pennsylvania Press 1982), S. 171-245.

... »die Verbreitung der Legenden ...« Ibd., S. 245-6.

12. Der Sinn für Übersinnliches

Riesenkrabbe. »A giant shrimp?«, *Strange 6* (1990), S. 5. Zu einem interessanterweise ähnlichen Fall, bei dem ein Werwolf im Zusammenhang mit zwei keltischen Steinköpfen erschien, siehe »A celtic werewolf«, *Fortean Times 15* (April 1976), S. 4-5. Dieser Fall ist besonders deshalb interessant, weil sich die angeblich uralten Ritualobjekte später als Tonfiguren erwiesen, die erst in den 60er Jahren als Spielzeuge angefertigt worden waren. Dieser Schluß legt nahe, daß der Werwolf (der zu drei verschiedenen Anlässen von drei verschiedenen Zeugen gesehen wurde) eher einen psychologischen als einen parapsychologischen Ursprung hatte.

Bildrechte

Fortean Picture Library 1, 2, 3, 4, 8, 9, 10, 12, 16, 18, 19, 20, 21

Mary Evans Picture Library 5, 6, 7, 13, 17, 25

Larry Arnold/Psi 23

Harry Trumbore 11a-h

Fotograf unbekannt 14

R.H. Lowrie 15

Ross Kinnaid 22

John Sibbick 26